21세기 인적자원관리

HRM HUMAN RESOURCE MANAGEMENT

정종진 · 이덕로 · 이지만

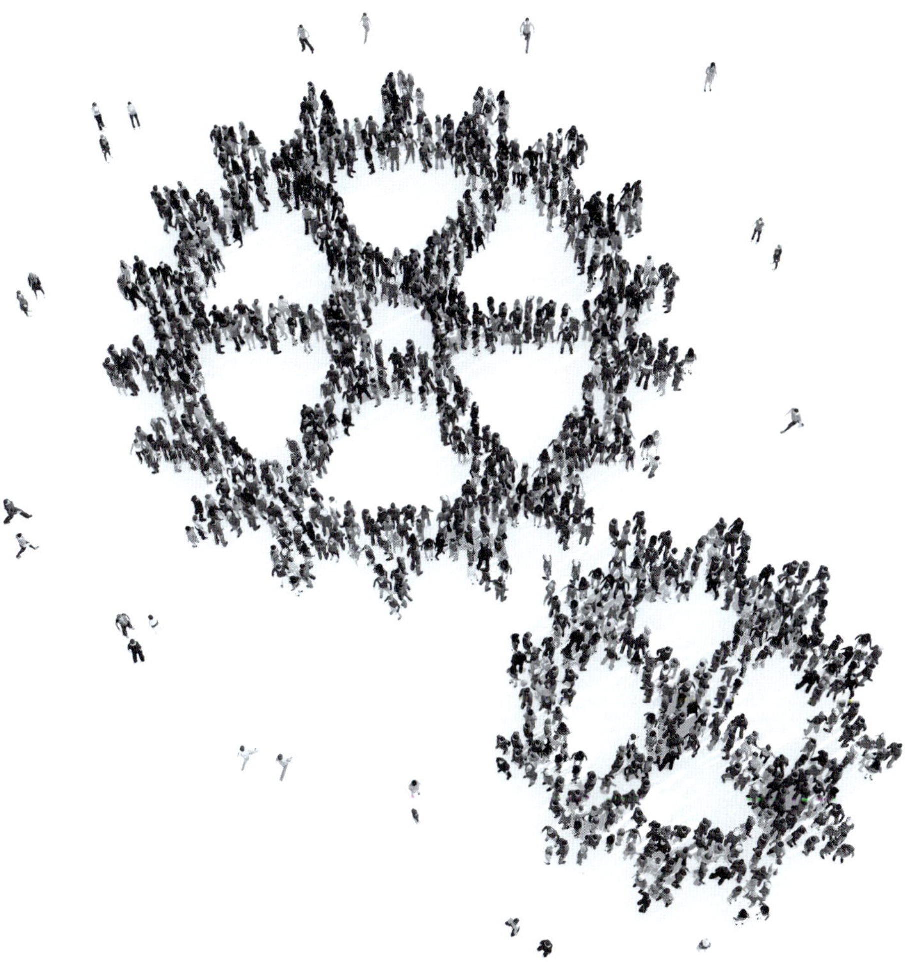

집현재

머리말

"사회를 주도하는 지도원리가 사라진 불확실한 시대," 미국의 저명한 경제학자였던 존 갤브레이스가 1977년에 저술한 「불확실성의 시대」에서 현대에 대해 정의한 말이다. "합리와 진리, 담론체계가 무너져 혼란에 빠져 있다"는 그의 주장은 21세기인 지금도 여전히 유효하다고 생각된다. 아니 오히려 그 불확실성은 더욱 커져가는 듯하다. 이를 두고 버클리 캘리포니아대의 베리 아이첸 교수는 2017년에 갤브레이스의 명저 「불확실성의 시대」 발간 40주년을 맞이하여 오늘의 시대를 "초불확실성의 시대"라고 표현하기도 했다.

그렇다. 한치 앞도 예측할 수 없을 정도로 모든 영역의 불확실성이 더욱 커져가면서 정치도, 경제도, 국제관계도, 심지어 최근에는 날씨마저도 온통 불확실성의 짙은 안개에 갇혀 있는 형세이다. 칠흑같이 어두운 밤, 거친 망망대해에서 길잡이가 되어줄 별이나 나침반이나 인공위성 하나없이 항해하는 그런 심정이다.

이 와중에도 미국, 일본 등 우리의 주변국들은 경제회복이 완만하게 진행되고 있는데, 우리 경제의 현실과 전망은 보호주의적 무역분쟁(trade war), 저출산·고령화, 과도한 정부규제, 경직된 노동시장 등으로 희망적이지 않다. 무엇보다 경제가 좀체 회복될 기미를 보이지 않을 뿐만 아니라 사상 최악의 청년실업이 사회 갈등으로 심화되어 가는 듯하다. 이와 같이 기업을 둘러싼 외부환경이 어렵고 내부 여건이 제대로 갖추어져 있지 않을수록 우리가 믿고 바랄 것은 바로 사람이며, 이러한 사람에 대한 투자와 관리가 얼마나 중요한지 실감난다. 그래서 흔히들 인사(人事)를 만사(萬事)라 하지 않았던가?

2016년 세계경제포럼(World Economy Forum)에서 발표된 "직업의 미래" 보고서는 로보틱스, 인공지능, 빅데이터, IoT, 3D 프린팅, 신재생에너지, 바이오에너지, 환경 등으로 대변되는 4차 산업혁명시대가 도래함에 따라 일자리의 변화 및 일자리에 필요한 직무역량에 커다란 변화가 올 것으로 전망했다. 이러한 4차 산업혁명시대의 전개에 따라 일자리의 변화뿐만 아니라 일하는 방식이나 조직의 구조 및 인적자원관리 자체의 기능변화도 필요할 것으로 보인다.

21세기의 기업환경은 불확실성이 더욱 높아가는 급격한 변화가 예상되고 있으며, 기업이 이러한 변화에 유효적절하게 대응하지 못한다면 지속가능한 경영은커녕 적자생존이라는 냉엄한 현실 앞에서 도태될 수밖에 없을 것이다. 따라서 그 어느 때보다도 이러한 변화를 이끌어갈 인재, 바로 핵심인재가 필요하고, 나아가 이들이 최상의 조건에서 최고의 역량을 발휘할 수 있도록 하기 위한 인적자원관리가 필요하다.

이러한 맥락에서 본 서의 목적은 조직 내 인적자원의 현재적 내지 잠재적 유용성을 극대화시키기 위한 관리활동의 체계인 인적자원관리와 관련하여 독자들로 하여금 전반적인 개념, 현상 및 변화추이를 제대로 이해하도록 하는 데 있다. 이러한 목적을 달성하기 위하여 본 서는 총 11개장으로 이론적 체계화를 도모하였다. 구체적으로 제1장 인적자원관리의 기초, 제2장 인사철학과 인사방침, 제3장 직무관리, 제4장 채용관리, 제5장 인사이동 및 징계관리, 제6장 교육훈련관리, 제7장 인사평가, 제8장 임금관리, 제9장 복리후생관리, 제10장 안전보건관리, 그리고 제11장 노사관계관리 등이다.

본 서는 경영학을 전공하는 경영학도뿐만 아니라 부전공이나 교양으로 경영학을 처음으로 접하는 일반계 학생과 산업현장에서 인사조직 관련 부서의 담당자나 각층 관리자 모두를 대상으로 했기 때문에 책에 등장하는 전문용어는 가급적 쉽게 표현하거나 자세히 설명했으며, 아울러 관련된 각종 최신 통계자료와 생생한 현장 이야기를 제시하였다.

본 서는 연세대학교 경영학과 정종진 명예교수가 집필한 「인사관리」(1966), 「새 인사관리」(1982), 「인적자원관리」(1994)를 제자인 이덕로 교수가 공저자로 보완·집필하여 「인적자원관리」(제2판, 1998)를 출판한 데 이어, 이번에는 정종진 교수의 또 다른 제자인 이지만 교수가 공저자로 합류하여 「21세기 인적자원관리」라는 제목으로 출판하게 되었다.

저자들은 다들 연세대학교에서 첫 강의를 시작한 이래 수십년 해왔던 학부·대학원강의, 공·사조직의 특강, 그리고 국내외의 논문, 저서 및 각종 통계자료를 망라하여 준비하였다. 특히 저자들은 사제지간이어서 제자 2명이 30여년 전에 배웠던 은사님의 가르침을 전승하기 위해 사상 유례없는 폭염 속에서 비지땀을 흘리며 본 서를 준비해왔다. 하지만 정리를 다 끝낸 지금에도 몽블랑 산기슭에 자리한 프랑스령 사모니의 고즈넉한 마을을 떠날 때처럼 여전히 아쉬움은 남는다. 미진한 부분에 대해서는 강호제현의 조언과 채찍질을 받아들여 앞으로 지속적으로 수정·보완해 나갈 것을 약속드린다.

본 서가 완성되기까지 두 분의 헌신적인 도움이 있었다. 성균관대 교육학과의 서향희 선생과 서원대 경영학과의 정우경 조교가 바로 그들이다. 특히 정우경 양은 방학을 이용하여 국가근로 중임에도 열과 성을 다해 교정을 꼼꼼히 봐 주었다. 글쓰는 작업이 자신을 태우는 아픔으로 느껴질 때도 많지만 대학생활을 뜻있게 보내는, 영혼이 맑은 대학인과 함께 한 시간이기에 즐겁고 행복했다.

끝으로 본 서가 나오기까지 작업일정과 관련하여 숱한 우여곡절이 많았지만 단 한 번도 독촉하지 않고 묵묵히 기다려주신, 30년 전부터 출판을 도와주셨던 집현재의 위호순 대표님과 편집·조판·교정을 깔끔하게 도와주신 편집부의 김성수 부장님께 심심한 사의를 표합니다.

2018년 8월 15일
유난히 더웠던 2018년 폭염의 끝사락에 가을을 기다리며
저자 일동

차례

제 5 장 인사이동 및 징계관리

제 6 장 교육훈련관리

제 7 장 인사평가

제 8 장 임금관리

1

인적자원관리의 기초

- 1. 인적자원관리의 의의
- 2. 인적자원관리의 환경
- 3. 인적자원관리의 역사
- 4. 인적자원관리의 변화

1. 인적자원관리의 의의

1.1 인적자원관리의 중요성

1997년 말에 시작된 외환위기는 우리나라 기업환경과 경영전략, 인적자원관리에 있어 획기적인 변화를 발생시킨 전환점이라고 할 수 있다. 경제위기 이후 시장개방은 더욱 가속화되었고 정치권이나 금융권과의 유착을 통한 생존은 불가능하게 되었으며 시장의 힘과 경쟁이 가장 중요한 요인으로 부각되게 되었다. 또한 기업의 경영전략도 매출액이나 외형을 중시하는 양적 경영으로부터 현금흐름이나 수익성을 중시하는 가치경영으로의 변화가 불가피하게 되었다(조영호, 2000). 이러한 경영환경이나 기업경영전략의 변화는 이제까지의 우리나라 기업의 인적자원관리에 대한 근본적인 재검토와 변신을 요구하고 있다(박우성 · 유규창, 2001).

급격하게 변화하는 경영환경 속에서 기업활동의 성패는 우수한 인적자원의 확보와 유지에 달려있다고 해도 과언이 아니다. 지속적 경쟁우위를 창출할 수 있는 인적자원은 경제적 가치가 있고(valuable), 희소성이 있으며(rare), 다른 사람이 쉽게 모방하기 어렵고(inimitable), 그리고 다른 형태의 자원으로 쉽게 대체될 수 없다(nonsubstitutable)(Barney, 1991). 따라서 오늘날과 같은 지식경영시대에서 기업경쟁력의 요체는 바로 인적자원인 셈이다. 특히 우리나라는 지금까지 양질의, 풍부한 인적자원을 토대로 하여 산업화 · 정보화 · 지능화에 성공해 왔으며, 앞으로 4차 산업혁명시대를 이끌어갈 원천도 여전히 유일한 자원이라 할 수 있는 인적자원일 수밖에 없다.

한때 달러부족으로 외환위기마저 경험했던 우리로서는 믿고 바랄 것은 사람뿐이므로 핵심역량(core competency)을 가진 구성원이 그 어느 때보다도 필요하다. 그러면 핵심인재(core staff)란 과연 어떤 사람인가? 핵심인재란 회사의 핵심사업을 수행하기 위해 필요한 핵심역량을 발휘할 수 있는 인재로서 핵심제품과 핵심부품을 설계 · 생산 · 판매하거나 핵심서비스를 제공하는데 반드시 필요한 창의성과 전문성을 갖춘 인재를 말한다. 총체적이고 본원적인 기술과 지식, 그리고 능력을 겸

비한 핵심인재가 오늘날의 우리 기업에 절대적으로 필요하다.

미국의 철강왕 앤드루 카네기(A. Carnegie)는 "기업은 곧 사람이다(Business is people)"라고 했다. 기업은 사람들로 구성되어 있고, 사람 중의 사람인 핵심인재에 의해 움직여진다. 산업화시대를 거쳐 첨단 정보화사회에 진입하면 컴퓨터가 모든 것을 다 해 줄 것으로 기대하지만 결국 컴퓨터를 이용하여 사업을 하는 주체는 인간이고 경영을 책임지는 것도 컴퓨터가 아닌 인간이다.

제프리 페퍼(J. Pfeffer) 교수는 「사람을 통한 경쟁우위」라는 책에서 90년대 들어 많은 기업들이 앞다투어 전개하고 있는 경영혁신과 변신운동은 기업경쟁력의 강화에 초점을 두고 있는데, 이 기업경쟁력의 원천은 다름 아닌 사람이라고 주장하고 있다. 탈공업화시대의 미래상을 제시한 다니엘 벨(D. Bell)도 새로운 정보화시대는 '기계기술'이 아니라 새로운 '지적 기술', 즉 '지식기술'을 기반으로 한다고 예견한 바 있다. 경영학의 세계적 석학이었던 피터 드러커(P. Drucker)는 자신의 저서 「포스트자본주의」에서 "전통적으로 중요한 자원이었던 자본, 토지, 노동에서 생기는 이득은 점차로 적어지고 앞으로의 유일한 부의 원천은 정보와 지식"이라고 말한 바 있다. 노벨 경제학상 수상자인 레스터 서로우(L. Thurow) 교수 또한 지식을 생산·가공·전파하는 주체로 인적자원을 가장 중요한 자원으로 보고 있다(Drucker, 1993; Pfeffer, 1994; Thurow, 1991).

얼마전만 해도 하이테크인 6T가 화두가 되었다. 정보기술(IT), 바이오기술(BT), 나노기술(NT), 환경기술(ET), 항공기술(ST)와 문화기술(CT) 등이 바로 그것이다. 지금과 같은 4차 산업혁명시대에는 ICBM(IoT, Cloud, Bigdata, Mobile)과 AI(Artificial Intelligence)가 각광을 받고 있다(최계영, 2017.5.31). 이러한 기술은 모두 사람 머리의 소산이다. 그래서 그러한 하이테크를 개발·소유하는 탁월한 인재, 즉 S(Super)급 인재는 특별대우를 받기 마련이다. 삼성, 현대기아차, SK 등 대기업들이 'S(슈퍼)급 인재 확보'에 사활을 걸었다. 기술력도 중요하고, 브랜드나 마케팅도 중요하지만 이들은 모두 사람에게 달려 있기 때문이다. 특히 불투명한 기업의 미래를 이끌어갈 수 있는 핵심인재에 대한 요구가 더욱 커지고 있는 상황이다. 삼성의 이건희 회장은 예전부터 "사장보다 월급을 많이 받는 과장이 나올 수 있다"며 "최고의 인재에게는 최고의 대우를 해줘야 한다"고 평소 'S급' 인재의 중요성을 여러 차례 강조했다.

S급 인재에게는 파격적인 연봉 등 충분한 보상을 한다. 일단 '모시기'부터 다르

다. 삼성은 이들을 모시기 위해 매년 50여 차례나 전용기를 띄운다. 핵심인재 영입만 전담하는 조직도 따로 구성돼 있다. 연봉은 CEO보다 두세 배 많은 경우가 다반사라고 전해진다. 삼성의 S급 기술인력에게는 '삼성 펠로우(Fellow)라는 명예가 부여된다. '펠로우'제는 주로 전기 · 전자 분야의 기술주도형 선진기업에서 세계 최고수준의 기술력을 보유한 기술인력에게 부여하는 최고의 명예직이다. 삼성전자 안에서는 '삼성의 노벨상'으로 불리기도 하는 삼성 펠로우제도는 이건희 회장의 '천재경영'의 요체이다. 그래서 삼성 펠로우는 '삼성맨 중의 삼성맨'으로 통한다. 2002년 이후 삼성 펠로우는 반도체 · LCD · 나노재료 · 영상처리 · 조선해양 등의 분야에서 15명이 선발됐다(장시형, 2011. 9). 2017년에는 세계 최초로 카드뮴 없는(Cd-Free) 퀀텀닷 기술을 개발한 삼성전자 종합기술원의 장은주 씨가 유일하게 임명되었다(김혜연, 2018.1.5.).

대부분의 선진국과 마찬가지로 대한한국의 미래는 경제에 달려 있고, 이 경제는 자본주의의 꽃이라 할 수 있는 기업에 달려 있다. 그런데 이 기업은 바로 사람에 달려 있고, 특히 핵심역량을 갖춘 인재에 좌우된다고 해도 과언은 아니다. 이제 무엇을 해서 먹고 사느냐도 중요하지만 어떤 것을 누가 하느냐도 매우 절실한 과제이다. 피터 드러커의 말을 빌리지 않더라도 이제 사지육신(四肢肉身)을 통해 먹고사는 산업사회는 지나갔다. 머리로 먹고사는 지력(知力)사회 · 창조사회에는 기계로 대치하지 못할 창조적 인간의 시대이기 때문이다.

"천하를 다투려거든 먼저 인재를 다투어라(夫爭天下者 必先爭人 부쟁천하자 필선쟁인)." 이 말은 주나라 건국의 공신인 태공망(太公望) 여상(呂尙)이 설파한 말이다. 사실 사람의 중요성에 대해서는 새삼 강조할 필요가 없을지도 모른다. 사람을 잘 관리하는 것이 조직 성공의 필요충분조건은 아니더라도 최소한 효과적인 사람관리가 없이 조직의 성공을 바라는 것은 거의 불가능하다는 데에는 별 이견이 없을 것이기 때문이다. 게다가 미래예측이 더욱 어려워지고 지식기반 경제, 나아가 창의성기반 경제가 도래하는 최근의 환경변화에 따라 사람의 중요성은 점점 더 커지고 있다(노용진, 2009).

21세기의 기업환경은 배리 아이첸그린(B. Eichengreen) 미 버클리 캘리포니아대 교수가 초불확실성시대(Age of Hyper-uncertainty)라고 일컬을 정도로 불확실성이 더욱 높아가는 급격한 변화가 예상되고 있다(Eichengreen, Mehl, & Chitu, 2018). 그 결과 그 어느 때보다도 과거의 지식과 현대의 지식을 상호 결합하고 새로운 지식으로 변환시킬 수 있는 지식근로자를 필요로 하고 있다. 따라서 기업경영이 어려우면 어려울수록, 즉 내외의 환경이 불리하면 불리할수록 더욱 더 중요한 것은 인적자원임을 명심하고 변화하는 인적자원관리의 추세를 보다 정확히 알아내어 그것을 기업경영에 적절하게 활용하는 일이 매우 중요하며, 이러한 분위기와 시스템을 구축하기 위한 여건의 조성에 힘써야 할 것이다.

1.2 인적자원관리의 정의

조직의 형태나 규모를 불문하고 어떤 조직이든 조직내에는 다양한 구성원들, 즉 인적자원이 있다. 인적자원관리란 조직내 인적자원을 다루는 경영학의 분과학문으로 이것을 한마디로 정의하기는 참으로 어렵다. 왜냐하면 지금까지 많은 경영학자나 경영자들이 이 인적자원관리와 관련하여 다양하게 정의를 내렸거나 견해를 표명해 왔기 때문이다.

이 인적자원관리를 초기의 학자들은 인사관리(Personnel Administration: PA)라 지칭했다. 그러나 인적자원의 중요성이 더욱 강조되고 인적자원의 경쟁력이 기업경쟁력의 근간이라는 인식이 빠르게 확산되면서 인적자원관리라는 용어가 일반화되기 시작했다. 과거의 인사관리에서는 종업원을 단순한 생산요소의 하나로 보고 단지 관리의 대상으로 간주했었다. 그래서 종업원에게 지불되는 임금을 비용(cost)의 지출로 보아 원가회계 과정에서 인건비 또는 노무비(labor cost)라고 지칭하곤 하였다. 오늘날의 인적자원관리에서는 직원들에게 지불되는 임금이나 복리후생 관련 예산투입을 단순한 비용의 지출을 보지 않고 잠재력을 지닌 자원으로 인식하고 개발과 활용에 따라서 엄청난 수익이 창출될 수 있는 투자(investment)로 인식한데 따른 접근인 것이다. 조직구성원에 대한 관점이 보다 전향적이고 적극적이면서도 보다 전략적이라 할 수 있다.[1)]

그러면 인적자원관리의 정의에 대해 살펴보자. 이와 관련하여 이 분야 발전에 크게 기여한 바 있는 토마스 스페이츠(T. G. Spates) 교수의 다음과 같은 정의 속에서 잘 표현되어 있다. 즉, 그는 "인사관리란 구성원의 잠재적 능력을 최대한도로

---

1) 이에 대해서는 제4절에서 보다 자세히 다루도록 하겠다.

발휘시키고, 스스로 최대한의 성과를 확보하게끔 그들을 처우하고 조직하는 방법에 관한 규범체계이다"라고 말한 바 있다(Spates, 1948). MIT대학의 피고즈와 마이어즈(P. Pigors & C. A. Myers) 교수도 "인사관리는 종업원이 그의 노동으로부터 최대의 만족감을 얻음과 동시에 기업에 대해서 최대의 공헌을 하게끔 그의 잠재적 능력을 육성·발전시키는 방법이다"라고 정의하여(Pigors & Myers, 1981) 스페이츠 교수와 거의 같은 견해를 보이고 있다. 플리포(E. B. Flippo)는 "인사관리는 조직의 목표가 달성되도록 하기 위해 인적자원의 확보, 개발, 보상, 통합, 유지, 이직 등의 업무적 기능을 계획하고, 조직하고, 지휘하고, 통제하는 것이다"라고 정의하였다(Flippo, 1984). 그리고 데일 요더(D. Yoder)는 "인사관리는 남녀종업원들로 하여금 그들의 직장에 대하여 최대의 공헌을 하게끔 하고 동시에 최대의 만족을 얻을 수 있게끔 도와주고 지도하는 기능 내지 활동이다"라고 정의내린 바 있다(Yoder & Staudohar, 1982).

지금까지 살펴본, 이론적으로 광범한 전통적인 인사관리나 현대적인 인적자원관리에 대한 정의와 목적을 종합해서 정리해 보면, 인적자원관리는 조직내의 모든 구성원들의 현재적 내지 잠재적 능력을 최대한도로 발전시키기 위하여 인적자원을 확보, 개발, 평가, 보상 및 유지하는 일련의 관리활동인 동시에 인적자원관리 또한 하나의 연속된 과정이기 때문에 관리과정인 계획, 조직, 명령, 조정, 통제 등의 활동을 두루 모색하는 경영학의 분과학문임을 알 수 있다.

이러한 맥락에서 저자들은 인적자원관리를 경영학의 분과학문으로 조직내 인적자원의 현재 내지 잠재능력을 극대화시키기 위한 관리활동의 체계로 정의내리고자 한다. 이러한 정의처럼 인적자원관리가 제대로 이루어졌을 때, 한편으로 경영자는 증대된 종업원들의 능력, 즉 노동생산성의 향상을 통해 보다 많은 수익을 가져올 뿐만 아니라 사회공헌도 충실히 할 수 있어 궁극적으로 지속가능한 경영을 할 수 있으며, 다른 한편으로 종업원들은 증대된 능력의 보유를 통해서 직무만족과 고용안정 및 보다 높은 임금을 기대할 수 있으며, 또한 다른 면으로 보아서 이러한 능력개발과 기술향상은 일반소비대중에게 보다 나은 제품과 서비스를 보다 저렴한 가격으로 제공할 수 있게 될 것이다.

1.3 기업경영과 인적자원관리

조직의 목표를 효율적으로 달성하기 위해서는 여러가지의 경영활동의 전개가 요청되는데, 이러한 활동들은 제각기 경영의 주요한 기능분야를 형성한다. 보다 구체적으로 기업경영의 기본적인 활동인 생산과 마케팅활동(라인활동), 그리고 이들 양자의 보조적인 활동인 재무와 인사활동(스탭활동)을 들 수 있다.

한 예로 이윤추구를 목적으로 하는 제조기업의 경영활동의 경우를 생각해 보자. 이 때, 우리는 먼저 제조하고자 하는 제품을 생산하는데 있어서 공장이나 사무실과 같은 공간을 확보하고, 필요로 하는 기계와 설비를 갖추며, 원재료나 소모품을 구입하며, 그리고 우수한 노동력을 확보하고 교육시키며 보상하는 데 필요한 자금을 조달하기 위한 활동을 전개해야 하는데, 이것이 곧 재무관리(finance)의 기능이다. 이렇게 해서 필요로 하는 자금이 융통되면 다음으로는 어디에 공장을 짓고, 제품의 품질, 규격 및 디자인을 정하며, 그리고 가장 효율적인 생산방법에 대한 신중한 고려를 하여 생산활동에 들어가야 하는데, 이것이 곧 생산관리(production management)의 기능이다. 생산활동의 결과로 나오게 된 제품은 적절한 시장에서 다양한 판매촉진을 통해 가장 유리한 조건으로 판매하여야 하는데, 이것이 바로 마케팅(marketing)의 기능이다.

이 밖에도 기업활동에는 이상의 모든 경영활동이 항상 수입과 지출간의 신중한 조작에 의해서 정확하게 기록·정리할 필요가 있는데 여기에 회계학(accounting)의 기능이 존재하게 된다. 한편 생산관리, 마케팅, 재무관리, 인적자원관리활동을 전략적 관점에서 종합적으로 다루기 위해 경영전략이 필요하고 기업경영상의 의사결정에 관한 유용한 정보를 체계적으로 수집, 분류, 분석하고 필요에 따라 언제든지 검색할 수 있도록 설계된 컴퓨터시스템인 경영정보시스템(MIS: Management Information System)과 계량적·비계량적 접근방법으로서의 계량경영학(OR)과 조직행동론(OB)이 필요하다.

이러한 모든 것들은 확실히 실제의 경영에 있어서 수행되어야 할 중요한 기능들이기는 하지만 여기에 무엇보다도 중요한 또 한가지의 기능이 빠져 있음을 알 수 있다. 4차 산업혁명시대라 해서 인공지능이 모든 것을 대체할 수 있을까? 기계나 설비는 과연 그 자체만으로써 움직일 수 있는가? 원재료는 쉽게 확보된 다음

언제나 자동적으로 운반되어서 제품화될 수 있을 것인가? 제품의 판매나 회계업무가 과연 조직 내외의 많은 사람들의 손과 두뇌의 활동없이 이루어질 수 있을 것인가? 아니다. 오늘날과 같은 정보화사회에서 기업활동의 상당한 부분이 자동화·기계화·정보화·지능화되어 있다손 치더라도 제품과 서비스의 창출이 스스로 이루어질 수는 없다. 그러므로 여기에 우리는 경영의 가장 중요한 기능으로서 인적자원관리의 기능을 추가하지 않을 수 없다.

근래에 와서는 조직이 인적자원, 그 중에서도 핵심인재를 어떻게 관리하는가에 보다 많은 관심이 집중되어 왔다. 이러한 관심의 증대는 아무리 훌륭한 기계설비와 거대한 자본을 갖추었다 하더라도 조직의 목표달성이나 경영의 성과는 이들을 직접 움직이고 활용하는 사람에 의해서 크게 좌우된다는 사실로부터 비롯된 것이다(Schuler, 1990). 따라서 인적자원관리야말로 가장 기본적인 경영기능이라는 것을 알 수 있으며, 이것은 미국이 낳은 위대한 경영학자인 로렌스 애프레(L. A. Appley)가 "경영이란 사람의 육성이지 물자의 관리가 아니다. 경영이란 바로 인사관리를 뜻하는 것이다"라고까지 말하여 경영내에서 인적자원관리가 차지하는 비중을 강조한 표현에서도 쉽게 알 수 있다. 이는 곧 조직내의 사람을 보다 훌륭하게 관리할 수 있는 능력이야말로 기업경영의 성공을 기약할 수 있는 최대의 요인이라는 것을 뜻하는 말이라고 해석할 수 있다.

1.4 인적자원관리상의 삼각형의 원리

훌륭한 인적자원관리는 경영자와 종업원 양자의 욕구에 대한 충분한 이해를 통해서 실현될 수 있다. 이들간의 오해와 불신은 노사 간에 개재하는 여러가지 난제를 초래케 하는 근원이 된다. 건전한 노사관계는 종업원이 경영자가 당면하고 있는 기본적 문제를 이해하고 동시에 경영자가 종업원이 바라고 있는 제 요건을 충분히 이해할 때 비로소 성립될 수 있는 것이다.

종업원과 경영자의 욕구는 근본적으로 동일한 것이다. 즉 이들은 다같이 성공적인 기업운영을 갈망하고 있는 것이다. 경영자들은 기업의 성공에서만이 그 기업의 존재가치를 찾아볼 수 있으며, 또한 이렇게 되어야만 주주들로부터 맡겨진 그들의 임무를 완수할 수 있기 때문에 진심으로 성공적인 기업운영을 바랄 것이며,

종업원들은 이와는 다른 각도로 성공적인 기업운영만이 그들의 고용안정과 보다 많은 수입을 보장해 줄 수 있기 때문에 기업의 성공을 갈구해 마지 않는 것이다. 따라서 이들간에 이 문제에 대한 견해의 차이가 있다면 그것은 다만 이러한 목적을 달성하는 데 있어서의 수단과 방법의 차이에 지나지 않는 것이다.

그러므로 만약에 노사 간에 불화나 갈등이 발생한다면 이는 노사 양자의 오해와 불신에서 야기된 것이지 결코 이들 간에 근본적으로 이해가 상반되어서 일어났다고 해석되어서는 곤란할 것이다. 노동자의 이해와 경영자의 이해가 상반될 수 밖에 없다는 관념은 이미 퇴색한 19세기적인 자본주의사회관인 것이다. 현대의 산업사회에 있어서는 위에서 본 바와 같이 노사 양자가 궁극적으로 갈구하는 바는 성공적인 기업의 운영인 것이며, 그들의 이해도 근본적으로 상반되는 것이 아니라 오히려 서로 조화될 수 있는 것이다.

물론, 성공적인 기업의 운영을 함에 있어서 다같이 중요한 직분을 담당하고 있는 종업원이나 경영자는 그들의 직무를 수행하는 과정에 있어서 제각기 상이한 요구조건을 상대방에게 표시하고 있다. 즉, 종업원은 경영자에 대해서 높은 수준의 임금, 고용의 안정, 양호한 작업조건 혹은 승진에 대한 기회 증가 등을 요구하고 있으며, 이에 반하여 경영자는 종업원에 대해서 적절한 임금, 높은 충성심과 조직몰입, 또는 이직률의 감소 등을 요구하고 있으므로 이들 양자의 이해는 얼른 보아서 상반되는 것처럼 생각된다. 그래서 이 양자 사이에 인적자원관리자가 개입해서

그림 1-1 | **인적자원관리상의 삼각형의 원리**

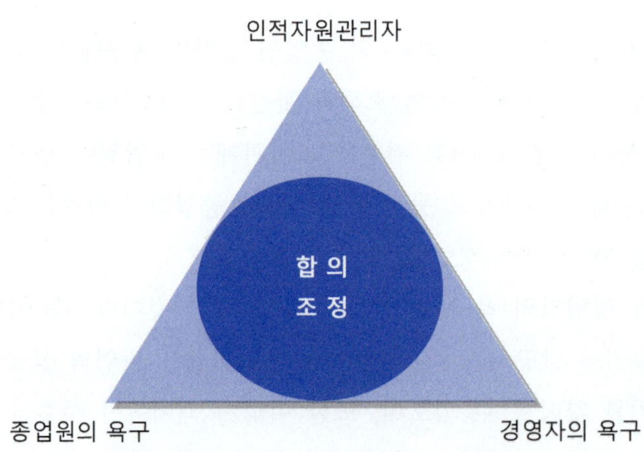

이들 간의 상반되는 듯한 욕구를 서로 조화시키는 역할을 하게 되는데, 이것을 그림으로 나타내면 [그림 1-1]과 같다.

전문가로서의 인적자원관리자는 종업원의 욕구가 무엇이며, 또한 경영자가 바라는 바가 무엇인가를 알아야 하며, 이들 양자의 상이한 욕구를 그들이 다같이 궁극적으로 갈구하고 있는 성공적인 기업의 운영에다 결부시켜서 조화 내지 일치시킬 수 있도록 노력하지 않으면 안 된다.

1.5 인적자원관리의 기능

인적자원관리의 체계는 여러가지 관점에서 구분해 볼 수 있는데, 본 절에서는 협의의 접근방식에서 기능적인 관점을 취하고자 한다. 사실 조직 전체의 시각에서 본다면, 기업전략은 사업목표와 비전 및 미션에 바탕을 두어, 조직의 내외부 경영환경분석을 통해서 도출되는 조직내부의 강점과 약점, 그리고 조직외부로부터 파생되는 기회와 위협(SWOT) 등의 내용에 기초하여 수립된다. 이러한 과정에서 수립되는 기업전략은 경영의 각 부문별 전략, 즉 마케팅전략, 생산전략, 재무전략, 인적자원전략으로 이어지는데, 인적자원관리는 이 중 한 부문에 해당된다. 따라서 여기서 논의하고자 하는 인적자원관리의 체계는 조직의 목표달성과 전략의 실행에 있어서 수행해야 할 인적자원관리의 범위 및 역할을 기능요소에 국한하고자 한다.

인적자원관리는 조직체의 인적자원을 관리하는 경영의 한 분야로서, 앞서 '경영과 인적자원관리'에서 다룬 바와 같이 생산관리, 마케팅, 재무관리, 회계학 등 다른 경영분야와 더불어 조직체의 전반적인 경영전략과 목적달성에 중요한 기능을 발휘한다. 인적자원관리에는 여러가지 기능이 포함되어 있고 이들 기능은 상호간에 밀접한 관계를 맺고 있기 때문에 체계적으로 분류하기가 매우 어렵다(이학종·양혁승, 2005, 9).

기능적인 측면에서 Noe et al.(2017)은 인적자원관리를 크게 인적자원의 확보(in-take), 활용(utilization), 개발(development)로 나누고 있다. Flippo(1984)는 인적자원관리의 기능을 조직의 목표가 달성되도록 하기 위한 확보(모집·선발·배치, procurement), 개발(교육·훈련, development), 보상(compensation), 통합(integration), 유지(maintenance), 이직(separation) 등으로 구분하고 있다. 일반적으로 인적자원관

그림 1-2 | 인적자원관리의 기능

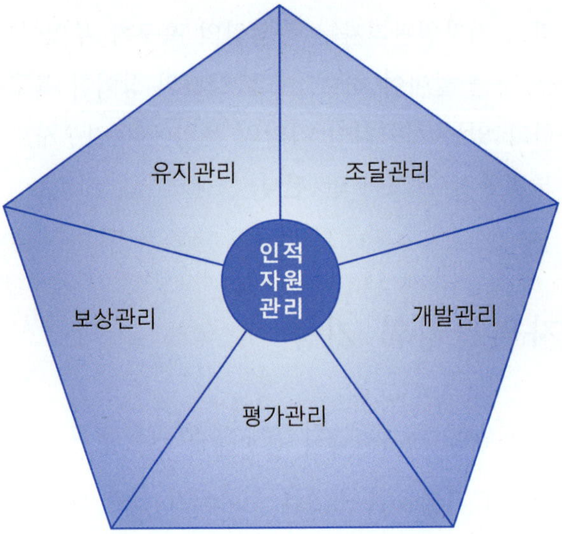

리의 기능은 [그림 1-2]에서 보듯이 조달관리, 개발관리, 평가관리, 보상관리, 유지관리 등의 다섯 가지로 요약해 볼 수 있다. 이것을 좀 더 세부적으로 살펴보면 기본적인 직무관리에서부터 시작하여 9가지 즉, 채용관리, 교육훈련·개발관리, 인사이동(승진, 전환배치 및 이직) 및 징계관리, 인사평가, 임금관리, 복리후생관리, 안전보건관리, 노사관계관리, 인간관계관리 등으로 세분화할 수 있다.

2. 인적자원관리의 환경

기업의 인적자원관리는 항상 기업을 둘러싼 환경, 특히 인적자원환경과의 상호작용 속에서 이루어진다. 개방체계적 관점에서 볼 때 인적자원관리도 내외의 환경 변화와의 상호작용 속에서 이루어질 수밖에 없다. 한 예로 우리의 인적자원관리 환경을 들어보자. 오랫동안 안정적으로 유지되었던 우리나라의 인사시스템 환경은 지난 1997년 외환위기 이후 변화된 환경 속에서 급격한 변화를 겪게 되었다. 경제적 측면의 개방화와 세계화의 물결은 제품과 서비스의 무한경쟁을 예고하였고, 이에 따라 노동시장의 유연성 제고와 인적자원관리의 부단한 혁신이 요구되었다(최종태, 1999).

인적자원관리의 환경은 여러가지로 구분해 볼 수 있는데, 기업환경의 구분과 마찬가지로 크게 내부환경과 외부환경으로 나누어 볼 수 있다(서도원·이덕로, 2016, 311). 인적자원관리의 외부환경에는 경제환경, 노동시장, 제품시장, 법과 정부규제, 사회문화환경, 기술환경, 국제화, 자연환경 등이 있으며, 인적자원관리의 내부환경에는 기업의 전략이나 목표, 조직문화, 생산기술, 최고경영자, 이해관계자 등이 있다. 그러면 기업환경과 인적자원관리와의 관계를 먼저 살펴본 뒤 인적자원관리의 내외 환경에 대해 살펴보기로 하겠다.

2.1 기업환경과 인적자원관리

(1) 기업환경의 의의

기업환경이란 기업에 영향을 미치는 기업 안팎의 모든 요소를 말한다(Mondy & Premeaux, 1995). 기업과 같은 조직은 주어진 환경내에서 행동한다. 조직은 개방시스템으로써 환경요인과 그 변화에 대해 끊임없이 상호작용하기 때문에 조직의 생존과 성장은 외부요인에 대한 조직의 능력과 적응력에 의해 좌우되는 것이다. 조직의 외부환경은 끊임없이 변동하고 있고 장기적인 변화를 겪기 마련이다. 따라서 조직이 그 생존과 성장을 계속하기 위해서는 이러한 외부환경 변화에 항상 민감하게 대처하는 적응능력을 길러야만 한다.

이와 같이 환경은 기업에 대하여 사업의 기회(opportunity)를 제공하기도 하지만, 기업이 수행하는 활동에 대한 위협(threat)이 되기도 하므로 조직이 생존과 성장을 계속해 나가기 위해서는 이러한 외부환경 변화에 신축적으로 대응하는 적응능력을 길러야만 한다. 그리면 왜 기업이 환경문제에 대해 보다 많은 관심을 보여야 하는지 그 중요성에 대해 고찰해 보도록 하자(서도원·이덕로, 2016, 308).

첫째, 자본주의경제의 발달로 자본주의경제의 내부에 구조적 변화를 가져왔으며 세계경제의 구조에도 질적 변화를 일으키는 등 기업을 둘러싼 경제적 환경에서 큰 변화가 일어났기 때문이다. 둘째, 경제적 환경뿐만 아니라 사회심리적·정치적 환경 등 소위 경제외적 환경도 크게 변화함으로써 기업활동에 중요한 영향을 미쳤다. 셋째, 민주주의의 발달과 더불어 기업과 지역사회와의 관계에도 큰 변화가 일어남으로써 지역사회가 기업경영에 주요한 영향을 미치게 되었다. 넷째, 기업에 대한 종래의 연구가 정태적 분석에서 동태적 연구로 바뀌었을 뿐만 아니라 기업을 개방시스템으로 보아 기업활동을 시스템적으로 파악하게 되었다. 다섯째, 기업에 미치는 여론의 영향이 커짐으로써 일주운동(一株運動), 소비자보호운동, 반전·반핵운동, 여성해방운동, 인종차별반대운동 등과 더불어 환경보호캠페인도 매스컴을 통해 자연히 여론을 촉진시키게 되었다. 여섯째, 공해문제가 심각할 정도로 발전함으로써 자연생태계를 둘러싸고 지역사회나 일반대중들의 관심이 그 어느 때보다도 고조되었다. 끝으로 현대자본주의경제의 중핵을 이루는 기업에 대해 정부가 한편으로는 공적인 규제와 통제를 가하고, 다른 한편으로는 각종 지원과 자극을 주는 등 정부가 기업경영에 중요한 영향을 미쳤기 때문이다(이덕로·서도원, 2016, 307-308).

기업환경을 분류하는 방법은 학자에 따라 다양하게 이루어지고 있다. 구체적으로 거시적 환경, 미시적 환경 및 중간적 환경(intermediate environment)으로 분류하는 학자가 있는가 하면(Hodge, Anthony, & Gales, 2003), 기업환경을 일반환경, 과업환경 및 내부환경(internal environment)으로 분류하는 학자도 있다(Daft, 2016). 이 밖에도 환경의 기업에 대한 영향력과 기업의 환경에 대한 관리가능성을 동시에 고려하여 외부환경과 내부환경으로 분류하는 방식도 있다. 조직경계차원에서 기업환경을 내부와 외부로 구분할 때 외부환경은 일반환경과 과업환경으로 나눌 수 있다(이명호 외, 2015; 서도원·이덕로, 2016, 307-308).

일반환경(general environment)이란 한 경제내 모든 혹은 대부분의 조직에 공통적으로 영향을 미치는 환경으로, 종종 거시환경(macro environment) 또는 사회환경(societal environment)이라고도 한다. 일반환경에는 경제적 환경, 정치적·법적 환경, 사회문화적 환경, 기술적 환경, 자연적 환경 및 국제적 환경 등이 있다(Hellriegel, Jackson, & Slocum, Jr., 2005, 76).

과업환경(task environment)이란 한 조직의 성장, 성공 및 생존에 직접적인 영향력을 미치는 환경으로 특수환경(specific environment)이라고도 한다. 전형적인 기업의 과업환경으로는 정부를 비롯하여 종업원(노조가 있을 경우에는 노동조합), 소비자, 지역사회, 경쟁기업, 공급업자, 유통업자, 금융기관, 언론기관, 그리고 경우에 따라서는 주주까지도 포함된다.

(2) 기업환경과 인적자원관리와의 관계

인적자원관리시스템을 효과적으로 운용하기 위해서는 이에 결정적으로 영향을 미치는 다양한 환경요인과의 관계를 전반적으로 살펴보아야 한다. 기업의 내부환경은 외부환경과 동떨어져 있는 것이 아니라 상호간에 밀접하게 관련되어 있다. 기업은 경제환경, 노동시장, 법과 정부규제, 사회문화환경, 기술환경 등과 같은 외부환경으로부터의 기회나 위협의 영향으로 경영전략을 새로 수립하거나 심지어 기업문화를 바꾸거나 혁신시키기도 하는데, 이러한 외부환경요인에 의한 새로운 경영전략과 기업문화는 기업의 인적자원관리전략과 인적자원관리 제활동에 영향을 미치게 된다. 마찬가지로 기업의 생산기술, 전략이나 목표, 기업문화, 최고경영자 또한 내부환경요인으로 인적자원관리에 큰 영향을 미치게 된다.

오늘날이 많은 전략적 인적자원관리 문헌들에서는 기업이 사용하고 있는 인사제도들과 기업의 전략 간에 존재하는 적합성을 외부 적합성이라고 부르는데(Delery & Doty, 1996; Delery & Roumpi, 2017; McDuffie, 1995; Schmidt & Pohler, & Willness, 2018; Yondt et al., 1996), 이 외부 적합성이 존재하는 경우 인적자원관리가 조직성과에 미치는 효과가 긍정적으로 나타나게 된다고 주장하고 있다.

그러나 저자에 따라서는 이러한 외부 적합성을 기업 전략이 아니라 조직 외부의 경제사회적 조건이나 환경과의 적합성을 동시에 강조하기도 한다(유규창, 1998; Tyson, 1997). 예컨대 Lengnick-Hall & Lengnick-Hall(1988)은 환경의 불확실성이나 기술혁신, 인구구성의 변화 등과 같은 외부 환경의 변화가 기업의 인적자원관리에 매우 중요한 영향을 미치므로 이러한 요소를 반드시 고려해야 한다고 주장하기도 한다.

1990년대에 들어서면서 인적자원관리 학자들은 외부 적합성뿐만 아니라 인적자원관리 시스템 내의 개별적 인적자원관리제도들 간의 적합성, 즉 내부 적합성도 강조하기 시작하였다(김진희 · 심원술, 2006; 이강민 · 전상길, 2018; Arthur 1994; Bowen & Ostroff, 2004; Snell, 1992).

이와 같이 환경의 급격한 변화에 조직이 생존 내지 성장하기 위해서는 외부 적합성과 내부 적합성을 만들어가기 위한 노력이나 변화가 필요하며, 기업과 인사부서의 입장에서는 환경에 부합하는 방향으로 인사시스템을 변화시켜야 할 필요를 느끼게 되고 실제로 그러한 변화를 추진하게 된다(이병하 · 박우성, 2008).

2.2 인적자원관리의 외부환경

앞서 언급한 바와 같이 외부환경은 조직경계에 따른 구분으로 일반환경과 과업환경으로 나눌 수 있다. 여기서는 이들을 묶어 인적자원관리의 외부환경으로 여섯 가지를 살펴보고자 한다.

(1) 경제적 환경

기업환경이라면 단연 경제적 환경을 일컬을 만큼 경제환경은 기업의 일반환경 중에서 가장 중요한 위치를 점하고 있다(Sharplin, 1985). 오늘날의 경제환경이 기업경영에 어떻게 영향을 미치는지 살펴보자. 호경기 동안 기업은 자사의 노동력을 늘리고 새로운 시장진출을 모색할 것이다. 그러나 경기침체나 경제위기 때에는 투자가 위축될 뿐만 아니라 고강도의 구조조정을 하고 심지어 직장폐쇄나 공장폐쇄를 단행하기도 한다. 따라서 임금교섭에서 임금인상은 커녕 임금동결이나 심지어 임금삭감마저 일어나기도 한다. 이렇듯 경기국면은 기업활동과 인적자원관리에 중요한 영향을 미치게 된다. 물론 이 때 모든 기업이 동일한 양상으로 영향을 받는 것은 아니다. 슈퍼사이클에 놓인 반도체산업은 지난 수년에 걸쳐 눈부시게 발전해 온 반면 조선산업은 지속적으로 침체해 왔다.

또한 경제적 환경은 국가의 경제체제와 밀접한 관계를 맺고 있다. 중국과 쿠바를 비롯한 몇몇 국가는 국가가 통제하는 중앙계획경제를 갖고 있다. 이들 나라에서는 정부가 기업소유, 생산량, 가격결정 및 다른 경제활동에 대한 규율을 정한다(Davis & Post, 1988; Kublin, 1990). 이와는 대조적으로 미국을 비롯한 대다수의 자유주의국가들은 자유시장체제를 가진 자본주의경제를 채택함으로써 기업이나 다른 조직으로 하여금 수요와 공급에 의해 결정되는 시장가치에 따라 물건을 사고 팔도록 한다. 중앙계획경제를 취하고 있는 많은 나라들이 점차로 경제규칙을 바꾸어 기업의 사적 소유와 같은 자유시장경제의 측면을 통합해 나가고 있다(Naisbitt & Aburdene, 1990; Toffler, 1990).

이 밖에도 재정·금융정책, 시장의 성격, 인플레이션, 경제성장률 등도 경제적 환경을 이루는 중요한 요소들이다. 경제가 질적·양적으로 확대되고 급격하게 변화하게 됨에 따라 기업은 생산관리, 마케팅, 재무관리측면에서 뿐만 아니라 인적자원관리측면에서도 이러한 경제환경의 변화에 탄력적으로 대응해 나가지 않으면 안된다.

(2) 노동시장

기업의 인적자원관리는 노동시장 상황에 의해 크게 영향을 받는다. 노동시장이란 노동력이 거래되는 곳을 말하는데, 노동력을 구입하는 자는 사용자가 되고 노동력을 판매하는 자는 노동자가 된다. 기업은 필요 노동력을 사업을 영위하는 지역의 노동시장이나 전국 노동시장, 또는 국제 노동시장에서 조달하여야 한다. 조직이 필요로 하는 노동력의 수요와 공급은 기업의 인적자원관리에 영향을 미친다. 예를 들어 노동력 부족이 심화되는 노동시장에서는 채용기준이 낮아지고 임금이 상승하게 된다. 반면에 노동력 공급이 수요보다 많은 노동시장에서는 채용기준이 높아지고 임금수준이 낮아지게 된다. 현재 한국의 노동시장에서 나타나고 있는 주요 특징은 고령화, 저출산, 비정규직 및 청년실업을 들 수 있다.

현장이야기

더 귀해진 청소년....인구비율 36년 만에 '반 토막'

우리나라 전체 인구에서 청소년(9~24세)이 차지하는 비율의 변화다. 청소년 인구가 저출산 여파로 36년 만에 반토막 가량 줄었다. 1980년대까지만 해도 3명 중 1명이 청소년이었지만 올해는 5명 중 1명으로 줄어든 것이다. 저출산 추세가 지금과 같이 이어진다면 2060년에는 10명 중 1명으로 감소할 전망이다.

26일 여성가족부와 통계청의 '2018 청소년 통계'에 따르면 올해 청소년 인구는 전체 인구의 17.4%인 899만명으로 집계됐다. 성별로 보면 남성 청소년은 470만 6,000명(52.3%), 여성은 428만 4,000명(47.7%)이었다. 청소년 인구는 1982년(1,420만 9,000명) 정점을 찍은 뒤 매년 꾸준히 하락했다. 현재 추세대로라면 2030년 전체 인구의 13.2%, 2050년 12.1%, 2060년 11.1%로 감소할 전망이다.

학령인구(6~21세)도 꾸준히 줄어 1980년 1,440만 1,000명(37.8%)에서 올해 824만 2,000명(16.0%)으로 감소했다. 특히 초등학교 학령인구(6~11세)의 감소폭이 두드러졌다. 6~11세 인구비율은 1970년 17.7%에서 2018년 5.4%로 12.3%포인트 줄어든 반면 같은 기간 12~14세는 5.4%포인트, 15~17세는 3.5%포인트, 18~21세는 1.9%포인트 감소했다. 최근 저출산 현상이 더욱 심화되고 있음을 의미한다.

지난해 초·중·고 다문화학생은 10만 9,387명으로 2006년(9,389명)에 비해 10배가량 늘었다. 최근 5년간 매년 1만명씩 증가했다.

우리나라 청소년들은 적게 태어난 세대인 만큼 건강하게 자랄 수 있는 환경이 마련돼야 하지만 상당수는 우울함을 호소하고 있다. 지난해 청소년 4명 중 1명은 지난 1년간 2주 내내 일상생활을 중단할 정도로 우울감을 느낀 것으로 나타났다. '우울감을 경험했다'는 응답은 여학생(30.3%)이 남학생(20.3%)보다, 고등학생(26.4%)이 중학생(23.5%)보다 각각 높게 나타났다.

자료: 이현미(2018.4.26.), "더 귀해진 청소년....인구비율 36년 만에 '반 토막'," 「세계일보」.

이 중 최근 크게 사회문제화되고 있는 저출산 문제를 보도록 하자. 우리나라의 합계 출산율(여성 1명이 15-49세 사이의 가임기간 동안 낳을 것으로 예상되는 아이 숫자의 평균치를 말함)은 [그림 1-3]에서 알 수 있듯이 1960년 6.0명에서 1970년 4.53명, 1980년 2.83명, 1990년 1.59명, 2000년 1.47명, 2010년 1.24명으로 지속적으로 하락하여 2017년에는 1.05명으로 까지 떨어졌다.

미국 중앙정보국(CIA)이 발간하는 「월드팩트북」(The World Factbook)에 따르면

그림 1-3 | **합계 출산율과 출생아수 추이**

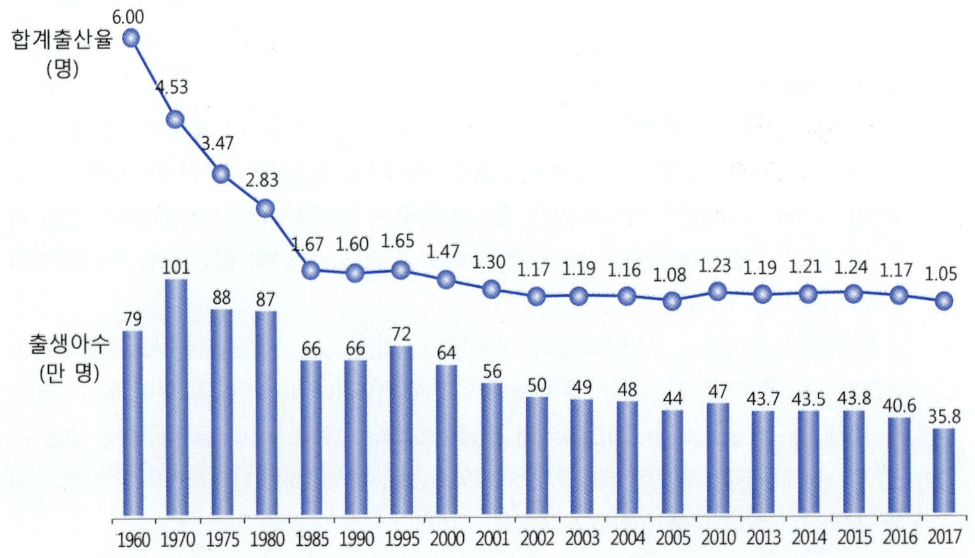

그림 1-4 | **주요국 합계출산율 순위**

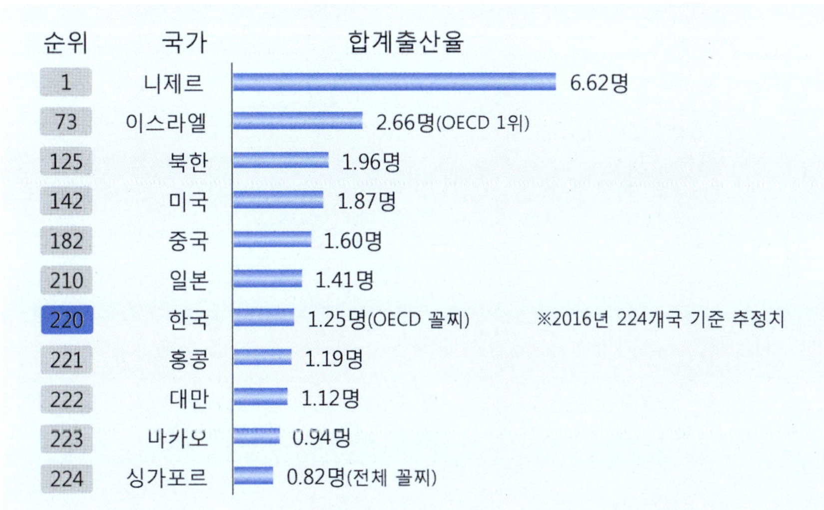

자료: 박상돈(2017.3.20), "한국 출산율 OECD와 세계 전체에서 꼴찌 수준," 「연합뉴스」.를 토대로 수정한 것임.

2016년 추정치 기준으로 한국의 합계출산율은 1.25명으로 세계 224개국 중 220위로 최하위권이었으며 OECD 35개 회원국 중에서도 꼴찌였다. 전 세계에서 한국보다 합계출산율이 낮은 국가는 4곳 뿐이다. 합계출산율 최하위권은 [그림 1-4]에서 알 수 있듯이 아시아 국가들이 대부분 차지하고 있는데, 싱가포르가 0.82명으로 224위로 꼴찌였다. 마카오가 0.94명으로 223위, 대만이 1.12명으로 222위, 홍콩이 1.19명으로 221위였다. 합계출산율 1위는 아프리카 국가 니제르로 6.62명이었다. 수년전만 해도 우리보다 합계출산율이 낮았던 일본은 1.41명으로 210위였다. 또 북한은 1.96명으로 125위, 중국은 1.60명으로 182위에 그쳤다. 이스라엘은 2.66명으로 OECD 회원국 중 1위였고 전 세계 순위는 73위였다(박상돈, 2017.3.20.).

(3) 법과 정부규제

법과 정부의 각종 규제는 요구되거나 금지되는 인적자원활동과 법규를 어겼을 때 가능한 결과에 대하여 규정하고 있다. 특히 법은 인적자원관리의 외부환경 중 중요한 측면이다. 헌법을 비롯한 상법, 세법, 노동관계법 등은 기업이 활동하는 사회에 있어서 마치 게임의 규칙과도 같은 것이다. 기업은 여러 측면에서 직·간접으

표 1-1 우리나라 주요 노동관계법

법령명	공포일자	법령번호	주요내용
근로기준법	1953. 5. 10. 2018. 3. 20. 개정	법률 286호 법률 제15513호	근로조건의 기준설정으로 근로자의 기본적 생활보장과 균형있는 국민 경제발전의 도모
노동조합 및 노동관계조정법	1997. 3. 13. 2014. 5. 20. 개정	법률 5310호 법률 제12650호	헌법에 의한 근로자들의 노등 3권 보장과 노동관계의 공정한 조정 쟁의의 예방과 해결
근로자참여 및 협력증진에 관한 법률	1997. 3. 13. 2016. 1. 27. 개정	법률 5312호 법률 1390S호	노사의 참여와 협력을 통한 사업평화의 도모와 국민경제발전에 이바지
노동위원회법	1953. 3. 8. 2016. 1. 20. 개정	법률 281호 법률 제13904호	노사관계의 공정한 조정을 위한 기구 설치
산업재해보상보험법	1963. 11. 5. 2018. 6. 12. 개정	법률 1438호 법률 제15665호	근로자의 업무상 재해에 대한 신속하고도 공정한 보상과 재해근로자의 재활·사회복귀 촉진
근로자직업능력개발법	1997. 12. 24. 2016. 1. 27. 개정	법률 5474호 법률 제13902호	직업능력 개발의 지원으로 근로자의 고용촉진·고용안정 및 사회·경제발전에 기여
최저임금법	1986. 12. 31. 2018. 6. 12. 개정	법률 3927호 법률 제15666호	근로자의 생활안정과 노동력의 질적 향상에 필요한 최저 수준의 임금 보장
남녀고용평등과 일·가정 양립지원에 관한 법률	1987. 12. 4. 2016. 1. 28. 개정	법률 3989호 법률 제13932호	남녀 간의 평등한 고용기회와 대우 보장과 근로자의 일과 가정의 양립 지원
산업안전보건법	1981. 12. 31. 2018. 4. 17. 개정	법률 3532호 법률 제15588호	산업재해의 예방과 쾌적한 작업환경의 조성으로 근로자의 안전과 보건의 유지·증진
공부원의 노동조합 설립 및 운영 등에 관한 법률	2005. 1. 27. 2014. 11. 19. 개정	법률 7580호 법률 제12844호	공무원의 노동기본권을 보장하기 위해 노조설립·운영 등에 관한 사항을 정함
교원의 노동조합 설립 및 운영 등에 관한 법률	1999. 1. 29. 2016. 2. 3. 개정	법률 5727호 법률 제13936호	교원의 노동조합설립에 관한 사항을 정하고 교원에 직용할 특례를 규정함

자료: 정종진·이덕로(2017), 「최신노사관계론」, 법문사, 76; 로앤비.

로 법의 규제를 받는다. 또한 법은 반사회적이거나 비합리적인 일을 수행하는 기업의 존재를 허락하지 않는다.

사회의 틀 속에서 존재하게 되는 기업은 사회의 질서를 유지하기 위해서 규정된 제반 규칙인 법이라는 환경요인에 잘 적응해 나가야 한다. 더욱이 새로운 법이 제정되거나 법의 해석이 달라질 때에는 기업은 이에 따라 변화하지 않을 수 없는 것이다. 결국 조직은 법의 테두리를 벗어나서 존재할 수는 없다. 이러한 법체계에 대처하기 위해 조직은 자체에 법률전문가를 두기도 한다. 인적자원관리와 관련하여 기업에 중요한 법은 노동관계법이다. 우리나라의 주요 노동관계법을 요약하면 〈표 1-1〉과 같다.

(4) 사회문화적 환경

사회문화적 환경이란 조직이 활동하고 있는 사회의 가치(태도), 욕구, 문화, 전통, 관습 및 인구통계적 특성 등을 말한다. 이들 사회제도나 사회현상은 기업경영이나 인적자원관리에 적지 않은 영향을 미친다. 예를 들면 캐나다 퀘벡지역 주민들의 가치와 태도는 전국에 걸쳐 조직들에 상당한 영향을 미쳐왔다. 1970년대에 프랑스어와 관습을 보존하기 위한 민족주의 운동이 퀘벡을 휩쓸었다. 이 지역 주민들로부터의 압력으로 캐나다 정부는 프랑스어를 그 지방의 주요 언어로 지정하게 되었다. 결국 캐나다는 공식적으로 영어와 불어의 2개 언어를 사용하게 되었다(Bovee, Thill, Wood, & Dovel, 1993, 77).

오늘날에 있어서 급속한 도시화의 진전, 고령인구의 급격한 증가(표 1-2 참조), 기대 수명의 증가,[2] 교육수준의 향상, 초저출산, 소셜 네트워킹(social networking)의 발달은 기업의 경영전략과 인적자원관리에 새로운 시각을 부여하고 있으며, 기존 조직들에게 과거의 방침이나 운영방식에서 벗어나 유연한 근무환경과 인사시스템의 개선을 촉구하고 있다.

한 예로 소셜 네트워킹(social networking)을 들어보자. 소셜 네트워킹은 이미 우리의 일상생활 전반에 걸쳐 널리 자리잡고 있을 정도로 일반화된 현상이다. 미국의 기업들은 대부분 페이스북(Facebook)이나 트위터(Twitter)를 통해 채용공고를 내고 구직자들도 이를 활용해 일자리를 찾는 것이 일반화되어 있다. 아직 우리나라

2) 이에 대한 보다 자세한 내용은 제5장 제4절 이직의 정년퇴직에서 살펴보기로 하겠다.

표 1-2 주요국 고령화사회 속도추이

구 분	도달연도			증가 소요연수	
	7% (고령화사회)	14% (고령사회)	20% (초고령사회)	7% → 14%	14% → 20%
일 본	1970	1994	2006	24	12
프랑스	1864	1979	2018	115	39
독 일	1932	1972	2009	40	37
이탈리아	1927	1988	2006	61	18
미 국	1942	2015	2036	73	21
한 국	2000	2018	2026	18	8

주: 7%, 14%, 20%는 각각 전체 인구 중에서 65세 이상 인구가 차지하는 비중을 말함.
자료: 최숙희·강우란·전효찬·강성원·박재룡(2007.8.3), 「한일 고령화의 영향과 파급효과」, 삼성경제연구소, 2-22.

에서는 소셜 네트워킹을 통한 채용이 흔하지는 않지만 일정 규모를 자랑하는 대부분의 기업들은 기업의 홍보채널이나 제품 판매경로로 이미 소셜 네트워크를 활용하고 있다. 인터넷상에서 사람들만 모아도 수익을 올릴 수 있는 소셜 커머스도 새로운 비즈니스 모델로 떠오르고 있다(변연배, 2011).

(5) 기술적 환경

현대 자본주의는 산업혁명의 산물이라고 볼 수 있으며, 산업발전의 실제적인 원동력은 기술발전이나 기술혁신이라고 해도 과언은 아니다. 기술이란 정보나 지식을 문제해결 상황에 적용시키는 과학으로 정의할 수 있다. 기술은 기업이 처한 환경 중에서 가장 동태적이어서 기술의 영향력을 예측하기란 매우 어렵다. 이를테면 기술에 관한 1930년대의 정부 연구는 텔레비전, 제트기, 장기이식(organ transplant), 레이저 빔 및 볼펜의 출현을 예측하지 못할 정도였다(Boone & Kurtz, 1992). 그럼에도 불구하고 기술은 과거에 중대한 돌파구를 제공했으며, 기술개선은 오늘날의 많은 기업과 사회문제에 대한 해답으로 보여진다. 따라서 기술요소 또한 기업경영에 중요한 관련의미를 갖는다.

참고로 우리나라의 연구개발의 동향을 살펴보기로 하자. 2016년말 현재 우리나라의 공공과 민간을 모두 포함하는 연구·개발투자 총액은 [그림 1-5]에서 알 수 있듯이 79,354백만 달러로 지난 30년간 연구개발비가 급격히 늘어나 연구개발비 규모에서 세계 5위를 차지하고 있다. 우리나라의 총 연구개발비 규모는 미국(1위),

그림 1-5 | 주요국의 총 연구개발비 규모 추이

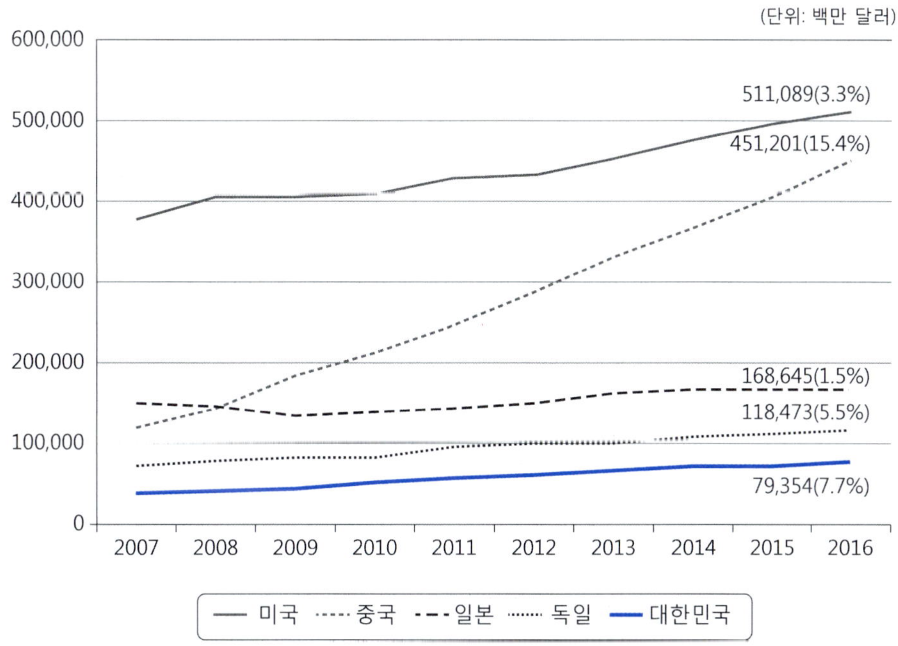

주: 괄호 안의 값은 국가별 10년간(2007-2016년) 연평균 증가율임.
자료: OECD(2018), *Main Science and Technology Indicators 2018*.

중국(2위), 일본(3위), 독일(4위)보다는 낮지만, 프랑스(6위), 영국(7위), 러시아(8위) 등의 주요국보다는 높은 편이다. 참고로 2016년도 총 연구개발비(백만 달러)는 프랑스 62,163, 영국 47,245, 러시아 39,882였다. 우리나라는 특히 최근 10년간(2007~2016년) 총 연구개발비의 연평균 증가율은 7.7%로, 중국(15.4%)에는 미치지 못하지만 중국을 제외한 주요국보다는 앞서 있다.

2016년말 현재 우리나라의 GDP(국내총생산) 대비 총 연구개발비, 즉 연구개발 집약도는 [그림 1-6]에서 알 수 있듯이 4.24%로 이스라엘(4.25%)에 이어 근소한 차이로 2위를 차지하고 있다. 3-5위는 각각 스위스(3.37%), 스웨덴(3.25%), 대만(3.16%)이다. 연구개발 집약도에서 일본은 6위, 독일은 8위, 미국은 11위, 프랑스는 13위, 중국은 15위, 영국은 21위, 러시아는 32위를 차지하였다. 다만, 우리나라의 연구개발 집약도는 2014년까지의 지속적인 상승 추세와는 달리, 2015년 이후에는 정체되는 경향을 보이고 있다(권성훈, 2018. 5. 3).

그림 1-6 | **주요국의 GDP 대비 총 연구개발비 추이**

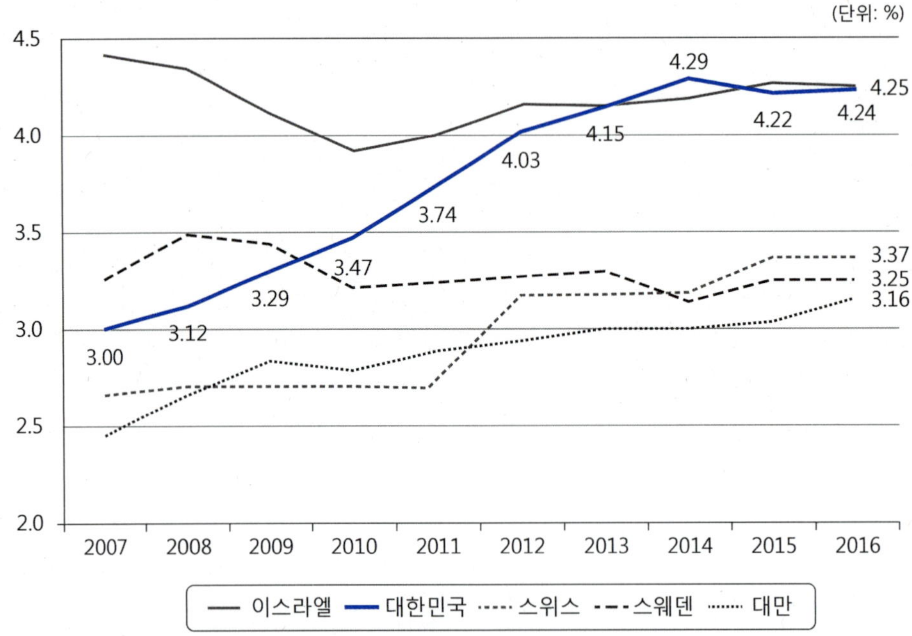

자료: OECD(2018), *Main Science and Technology Indicators 2018.*

기술발전이나 혁신은 기업의 인적자원관리에도 중요한 영향을 미치는 요인이다. 기술변화는 새로운 직종의 창출과 기존 기능의 폐기로 양적인 고용수준에 영향을 미칠 뿐 아니라 고용의 질적 측면인 직종구성, 직무구조, 업무분담 등에도 영향을 미친다. 실제로 기술발전이나 혁신이 이루어지게 되면 일반적으로 고용감소를 초래하기 때문에 종업원들과 노동조합의 반발을 가져오기 쉽다. 따라서 인적자원관리자들은 기술변화에 따른 종업원들이나 노조원들의 반발을 최소화하기 위해 새로운 기술도입시 구성원들의 의견을 충분히 반영하고 재교육이나 전환배치 등의 방안을 강구하여야 한다(김영재 · 김성국 · 김강식, 2018).

(6) 노동조합

시드니와 비아트리스 웹(S. Webb & B. Webb)은 「노동조합주의의 역사」에서 "노동조합이란 임금근로자들이 그들의 근로생활의 제조건을 유지 · 개선할 목적으로 조직한 항구적인 단체"라고 정의내리고 있다(Webb & Webb, 1920). 유사한 맥락에서 우리나라 노동조합 및 노동관계조정법 제2조 제4호에서는 "'노동조합'이라 함은 근로자가 주체가 되어 자주적으로 단결하여 근로조건의 유지·개선 기타 근로자의 경제적·사회적 지위의 향상을 도모함을 목적으로 조직하는 단체 또는 그 연합단체를 말한다"라고 규정하고 있다.

과거에 우리나라는 대부분 기업별 노조로 기업별 교섭이 이루어졌으나 노사관계의 시스템이 변화하여 2016년 말 기준 초기업노조 소속 조합원수는 607개 노조에 조합원 1,088,350명으로 전체 조합원수의 55.3%를 차지할 정도(고용노동부, 2017, 9)이다. 초기업노조 소속 조합원수는 2015년(56.7%)에 비하여 그 비중이 1.4%p 감소하기는 했지만 산별노조운동이 두드러졌던 2005년 이후 계속된 초기업노조 소속 조합원수의 증가추세가 유지되고, 초기업노조수도 2009년 이후 계속 증가하였다. 총연합단체별로 볼 때 한국노총은 기업별노조 소속 조합원이 전체 조합원의 54.2%(456,155명)를 차지하는 반면, 민주노총은 초기업노조 소속 조합원이 전체 조합원의 82.6%(536,032명)를 차지하여 서로 대비된다(고용노동부, 2017. 16). 이와 같이 지금은 기업별 노조와 초기업노조가 공존해 있으므로 노동조합은 인적자원관리의 내부환경이 될 수도 있고 외부환경이 될 수도 있다. 여기서는 외부환경으로 분류하고자 한다.

노동조합 조직률(전체조합원수/조직대상 근로자수)은 한 때 20%(1989년 19.8%)에 근접하기도 했으나 [그림 1-7]에서 알 수 있듯이 점차 낮아지다가 2010년에는 마침내 10%대가 무너져 9.8%를 기록하기도 했다. 그 뒤 복수노조의 영향으로 조금씩 늘어나 2016년말 현재 10.3%를 보이고 있다.

노동조합이 있을 경우 기업은 임금을 비롯한 근로시간, 근로 제조건을 노조와의 교섭을 통하여 합의(단체협약)에 도달해야 하기 때문에 노동조합이 기업의 인적자원관리 전반에 미치는 영향은 매우 크다. 노사 사이의 관계가 협조적일 때 노사동반자관계가 형성되어 개개 구성원들의 직무만족과 조직몰입이 증대되고 생산성이 향상되어 궁극적으로 경쟁력을 갖게 된다. 그러나 노사 사이의 갈등이 첨예화될 때 구성원들의 직무만족과 조직몰입이 낮아질 뿐만 아니라 각종 쟁의행위로까지 이어지고 급기야는 회사가 문을 닫게 되는 경우도 종종 있다. 참고로 2017년 국제경영개발원(IMD)의 「국가경쟁력 평가」에 따르면 우리나라 국가경쟁력 순위는 조사대상 63개국 중 29위를 기록했으나, 노사관계 경쟁력은 62위로 최저수준에 머물고 있다. 세계 경쟁력과 노사관계 경쟁력 추이를 보면 [그림 1-8]과 같다.

그림 1-7 | **노조조직률 및 조합원수 추이**

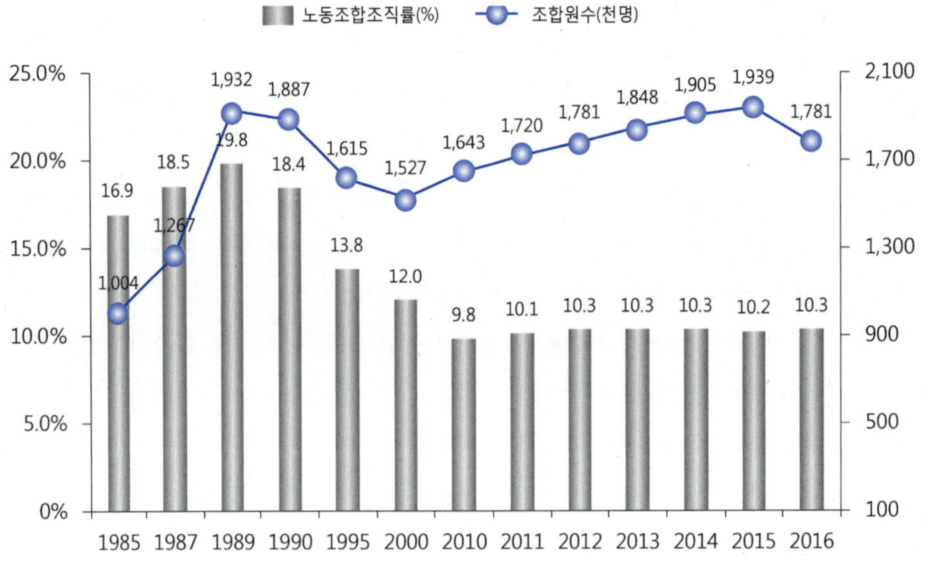

자료: 고용노동부(2015.11), 「2014년 전국노동조합 조직현황」, 3; 고용노동부(2016.10), 「2015년 전국노동조합 조직현황」, 2; 고용노동부(2017.11), 「2016년 전국노동조합 조직현황」, 9.

그림 1-8 | **우리나라 세계 경쟁력 및 노사관계 경쟁력 추이**

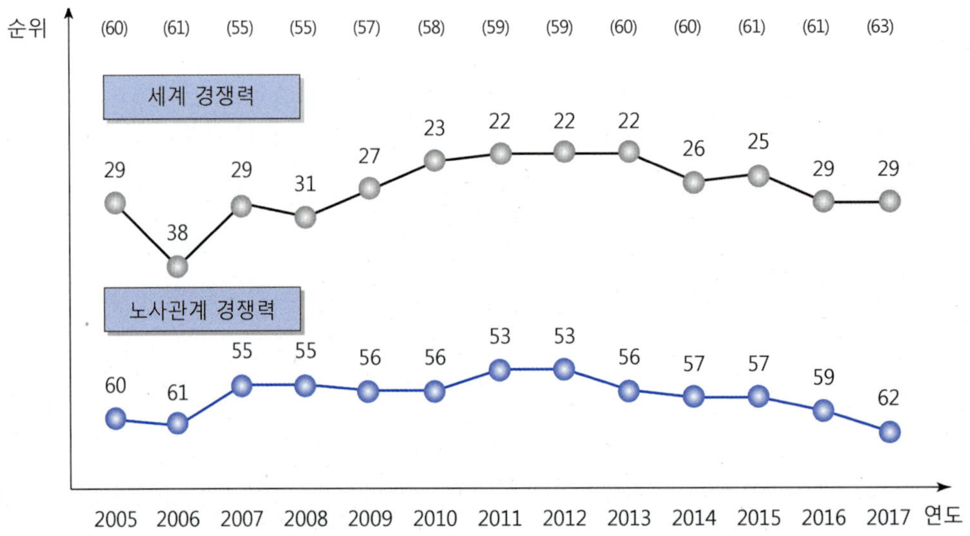

자료: IMD(2017), *The World Competitiveness Report,* 2; IMD(2011), *The World Competitiveness Report, 2-3.*

2.3 인적자원관리의 내부환경

기업의 내부환경은 기업 내부에 존재하는 여러가지의 강점과 약점으로써 내부적으로 통제 가능한 환경요인을 말한다(박계홍 · 박하진 · 임웅석, 2018, 68). 인적자원관리에 적지 않은 영향을 미칠 수 있는 내부환경에는 기업의 전략이나 목표, 생산기술, 조직문화, 최고경영자, 이해관계자 등을 들 수 있다. 이러한 요소들은 인적자원관리와 조직내의 타 부서와의 사이에서 상호작용과 영향력을 미치게 된다.

(1) 전략이나 목표

경영전략 또는 전략(strategy)이란 조직의 방향을 결정하는 대규모의 행동계획(Kinicki & Williams, 2013)으로, 기업에게 경쟁우위를 제공 · 유지시켜 줄 수 있는 중요한 의사결정이다(장세진, 2013). 보다 구체적으로 조직체의 목적을 달성하기 위한 수단으로서 조직체 내부의 모든 기능과 활동을 통합한 종합적인 계획을 의미한다. 조직체가 항상 변하는 환경 속에서 장기적으로 좋은 성과를 거두려면 환경변화에 적합한 목표를 설정하는 것은 물론, 이를 달성하기 위하여 기업체 내부의 인력과 자금 그리고 기술, 시설 등 모든 자원을 효율적으로 동원시키는 통합적이고 종합적인 계획이 필요한데, 이것이 바로 경영전략이다. 따라서 경영전략은 조직체의 장기적인 성과와 목적달성에 많은 영향을 주는 결정적인 요소라 할 수 있다(서도원 · 이덕로, 2016, 380).

(2) 조직문화

문화란 한 사회 소속 구성원들이 공유하고 있는 가치, 대도, 신념, 이념, 관습, 규범, 그리고 지식과 기술 체계 등을 총칭하는 거시적이고 종합적인 개념으로서 사회구성원의 행위에 영향을 주는 중요한 요소이다. 이러한 문화를 조직에 적용했을 때 조직문화(organizational culture)라고 하고 기업에 적용했을 때 기업문화(corporate culture)라고 한다(이덕로, 2018, 385).

조직문화는 1970년대에 Pettigrew(1979)의 “On studying organizational culture”라는 논문이 기폭제가 되어 경영학의 조직행동론 분야에 처음으로 등장하기 시작하여 1980년대부터 이에 대한 본격적인 연구가 이루어졌다. 특히 Peters & Waterman

그림 1-9 | 7S 모델

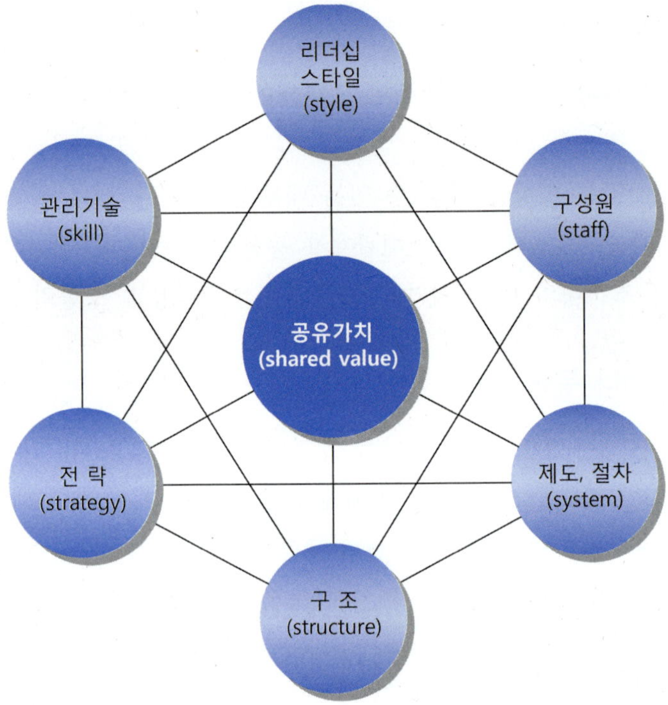

자료: R. T Pascale & A. G. Athos(1981), *The Art of Japanese Management*, Penguine Books, 202.

(1982)의 「In Search of Excellence」가 출간되면서 기업문화라는 용어가 대중화되었고 그 후 유럽으로까지 확산되었다. 파스칼과 에토스(R. T. Pascale & A. G. Athos)는 조직문화의 구성요소로 [그림 1-9]와 같은 7S 모델을 주장하였다.

이러한 조직문화가 중요하고 이에 대하여 각별한 관심을 가져야 하는 이유는 무엇인가? 조직문화는 조직의 공식적, 비공식적 운영과정에 광범위하게 영향을 미칠 뿐만 아니라 조직의 전략과정에도 영향을 미쳐 경쟁력의 원천이 됨으로써 [그림 1-10]과 같이 조직의 성과와 밀접한 관련이 있고 인적자원관리시스템에 영향을 미치기 때문이다. 우리나라에 아직도 만연해 있는 남성위주의 조직문화로 인해 여성임원의 비율이 낮다는 분석에 대해서는 현장이야기를 참고해 보자.

그림 1-10 | 조직문화 혁신기업과 일반기업의 재무성과 비교

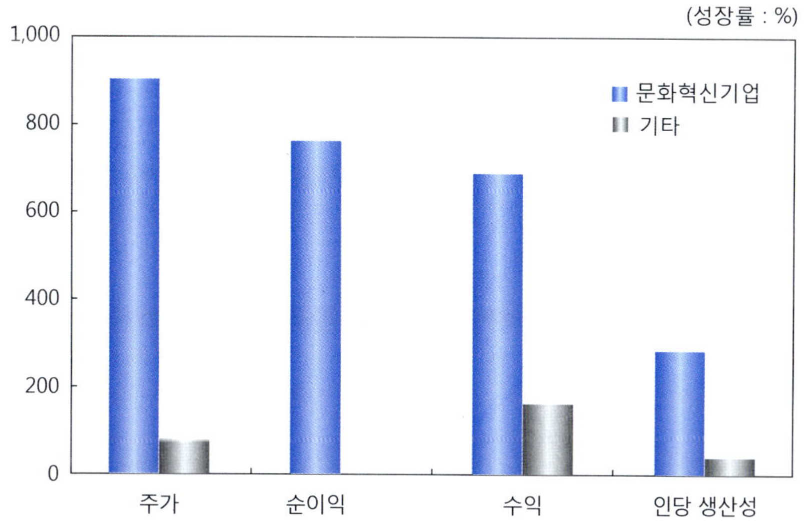

자료: J. P. Kotter & J. L. Heskett(1992), *Corporate Culture and Performance*, New York: Free Press, 69.

(3) 생산기술

경영전략과 조직문화 못지않게 기업의 인적자원관리시스템에 영향을 미치는 내부환경요인은 바로 생산기술이다. 최근에는 과학기술이 하루가 다르게 진보하고 있고, IT기술이 여러 분야에 널리 응용되고 있으며, 기업의 생산기술은 자동화 · 기계화 · 정보화 · 지능화로 더욱 고도화되는 추세에 있다. 이에 따라 종업원들의 기술수준과 필요로 하는 직무요건에도 큰 변화가 요구되고 있는데, 이와 같은 상황변화는 종업원의 채용과 교육훈련에도 적지 않은 영향을 주게 된다.

생산기술은 또한 종업원의 직무내용과 직무만족 그리고 보상에도 적지 않은 영향을 미치게 된다. 단순반복적인 작업의 경우 단기적으로는 시간과 비용면에서 유리할지 모르지만 장기적으로는 피로나 무료함 그리고 스트레스를 가져와 이를 줄이거나 해소시키기 위한 현대적인 직무설계가 필요하다. 끝으로 작업에 따라서는 상호의존성이 높을 수도 있고 낮을 수도 있는데 이에 따라 팀제와 인센티브제를 각각 달리 적용해야 할 문제를 갖게 된다.

현장이야기

견고한 대기업 '유리천장'.... 여성임원 2.3%뿐

삼성그룹 이건희 회장이 2011년 8월 서울 서초동 삼성전자 사옥에서 열린 여성 임원들과의 간담회에서 "한국 여성도 사장이 되면 뜻과 역량을 다 펼칠 수 있으니 사장까지 돼야 한다"고 말한 바 있다. 하지만 삼성전자의 여성 임원은 물론이고 우리나라 기업 전체의 여성임원비중은 여전히 낮다. 그나마 최근 문제가 되었던 대한항공의 가족경영에서 나타났듯이 오너의 딸 출신 여성임원을 빼면 그나마 그 비중은 더욱 떨어진다.

여성의 경우 우리사회엔 여전히 유리 천정이 가로놓여 있다. 실제로 [그림 1-11]에서 알 수 있듯이 2015년 기준 100대 기업의 전체 임원 중 여성임원 비율은 2.3%이며, 상위 30% 기업의 여성임원 비율은 5.1%로 나타났다. 산업분류(표준산업분류 대분류)별로는 100대 기업 기준 숙박음식점업(7.1%), 출판·영상·방송통신·정보서비스업(5.6%) 순으로 산업 내 여성임원의 비율이 높았다.

3년간의 변화추이를 보면 전체 임원 중 여성임원의 비율은 2013년 1.6%에서 2015년 2.3%로 0.7%p 증가했고, 산업별로는 숙박음식점업(4.3%p), 도소매업(2.7%p) 순으로 여성임원 비율이 증가했다. 또한 여성임원이 있는 기업(2013년 36개 → 2015년 48개)은 금융보험업(2013년 9개 → 2015년 16개), 제조업(2013년 10개 → 2015년 14개)의 순으로 증가한 것으로 나타났다.

그림 1-11 | 여성임원 비율

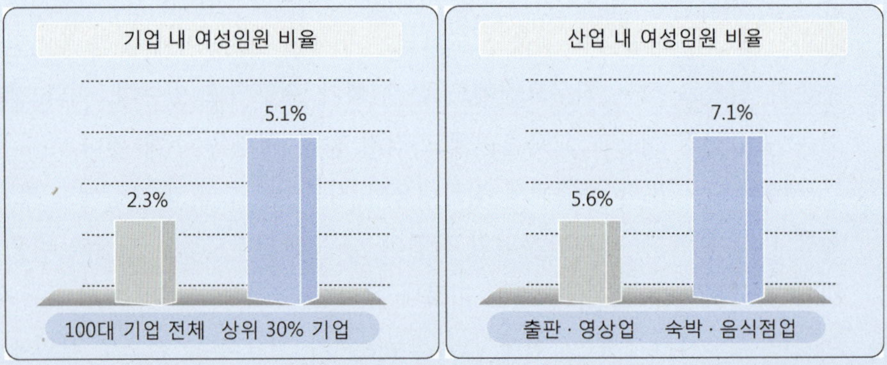

자료: 여성가족부(2016.7.28), 「100대 기업 여성임원, 3년간 41% 증가 - 2015년 매출액 기준 100대 기업 여성임원 현황 분석 -」; 정유미·이윤주(2011.8.29), "견고한 대기업 '유리천장'… 여성임원 4.7%뿐," 「경향신문」.

(4) 최고경영자

19세기 군인이자 군사평론가인 클라우제비츠(Clausewitz)는 자신의 저서 「전쟁론」에서 "한 마리의 사자가 지휘하는 100마리의 양떼는 한 마리의 양이 지휘하는 100마리의 사자떼를 이긴다"고 하였다. 그렇다. 명장(名將) 밑에 약졸(弱卒) 없고 약장(弱將) 밑에 강병(强兵) 없다. 예를 들면 IBM의 루 거스너(L. Gerstner), Home Depot의 로버드 나델리(R. Nardelli), GE의 제프리 이멜드(J. R. Immelt), DuPont의 잭 크롤(J. Krol), 그리고 Amazon의 제프 베조스(J. Bezos)와 같은 최고경영자들(CEO)이 있었기에 기업문화 혁신을 성공시켜 기업을 지속가능한 성장으로 이끌 수 있었다(이경은, 2018.6.28; 천성현, 2006.11.29).

최고경영자의 인사철학은 기업의 인적자원관리에 매우 큰 영향을 미친다. 최고경영자가 인적자원을 기업의 경쟁력을 결정하는 핵심자산으로 보느냐, 아니면 인건비를 발생시키는 비용요인으로 보느냐에 따라 기업의 인적자원관리가 크게 달라짐은 자명하다. 전자의 경우는 우수인력를 확보하고, 이들을 동기부여 시키고 육성하는 데 인적자원관리의 초점을 두는 반면에 후자는 인건비 절감을 위한 인력관리의 합리화와 인사통제에 중점을 둘 것이다(김영재 · 김성국 · 김강식, 2011, 61).

(5) 이해관계자

이해관계자(stakeholder)란 해당 조직의 결정과 활동에 적지 않은 영향을 미칠 수 있는 잠재적 혹은 현재적인 힘을 가진 집단을 말한다. 이러한 이해관계자에는 주주를 비롯하여 고객, 경쟁업자, 정부기관, 노동조합이나 종업원, 채권자 혹은 금융기관, 무역협회, 공급업자나 유통업자, 소비자단체 및 일반대중 등이 있다. 이러한 이해관계자들은 인적자원관리에도 적지 않은 영향을 미친다. 예를 들어 임금관리의 경우 임금수준을 결정하려면 경쟁회사의 임금수준도 반영해야 하고, 연봉제나 성과급제의 경우 노조나 종업원들의 협의나 동의없이 일방적으로 추진하기가 어렵다. 대기업, 특히 국내 굴지의 재벌기업들은 임금선도기업이어서 임금인상을 너무 높게 하면 이에 따라올 수 없는 다른 기업들이 볼맨 소리를 하게 되고 나아가 정부로부터도 곱지 않은 시선을 받을 수 있다. 따라서 인적자원관리자들은 기업을 둘러싸고 있는 수많은 이해관계자들의 입장을 종합적으로 고려하여 인적자원관리를 해 나가지 않으면 안 된다.

3. 인적자원관리의 역사

학문으로서의 경제학의 역사를 '경제학의 아버지'라 블리는 애덤 스미스(A. Smith)의 「국부론」(1776)에서 출발한다고 하면 이미 240여년의 세월이 흘렀다고 볼 수 있다. 이에 비해서 경영학의 역사는 독일에서 19세기 말까지 완성된 저급한 상업학을 기초로 해서 발달을 보게된 경영경제학에서 따진다고 하더라도 불과 120년에 지나지 않으며, 미국경영학의 선구자라고 볼 수 있는 테일러의 주요 저서인 「과학적 관리법의 원리」(The Principles of Scientific Management, 1911)가 출판된 해로부터 계산한다면 100여년밖에 되지 않는다.

이와 같이 학문의 체계가 확립된 지 불과 100년 남짓한 짧은 역사밖에 되지 않는 경영학 가운데서도 인적자원관리는 다른 기능분과인 회계학이나 재무관리보다 더욱 뒤늦게 발전하였다.[3] 실제로 인적자원관리를 대학에서 처음으로 강의한 것은 1915년 미국의 다트마우스 대학(Dartmouth College)에서 였고(Chruden & Sherman, 1984), 인적자원관리에 관한 최초의 교재가 출간된 것도 1920년으로 테드와 메트칼프(O. Tead & H. Metcalf)에 의해 저술된 「인사관리」(Personnel Administration)였다(Tead & Metcalf, 1920). 더욱이 인적자원관리의 학문적 체계가 정비된 것은 1930년대 이후의 일이며, 그 본격적인 발전을 보게 된 것은 제2차 세계대전을 전후한 시기라고 할 수 있으니 학문으로서의 인적자원관리의 역사는 기껏해야 80여년 정도밖에 되지 않는다고 보아야 할 것이다. 본 절에서는 인적자원관리의 출발점을 미국의 과학적 관리법이 싹트던 19세기 말경으로 보아 인적자원관리의 역사를 네 단계로 나누어 그 발전과정을 간략히 살펴보고자 한다.

---

3) 특히 우리나라의 경우 더욱 그러하다. 우리나라에 인적자원관리가 처음으로 대학의 교과목으로 개설된 것은 1950년대 말이었고, 조직체에서 전문적인 경영분야로서 인적자원관리기능을 발휘하기 시작한 것은 1960년대였다. 이렇게 발전이 지지부진한 이유는 첫째, 우리나라 기업인들이나 경영자들은 조선시대의 사농공상(士農工商)에서처럼 인간에 대해 너무 몰인식했다는 점이다. 둘째, 인간에 대한 투자의 효율을 불신하거나 의심한 나머지 응분의 투자가 없었다는 점이다. 셋째, 학문의 건전한 발전을 가져오기 위해서는 인접 내지 보조과학의 지원이 절대적으로 필요한데, 보조학문인 심리학, 사회학, 인류학 등의 학문이 일찍 발전하지 못했기 때문이다.

3.1 인적자원관리의 태동기

산업사회에 있어서 고용자와 피고용자의 관계가 분명히 나타나기 시작한 것은 산업혁명 이후의 일이다. 19세기 후반에 볼 수 있는 자본가의 노동자에 대한 온갖 횡포와 착취의 가능성은 인적자원관리에 대해서 아무런 관심이 없어도 기업은 비약적인 발전을 거듭할 수 있다는 것을 의미하였다. 그러나 이러한 상태는 오래 가지 못하고, 19세기 말에는 구미 각국에서 노동자들의 자각을 불러일으켜 그들로 하여금 단결하고 단체교섭과 단체행동을 할 수 있는 권리를 쟁취하게 하였다. 그래서 그 결과로 유럽의 도처에서 노동자들의 조직적인 태업과 가지각색의 단체행동이 야기되었던 것이다. 사태가 이렇게 급속히 변화함에 따라 종래 무관심하였던 자본가의 노동자관에도 변화가 없을 수 없었다. 이러한 사태에 대비하기 위한 새로운 경영관리방식으로서 저 유명한 테일러(F. W. Taylor)의 과학적 관리법의 출현을 보게 된 것은 바로 이 때의 일이다.

과학적 관리법이란 소문이나 짐작이 아닌 사실이나 관찰에 기초를 둔 하나의 철학이자 일련의 관리관행을 말한다(Hellriegel, Jackson, & Slocum, 2005, 76). 즉 종업원의 능률을 개선하기 위하여 작업상황의 합리적·과학적 연구에 초점을 두는 관리관점을 말한다. 과학적 관리법은 그 발생의 동기가 당시에 성행하던 조직적인 태업의 방지에 있었다. 즉, 테일러는 동작 및 시간에 관한 연구를 하여 하루의 적정과업(a fair day's work)을 책정하였으며, 이것을 근거로 하여 임금관리를 합리화함으로써 생산능률의 향상을 기하고자 하였던 것이다.

이러한 과학적 관리법으로 테일러는 태업을 방지하고 생산성을 향상시킴으로써 흔히들 테일러시스템(Tylor system) 혹은 테일러리즘(Taylorism)으로 일컬어지고 있는 그의 일관된 근본정신인, 고임금 저노무비 원칙(high wage, low labor cost principle)을 달성할 수 있었다(이덕로·서도원·이원우, 2008, 45-46). 반면에 헨리 포드(H. Ford)는 벨트 컨베이어 시스템을 통한 대량생산으로 포디즘(Fordism)으로 일컬어지고 있는 그의 일관된 근본정신인, 고임금 저가격 원칙(high wage, low price principle)을 달성할 수 있었다.[4]

4) 포드는 T형 자동차의 가격을 1909년 950달러, 1910년 780달러, 1911년 690달러, 1912년 600달러, 1913년 550달러, 1917년 450달러까지 인하하였다(윤대혁·정형일, 2006, 78).

이와 같이 테일러의 과학적 관리는 작업능률, 즉 노동강화를 주로 고려하고 있으며, 인간성의 고려는 2차적으로 다루고 있다는 비난을 듣기는 하지만 그의 주요 저서인 「과학적 관리법의 원리」(1911)나 「공장관리」(1903)에는 노동자의 생활이나 인사문제에 관한 사항이 전체의 1/3이나 차지하고 있음을 보아도 오늘날 인적자원관리라는 학문이 발달하여 그 체계를 갖추게 된 시초를 이상과 같은 테일러의 연구와 주장에서 구해도 크게 무리는 아니라고 생각된다. 이와 같이 19세기 말부터 제1차 세계대전이 발발하기까지의 시기 동안 초기단계의 인적자원관리가 이루어지기 시작했다는 의미에서 이 시기를 인적자원관리의 태동기라 한다.

3.2 인적자원관리의 성립기

본격적인 의미에 있어서의 인적자원관리의 성립은 제1차 세계대전 중에 시작되어 제2차 세계대전으로까지 이어진다. 도우허티(C. R. Daugherty)는 제1차 세계대전 중에 새로운 인사관리의 성립을 보게 된 데 대한 이유로서 다음과 같은 네 가지를 들고 있다.

그 첫째의 이유는 과학적 관리법의 실패에 있다. 과학적 관리법에 의하면 경영자는 노동자를 기계에 대한 부속물로서 이해해 왔으므로 회사는 노동자의 자발적 협조를 촉구하려고 노력하는 것에 의하지 않고, 노동자를 혹사하는 것에 의해서 생산을 증강하려고 하였다. 이와 같은 '인간적 요소의 무시'는 노동자의 태업, 적개심, 그리고 이직의 증대를 초래케 할 따름이었다. 따라서 전전의 과학적 관리를 그대로 계속한다는 것은 이제는 불가능한 일이 되었던 것이다. 둘째의 이유로는 전쟁으로 인한 노동력의 극심한 부족을 들 수 있다. 노동력의 부족은 노동자의 지위를 강화하며, 노동공세의 기초를 공고하게 하는 것이다. 따라서 경영자는 이제 노동자의 사기 내지 근로의욕을 앙양시키기 위한 새로운 적극적 방책을 강구하지 않을 수 없게 되었다. 셋째로는 인적자원관리활동에 대한 강렬한 자극이 전시 중 군대의 동원업무에 의해서 나타났다는 것을 들 수 있다. 즉, 군의 각 분야에 충당되어야 할 인원의 선발과 훈련에 관해서 육군이 실시한 동원업무는 최초의 그리고 가장 대규모적인 인적자원관리활동이었으며, 이 동원업무에 의해서 인적자원관리활동이 지니는 위대한 진가가 발휘되었던 것이다. 그리고 넷째의 이유는 전쟁이 끝난 직후인 1919-1922년의 노동불안이다. 즉, 전후의 노동공세는 경영자들로 하여금 훌륭한 인사방침의 필요성을 통감하게 했던 것이다.

이상과 같은 제 요인과 더불어 전쟁 직전에 발전을 보게 된 산업심리학의 연구는 종전의 과학적 관리의 최대의 결함인 생산에 있어서의 인간적 요소를 무시하는 인적자원관리를 보완하여 여기에 새로운 의미의 본격적인 인적자원관리의 탄생을 재촉하였다. 산업심리학 분야의 시식과 언구를 인적자원관리에 적용한 최초의 사람은 저명한 산업심리학자인 뮌스터베르크(Hugo Münsterberg)였다. 그는 1913년에 출간한 「심리학과 산업능률」(Psychology and Industrial Efficiency)이란 책을 통하여 심리학이 선발, 훈련 및 능률개선 분야에 공헌할 수 있다고 주장하였다(Münsterberg, 1913).

이러한 산업심리학이 인적자원관리 분야에 처음으로 적용된 것은 바로 미 육군에서였다. 미 육군 인력분류위원회(The Army Committee for Classification of Personnel)는 이전과는 달리 병과를 분류하는 데 있어서 개개인의 성격, 적성, 취미 및 사회배경 등을 감안하여 분류를 하게 되었다. 이렇게 해서 출현한 새로운 인적자원관리는 1920년대의 미국사회에 사상 미증유의 풍요의 시대가 도래함에 따라서 대단히 활발하게 보급되었다. 즉, 경제적으로 여유가 생기게 된 모든 경영자는 앞을 다투어 인사부를 설치하고 이것을 근거로 하여 새로운 인적자원관리를 본격적으로 적용하였던 것이다. 그러나 이 시대의 인적자원관리의 보급은 반드시 건전한 발전을 지향한 것이었다고는 할 수 없다. 당시의 인사부의 활동은 실질적으로 반드시 가치있는 일은 아니어서 여유있는 경영의 허식품이라는 비난을 듣기가 일쑤였으며, 또한 돈 많은 경영자들이 온정주의적인 여러 방식에 의해서 노동자의 환심을 사는 데 부심하는 경향이 농후하였다.

1920년대 중반 시카고 근교의 웨스턴 일렉트릭(Western Electric Co.)의 호손공장(Hawthorne Works)을 중심으로 산업의 능률과 인간과의 관계를 규명하기 위해 당시 하버드 대학 사회학과 교수였던 메이어(E. Mayo)을 중심으로 이른바 호손실험이 실시되었다. 이 실험을 통하여 산업의 능률을 좌우하는 것은 물적 요소가 아니라 인간의 정감(sentiment)이라는 사실을 알게 되었다. 이러한 결론은 인간행동에 새로운 통찰력을 제공하는 인간관계론의 성립에 불을 붙이게 되었다(Mine & Miner, 1985, 27-47).

따라서 인적자원관리의 건전한 발전은 오히려 1930년대의 대공황을 겪고 난 후의 시기에서 구해야 할 것이다. 즉, 경제적 여유가 있었기 때문에 생겨난 허식품으로서의 인사부는 공황을 당면하자 폐지되거나 혹은 그 기구가 위축되지 않을 수 없었으며, 또한 번영의 시대에 있어서는 별로 비판을 받음이 없이 통용되던 인적자원관리의 의의도 불경기를 맞이함에 따라 심각한 비판과 검토의 대상이 되었던 것이다. 이에 따라 인사부의 기능 및 활동에 대한 적극적인 연구를 촉구하게 되어 이제야 인적자원관리는 경영의 허식품이 아니라, 없어서는 안 될 필수품으로서 등장하게 된 것이다. 이 밖에도 이 시기와 관련하여 인적자원관리활동에 나타난 두드러진 특징은 각종 법률, 대통령령 및 주요 법원의 판결 등이 인적자원관리에 더욱 더 영향을 미쳤다는 것이다.

3.3 인적자원관리의 발전기

일반적으로 제2차 세계대전 이후부터 1970년대 사이를 인적자원관리의 발전기라 부른다. 제2차 세계대전 동안 미국의 군대와 군수산업 분야에서 현저한 발전을 보게 된 인적자원관리는 종전과 더불어 신속하게 민간산업의 전분야에 활발하게 도입되어 나날이 발전을 거듭하게 되었다. 1951년에는 미국의 여러 기업인들의 요망에 의해 미국인사관리준칙(American Code of Personnel Administration)이 발표되었는데, 이것은 다음과 같은 16원칙으로 구성되어 있다.

① 조직 전반에 걸쳐 높은 품성과 고도의 도덕을 강조할 것.
② 전국적으로 인정될 수 있는 원리와 일치하는 인사관리준칙을 문서화해서 조직의 전 구성원에게 교부할 것.
③ 경영자는 타인으로부터 신뢰를 받을 만큼 높은 수준의 지도력을 지니고 있을 것.
④ 권한, 책임, 조화, 통제 및 의사소통의 원칙에 따르는 조직을 할 것.
⑤ 적절한 사람을 최고경영자로 선임할 것.
⑥ 조직의 구성원에게 설명과 협의의 방법에 의하여 경영참가의 욕구를 충족시킬 것.
⑦ 조직의 구성원에게 이해관계가 있다는 사항을 주지시킬 것.

⑧ 각자에게 스스로의 의사를 자유롭게 발표하도록 장려할 것.
⑨ 자존심과 위엄을 가질 수 있게끔 작업환경을 정리할 것.
⑩ 종업원의 불행이나 어려움에 대해서는 동정심을 갖고 고려할 것.
⑪ 고용을 안정시킬 것.
⑫ 승진의 기회, 방법 및 경로를 명시할 것.
⑬ 지식, 훈련, 난이 및 책임의 정도에 의해서 계산된 임금과 직무 및 지위의 정도에 따라서 인정된 급료를 정할 것.
⑭ 교육 및 훈련을 제도화할 것.
⑮ 각 개인을 고과를 통해서 인정하고 승진의 기회를 줄 것.
⑯ 기업경영을 통해서 우애의 정신이 충만토록 하며, 조직체 내의 각 구성원 간에 선의의 인간관계를 수립할 것.

이상의 준칙 가운데 우리는 과거에 볼 수 없었던 획기적 사항을 몇 가지 볼 수 있다. 즉, 제6항과 제8항의 규정은 과거의 테일러적인 노동관이나 온정주의적인 경영관에서는 볼 수 없던 것으로 이후의 인적자원관리의 발전방향을 명시해 주고 있다. 이 준칙의 특색은 노동자의 인격을 명확히 인정하고 있다는 것과 또한 그것이 협동자적 노동자관에 기초를 둔 표현이라는 것이다. 이러한 미국의 인사관리준칙 16개항의 중심적 이념을 극히 현저하게 구체화한 것으로는 독일에서 1951년과 1952년에 제정하여 실시하고 있는 '공동결정법'과 '경영조직법'을 들 수 있다(Sherman & Bohlander, 1992).

제2차 세계대전 이후에서 1970년까지의 인적자원관리의 역사상의 특징은 크게 네 가지로 나누어 볼 수 있다. 첫째, 제2차 세계대전의 여파로 노조원수가 폭발적으로 증가하였다. 1941년 불과 500만명에 불과하던 미국의 노조원수는 1954년에 1,700만명으로 늘어났다. 둘째, 대학이 인적자원관리의 발달에 크게 기여했다는 점이다. 제2차 세계대전 이후부터 인적자원관리 과목이 대학강좌에 많이 개설되었으며 많은 경우 전공필수과목으로 자리잡게 되었다. 이뿐만 아니라 여러 대학에 인력문제를 전문적으로 연구하는 각종 연구소가 창설되었다. 셋째, 행동과학이 인사문제의 해결에 크게 영향을 미치게 되었다. 특히 인사관행에 있어서 보다 나은 기법과 창의적인 접근방법을 개발하는 데 결정적인 공헌을 하게 되었다. 넷째, 전문가 활동이 두드러졌다는 점이다(Smith, Brice, & Skaggs, 1983). 전문가들이 결성한 집단으로 대표적인 것은 미국인사관리협회(American Society for Personnel Association)를 비롯하여 국제인사관리협회(International Personnel Management Association), 미국훈련개발협회(American Society for Training and Development), 미국보상협회(American Compensation Association) 등이다. 이밖에도 많은 대학에서 인적자원관리와 관련된 정기간행물을 출간하게 되었다.

1970년대에 들어서면서 자본주의가 더욱 고도화됨에 따라 기업이 사회적 책임이나 사회에 대한 봉사와 같은 문제에 보다 관심을 가지지 않을 수 없게 되었다. 이러한 경영관의 변화는 인적자원활동에 대한 정부의 각종 법이나 규제조치의 증대로부터 기인된 것이다. 즉, 동일고용관행, 직업안전보건, 공해규제에 관한 법들이 바로 그것인데, 그 결과 인적자원관리의 기능과 역할 그리고 중요성이 점차 증대되게 되었다(Mine & Miner, 1985, 34).

요컨대 노동자 처우의 기본적 이념을 이룩하는 노동자관은 19세기 말의 상업적 노동자관에서 시작하여 그것이 점차 발전함에 따라 고객적 노동자관이 되었고, 더 나아가 협동자적 노동자관의 영역에까지 도달하였다. 그래서 초기의 상업적 노동자관 내지 기계적 노동자관 아래서는 노동자의 처리는 있었으나 노동자의 관리는 없었으며, 20세기의 고객적 노동자관 아래서는 노동자의 관리는 단순한 노무처리가 아니라 소박하나마 인적자원관리의 이름이 붙을 수 있는 인간성의 고려를 기저로 하고 있었으며, 이것이 더욱 발전하여 제2차 세계대전 후의 협동자적 노동자관 아래서는 인적자원관리가 경영적 인간체제의 확립이라는 새로운 국면으로 발전하게 되었다.

3.4 인적자원관리의 전환기

1970년대 초반의 제1차 오일쇼크에 이어 1970년대 말 제2차 오일쇼크로 1980년대 들어 전 세계는 마이너스성장을 기록하였고 이에 따라 각 기업들은 구조조정과 정리해고를 단행하지 않을 수 없었다. 그 결과 단 한 차례의 일시해고도 하지 않았던 IBM에서 마저 대량해고가 이루어졌다. 일본의 경우 연공서열제, 기업별 노조와 더불어 일본노사관계의 삼신기(三神器)라 불리는 종신고용제의 근간마저 흔들리게 되었다. 또한 세계화, 개방화, 경쟁의 가속화, 디지털시대의 신세대의 사고

변화로, 미국과 일본을 중심으로 신인적자원관리가 도입되면서 인적자원관리는 일대 전환기를 맞이하게 되었다.

인적자원관리(HRM: Human Resource Management)는 1970년대만 해도 우리에게 인사관리(PA: Personnel Administration)로 보다 잘 알려져 왔는데, 그 후 인적자원의 중요성을 역설하고 인적자원의 개발에 보다 초점을 둔다는 의미에서 인사관리 대신 인적자원관리 혹은 현대인적자원관리(MHRM: Modern Human Resource Management)로 불려져 왔다.

그러다가 1980년의 제2차 오일쇼크를 경험하면서 인적자원관리는 또 한번 큰 변화를 겪게 된다. 사람관리에 대한 기능별 혹은 관리적 관점에서 벗어나 통합적이고 전략적인 관점을 채택함으로써 인적자원관리 연구와 실무에 새로운 패러다임을 제공하게 되었는데, 이것이 바로 전략적 인적자원관리(SHRM: Strategic Human Resource Management)이다(Snell, Shadur, & Wright, 2001).

사람을 기업전략의 주체로 간주하고 인적자원을 모방할 수 없는 경쟁우위의 요소로 간주하는데서 출발하여 인적자원과 기업전략을 연결시키는(배종석, 1999) 전략적 인적자원관리는 인적자원시스템과 조직 성과에 연계되는 메커니즘을 규명하는데 1차적 초점을 둔다. 전략적 인적자원관리는 1980년대 개념 정립과 이론화 작업을 거치다 1990년대에 이르러 이론 및 실증 연구가 폭발적으로 증가하면서 그 학문적 위상을 크게 확장하였다. 2000년대에 들어서는 지난 20여 년간 폭넓게 축적된 연구들을 바탕으로 개념 및 방법론의 정교화 작업을 통해 학문의 외연적 범위뿐 아니라 깊이에서도 논의가 심화되면서 전략적 인적자원관리 연구는 이제 성숙기에 들어섰다고 할 수 있다(강성춘 · 박지성 · 박호환, 2011; Becker & Huselid, 2006). 전통적 HRM과 전략적 HRM의 차이를 간단히 비교하면 [그림 1-12]와 같다.

이와 같이 현대인적자원관리는 전통적 인적자원관리와는 달리 인적자원부서가 더 이상 비용중심점(cost center)이 아니라 이익중심점(profit center)으로서 기업의 성장에 결정적인 역할을 수행하는 단계로 발전하고 있다. 또한 '우는 아이에게 젖주는 식'의 반응적(reactive) 인적자원관리가 아니라 '울지 않더라도 제때에 젖주는 식'의 선행적(proactive) 인적자원관리로 바뀌어 가고 있다. 결국 전통적 인사관리(PA)는 인적자원관리(HRM)로, 나아가 전략적 인적자원관리(SHRM)로 그 개념이나 배경과 주요 논점이 바뀌게 되었는데, 이들을 비교해 보면 〈표 1-3〉과 같다.[5]

그림 1-12 | **전통적 HRM과 전략적 HRM의 비교**

전통적 HRM		전략적 HRM
사람 : 비용		사람 : 자산
초점 : 미시적, 개인		초점 : 거시적, 조직전체
기능적	→	전략적
수동적		능동적
내부 중심		고객 중심
집권화		분권화

자료: 유규창·박우성(2017), 「(리더를 위한) 인적자원관리」, 창민사, 88.

표 1-3 | **인사관리, 인적자원관리 및 전략적 인적자원관리의 비교**

구 분	전통적 인사관리	인적자원관리	전략적 인적자원관리
배 경	• 과학적 관리론에서 시작 • 생산과 작업의 기술적 측면을 중시	• 전통적 인사관리의 한계 인식 • 인적자원을 통한 경쟁력 향상의 필요성 인식	• 노동 생산성 및 산업의 정체기 직면 • 전략적 관리에 관심을 가짐
주 요 논 점	• 생산요소로서의 인력의 효율적인 관리와 활용 중시 • 경영자와 종업원의 종속적 관계 • 인적자원을 비용의 개념으로 봄	• 인적자원에 대한 통합제도 적용 • 종업원에게 기회를 주면서도 리더십을 통해 경영철학 구현 • 인적자원을 자산으로 봄 • 훈련 개발, 의사소통, 동기부여 강조	• 전략과 인적자원의 통합 • 인적자원을 조직의 유효성 증진에 공헌해야 하는 대상으로 봄 • 구성원의 자율과 몰입을 통해 인적자원의 잠재력 확대

21세기에 들어서기 직전과 들어서는 과정에서 기업경영과 인적자원관리에 결정적으로 영향을 미치는 국내외의 굴직굴직한 사건들(1997년의 IMF 외환위기, 2007년의 미국발 글로벌 금융위기, 그리고 2010년의 유럽의 재정위기)이 연달아 터졌고 이에

5) 최근에는 '조직'의 목표와 성과에 초점을 둔 전략적 인적자원관리와 달리 '구성원'의 태도와 몰입에 초점을 둔 고몰입 인적자원관리(high commitment human resource management: HCHRM) 관점이 제시되고 있다(김주희·강영희, 2014; 문성옥·이지만·이주일, 2017; Boxall & Macky, 2009; Farndale, Hope-Hailey, & Kelliher, 2011).

따라 노동시장에도 많은 변화가 일어나게 되었다. 그 중에서도 노동시장의 대표적인 4대 특징은 지식근로자의 노동시장, 고령(화)사회의 도래, 노동시장의 유연화와 비정규직의 증가, 그리고 노동시장의 다양성 등을 들 수 있다(권석균 · 이병철 · 양재완, 2017, 22-39).

기업이 지속 가능한 경영을 하기 위해서는 사회적 요구를 담아내고 시대적 요구를 반영하며 그리고 현재적 · 잠재적 고객이 기대하는 신천지를 열어나가야만 한다. 따라서 최근 들어 우리 사회가 경험하고 또 고민하고 있는 노동시간 단축, 워라밸(Work and Life Balance: 일과 생활의 균형), 급격한 최저임금인상, 청년실업, 비정규직문제 등과 같이 인적자원관리 전반에 걸쳐서 많은 도전과제와 변화를 경험하고 있다.

4. 인적자원관리의 변화

인적자원시스템의 패러다임(paradigm)이 변하고 있다. 인적자원시스템의 패러다임이란 기업 인적자원시스템의 준거틀(frame of reference)에 해당하는 것이다. 우리나라 기업의 인적자원관리가 시대와 환경에 따라 어떻게 변화해 왔는가를 파악하기 위해서는 이러한 준거틀에 해당하는 패러다임이 어떻게 변화되어 왔는가를 파악할 필요가 있다.

많은 인사 · 조직 분야의 학자들은 우리나라에서 인사관리를 시행하였다고 말할 수 있는 시기는 1960년대부터라고 보고 있다. 이 출발선에서 볼 때 우리나라 기업의 인적자원관리는 지난 50-60년의 세월동안 꾸준히 변화되어 왔다(이영면 · 김성국, 2002, 236). 이러한 변화에 대해 이학종(2000), 신유근(2000, 1991) 교수를 비롯한 여러 학자들은 〈표 1-4〉와 같이 한국기업의 인사시스템을 다양하게 구분하여 그 변화과정을 설명하고 있다.

그러면 본 절에서는 먼저 디지털혁명이 인적자원관리에 미친 영향을 살펴보고, 인적자원관리 기능별 주요 패러다임의 변화를 살펴본 뒤, 마지막으로 이러한 변화에 대응하기 위한 인적자원관리자의 역할변화 등에 대해 살펴보기로 하겠다.

표 1-4 한국기업의 인적자원시스템의 변화과정

구분 \ 연대	1960-1970년대	1970-1987년	1987-1997년	1997년이후
특 징	인사관리의 미분화	전통문화의 지배	전통과 서구의 혼재, 개방화, 인간화	서구방식으로 전환
모집선발	연고 및 학벌 중시	공개채용	고학력자 선호 공개채용	인재상 중시 상시채용
직무순환	제너럴리스트	제너럴리스트	편의적 직무순환	스페셜리스트
승진관리	연고 및 연공 중시	연고 및 연공 중시	연공과 능력의 마찰	능력 강조, 특진, 발탁승진
교육훈련	소양교육 중시	소양교육 중시	전인주의, 전문교육	전문가 지향, 학습조직, 평생학습
이직관리	평생직장	평생직장	인력정체, 명예퇴직	직업 중시, 정리해고
인사고과	상사평가, 주관적, 형식적 평가	상사평가, 주관적, 형식적 평가	능력 및 성과 고려	다면평가 능력과 성과 중시
임금관리	연공중심의 호봉제	연공중심의 호봉제	능력주의 가미	연봉제 확대 인센티브제 확대

자료: 이영면·김성국(2002), "한국기업의 인사," 조영호 외, 「경영학 뉴패러다임: 조직인사·노사관계」, 박영사, 172.

4.1 디지털혁명이 인적자원관리에 미친 영향

지금까지 21세기 최대의 키워드는 단연 디지털혁명이다.[6] 디지털혁명은 시장의 판을 새로이 짜고, 사업을 재정의하였으며, 기업의 핵심역량을 바꾸고, 조직운영 방식, 그리고 더 나아가 인간관계까지도 변화시키는 충격을 몰고 왔다. 이러한 디지털혁명은 기업의 인적자원관리 분야에도 적지 않은 변화를 가져왔는데, 〈표 1-5〉와 같이 조직구조, 인력관리, 보상체계, 노사관계, 기업문화 등 인적자원관리 전

6) 일부에선 이미 "3차 산업혁명을 넘어 4차 산업혁명기에 접어들었다"는 주장이 나오고 있다. 그러나 세계경제포럼(WEF: World Economic Forum) 회장인 클라우스 슈밥(Klaus Schwab)이 제4차 산업혁명을 "디지털혁명인 3차 산업혁명에 기반을 두고 있으며, 디지털(digital), 물리적(physical), 생물학적인(biological) 기존 영역의 경계가 사라지면서, 융합되는(fusion) 기술적인 혁명"이라고 개념적으로 정의한데서도(김민식·손가녕, 2017.2.16.) 알 수 있듯이 제4차 산업혁명은 디지털혁명에 기반을 두고 있으므로 본 고에서는 디지털혁명을 중심으로 살펴보고자 한다.

표 1-5 디지털시대 기업인사의 변화

분 야	아날로그시대 →	디지털시대
조직구조	정형화, 분명한 경계 위계적, 내부지향적	네트워크화(무정형 · 무경계화) 수평적 · 내외개방적
인력관리	전체인력의 확보 · 유지 장기고용방식	핵심인재의 확보 · 유지 다양한 고용방식
보상체계	내부가치중심, 평등원리 기초 연봉+복리후생	시장가치중심, 공평원리(실력주의) 기초, 연봉+성과배분+스톡옵션
노사관계	집단적 이해 중심 임금인상, 근로조건 개선	개별적 욕구 중시 성과배분, 고용가치 증진
기업문화	폐쇄적, 위계적 순차적 의사소통	개방적, 민주적 실시간 쌍방향 의사소통

자료: 백필규 · 이정일(2000), "디지털시대의 인사혁명," 「CEO Information」, 234, 삼성경제연구소, 8.

분야에 걸쳐 급격한 변화가 이루어지고 있다(백필규 · 이정일, 2000).

전자상거래와 마찬가지로 디지털 인적자원관리란 인터넷을 사용하여 인적자원 내의 제활동을 수행하는 것을 말한다(Lengnick-Hall & Moritz, 2003). 디지털 시대이 전자인적자원관리(eHRM: electronic Human Resource Management)는 기본적으로 전통적인 인적자원관리와 IT기술의 장점을 수렴한 새로운 인적자원관리방식이라 할 수 있다. 이와 같이 eHRM은 기존의 인적자원관리 기능과 IT기능을 통합하고 연계하여 나타난 새로운 인적자원관리방식으로, 정보기술과 네트워크를 기반으로 디지털 경영환경 변화에 능동적이고 효율적으로 대처하면서 진화(evolutionary)하는 인적자원관리의 새로운 패러다임을 형성하고 있다. 구체적으로 단순히 IT기술의 활용을 통한 인사기능의 자동화, 전산화에 그치는 것이 아니라, 인적자원의 전략적 활용과 개발이라는 인적자원관리의 본질적인 가치에 중점을 두고 이를 구현하려는 시도라 할 수 있다(삼성경제연구소 HRM연구실, 2001). 따라서 디지털 시대의 인적자원관리는 전통적인 서류 중심의 인적자원관리(pHRM: paper Human Resource Management)와는 근본적으로 다르다. eHRM은 전통적인 인적자원관리의 한계를 〈표 1-6〉과 같이 스피드, 유연성, 다양성, 정확성, 참여성이라는 특성을 가진 IT 기술을 활용하여 극복하려 하고 있다.

사실 대면관계나 순차적 의사소통에 의존하는 전통적 인사관리기법으로는 다양화하고 있는 현장의 목소리에 신속하고 효과적으로 대응하는 데 한계가 있다. 따

표 1-6 | 전통적 HRM과 eHRM의 차이

구 분	전통적 HRM		IT기술		eHRM
관리형태	집단차원의 관리	—	스피드	→	개별차원의 관리
작업환경	paper 중심 작업환경 물리적 사업장 근무시간의 제약	—	유연성	→	paperless 작업환경 가상작업공간 등장 근무시간 유연화·탄력화
필요기술	사람관리기술	—		→	정보관리 및 IT관리기술
주요 인사기능	데이터 관리 및 정보전달	—	다양성	→	전략적 인사관리
HR담당자역할	관리/지원 역할	—		→	전문적 자문 역할
정보수집방법	개인적 접촉 등 비과학적 방법	—	정확성	→	컴퓨터기반의 통계자료 및 과학적 방법
IT활용도	수동적 대응	—	참여성	→	주도적 개발 요구

자료: 삼성경제연구소 HRM연구실(2001), 「디지털시대의 HRM: eHRM」, 3-11.

라서 종업원과 현장의 다양한 요구사항을 수용하고 신속히 대응하기 위해서는 첨단기술을 활용한 새로운 관리기법의 도입이 필요하다. 쌍방향 커뮤니케이션[7]이 가능한 인터넷, 음성정보기술 등 IT기술은 짧은 시간 내에 다양한 요구에 신속히 대응하고, 효율적으로 정보관리를 가능하게 해주는 효과적인 수단이 된다.

디지털 시대에는 인사부서의 역할도 변화하여야 하는데, 가장 주목할 만한 인사부서의 역할변화는 인적자원관리담당자가 기업경영자의 전략적 파트너가 되어야 한다는 점이다(김성국, 2003, 5-6). 곧 기존의 인사서비스 제고나 종업원 기여 제고와 같은 일상적인 내부종업원관리에서 비용절감, 고객만족 증진 등 미래지향적인 경영의 전략적 파트너로 전환되어야 한다. 구체적으로 우수핵심인력을 확보하여 이들 인력의 활용도를 높일 수 있는 전략적 파트너 기능을 수행하여야 한다. 아울러, 급변하는 기술변화에 대응하여 선진기술을 인적자원관리에 접목시켜 활용하고, 생산성 향상을 추진하는 등 조직문화의 변화를 선도하여야 한다.

---

7) 연속적·일방적인 아날로그와는 달리 디지털은 쌍방향이다. 따라서 접속자와의 상호소통이 생명이다. 디지털의 성격을 가지는 정보통신기술은 양질의 정보를 대량으로 전송할 수 있을 뿐 아니라 수령자인 개인들도 정보의 생산과 가공에 참여할 수 있다는 점에서 기존기술과는 달리 상호작용을 허용한다(양창삼, 2001).

현장이야기

FC 바르셀로나의 인재경영

최근 기업 경영의 가장 큰 화두는 핵심인재 확보다. 치열하게 전개되는 글로벌 경쟁에서 창의와 혁신을 이끌어낼 수 있는 핵심인재가 기업 경쟁력의 핵심이라고 할 수 있기 때문에 기업마다 유능한 인재를 확보하기 위한 '인재 전쟁'(The War for Talent)을 벌이고 있다.

핵심인재를 확보하기 위한 노력은 스포츠 세계에서도 치열하다. 스타 플레이어 영입 전쟁이 갈수록 심화돼 이들의 몸값은 천정부지로 치솟았다. 특히 지난 2009년 스페인의 프로축구팀 레알 마드리드는 맨체스터 유나이티드의 크리스티아누 호날두를 영입하기 위해 역대 최고 이적료인 9,000만유로(2018년 7월엔 유벤투스가 레알 마드리드에서 데려오기 위해 이적료 1억 500만 유로(약 1천 375억원) 지불)를 쏟아붓기도 했다.

하지만 거액의 스타 플레이어 가운데 일부는 몸값에 훨씬 못 미치는 성적으로 퇴출당하는 모습을 보면 스타 플레이어 영입이 항상 좋은 성과를 담보하진 못한다는 것을 알 수 있다. 그렇다면 필요한 인재를 어떠한 방식으로 확보하는 것이 현명할까. 이에 대한 지혜를 현 시대의 가장 완벽한 축구팀으로 불리는 스페인 FC 바르셀로나의 '인재 경영'을 통해 알아보자. '세계 최고의 선수'로 불리는 리오넬 메시가 소속된 FC 바르셀로나는 역대 최고의 팀 중 하나로 꼽힐 정도로 강력한 모습을 보이고 있다. 그 근간에는 3가지 인재 경영의 지혜가 숨어 있다.

그 중 첫번째는 유소년 시스템인 '칸테라(스페인어로 채석장)'를 선수 확보의 근간으로 삼고 있다는 점이다. 칸테라는 가능성있는 원석을 발굴해 보석으로 가공하는 FC 바르셀로나의 인재양성 시스템이다. 1990년대 초 네덜란드의 축구 영웅 요한 크루이프가 FC 바르셀로나의 감독으로 부임한 이래 유소년 육성에 집중적인 노력을 기울여 세계 최고 수준의 칸테라를 구축, 메시·사비·이니에스타 등 세계 최고 수준의 선수들을 양성해냈다.

둘째, FC 바르셀로나는 명확한 선수구성 원칙을 가지고 효과적으로 외부 선수들을 영입했다. FC 바르셀로나 유소년 팀의 전 수석 코디네이터였던 알베르트 카펠라스는 FC 바르셀로나의 팀 구성 원칙에 대해 "50%는 칸테라를 통해 양성하고 35%는 유럽의 수준 높은 선수들을, 나머지 15%는 세계 최고의 선수들을 영입하는 것"이라고 설명한 바 있다. 칸테라를 통해 양성한 내부 선수들을 근간으로 하되 외부의 우수 선수들을 적절히 영입함으로써 팀의 약점을 보완하고 경기력을 극대화했다는 얘기다.

마지막으로 FC 바르셀로나는 팀의 문화와 스타일을 분석해 감독의 리더십 요건을 정의하고 최적의 감독을 선임하고자 노력했다. 선임된 감독들에겐 전폭적인 지원을 약속했다. 이렇게 선임된 감독들은 외부 영입 선수들과 내부에서 양성한 선수들 개개인이 역량을 최대한 발휘할 수 있도록 함으로써 팀의 조직력을 극대화했다.

FC 바르셀로나의 성공 사례는 기업도 조직의 근간을 유지하는 내부인재 양성을 바탕으로 환경변화에 효과적으로 대응할 수 있는 외부인재 영입, 즉 인재 양성과 영입이라는 쌍두마차 간에 최적의 균형점을 찾고 최적의 리더십을 통해 서로 톱니바퀴처럼 맞물려 돌아가며 시너지를 창출하도록 할 때 지속 가능한 성과를 창출할 수 있음을 보여준다.

경영학의 구루 짐 콜린스는 위대한 기업을 만들기 위해 가장 먼저 할 일은 함께 일할 적합한 사람(right people)을 찾아내는 일이라고 강조했다. 핵심인재 확보와 양성, 그리고 이를 뒷받침하는 효과적인 리더십이야말로 콜린스가 주장하던 좋은 기업이 위대한 기업으로 성장하기 위한 '사람 먼저, 다음에 할 일(First who, then what)'의 핵심이자 이를 실천한 FC 바르셀로나 성공의 핵심이 아닐까 다시 한번 생각해본다.

자료: 김지한(2018.7.11), "이적료 1370억원, 연봉은 390억원... 호날두, 9년 만에 팀 옮겼다," 「중앙일보」; 우진용(2011.10.2.), "FC 바르셀로나의 인재 경영," 「서울경제신문」.

끝으로 인적자원부서는 비용절감과 내부고객의 욕구충족을 동시에 추구하여야 한다. 즉, 지속적으로 슬림화, 아웃소싱, 업무혁신 등을 통해 인력관리 및 인사서비스를 제공하고 인적자원기능을 수행하는데 소요되는 비용의 절감을 주체적으로 수행하여야 한다. 또한, 인사정보뿐만 아니라 서비스를 경영자와 현장관리자, 일반종업원에게 제공하는 개별화·다양화되는 이해관계자의 요구를 동시에 충족시켜 주는 것이 필요하다.

4.2 인적자원관리 패러다임의 변화

앞서 언급한 바와 같이 인적자원관리는 조직체의 인적자원관리를 관리하는 경영의 한 분야로서 생산, 마케팅, 재무, 회계 등 다른 경영분야와 더불어 조직체의 전반적인 경영전략과 목적달성에 중요한 기능을 한다. 인적자원관리의 체계와 기본기능은 학자에 따라 상이하게 전개되고 있지만 일반적으로 인적자원의 확보, 개발, 평가, 보상 및 유지 등으로 이루어진다. 이를 좀 더 구체화하면 인적자원의 환경으로부터 시작하여 직무관리, 채용관리, 교육훈련 및 개발관리, 인사이동 및 징계관리, 인사고과(평가), 임금관리, 복리후생관리, 산업보건관리, 노사관계관리 및 인간관계관리 등과 같은 내용들로 체계화할 수 있다.

인적자원관리 패러다임은 다양한 관점에서 생각해볼 수 있다(임창희, 2014, 69). 그러나 본장의 제4절 시작부분에서 인적자원시스템의 패러다임변화를 기능측면에서 전반적으로 살펴보고 있으므로 여기서도 인적자원관리 패러다임의 몇몇 주요 변화를 기능별로 간략히 고찰해보기로 하겠다.

(1) 채용관리

IMF관리체제 이후 대규모 구조조정이 전개되어왔고 이제는 정리해고[8]마저 합법화되어 요건을 갖출 경우 정리해고도 가능해지게 되었다. 따라서 대기업, 금융기관은 말할 것도 없고, 심지어 공무원마저 장기고용과 종신고용이 흔들려 이른바 '평생직장'에서 '평생직업'시대로 전환하면서 탄력적인 채용관리가 전개되고 있다. 채용방식에 있어서는 '채용파괴'라는 말이 나올 정도로 과거의 학력, 경력, 성적 위주에서 글로벌·디지털시대에 적합한 기술, 능력, 그리고 보다 적극적인 성격특성이 선발기준에서 강조되고 있다.

이러한 추세의 일환으로 채용과정에서도 전공, 일반상식 및 영어시험 대신 자기소개서, 추천서, 적성검사나 인성검사와 같은 각종 심리검사, TOEIC·TOEFL점수, 면접 등이 많이 사용되고 있다. 특히 채용과정에서 면접의 중요성이 강조되면서 다양한 면접방식이 활용되고 있으며, 아울러 피면접자에 대한 선입관을 지우기 위해 무자료 면접(blind interview)이 실시되기도 한다.

채용시기는 전통적인 정기채용 일변도에서 수시채용이나 정기채용과 수시채용을 병행하는 다양한 채용방식으로 바뀌고 있다. 또한 분권화와 더불어 기업경영자의 경영관리수준이 높아지면서 인사부서 중심의 채용에서 현장조직 중심의 채용으로 조금씩 이행해 가고 있다.

끝으로 기업의 경우 세계화와 더불어 도래한 무한경쟁 상황에 대처하고 4차산업혁명시대를 이끌어갈 자질있는 핵심인재를 확보하기 위해 선택과 집중전략을 통해 총원 중심의 인력운영관리에서 핵심역량 중심의 인적자원 확보관리로 채용전략

8) 정리해고의 정당성 요건으로 첫째, 해고를 하지 않으면 기업경영이 위태로울 정도의 긴박한 경영상의 필요성이 존재하여야 하고, 둘째, 경영방침이나 작업방식의 합리화, 신규채용금지, 일시휴직 및 희망퇴직의 활용, 전환배치 등 해고회피를 위한 노력을 다하였어야 하며, 셋째, 합리적이고 공정한 정리기준을 설정하여 이에 따라 해고대상자를 선별하여야 하고, 넷째, 이밖에도 해고에 앞서 노동조합이나 근로자측에 적절한 통지를 하고 이들과 사이에 성실한 협의를 거칠 것이 요구된다.

을 바꾸고 있다. 이렇게 해서 채용된 사람들에게는 한 때 인센티브 차원에서 프로 운동선수나 유명연예인들에게나 지급되던 일종의 계약금인 사이닝 보너스(signing bonus)까지 지급하는 회사도 생겨나고 있다.

(2) 교육훈련

인적자원의 중요성이 강조되면서 최고경영자들이 교육훈련에 대한 관심을 증대시키고 있으며, 그 결과 경영전략과 연계된 인재육성전략이 요구되고 있다. 아울러 교육훈련에 대한 지출을 비용(cost)으로 보던 전통적 관점에서 벗어나 투자(investment)로 보는 관점으로 인식의 전환이 이루어지고 있다.

또한 전통적으로 교육은 회사 안팎에서 집단적으로 이루어지는 교육이었으나 정보통신혁명으로 학습자에게 접근성이 용이한 전자학습(e-learning)이 가능해지면서 온라인(on-line)과 오프라인(off-line)을 병행하는 교육이 전개되고 있다. 나아가 교육은 개별적인 과정이수의 형태에서 진일보하여 회사의 인트라넷(Intranet)과 연계된 다양한 정보제공 및 사내지식경영시스템과의 연계로 발전하고 있다.

한편 교육훈련이 전통적인 교육자 중심의 강의(teaching), 즉 KSA(Knowledge, Skills, and Abilities)에서 피교육자(학습자) 중심의 학습(learning)과 참여로 기업교육에 대한 기본인식이 바뀌면서 학습자의 관심과 역량 및 잠재능력을 유발시키기 위한 교육훈련프로그램이 보다 강조되고 있다.

끝으로 과거에는 회사 내부에서 교육과정을 설계하고 설계된 교육내용에 맞는 외부강사를 섭외하여 교육을 실시하였고 교육훈련 결과에 대한 평가도 단지 강사의 개인적인 강의능력이 우수했는가에 초점이 맞추어졌다. 그러나 이제는 전문적인 교육아웃소싱을 통해 종업원에 대한 단편적인 강의제공에서 벗어나 개인과 조직의 목표달성을 위한 단계적 접근으로 인식되면서 교육훈련프로그램의 개발, 운영 및 평가 등 전반에 걸쳐 외부전문가를 활용하려는 쪽으로 변해가고 있다(임창희, 2003, 172-173).

(3) 인사평가

인적자원관리 분야의 주요 이슈 중의 하나는 정당성(justice), 그 중에서도 절차적 정당성(procedural justice)이다. 절차적 정당성이란 보상을 비롯한 인사관리활동이 어떠한 절차와 방법에 의하여 결정되었나를 유추해 보았을 때, 그 절차 및 방법에 대하여 종업원이 느끼는 공정성의 정도를 의미한다(Kim & Mauborgne, 1993). 특히 인사고과와 관련하여 절차적 정당성이란 인사고과의 수단과 절차에 대하여 피고과자가 느끼고 있는 공정성의 정도를 의미하는 것으로(이덕로 · 김한제, 2000) 인사고과의 성공에 무엇보다도 중요하다.

이러한 맥락에서 인사고과에 있어서는 성과를 중심으로 창의와 자율, 그리고 팀웍 등이 강조되는 이른바 신인사고과제도가 보편화되면서 기존의 학력, 나이, 근속연수 등의 연공을 중시하는 분위기가 크게 파괴되고 있다. 이와 병행하여 과거 중심의 인사고과에서 과거의 업적뿐만 아니라 미래 중심의 잠재능력의 측정에도 관심이 기울여지고 있다.

끝으로 평가의 주체, 즉 누가 누구를 대상으로 평가를 하는가 하는 차원인 관할권과 관련하여 전통적인 하향식(top down) 인사고과에서 탈피하여 동료에 의한 평가, 자기평가는 물론 심지어 하급자에 의한 상급자 평가도 이루어지고, 일부 서비스업종에서는 고객에 의한 종업원평가가 채택되기도 한다. 또한 상사, 동료 및 부하들에 의한 다면고과(360° 피드백 평가)와 아울러 복수평가자에 의한 집단고과 등이 많이 활용되고 있다.

(4) 승진 및 보상관리

승진과 임금관리는 동서양을 막론하고 종업원들의 2대 관심사항이라 일컬어질 정도로 매우 중요하다. 최근 들어 두드러진 특징 중의 하나는 승진이나 보상측면에서 평가와의 직접적인 연계성이 강화되고 있다는 점이다. 또한 승진과 임금관리에 있어서 전통적인 학력, 근속연수 및 나이보다는 업무수행능력과 업무성과가 보다 중시되고 있다. 한 예로 1994년부터 삼성, 현대, LG 등의 대기업그룹을 중심으로 임원과 중간관리층에시 능력에 의한 파격직인 발틱인사제도가 도입된 이래 급속히 확산되어 가고 있다. 이와 같이 자동승급이나 호봉승급과 같은 평등성(equality) 중시의 승진과 보상이 형평성(equity) 중시의 차별화된 승진이나 보상처림 임금과 승진이 형평성기준으로 차별화되고 있다(권석균 · 이병철 · 양재완, 2017, 61-62).

보상관리에 있어서는 기본급, 인센티브, 복리후생 등을 반영한 직접적 보상과 근로생활의 질 프로그램과 개인성장 인센티브를 포함한 간접적 보상을 모두 포함하는 전략적 보상관리를 하는 기업이 늘어나고 있다. 종업원에 대한 직접적인 보상인 임금관리에 있어서는 임금관리의 효율화 · 유연화를 위해 연봉제를 도입하는 기업이 폭발적으로 늘어가고 있으며, 보다 최근에는 스톡옵션제와 성과배분제도를 점차 확대해 가는 추세이다.

끝으로 만성적인 고급두뇌인력의 부족현상으로 인재전(war for talents)이 전개되고 있는 정보통신과 주요 기술분야의 경우 디지털시대를 선도할 우수인재를 확보 내지 동기부여시키기 위해 고임금과 주택, 고급승용차, 법인카드와 같은 복리후생은 물론이고 프로젝트별 차등화, 근무환경 개선, 멘토링 프로그램(mentoring program), 연수기회 제공 등 파격적인 보상을 제시하고 있다(김성국, 2003, 274-285).

(5) 노사관계관리

구미 각국이 경쟁력 강화를 위해 그 어느 때보다도 노사동반자관계를 구축해 나가고 있는 지금, 우리나라는 GDP규모로는 세계 10위권 안팎에 머물고 있음에도 불구하고, 스위스 국제경영개발원(IMD)이 발표한 노사관계 경쟁력평가에서 2017년에 63개국 중 62위(1999년에는 세계 49개국 중 46위를, 2004년에는 60개국 중 60위를, 2007년에는 55개국 중 55위, 2012년에는 59개국 중 53위, 그리고 2016년에는 61개국 중 59위)로 최하위에 머물렀다(IMD, 2017). 세계경제포럼(WEF)의 노사협력부문의 평가에서도 2017년에 137국 중 130위(2005년 117국 중 77위, 2009년에 133국 중 131위, 2015년에 140국 중 132위)를 차지했다는 사실에서 우리나라의 노사관계의 현주소를 잘 알 수 있다(이덕로 외, 2006; IMD, 2010 · 2017; WEF, 2017).[9]

그러나 1990년대 후반부터 노사관계에 있어서는 신노사문화, 즉 참여와 협력, 존경과 신뢰, 자율과 책임을 추구하며 그 어느 때보다도 노사동반자관계의 구축을 통해 생산성 향상과 근로자의 삶의 질 향상을 도모하려고 하고 있다. 따라서 전통적으로 영 · 미식의 경쟁관계보다는 공동체의식을 강조하는 독 · 일식 노사관계에 대한 관심의 증대로 노사가 적대관계에서 벗어나 동반자관계를 강화하고 있는 추세이다. 이처럼 노사관계를 제로섬 게임(zero-sum game)이 아니라 윈윈 게임(win-win game)으로 전환하기 위해서는 줄 것은 주고, 받을 것은 받는 논리가 필요하다. 1996년 말에 기습적으로 이루어진 노동법 개정에서도 알 수 있듯이 일방적인 힘의

9) IMD와 WEF는 모두 국가경쟁력을 평가하고 있지만 그 초점은 다소 다르다. IMD는 기업의 경영환경을 중시하는 반면, WEF는 경제성장측면에 중점을 두고 있다. 즉 IMD는 그 이름에 맞게 경영학적 시각을 WEF는 경제학적 시각, 그 가운데서도 경제성장론적인 입장을 중요시하고 있다. 따라서 순위를 평가하는 결정요인과 방법론상에서도 다소 다르다(정종운, 2002).

대결(power over)이 아닌 힘의 제휴(power with)가 중요하며, 이러한 추세에 발맞추어 근로자들의 기업경영의 참여를 제도화하고 작업과 관련된 의사결정의 권한과 책임을 나누어갖는 가운데 생산성향상에 매진하는, 이른바 '참여와 협력의 노사관계'가 추구되고 있다.

4.3 인적자원관리자의 역할변화

인적자원관리가 조직의 빠른 변화 속에서 같이 적응해 나가야 한다는 사실에 이의를 제기하는 사람은 없을 것이다. 지금의 인적자원관리 환경은 지식경영의 확산 및 디지털 시스템으로 대표되어질 수 있다. 따라서 인적자원관리의 역할 또한 과거의 단순한 관리수행의 입장에서 벗어나 전략적 사고와 합리적 행동을 보다 필요로 하는 환경을 맞고 있다. 이처럼 인적자원관리의 이론과 실천은 조직의 환경 변화와 함께 달라지고 있다. Ulrich(1997)는 인적자원관리의 역할이 조직환경의 변화에 따라 내부 종업원관리에서 경영의 전략적 파트너로 전환되어야 함을 [그림 1-13]과 같이 주장하였다(정재훈 · 김준성, 2002, 194-195).

인적자원관리의 내용이 급변하고, 그 범위가 넓어지며 더욱 더 전문적인 분야

그림 1-13 | 인적자원관리의 역할변화

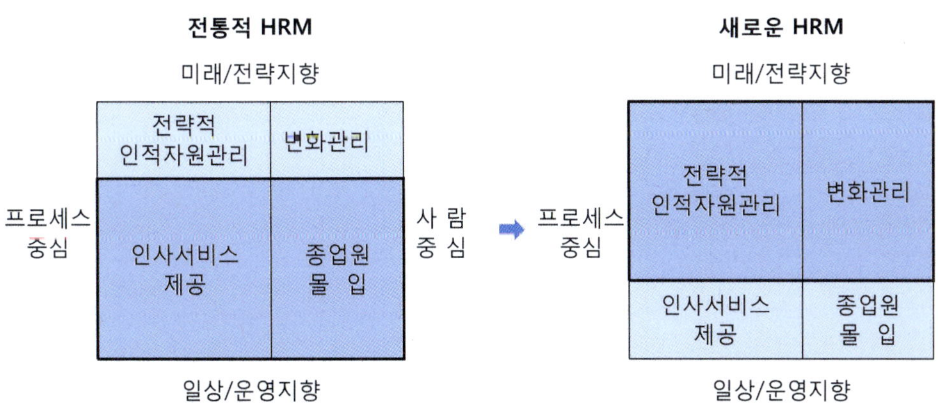

자료: 정재훈 · 김준성(2002), "전략적 인적자원관리(SHRM)의 이론과 실천: 한국기업의 SHRM방향설정을 위한 탐색적 연구," 「인사관리연구」, 26(3), 195.

로 발전됨에 따라 인적자원관리에 활용되는 지식과 기법도 보다 다양해지고 정교화되며 인적자원관리의 기능이나 조직 내 위상이 과거보다 많이 달라지고 있다. 그러나 인적자원관리의 기능이나 위상이 어떠하든 간에 인적자원관리를 담당하는 관리자는 본질적으로 조직 내 모든 관리자나 구성원들에게 다양한 서비스를 시의적절하게 제공하는 본연의 역할을 담당해야 한다는 점을 잊지 말아야 한다. 구체적으로 다음과 같은 역할을 충실히 하도록 하여야 한다.

(1) 전문서비스 제공

전형적으로 인적자원부서는 의사결정하고 명령하며 집행하는 라인(line)기능과는 달리, 조언하고 보조하며 지원하는 부서로 스탭(staff)기능을 담당한다. 따라서 인적자원관리자의 주된 역할은 인적자원관리의 전문가(administrative expert)로서 최고경영자에서 일선 작업자들에 이르는 관련자들에게 효율적인 인적자원관리를 위한 각종 전문적인 서비스를 제공하는 것이다. 이를테면 선발시험의 준비, 실시 및 검토, 인적자원 관련 각종 통계자료의 작성, 시의적절한 교육프로그램의 설계

표 1-7 | 인적자원관리전문가에게 필요한 대학교과목

시대 교과목	1968		1988		2003	
	백분율	순위	백분율	순위	백분율	순위
인적자원관리입문	40.9	2	59.5	1	51.2	1
조직행동	–	–	54.9	2	24.4	2
인간관계론	25.8	4	50.3	3	12.2	3
임금관리	22.7	5	39.3	4	4.9	4
산업심리학	46.2	1	37.6	5	–	–
노동문제	37.1	3	33.5	6	4.9	4
직무평가	22.7	5	32.9	7	2.4	6
단체교섭론	21.9	8	32.4	8	–	–
인사관리연습문제	22.7	5	23.7	9	–	–
산업사회학	12.1	10	17.3	10	–	–
시간 및 동작연구	18.9	9	8.7	11	–	–
기 타	–	–	17.3	–	–	–

주: 1968년과 1988년의 자료는 Harris & Bethke(1989)가 미국기업을 대상으로 조사한 연구결과이며, 2003년의 자료는 이덕로 교수가 아산재단의 연구비지원으로 한국자동차산업을 대상으로 실시했던 연구결과임(이덕로, 2004, 110-111).

자료: J. O. Harris & A. L. Bethke(1989), "HR Professionals Two Decades Later," *Personnel Administrator*, 34(2), 66-71.

및 실시, 공정한 인사고과의 준비 및 실시, 능력과 실적에 상응하는 보상관리, 산업재해의 예방 및 사후관리, 노사동반자 관계의 구축 등등을 들 수 있다. 이와 같이 인적자원관리자는 급격하게 변화하는 인적자원 기능과 관련된 다양한 전문지식을 활용하여 경영자들과 근로자들이 그들의 능력을 극대화시킬 수 있도록 전문적인 서비스 제공에 최선을 다해야 할 것이다. 참고로 시대에 따라 변화하는, 인적자원관리전문가에서 요구되는 대학교과목을 살펴보면 〈표 1-7〉과 같다.

(2) 종업원의 대변자

지난 50년간의 경제개발로 이제 근로자들은 절대적 빈곤에서는 벗어난 지 오래다. 그러나 빈부격차에서 오는 상대적 빈곤감이나 박탈감은 무시할 수 없다. 따라서 인적자원의 전환배치, 교육훈련, 승진, 평가, 보상, 구성원의 불만에 대한 조치 등 인적자원에 관련된 모든 의사결정은 항상 공평성을 염두에 두고 이루어져야만 한다. 인적자원관리자는 조직구성원들을 공정하게 대우함으로써 정의를 구현하는 역할을 담당해야만 한다.

조직구성원이 조직 내에서 부당한 대우를 받고 있다고 느낄 경우 이는 업무와 관련된 태도와 행동에 중대한 영향을 미친다. 곧 사기저하, 결근율·지각률 증가, 제품이나 서비스의 품질에 대한 무관심, 각종 개선 노력의 감소, 조직에 대한 충성심 저하 등의 부작용이 발생할 뿐만 아니라, 경우에 따라서는 태업과 파업으로 이어져 결국 조직의 유효성을 저하시키게 된다. 따라서 인적자원관리자는 조직구성원의 입장이나 이익을 공정하게 대변하고 중재하는 역할(spokesmen)을 효과적으로 수행하여 종업원과 경영진 사이에서 동태적인 균형을 유지하여야만 한다.

(3) 노사의 이해조정

훌륭한 인적자원관리자의 이해조정능력은 경영자와 종업원 양자의 욕구에 대한 충분한 이해를 통해 비로소 실현될 수 있나. 이들간의 오해와 불신은 노사 간에 놓여있는 여러가지 어려운 문제를 초래케 하는 근원이 된다. 건전한 노사관계는 종업원이 경영자가 당면하고 있는 기본적 문제를 이해하고 동시에 경영자가 종업원이 바라고 있는 제 요건을 충분히 이해할 때 비로소 성립될 수 있는 것이다.

기업운영을 성공적으로 함에 있어서 다같이 중요한 직분을 담당하고 있는 종업원이나 경영자는 그들의 직무를 수행하는 과정에 있어서 제각기 상이한 요구조건을 상대방에게 표시하고 있다. 즉, 종업원은 경영자에 대해서 보다 많은 임금, 공정한 임금, 인간다운 대우, 고용의 안정, 양호한 작업조건 혹은 승진에 대한 기회의 증가 등을 요구하고 있으며, 이에 반하여 경영자는 종업원에 대해서 낮은 임금, 보다 높은 충성심, 정직하고 충실한 노동자, 또는 노동이동률의 감소 등을 요구하고 있으므로 이들 양자의 이해는 얼른 보아서 상반되는 것처럼 생각된다. 훌륭한 인적자원관리자는 이 양자 사이에 개입해서 상반되는 듯한 욕구를 서로 조화시키는 역할(interest coordinator)을 하여야 한다.

(4) 변화관리자

인적자원관리자들은 무한경쟁시대에 변화하는 추이를 보다 정확히 알아내어 그것을 기업경영에 적절하게 활용하고 이러한 분위기와 시스템을 구축하기 위한 여건의 조성에 힘써야 할 것이다. 오늘날과 같은 초불확실성·초경쟁 글로벌시장에서 기업은 유형자원을 관리할 뿐 아니라 무형자원을 이용하는 것도 매우 중요하다.[10] 이와 같이 지식경영의 시대인 21세기에는 우리 모두가 변화를 주도적으로 이끄는 사람(change agent)이 되고 밀레니엄을 개척하는 사람(millenium frontier)이 될 수 있도록 배전의 노력을 보여야 할 것이다. 구체적으로 사업전략의 성공적 수행을 위한 조직변화 전략의 선도역할을 담당하고, 변화관리 노력이 성공할 수 있도록 지속적으로 추적 및 점검하며, 조직의 내외 변화에 대해 체계적으로 진단하고, 그리고 변화관리가 효과적·효율적으로 집행될 수 있도록 다양한 기법을 숙지하여야 한다. 끝으로 조직에 영향을 미치는 최근의 인적자원관리 관련 추세나 변화내용에 대해 구성원에게 시의적절한 교육을 지속적으로 제공하여야 한다.

(5) 주도자

과거에 인사관련업무와 제도는 인사스탭부서에서 관할하고 지시를 내리면 일선부서에서는 그대로 시행만 하는데 급급했다. 그러나 과거와는 달리 오늘날 각 부서의 인사는 해당 부서의 부서장과 구성원의 주도하에 이루어지고 다만 인적자원 전문가는 그들의 지원자, 조력자, 조언자 역할로 점점 바뀌어가고 있다. 이와 같이

10) 이러한 결과로서 지식경영에 대한 관심이 급증하면서 많은 연구들이 진행되어 왔다 (Berdrow & Lane, 2003; Desouza, 2002; Desouza & Evaristo, 2003; Zheng, Baiyin, & McLean, 2010).

오늘날 회사의 모든 관리자가 인적자원관리자이고, 인적자원전문가는 그저 보조역할을 하고 있을 뿐이다. 그렇지만 소규모 회사는 물론이고 소규모 회사가 아니더라도 전통적 수직주의가 만연한 우리나라의 많은 회사들이 소유주나 사장 직속하에 인사팀(부서)을 만들어놓고 이들이 사원의 채용, 배치, 승진, 보상, 유지, 퇴직에 이르기까지 인사업무의 일거수일투족(一擧手一投足)을 담당하기도 했다. 이 때 일선관리자는 적어도 인사문제에 있어서는 단지 허수아비에 불과하고 아무런 실권도 없다. 인사담당부서에서 인적자원관리에 관한 모든 사항을 결정하여 일선관리자들에게 일방적으로 지시하고 그 실천과정을 통제하였던 것이다.

지금까지 21세기 인적자원관리의 핵심적인 역할 다섯 가지에 대해 살펴보았다. 그러나 이러한 역할은 주로 회사 설립 초창기나 소규모회사에서나 가능하며 인사팀이 모든 인사활동을 주도하는 것은 과거의 전통적 관례로서 별로 바람직하지 않은 것이다. 그럼에도 불구하고 기업환경의 급격한 변화로 회사의 시의적절한 구조조정이 불가피하거나 근본적인 조직혁신이나 조직재설계가 필요한 때에는 전사원에 대한 재배치와 전체적 교육이 필요하다. 이 때에도 각 부문에 인적자원관리를 맡긴다면 구조조정이나 조직혁신이 제대로 이루어질 수 없을 것이다. 이 때에는 중앙의 인사스탭부문이 주도권을 쥐고 조직의 개혁을 이끌어가는 역할(initiator)을 수행하지 않으면 안 된다(임창희, 2003, 30; Caldwell, 2003).

2

인사철학과 인사방침

- 1. 인사철학
- 2. 인사방침

1. 인사철학

1.1 인사철학의 의의

우리들 각자는 삶을 영위해감에 있어서 가지는 바 일정한 소신이 있고 방법이 있으니 이를 가리켜 생활철학이라 한다. 기업경영에 있어서도 경영자가 기업을 영위하는 데 있어서 지침이 되는 기본적인 의식이 있는데, 이것을 경영철학(management philosophy)이나 경영이념, 혹은 경영신조(business creed)라고 한다. 즉, 기업이 사회적 존재이유를 밝히고 경영활동을 방향짓게 하는 기업의 신조를 말한다.

혼다자동차 창업자인 혼다 소이치로(本田宗一郎)와 교세라 명예회장인 이나모리 가즈오(稻盛和夫) 등과 함께 일본에서 가장 존경받는 '일본 3대 경영의 신'으로 일컬어지는 마쓰시타전기의 창업자인 마쓰시타 고노스케(松下幸之助) 회장의 경영철학이 유명하다. 그는 항상 기업이윤의 원칙에 있어 회사를 설명하기를 "마쓰시타는 제품을 만들기보다는 인간을 만드는 회사이다"라고 했다. 이는 곧 제품보다는 인간을, 회사보다는 인재양성이 중요함을 강조하는 경영철학이자 신념이다. 이어서 국내 주요 기업별 핵심 경영철학을 살펴보면 〈표 2-1〉과 같다.

이러한 경영철학은 최고경영자가 제시한 비전(vision)과 가치관을 토대로 형성하게 된다(임창희, 2007). 비전이란 조직의 바람직한 미래상을 표현한 것으로, 해당 조직이 향후 5년-10년 후 달성하거나 이루어야 할 조직구성원 공통의 목표를 가리킨다. 이러한 비전은 조직으로 하여금 목적을 설정할 수 있도록 해주고, 장기적으로 조직을 운영할 방향타의 역할을 수행한다(조동성, 2010).

또한 비전은 그 내용과 표현이 잘 구성될 경우에 조직구성원들의 힘과 노력을 기업이 원하는 방향으로 집중시키는 역할을 한다. 그리고 이러한 비전 아래에서 모든 자원배분행위들이 일관성있게 이루어질 때 기업은 초우량기업으로 거듭나게 된다. 지금까지 세계시장에서 초우량기업으로 부상했던 많은 기업들은 거의 모두 뚜렷한 전략적 비전과 야망을 가지고 있었으며 이를 10년, 20년 장기간 동안 꾸준히 실천하려는 노력을 보여왔다. 이에 비전은 기업의 중요한 성공요인으로 인식되

표 2-1 | 기업별 핵심 경영철학

삼성	경영이념	인재와 기술을 바탕으로 최고의 제품과 서비스를 창출해 인류사회에 공헌한다
	핵심가치	인재제일, 최고지향, 변화선도, 정도경영, 상생추구
현대자동차	경영철학	창의적 사고와 끝없는 도전을 통해 새로운 미래를 창조함으로써 인류사회의 꿈을 실현한다
SK	경영철학	인간 위주의 경영
포스코	경영철학	열린 경영
GS	경영이념	고객과 함께 내일을 꿈꾸며 새로운 삶의 가치를 창조한다
한진	창업이념	수송보국(수송으로 국가에 보답한다)
한화	한화정신	신용과 의리
	핵심가치	도전, 헌신, 정도
금호아시아나	경영철학	기업을 통한 국가 공헌 및 사회 기여
STX	기업가치	창의와 도전
현대	경영이념	꿈과 희망을 향한 도전과 창조적 예지로 풍요로운 내일을 창조한다
효성	핵심가치	최고, 혁신, 책임, 신뢰
OCI	기업비전	그린에너지, 화학산업의 글로벌 리더
현대백화점	기업비전	고객에게 가장 신뢰받는 기업
웅진	경영정신	또또사랑(사랑하고 또 사랑하고 또또 사랑한다)

자료: 김기용(2011.5.9), "국내기업들 경영철학 - 핵심가치 살펴보니… 재계 상위일수록 인간 - 인류 강조," 「동아일보」.

고 있는 것이다.

그러면 참고로 한국능률협회컨설팅이 2004년부터 산업체 관계자, 증권사 애널리스트, 그리고 일반 소비자 등 12,000여명을 대상으로 혁신능력, 주주가치, 직원가치, 고객가치, 사회가치, 이미지가치 등 총 6대 가치 12개 항목에 대한 설문조사를 실시하여 매년 선정하는 '한국에서 가장 존경받는 기업(The Korea's Most Admired Company)'에서 삼성전자, 포스코와 더불어 항상 5위권(2010년 4위, 2014년 3위, 2018년 5위)에 드는, 한국의 대표적인 우량기업인 유한킴벌리의 비전을 살펴보면 [그림 2-1]과 같다. 여기서 알 수 있듯이 "더 나은 생활을 위한 믿음" 이라는 비전 하에 달성하기 위한 목표로 초일류 생활혁신기업을, 목표달성을 위한 5개 전략 방향(고객 및 시장 지향, 신사업 창출, 전사적 운영 효율화, 미래지향적 인사·조직, 가치공유

그림 2-1 | 유한킴벌리의 비전 2020

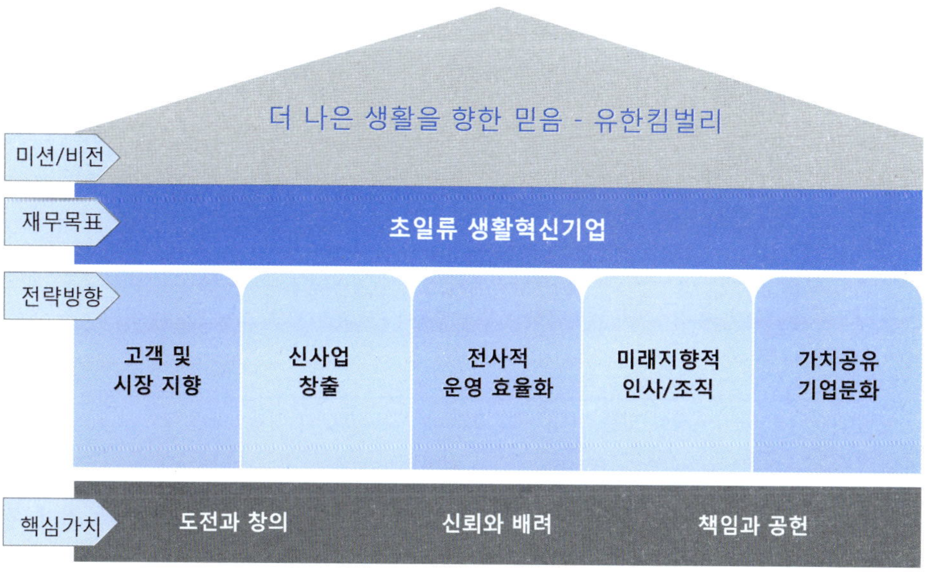

기업문화), 그리고 이를 추구해 나가는 데 있어서 견지해 나갈 핵심가치로 도전과 창의, 신뢰와 배려, 책임과 공헌 등을 제시하고 있다(강두순 외, 2018.2.27.; 이행종, 2015.11.23).

경영철학이나 기업철학과 마찬가지로 조직 내의 여러 계층의 사람의 관리를 대상으로 하는 인적자원을 관리함에 있어서도 적용해야 할 건전한 사고와 적절한 방법이 있어야 하는데, 이것을 가리켜 인사철학(personnel philosophy)이라 한다. 인사철학이란 바로 사람을 움직이는 기본적인 사고방식으로 흔히들 인사관리관(人事管理觀)이라고도 한다.

사람은 누구나 대인관계 내지 사회생활에 있어서 자기 나름대로의 신념이 있듯이 기업경영에 있어서도 조직구성원들을 대상으로 그들을 움직이는 행동철학을 경영자라면 누구나 갖기 마련이다. 이러한 철학에는 전제적, 은혜적, 민주적 및 자유방임적 유형 등 여러가지 유형이 있다. 이들 각종 철학은 전형적인 것으로 경영자가 부하를 움직이는 방법에서 나타나는 하나의 경향이다(이재규 · 김진극 · 김동조, 2011, 62). 따라서 우리가 특정 기업의 인사철학을 이해하려면 인적자원 기능에 나타나는 하나하나의 행위보다는 그 행위에 일관되는 성격을 파악함으로써 인사철학

그림 2-2 | **인사철학, 인사방침, 및 인사제도와의 관계**

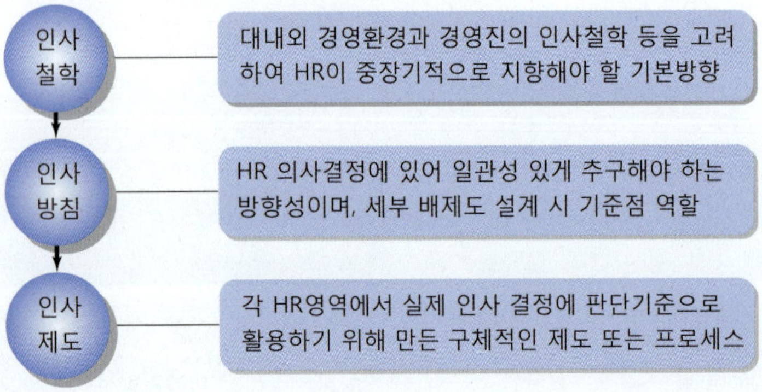

자료: 노용진(2009.11.18), "원칙이 있는 인사," *LG Business Insight*, LG경제연구원, 25.

을 확인할 수 있다. 요컨대 인사철학이란 경영자가 종업원들을 경영목적에 결합시키기 위한 관리행위에서 나타나는 일관된 성향이다(김식현, 1998, 28).

이와 같은 인사철학은 경영자의 주관적 신념과 밀접한 관련을 갖고 있는 반면에 또한 객관적인 타당성도 있어야 한다. 객관적 타당성이란 사회일반의 윤리적 기준에 적합하고 사회일반의 인간관에 대한 통념에서 수용되는 것을 의미하며 이를 통해 조직구성원들의 수용도를 높일 수 있게 된다. 또한 인사철학은 형식적으로 드러난 구호가 아니며 실제 경영자가 일상생활에서 구성원들을 관리하는 행위를 통해서 나타나는 것이므로, 인사제도의 설정과 운영과정에서 그 의도가 일관성 있게 반영되어야 한다(신건호 외, 2011). 참고로 인사철학과 다음 절에서 기술할 인사방침(HR Policies)과 인사제도(HR Practices)와의 관계를 살펴보면 [그림 2-2]와 같다(노용진, 2009.11.18).

전통적으로 기업 구성원들은 생산 요소이자 통제의 대상으로 인식되어져 왔다. 이런 고정관념에서 벗어나 직원들을 믿고 맡기며 그 결과에 대해 스스로 책임을 지도록 하는 경영방식으로 성공하는 기업들이 많다. 독특한 인사철학을 가진 괴짜 기업들에는 1주일 내내 주말인 셈코(Semco)를 비롯하여 Boss가 없는 이상한 기업인 고어(W.L. Gore & Associates)사, 유기농 식품 전문 유통업체인 사랑 받는 기업 홀푸드마켓(Whole Foods Market)사 등이 유명한데(이덕로, 2012) 참고로 괴짜 기업들의 인사철학을 보면 아래와 같다.

현장이야기

괴짜 기업들의 인사철학

전통적으로 기업 구성원들은 생산 요소이자 통제의 대상으로 인식되어져 왔었다. 이런 고정관념에서 벗어나 직원들을 믿고 맡기며 그 결과에 대해 스스로 책임을 지도록 하는 경영방식으로 성공하는 기업들이 있다. 이들 기업의 경영방식 그리고 인간에 대한 믿음과 철학을 살펴본다.

▪1주일 내내 주말인 회사, 셈코

근무시간 선택 프로그램

셈코는 직원들에게 근무시간에 대한 선택권을 주고 있다. 으스스한 요일에는 차라리 일을 하고, 화창한 월요일에는 해변에서 여유를 즐길 수 있도록 한다. 셈코 계열사 중 재고관리 서비스를 제공하는 업체인 RGIS사 최고경영자 마르시오 바토니는 화요일 오후면 늘 부인과 함께 영화를 보러 간다고 한다. 자식들이 크는 동안 한번도 학교에 이들을 데리러 가보지 못했던 화물배송 담당직원 안토니오 산토스는 일찍 출근하고 일찍 퇴근하기로 결정한 덕분에, 손녀딸을 데리러 갈 수 있어서 너무나 행복하다고 한다.

퇴직 프로그램

셈코의 퇴직 프로그램(Retire-a-Little)도 이름처럼 재미있는 제도이다. 사람의 체력은 20대와 30대가 정점인 반면, 60세 전후가 되면 격하게 저하된다. 반면, 일반적으로 경제적 능력과 시간은 50~60세 무렵으로 갈수록 많아지고 20대와 30대에는 상대적으로 부족한 편이다. 결론적으로, 건강할 때는 시간과 돈이 부족하고, 시간과 돈이 여유가 생길 때에는 체력이 따라주지 못하는 슬픈 상황이 된다. 셈코는 예를 들어 일주일 중 한나절 정도 자신이 원하는 만큼 퇴직시간을 미리 구매해서 진짜로 하고 싶은 낚시나 정원 손질, 공부를 할 수 있게 한다. 수입은 다소 줄지만 직원은 회사와 일로부터 자유로운 시간을 누릴 수 있다.

▪Boss가 없는 이상한 기업, 고어

미국 델러웨어(Delaware)에 본사를 두고 있는 고어(W.L. Gore & Associates)는 1958년에 설립되어 2010년 기준 매출액 26억 달러, 직원 수 9천명에 전세계 30여 개국에 50여 공장을 가동하고 있는 비상장 기업이다. 우리에게는 고어 텍스라는 기능성 의류로 잘 알려져 있는 기업이다.

사장도 직원들이 선택하여 결정하는 회사

고어사에는 일을 시키는 보스가 없다. 단지 옆에서 후원을 해 주는 스폰서만 있을 뿐이다. 공식 직함은 사장과 재무담당 임원 딱 두 사람만 있다. 그마저도 외부와의 관계 때문에 불가피하게 만든 자리일 뿐이다. 고어사의 현 사장인 테리 켈리(Terri Kelly)는 직원들이 뽑은 사장이다. 신입사원은 고어사에 입사하면 무슨 일을 할지 스스로 정해야 한다. 고어사 구성원들도 처음에는 당혹스러워하며 적응하는 데 몇 개월이 걸린다.

그럼에도 이 회사는 31년 이상 연속 흑자 기록에 1969년에 6백만 달러이던 매출이 1990년에 660백만 달러로 증가하면서도 부채 하나 없이 성장을 지속해 온 것으로 유명하다. 그리고 포천지가 발표하고 있는 '가장 일하고 싶은 100대 기업'에 1984년부터 지금까지 연속 선정되는 몇 안 되는 기업들 중의 하나다.

■ 사랑 받는 기업 홀푸드마켓

미국 텍사스 오스틴에 본사를 두고 있는 홀푸드마켓(Whole Foods Market)은 1980년에 설립되어 2010년 기준 매출액 90억 달러, 직원 수 5천 8백여명에 북미와 영국 지역에 300여 매장을 운영하고 있는 유기농식품 전문 유통업체다.

임원의 연봉은 직원의 19배를 초과할 수 없다.

그 중에서도 눈길을 끄는 부분의 하나가 미국 기업에서는 보기 드문 독특한 보상 정책에 대한 내용이다. 홀푸드의 최고경영자 보수는 다른 포천 500대 기업 최고경영자 평균 연봉보다 훨씬 낮다. 그 외에 일반적인 미국 대기업의 경우 스톡옵션의 70% 정도를 임원들이 보유하고 있는 반면, 홀푸드의 임원들이 보유하고 있는 스톡옵션은 7%에 불과하고 93%는 직원들의 몫이다.

또한 모든 직원의 급여가 공개되고 고위 경영진의 임금을 평균적인 직원 임금의 19배로 제한하는 것으로도 유명하다. 한 연구에 의하면 직원들은 평균적으로 임원의 연봉이 20배 이상일 경우에는 불공정하다는 인식을 한다고 한다. 물론 좀 더 평등 지향적인 한국에서라면 조금 더 보수적인 결과가 나올 수도 있을 것이다.

미국 벤틀리대 라젠드라 시소디아(R. S. Sisodia) 교수에 따르면 유난히 고객의 사랑을 받는 기업들이 있다고 한다. 마케팅에 많은 돈을 퍼부어도 고객 만족도나 신뢰도, 직원의 충성도가 크게 높아지지 않는 기업이 있는가 하면, 홍보조차 하지 않는데도 종업원과 협력사, 고객들로부터 사랑을 받으며 수익성도 뛰어난 기업들이 있다는 것이다. 고객들로부터 사랑받는 기업, 그 결과 재무적 성공도 달성하는 기업은 기업의 존재목적이 단순히 이윤추구가 아니라 다양한 이해관계자의 공동이익 추구라는 것이 그의 주장이다.

■ 괴짜 기업들의 사례에서 배우는 교훈

이들 기업의 경영방식은 앞서 언급한 이유가 아니더라도 선뜻 흉내내기 어려운 면이 많다. 그러나 창의와 자율이 요구되는 요즘과 같은 시대에 이들 기업이 구성원들의 주인의식과 창의를 꽃피우고 있다는 점에서 배우고 싶은 기업들이라는 점은 분명하다.

그런데 우리가 배워야 할 것은 이들 기업의 세부 제도가 아니다. 그 보다는 이를 촉발시킨 경영자의 인간관이고, 나아가 이를 직원들과 함께 구체적인 경영방식으로 만들어 나가는 모습이라고 하겠다. 빌 고어는 듀퐁 재직 시절 기존 조직과 별개로 구성된 태스크 팀에서 일한 경험에서 영감을 얻어 지금의 경영방식을 도입했다고 한다. 지금의 경영자들에게 필요한 것도 이처럼 자신이 성장하면서 어떨 때 가슴 속에 열정이 꽃피었는지를 되새겨보고 창의적으로 재해석하여 실행하는 것인지도 모른다.

자료: 김정훈(2017.3.13), "괴짜 기업들의 인사철학," 「월간CEO」, 177호.

이러한 인사철학이 중요한 이유는 경영자의 목적의식 내지 궁극적인 가치를 담고 있기 때문이다. 즉, 인사철학은 조직 내에서 어떤 행위가 바람직하며 보상 받는가를 제시해 주는 역할을 한다. 인사철학에는 어떤 역량이나 행위가 권장되는지, 어떤 목표를 달성해야 하는지 그를 위해 조직과 경영자는 어떤 지원을 해 주며 어떤 보상을 제시할 것인지를 담고 있는 것이 보통이다. 그렇게 함으로써 조직 구성원들은 안정적인 기대를 형성하게 되고, 자기 행동의 결과에 대한 불확실성을 감소시킬 수 있게 된다. 구성원들로 하여금 안정적인 기대를 형성하게 만들려면 인사철학에 담긴 내용의 진정성에 대한 믿음이 절대적으로 요구된다.

그러나 실제 기업사례를 살펴보면, 인사철학이 제대로 정립되지 못한 경우도 많고, 이보다 더욱 곤란한 경우는 인사철학이 있기는 하지만 형식적인 구호로만 존재하여 결과적으로 구성원들의 냉소나 불신만을 초래하는 인사철학도 많은 게 현실이다. 따라서 인사철학은 첫째, 홍보성의 내용이 아닌 경영자의 진정한 주관적 신념을 담고 있어야 하고, 둘째, 객관성·타당성을 갖춤으로써 조직구성원들이 기꺼이 수용할 수 있는 것이어야 한다.

이러한 인사철학은 역사적으로 [그림 2-3]과 같이 전통적 인사철학, 과도기적 인사철학 및 현대적 인사철학의 전개과정을 거쳐 왔다.

전통적 인사철학이란 X이론적 인간관에 기초를 두고 있다. X이론은 ① 보통 인간은 날 때부터 일하기 싫어하고 가능하면 그것을 회피하려 한다. ② 일을 싫어하는 이러한 인간본성으로 말미암아 조직이 그 목표를 달성하기 위해서는 억압하고 통제하며 강제하고 위협하지 않으면 안 된다. ③ 종업원들은 책임을 회피하고 가능한 한 공식적인 지시만을 따르려 한다. ④ 대부분의 근로자들은 안전을 일과

그림 2-3 | 인사철학의 전개과정

관련된 다른 어떤 요소보다도 우선시하며 야심을 거의 보이지 않으려 한다라고 전제하고 있다. 따라서 조직의 목적달성을 위하여 인간의 경제적 유인과 통제를 강조한다(Robbins, 2005, 172).

과도기적 인사철학은 인간관계론적 인간관에 입각해 있다. 인간관계론에서는 사회적 감정(social sentiment)을 중시하는데, 여기서 사회적 감정이란 한 사회 또는 집단에 속하고 있는 사람들이 각각 공통적으로 품고 있는 감정을 말한다. 사회적인 감정에 의하여 비논리적인 행동을 할 때 비로소 소속하는 사회의 한 구성원으로써 사회와 내면적으로 융합할 수가 있고 적응할 수 있다고 보는 관점이다. 따라서 여기서는 비용(cost)이나 능률(efficiency)의 논리보다는 감정을 강조한다.

현대적 인사철학은 Y이론적 인간관에 입각해 있다. Y이론은 ① 인간은 조건여하에 따라서 일을 휴식이나 놀이처럼 자연스러운 것으로 본다. ② 외적 강제나 처벌의 위협이 없더라도 인간은 조직목표에 몰입될 경우 자기지시나 자기통제를 행사하려 한다. ③ 보통 사람들은 책임을 받아들이고 심지어 모색하려고 까지 한다. ④ 조직문제 해결을 위하여 고도의 상상력이나 창조성을 발휘할 수 있는 능력은 일부 사람들에게만 국한된 것이 아니라 각계 각층의 많은 사람들이 다 공유하고 있다. ⑤ 현대의 산업사회에서 보통 인간의 지적인 잠재능력은 단지 부분적으로만 활용되고 있다라고 전제하고 있다(McGregor, 1960, 2006). 따라서 Y이론은 개인과 조직체 목적의 통합이나 조화, 그리고 개인의 자기통제와 자아실현적 욕구충족을 강조한다(서도원 · 이덕로, 2016, 86-87).

1.2 인간적 상황에 대한 이해

인적자원관리가 조직 내의 개개 구성원들을 대상으로 조직 내에서 야기되는 복잡한 인사문제를 다루기 때문에 인간적 상황에 대한 충분한 연구와 이해가 뒤따라야 한다. 인간적 상황에 대한 건전한 이해를 도모하기 위해서는 인간행동 이면에 작용하고 있는 상황에 대한 건전한 이해, 곧 상황적 사고(situational thinking)가 필요하다. 일반적으로 상황적 사고를 하는데 있어서 고려해야 할 요인으로는 기술적 요인(technical factor), 인간적 요인(human factor), 원칙과 방침(principle or policy), 그리고 시간적 요인(time factor) 등의 네 가지가 있다.

(1) 기술적 요인

상황적 사고에 입각한 인사문제의 처리에 있어서는 무엇보다도 기술적 요인에 대한 통찰이 요청된다. 오늘날 기술혁신은 광속으로 변할 정도로 급격하게 변화하고 있다. 기술이나 제도의 급격한 변화, 즉 기계, 설비, 조작방법이나 절차, 품질이나 비용의 통제 등이 갑자기 바뀌게 되면 구성원들은 당황하게 되고, 불만을 표시하게 되며, 심할 경우 이에 완강한 저항을 하기도 한다. 좋은 예가 바로 러다이트(Luddite)운동이다. 러다이트운동이란 산업혁명 초기인 1811년부터 1817년까지 영국의 대표적인 공업도시였던 랭카셔 지방을 중심으로 중부와 북부의 전역으로 확대되었던, 수공업에서 공장제 공업으로 이행하는 과정에서 고용 감소, 실업자 증가, 물가 상승 등에 불만을 품은 숙련노동자들에 의한 일련의 기계파괴운동을 말한다. 따라서 상황적 사고에 입각한 인사문제의 해결을 위해서는 무엇보다도 먼저 이러한 기술적 요인에 대한 고려와 통찰이 요구된다.

(2) 인간적 요인

조직 내에는 다양한 성격의 소유자들이 있다. 이 중 문제가 되고 있는 구성원이 있다면 그 사람 자체에 대한 보다 폭넓은 이해나 관심 및 연구가 필요하다. 이와 관련하여 조직내 한 인간이 어떤 문제를 유발했을 때 접근할 수 있는 방법으로는 두 가지, 즉 기본적 접근방법과 구체적인 접근방법이 있다. 기본적 접근방법에는 문제가 되고 있는 인물의 성, 고용형태, 숙련의 정도, 노조가입 여부 등과 같은 여러가지 기본적인 문제에 의하여 표출될 수 있는 개인의 욕구와 행동에 관한 연구를 해야 할 것이며, 다음으로 구체적인 접근방법에서는 대상자의 대인관계, 성격, 신체적 특성, 가족 및 성장배경, 그리고 직무상 충족되지 않고 있는 것으로 생각되는 욕구 등을 살펴보아야 한다.

(3) 원칙이나 방침

위에서 언급했던 인간적 요인이나 기술적 요인을 고려하여 인사문제를 해결하는 것이 매우 바람직하다. 하지만 오늘날과 같은 다변화환경하에서 기업규모의 거대화, 경영내용의 복잡화, 그리고 인적구성의 다양화 등으로 그 속에서 일어나는 인사문제도 각양각색이고 얽히고 설켜 있으므로 개개 구성원에 대한 맞춤식의 접근과 폭넓고도 충분한 이해를 하기가 어려울 때가 많다. 따라서 대규모의 경영을 특색으로 하는 현대적 경영에 있어서는 있을 수 있는 모든 상황에 적응할 수 있는 건전한 방침이나 원칙을 수립해서 조직 내 여러 계층에 적용하여 조직목표를 향한 통일적인 행동을 기한다는 것은 매우 중요한 일이다. 그런 의미에서 비록 최선책은 아니지만 차선책으로라도 인사문제를 조직의 원칙이나 방침에 따라 해결하는 방법도 생각해 보아야 한다.

(4) 시간적 요인

상황적 사고를 하는 데 마지막으로 고려해야 할 요소가 바로 시간적 요소이다. 현재 야기되고 있는 문제를 이해하기 위해서 우리들은 과거의 어느 시점까지 더듬어 올라가야 할 것인가? 장래의 어떠한 상황을 향해서 우리들은 움직이고 있는 것인가? 문제의 중심이 되어 있는 사건이 어떠한 연속관계에 있으며, 어떠한 발전단계에 도달하고 있는가? 등에 관한 정확한 파악은 변동하는 상황 속에 있는 인간을 바로 이해하고 지도하는 데 있어서 크게 도움이 된다. 따라서 인사와 관련된 문제가 발생했을 때 항상 현재 시점에만 집착하려 할 것이 아니라 과거에는 어떠했으며, 이 문제가 미래에 미칠 영향이나 파장은 어떠한지를 충분히 고려하여 상황적·종합적 판단을 하도록 하여야 한다(Pigors & Myers, 1981, 48-50).

2. 인사방침

2.1 인사방침의 의의

20세기 초만 하더라도 인사방침이나 인사부라는 말은 거의 사용되지 않았다. 왜냐하면 기업의 규모가 작아 종업원의 수가 얼마 되지 않았고 기업활동도 단순했기 때문에 몇몇 감독자나 관리자가 인사문제의 처리를 마음대로 결정할 수 있었기 때문이다. 그러나 세계적인 대공황을 경험하면서 기업의 규모가 커지고 내용이 복잡 다단해지면서 몇몇 감독자나 관리자만으로는 인사문제의 처리가 용이하지 않았고 그로 인해 적지 않은 시행착오를 경험하게 됨에 따라 일관된 인사방침을 필요로 하게 되었다.

인사방침(personnel policy)이란 조직의 목표를 달성하기 위하여 조직이 그의 모든 구성원들에게 준수해 주기를 바라면서 미리 정해 놓은 행동과정을 말한다. 곧 인사방침은 인사관리활동의 기본원칙 또는 방향을 말한다. 방침(policy)은 정책이라고도 하는 데 이는 어떤 목적을 달성하기 위한 원칙적인 행동방향을 뜻하며, 실제적인 인사결정을 하는 데 있어서 판단의 기준이 되는 것이다.

인적자원관리에서도 최고경영자의 인사철학을 구체적인 인사방침으로 밝혀서 일상적인 인사결정을 내리는 데 있어서 이와 같은 원칙에 따르도록 함으로써 실제적인 인적자원관리에 관한 의사결정이 계획대로 상호 조정되고 합리적이고 일관성을 가질 수 있게 된다(김시현, 1998, 45).

이러한 인사방침이 중요한 이유는 최고경영자의 목적의식 내지 궁극적인 가치를 담고 있기 때문이다. 즉, 인사방침은 조직 내에서 어떤 행위가 바람직하며 보상받는가를 제시해 주는 역할을 한다. 인사방침에는 어떤 역량이나 행위가 권장되는지, 어떤 목표를 달성해야 하는지 그를 위해 조직과 경영자는 어떤 지원을 해 주며 어떤 보상을 제시할 것인지를 담고 있는 것이 보통이다. 그렇게 함으로써 조직구성원들은 안정적인 기대를 하게 되고, 자기 행동의 결과에 대한 불확실성을 감소시킬 수 있게 된다. 구성원들로 하여금 안정적인 기대를 형성하게 만들려면 인사방침에 담긴 내용의 진정성에 대한 믿음이 절대적으로 요구된다(노용진, 2011, 26).

사람을 직접적으로 취급하는 인적자원관리는 구성원을 취급하는 방법이 어떤 원칙에 입각한 공정한 것이 아니면 비록 절대적인 기준에서는 좋은 대우를 받더라도, 인간은 상대적인 불공정성이나 박탈감에 보다 큰 관심을 두는 경향이 있기 때문에 인적자원관리의 효과가 나지 않을 것이다. 또 원칙에 입각한 인적자원관리는 피관리자인 구성원들의 기대를 안정시킴으로써 구성원의 활동성과와 학습효과를 높일 뿐만 아니라 하나의 인격으로서의 통합성(integrity) 형성의 요인이 되는 것이다(나윤기, 1996).

2.2 인사방침의 요건

어떤 방침이나 행동규범이든 간에 그 효과는 다른 사람들의 구체적인 행동을 통해서 나타나는 것이므로 이 방침이나 행동규범이 성문화되지 않는다면 아무런 의의가 없게 된다. 그런 의미에서 인사방침의 첫번째 요건은 반드시 성문화되어야 한다는 점이다. 성문화해야 할 기본적인 내용에는 일반적·구체적 목적(objectives), 목적달성을 위한 절차(procedure) 및 개개 구성원에 대한 책임의 할당(assignment of responsibility) 등이 있다. 이들은 인사방침의 가장 중요한 본질적 요건이므로 조직은 이들을 명확히 성문화함으로써 관계하는 모든 사람들이 신속하고 정확하게 이해할 수 있도록 하여야 한다.

인사방침의 두번째 요건은 인사방침의 수립에 관련된 사람들의 공동참여가 이루어져야 한다는 점이다. 즉 지식과 경험을 총동원하여 방침을 설정하기 위해서는 라인경영자, 일선감독자, 그리고 인적자원스탭 사이에 협력적인 노력이 있어야 한다(Bohlander, Snell, & Sherman, 2001). 모든 의사결정이나 중요한 방침수립에 있어서 한 사람의 두뇌에서 짜낸 의견보다는 관계하는 여러 사람의 집약된 의견이 더 나을 것은 두말할 여지가 없다. 그 뿐만 아니라 한두 명의 핵심적인 인물이 일방적으로 설정한 방침의 경우 구성원들의 마음으로부터 우러나오는 협력과 지원을 구하기가 훨씬 어렵다. 따라서 가능한 한 구성원들의 중지를 모아 인사방침을 설정하도록 하여야 한다.

그러면 앞선 언급한 인사방침의 수립시 성문화해야 할 기본적인 내용들에 대해

보다 자세히 살펴보도록 하자.

(1) 목 적

인사방침은 대체로 일반적 목적과 특수한 목적이라는 두 가지의 목적을 가지고 있다. 전자의 경우 최고경영자가 조직 내 구성원들에게 대해서 갖는 태도로 최고경영자들의 기본적인 신념이 반영된 것이라야 한다. 이는 회사 인사의 헌법에 해당되는 것으로 통상 사훈(社訓)이나 사시(社是) 등의 형태로 표현되어 있다.

우리나라에서 기업체들의 사훈은 주로 그 기업체의 창업자나 소유주 그리고 경영주의 경영이념을 정립한 공식적인 표명으로서, 기업체가 정식으로 추구하는 기본가치라고 할 수 있다. 사훈이 실제로 얼마나 실천되고 있고 구성원들로부터 실제로 얼마나 공감을 받고 있음으로써 실제 공유가치로서의 그리고 기본가치로서의 역할을 하고 있는지는 기업체마다 다르다. 일반적으로 성과가 높은 우수기업일수록 사훈은 구성원들의 공감을 얻어 그들의 공유가치로 정착되어 그들의 행동 가이드로 작용하면서 성과에도 크게 기여한다.

우리나라 기업의 창업자와 소유주 그리고 경영자가 다양한 만큼, 우리나라 기업의 사훈 또한 다양하다. 우리나라 기업은 전통적으로 인화단결, 성실·근면, 창의·창조 중 적어도 한두 가지를 사훈에서 강조해 왔다. 이와 같이 우리나라 기업은 구성원들 간의 화합과 구성원들의 근면한 태도를 가장 많이 강조하는데, 이것은 화(和)를 중요시하는 우리나라의 전통적인 사회문화 가치와 밀접한 관계가 있다. 이러한 인화 중심의 기본가치는 고객서비스와 품질 그리고 창의성과 기술개발을 많이 강조하는 서구의 기업체와 비교할 때 매우 대조적이라 할 수 있다.

우리나라 기업에서 전통적으로 많이 강조되었던 기본가치는 인화단결과 성실·근면 그리고 창의·창조였다. 다음으로는 신뢰·정직과 품질·기술개발 그리고 책무 등이었다. 그리고 합리성과 과학성 그리고 희생과 사회적 봉사 등은 사훈에서 강조되는 빈도로 보아서 비교적 하위에 속하는 기본가치들이었다. 따라서 우리나라 기업은 대체로 내부 구성원들 간의 화를 중요시하는 인간관계를 최우선의 기본가치로 강조해 왔고, 그 다음으로 대외적인 가치로서 신뢰성과 사회적 책임을 강조해 왔다(이학종, 2008).

실제로 전국경제인연합회가 대기업 회원 370개사를 대상으로 경영이념과 사훈·사시를 조사해 2005년 11월 27일 발표한 보고서에 따르면, 경영이념에는 '고객'이라는 단어의 사용빈도가 가장 높았다. 경영이념을 응답한 기업 148개사(전체의 40%) 가운데 37.8%가 '고객'이라는 단어를 넣고 있고, '가치'(29.1%), '인간'(23.0%), '사회'(22.3%), '창조'(19.6%), '기술'(17.6%) 등의 차례로 뒤를 이었다. 사훈 및 사시에 포함된 단어로는 '창의'(26.2%)가 가장 많았고, 이어 '인화'(22.4%), '성실'(20.6%), '봉사'(18.7%), '단결'(15.0%), '근면'(14.0%) 등의 순이었다(전국경제인연합회, 2005).

그러나 최근 출범한 기업은 집단보다 개인의 역량과 행복을 강조하는 경향이 두드러진다. 신생 출판사 프런티어는 "나는 누군가의 행복이다"를 사훈으로 걸었다. 누군가를 행복하게 하는 직원들 각자가 독자에게도 행복을 전하자는 취지다. 여행사 노매드 미디어&트래블의 사훈은 "내가 행복해야 좋은 회사다". 프리미엄 인테리어 자재 브랜드인 LG하우시스는 '행복한 변화(Happy change)'를 채택했다. 주류업체 디아지오 코리아는 "인생을 찬미하라! 언제 어디서든(Celebrate life! Everyday, everywhere)"라고 주장한다.

전 세계를 무대로 활동하는 글로벌 다국적기업은 한계나 불가능을 거부하는 도전정신을 부각한다. Adidas는 "불가능한 것은 없다(Impossible is nothing)"를, Fujitsu(후지쓰)는 "가능성은 무한하다(The possibilities are infinite)"를 외친다. 미국국가안보국(NSA: National Security Agency)은 "모든 것이 가능하다, 불가능은 시간이 좀

표 2-2 초일류기업의 사훈

기 업	사 명
Google	정보를 정리해 누구나 편리하게 이용할 수 있도록 하는 것
알리바바	세상에서 어렵게 거래하는 사람이 없도록 하는 것
3M	미해결 문제의 혁신적 해결
HP	인류의 진보와 복지를 위한 기술공헌
McKinsey & Company	기업과 정부의 성공을 위한 도움 제공
Wal-Mart	서민에게도 부자와 같은 제품 구입의 기회 제공
Walt Disney	사람들을 행동하게 만들기
삼성전자	지속 가능한 미래에 공헌하는 혁신기술, 제품, 그리고 디자인을 통해 미래 사회에 대한 영감 고취
Apple	사람의 임파워먼트에 헌신하도록 인간적인 도구를 제공하여, 일하고, 배우고, 소통하는 방식을 바꾸도록 도와주는 것
Amazon	사람들이 온라인에서 원하는 것은 무엇이든 제공하는 기업, 지구상에서 가장 고객을 중요시하는 기업이 되자

자료: 서도원·이덕로(2016), 「현대경영학원론」, 박영사, 394.

더 필요한 일일 뿐(Anything is possible, the impossible just takes longer)"이라는 철학으로 활동하고 있다(신정선, 2010.3.17) 참고로 초일류기업의 사훈을 살펴보면 〈표 2-2〉와 같다.

그룹별 경영이념에서는 조금씩 색깔 차이를 드러냈다. 삼성은 '인재와 기술을 바탕으로 최고 제품과 서비스를 창출하여 인류사회에 공헌'(삼성전자)을 경영이념으로 내세웠고, LG그룹 지주회사인 (주)LG는 '고객을 위한 가치창조, 인간존중 경영'을 강조해 인화를 중시하는 그룹문화를 반영했다. 현대중공업은 '무에서 유를 창조하는 경영'이란 고 정주영 회장의 도전정신을 경영이념에 담고 있다. SK텔레콤은 그룹지배구조 개편과정의 진통에서 얻은 교훈을 반영한 듯 '다양한 가치의 혁신과 균형적 제고를 통한 기업가치 극대화 추구'를 경영이념으로 삼고 있다(박순빈, 2005).

이러한 일반적 목적은 너무나 추상적이고 관념적으로 표현되기 쉽기 때문에 구체적인 계획과 결부되지 못하는 경우가 적지 않다. 따라서 인사방침이 효과를 발휘하기 위해서는 일반적 목적의 대전제하에 개별적인 특수한 목적이 추가되지 않으면 안 된다. 특수한 목적은 일반적 목적을 보다 구체화한 것으로 다음과 같은 것을 들 수 있다.

① 조직의 목적을 달성하는 데 적합한 새로운 종업원의 채용
② 종업원으로 하여금 그들의 직무에 신속하게 적응하고 익숙하도록 훈련시키는 일
③ 종업원에 대한 공정하고도 효과적인 임금관리
④ 종업원으로 하여금 최고도의 생산성을 발휘할 수 있도록 하기 위한 유인의 설정(동기 부여)
⑤ 모든 종업원들의 자질, 능력 및 성과를 종합적으로 평가하는 일
⑥ 일할 의욕을 가질 수 있도록 할 수 있는 작업환경과 복리후생
⑦ 조직의 규율을 어기는 소수의 사람들에 대한 징계조치
⑧ 상호 신뢰와 존경에 기초한 협력적인 노사관계

(2) 목적달성을 위한 절차

인사방침은 전술한 제 목적을 달성하기 위하여 특정한 절차와 계획을 제시하지

않으면 하등의 의의가 없다. 따라서 전술한 목적, 특히 특수한 목적을 달성하기 위해서는 구체적인 제 절차가 마련되어야 한다. 이를테면 조직목적을 달성하는 데 적합한 새로운 종업원의 채용과 관련된 문제를 생각해 보자. 이 때 어떤 광고매체를 이용하여 모집을 할 것이며, 선발은 어떤 절차와 방식을 거쳐야 하고, 그리고 배치를 함에 있어서는 무엇을 기준으로 할 것인가에 관한 구체적인 절차가 있어야 한다.

아울러 공정하고도 효과적인 임금관리를 하기 위해서는 어떤 평가기준을 적용하고 여기에 대한 기초적인 자료는 어떻게 수집할 것이며, 임금관리의 네 가지 과제 중 임금수준과 임금격차는 어느 정도로 하고, 어떤 임금체계와 임금형태를 적용할 것인가에 관한 절차가 필요하다.

이 밖에도 신입사원이 회사와 직무에 관한 사항을 신속하게 배워서 직무에 익숙하기 위해서는 어떤 교육훈련을 언제, 어디서, 얼마동안 실시할 것인가에 대한 구체적인 절차를 비롯하여 복리후생관리, 안전보건관리, 노사관계관리, 인사고과, 승진, 전환배치 및 이직관리 등 인적자원관리 제 기능에 따른 세세한 절차들도 마련되어야 할 것이다.

(3) 개개 구성원에 대한 책임의 할당

인사방침의 수립과 관련하여 성문화해야 할 세 번째 부문은 방침의 수행에 대한 책임의 소재를 명확히 하는 일이다.

책임의 소재가 불분명하면 권한의 주체도 모호하고 책임을 묻기도 어려워 나중에 갈등의 원천이 될 가능성이 농후하다. 그러므로 인사방침을 집행함에 있어서 권한과 이에 따른 책임의 소재를 명확히 밝히는 것은 무엇보다도 중요하다. 이와 관련하여 경영조직상의 두 개의 기본적인 조직인 라인(line)과 스탭(staff)에 대해 살펴보자.

라인은 현장에서 실무관리자가 수행하는 일반관리기능인 라인기능(line function), 즉 의사결정하고, 명령하고 집행하는 기능에서 나온 말인데, 이를테면 생산부(과)장, 마케팅부(과)장, 일선감독자 등을 지칭한다. 스탭(staff)은 실무관리자들을 지원하는 업무를 수행하는 전문스탭기능(staff function), 즉 서비스를 제공하고, 조언하며, 조정하는 기능에서 나온 말인데, 이를테면 인사부서(장), 경리부서(장) 등을 지칭한다. 이를테면 인적자원부서의 스탭이 제공하는 세 가지 유형의 도움(assistance)에는 [그림 2-4]와 같이 종업원의 인사기록을 유지하는 것과 같은 특정의 서비스

그림 2-4 | **인적자원부서가 제공하는 세 가지 유형의 도움**

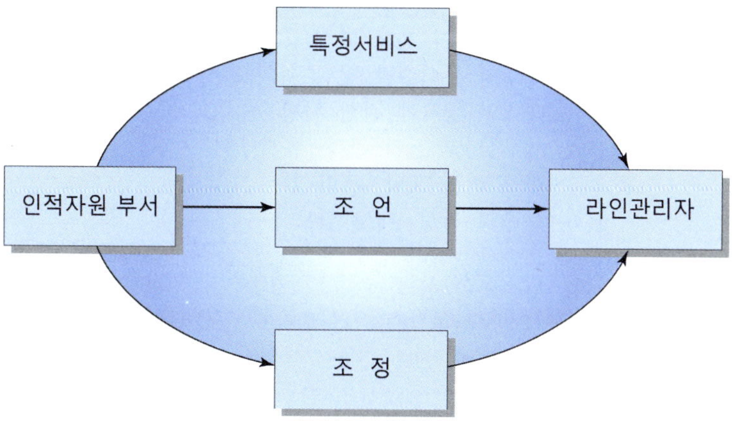

자료: L. W. Rue, N. A. Ibrahim, & L. L. Byars(2016), *Human Resource Management,* 11th ed., New York: McGraw-Hill Education, 11-15.

(service), 징계문제나 동일고용기회문제 등에 있어서의 조언(advice), 그리고 인사고과와 보상문제 등의 조정(coordinate)이 있다(Rue, Ibrahim, & Byars, 2016).

지속 가능한 경영을 통해 조직구성원들의 직무태도에 긍정적인 영향을 미칠 뿐만 아니라 기업의 경쟁력 제고와 가치창출의 극대화(윤대혁, 2011)를 도모하기 위해서는 라인과 스탭 모두 중요하다. 그러나 라인과 스탭 양자의 성격은 판이하게 다르다. 따라서 인사방침을 수행함에 있어서는 그 책임은 당연히 라인조직의 각급 관리자들이 져야 할 것이다. 다만 인사부서의 각급 관리자들은 이들로 하여금 인사방침을 효율적으로 그리고 합리적으로 집행할 수 있도록 돕는 데 대한 책임을 지고 있을 뿐이다.

우리나라 대부분의 기업에 있어서 인사방침의 수행과 관련된 구성원에 대한 책임문제는 대체로 회사규정집 중 업무분장규정(業務分掌規程)에 기술되어 있다. 업무분장규정이란 〈표 2-3〉의 예처럼 회사내 단위 조직별 업무분장을 규정하여 각 부문(팀)간의 업무의 중복 및 업무 사각지대를 방지하고 권한과 책임 한계를 명확히 함으로써 업무의 효율화를 도모하기 위한 규정을 말한다. 그러나 문제는 구성원들이 관장해야 할 사항을 단순히 나열하는 데만 그치는 것이 아니라 이러한 업무분장규정을 통해 각각의 구성원들에게 부가된 직무수행상의 책임과 권한의 한계를 명확히 하도록 하여야 한다.

표 2-3 총무부서의 업무분장 예

부 서	담 당	분장업무
총무부	총무담당	1. 회사직인의 제작 및 사용관리 2. 대내외 문서수발 및 문서의 작성·정리 보관사항 3. 대내외 행사에 관한 사항 4. 사무실 및 집기 관리·유지 업무 5. 회사 비품 조달·관리 업무 6. 사규의 제정·개정 업무 7. 소송사무처리 업무 8. 차량관리 업무 9. 노사협의회 업무 10. 의료보험 업무 11. 사우회 및 우리사주 업무 12. 이사회 업무 13. 기타 총무에 관련된 업무
	인사담당	1. 인사관리에 관한 업무 2. 직원의 채용, 보직, 이동, 퇴직에 관한 업무 3. 직원의 승급, 승진에 관한 업무 4. 직원의 근무상황에 관한 업무 5. 직원의 출장, 휴가, 파견근무에 관한 업무 6. 직원의 일직, 당직에 관한 업무 7. 직원의 급여, 상여금, 퇴직금 계산 및 정산처리에 관한 업무 8. 인사고과에 관한 업무 9. 직원의 건강진단에 관한 업무

2.3 새로운 인사철학과 인사방침

21세기가 열린지도 벌써 18년이나 지났다. 21세기는 세이의 판로설(Say's law)이나 테일러(F. W. Taylor)의 과학적 관리법이 지배논리가 되던 20세기와는 달리 21세기에 걸맞는 경영철학이나 관리원칙이 필요하다. 그런 의미에서 인사철학과 인사방침 또한 달라야 한다. 21세기에 필요한 새로운 인사철학과 인사방침은 [그림 2-5]와 같다.

새로운 인사철학은 종업원들이 동반자이고 함께 가치를 창조해가는 협력자라는 데 바탕을 두어야 한다. 4차 산업혁명시대의 종업원들은 인건비를 지불해야 하는 대상이 아니라 가치창출을 해서 그것을 공유하는 주체여야 한다. 이렇듯 사람을

그림 2-5 | 인사철학과 인사방침의 변화

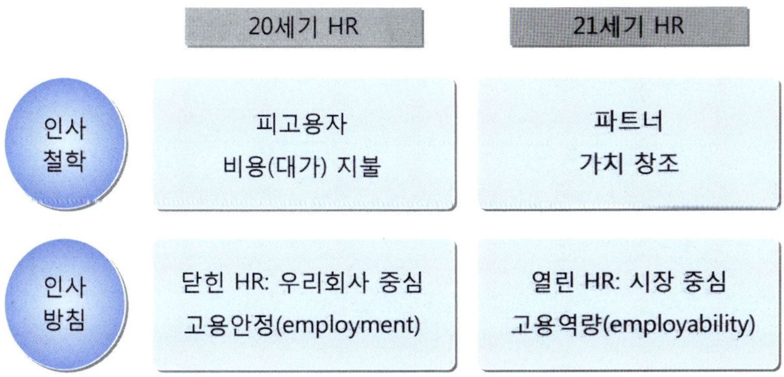

자료: 권석균 · 이병철 · 양재완(2017), 「(지속가능 성장을 위한) 인적자원관리」, 시대가치, 40.

보는 시각 자체가 완전히 바뀌어야 한다.

인사방침에 있어서는 우리회사 중심의 닫힌 인적자원관리에서 열린 인적자원관리로 바뀌어야 된다. 노동시장과 소통이 되는, 노동시장과의 소통을 두려워하지 않는, 그러한 열린 인적자원 경영이 정착되는 것이 매우 중요하다. 구성원들의 고용역량(employability)을 키워줘서 우리 회사에서 고용을 더 이상 책임질 수 없는 경영적인 상황이 오더라도 그 구성원이 노동시장에 나갔을 때 매우 인기있는 사람이 되도록 하여야 한다. 다른 기업들로부터 기꺼이 채용될 수 있는 매력적인 사람으로 만들어주는 것이 회사의 책임이다. 즉, 고용을 완벽하게 보장해주지 못하는 오늘날의 상황에서 고용역량을 보장해주는 것은 새로운 시대의 기업책무이다[1](권석균 · 이병철 · 양재완, 2017).

그러기 위해서는 인적자원관리의 제도, 관행, 문화 등에서 많은 변화가 필요하다. 또한 그 만큼 인적자원 부서의 역할도 바뀌어야 한다. 인사부서의 주요 기능이 인사통제 중심에서 전략적인 관점의 기획 중심이 되어야 한다. 인사부서의 담당자들이 종업원을 감시하고 규제하는 역할을 하는 데 있는 것이 아니고 지원하고 조력하는, 윤활유 · 촉매제로서의 역학을 하는 컨설턴트가 되어야 할 것이다.

1) 원저에서는 인사원칙(HR principle)을 얘기하고 있으나 본 서의 논리전개와 일치시키기 위해 인사방침으로 표기하였다.

3

직무관리

- 1. 직무분석
- 2. 직무기술서와 직무명세서
- 3. 직무평가
- 4. 직무설계

기업이 제대로 돌아가려면 일(직무)과 사람의 효율적인 관리나 결합이 필요하게 되는데, 문자 그대로 일(事)과 사람(人)과의 관계에 대한 효율적인 관리를 인사관리(人事管理), 곧 인적자원관리라고 할 수 있다. 즉 먼저 일(직무)이 주어지고 그 일에 적합한 사람을 찾고 적재적소의 배치를 비롯한 각종 관리를 하는 모든 과정이 인적자원관리가 된다.

따라서 인적자원관리의 제 기능들을 효율적 · 합리적으로 수행하기 위해서는 먼저 직무를 중심으로 직무와 인간과의 관계를 명확하게 밝혀야 한다. 왜냐하면 인적자원관리의 제 기능인 채용, 교육훈련, 인사이동, 인사평가, 보상 및 유지 등은 모두 조직구성원들이 담당하는 직무를 기초로 이루어지기 때문이다(임창희, 2014). 이와 같이 직무를 중심으로 전개되는 일련의 연구를 직무관리 혹은 직무연구라 하고, 직무를 담당할 구성원들의 재능과 능력을 알아내는 활동을 인사평가라 한다. 여기에서는 먼저 직무관리를 살펴보고자 한다.

직무관리는 일련의 과정으로 이루어지는데, 먼저 직무분석에서 출발하여 직무기술서와 직무명세서를 작성하고 마지막으로 직무평가를 하는 과정이다. 그러나 직무분석과 직무설계, 그리고 직무평가는 서로 분리되어 독자적으로 이루어지는 것이 아니라 상호 밀접한 관련을 가진 체계적인 과정이다(박성수 외, 2016, 44; 김영재 · 김성국 · 김강식, 2018, 223-266). 이 밖에도 학자에 따라서는 직무설계를 직무관리에 포함하여 다루기도 한다. 따라서 본 서에서는 직무관리의 영역에 직무설계를 포함하여 직무분석, 직무기술서, 직무명세서, 직무평가 및 직무설계 등의 일련의 과정으로 살펴보고자 한다.

1. 직무분석

1.1 직무분석의 의의

인적자원관리는 직무(job)와 사람(person)의 능력에 대한 과학적인 연구를 통하여 이를 어떻게 유기적으로 조화시키느냐 하는 데서부터 출발한다. 따라서 과학적인 인적자원관리를 수행하려면 직무에 대한 체계적인 이해가 선행되지 않으면 안 된다. 즉, 인간이 경영조직 속에서 어떠한 일을 하며, 그가 담당하고 있는 직무가 적성에 적합한 것인지, 그리고 그가 직무의 추진자로서의 자격을 가지고 있는가를 파악하여야 한다.

현장이야기

"AI와 일자리, 비전문가들이 더 우려한다"

인공지능과 자동화 기술이 인력을 대거 대체할 것이라는 점에는 이견이 그리 많지 않다. 그러나 어떤 종류의 일자리가 언제 대체될 것인가에 대한 구체적인 예측은 그리 많지 않다.

2015년 CEDA 보고서는 호주 일자리의 40%가 향후 15년 내에 "컴퓨터 역량에 취약해질 것"이라고 예측했다. 2016년에는 컨설팅 업체 알파베타(AlphaBeta)가 2030년까지 300만 호주의 일자리(전체의 약 1/3)가 위험에 처할 것이라고 전망했다.

전세계를 다룬 전망도 있다. 2013년에 옥스포드 마틴 스쿨은 미국에서 47%의 일자리가 위협받고 있다고 예측하며 개발 도상국의 비율은 훨씬 높다고 밝혔다.

UNSW AI 교수 토비 월시는 "역설적이게도 이 연구는 위험에 처한 직업을 예측하기 위해 머신러닝 기술을 사용했다. 자동화로 위험에 처한 직업을 예측하는 업무 또한 자동화된 것"이라고 말했다.

'최고 위험 상태'(most at risk)로 언급된 직업은 다양했다. 3월 실시된 애드주나 오스트레일리아의 연구에 따르면 헬스케어 분야의 직종 다수, 정육점, 육체 노동자, 운전자, 마트 계산원, 기계 운영자들이 언급됐다.

그렇다면 고도의 기계 지능(HLMI)이 인간의 직무를 대행할 수 있는 시점은 얼마나 가까이 있을까? 그 대답은 누구에게 물어보는지에 따라 달라지는 양상을 보였다.

더 많이 알수록 두려움 수준 낮다.

월시는 6월 '오토메이션 앤 컴퓨팅' 국제 저널에 최근 연구를 게재했다. 이 연구에 따르면 자동화의 위험에 직면한 직종의 수와 곧 자동화 될 수 있는 직종의 수에 대한 개인의 예측은 AI에 대한 응답자의 지식에 따라 크게 달라졌다.

월시와 동료 연구자들은 2개의 주요 AI 컨퍼런스에 참석한 200여 명과 선도적 로보틱스 컨퍼런스 참가한 101명의 저자들에게 질문을 던졌다. 이와 함께 AI 포커 플레이어 기사를 다룬 컨버세이션 지의 독자 548명에도 질문을 제시했다. 자동화로 인해 위험에 처한 직종을 70개의 응답 중에서 고르도록 하고 HLMI가 도래할 시점을 묻는 질문이었다.

그 결과 전문가 집단은 각각 31개와 29개의 직종을 지목한 반면, 비전문가 집단은 37개의 직종을 선택했다. 또 비전문가들은 HLMI의 도래 시점을 전문가 집단보다 수십 년 빠르게 예측하고 있었다. 월시는 "통계적으로 AI 전문가 집단은 2019년을, 로보틱스 전문가 집단은 2118년을 지목했다. 반면 비전문가들은 반세기나 앞선 2060년을 선택했다"라고 기술했다.

한편 전문가 집단과 비전문가 집단이 가장 크게 엇갈린 직종은 경제학자였다. 이 직업의 업무가 수십 년 이내에 자동화될 것이라고 전망한 비전문가 집단은 39%였지만, 전문가 집단은 12%에 불과했다. 다음으로는 전기 기술자, 기술부문 지술가, 도목기사, 법률사무원, 시장조사 분석가, 마케팅 전문가, 변호사에 대한 시각차가 컸다. 월시는 "그러나 2개의 전문가 집단 또한 다수의 직업이 자동화로 대체될 위험이 크다고 지적하고 있었다" 라고 말했다.

자료: B. Cheon(2018.6.19), "AI와 일자리, 비전문가들이 더 우려한다." 「CIO」.

생계를 유지하기 위하여 자신의 적성과 능력에 따라 일정한 기간 동안 계속하여 종사하는 일이 직업이다. 직업은 시대의 사회적 · 경제적 상황을 비추는 거울이다. 지난 70년 동안 국내 직업은 급격한 변화를 겪어왔다. 1950년대 물장수 · 전차 운전사에서 1970년대 건설 노동자를 거쳐 1990년대 펀드 매니저에 이르기까지 다양한 직업들이 유망직종으로 인기를 모았다. 1,000년 후에는 인공두뇌 기술자 같은 기상천외한 직업들도 나올지 모른다. 참고로 미국은 현재 노인복지사, 정보검색사, 유전자 감식사, 전염병 전문의, 고용전문변호사, 무선통신전문가, 국제회계사, 인사전문가, 그래픽디자이너, 소프트웨어기술자 등이 유망직업으로 인기를 모으고 있다. 우리나라의 시대별 인기직업 변천사를 살펴보면 〈표 3-1〉과 같다.

아울러 2020년대에 각광받을 인기직업을 한국직업능력개발원의 조사결과로 보면 1. 투자 · 신용분석가, 2. 치과의사 · IT컨설턴트, 3. 자산운용가 · 일반의사, 4. 판시 · 검사, 5. 증권 · 외환딜러, 생명과학연구원, 6. 경영 및 진단전문가, 7. 인사노무전문가, 기획 및 마케팅 사무원, 회계사, 컴퓨터보안전문가, 8. 보험 및 금융상품개발자, 변호사, 9. 광고 및 홍보전문가, 도시계획가, 10. 시스템소프트웨어개발자 순으로 나타났다.

직무분석을 본격적으로 살펴보기 전에 직무분석의 대상이 되는 직무와 관련된 용어부터 먼저 살펴보기로 하자. 직무와 관련된 주요 용어에는 요소(element), 과업(task), 직위(position), 직무(job), 직종(job category 혹은 occupation), 직군(job family) 등이 있다. 이 밖에도 직무분석과 관련된 용어에는 여러가지가 있는데, 이들을 정

표 3-1 | 시대별 인기직업

1950년대	1960년대	1970년대	1980년대	1990년대	2000년대	2010년대
군장교	택시운전사	트로트 가수	증권금융인	프로그래머	공인회계사	한의사
회사원	자동차엔지니어	건설기술자	반도체엔지니어	벤처기업가	국제회의전문가	생명과학연구원
영화배우	다방DJ	무역업 종사자	야구선수	웹 마스터	커플매니저	컴퓨터보안 전문가
권투선수	은행원	화공엔지니어	탤런트	펀드매니저	사회복지사	물류관리 전문가
타이피스트	교사	기계엔지니어	드라마프로듀서	외환딜러	IT컨설턴트	상담전문가
의상디자이너	전자제품기술자	비행기조종사	광고기획자	가수	인테리어 디자이너	광고 및 홍보전문가
서커스단원	가발기술자	대기업직원	카피라이터	연예인 코디네이터	한의사	통신공학 기술자
공무원	섬유엔지니어	노무사	선박엔지니어	경영컨설턴트	호텔지배인	응용소프트 웨어개발자
전화교환원	버스안내양	항공 여승무원	통역사	M&A전문가	프로게이머	물리치료사
전차운전사	방송업계종사자	전당포 업자	외교관	공무원	생명공학연구원	수의사

주: 2010년은 잡코리아의 조사결과.
자료: 김병숙(2007), 「한국직업발달사」, 시그마프레스; 이종구·조은상·김홍유(2009), "한국 직업변천사의 시대별 특성 비교분석에 관한 탐색적 연구 - 해방이후(1945)~현재(2009)까지 -," 「경영사학」, 52, 79-109; 윤형중(2011.1.29), "한국의 유망 직업 변천사(1950~2010년): 유망 직업 키워드 70년 '수출' 2000년 '삶의 질'," 「매일경제신문」.

리하면 〈표 3-2〉와 같다.

직무분석(job analysis)이란 특정 직무의 내용이나 성질, 곧 연구와 관찰을 통해 일정한 직무의 성질, 구체적으로 그 직무를 수행하는 데 필요한 숙련, 노력, 책임, 작업환경 등을 과학적이고도 체계적인 방법으로 알아내는 과정이라고 할 수 있다. 환언하면 직무분석이란 직무를 분석하여 그 성질을 결정하고 명확화하는 것이며, 이를 통해 어떠한 종류의 노동 자질이 어느 정도 필요한가를 밝히는 것이라 할 수 있다. 또한, 경영조직체의 건전한 확립을 위한 기본적 요소인 동시에 출발점인 직무분석의 실시와 절차는 조직구성에 있어서 가장 중요한 임무이고, 직무분석에서 얻은 구체적인 사실은 고용에서 해고에 이르기까지 조직의 건전성 유지를 위한 수단으로써 활용되고 있다.

이러한 직무분석의 전반적인 체계는 [그림 3-1]과 같다.

표 3-2 | 직무관련 용어

직무용어	내 용
직종(job category)	유사한 직군들의 집단. 예를 들면 관리직, 기술직, 영업직, 사무직, 유지보수직 등
직군(job family)	유사한 직무들의 집단. 일상적으로 기능에 따라 분류된다. 예를 들면, 생산, 재무, 인사, 마케팅 등
직무(job)	과업 또는 과업차원이 유사한 직위들의 집단을 말함
직위(position)	한 개인에게 할당되는 업무들을 구성하는 과업 혹은 과업 차원들의 집단. 따라서 직위의 수는 사원의 수에 의해 결정된다.
과업(task)	직무의 수행을 위하여 논리적이고 필수적인 단계들인 식별가능한 업무활동을 형성하는 요소들의 집단
요소(element)	개별 과업을 쪼개었을 때 그 최소단위를 말함. 타이핑 과업의 경우 "종이를 타이프에 끼우는 일", "다이프를 치는 일", "친 내용을 확인하는 일" 등

그림 3-1 | 직무분석의 체계

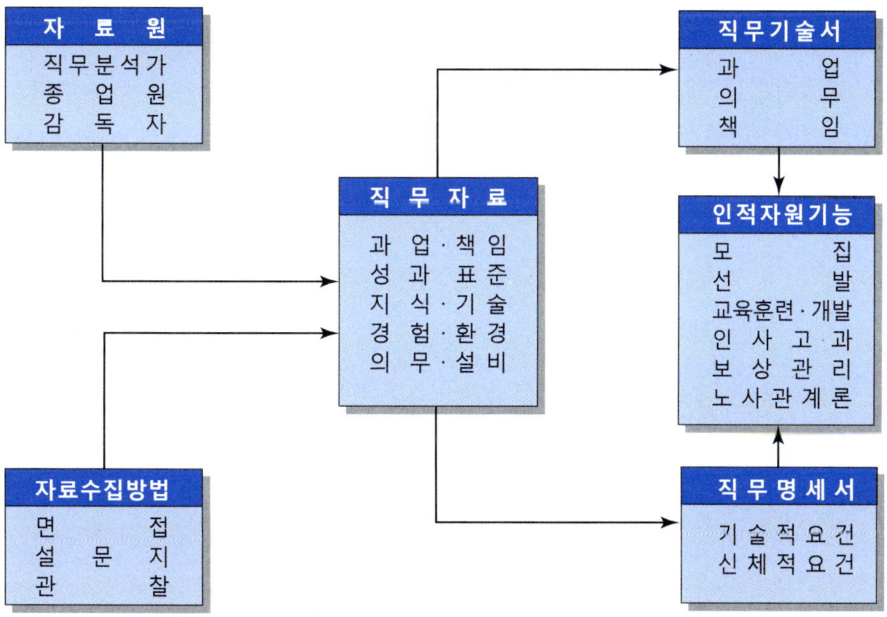

자료: S. Snell, S. Morris, & G. W. Bohlander(2016), *Managing Human Resources*, 17th ed., Boston, MA.: Cengage Learning, 116.

1.2 직무분석의 목적

직무분석은 합리적인 인적자원관리의 기초로써 필요하며, 그 목적으로는 조직의 전반적인 계획, 모집·선발·배치, 교육훈련, 임금관리, 전환배치와 승진, 작업조건의 개선 등이 있다. 이들을 좀 더 구체적으로 살펴보면 다음과 같다.

(1) 모집·선발·전환배치

종업원을 모집하고 선발하며 전환배치하고 그리고 승진시키기 위해서는 그 기초로써 직무분석이 필요하다. 각 직무마다 필요로 하는 자질이 있는 바, 그 요건을 제대로 갖춘 사람을 구하기 위해서는 어떤 직무에 어느 정도의 자질이 필요한가를 보여주는 직무분석이 선행되어야 한다.

(2) 교육훈련

직무분석은 직무를 수행하는데 어느 정도의 지식, 기술 및 능력이 요구되는가를 구체적으로 제시해주기 때문에 과학적인 교육훈련의 기초로 필요하다. 즉, 어떤 직무에 어떤 자격과 어느 정도의 자질을 갖춘 사람이 요청되고 있는가를 명확히 파악해야만 그에 적합한 교육훈련을 효율적으로 그리고 시의적절하게 수행할 수 있다.

(3) 권한과 책임의 확립

직무분석을 통해 해당직무에 적합한 직위를 부여하고 그 직위에 걸맞는 권한과 책임을 명확히 함으로써 합리적인 조직의 기초로서 필요하다. 조직에 있어서 각 직무마다 '의무-책임-권한'이 명확화되어야 구성원이나 부서 간에 갈등이 적고 업무의 효율화를 도모할 수 있다. 이를 위해 필요한 것이 바로 직무분석이다.

(4) 임금관리

직무분석은 합리적이고도 공정한 임금관리의 기초자료로 필요하다. 특히 직무급이나 직능급의 확립에 필요하다. 왜냐하면 합리적인 임금관리나 임금수준의 결정은 각 직무의 수행과정에서 어떤 직무가 중요하며 그리고 기업의 목표달성에 더

표 3-3 직무조사표

Ⅰ. 인적 사항 및 업무개요

성 명: (인) (TEL:)

소속부서	부(실) 과(팀)	직급		사번	
생년월일		성별		직속상사	
재직기간		전직부서	부(실) 과(팀)		
현부서 근무기간		최종학력	학교 전공		

Ⅱ. 업무내용

1. 일상업무

담당업무명	담당과업	업무비중(%)	처리건수				처리시간	관련부서
			일	주	월	년		
1.								
2.								
3.								

2. 기타업무

담당업무명	담당과업	업무비중(%)	처리건수				처리시간	관련부서
			일	주	월	년		
1.								
2.								
3.								

Ⅲ. 직무수행요건

요건		매우 부정	다소 부정	보통	다소 긍정	매우 긍정
1. 숙련	• 학력: • 경력:					
2. 노력	• 육체적 노력: • 정신력 노력:					
3. 책임	• 대인 책임: • 대물 책임:					
4. 작업조건	• 위험성: • 불쾌도:					

가치가 있는지를 밝혀주는 직무평가에 그 기초를 두고 있기 때문이다.

(5) 근로조건의 개선

기업경영에서 인적자원이 그 어느 때보다도 중요한 오늘날, 작업장에서의 안전사고를 미연에 방지하여 노동력을 최상의 상태로 보전하는 기능이 대단히 중요시되고 있다. 직무분석은 각 직무의 위험 내용과 그 정도를 미리 밝혀주기 때문에 산업안전관리의 기초로써 사용될 뿐만 아니라 나아가 근로조건의 개선에 도움이 된다.

(6) 작업방법·공정의 개선

직무수행의 적절한 방법이나 절차에 관한 기본자료는 작업현장에서 직접적으로 일하는 사람들을 대상으로 한 직무분석에 의한 자료로부터 보다 용이하게 얻어지게 된다. 따라서 주기적인 직무분석은 작업방법이나 절차, 그리고 공정을 개선하기 위한 기초자료로 활용된다.

(7) 조직의 전반적인 설계

직무분석을 통해 시대조류나 사업을 전개하는데 적합한 새로운 직무를 지속적으로 추가하는 한편, 시대에 뒤떨어지거나 불필요한 직무를 제거 내지 대체하는 등 환경변화에 대응할 수 있는 탄력적인 조직관리를 가능하게 함으로써 조직의 전반적인 설계나 계획에 도움을 준다.

1.3 직무분석의 방법

직무에 관한 제 사실 내지 정보를 얻을 수 있는 주요한 원천은 직무를 담당하고 있는 종업원, 이들 종업원들이 담당하고 있는 직무들을 잘 알고 있는 감독자, 그리고 직무분석을 전문으로 하는 직무분석가 등이다. 이들을 대상으로 직무에 관한 정보를 수집하는 데에는 다양한 방법이 있다. 이 중 일반적으로 쓰이는 대표적인 직무분석의 방법으로는 면접법(interview method), 관찰법(observation method), 설문지법(questionnaire method), 실험법(experimental method), 종합법(combined

표 3-4 직무분석의 방법

방 법	내 용
면 접 법	직무분석자들이 직무담당자와 면접을 통하여 직무를 분석하는 방법이다. 또한 관찰자가 알 수 없는 정신적인 작업과정을 설명할 수 있기 때문에 정신적·육체적 행위가 모두 기술될 수 있다.
관 찰 법	직무분석자들이 많은 종업원을 평상시에 직무를 수행하는 것을 관찰하고 이를 조직적으로 기록하여 직무기술서를 작성하는 방법으로, 실제적인 과업이나 임무를 파악하는 가장 보편적인 방법이다.
설문지법	의도나 과정은 전술한 면접법과 같지만, 직무분석가들이 말로써 정보를 얻는 대신 직무담당자로 하여금 직무에 관한 조사항목이 적혀 있는 설문지에 응답하도록 하거나 과업, 작업조건 등에 관하여 좀 더 상세히 기술하게 함으로써 정보를 얻는 방법이다.
실 험 법	다양한 방식의 실험을 통하여 특정 직무의 작업방법, 특정 직무에 요구되는 작업자의 직무수행능력, 특정 직무를 수행하는 데 필요한 작업환경조건 등에 관한 정보를 수집하기 위한 것으로 이른바 작업연구·동작연구·시간연구·성능검사법·작업환경측정법과 같은 방법들이 이에 속한다.
종 합 법	면접법과 설문지법을 종합하여 양자가 지니는 장점을 살리고 단점을 제거하려는 방법이다. 그러나 사실상 질문서방식에 중점이 부여되고 면접방식은 경시하게 되기 쉬우므로 결과적으로는 전자의 결점이 나타나는 경우가 많다.

method) 등이 있다(박영배, 2018, 82). 이들에 대해 보다 구체적으로 살펴보면 〈표 3-4〉와 같다.

2. 직무기술서와 직무명세서

2.1 직무기술서

직무분석에 따른 분석자료가 관리수집에 적합할 정도로 정밀하고 새로운 것이라 하더라도, 그것이 인적자원관리를 합리화함에 있어서 유용하게 이용할 수 있도록 정리·기록되지 않는 한 그 효과를 기대하기는 어렵다. 그러므로 직무분석의 결과는 그 직무를 수행하거나 혹은 감독할 모든 사람이 직무의 성격·내용·수행방

표 3-5 | 직무기술서의 내용

직　　명 인사계장
직명부호 AAGI
부　　문 총무부 총무과

Ⅰ. 직무개요

① 총무과장으로부터 위임된 사항 및 권한의 범위 내에서 회사의 방침과 규정에 따라서 계원의 업무를 감독함으로써 과장을 보좌한다.

② 계에 부과된 중요한 업무는 임금계산, 재해발생통계, 저축관리사무, 임용 및 근태관계 등의 인사사무, 인사통계, 인사기록 및 특근사항 등의 기록 및 보존이다.

Ⅱ. 타직무와의 관계

① 직무의 수행결과에 대해 총무과장에게 보고할 의무가 있다.

② 관계업무에 대해서 과장을 통하여 관계 각 부·과에서 자료의 제공을 요구할 수 있다.

③ 총무부의 각 과 및 계장들과 밀접한 연결을 가지고 협력한다.

Ⅲ. 권한의 한계

사무의 일부를 그 수행에 필요한 권한과 더불어 계원들에게 위임할 수 있다. 그러나 그 결과에 대한 책임은 계장이 진다.

Ⅳ. 자격요건

① 경 험
총무관계사무분야에서 5년 이상의 각종 경험을 가져야 한다.

② 감 독
계원을 감독하며 현장의 근로자들과 접촉함에 있어서 보다 나은 인간관계를 유지할 수 있는 실력을 가져야 한다.

③ 정신적 요건
정직, 공정, 친절한 인사처리를 한다는 평판을 들어야 한다.

④ 특수지식
근로기준법, 노동조합 및 노동관계조정법 등 노동관계법규에 숙달함이 좋다.

법을 일목요연하게 파악할 수 있도록 간단하게 정리·보존될 필요가 있다. 따라서 직무기술서(job description)란 직무분석을 통해 나타난 결과를 관계자 모두가 이해할 수 있도록 간략하게 서식화한 것을 말한다.

일반적으로 직무기술서의 내용은 〈표 3-5〉에서 알 수 있듯이 ① 직무표지(job

identification: 직명, 소속 과, 부, 공장, 코드번호), ② 직무개요(job summary: 직무수행의 목적이나 내용을 간략히 기술), ③ 직무내용(job contents: 직무수행과 관계되는 제 상황, 즉 직무내용, 권한과 책임, 타직무와의 관계 등을 보다 상세하게 기술), ④ 직무요건(job requirement: 직무수행에 필요한 제 요건을 정리) 등으로 구성되어 있다.

2.2 직무명세서

직무명세서(job specification)란 직무기술서와 마찬가지로 직무분석을 통하여 나타난 결과를 일정한 서식에 따라 간략하게 정리한 것으로 〈표 3-6〉에서 알 수 있듯이 직무내용보다는 직무요건을, 또 직무요선 가운데에서도 성공적인 직무수행에 필요한 인적 요건이나 특성에 초점을 두어 기술한 것을 말한다.

표 3-6 | 직무명세서의 내용

식 부 명	생활재활교사
기초학력	고졸 이상
전공계열, 학과	사회복지관련학과 졸업, 사회복지 전공자
실무경험	현장실습 및 사회복지기관 자원봉사 활동 (사회복지시설 근무 경력자 우대)
사용기간(수습)	3개월
자격면허 및 특기사항	사회복지관련학과 사회복지사 자격증 소지자 직무수행 능력 향상을 위한 자격증 취득 (예: 사무자동화, 워드프로세서, 기타 국가자격증 소지자)
정신적 및 성격적 요인	• 포용력 • 겸손한 태도 • 친화력 • 관찰력
신체적 요인	거주인 보호에 필요한 기본 근력
학술적 지식	• 사회복지: 사회복지에 관련된 일반적인 지식 • 간호: 거주인의 건강관련 기초적인 지식 • 인사관리: 인사에 관한 일반적인 지식
직무지식·기술	• 거주인에 대한 서비스 질 관리를 위한 지식 • 거주인 보호에 관련된 신체활동 지원서비스 관련 기술 • 원만한 관계 위한 의사소통 기술 • 각종 업무내용을 기록할 수 있는 능력 • 상황을 보고할 수 있는 능력

표 3-7 | 직무기술서와 직무명세서의 비교

직무기술서	직무명세서
• 직무의 명칭 • 직무의 직군 및 직종 • 직무의 내용 • 직무의 요건 • 직무수행의 방법 • 직무수행의 절차 • 타 직무와의 관계 • 사용되는 원재료 · 장비 · 도구 등 • 작업조건	• 직무의 명칭 • 직무의 직군 및 직종 • 요구되는 교육수준 • 요구되는 기능 및 기술수준 • 요구되는 지식 • 요구되는 정신적 능력 • 요구되는 작업경험 • 요구되는 육체적 능력 • 책임과 권한의 정도

자료: 박영배(2018), 「인적자원관리」, 제2판, 청람, 84.

직무명세서의 내용은 직무표지, 직무개요 및 인적 특성 등으로 구성된다. 인적 특성으로는 일반적으로 일반교육정도, 기술훈련, 전문훈련, 과거의 직무경험, 지적 능력, 신체적 요건, 개인 특성 등에 대한 기술이 요구된다(Noe & Premeaux, 2002). 이 직무명세서는 채용의 기초자료로 주로 활용된다.

과거에는 직무의 내용에 대한 것은 직무기술서, 직무를 수행하는 사람에게 요구되는 사항에 대한 것은 직무명세서로 엄격히 구분하였으나 많은 기업에서 하나의 직무기술서에 모두 포함시키기도 한다(유규창 · 박우성, 2017). 지금까지 살펴본 직무기술서와 직무명세서의 내용을 비교하면 〈표 3-7〉과 같다.

3. 직무평가

3.1 직무평가의 의의

자유경제체제하에 있어서 모든 종업원의 보수는 그들이 경영조직에 대해서 공헌하는 정도에 따라서 지급되며, 조직에 대한 공헌도는 대체로 보아서 그에게 부과된 직무의 내용에 따라서 결정된다. 그러므로 종업원에 대한 정확하고도 합리적인 보수를 책정하기 위해서는 먼저 그들이 수행하는 제 직무의 가치를 결정할 수 있는 방법이 발전되지 않으면 안 된다.

일, 곧 직무를 어떻게 만드느냐에 대한 문제는 뒤이어 다룰 직무설계의 문제이며, 만들어진 직무의 내용을 밝히는 것은 직무분석활동이다. 직무분석의 결과 밝혀진 직무의 구체적인 내용 및 이를 수행하기 위해 요구되는 작업자의 자격요건을 가지고 해당직무의 가치를 밝히는 것이 바로 직무평가(job evaluation)활동이다(박경규, 2016, 142).

직무평가(job evaluation)의 정의에 대해서 많은 주장이 있으나 직무평가제도의 발상지인 미국에서는 "직무평가는 어떤 조직에 있어서 개개의 직무의 가치를 동일 조직 내의 타 직무와의 관련하에서 결정하는 체계적인 방법"이라고 하는 피고즈의 견해에 동조하고 있다. 직무평가는 직무에 관한 제 정보를 얻기 위한 직무분석에서 시작하여 일정한 지무 내지 직무의 집단이 지니는 상대적 기치를 결정하기 위하여 고안된 것이다. 그러므로 직무평가는 조직 내의 각각의 직무가 지니는 중요성·난이도·위험성 등에 의해서 그 직무의 상대적 가치를 판정하는 것이어서 동등한 정도의 곤란성이나 책임도를 수반하는 직무에 대해서는 동등하게 다루며, 중요성이나 곤란성이 더 많이 요구되는 직무에 대해서는 그 정도에 상응하는 가치를 인정하여 적절한 급료를 책정할 수 있게끔 하는 직무급제도의 실시를 위한 기초가 된다.

이와 같이 직무평가는 어디까지나 직무 그 자체의 가치를 판단하기 위한 것이지 결코 직무상의 인간을 평가하는 것은 아니다. 따라서 직무평가는 일체의 속인적인 요소를 떠나서 직무 그 자체에 대한 객관적인 가치판단인 것이다. 구체적으로 말해서 어떤 특정한 인간이 행하는 특정한 활동을 문제로 삼는 것이 아니라 보통의 종업원이 담당하는 표준적인 직무가 평가의 대상이 되는 것이다.

이상과 같은 정의가 가리키는 바와 같이 직무평가는 다섯 가지의 국면을 내포하고 있다. 즉 첫째로는 직무에 관한 사실을 체계적으로 수집하여 분석하는 일이고, 둘째로는 이들 사실을 직무의 기술서로 정리하는 일이며, 셋째는 어떠한 국면에서 평가하느냐의 문제, 다시 말하면 평가요소를 선정하는 일이고, 넷째는 일정한 평가방법을 적용하여 그 직무를 평가하는 일이며, 그리고 다섯째로는 이 평가와 관련해서 직무의 가치를 결정하는 일이다. 그런데 이 가운데서 첫째와 둘째의 국면은 이미 직무분석과 직무기술서에서 검토하였으므로 여기서는 나머지 문제만 살펴보기로 하겠다.

3.2 직무평가의 목적

잘 정비된 직무평가제도는 경영조직 내의 임금체계를 보다 합리적으로 그리고 균형을 보다 잘 유지할 수 있게끔 하는 데 그 목적이 있다. 기준직무의 임률을 일반노동시장의 가격과 동일한 수준으로 유지하고 있는 한에 있어서는 그 조직 전체로서의 일반적 임금수준은 적절한 수준으로 유지되고 있다고 할 수 있다. 그러나 그 조직에 있어서는 수많은 직무가 존재하고 있으며, 이러한 직무들은 제각기 여러가지의 특색이 있으며, 이를 수행하기 위해서는 상이한 정도의 지식, 숙련, 난이도, 책임 등을 요구하고 있으므로 이들의 임금은 합리적인 근거하에서 적절한 균형을 유지할 수 있게끔 책정되어야 한다. 그러므로 직무평가제도는 조직의 대내적 임금격차(internal wage differentials)를 합리적으로 결정한다는 것을 제일의 목적으로 삼고 있는 것이다.

이와 같이 직무평가의 주목적은 합리적인 임금격차를 결정하여 임금의 공정성을 확보하는 데 있다. 이것을 구체적으로 세분해서 열거하고 아울러 부가적인 인력확보 및 인력배치의 합리성 제고와 인력개발의 합리성 제고를 살펴보도록 하자.

(1) 임금의 공정성 확보

첫째, 직무의 상대적인 유용성을 결정하기 위해서 치밀하고도 체계적인 사실에 입각한 자료를 제공한다.

둘째, 임금관리에 있어서 공정성에 대한 기초자료가 되므로 이것의 적용은 노동자의 근로의욕을 증진시키고 노사 간의 관계를 호전시킨다.

셋째, 동일노동시장 내의 타 경영조직과 비교할 수 있는 임금체계의 설정에 대한 합리적이고도 체계적인 자료를 제공할 수 있다.

넷째, 경영자로 하여금 노동자의 노무비를 보다 정확하게 평가하고 통제할 수 있게끔 한다.

다섯째, 노동조합과의 임금이나 단체교섭시 기초자료가 된다. 임금의 결정주기를 검토하는 데 일정한 표준이 된다.

여섯째, 회사나 감독이 부하의 임률(wage rate)을 결정하려 할 때 그에게 건전한 원칙과 공평한 기술을 제공한다.

(2) 인력확보 및 인력배치의 합리성 제고

500명의 종업원을 고용하고 있는 기업에서 개별 직무가 요구하는 자격요건은 직무분석의 결과에 의해 그 정보를 제대로 파악하고 있지만 이 500명과 주어진 개별직무들 간의 적합성이 완벽할 수만은 없다. 따라서 직무의 중요성, 난이도 등 직무가치의 정도에 따라 종업원의 능력을 기준으로 인력확보 및 인력배치의 합리성을 제고시킬 수 있다.

(3) 인력개발의 합리성 제고

인력개발의 중요한 수단인 직무이동경로, 곧 경력경로(career path)를 설계할 때 기업 내 여러 직무들 사이의 직무의 중요성, 난이도, 위험도 등의 직무가치 정도에 따라 보나 합리적인 이동경로를 설계할 수 있다(박경규, 2016, 144).

3.3 직무평가의 요소

직무평가는 직무의 상대적 가치를 결정하는 것이라고 하였는데 이 직무의 상대적 가치는 직무가 기업에 대해서 얼마만큼 공헌하는가에 따라서 결정된다. 그리고 직무의 조직에 대한 공헌도는 그 직무가 어떠한 정도의 생산성을 발휘하는가에 따라서 결정되어야 할 것이므로 인사고과가 대체로 직무와 사람과의 관계에서 관찰하는 것인 데 반하여 직무평가는 직무와 조직 전체의 관점에서 본 것이다. 그러나 이러한 직무의 생산성은 직접적으로 측정할 수는 없는 것이므로 부득이 직무상 나타난 제 징후에 의존해서 측정할 도리밖에 없게 된다. 즉, 직무의 평가요소는 직무상에 나타난 제 징후에 의해서 파악될 수 있는 것이다.

오티스와 류카트(J. L. Otis & R. H. Leukart)는 평가요소선정은 다음과 같은 원칙에 따르는 것이 이상적이라고 주장하고 있다.

① 평가요소는 모든 직무수행에 있어서 보편적으로 존재하는 동시에 중요한 것이라야 한다.

② 평가요소는 직무의 어떤 일면에 대해서만 측정하는 것이며 중복해서 평가해서는 안 된다.

표 3-8 라이틀에 의한 직무평가요소

대 분 류	세부 분류	
숙 련	• 지적 숙련	• 육체적 숙련
노 력	• 정신적 노력	• 육체적 노력
책 임	• 대인적 책임	• 대물적 책임
작업조건	• 위험도	• 불쾌도

③ 평가요소는 노사쌍방에 다 같이 인정할 수 있는 것이 바람직하다.

④ 평가요소는 모든 직무에 있어서 보편적으로 적용할 수 있는 것이라야 한다.

그러나 이러한 조건을 다 충족시킬 수 있는 평가요소를 선정한다는 것은 그리 쉬운 일은 아니다. 실제로 직무의 평가요소를 선정함에 있어서 각국은 각 산업 분야의 특색에 따라서 제각기 상이한 결론을 내리고 있으므로 일률적으로 적용될 수 있는 준칙이란 있을 수 없다.

라이틀(C. W. Lytle)에 의하면 현재 미국에서 널리 보급되어 거의 표준화되어 있다고 할 수 있는 평가요소는 〈표 3-8〉과 같은 4종류 8항목, 즉 숙련(지적 숙련, 육체적 숙련), 노력(정신적 노력, 육체적 노력), 책임(대인적 책임, 대물적 책임), 작업조건(위험도, 불쾌도) 등이다. 미국기업에서 널리 적용되고 있는 이러한 평가요소는 직무의 모든 면을 다 포괄하고 있으면서도 비교적 간결하기 때문에 우리나라의 경영에서 근래에 실시하고 있는 직무평가에 많이 이용되고 있다.

3.4 직무평가의 방법

일단 평가요소가 확정되면 다음으로는 여기에다 일정한 평가의 방식을 적용하는 문제가 제기된다. 직무평가의 방법으로서 오늘날 가장 흔히 사용되는 것은 서열법(job ranking method), 분류법(classification method), 점수법(point system method) 및 요소비교법(factor comparison method) 등이다. 이 가운데서 서열법과 분류법은 주로 포괄적인 판단에 의해서 직무의 가치를 판단하며, 점수법과 요소비교법은 숫자를 사용한 분석적인 판단에 의해서 평가하는 것이므로 전자를 비량적 평가방법

(nonquantitative method)이라고 하고 후자를 양적 평가방법(quantitative method)이라고 한다(Ivancevich & Konopaske, 2013).

(1) 서열법

서열법은 평가자가 직무에 대해서 가지고 있는 포괄적인 지식을 구사하여 직무의 중요도와 장점에 따라 각 직무의 순서를 정하는 평가방법으로 그 예는 〈표 3-9〉와 같다. 이 때 직무는 구성요소로 분해되어 고려되지 않고 전체로서 고려되는 것이 이 방법의 특징이다. 서열을 정하는 구체적 방법으로는 첫째, 최상위 직무와 최하위 직무를 축차적으로 계속 선정하여 나머지 직무의 서열을 상대적으로 정하는 방법, 둘째는 각 직무를 두 개씩 다른 직무와 비교하여 서열을 결정하는 방법(paired comparison method), 셋째는 객관적인 편견을 적게 하기 위해 위원회를 설치해서 서열을 결정하는 방법, 넷째는 조직도표(organization chart)를 이용해서 서열을 정하는 방법이 있다.

이 방법은 첫째로 간단하며, 둘째로는 등급을 신속하게 매길 수 있다는 장점이 있다. 하지만 첫째, 등급을 매기기 위한 일정한 기준이나 지침(yardsticks or guides)이 없다. 둘째 직무에 대한 기본적 요소를 상세하게 고려하지 않으므로 등급을 매기는 일이 너무 단순하다. 셋째, 비슷한 명칭을 가진 직무간에 있어서 혼란이 야기되기 쉽다. 그리고 끝으로 직무의 수가 많아지고 내용이 복잡해지면 이 방법은 별로 쓸모가 없게 된다는 단점이 있다.

(2) 분류법

분류법이란 각 직무를 사전에 만들어 놓은 여러가지의 등급에다 적당히 판정하여 삽입하는 평가방법이다. 그러므로 이 방법을 적용하기 위해서는 먼저 분류할 직무의 등급을 결정해야 하는데, 이 때 등급은 전체의 직무의 수나 성격에 따라서 그 수가 미리 정해진다. 즉, 등급은 아주 간단하게 숙련과 비숙련의 2등급이나 혹은 숙련·반숙련·미숙련의 3등급으로 나누든가 또는 〈표 3-9〉와 같이 더욱 세분해서 보다 많은 등급으로 나눌 수도 있는 것이다. 그러나 이 때 나누어 놓은 등급은 반드시 서로 밀접한 관련성을 가지지 않으면 안 된다. 즉 최하층의 방침결정직무 등과 같이 분류되어 이들 상호간의 비교가 가능해야 한다.

이 방법은 서열법보다 좀 더 발전된 것으로 1922년경 카네기 기술연구소에 의해

표 3-9 직무등급의 예

직무등급	표준기술
Ⅰ	일이 단순하고 매우 반복적이다. 엄격한 감독 하에서 일하고 거의 훈련을 필요로 하지 않으며 책임 또한 거의 없다. 〈예〉 수위, 사무보조원
Ⅱ	일이 단순하고 반복적이다. 엄격한 감독 하에서 일하고 약간의 훈련이나 기술을 필요로 한다. 그다지 책임이 부여되지 않는다. 〈예〉 타이피스트 Ⅰ, 기계를 청소하는 사람
Ⅲ	약간의 차이가 있으나 일이 단순하며 일반적인 감독 하에서 일을 한다. 훈련이 필요하고 최소한의 책임이 부여된다. 〈예〉 기계에 기름을 치는 사람, 타이피스트 Ⅱ
Ⅳ	일이 비교적 복잡하며 통상 일반적인 감독 하에서 일을 한다. 숙련이 필요하고 설비나 안전에 대해 책임이 있으며 정기적으로 주도력을 보인다. 〈예〉 기계운전자 Ⅰ, 주조공
Ⅴ	일이 복잡하고 다양하며 일반적인 감독 하에서 일을 한다. 상당한 숙련이 요구된다. 설비나 안전에 책임이 있으며 상당한 주도력을 보여준다. 〈예〉 기계운전자 Ⅱ, 구조기술자

자료: W. B. Werther, Jr. & K. Davis(1996), *Human Resources and Personnel Management,* 5th ed. N,Y.: McGraw-Hill, 419.

고안되었다. 이 방법 역시 직무의 가치를 포괄적으로 파악하려는 방법으로서 각 직무를 그들의 구성요소로 분해하지 않고 전체로서 고려하고 있다는 특징이 있다.

이 방법의 장점으로는 해당직무를 평가할 때 주어진 등급 내에서 분류만 하면 되기 때문에 간단하고, 이해하기 쉬우며, 그 결과가 비교적 만족할 만하다는 점을 들 수 있다. 반면에 상세한 분석을 행하지 못하므로 분류 자체의 정확성이 보장될 수 없으며, 분류의 기준이 애매하게 되기 쉬우므로 한 직무가 어떤 경우에는 갑의 분류에도 들어가고, 또 다른 경우에는 을의 분류에도 속하게 될 우려가 있으며, 직무의 수가 증가하고 그 내용이 복잡해지면 정확한 분류를 행할 수 없다는 등의 단점을 내포하고 있다.

(3) 점수법

점수법이란 서열법이나 분류법처럼 직무를 전체로서 포괄적으로 파악해서 그 중요성을 결정짓는 것이 아니라 이들 직무를 구성요소로 분해해서 숫자를 사용함으로써 보다 구체적으로 직무의 가치를 결정하려는 것으로 1925년 롯트(M. R.

표 3-10 | 점수법의 예

요소	빌딩엔지니어	부서직원	수위
교 육	100	100	50
경 험	250	150	100
책 임	150	250	50
노 력	100	100	50
작업조건	100	50	100
합 계	700	650	350

Lott)에 의해 고안되었다. 따라서 이 방법에서 중요한 점은 이미 언급한 바 있는 각각의 평가요소에다 직무수행상에 있어서 각 요소가 차지하는 중요성에 따라서 점수를 배분하는 일이다.

각 요소간의 점수를 배분하는 방식은 직종이나 산업에 따라 다소 차이가 날 수 있으나 일반적으로는 〈표 3-10〉과 같이 교육과 경험으로 나오는 숙련(50%), 책임(25%), 노력(15%) 및 작업조건(10%) 순으로 평가요소간에 가중치를 둔다. 이와 같이 하여 각 요소에 대한 일정한 점수의 배분이 끝나면 여기에 따라서 구체적인 평가의 과정이 수행되어 그 결과는 직무의 각 요소에 대해서 평가된 점수의 총화를 수량적으로 나타내는 것이며, 이러한 점수의 총화가 많으면 많을수록 그 직무의 상대적 가치는 높다.

점수법은 오늘날 일반기업의 평가방법으로서 가장 많이 이용되고 있는데(Risher, 1999), 그 장점으로 ① 분석적으로 설정된 평가척도는 어느 정도 믿을 수 있다. ② 비교적 용이하게 직무의 상대적 차별을 지울 수 있다. ③ 각 직무의 점수가치는 직무간의 상대적 차이를 다방면으로부터 제시할 수 있다. ④ 노동자나 사용자가 다같이 용이하게 이해할 수 있다는 점이다. 그러나 이 방법에는 ① 직무의 상대적 가치를 결정지울 수 있게 되기 위해서는 고도의 숙련을 요한다. ② 평가요소에 대해서 비중을 매기고 그 등급에 따라서 점수를 배분하는 일이 매우 어렵다. ③ 점수에 의해서 직무의 상대적 가치를 결정하는 데에는 많든 적든 독단이 수반된다. ④ 도입을 위한 준비에 상당한 시간을 소요된다. ⑤ 다른 방법보다는 훨씬 많은 비용이 든다는 단점도 있다.

(4) 요소비교법

요소비교법은 벤지(Eugene J. Benge)에 의해서 고안된 직무평가의 한 방법이다. 이 방법에 의한 직무평가는 먼저 가장 중심이 되는 기준직무를 선정하여 평가요소별로 평가한 뒤 각 직무의 평가요소를 기준직무의 평가요소와 결부시켜 비교함으로써 직무의 상대적 가치를 결정하는 방법이다. 요소비교법의 구체적인 절차를 소개하면 다음과 같다.

조직 내의 가장 중심이 되는 기준직무(key job)를 선정하는 일로부터 시작된다. 이렇게 해서 일단 기준직무가 선정되면, 각 직무의 평가요소를 다섯 가지 내지 일곱 가지 선정해서 조직 내에 존재하는 각각의 직무의 평가요소를 기준 직무의 평가요소에 결부시켜 〈표 3-11〉과 같이 이들을 상호 비교함으로써 조직 내에서 이들이 차지하는 상대적 가치를 수량적으로 결정하는 방법이다. 여기에서 일반적으

표 3-11 요소비교표

시간임률	숙 련	정신적 노력	육체적 노력	책 임	근로조건
6.50					
6.25	• 기술입안자				
6.00					
5.75	• 펀치프레스조작자				
5.50					
5.25					
5.00		• 기술입안자			
4.75					
4.50	• 스크루조작자		• 펀치프레스조작자		
4.25				• 기술입안자	
4.00					
3.75	• 창고관리인		• 스크루조작자		
3.50		• 펀치프레스조작자		• 창고관리인	• 창고관리인
3.25			• 창고관리인		• 펀치프레스조작자
3.00					• 스크루조작자
2.75					
2.50		• 스크루조작자	• 기술입안자	• 펀치프레스조작자	• 기술입안자
2.25		• 창고관리인		• 스크루조작자	
2.00					
1.75					

자료: J. M. Ivancevich(1992), *Human Resources Management: Foundations of Personnel*, Homewood, IL: Irwin, 323.

로 적용되는 평가요소는 일곱 가지를 넘어서는 안 되며, 정신적 노력, 숙련, 신체적 노력, 책임, 작업조건 등의 다섯 가지가 가장 널리 사용되고 있다.

요소비교법의 장점은 ① 평가범위에 따라 전체 직무의 평가가 용이하다. ② 기업의 특수 직무에 적합하도록 설계할 수 있다. ③ 직무의 상대적 가치를 결정함에 있어 유사직무 간의 비교가 가능하다. ④ 평가기준의 설정으로 타 직무와의 요소비교를 통한 평가가 용이하다. 반면에 ① 기준직무에 대한 평가의 정확성이 결여되면 자동적으로 전체 직무평가에까지 영향을 미친다. ② 측정척도에 편견이 개입될 가능성이 있다. ③ 측정척도의 구성이 복잡하여 종업원들을 충분히 이해시키기가 어렵다. ④ 실시하는데 많은 시간을 요하고 상당한 사무비를 필요로 한다는 단점이 있다.

지금까지 살펴본 네 가지 직무평가방법을 요약하면 〈표 3-12〉와 같다.

표 3-12 직무평가방법의 요약

방 법	내 용
서 열 법	평가자가 포괄적인 지식을 사용하여 직무의 중요성에 따라서 서열을 매기는 평가방법으로 가장 오래되고 가장 간단한 방법이다. 서열을 매기기 위한 일정한 기준이 없다는 점이 최대의 단점이다.
분 류 법	어떤 직무가 보다 가치있는가에 대한 보편적인 지침이 없는 서열법을 좀 더 발전시킨 것으로, 평가자가 각 직무를 사전에 만들어 놓은 여러 등급에다 적절히 판정하여 삽입하는 방법이다.
점 수 법	직무를 각 구성요소로 분해하여 숫자를 사용함으로써 보다 구체적으로 직무의 가치를 결정하는 방법으로 직무평가방법 중 가장 많이 사용되는 방법이다.
요소비교법	가장 중심이 되는 기준직무를 선정한 뒤 각 직무의 평가요소를 기준 직무의 평가요소와 결부시켜 비교함으로써 직무의 상대적 가치를 결정하는 방법이다.

아울러 이상에서 설명했던 직무평가방법의 내용을 비교·요약해 보면 〈표 3-13〉과 같다.

표 3-13 직무평가방법의 비교

비교기준	직무평가의 방법			
	서 열 법	분 류 법	점 수 법	요소비교법
사용 빈도	가장 적음	둘째나 셋째	가장 많음	둘째나 셋째
비교 방법	직무와 직무	직무와 정의	직무와 정의	직무와 직무
요소의 수	없음	없음	평균 11개	7개 이하
척도의 형태	서열	등급	점수, 요소	점수, 대표직무
타 방법과의 관계	요소비교법의 조잡한 형태	점수법의 조잡한 형태	분류법의 발전된 형태	서열법의 발전된 형태
인사고과 방법과의 관계	인사고과의 서열법	인사고과방법의 등급제	도시평가법	대인비교법

4. 직무설계

4.1 직무설계의 의의

조직에서 직무는 개인과 조직을 연결시켜 주는 가장 기본적인 단위이다. 다시 말해서 직무설계를 통해서 종업원의 욕구와 조직의 목표를 통합시킬 수 있다는 것이다. 최근 종업원의 교육수준의 향상과 사회환경의 변화는 종업원들로 하여금 근로생활의 질(QWL: Quality of Working Life)과 직무로부터의 만족을 요구하게 되었다. 이와 같은 조직구성원의 욕구수준과 사회환경의 변화에 대응하기 위하여 각 기업들은 직무설계 또는 직무의 재설계를 논의하게 된 것이다.

직무분석이 수행된 후에는 조직의 과업흐름과 더불어 직무설계를 한다. 직무설계는 특정의 직무를 수행하기 위해 요구되는 과업들을 하나의 직무로 조직화하는 과정이다. 직무설계란 직무분석, 직무평가를 토대로 직무를 다시 조직의 목적 수행에 적합토록 설계하는 것을 말한다. 그러므로 여기서의 직무설계는 곧 직무재설계의 뜻으로 새겨진다.

직무설계에 대한 접근방법을 역사적으로 살펴보면 [그림 3-2]와 같이 크게 세

그림 3-2 | 직무설계의 역사적 전개과정

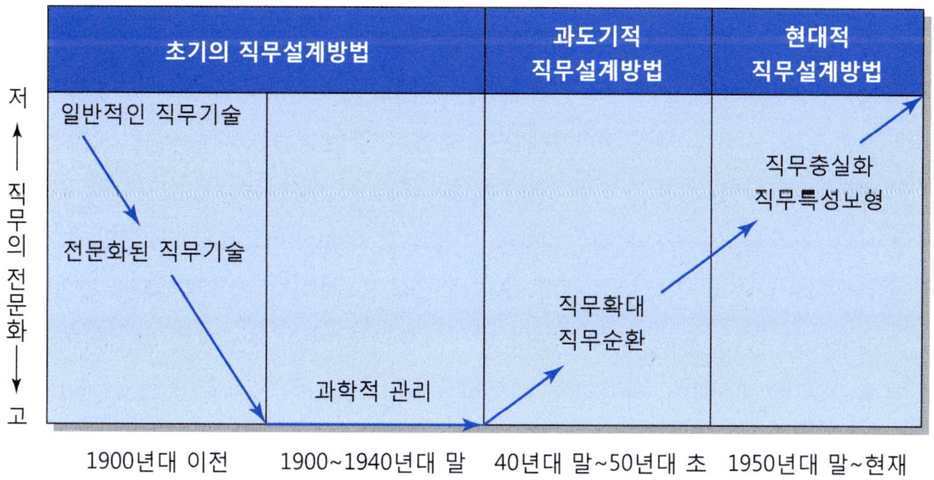

자료: R. Kreitner & A. Kinicki(2013), *Organizational Behavior*, 10th ed., New York, NY: McGraw-Hill/Irwin, 177.

가지로 나누어 볼 수 있다. 즉 가장 전통적인 과학적 관리방법에 의한 직무설계와 과도기적인 직무순환과 직무확대에 의한 직무설계 그리고 가장 최근의 직무충실화와 직무특성모형에 의한 직무설계방법이 있다(신건호 외, 2011, 79-83; 박영배, 2011, 141-145; 이진규, 2001). 그러면 이들 각각에 대해 살펴보기로 하겠다.

4.2 전통적 직무설계

전통적으로 조직에서의 직무설계는 3S의 원칙, 곧 표준화(standardization), 단순화(simplification) 및 전문화(specialization)의 원리에 기반을 두어 왔다. 즉 대부분의 직무설계는 고능률(high efficiency)이라는 관점에 기초를 둔 것으로서 가능한 한 직무를 세분화함으로써 짧은 훈련기간, 짧은 작업주기, 작업자의 신속한 대체 가능성 등을 통해 조직의 목표를 달성하려는 것이다. 테일러(F. Taylor)가 중심이 된 과학적 관리기법하에서의 과업 설계는 바로 이러한 관점에서 이루어진 것이다.

이러한 직무설계방식은 1900년대에 시작된 이래 지배적인 방식이 되었고, 1950년대와 1960년대의 자동화 그리고 최근의 사이버네틱스(cybernetics)와 정교한 컴퓨터 시스템으로까지 연결된다. 테일러의 직무설계방식은 제조업체에서 광범위하게 채택되었으며 특히 조립라인을 갖고 있는 업체의 경우가 그러했다.

이러한 전문화나 분업, 직무의 세분화를 특징으로 하는 과학적 관리기법하에서의 직무설계방식은 단기적으로는 능률의 증대나 비용의 감소를 가져왔을지 모르나 장기적으로는 조직 구성원들에게 단조로움과 불만을 가져다주어 잠재적인 능력이 제대로 발휘되지 못하게 하는 결과를 초래하였다. 뿐만 아니라 피로와 긴장, 이직률이나 지각률의 증가와 같은 많은 부작용을 유발하게 된다. 다시 말해 작업활동의 구조적 요인이 직무담당자의 태도에 영향을 미쳐서 직무에 대한 불만족, 낮은 모티베이션 및 낮은 성과를 가져왔던 것이다. 이러한 문제점을 보완하기 위해 새로운 직무설계방식이 제시되게 되었다.

4.3 과도기적 직무설계

과도기적 직무설계방법에는 직무순환과 직무확대가 있다. 직무순환(job rotation)이란 서로 다른 직무로 종업원을 순환시킴으로써 근로자에게 다른 기술을 경험하고 개발할 수 있는 기회를 제공해 주고 생산공정을 전체적인 관점에서 이해할 수 있도록 해주는 직무설계방식이다. [그림 3-3]이 직무순환과정을 잘 보여주고 있다. 이와 같은 방법은 실제로 우리나라에서도 널리 이용되고 있다. 특히 각 기업체나 은행과 같은 사무직 사원에게 많이 적용되고 있는데, 예를 들면 은행의 경우 특정부서에 신입사원을 배치시켜 놓고 어느 정도 일에 대해서 완전히 익숙해질 무렵이면 새로운 부서로 옮겨서 업무를 담당하게 한다. 이와 같은 경우 신입사원은 대리나 과장으로 승진하기 전에 회사 내의 중요한 업무를 두루 익히게 되어 전사적인 차원에서 업무를 파악할 수 있는 일반관리자(generalist)가 될 수 있고, 특정업무에 너무 오래 매달리다 보면 빠지기 쉬운 여러가지 부작용으로부터 종업원을 보호할 수도 있다.

이 방법으로는 근로자의 실제 직무에 있어서 어떤 커다란 변화도 없다. 그러나 이 방법은 서로 다른 직무로 종업원을 순환시킴으로써 근로자에게 다른 기술을 개발할 수 있는 기회를 제공해 주고, 생산공정을 전체적인 관점에서 이해를 하도록 해주기 때문에 지루함과 업무의 단조로움을 극복할 수 있다고 가정하고 있다. 다

그림 3-3 | 직무순환

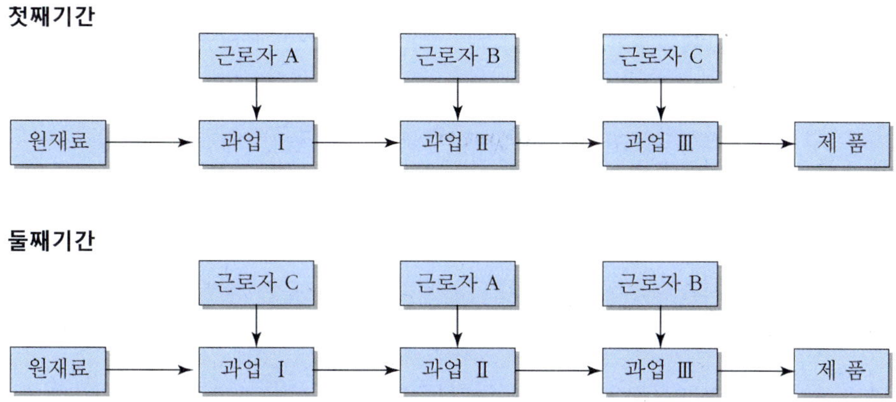

자료: A. D. Szilagyi, Jr. & M. J. Wallace, Jr.(1990), *Organizational Behavior and Performance*, 5th ed., Glenview, Ill.: Scott, Foresman/Little, Brown Higher Education, 212.

시 말해서 직무순환의 강점은 종업원의 작업활동을 다양화함으로써 지루함이나 싫증을 감소시켜 준다는 점이다. 물론 이 같은 직무순환은 조직에 간접적인 유익을 가져다 주기도 한다. 종업원들이 광범한 기술을 갖게 되면 관리자들이 작업의 일정계획을 수립하고 변화에 적응하고 결원을 보충하는 데 그만큼 더 융통성을 갖게 되기 때문이다.

그러나 직무순환의 난점은 비용문제를 유발시키고 작업진행의 방해요인이 된다는 점과 직무상의 의미감을 제고시키는 데 제한적인 영향을 미칠 뿐이라는 점이다. 즉 종업원을 이 직무, 저 직무로 순환근무토록 하는 데는 비용의 문제가 수반된다. 동일수준의 기술을 가정한다고 하더라도 단기간에 있어서의 생산성은 당분간 떨어지게 마련이다. 한 직무에서 장기간 근무한 경험에서 오는 능률이 실제적으로 매우 중요한데, 직무순환의 결과로 그같은 능률의 많은 부분이 손실되기 때문이다. 그리고 직무순환 또한 작업진행의 방해요인이 되고 있다. 작업집단의 구성원들은 신입종업원에 적응하지 않으면 안 된다. 그리고 감독자도 최근에 교대되어 들어온 신입작업자의 질문에 일일이 응답해 주어야 하고 그를 감독하는 데 더 많은 시간을 소비해야 하기 때문이다. 끝으로 직무순환은 동기유발 잠재력 점수가 나은 직무의 해결책으로는 약하다는 점이다. 직무순환은 본질적으로 직무 자체를 바꾸는 것이 아니고 단지 직무-종업원 간의 결합을 바꾸는 것이기 때문에, 1년에

한가지 일 대신에 네 가지의 지루한 일을 수행한다고 해서 종업원들이 더 큰 의미감을 경험하지는 않는다. 따라서 직무순환은 문제에 대한 단기적인 해결책밖에 되지 못한다. 일시적으로 작업의 단조로움과 지루함은 경감될 수 있으나 여전히 일상성의 문제가 남아 있게 되는 것이다. 왜냐하면 장기적인 관점에서 볼 때 직무순환은 단지 일련의 단조롭고 지루한 직무를 바꿔하는 것에 지나지 않기 때문이다.

직무확대(job enlargement)란 과업의 다양성을 늘리기 위해 단순히 수평적으로 직무를 확대시킨 것이다. 즉 직무를 보다 다양하고 흥미 있도록 하기 위해 하나의 직무에다 또 다른 직무를 추가시킨 것이다. 예를 들면 자동차 조립라인에서 카페트 까는 일, 시트를 설치하는 일, 앞면유리를 끼우는 일, 라디오를 부착하는 일 등 과업 1에서 과업 4까지의 업무가 있다고 가정해 보자. 이 때 직무확대란 지금까지 이와 같은 일들을 김 씨, 이 씨, 박 씨가 각각 담당하였으나 직무확대 이후에는 김 씨가 카페트 까는 일과 시트 설치, 이 씨가 시트설치와 앞면유리 끼우기, 그리고 박 씨가 앞면 유리 끼우기와 라디오 부착을 모두 책임지게 한다는 것이다. 대개 직무가 확대되면 원래는 다른 근로자가 하던 일을 떠맡게 되는 것이다.

이 방법은 요구되는 기술의 다양성을 증가시키고 작업의 수를 늘림으로써 작업의 단조로움과 지루함을 극복하여 높은 수준의 직무만족으로 이끌어 나갈 수 있

그림 3-4 | 직무확대

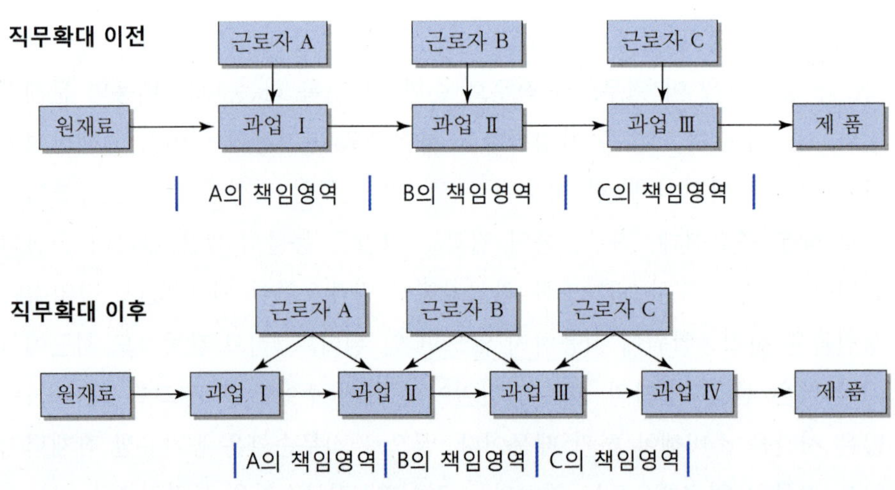

자료: A. D. Szilagyi, Jr. & M. J. Wallace, Jr.(1987), *Organizational Behavior and Performance*, 4th ed., Glenview, Illinois: Scott, Foresman and Company, 155.

다. 그러나 많은 비판가들은 직무확대란 경영층이 생산성을 증대시키고 노동력을 감소시키기 위한 또 하나의 도구에 불과하다고 주장한다. 그들은 직무의 본질적인 성격은 그대로 남아 있으며 단지 근로자들이 해야 할 일거리만 늘었다고 주장한다. 만약 동일한 일이 보다 적은 근로자에 의해 수행될 수 있다면 경영자들은 불필요한 근로자를 해고하기 위해 이 방법을 채택한다는 비난을 면치 못할 것이다.

4.4 현대적 직무설계

현대적 직무설계방법에는 직무충실화와 직무특성모형이 있다. 직무충실화(job enrichment)는 허즈버그(F. Herzberg)의 2요인이론에 그 기초를 두고 있다. 허즈버그에 따르면 종업원을 적극적으로 동기부여시켜 성과와 직무만족을 높이기 위해서는 직무에서 만족요인 내지 동기요인이 충족되어야 한다는 것이다. 그러기 위해서는 실제적으로 직무 그 자체가 성취감, 인정감, 책임, 발전 및 성장에 대한 기회를 제공하게끔 재편성되어야 한다는 것이다. 즉 직무충실화란 종업원이 자신의 직무를 스스로 계획하고 실천하며 평가할 수 있도록 자율과 책임을 증대시키고 자신의 성과를 평가하고 수정할 수 있도록 피드백을 제공하는 새로운 직무설계방법이다(스티븐 로빈스 · 티모시 저지, 2015).

이것은 단순히 직무의 수를 '늘리는(enlarge)' 것과 구별되어 그러한 요인이 포함되게끔 직무를 '기름지게(enrich)' 하는 것이다. 이러한 의미에서 [그림 3-5]에서 알 수 있듯이 직무확대는 수평적인 직무부하(horizontal job loading)인 반면, 직무충실화는 수직적인 직무부하(vertical job loading)라 할 수 있다(Greenberg & Baron, 2000; Lussier, 2017, 250).

이러한 직무충실화는 여러 나라의 많은 회사에서 긍정적인 효과를 가져오는 것으로 나타났다. 즉 일반적으로 미국의 경우 Texas Instrument, Corning Glass, IBM, AT&T, Procter & Gamble, Maytag, Buick, Monsanto Chemical, Scott Paper, 그리고 유럽에서는 스웨덴의 Volvo, Saab 및 네덜란드의 Philips 등에서 결근율과 이직률의 감소, 품질 개선, 그리고 생산성의 향상을 가져온 것으로 나타났다.

그러나 직무충실화에도 적지 않은 문제점이 뒤따르게 되는데, 흔히 유발되는 문제점은 기술상의 제약, 비용, 그리고 경영자나 노조로부터의 저항 등이 바로 그

그림 3-5 | 직무충실화 대 직무확대

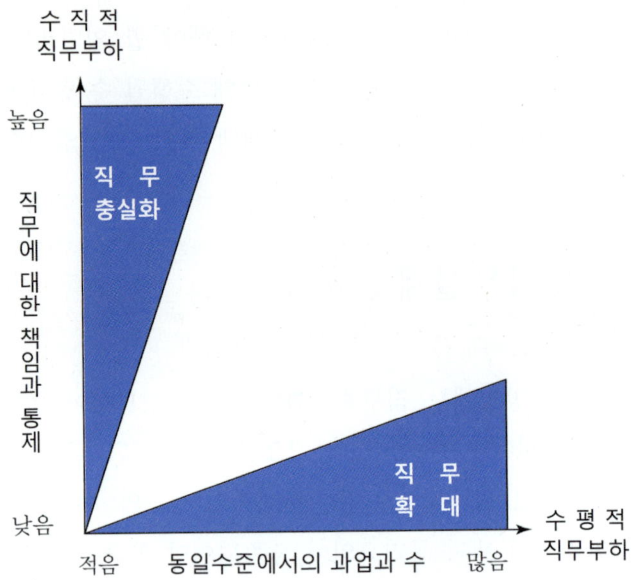

자료: J. Greenberg & R. A. Baron(2000), *Behavior in Organization: Understanding and Managing The Human Side Work*, 7th ed., Upper Saddle River, NJ: Prentice Hall, 15.

것이다. 이러한 맥락에서 직무충실화에 관한 성공적인 보고들에 관한 타당성을 연구한 페인(M. Fein)은 연구상의 문제들을 다음과 같이 지적하고 있다. 첫째, 직무충실화에 관한 연구의 선택적인 보고가 그 프로그램의 유효성을 왜곡시켜 왔다. 둘째, 실제 결과에 관한 실증적인 연구결과가 너무 적으며 작업환경의 제한된 범위만을 나타내고 있다. 셋째, 발표된 연구들이 근로자나 노조의 관점에서가 아니라 직무충실화 프로그램을 주도한 경영자의 관점을 반영하고 있다(이덕로, 2018).

한편 직무특성모형(job characteristics model)이란 해크만과 올드햄(J. R. Hackman & G. R. Oldham)에 의해 주장된 것으로 [그림 3-6]과 같이 다섯 가지의 핵심직무차원(core job dimension)이 중요심리상태(critical psychological state)를 불러일으켜 개인 및 작업성과에 변화를 가져오게 되는데, 이것은 종업원의 성장욕구의 강도에 의해 달라질 수 있음을 보여주는 새로운 직무설계방식이다. 즉 기능다양성, 과업정체성, 과업중요성, 자율성 및 피드백과 같은 핵심직무차원들은 작업의 경험적 의미부여, 작업결과에 대한 경험적 책임감 및 작업활동 결과에 대한 인식과 같은 중요심리상태를 불러일으켜 종업원의 내적 모티베이션, 작업성과의 질적 향상, 만

그림 3-6 | 직무특성모형

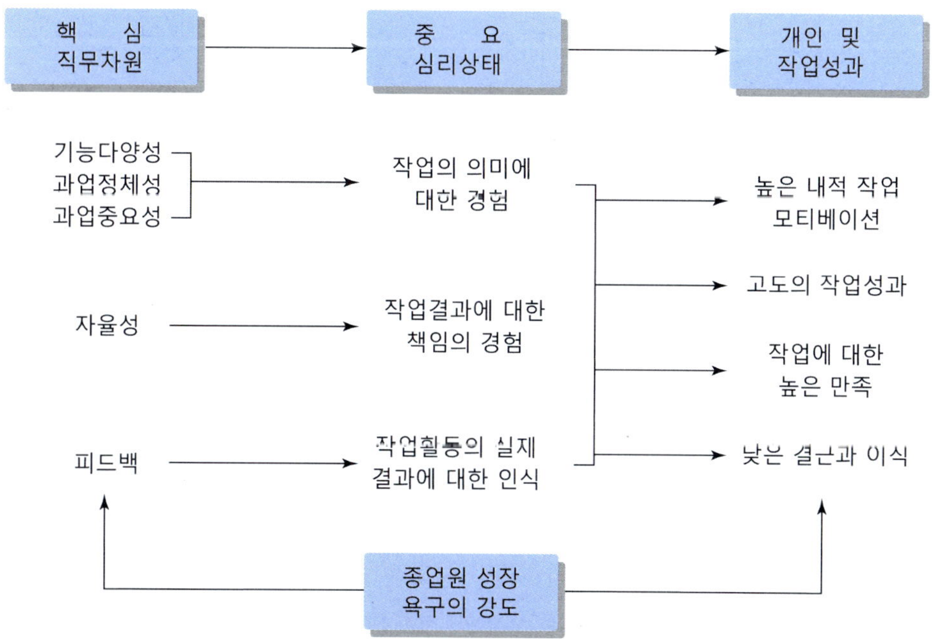

자료: J. R. Hackman & G. R. Oldham(1980), *Work Design*, Massachusetts: Addison-Wesley Publishing Company, 77-80. in S. P. Robbins & T. A. Judge(2017), *Organizational Behavior*, 17th ed., Boston: Pearson, 284.

족감의 증대, 및 이직과 결근율의 저하와 같은 개인 및 작업 성과를 가져오게 한다는 것이다. 끝으로 5가지 핵심직무차원과 개인 및 작업 결과와의 연결은 작업자 개개인의 성장욕구의 강도에 의해 조절 내지 조정된다고 보고 있다.

해크만과 올드햄의 직무특성모형에 등장하는 주요 변수들을 좀 더 구체적으로 살펴보면 다음과 같다.

(1) 핵심직무차원

① 기능다양성(skill variety): 작업자가 많은 상이한 기술이나 재능을 활용할 수 있도록 직무가 많은 상이한 활동을 요구하는 정도.

② 과업정체성(task identity): 직무가 전체단위의 완성을 요구하는 정도, 그리고 직무가 정체성을 가질 수 있는 한 부분의 작업을 요구하는 정도.

③ 과업중요성(task significance): 직무가 다른 사람의 생활이나 작업에 실질적

인 영향을 미치는 정도.

④ 자율성(autonomy): 작업의 일정을 짜거나 직무수행에 필요한 작업절차를 결정하는 데 있어서 작업자 개인에게 상당한 자유, 독립성 및 재량권이 주어지는 정도.

⑤ 피드백(feedback): 직무가 요구하고 있는 활동의 수행결과에 관하여 작업자가 그 효과성 여부에 대하여 직접적이고 명확한 정보를 얻을 수 있는 정도.

(2) 중요심리상태

다섯 가지 핵심직무차원에 의해 중요심리상태에 다음의 세 가지 변화를 가져오게 된다.

① 작업의 의미경험: 이것은 개인이 어떤 직무에서 그 일이 의미있고 가치있으며 해볼 만하다고 느끼는 정도를 말한다.

② 작업결과에 대한 책임의 경험: 이것은 개인이 한 일의 결과에 대해 개인적으로 느끼는 책임감이나 책무의 정도를 말한다.

③ 작업활동의 실제 결과에 대한 인식: 이것은 자신이 행한 성과가 얼마나 유효한가를 알고 있는 정도를 말한다.

(3) 개인 및 작업 결과

이상의 일련의 과정의 결과로써 모티베이션, 작업성과의 질, 작업에 대한 만족 및 이직과 결근율의 변화를 말한다. 끝으로 5가지 핵심직무차원과 개인 및 작업결과와의 연결은 작업자 개개인의 성장욕구의 강도에 의해 조절 내지 조정된다는 점이다.

실제로 국내외에서 이루어진 많은 실증연구에서도 핵심직무차원들은 종업원의 내적 모티베이션, 작업성과의 질적 향상, 만족감의 증대 및 이직과 결근율의 저하를 가져오는 것으로 나타났다(박경환 · 한인수, 1999; 박시진 · 홍원기, 2018; 심덕섭 · 양동민 · 하성욱, 2010; 조윤형 · 김태진 · 조영호, 2011; Gibson, Gibbs, Stanko, & Tesluk, 2011; Pierce, Jussila, & Cummings, 2009). 최근에는 핵심직무차원들이 창의성(송병식, 2005; Zhou, 1998)이나 혁신행동(김해룡 · 김쌍언, 2011; 양석곤 · 김성용 · 안성익, 2017),

몰입(Jiang & Johnson, 2018) 등에도 긍정적인 영향을 미치는 것으로 나타났다. 아울러 이덕로·김태열(2008)은 연구개발부서 내의 상사와 부하를 짝(dyad)으로 한 연구에서 직무자율성, 과업중요성, 과업정체성, 직무피드백, 기술다양성 등 직무특성이 선행적(proactive) 행동을 매개로 하여 개인창의성에 긍정적인 영향을 미치고 있음을 보여주었다.

4

채용관리

- 1. 채용관리의 의의
- 2. 인적자원계획
- 3. 모 집
- 4. 선 발
- 5. 배 치

1. 채용관리의 의의

1.1 채용관리의 의의

채용관리란 직무에 알맞은 사람을 뽑아서 그들로 하여금 최대의 능력을 발휘할 수 있도록 하는 관리활동을 말한다. 인적자원관리의 업무 가운데서 채용에 관한 업무만큼 중요한 일은 그리 많지 않을 것이다. 그 이유는 인적자원관리가 바로 채용활동으로부터 출발하며 이 활동에 의해서 인적자원관리의 대상인 사람이 결정되기 때문이다. 그러므로 아무리 임금이나 교육훈련의 제도가 잘 정비되어 있고, 또한 복리후생 등의 시설이 훌륭하게 갖추어져 있다고 하더라도 직무에 적절한 사람을 채용하지 못한다면 작업능률이 올라갈 리가 없으며, 따라서 경영의 성과도 기대할 수 없을 것이다. 실제로 우리 기업들의 인적자원관리 기능별 투자비용을 보더라도 〈표 4-1〉와 같이 인력채용에 가장 많은 투자를 하고 있다.

더욱이 직무에 적절하지 못한 사람을 채용한다는 것은 단순히 기업의 인적자원관리상의 낭비를 가져오거나 경영상 이익을 초래하지 못한다는 것뿐만 아니라 그 사람 자신을 위해서도 불행한 결과를 낳게 될 것이다. 아울러 이미 존재하고 있는 훌륭한 제도나 시설을 활용하지도 못하게 되는 것이므로 여기에 보다 합리적인 채용활동이 강력히 요청된다.

고용업무가 수행해야 할 역할은 경영조직이 필요로 하는 제 요건을 갖춘 노동

표 4-1 인적자원관리 기능별 투자비용

인적자원관리기능	관리비용(%)	인적자원관리기능	관리비용(%)
인력채용	19	종업원 건강과 산업안전관리	8
복지프로그램 관리	15	법, 규제관련 관리	6
노사관리, 고용관계관리	13	인사고과, 성과평가	5
교육훈련과 개발	11	인력계획	4
성과보상 관리	9	기타 관리 활동	10

자료: 임창희(2014), 「인적자원관리」, 제3판, 비앤엠북스, 75.

력을 필요로 하는 양만큼, 필요로 하는 시기에 어김없이 조달하는 일이다. 그러므로 이러한 채용활동을 하기 위해서는 채용되어야 할 종업원이 어떠한 정신적·육체적 요건을 갖추고 있어야 할 것인가를 판정하는 일, 즉 직무분석에 의해 채용될 종업원이 취업할 직무를 상세하게 분석해서 직무를 수행함에 있어서 요구되는 인적 자격요건을 확정하는 일이 먼저 요청되며, 다음으로는 이러한 직무분석에 의해서 그 직무의 수행에 있어서 요구되는 노동력의 양을 산정해서 필요인원수를 계획하는 일이다.

이와 같이 해서 직무를 수행함에 있어서 필요로 하는 노동력의 질과 양이 확정되면 다음으로는 이러한 자격요건을 갖춘 노동자를 적절한 방법에 의해서 모집하여 필요로 하는 인원만큼 선발하고 또한 이들을 가장 적합한 직무에 배치시키는 과업이 남게 된다. 그러므로 채용관리에는 크게 보아 모집(recruitment), 선발(selection) 및 배치(placement)의 세 측면으로 생각해 볼 수 있다.

그러면 채용관리상의 이러한 세 가지의 절차가 지니는 목적은 무엇인가? 조직 내에서 발생한 결원의 보충이 그 목적이라면 문제는 지극히 간단하다. 즉, 이러한 경우에는 결원, 인원요청, 충원이라는 사무적인 절차를 기계적으로 되풀이한다면 그것으로 족할 것이다. 그러나 모집, 선발 및 배치의 진정한 목적이 결원에 대한 단순한 충원이 아니라 조직 내에서 항상 야기되는 노동의 이동과 조직의 안정이라는 이율배반적인 욕구를 충족시키고, 동시에 고도의 근로의욕을 낳게 하는 것이라면 여기에는 일관된 건전한 방침이 필요할 것이다.

모집, 선발 및 배치와 같은 채용활동이 제대로 이루어지기 위해서는 이에 절대적으로 필요한 인적자원계획이 선행되어야 한다. 따라서 본 장에서는 인적자원계획, 모집, 선발 및 배치 등의 순으로 살펴보고자 한다. 아울러 이에 앞서 채용방침과 관련하여 획일적 채용절차와 분산적 채용절차, 그리고 채용관리의 변화내용에 대해 각각 살펴보기로 하겠다.

1.2 획일적 채용절차와 분산적 채용절차

모집, 선발 및 배치 등의 제 채용활동에 대해서 최고경영자층은 적용해야 할 일정한 방침을 세워야 하는데, 이 때 그들이 적용할 수 있는 방침으로 크게 획일적 채용절차(centralized hiring procedure)와 분산적 채용절차(decentralized hiring procedure)의 두 가지가 있다. 전자는 모집, 선발 및 배치에 관한 모든 활동을 조직 전체를 단위로 해서 통일적으로 수행함으로써 채용업무의 집중화를 꾀하려는 채용 방법이지만, 이와는 반대로 후자는 채용활동을 각 부문별로 분산해서 각 부문의 특수성을 크게 반영시키고자 하는 채용방법이다(Pigors & Myers, 1981, 201).

획일적 채용절차를 적용한다면 채용을 위한 모든 절차가 조직의 인사를 다루는 한 부서를 통과하게 되므로 이 곳에서 조직 전체의 인력수급을 총괄하며 인사기록을 보관할 수 있게 되고, 그 결과로 채용업무는 보다 기술적으로, 능률적으로, 그리고 일관성있게 수행될 수 있게 된다. 이에 반해서 분산적 채용절차는 각 부문의 특수성을 채용활동면에 신속하게 반영시켜서 집행할 수 있으므로 경우에 따라서는 좋은 결과를 가져올 수도 있으나, 대부분의 경우에 있어서는 모집, 선발 및 배치의 제 과정에 있어서 통일된 기준이 결여되기 쉬워서 일관성을 기할 수 없으며, 효율성의 관점에서 보아도 과히 좋은 성과를 가져오지 못하고 있다. 그래서 오늘날 채용관리상의 일반적인 추세는 조직 내의 모든 채용활동을 한 곳에 집중해서 보다 능률적이며 책임있는 관리를 할 수 있다고 인정받은 획일적인 채용절차를 택하는 경향이 농후하다.

그런데 여기에서 한 가지 주의해야 할 것은 채용활동의 집중화가 결코 라인관리자의 권한의 박탈이나 인격의 무시를 의미하는 것이 아니라는 점이다. 전조직의 채용활동을 전담하는 부서의 판단은 어디까지나 라인관리자의 판단을 보완하는 것에 지나지 않는 것이지 이것을 대신하는 것은 아니다. 현대의 채용관리는 여러가지의 전문적 심리학적 지식을 요하는 면접기술이나 새로운 시험방법을 사용하고 있는데 이러한 전문적인 지식을 습득하고, 이것을 실천하기에는 라인관리자는 그가 수행해야 할 많은 다른 활동으로 밀미암아 시간적으로나 기술적으로 너무나 많은 제약을 받고 있는 것이다. 따라서 여기에 라인관리자가 채용업무를 집행함에 있어서 이 방면의 전문적 지식의 제공자로서의 채용담당부문의 존재가치를 인정할 수 있으며, 동시에 채용업무의 집중화가 라인관리자의 직책의 보완이지 그 침해는 아니라는 논리가 성립되는 것이다.

1.3 채용관리의 변화

최근 들어, 특히 IMF 외환위기 이후 우리나라의 채용관리에도 큰 변화가 일어나고 있는데, 이 중 주요한 것으로 다음의 5가지를 들 수 있다.

(1) 정기채용에서 수시채용으로의 전환

1997년 말의 외환위기 이후 정리해고제, 근로자 파견제, 비정규직 등으로 노동시장의 유연성이 크게 증대되면서 실업률이 신축적으로 변하는 등 선진국형 고용구조로 점차 바뀌지고 있다. 이러한 이유로 인해 정형화된 정기채용방법에서 탈피하여 경제변화나 상황에 따른 '맞춤형 인력'만 채용하는 수시채용의 형태로 바뀌었다. 특히 인터넷과 정보통신의 대량보급 추세와 맞물려 동계와 하계 대학졸업자를 대상으로 5월과 11월을 전후하여 시작되었던 기업들의 대졸(예정)자 공채가 연중 수시채용 형태로 바뀌고 있다.

취업포털 인크루트가 2017년 918개의 대기업, 중견기업, 중소기업을 대상으로 채용방식을 조사한 결과에 따르면 전통적으로 선호되던 대규모 공채를 채택할 것

그림 4-1 | **대졸 신입 채용방식**

전체기업

대규모 공개채용	12.10%
소규모 수시채용	46.80%
공채+수시 병행	41.10%

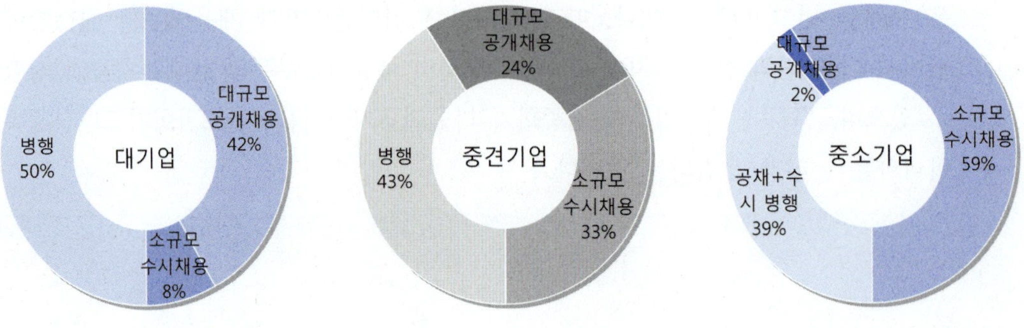

이라는 응답은 예상보다 많지 않았다. 단 12.10%의 기업만이 '공채'를 선택할 것이라고 했다. 가장 높은 응답률을 기록한 방식은 '소규모 수시채용(46.80%)'으로 무려 절반에 가까웠다. 기업 규모별 자세한 현황은 [그림 4-1]과 같다.[1)]

(2) 인사부서 중심의 채용에서 현장조직 중심의 채용으로의 전환

조직이 전통적인 피라미드 구조에서 팀제와 같은 수평형 구조로 플랫(flat)하게 변화하고 있다. 피라미드 구조에서는 신규 인력을 채용하여 이들 인재에 대한 육성을 기업 내부에서 한다. 그러나 수평형 구조는 각각 자기 책임으로 하는 구조이기 때문에 당연히 해당 팀 단위에서는 실적을 올리기 위해 경력자를 선호할 수밖에 없다. 예를 들어 수평형 조직에서는 연봉제와 같은 성과 중심의 인사 제도를 도입함으로써 실적을 우선시하는 기업풍토가 되었다. 또한, 해당 팀의 실적을 책임지는 팀장의 입장에서는 자신의 연봉을 높이기 위해 당장 일할 수 있는 사람을 선호할 수밖에 없게 된 것이다. 그래서 현장부서장이나 동료사원들이 면접을 보고 뽑는 현장조직 중심으로 바뀌고 있다.

(3) 채용방식의 다양화

급변하는 기업환경에 발맞추어 채용방식도 변화하고 있다. 〈표 4-2〉는 구 채용제도와 신 채용제도의 차이를 보여주고 있다. 신 채용제도에서 보듯이 채용방법이 온라인(On-line)과 오프라인(Off-line)에서 다양한 형태로 나타나고 있다. 최근에는 특히 온라인상에서의 인터넷을 통한 수시채용공고나 서류접수 및 면접 등 모집방법뿐만 아니라 선발과정도 활성화되고 있는 추세이다.

(4) 경력직 채용비중의 증가

신규채용 근로자 중 신입직 채용비중은 점차 줄어든 반면, 경력직 선호현상은 계속 확대되고 있다. 경력직 채용비율은 2009년 17.3%에서 2013년 21.9%를 거쳐 2017년에는 30.9%로 크게 증가하였다. 기업이 경력직 채용을 확대하는 이유는 경

---

1) 이 경향은 직무역량 중심의 채용 트렌드 확산 현상과 무관하지 않다. 기업이 수시채용을 진행하는 주된 이유는 특정 직무에 대한 인력 충원이 필요할 때, 불필요한 경영자원 지출을 최소화해 인재경영의 효율성을 극대화하기 위함이다. 인크루트의 조사결과는 거의 대다수의 기업들에서 수시채용이 활용되고 있음을 보여준다.

표 4-2 | 채용방식의 변화

구 채용제도	신 채용제도
• 직접채용 – 현 종업원 추천에 의한 연고모집 – 노동조합을 통한 모집 – 공공고용기관(고용노동부, 도, 시)이나 사적 고용기관(직업소개사무소)을 통한 모집 • 공개채용 – 신문/잡지/기타 간행물에 의한 광고 – 공문서 발송(각급 학교, 기타 기관) • 정기채용 – 회사별 혹은 그룹차원에서의 정기적인 대규모 모집	• 간접채용 – 인터넷을 통한 공개 모집, 온라인 채용사이트 – 취업대행기관(파견업체, 채용대행업체, 해드헌터(headhunter) • 다양한 경로를 통한 채용 – 인턴제/산학장학생 제도 – 기업설명회 · 취업박람회 · 공모전 – 종업원 채용추천제 • 직무별 공개채용 – 국가직무능력표준(NCS: National Competency Standards) • 수시/상시채용 – 인재pool제(인재DB Bank제) – 지원자의 자발적인 방문(walk–ins) – 내부모집(직무전환, 재고용, 사내공모)

자료: 김종인(2002), 「인적자원관리론」, 고려아카데미컨설팅, 55; 이진구 · 이효중 · 박상훈(2016. 12), 「한국 인력채용 방식의 특성분석 연구 - 공개채용제도를 중심으로 -」, 한국산업인력공단, 11.

그림 4-2 | 신입 · 경력직 채용비중 추이(2009-2017년)

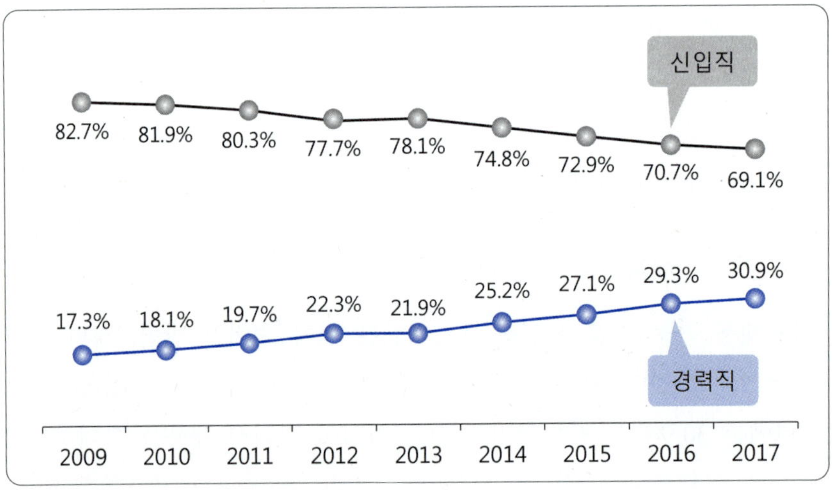

자료: 한국경영자총협회(2017. 4), 「2017년 신규인력 채용동태 및 전망조사 결과」, 7.

력직원은 신입직원에 비해 재교육·훈련비용이 크게 소요되지 않고 즉시 실무에 투입이 가능하다는 장점 때문이다. 장기적인 경기침체에 따른 경영실적 악화와 대내외 불확실성 증가 등으로 이러한 선호추세는 앞으로도 지속될 것으로 보인다(한국경영자총협회, 2017.4).

(5) 비정규직 채용과 탄력적 인력관리

IMF 이후 인적자원관리의 탄력성을 높이기 위한 한 방법으로 비정규직 인력이 급속히 증가해왔다. 계약직 및 임시직 근로자, 파견근로자 등을 중심으로 한 비정규직 인력이 높아진 이유는 주로 급격한 환경변화에 대응할 수 있는 고용탄력성을 높이는 동시에 인건비 부담을 줄이는 데 있다. 따라서 이들은 잘만 활용하면 회사와 개별근로자 모두에게 도움이 될 수도 있으나 지나치게 비용측면에서만 활용할 경우 근로자의 고용이 불안하게 되고 우수인력의 확보 또한 어려워져 기업의 전반적인 경쟁력이 위협받을 수도 있다.

2. 인적자원계획

넓은 의미에서의 인적자원계획의 주요 내용은 〈표 4-3〉과 같이 여러가지, 즉 인적자원소요계획, 인적자원확보계획, 인적자원적응계획, 인적자원개발계획 및 인적자원비용계획 등을 들 수 있다. 그러나 일반적으로 인적자원계획이라 하면 인적자원소요계획만을 의미하기도 한다(김종인, 2002). 따라서 인적자원계획이란 채용활동의 전제조건으로 조직이 계속적으로 그 목적을 달성하는 데 필요한 일을 담당할 사람의 정확한 수와 종류를 미래의 적소(適所)와 적시(適時)에 공급하기 위한 인적자원관리활동을 말한다.

우리 기업들은 지난 1960년대 경제성장정책이 추진된 이후 1980년대까지는 지속적인 경제성장을 이룩해 왔기 때문에 인력계획에 대한 필요성을 그다지 느끼지 못해 특별히 인력계획을 세우지 않았다. 그저 각 부서에서 요구하는 인력에 대해 적절히 통제를 가하면서 인력을 충원하는 방식을 사용해 왔을 뿐 특별한 인력계획을 세웠다고 보기는 어렵다. 그러나 이제는 장단기 인적자원계획의 수립이 없이는

표 4-3 | 인적자원계획의 주요 내용

계 획	내 용
인적자원소요계획 (요원계획)	경영의 목적을 달성하기 위하여 단기·중기 및 장기적으로 요청되는 양적 및 질적인 인력을 소요시기에 따라 계획
인적자원확보계획 (채용계획)	장단기적으로 필요로 하는 인력을 경영활동에 맞게 어떻게 모집·선발하느냐 하는 계획
인적자원적응계획 (전환배치계획)	경영활동상 종업원을 능력에 따라 어떻게 적재적소에 배치·전환하느냐 하는 계획
인적자원개발계획 (교육훈련계획)	미래의 기업경영에 대한 대비책으로써 종업원의 자질을 어떻게 향상시키느냐 하는 계획
인적자원비용계획 (예산계획)	인적자원소요계획에 따라 미래에 소요되는 임금을 비롯한 경영활동에 투자될 노동력의 총비용을 파악하는 계획

자료: 김종인(2002), 「인적자원관리론」, 고려아카데미컨설팅, 31.

인재의 시의적절한 관리가 어렵다. 그러한 의미에서 인적자원계획을 먼저 살펴보고 아울러 이에 필요한 정확한 인사정보의 신속한 제공에 절대적으로 필요한 인적자원정보시스템을 살펴보기로 하겠다.

2.1 인적자원계획의 수립

직무에 관한 제 연구는 조직이 소기의 목적을 달성함에 있어서 필요로 하는 노동의 질과 양에 관한 많은 자료를 제공해 준다. 그러므로 우리는 이제 이러한 제 자료를 기초로 해서 구체적으로 조직이 어떠한 부문에 어떠한 종류의 노동력을 얼마만큼 필요로 하는가에 대한 검토를 해야 할 것이다. 다시 말하면 조직의 목적달성을 위해서 소요되는 총체적인 인원수의 책정과 이들 총소요 인원수를 다시 직종별·성별·숙련별 및 연령별로 분류하여 각 부문별의 정원을 책정하는 종합적인 인력계획을 세워야 할 것이다.

그런데 어떠한 조직이라 할지라도 소요노동의 질과 양에 관해서 항상 일정한 조건을 유지할 수는 없는 노릇이다. 특히 날로 변화하고 있는 자본주의체제하의 기업에 있어서는 채용의 규모나 내용은 경기변동이나 기타의 경제적 사정에 의한 기업 내외의 노동수요의 변화에 의하거나, 혹은 기업 내의 조직·제도·설비 등의

그림 4-3 | 인력예측방법

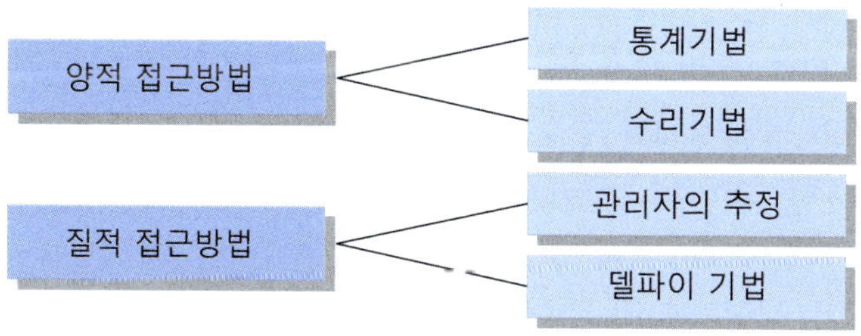

혁신이나 노동력구성의 질적 변화 등과 같은 여러가지의 원인에 의해서 항상 변화하고 있다. 그러므로 소요노동량의 책정은 항상 정태적으로만 파악할 것이 아니라 이상과 같은 제 변화가 있을 때마다 동태적으로 파악해야 할 성질의 것이다.

일반적으로 조직의 미래에 필요한 인력을 예측하는 방법에는 [그림 4-3]과 같이 크게 두 가지의 접근방법, 즉 양적 접근방법(quantitative approach)과 질적 접근방법(qualitative approach)이 있다. 전자는 추세분석이나 비율분석과 같은 통계기법이나 수리기법을 활용하여 미래에 필요한 노동력의 질과 양을 알아내는 방법인 반면, 후자는 각층 관리자의 추정이나 델파이 기법(Delphi technique)과 같이 인력예측에 폭넓은 식견을 갖고 있는 전문가들의 의견을 통해 미래의 노동력을 알아내는 방법이다(Bohlander, Snell, & Sherman, 2001; Preble, 1985). 본 서에서는 전자의 접근방법과 관련하여 오하이오 주립대학의 쥬시우스(Michael J. Jucius) 교수에 의한 기업의 소요노동량 추정과 이에 따른 인적자원계획의 수립과정을 간단히 살펴보도록 하겠다.

(1) 판매량의 추정

기업의 소요노동량을 추정하기 위한 최초의 단계는 수요량, 곧 판매량의 예측이다. 정확한 판매량을 알아야 이에 적합한 생산계획의 수립이 가능해진다. 판매량의 예측은 각 품목별로 행해지는 데 최초의 3개월은 주를 단위로, 다음의 3개월은 월을 단위로, 그리고 다음의 반년에 대해서는 분기를 단위로 해서 수행되는 것이 일반적이다.

(2) 전반적 생산계획의 수립

생산계획은 물론 정확하게 판매예측대로만 수립되는 것이 아니라 제품의 내장성, 디자인, 비용 등의 요인도 함께 고려되어서 작성된다. 어쨌든 생산량은 항시 일정한 수준이 유지되게끔 온갖 노력을 기울여야 하며, 그 결과로 기업 전체를 단위로 한 주단위, 월단위 또는 분기단위의 총체적인 생산계획이 이루어진다.

(3) 부문별 생산계획의 수립

이렇게 해서 기업 전체를 단위로 한 생산계획이 수립된다면 다음으로는 이 계획을 구체적으로 분담해서 수행할 부문별 생산계획이 세워져야 한다. 전반적 생산계획이 대체로 주나 월을 단위로 한 계획인 데 반해서, 부문별 생산계획은 계획기간을 보다 단기로 잡아 일단위로 작성하는 것이 통례가 되어 있다.

(4) 소요노동으로의 환산

부문별 생산계획은 다음으로 특정시점에 있어서 각 부문에서 소요되는 노동의 질과 양으로 환산된다. 이 환산은 주로 직종별로 이루어진다. 단위생산량당 소요시간을 알아내기 위해서는 관찰시간(observed time)에서 출발하여 이들을 평준화한 정상시간(normal time)을 산출한다. 다음으로 여기에다 작업에 있어서 반드시 수반되는 10% 정도의 여유시간(allowance)을 가산하여 표준시간(standard time)을 산정한다. 따라서 월간총생산량(단위당표준시간×월간총생산단위)을 필요총노동시간수(월실제노동일수×실제출근율×일실제노동시간)를 나누어 필요한 요원수를 산출할 수 있다.

(5) 보유노동력의 추정

다음으로는 장래에 보유하게 될 노동력에 대한 예측을 행한다. 이 단계에서는 먼저 현재의 노동력에 대한 부문별·직종별 리스트를 작성하고 이것을 기초로 하여 장래의 특정시점의 보유노동이 추정된다. 이 추정에 있어서는 경기적·계절적 영향, 노동이동률, 종업원의 연령, 결혼율, 결근율 등을 참고자료로 삼아서 주단위의 퇴직자수, 전직자수, 해고자수, 휴가자수, 평균결근자수 등이 부문별·직종별로 추산된다. 이와 같이 해서 현재의 인원수에서 추정된 감원수를 뺀다면 장래의 추정시점에서 본 부문별·직종별의 부족(잉여)노동량이 명백하게 나타난다.

(6) 조정계획의 결정

이상과 같은 절차를 통해서 얻어진 부문별 · 직종별의 부족 내지 과잉인력에 대해서는 적절한 조정방법을 강구하지 않으면 안 된다. 인력부족의 경우 아웃소싱(outsourcing), 생산성 향상, 근로시간 증가(OT), 비정규직 채용, 정규직 신규채용 등을 고려할 수 있고, 인력과잉의 경우 전환배치, 휴가, 휴직, 교육훈련, 자발적 퇴직, 근로시간 및 임금삭감, 정리해고 등을 고려할 수 있으며, 그리고 적정인력의 경우 이직에 따른 최소한의 채용, 전환배치, 재교육 등의 방안을 모색할 수 있을 것이다(유규창 · 박우성, 2017; 이덕로, 2012).

이상과 같은 쥬시우스의 인력계획의 내용은 채용을 단순히 기업이 필요로 하는 양과 질의 노동을 획득하는 것이라고 생각하는 미국의 산업에서 널리 적용하고 있는 방식이다. 물론 우리나라에 있어서도 채용은 소요노동력을 획득하기 위한 중요한 한 가지 수단이기는 하나 채용에 대해서 영향을 미치는 한국적인 사회 제 조건이 차지하는 비중 또한 무시할 수 없는 것이므로 인력계획의 수립에 있어서는 우리나라의 사회적 특징에 대한 충분한 연구도 소홀히 해서는 안 될 중요한 요인이다.

2.2 인적자원정보시스템

지금까지 인적자원계획에 대해 살펴보았는데, 합리적인 인적자원계획을 수립하기 위해서는 정확하고 신속한 인사정보가 필연적으로 요청된다. 따라서 오늘날 성공적인 인적자원계획의 열쇠는 정보임이 분명하다. 본 장에서 논의되는 모든 활동은 조직이 내외부 환경에 관한 다양한 정보를 체계적으로 수집, 저장 및 평가할 수 있음을 가정한다. 많은 조직에 있어서 이러한 많은 정보를 다루기 위한 기계적인 기법은 이제 더 이상 적합하지 않다. 다행히도 오늘날에는 조직으로 하여금 이러한 정보요구를 다루도록 허용하는 매우 정교한 컴퓨터시스템이 존재한다.

(1) 인적자원정보시스템의 의의

컴퓨터의 성능과 정보기술(IT)의 급속한 발전은 기업경영의 각 기능분야에 지대한 영향을 미쳐 왔으며 마침내 인적자원관리 분야에도 도입되었다. 따라서 기업은 인적자원관리와 관련된 업무를 처리할 때 컴퓨터를 활용하기도 하고 인사업무와 관련된 의사결정을 할 때에도 정보기술시스템을 이용하여 수집·분석된 자료를 활용할 수 있게 되었다. 결국 인적자원정보시스템(Human Resource Information System: HRIS)이란 경영정보시스템(Management Information System: MIS)의 하위시스템으로, 기업의 인적자원관리와 관련된 각종 정보들을 체계적으로 수집, 분석, 저장, 검색 및 처리하여 기업경영자나 인적자원관리자가 의사결정을 하고자 할 때 유용한 정보를 실시간으로 제공해 주는 데이터베이스시스템을 말한다.

기업에서 이루어진 컴퓨터화된 인적자원의 최초 적용은 1950년대 초 General Electric에서 이루어졌다(Lederer, 1984). 그 뒤 컴퓨터기술의 획기적인 발전에 힘입어 Personnel Journal지 구독자 1,000명을 대상으로 1984년 초에 실시했던 설문조사 결과에서 99.7%의 응답자들이 인적자원기능 중 한 분야 이상에서 컴퓨터를 사용하는 것으로 밝혀졌다(Magnus & Grossman, 1985). 다양한 산업 내 기업들을 대상으로 한 또 다른 연구에서도 컴퓨터에 대한 투자는 다른 자본투자보다도 보다 좋은 수익률을 가져다주는 것으로 나타났다(Byars & Rue, 2004, 28).

인적자원정보시스템은 초기에는 인사정보시스템(Personnel Information System: PIS)이라고 불렀으나 인적자원의 개념이 도입되면서부터 인적자원정보시스템(Human Resource Information System)으로 부르게 되었다(임창희, 2003, 484-485). 오늘날에 있어서 인적자원정보시스템은 컴퓨터화된 기술목록 그 이상이다. 인적자원정보시스템은 조직 전역에 걸쳐 인적 정보의 흐름을 획득, 저장, 분석 및 통제하기 위한 통합접근방법이다(Kavanagh, Gueutal, & Tannenbaum, 1990). 고도로 발전된 인사정보시스템은 거의 모든 인적자원관리기능에 사용될 수 있으며 여러가지의 전통적으로 노동집약적이고 시간집약적인 인적자원활동의 능률과 반응시간을 크게 증가시킬 수 있다(Targowski & Deshpande, 2001).

인적자원정보시스템이 인적자원관리에서 차지하는 비중이 점차 커지면서 인사정보는 인적자원관리상에 있어서 특히 다음 두 가지 측면에서 주목을 받고 있다. 첫째는 조직의 의사결정 전개에서 주목되는 것으로, 모든 의사결정 담당자는 기업목표의 테두리 내에서 최적으로 협력해야 하기 때문에 합리적인 방법으로 필요한 정보를 사용하여 가능한 최선의 활동을 할 수 있도록 해 주는 정보시스템을 필요로 한다. 그러므로 정보는 인사관리의 목표 지향적이고 목적 지향적인 활동을 가능하게 해 준다. 둘째로, 이는 개별 종업원의 욕구충족에서 나타나는 것으로 인간은 일을 통하여 물질적 욕구뿐만 아니라 사회적 욕구도 충족시키고 있는데, 인사정보는 종업원의 사회적 욕구를 충족시키고 그들에게 동기를 부여하는 데 많은 기여를 하고 있다.

사람들 사이에 이루어지는 정보의 전달을 우리는 커뮤니케이션이라 한다. 이 때 꼭 정보만 교환되는 것이 아니라 문제 제기, 의사소통, 그리고 감정의 이입(empathy)까지도 포함한다. 이러한 커뮤니케이션은 조직의 성공에 결정적으로 중요할 뿐만 아니라(Oldroyd & Morris, 2012), 커뮤니케이션 기술은 인간관계의 기초이기도 하다. 왜냐하면 모든 조직활동은 조직 내 구성원들이나 집단간에 끊임없는 커뮤니케이션을 통하여 이루어지기 때문이다. 특히 조직구성원들의 참여에 의한 동기가 유발되려면 원활한 커뮤니케이션이 이루어지지 않으면 안 된다(이덕로, 2018).

커뮤니케이션 네트워크는 인간의 자발적인 의사소통 욕구와 조직의 규정을 통해서 이루어진다. 소셜 네트워크 서비스(SNS)에 따른 커뮤니케이션 고도화로 이제 시·공간의 제약 없이 멀리 떨어진 사람과도 쉽게 서로의 안부를 묻고 친밀감을 유지할 수 있게 되었다. New York Times의 최근 조사에 따르면 지구 반대편에 있는 사람과 4.74단계만 걸치면 아는 사이가 될 수 있다고 한다. 이렇게 소셜 미디어와 정보기술의 발달로 사람과 사람 사이의 연결이 과거보다 긴밀해진 사회를 '초연결사회(hyperconnectivity)'라 한다.

소셜 미디어 및 IT 혁명으로 사람과 사람 사이 연결이 과거보다 긴밀해진 사회, 사람과 사람, 사람과 단말기, 단말기와 단말기 간에 이메일, 클라우드, 인스턴트 메시징(IM), 문자메시지, 전화, 웹 회의 등 다양한 커뮤니케이션 장치로 연결되어 있는 초연결사회는 인트라프레너십(intrapreneurship)과 유토피아 반대말인 디스토피아(dystophia)와 더불어 2012년 1월 25일부터 29일까지 스위스 다보스에서 열린 제42차 세계경제포럼 연례회의, 일명 다보스포럼의 3대 키워드 중의 하나이다.

관리기능은 물적, 가치적, 사회적, 법적인 특성과 함께 정보의 획득, 전달, 축적, 이해, 평가과정을 포괄하는 정보적 특성을 갖는다. 그렇기 때문에 정보는 물적 수단 이외에 인간행동을 통해 달성되므로 경영정보관리는 물적 수단과 더불어 인간행동에 대한 소식으로 이해된다. 요컨대 인사정보관리는 경영정보 관리의 일부분으로서 인사기능의 수행을 위해서 절대적으로 필요한 것으로 이해되어야 하며 또 인사기능은 다른 관리기능과 상호관련성을 가지면서 하나의 관리체계를 형성하므로 인사정보관리는 상위의 통합적인 경영정보체계의 하위체계로서 이해되어야 한다.

(2) 인적자원정보시스템의 활용분야

오늘날 인적자원정보시스템은 인적자원관리의 전분야에 걸쳐 폭넓게 활용되고 있는데, 이 중 대표적으로 활용되고 있는 분야를 살펴보면 다음과 같다.

① 급여관리: 인적자원정보시스템이 가장 먼저 활용되는 분야는 급여관리분야이다. 임금관리는 인적자원관리의 가장 중요한 부분이기 때문에 급여에 필요한 모든 자료와 절차도 가장 잘 확립되어 있으므로 정보기술을 적용하기가 비교적 용이하다. 오늘날 급여의 전산화를 통해 직급별·부서별·연도별 급여통계자료가 가능하다.

② 인사기록: 조직구성원 모두의 학력, 경력, 경험, 기술, 능력, 부양가족 등 각종 인적사항을 중심으로 인적자원에 관한 종합적인 자료파일을 구축함으로써 인적자원관리 데이터베이스의 중요부분으로 각종 인사통계의 기초자료로 활용한다.

③ 인사정보자료: 기본적인 인사자료 이외에 실적평가, 직위 및 기술목록, 모집, 연구자료 등의 각종 파일을 개발하여 인적자원관리 데이터베이스를 구축하고, 이를 중심으로 모집, 선발, 배치 등과 같은 신규채용이나 승진, 전환배치, 이직 등과 같은 인사이동의 기초자료로 활용함으로써 효율적인 인적자원관리에 도움을 준다.

④ 인력개발·인적자원계획: 각종 인사기록 및 정보자료를 중심으로 인력개발에 필요한 기본적인 정보자료를 산출할 뿐만 아니라 인적자원정보파일에 장단기 경영계획이나 외부시장상황을 연결시킴으로서 공장별·부서별·직급별·기간별 인력수급계획을 정확히 산출할 수 있으므로 불필요한 인적·물적 자원의 낭비를 줄일 수 있다.

⑤ 인적자원비용의 구체화: 기업의 업무기능 측면에서 보면 인적자원관리는 여전히 지원적인 성격을 갖는다. 따라서 기업의 비용을 통제하고 효과적으로 관리하는 일이 매우 중요한 과제가 되고 있다. 인적자원정보시스템을 활용하여 다양한, 의미 있는 자료들을 만들어 제공함으로써 경영자의 의사결정에 많은 도움이 되고 있다. 이를테면 인건비, 초과 근로수당, 이직비용, 안

전사고에 따른 손실비용, 복리후생비용 등을 산출해냄으로써 경영자의 판단에 실시간으로 결정적인 정보를 제공한다. 따라서 앞으로도 기업에서는 인적자원정보시스템을 더욱 개량하여 보다 구체적이고 세밀한 부분의 비용예측이 가능하도록 노력하여야 할 것이다(박영배, 2018).

⑥ **인적자원관리 전략시뮬레이션**: 인적자원관리 데이터베이스가 구축되고 인적자원관리 정보자료가 정예화됨에 따라서 일상적인 인적자원관리를 시작으로 의사결정을 점차 자동화함으로써 인적자원관리 정보지원기능을 효율화시킨다. 또한 인적자원관리 데이터베이스와 기타 정보파일에 시뮬레이션 기업을 적용함으로써 전략적 인적자원관리가 보다 효율적으로 이루어지도록 한다(이학종 · 양혁승, 2012, 89-92).

3. 모 집

3.1 모집의 의의

모집이란 전도유망한 사람들을 찾아서 그들로 하여금 조직 내의 각 직무에 응모하도록 부추기는 활동으로, 흔히들 적극적인 채용활동이라고들 한다. 오늘날과 같은 지식정보화시대에 있어서 인재의 질은 곧 그 기업의 경쟁력이므로 기업은 모집활동에 상당한 관심을 보이고 있다. 따라서 일정 규모 이상의 기업들은 전문모집인(recruiter)을 두어 이들로 하여금 모집활동을 전담하도록 하고 있다.

그러면 우리 기업이 바라는, 전도유망한, 꼭 뽑고 싶은 인재는 과연 어떤 인재일까? 대한상공회의소가 2013년 4월 매출액 상위 100내 기업들을 대상으로 가장 바라는 인재상을 분석한 결과 '전문성'(Specialty), '창의성'(Unconventionality), '도전정신'(Pioneer), '도덕성'(Ethicality), '주인의식'(Responsibility)을 갖춘 수퍼(S.U.P.E.R)맨을 원하고 있는 것으로 분석되었다. 이 중에서도 가장 중시하는 것은 도전정신이었다. 이러한 결과는 글로벌 경제위기로 경기침체가 길어지자 이를 타개할 적극적 인재를 찾는 경향이 두드러지고 있다는 분석이다. 이와 같이 시대의 변화에 따

표 4-4 100대 기업 인재상의 변화

중요도	1995년	2000년	2010년	2013년
1	성실	창의성	창의성	도전정신
2	근면	변화 적응력	전문성	주인의식
3	조직에 대한 충성	도전정신	도전정신	전문성
4	상사에 대한 복종	팀워크	도덕성	창의성
5	팀워크	성실	팀워크	도덕성
6	창의성	근면	글로벌 역량	열정
7	도전정신	조직에 대한 충성	열정	팀워크
8	변화 적응력	상사에 대한 복종	주인의식	글로벌 역량

그림 4-4 세계 기업이 원하는 인재

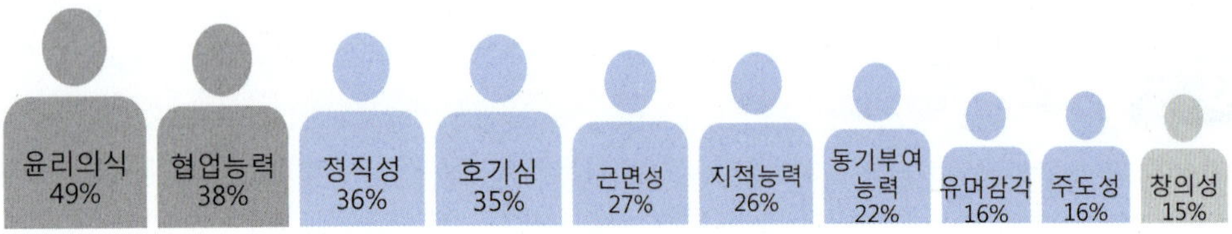

라 인재상의 키워드 순위가 상대적으로 달라지고 있음을 알 수 있다. 100대 기업 인재상의 변화를 보면 〈표 4-4〉와 같다.

참고로 세계적인 기업들이 원하는 인재는 [그림 4-4]와 같다. 도덕, 윤리, 인성을 많이 강조하고 있음을 알 수 있다. 세계적인 명문학교들은 이미 지적능력에서 인성강화 중심의 교육으로 초점을 바꾸고 있다. 미국의 필립스엑시터, 로랜스빌, 트리니티폴링, 영국의 세븐옥스, 톤브리지, 차터하우스, 그리고 캐나다의 트리니티, 애플비칼리지스쿨 등을 포함해 여타 선진국들의 명문학교들도 공통적으로 이기적이거나 우월감을 가진 엘리트를 경계하는 것을 가장 중요한 교육목표로 다루고 있다(송민성, 2014.8.27).

기업에서의 구체적인 채용활동은 각급의 라인관리자가 제출하는 요원청구서에 의해 시작된다. 즉, 라인관리자는 직무분석가와 협력해서 작성한 직무명세서를 기초로 해서 그의 부서에서 필요한 자격요건을 갖춘 사람을 필요한 수만큼 확보하기 위하여 요원청구서를 작성하여 채용을 전담하는 부서로 보내면 이 요원청구서에 의해서 비로소 채용활동이 구체적으로 전개되는 것이다. 채용활동은 크게 보아서 모집, 선발 및 배치의 세 절차로 구분될 수 있는데, 이 중에서 제일 먼저 전개되어야 할 활동은 모집활동이다. 그러므로 인사관리의 구체적인 활동은 모집활동으로부터 출발한다고 할 수 있다.

모집활동이 보다 더 건전하고 합리적으로 수행되기 위해서는 모집활동을 하기에 앞서 모집방침에 대한 몇 가지의 전제조건이 고려되이야 한다.

첫째, 기업이 현재 어떠한 직종의 노동력을 얼마만큼 필요로 하는가를 분명히 알아야만 거기에 적합한 질과 양의 노동력을 구하기 위한 모집활동이 가능하다. 이 문제에 관해서는 전술한 정원표(T/O)나 요원청구서에 의해서 알 수 있지만 그 이외에도 기업의 성장률, 조직구조, 현재의 노동이동률 등에 의해서도 짐작할 수 있다.

둘째, 모집활동에 임하는 태도의 문제이다. 보다 우수한 종업원을 채용하기 위해서 기업이나 직무에 대한 사실과는 거리가 먼 과장선전은 결과적으로는 조직의 안정을 파괴하기 때문에 삼가하여야 한다. 만약 기업이 행한 이러한 과대선전을 액면 그대로 받아들여서 취업을 하게 된 종업원이 얼마 안가서 모집 당시에 약속한 것이 전혀 실현될 가능성이 없다는 것을 깨닫게 된다면 종업원들 사이에 적지 않은 불만이 야기될 것이며, 이것이 더욱 확대된다면 조직의 안정을 해치게 할 뿐만 아니라 더 나아가서는 건전한 채용관리의 목적을 파괴하는 결과를 초래하게 될 것이다.

셋째, 모집방법은 종업원의 직종별로 합당한 것이 되도록 유의해야 한다. 모집의 대상이 되는 종업원 가운데에는 비숙련, 반숙련, 숙련 등의 제 직종이 있을 것이며, 이들 일반노동자 이외에도 관리자나 기술자 등이 있을 수 있는데, 이들 제 직종에 종사할 사람을 모집하는 방법이 동일할 수는 없다. 그러므로 여기에 각각의 직종에 가장 합당한 모집방법은 어떠한 것인가에 대한 충분한 연구가 요구된다.

3.2 모집방법

조직에서 필요로 하는 사람을 모집하는 방법에는 여러가지가 있으나 크게 〈표 4-5〉에서처럼 내부모집과 외부모집으로 나누어 볼 수 있다. 내부모집방법에는 보

표 4-5 | **모집 방법**

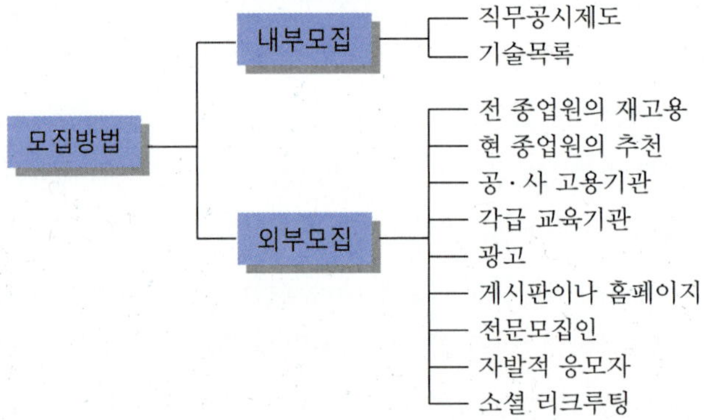

통 두 가지, 즉 직무공시제도(job bidding system)와 기술목록(skill inventory)이 있다. 반면에 외부모집방법에는 전 종업원의 재고용, 현 종업원의 추천, 공·사 고용기관, 각급 교육기관, 신문, 잡지, 라디오 TV 및 인터넷에 의한 광고, 게시판이나 홈페이지, 전문모집인의 활용, 자발적인 응모자(walk-in applicants), 소셜 리크루팅 등등이 있다. 그러면 이들 각각에 대해 간략히 살펴보기로 하자.

(1) 기술목록

기술목록이란 종업원의 성장과 교육배경, 작업경험, 특수기술이나 지식, 감독의 평가 및 경력목록 등을 주기적으로 컴퓨터에 입력시킨 목록으로서 채용이나 승진의 기초자료로 활용된다. 최근에 정보화의 진전에 따라 관리직을 제외한 생산·기능·사무직 등에서 많이 사용되는 방식이다. 관리직의 경우에는 별도로 관리자목록(management inventory)이 활용되기도 한다.

(2) 직무공시제도

직무공시제도란 조직이 외부인에게 신문광고나 잡지를 통해 모집을 알리는 것과 마찬가지로 사보나 사내 게시판, 혹은 내부통신망(인트라넷)을 통해 공개적으로 모집광고를 내고 자격이 있고 관심을 가진 사원이면 누구든 응모할 수 있게끔 하는 제도를 말한다(Kleiman, 1997). 이 직무공시제도는 균등한 채용기회의 부여를 비롯하여 조직에 여러 혜택을 줄 수 있다. 그러나 이러한 혜택들도 종업원들이 이 시스템이 공정하게 관리되고 있다고 믿지 않는다면 이루어지지 않을 수도 있다

(Gold & Madigan, 1989). 미국의 경우 Intel과 National Semiconductor를 비롯하여 많은 회사에서 사용하고 있으나 주로 화이트칼라 종업원에 대해서 실시하고 있다. 우리나라에서는 고위공무원에 대해서도 개방형 직위라는 이름으로 이러한 방식을 이용하여 뽑기도 한다.

현장이야기

인재전쟁의 시대에 기업이 요구하는 인재상

급변하는 경쟁사회에서 기업이 살아남는 길은 바로 우수인재(core people)의 확보와 양성에 있으며, 또한 모든 조직원이 한 방향으로의 응집된 조직력을 바탕으로 성과를 창출해 낼 수 있는가에 달려 있다. 한 마디로 '인재전쟁의 시대(The war for talent)'인 것이다. 우수인재의 확보와 양성은 이제 기업의 경쟁력과 직결되는 자본의 시대가 되었다. 그렇다면 기업에서 요구하는 인재의 모습은 무엇일까?

1. 디지털 능력(Digital Literacy)

지식과 정보의 소유와 독점이 아닌 활용(access)과 공유(networking)의 마인드를 갖춘 인재가 요구된다. 왜냐하면 73일 마다 지식과 정보가 두 배로 늘어나고 있는 시대에는 얼마나 많은 정보를 갖고 있는가 보다는 얼마나 빨리 변화에 대응해 나갈 수 있는가 하는 '경영의 속도'가 경쟁력의 원천이기 때문이다.

2. 글로벌 능력(Globalization)

이미 국제화 시대라는 인식은 해외를 나가지 않더라도 이미 우리 발밑에서도 벌어지고 있다. 우선 외국어 능력을 보다 강화해야 한다. 이를 바탕으로 국제화 감각을 갖추어야 한다. 비즈니스 상대국의 상관습, 매너, 문화 등을 충분히 인식하고 있어야 한다. 한마디로 지피지기(知彼知己)면 백전불퇴(百戰不退)라는 옛 성현의 말을 되새겨야 한다.

3. 창의성(Creativity)

과거 산업사회에서는 '양과 규모'를 중시하는 사회였기 때문에 튀는 아이디어보다는 조직에 순응하고 협조적인 매뉴얼형 인재가 필요했으나 디지털 시대는 새로운 아이디어가 경쟁력으로 연결된다. 빠른 변화, 네트워킹, 글로벌 시대에 높은 고객의 요구를 대응해 가려면 기업은 다른 관점, 다른 생각을 갖고 있는 '이재(異材)'가 필요하다.

4. 학습능력(Learning Ability)

여기서 말하는 학습이란 변화에 대응하는 능력이요, 스스로 문제해결을 주도해 나가는 자기주도형 학습을 의미한다. 이러한 학습능력을 갖춘 인재들이 모인 조직이 곧 학습조직을 구축해 나갈 수 있기 때문이다. 과거의 성공적인 경험이 새로운 시대에 걸림돌이 되는 시대인 만큼 새로움에 도전을 즐기는 자기 주도형 리더를 요구하고 있다.

5. 도덕성(Ethics)

올바른 생각과 건전한 윤리의식이 요구된다. 따뜻한 인간미와 도덕성, 다른 사람을 배려할 줄 아는 예의범절, 그리고 몸에 벤 매너와 에티켓 등이 더욱 중요시되고 있다. 이를 바탕으로 해당 기업이 공유하고 중시하는 조직 내 가치관을 실천할 수 있어야 한다. 아무리 높은 성과를 창출해도 그 기업이 요구하는 가치관과 일치하지 않을 때 인재로 인정하지 않은 선진기업을 쉽게 찾아 볼 수 있음을 인식해야 한다.

자료: 송영수(2003.9.30), "인재전쟁의 시대에 기업이 요구하는 인재상."「에세이」, 자유기업원.

(3) 전 종업원의 재고용

회사의 인사담당부서에는 과거의 모든 종업원에 대한 인사기록카드가 비치되어 있는데, 이것을 살펴본다면 과거에 회사의 사정에 의해서 일시해고된 구종업원이나 개인적 이유로 말미암아 스스로 사직한 구종업원들이 있을 것이다. 따라서 이들에게 연락을 해서 취업의사를 묻는다면 보다 적은 경비로서 직무에 보다 익숙한 종업원을 쉽게 구할 수 있으며, 특히 일시해고의 경우라면 당연히 다른 외부의 사람들보다 우선적으로 취업의 기회를 주어야 한다는 도의적 책임도 이행하게 된다.

(4) 현 종업원의 추천

그 회사에 근무한 일이 없는 사람에 대해서는 어떠한 형식의 광고활동이 요구되는데, 이 때 가장 효과적인 동시에 저렴한 광고활동은 현 종업원을 통한 추천이다. 대개의 경우 종업원들의 친지는 생활양식이나 능력, 취미 등이 거의 비슷하므로 이들의 주위에는 회사가 요구하는 형태의 노동력을 갖춘 적격자가 많다고 볼 수 있다.

(5) 공·사 고용기관

전국의 각 주요 도시에는 대개 공공의 고용기관이 설치되어 있으며 이것을 이용하는 종업원은 상당수에 달하고 있다. 따라서 기업이 일정한 노동조건만 제시해 준다면 공적 고용기관은 여기에 합당한 후보자를 소개하게 되어 양자 간의 취업에 관한 최후의 결정이 내려지는 것이다. 고용기관을 이용한다면 정실에 흐르지 않고 일시에 상당한 수의 종업원을 구할 수 있으므로 선진 각국에 있어서는 기업이나 노동자 쌍방이 다 같이 이것을 이용하는 빈도가 날로 증가하고 있다. 이 밖에도 많은 사설 고용기관이 있는데, 사적으로 만들어진 기관의 경우 취업한 근로자가 일정액의 수수료를 지불해야 한다. 미국의 경우 연봉에 따라 차이가 있으나 보통 연봉의 10%에서 30% 정도의 수수료를 내게 된다(Noe, 2004, 168).

(6) 각급 교육기관

해마다 정례적으로 일정수의 종업원을 채용하거나, 특수한 전문교육을 받은 사람이 필요하다든가 또는 한꺼번에 다수의 종업원을 채용하려 할 때는 해당 교육기관에 대해서 졸업생의 추천을 의뢰하는 방법이 일반적으로 채택되고 있다. 이 방법은 경쟁이 심한 우리나라의 대기업체에서 고도의 자격을 갖춘 기술직·기능직 사원을 모집함에 있어서 널리 사용하고 있는 방법이다.

(7) 광고게재

사업의 신설이나 확장 등에 의해서 일시에 다수의 사람을 구할 때는 이러한 사실을 널리 알려서 적절한 자질을 갖춘 사람을 구해야 하므로 광고의 수단으로서 흔히 신문, 잡지, 라디오 및 TV 등이 사용된다. 이 방법은 많은 경비가 드는 반면 그 효과도 상당히 크다. 특히 회사의 명성이 높으면 높을수록 응모자의 수가 많아지며 광고효과도 크게 증대된다. 그러나 회사측은 응모자의 내용을 전혀 모르므로 먼저 인물의 적부에 대한 정확한 판단을 내릴 수 있는 방법을 강구해야 한다.

(8) 게시판이나 홈페이지

종업원의 모집을 알리는 플랜카드나 벽보를 회사 문 앞이나 가두 혹은 지정게시판에 게시를 하는 방법이다. 이 모집방법은 경비를 절약할 수 있다는 장점은 있으나 광고의 범위가 좁으므로 많은 응모자를 모을 수 없다는 결함이 있다. 반면에 최근 들어 선풍적인 인기를 끌고 있는 것이 바로 회사의 홈페이지에 채용공고를 올리는 방법이다. 이 방법은 광고처럼 비용이 들지 않을 뿐만 아니라 회사의 홍보효과도 아울러 얻을 수 있다는 장점이 있기는 하나 소수의 채용에 너무 많은 응모자가 몰릴 수 있다는 단점도 있다.

(9) 전문모집인

갑자기 종업원을 모집해야 한다거나 혹은 다른 방법에 의해서는 필요한 사람을 구할 수 없을 경우에는 전문모집인을 두어 종업원을 모집하게 된다. 이 방법에 의하면 먼저 모집할 지역을 선정해 놓고 모집인이 그곳으로 가서 응모자를 구하게 되는데 과연 확실히 신뢰할 수 있는 사람을 구할 수 있을는지는 여전히 의문이다. 따라서 임시로 모집한다든가, 계절적인 일에 대한 모집이라든가 하는 경우처럼 불가피할 때를 제외하고는 이 방법은 별로 쓰이지 않는다.

(10) 자발적인 응모자

기업에서 광고나 개별 접촉이 전혀 없었던, 예기치 않은 취업희망자(walk-in applicants)가 직접 방문을 하거나 우편을 통해 취업상담을 하는 경우가 있다. 이때 이 자발적인 응모자는 이력서, 자기소개서 및 각종 증빙서류를 이용하는 것이 일반적이다. 우리나라에서는 그다지 흔하지 않는 방법이지만 미국의 경우 모집방법 중 가장 많이 활용되는 방법이다(Flippo, 1981, 133).

(11) 소셜 리크루팅

Facebook이나 Twitter, Linkedin 등과 같은 소셜 미디어의 등장과 함께 이를 모집에 활용하는 경우가 늘어나고 있는데 이를 소셜 리크루팅(social recruiting)이라고 한다. 기업들이 직접 소셜 미디어에 모집공고를 올리거나 필요한 인력정보를 파악하기도 한다. 소셜 리크루팅은 비용을 크게 줄일 수 있을 뿐 아니라 국내를 넘어서 전 세계적으로 신속하게 모집활동을 수행할 수 있다는 큰 장점이 있다. 또한 일방적인 정보제공을 넘어서 쌍방향 소통이 가능하다는 점도 장점이다. 다만, 소셜 미디어를 활용하고 있지 않은 인력에 대해서는 접근이 어렵다는 한계를 가지고 있기는 하다.

소셜 리크루팅은 미국 기업들을 중심으로 빠르게 확산되는 모습을 보이고 있다. 미국 내 조사기관에 따르면 소셜 미디어를 통해 리크루팅을 하고 있거나 하려는 계획을 가지고 있는 기업들의 비중이 지속적으로 증가하는 것으로 나타나고 있다. SNS를 채용에 활용하려는 의향이나 계획을 가지고 있는 기업들의 경우 이미 90%를 넘어섰고 실제로 소셜 미디어를 통해 인력을 채용한 기업들의 비중도 80%에 근접하고 있다. 소셜 리크루팅은 앞으로 벌어질 일이 아니라 이미 채용시작에서의 지배적인 관행이 되고 있다(유규창 · 박우성, 2017).

지금까지 다양한 내외부모집방법에 대해 살펴보았다. 이들은 나름대로의 장단점을 가지고 있다. 아울러 모집방법의 활용도 또한 〈표 4-6〉과 같이 각기 다르다. 따라서 여러가지의 모집방법 중에서 과연 어느 방법이 기업의 현재의 상황하에서 가장 적합한 방법인가에 대한 신중한 고려를 한 후에 최선의 모집방법을 결정하여야 한다.

실제로 이상의 여러 모집방법 중 우리나라에서는 얼마전만 하더라도 광고를 통한 공개채용이나 대학이나 고교의 추천이 가장 많이 활용되었다. 그러나 21세기에 들어서면서 〈표 4-7〉에서와 같이 인터넷을 이용한 방법이 가장 많이 활용되고, 다음으로 공개채용방식이 활용되는 것으로 나타났다.

표 4-6 | 모집방법의 활용도

모집방법 \ 직종		생산직	사무직	관리 · 기술직
내부원천:	직무게시	×	×	
	내부구성원/부서장 추천	×	×	×
	기술목록	×	×	
	인력 데이터베이스			×
외부원천:	공개모집	×	×	×
	현장모집	×	×	
	공공직업소개소	×	×	
	사설직업소개소		×	×
	인터넷	×	×	×
학 교:	고등학교	×	×	
	직업기술학교	×	×	×
	대학교		×	×
기 타:	친지	×	×	×
	협회, 단체			×
	노동조합	×		

자료: 이학종 · 양혁승(2005), 「전략적 인적자원관리」, 박영사, 272.

표 4-7 모집원 및 채용방식 변화 추세 (단위: %)

모집원 \ 기관		한국경영자총협회					한국노동연구원 (2002)
		1995	1997	1999	2000	2015	
주요 모집원	공개채용	39.4 (34.6)	55.2 (41.8)	33.0	47.3	13.0	23.72(27.1)
	학교추천	33.4 (18.8)	24.9 (16.4)	30.3	15.1	2.7	13.7(9.9)
	연고채용	16.4 (28.4)	11.0 (24.9)	14.4	10.4	3.4	13.9(22.1)
	인 터 넷	n.a	n.a.	3.1	10.7	39.7	36.0(18.1)
	수시채용	n.a	n.a.	43.8	67.0	n.a.	n.a.

주: 1) 사무관리기술직의 수치이며, ( )는 생산직의 수치임. 한국경영자총협회 조사자료의 경우 1998년부터는 사무기술직과 생산직 구분이 없음.
2) 사업체 패널의 공개채용은 신문, 라디오, TV매체 등을 이용한 모집 방법임.
3) 수시채용은 연간 3회 이상 채용을 실시하는 경우를 말하며, 동 수치는 2002년의 경우 89.8%에 달하고 있음.

자료: 이원덕 편(2003), 「한국의 노동 1987-2002」, 한국노동연구원, 188; 김명희(2015. 6. 3), "잡플래닛, "기업 지원 공개채용 줄고 상시채용 늘어"," 「전자신문」.

3.3 모집방법의 비교

지금까지 내부모집과 외부모집 방법에 대해 각각 살펴보았다. 이들 내외부 모집방법은 자체의 장단점을 가지고 있는데, 먼저 이들을 살펴보고, 이어서 이들 방법의 장단점을 비교해 보도록 하자.

모집과정에서 조직체는 우선적으로 내부원천을 사용하려는 것이 일반적인 경향이다. 이러한 방침은 〈표 4-8〉에서 알 수 있듯이 내부인력의 사기 향상, 동기유발, 그리고 비용절감 등 인적자원관리에 있어서 여러가지의 실질적인 이득을 가져온다. 한 연구결과에 의하면 선임기사(senior engineer)를 채용하는 데 소요되는 모집비용은 첫 일년 급여의 68%에 달하고, 회계사(accountant)의 경우에는 51% 그리고 관리자의 경우에는 40%에 달한다고 한다.

반면에 내부인력에 너무 의존하게 되면 조직구성원들은 자신의 능력을 벗어나는 지위까지 승진함으로써 결국 조직체는 무능한 사람들로 구성되어 버린다는 피터의 원리(Peter principle)가 발효되어 조직이 경직되고 침체될 위험성이 있다(Peter

표 4-8 내부모집방법과 외부모집방법의 비교

구 분	내부모집	외부모집
장 점	• 승진자의 동기부여 • 정확한 능력평가 • 모집시간의 단축 • 모집비용의 절약	• 새로운 아이디어와 관점 • 인력개발비용 절약 • 조직의 활력 고취 • 다수 사람의 용이한 조달
단 점	• 제한된 모집범위로 인재신뢰의 폭 감소 • 승진탈락자의 좌절감 • 승진을 위한 과다경쟁 • 인력개발비용의 증가	• 부적격사 채용의 위험성 • 안정되기까지의 적응기간 소요 • 내부인력의 사기저하 • 시간소모와 모집비용의 증대

자료: J. A. Mello(2011), *Strategic Management of Human Resources*, 3rd ed., Cincinnati, Ohio: South-Western/Cengage Learning, 241.을 토대로 재작성.

and Hall, 1979). 그리고 승진을 위한 과다경쟁도 발생하여 조직의 관료화 경향과 이에 따른 역기능적 효과가 나타날 수도 있다. 따라서 내부와 외부의 인력모집원천을 적절히 활용함으로써 인력의 확보와 조직의 발전을 기대할 수 있다.

4. 선 발

4.1 선발의 의의

많은 연구에서 성과가 좋은 사람과 성과가 나쁜 사람 사이의 차이가 조직에 상당히 영향을 미치는 것으로 나타났다. 따라서 자격을 갖춘 사람을 선발하는 기업은 상당한 이익을 가져올 수 있으므로 선발에 각별한 관심을 가져야 한다. 적합한 공급원에서 상당수의 종업원의 모집에 성공했다고 해서 이들이 모두 당장 취업되는 것이 아니다. 다수의 응모자 중에서 기업이 진정으로 바라는 형태의 사람을 일정한 기준에 의해서 가려내는 과정을 밟아야 비로소 취업이 가능한 것이다.

이러한 맥락에서 볼 때 선발이란 조직에 응모한 사람들 중에서 가장 적절한 사람을 뽑는 채용활동을 말한다. 이 때 선발의 기준이 되는 것은 특정 직무에 대해서 응모자들이 앞으로 과연 능률을 십분 발휘할 수 있겠는가의 여부이다. 즉, 직무에 필요한 적성을 가지고 있는지의 여부가 문제가 된다. 이 경우 적성이라고 함은 단순히 능력만이 아니라 주위의 물적·인적 환경에 적응해 나가기 위한 성격이나 감정면의 특성도 내포되는 것이다. 그러므로 장차 간부가 될 사람을 고려할 경우와 전문직에 종사할 사람을 고려할 경우 및 일반의 노무직에 종사할 사람을 고려할 경우는 각각 그 기준이 달라지는 것은 당연하다.

선발의 기준을 어디에 두는가? 또 경기에 따라서 그리고 시대에 따라서도 바라는 인재상은 충분히 다를 수 있다. 하지만 일반적으로 우리 기업이 원하는 인재의 모습은 무엇일까? 우리나라 주요 기업들이 선발에 있어 강조하고 있는 바람직한 사원상(社員像)으로는 회사발전과 함께 자신도 성장한다는 주인의식, 불굴의 도전정신, 미래지향적인 사고와 창의성, 적극적인 마음가짐과 강인한 추진력, 사명감과 책임의식, 원만한 대인관계 등을 들고 있다.

잡코리아와 알바몬이 시가총액 기준 상위 30개사를 대상으로 홈페이지에 인재상을 공개한 28개사의 인재상을 분석한 결과 대기업에서 추구하는 공통적인 인재상은 '도전하는 인재(78.6%)'인 것으로 드러났다. 다음으로 창의 창조(64.3%), 혁신(60.7%), 열정(57.1%)' 키워드도 각각 과반수 이상으로 높은 응답률을 보였다. 이외에는 책임감(42.9%), 변화(39.3%), 인간미/인간적(39.3%), 미래가치/미래지향(35.7%), 도덕성(32.1%), 정직/바른행동(28.6%) 순으로 인재상에 많이 등장하는 것으로 조사됐다(현영은, 2018.5.9).

대한상공회의소가 매출액 순위 국내상위 100대 기업이 바라는 인재상을 자사 홈페이지에 게시한 인재상을 중심으로 분석한 결과에서도 국내 상위권 기업들은 함께 일할 인재상으로 '전문성'(Specialty), '창의성'(Unconventionality), '도전정신'(Pioneer), '도덕성'(Ethicality), '주인의식'(Responsibility)을 갖춘 수퍼(S.U.P.E.R)맨을 원하고 있는 것으로 나타났다. 이 중에서 '도전정신'을 꼽은 기업이 88개사로 가장 많았고 이어 '주인의식' 78개사, '전문성' 77개사, '창의성' 73개사, '도덕성' 65개사 순으로 나타났다(대한상공회의소, 2013.4.16).

보다 최근에는 직무역량평가 강화, NCS(국가직무능력표준) 도입 등 직무 중심의 채용이 확산되면서 전문성이 중요 키워드로 떠오르고 있다. 이 키워드는 채용 트렌드 변화에 발맞춰 지난 3년간 지속적으로 순위가 상승했다. '전문성'은 2014년 8위(29.8%)에서 2015년 7위(35.4%), 2016년 5위(26.7%)로 꾸준히 순위가 올랐다(홍보팀, 2016.7.28).

반면에 세계기업이 원하는 인재는 우리와는 달리 윤리의식(49%), 협업능력(38%), 정직성(36%), 호기심(35%), 근면성(27%), 지적능력(35%), 동기부여능력(35%), 유머감각(35%), 주도성(35%), 창의성(35%) 등의 순으로 나타났다.

실제로 세계적인 명문학교는 이미 지적능력에서 인성강화 중심의 교육으로 초점을 바꾸고 있다. 미국의 필립스엑시터, 로랜스빌, 트리니디폴링, 영국의 세븐옥스, 톤브리지, 차터하우스, 그리고 캐나다의 트리니티, 애플비칼리지스쿨 등을 포함해 여타 선진국들의 명문학교들도 공통적으로 이기적이거나 우월감을 가진 엘리트를 경계하는 것을 가장 중요한 교육목표로 다루고 있다(송민성, 2014.8.27).

4.2 선발절차

그러면 수많은 응모자의 직무에 대한 적부 여하를 식별하기 위해서는 기업에서는 어떠한 방법을 쓰고 있을까? 이 문제에 대해서 바이어스와 류 교수는 입사지원서의 검토, 예비면접, 선발시험, 2차면접, 전력조사, 신체검사 등을 들고 있으며(Byars & Rue, 2004, 161-163), 요더 교수는 관찰적 방법, 응모와 외관에 의한 판단, 선발시험, 참고서류의 검토, 추천서에 의한 판단, 신체검사 등을 들고 있다. 그리고 피고즈와 바이어즈는 예비면접, 입사지원서의 검토, 전력조사, 신체검사, 선발시험, 최종면접 등을 들고 있다. 이러한 선발절차를 종합하여 단계적으로 정리해 보면 일반적으로 [그림 4-5]와 같은 단계를 거치게 된다. 그러면 이들 각각에 대해 살펴보기로 하자.

그림 4-5 | 선발절차

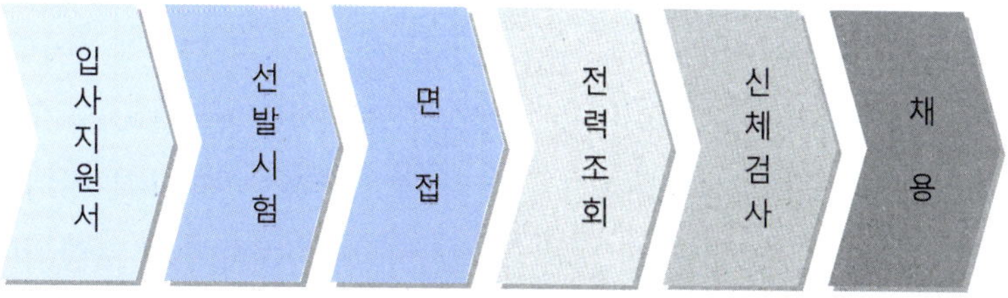

(1) 입사지원서

대부분의 기업에서는 응모자에 대한 여러가지 사실적인 배경정보를 얻기 위해 일정양식의 입사지원서(application blank)를 작성하게 한다. 입사지원서에는 일반적으로 주소, 가족관계와 같은 개인신상기록, 교육배경, 경력, 원하는 직무나 고용의 형태, 각종 상벌, 군복무 및 참고인 등을 적도록 되어 있다. 참고로 유한양행의 입사지원서는 [그림 4-6]과 같다.

선발과정에서 지원서의 가치는 지원자에 관한 일반정보자료를 수집하는 데도 있겠지만, 그보다 더 중요한 가치는 지원서의 정보자료가 성과를 예측해 주는 예측치로서 얼마나 잘 사용될 수 있느냐에 있다. 따라서 지원서에 제공된 정보내용의 신뢰성은 물론 각 정보항목의 예측치로서의 가치가 타당도(validity) 관점에서 평가되어야 할 것이다.

특히 학력에 있어서 교육수준과 실제 성과 간의 타당도에 관하여 흥미있는 연구결과가 많이 있다. 간호사에 관한 한 연구조사에 의하면 4년 교육과정과 2년 교육과정 프로그램 사이에 성과상의 차이가 없는 것으로 나타났고, 보험회사 판매원의 경우에도 교육수준과 실제 성과와의 관계가 별로 없으며, 경영학석사(MBA)의 경우에도 일부 연구결과에 의하면 성과를 예측할 수 있는 타당도에 문제가 있는 것으로 나타나 있다(Harrel & Harrell, 1974). 이러한 연구결과는 조직체 상황에 따라서 적절히 해석·평가되어야 되겠지만, 그래도 지원서 항목의 타당도 분석이 중요하다는 것을 암시해 주고 있다(이학종·양혁승, 2005).

입사지원서 제출시 많은 기업에서 첨부하도록 하는 서류 중에 추천서와 자기소개서가 있다. 추천서의 경우 외국에서는 선발과정에 있어서 매우 중요한 역할을 한다. 우리나라에서도 추천서가 대부분의 공식적인 지원과정에서 보편적으로 요구되는 구비서류이기는 하지만 너무 정형화된 추천서가 사용됨으로써 그 신뢰성이 의심되는 경우가 적지 않다. 최근 들어 채용에서 선발시험을 보지 않는 기업들이 대부분이므로 추천서에 대한 보다 세심한 배려가 요구된다. 추천서와 더불어 서류제출시 제출해야 하는 또 하나의 중요한 서류가 바로 자기소개서이다. 자기소개서는 입사할 때 해당 조직이 요구하는, 자기를 소개하는 글이다. 자기소개서에는 기본적으로 생활신조 혹은 인생관, 성장 및 교육배경, 성격상의 장단점, 지원동기, 희망직무, 장래포부, 관련경험, 그리고 특기사항 등의 내용이 포함되어야 하며, 그 내용은 솔직하고 정확하며 간결해야만 한다.

그림 4-6 | 유한양행의 입사지원서

수 험 번 호 (공란)				입 사 지 원 서	응 시 부 문

컬러사진 (3×4)	성 명	(한글)	(한문)		(영문)
	주민등록번호	–		E-Mail	
	현 주 소				
	전 화 번 호	(자택)		(H · P)	
	취미 및 특기				

학력	구 분	출 신 학 교 및 전 공			입학년월	졸업년월	성 적
		학 교 명	단과대명	전공명			
	고 교				년 월	년 월	
	전문대				년 월	년 월	/
	학 사1				년 월	년 월	/
		(부전공)			(복수전공)		
	학 사2				년 월	년 월	/
		(부전공)			(복수전공)		
	석 사				년 월	년 월	/
	박 사				년 월	년 월	/
	세부전공	(석 사)			(박 사)		

병역	군복무여부	복 무 기 간	군 별	계 급	보 훈 대 상 여 부
	필/미필/면제	년 월 일 ~ 년 월 일			대 상 / 비 대 상

외국어	외국어명	수 준	외국어공인시험점수	자격면허	자격명	등급	취득 년월일
	영 어	A · B · C · D · E	1. TOEIC: 점				년 월 일
		A · B · C · D · E	2. : 점				년 월 일
		A · B · C · D · E	3. : 점				년 월 일

경력	입사년월	퇴사년월	근 무 처	직 위	담 당 업 무	연 봉	퇴 직 사 유

활동경험	사 회 봉 사 활 동	써 클 및 교 내 외 활 동	해 외 연 수

기타사항	평소 본인 관심분야 (시사/전공/기술적 분야 등)	1.
		2.
	포 상 사 항	1.
		2.

위와 같이 귀사에 입사를 희망하며, 위 기재내용이 사실과 다른 경우에는 입사취소, 해고 등 귀사의 어떠한 조치에도 이의를 제기치 않겠습니다.

년 월 일 지 원 자: (인)

현장이야기

공들여 쓴 입사지원서, 검토시간은 평균 10.8분

기업이 신입직 서류전형에서 한 지원자의 입사지원서를 검토하는 데 걸리는 시간은 얼마나 될까? 잡코리아가 이와 관련된 설문조사 결과를 발표했다. 이번 조사는 2월 19일부터 20일까지 기업 채용담당자 1,643명을 대상으로 진행됐다.

이에 따르면 이들 채용 담당자들이 한 명의 입사지원서(이력서 + 자기소개서)를 검토하는 데 걸리는 시간은 평균 10.8분 정도가 되는 것으로 나타났다. 이는 2014년 조사 당시 7.8분에 비해 3분 정도 늘어난 수준이다. 최근 블라인드 채용 등 서류전형 단계부터 직무역량을 검증하려는 기업들이 늘면서, 입사지원 검토 시간이 더 늘어난 것으로 보인다는 잡코리아측의 분석이다.

한편, 신입직 이력서 검토 시 가장 먼저 보는 항목은 ▲경력사항이 36.7%로 가장 높았으며, 다음으로 ▲이력서 사진 19.9% ▲지원 직무분야 11.9% ▲이력서 제목 7.2% ▲전공 4.8% ▲자격증 보유 현황 4.1% ▲연령 3.9% ▲학력 2.8% 등의 순이었다.

이력서 검토 시 가장 중요하게 평가하는 항목 역시도 경력사항이 39.1%로 압도적으로 많았다. 다음으로 ▲지원 직무분야 18.4% ▲보유기술 및 교육이수 사항 13.2% ▲전공 9.3% ▲자격증 보유 현황 5.2% 등이 5위 안에 올라 이력서 검토 시 가장 먼저 보는 항목과 중요하게 평가하는 항목이 다소 차이가 있었다. 반면, ▲이력서 제목(15.2%) ▲가족관계(14.7%) ▲출신학교(13.4%) ▲이력서 사진(10.2%) ▲성별(9.5%) 등은 이력서 검토 시 가장 중요하게 생각하지 않는 항목 TOP5에 올랐다.

한편, 이들 기업 채용담당자들이 신입직 지원자들의 자기소개서 검토 시 가장 중요하게 평가하는 항목으로는 ▲도전했던 일과 성공 및 실패 사례가 19.7%로 1위를 차지했으며, 다음으로 ▲지원동기 17.6% ▲입사 후 포부 15.4% ▲글의 구성 및 문장력 13.0% ▲성격의 장단점 10.9% 등의 순이었다. 반면, ▲자기소개서 전체 분량(15.8%)이나 ▲가족관계 및 성장과정(12.6%) ▲이미지(그래프 등) 및 사진(10.9%) ▲각종 수상경력(9.6%) ▲자기소개서 제목(9.3%) 등은 평가에 크게 영향을 미치지 못하는 것으로 나타났다.

실제 신입사원 채용 시 가장 중요하게 평가하는 부분도 지원자의 ▲인 적성이 지원 직무에 적합한가를 가장 우선시한다는 기업이 37.1%로 많았으며, 다음으로 ▲직무에 대한 열정 24.9% ▲직무경험 11.7% ▲가치관 및 인성 6.9% ▲전공 6.1% 등의 순이었다.

이번 잡코리아 조사 결과 입사지원서에서 가장 불필요하다고 생각하는 항목으로는(*복수응답) ▲재산보유 현황(69.9%) ▲가족관계(37.3%) ▲신체사항(32.5%) ▲출신학교(15.8%) ▲해외연수 경험(14.3%) 등의 순이었다.

자료: 강인귀(2018.2.21), "공들여 쓴 입사지원서, 검토시간은 평균 10.8분." 「머니S」.

(2) 선발시험

선발시험은 거의 모든 기업에서 채용을 위한 가장 훌륭한 방식으로 생각하고 있기 때문에 종업원을 선발함에 있어서 대단히 널리 이용되고 있다. 종전에 일반의 경영자나 종업원들이 가지고 있던 선발시험에 대한 개념은 대부분이 직업기초능력이나 직무지식과 관련된 학식을 다루는 시험이었다. 선발시험의 종류에 대해서는 학자들에 따라 그리고 측정·평가하고자 하는 목적에 따라 다양하게 제시되고 있다. 대표적인 예로 크루던과 셔만(H. J. Chruden & A. W. Sherman)은 선발시험을 크게 필기시험, 구술시험 및 실기시험 등으로 나누었다. 그러나 근래에 와서는 이러한 시험, 이 중에서도 필기시험에 대한 비중이 떨어지고 있다.

한국경영자총협회가 전국 312개 기업을 대상으로 「2017년 신입사원 채용실태조사」를 실시한 결과에서도 뒤이어 언급할 면접전형은 대부분의 기업(98%)에서 시행하고 있는 반면, 필기전형은 300인 이상 기업에서 주로 시행하는 것으로 나타났다. 구체적으로 면접전형은 300인 이상 기업 전체, 300인 미만 기업의 97.5%가 시행하고 있으며, 필기전형은 300인 이상 기업은 52.6%,였으나 300인 미만 기업은 11.9%에 불과했다.

이와 같이 필기시험에 대한 비중은 줄어드는 대신 심리학의 발전에 힘입어 사람의 적인성구조의 구분에 따른 여러 종류의 시험방법이 발전되어 왔는데, 플리포(E.B. Flippo)는 심리검사를 크게 다섯 가지, 즉 지능검사, 적성검사, 흥미도검사, 성격검사 및 성취도검사 등으로 구분하고 있다.

표 4-9 | 신입사원 채용 절차 시행률(규모·산업별) (단위: %)

구 분	규 모		산 업		전 체
	300인 이상 기업	300인 미만 기업	제조업	비제조업	
필기전형	52.6(44.2)	11.9(8.2)	17.5(16.1)	23.6(15.5)	19.7(15.9)
면접전형	100.0(100.0)	97.5(99.4)	98.4(99.3)	97.2(100.0)	98.0(99.5)

주: ( ) 안은 「2015년 신입사원 채용실태조사」의 결과임.
자료: 한국경영자총협회(2017.6), 「2017년 신입사원 채용실태조사 결과」, 2-3.

(3) 면 접

면접의 경우 채용과정에서 가장 중요한 선발도구로 다른 선발기법에 비해 면접의 선호도와 중요성이 날로 중시되고 있는 추세여서(박상진·황규대, 2002; 황규대,

2004) 대부분의 기업에서는 오늘날 다양한 형태의 면접을 실시하고 있다. 면접이란 구두질문에 대한 구두응답을 통해 어떤 개인으로부터 정보를 얻기 위해 고안된 절차를 말한다(Dessler, 2003). 이 면접은 선발, 평가 및 이직 등에 두루 사용된다. 여기서는 선발을 위한 면접과 관련된 사항을 중점적으로 살펴보도록 하겠다.

면접은 비단 선발과정에서만 필요한 것이 아니라 경영활동의 다른 많은 분야에 있어서도 널리 이용되고 있으므로 면접에 관한 기법은 근래에 와서 현저한 발전을 가져왔다. 전문가에 따라서는 면접이 타당도가 낮다고 비판하기도 하지만(Williamson, 1996), 그럼에도 불구하고 발전된 면접기법을 잘만 활용할 수 있다면 면접은 다른 어떠한 선발방법보다도 훨씬 높은 예측치일 수 있다는 사실이 인식되고 있다(Huffcutt, 1996). 따라서 오늘날 많은 기업에서는 간단한 노무직뿐만 아니라, 보다 고도의 지식을 요하는 직무에 대한 종업원을 선발함에 있어서도 전적으로 면접만에 의존하거나 또는 면접의 비중을 크게 보는 경향이 있다.

선발을 위한 면접의 목적은 서류전형이나 선발시험 및 기타의 시험으로는 제대로 알 수 없는 응모자의 경력, 성장배경, 가정, 사회생활에 있어서의 태도, 성격 등을 알아내는 데 있으며, 부차적으로는 그의 지적능력, 지식 등을 파악하는 데 있다. 면접은 극히 주관적인 것이어서 여간 조심하지 않으면 개인의 편견으로부터 오는 잘못된 판단을 초래하기 쉽다. 따라서 여기에 고도로 발달된 면접기술의 도입이 요청되는 것이다.

하버드대학의 뢰슬리스버거(F. J. Roethlisberger) 교수의 면접의 기술에 관한 다음과 같은 말은 퍽 간결하고도 훌륭한 표현이라고 할 수 있다. "내가 사람들의 수많은 상호작용이 내포된 복잡한 상황에 당면했을 때, 나는 그들이 주고받는 이야기로부터 상황의 판단에 필요한 중요한 자료의 일부를 얻게 된다. 따라서 내가 무엇보다도 중요시하는 것은 그들로 하여금 그들에게 중요한 일에 관해서 자유로이 그리고 솔직하게 이야기 하게끔 하는 일이다. 면접에 관해서 나는 다음과 같은 일련의 단순한 규칙 내지 이념을 가지고 있다. 그것은 곧 듣는 것, 결코 이야기를 방해하지 않는 것, 상대방의 의견에 대해서 도덕적인 판단을 삼가하는 것, 자기의 의견, 신념 및 감정을 표현하지 않는 것, 어떠한 희생이 있더라도 논쟁을 하지 않는 것 등이다. 그리고 나는 이러한 과정에 있어서 상대방의 감정이 내 자신의 감정에 영향을 받지 않도록 항상 주의를 한다".

(4) 전력조회

전력조회(reference check)는 일단 미래의 종업원으로서 가능성이 있다고 보여지는 지원자들을 대상으로 한다. 지원자가 입사지원서에 적은 내용이나 면접에서 언급한 내용이 반드시 사실은 아니다. 한 연구조사에 따르면 응모자들의 약 7-10%가 제출한 지원서의 내용과 실제와는 차이가 나는 것으로 나타났다. 실제로 2007년 우리나라에서도 동국대학교 신정이 전 교수의 가짜학위파문으로 다음의 '현장이야기'에서와 같이 교육계를 비롯하여 연극계, 연예계, 문학계, 종교계 등 사회 각계 각층에서 학력위조가 속속 드러나면서 하나의 큰 사회문제가 되었던 적이 있다.

따라서 지원서에 나타난 교육의 검정, 추천인이나 참고인을 통한 확인조사, 경역에 관한 배경조사 및 기타 신원조회가 필요하게 된다. 이 때 대외적으로 매우 민감힌 직무를 맡아야 하는 경우 조회에 내한 중요성은 보다 커지게 된다. 이와 같이 전력조회를 통해 지원서상의 기재내용의 사실 여부를 확인하고 지원자에 대한 과거 행적, 개인성격, 교우관계 등을 보다 확실히 파악할 수 있다. 한 조사결과(Robbins, 1998)에 따르면 미국기업의 약 95%가 전화를 비롯한 각종 방법을 사용하여 신원조회, 즉 전력조사를 하는 것으로 나타났다.

현장이야기

미국박사 6.6%는 '엉터리 박사'

최근 5년 동안 미국 박사학위 취득자의 6.6%가 학위 질을 확인하기 힘든 '비인증 대학'에서 학위를 딴 것으로 조사됐다. 이들 가운데 최소한 2명은 현재 4년제 대학 교수로 임용돼 재직 중인 것으로 확인됐다.

유기홍 의원의 의뢰로 한국학술진흥재단(연 한구연구재단)이 분석한 자료를 보면, 2003년 1월부터 2007년 7월까지 외국에서 박사학위를 받고 학진에 신고한 7,765명 가운데 미국대학 박사학위 취득자는 54.1%인 4,199명이었다. 한국학술진흥재단이 대학 인증체계를 갖춘 미국의 박사학위 취득자 출신 대학을 확인한 결과, 정상적인 학위로 인정되지 않는 비인증 대학에서 학위를 받은 사람은 모두 276명이었다. 이는 미국 박사학위자의 6.6%, 전체 외국 박사학위자 가운데 3.6%에 이른다. 276명 가운데 목회학 등 기독교 관련 학위를 받은 이가 140명으로 절반을 넘었다.

미국은 '미국고등교육인증협의회'(CHEA)처럼 미국 교육부가 인정한 대학 인증기관이 교육의 질 등을 평가해 대학을 인증하고, 인증 대학에만 정부가 지원한다. 하지만 제대로 된

교육과정을 갖추지 않은 채 학위를 남발하거나 잘못된 광고를 한 대학, 주 정부의 영업 허가만을 받은 대학 등은 인증받지 못한다. 김옥랑 교수가 학위를 받은 퍼시픽웨스턴대학이나, 최근 '학위 남발 대학'으로 알려진 미국국제대학(AIU) 등 미국 내 비인증 대학은 현재 731곳에 이른다.

비인증 대학 박사학위자 276명이 나온 대학은 모두 23곳이다. 미국세계대학과 미드웨스트신학대가 39명으로 가장 많고, 코언신학대가 38명으로 뒤를 이었다. 미국국제대학은 애초 신고자가 41명이었는데, 지난달 32명이 스스로 신고를 취소했다. 전공별로는 설교학, 기독교교육학 등 기독교 관련 학위가 140건으로 전체의 50.7%였고, 학교 이름으로 기독교 관련 학교임을 알 수 있는 대학도 13곳이나 됐다. 나머지는 교육행정, 호텔경영, 네트워크보안, 원예학, 체육교육 등 인문·사회, 자연, 예체능 등에 두루 걸쳐 있었다.

자료: 최현준(2007.8.23), "미국박사 6.6%는 '엉터리 박사'," 「한겨레신문」.

(5) 신체검사

"건전한 육체에 건전한 정신이 있다"고 했다. 따라서 선발에 관한 최종적인 의사결정이 내려지기 전에 신체적으로 조직이나 직무요건에 맞지 않는 개인을 추려내는 과정인 신체검사(physical examination)가 반드시 필요하다. 신체검사의 목적은 첫째, 전염병을 가진 개인을 가려내기 위해서, 둘째, 응모자가 육체적으로 해당 일을 수행할 수 있는가를 결정하기 위해서 셋째, 특정의 신체 능력이 성공적인 종업원과 보다 덜 성공적인 종업원을 구별할 수 있는지 어떤지를 결정하기 위해서, 끝으로 보험이나 근로자의 보상에 필요한 기초 신체조건의 기록을 보유하기 위해서이다.

지금까지 선발절차에 대해 살펴보았는데 그러면 실제에 있어서 기업들은 신입사원 채용시 어떤 절차나 과정을 가장 중요시 할까? 최근 선발시험을 제외하는 추세를 반영하여 스펙과 인성을 중심으로 전개한 대한상공회의소의 조사결과와 선발시험을 포함하여 앞서 언급했던 다섯 가지 절차 중 가장 기본적인 세 가지 절차인 서류전형(입사지원서나 자기소개서에 의한), 필기(선발시험) 및 면접을 중심으로 전개한 한국경영자총협회의 조사결과를 동시에 살펴보기로 하자.

먼저 대한상공회의소가 총 406개 국내기업(중소기업 172개, 중견기업 132개, 대기업 102개)을 대상으로 "신입직원 선발과정에서 가장 중점적으로 평가하는 항목은

그림 4-7 | **신입직원 평가항목**

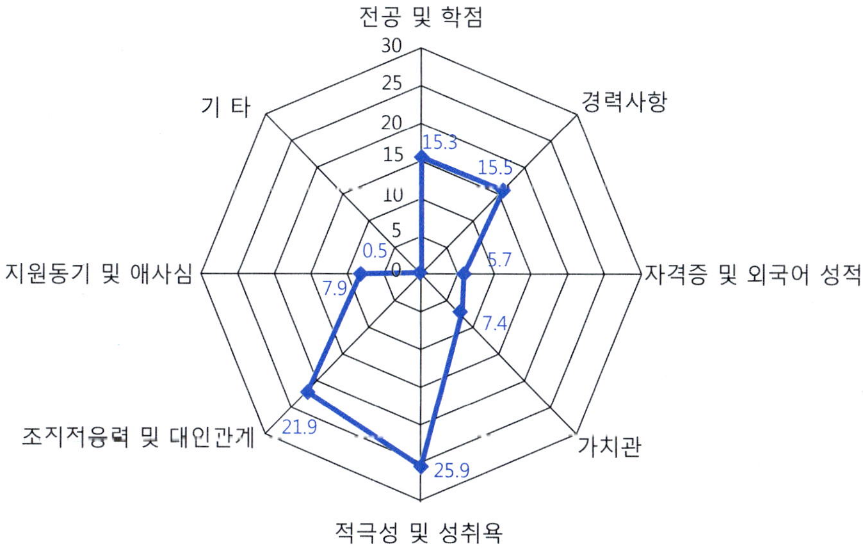

자료: 대한상공회의소(2011.6), 「신세대 신입사원 직장생활 적응현황 조사」, 5.

무엇인지"를 물어본 결과, '적극성 및 성취욕'이라는 응답이 25.9%로 가장 많았고, 이어 '조직적응력 및 대인관계' 21.9%, '경력사항' 15.5%, '전공 및 학점' 15.3%, '지원동기 및 애사심' 7.9%, '가치관' 7.4%, '자격증 및 외국어 성적' 5.7% 순으로 조사되었다. 즉 주요 평가항목을 스펙[2)]항목(전공 및 학점, 경력사항, 자격증 및 외국어 성적)과 인성항목(가치관, 적극성 및 성취욕, 조직적응력 및 대인관계, 지원동기 및 애사심)으로 분류하면, 스펙(36.5%)보다 인성항목(63.1%)을 중점적으로 평가하는 기업의 수가 1.7배 더 많았다. 이것을 그림으로 나타내면 [그림 4-7]과 같다. 이어서 기업규모별로 보면, '가치관', '적극성 및 성취욕', '조직적응력 및 대인관계', '지원동기 및 애사심' 등 모든 인성항목에서 대기업의 비율이 가장 높았고, '전공 및 학점' 과 '자격증 및 외국어 성적'의 경우 중견기업의 비율이 가장 높았으며, '경력사항'은 중소기업의 비율이 가장 높게 나타났다(대한상공회의소, 2011.6.5).

한편 한국경영자총협회가 전국 312개 기업을 대상으로 조사하여 발표한 「2017년

2) 스펙(Specification): 구직자들 사이에서 출신학교, 학점, 어학성적, 자격증, 해외연수, 인턴 경험 등을 총체적으로 이르는 말.

그림 4-8 | 신입사원 채용 평가 비중

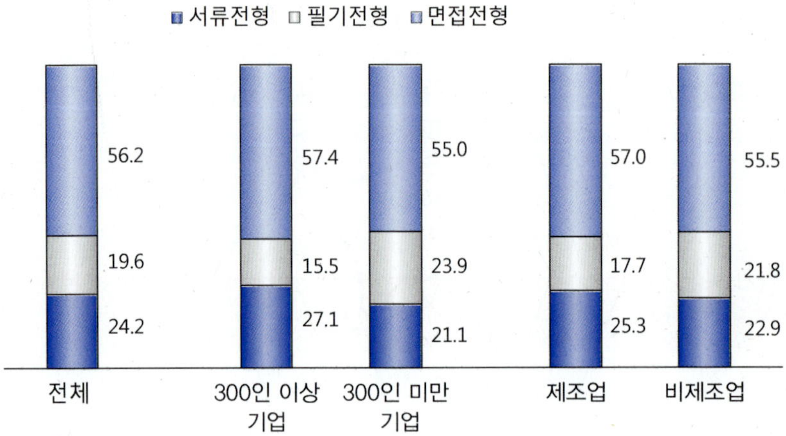

자료: 한국경영자총협회(2017.6), 「2017년 신입사원 채용실태조사」, 4.를 토대로 재작성.

신입사원 채용동향 실태조사」에 따르면, 신입직원 채용시 평가항목에서 기업들이 가장 높은 배점을 부여하는 항목은 [그림 4-8]과 같이 면접(100점 만점에 56.2점)인 것으로 나타났다. 이는 6년 전 조사와 거의 같은 것으로 나타났지만(2011년 56.3점) 서류전형이 줄어들고 필기시험의 전형 비중은 크게 늘어났다.

이러한 결과를 규모별로 살펴보면 300인 이상 기업은 면접전형 57.4%, 서류전형 27.1%, 필기전형 15.5%로 나타난 반면, 300인 미만 기업은 면접전형 55%, 필기전형 23.9%, 서류전형 21.1%로 나타났다. 산업별로 살펴보면 제조업은 면접전형 57.0%, 서류전형 25.3%, 필기전형 17.7%로 나타난 반면, 비제조업은 면접전형 55.3%, 서류전형 22.9%, 필기전형 21.8%로 나타났다(한국경영자총협회, 2017. 6, 3-4).

면접의 경우 전체 기업 중 '1회 면접'을 진행하는 기업이 45%, '2회 면접'을 진행하는 기업은 53%로, 2015년과 비교하면 '1회 면접'을 진행하는 기업이 증가(2015년 39.3% → 2017년 45%)한 반면, '2회 면접'을 진행하는 기업은 감소하였다(2015년 60.2% → 2017년 53%). '1회 면접'을 진행하는 기업 중 실무면접만 진행하는 기업은 56.2%, 임원면접만 진행하는 기업은 43.8%로, 실무면접만 진행하는 기업이 더 많은 것으로 나타났다.

면접전형을 진행하는 기업들은 평가항목과 관련하여 실무면접에서는 '업무지식'을, 임원면접에서 '조직적응력', '업무지식', '적극성' 등을 종합적으로 평가하는

표 4-10 실무면접 배점 비중(규모·산업별) (단위: %)

구 분	규 모		산 업		전 체
	300인 이상 기업	300인 미만 기업	제조업	비제조업	
업무지식	28.4 (22.5)	30.4 (25.3)	29.9 (24.5)	30.3 (25.4)	30.0 (24.8)
조직적응력	22.6 (22.4)	22.2 (23.6)	23.0 (22.7)	21.2 (25.1)	22.3 (23.4)
적극성	17.8 (24.9)	22.3 (20.9)	23.3 (21.9)	18.3 (21.3)	21.4 (21.7)
인문소양	12.8 (14.3)	13.4 (15.4)	12.2 (15.8)	15.0 (13.5)	13.2 (15.1)
창의성	12.1 (12.0)	7.4 (10.8)	7.8 (10.8)	9.2 (11.5)	8.3 (11.0)
기타(용모 등)	6.3 (3.9)	4.3 (4.0)	3.8 (4.3)	6.0 (3.2)	4.8 (4.0)
계	100	100	100	100	100

주: ( ) 안은 「2015년 신입사원 채용실태 조사」의 결과임.
자료: 한국경영자총협회(2017.6), 「2017년 신입사원 채용실태조사」, 9.

것으로 나타났다. 구체적으로 살펴보면 실무면접에서는 〈표 4-10〉과 같이 업무지식(30.0%), 조직적응력(22.3%), 적극성(21.4%) 등을 중시하는 반면, 임원면접에서는 〈표 4-11〉과 같이 조직적응력(24.4%), 업무지식(23.9%), 적극성(23.7%) 등을 중시하는 것으로 나타났다. 또한 300인 미만 기업에서는 실무면접과 임원면접 모두 1순위를 업무지식으로 꼽았다. 이는 채용시 업무지식 등 직무수행 능력을 보다 중시하는 경향이 반영되고 있는 것으로 판단된다.

끝으로 대졸 신입사원의 평균 인적 속성을 보도록 하자. 먼저 구인구직 매칭플랫폼 사람인이 2017년 하반기 신입사원 채용을 진행한 기업 104개사를 대상으로 '2017년 하반기 신입사원 합격 스펙'에 대해 조사한 결과, 합격자들은 평균적으로 학점 3.5점, 토익 733점, 자격증은 2개를 보유한 것으로 나타났다(박수영, 2018.1.18.).

그렇다면 취업을 준비하는 신입 구직자들의 평균 스펙은 어떨까? 2018년 1월 19일 구인구직 매칭 플랫폼 사람인이 1월 한 달 동안 자사 사이트에 등록 및 수정된 신입 이력서를 분석한 결과, 신입 구직자의 평균 스펙은 '토익 764점, 학점 3.4

표 4-11 임원면접 배점 비중(규모·산업별) (단위: %)

구 분	규 모		산 업		전 체
	300인 이상 기업	300인 미만 기업	제조업	비제조업	
조직적응력	29.4 (25.3)	23.2 (25.7)	24.2 (24.8)	24.9 (27.5)	24.4 (25.6)
업무지식	14.7 (17.5)	26.2 (20.6)	21.6 (19.6)	28.4 (20.3)	23.9 (19.9)
적극성	19.2 (22.8)	24.9 (22.3)	25.8 (21.9)	19.8 (23.6)	23.7 (22.4)
인문소양	16.2 (13.6)	13.5 (15.5)	14.8 (15.5)	12.7 (13.9)	14.0 (15.0)
창의성	12.7 (14.6)	8.2 (11.6)	9.6 (12.8)	8.1 (11.4)	9.1 (12.3)
기타(용모 등)	7.8 (6.2)	4.0 (4.3)	4.0 (5.4)	6.1 (3.3)	4.9 (4.8)
계	100	100	100	100	100

주: ( ) 안은 「2015년 신입사원 채용실태 조사」의 결과임.
자료: 한국경영자총협회(2017.6), 「2017년 신입사원 채용실태조사」, 9.

점, 자격증 3개' 인 것으로 나타났다. 토익은 '700~799점'(32.7%) 보유자가 가장 많았다. 이어 '800~899점'(29.6%), '600~699점'(16.7%), '900점 이상'(12.6%), '500~599점'(6.6%) 등의 순이었다. 학점은 '3.5~3.9'(40%)가 가장 많았다. 다음으로 '3.0~3.4'(38%), '4.0 이상'(10.9%), '2.5~2.9'(9.3%) 등이 뒤를 이었다. 자격증은 67.4%가 갖고 있었으며, 평균 3개로 집계됐다(김종민, 2018.2.19). 2018년 상반기 구직자들의 평균 학점은 실제 합격기준보다 0.1점 낮으며, 토익점수는 합격기준보다 31점 높다. 자격증도 기준보다 평균 1개 더 많이 갖고 있었다.

현장이야기

블라인드 채용 정착돼야

인공지능 알파고가 바둑 천재 이세돌을 이긴 21세기에도 일자리문제 해결은 정부의 가장 중요한 미션 중 하나다. 국민이 의식주를 해결하기 위해 먼저 해야 하는 것은 직업 능력을 길러 자신에게 맞는 일자리를 찾는 것이다. 특히 4년째 청년실업률이 9%대를 상회하고, 청년이 원하는 공공기관과 대기업 등의 일자리가 부족한 상황에서 공정한 채용은 무엇보다 중요한 사회적 문제다.

최근 서울혁신센터 사회혁신리서치랩이 실시한 「사회 혁신에 대한 국민인식 조사」에서 "계층 상승의 기회가 닫혀 있다"고 응답한 비율이 78.6%, "학벌과 연고가 실력보다 중요하다"는 응답은 73.5%로 상당히 높았다. 한 방송사가 실시한 여론조사에서도 82.3%가 "우리 사회의 취업 기회가 공평하지 않다"고 답했다.

건전한 사회와 정직한 노동시장을 만들기 위해 꼭 필요한 채용의 공정성에 대한 우리 사회의 부정적 인식이 얼마나 큰지 알 수 있다. 하지만 노동시장에서 발생한 채용 비리를 보면 모든 사람이 그 중요성을 절실하게 인식하고 있는 것은 아닌 듯하다.

이런 문제를 해결하고 인식을 전환하기 위해서는 정부가 추진하는 편견없는 블라인드 채용이 해결책이 될 수 있다. 블라인드 채용은 구직자와 구인기업 모두가 '윈-윈'할 수 있는 채용 도구로 일을 잘할 수 있는 구직자를 공정하게 선발하는 것이다. 기업에서는 우수한 인재를 모을 수 있고 구직자는 공정한 채용과정을 통해 자신의 능력을 확인할 수 있다.

세계 90여 개국 2,900여명의 선수들이 참가한 평창 동계올림픽에서 끊임없는 노력과 멋진 팀워크로 값진 은메달을 딴 여자 컬링팀과 아시아 최초로 썰매 종목에서 금메달을 딴 스켈레톤 윤성빈 선수는 새로운 스타가 됐다. 열정과 끊임없는 노력을 통해 당당하게 주인공이 된 것이다.

평등한 기회와 공정한 과정을 통해 실력으로 얻은 결과이기 때문에 국민들이 환호하고 감동했다. 우리 사회가 역동성을 기반으로 발전하기 위해서는 스스로 자신을 주인공이라고 생각하거나 주인공이 될 수 있다는 희망을 가진 청년이 많아져야 한다. 그래야만 이들이 성장해 사회를 바꿔나가고 발전시키는 건전한 리더가 될 수 있다.

최근 취업 사이트인 '사람인'이 실시한 설문조사 결과 무려 응답자 76.8%가 "블라인드 채용이 필요하다"고 답했다. 우리 사회가 투명, 공정, 신뢰라는 소프트파워를 재건하기 위해서는 블라인드 채용이 성공적으로 정착돼야 한다. 블라인드 채용은 실력이 존중받는 사회로 가는 든든한 버팀목이다. 청년들이 당당하게 꿈을 실현할 수 있도록 제도를 구축하는 것도 우리 모두의 책무다. 모든 구직자가 노력한 만큼 원하는 일자리를 구할 수 있는 평등한 기회가 보장되고 채용 과정이 공정해진다면 우리 사회는 한 차원 더 성숙해질 것이다.

자료: 김동만(2018.3.19), "블라인드 채용 정착돼야," 「국민일보」.

4.3 선발상의 오류

선발도구에 의하여 지원자를 선발하는 경우에는 선발도구에 의하여 측정된 결과, 즉 시험점수에 따라서 지원자를 선발하게 된다. 따라서 이 적정합격선을 결정하여 그 이상의 점수를 받은 지원자는 선발하고 그 이하의 점수를 받은 지원자는 탈락시키게 된다. 이와 같이 선발도구에 의하여 선발결정을 하는 경우에는 선발도구의 타당도가 1.00이 아닌 이상 오류를 범할 수 있다. 선발과 관련하여 일어날 수 있는 전형적인 오류에는 크게 [그림 4-9]와 같이 두 가지, 즉 제1유형 오류와 제2유형 오류가 있다.

(1) 제1유형 오류

선발상의 제1유형 오류(false negative selection error)란 시험성적은 합격선에 미달하였지만 만약 선발되었더라면 만족스러운 성과를 올릴 수 있었던 지원자를 실제로 탈락시키는 데서 발생하는 오류를 말한다. 축약하면 적격자를 탈락시킨 데 따른 선발상의 오류를 말한다. 이와 같이 조직체에 공헌할 수 있는 적격자를 엉뚱하게도 탈락시키게 된 이유는 선발방법이나 선발도구가 잘못되었기 때문이다. 최근 금융기관이나 강원랜드를 비롯한 많은 공기업들의 채용비리를 통해 이러한 오

그림 4-9 | 선발의 오류유형

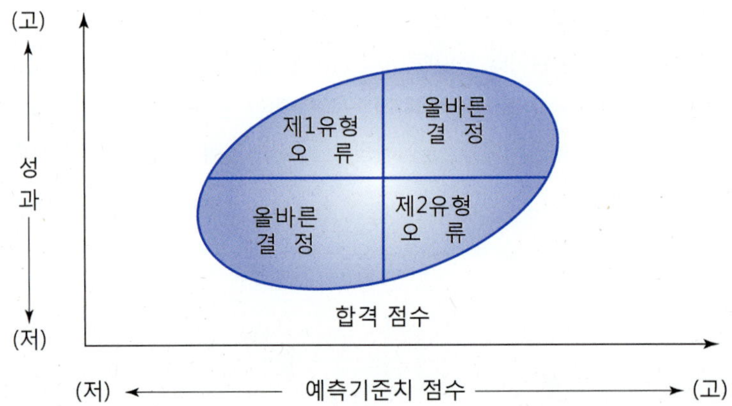

자료: 이학종·양혁승(2005), 「전략적 인적자원관리」, 박영사, 291.

류를 실감할 수 있다.

(2) 제 2 유형 오류

제2유형 오류(false positive selection error)는 시험성적은 합격선을 초과하였지만, 실제성과는 만족스럽지 못한 지원자를 선발하는 데서 오는 오류이다. 환언하면 부적격자를 선발시킨 데 따른 선발상의 오류를 밀한다. 이들 지원자는 탈락되었어야 하는데, 불완전한 선발도구나 선발방법으로 인하여 조직체에 부담을 줄 지원자들이 실제로 채용된 것이다. 따라서 결과적으로 볼 때, 제2유형 오류로 인하여 선발된 지원자들은 탈락시켰어야 하고 제1유형 오류로 인하여 탈락된 지원자들은 채용했어야 한다(이학종 · 양혁승, 2005, 292).

이들 두 가지 유형의 과오는 선발도구의 타당도가 낮을수록 오류의 비중은 더욱 커지게 된다. 따라서 새로운 선발도구를 추가함으로써 선발과정의 전체적인 타당도를 높이고, 나아가 이들 오류의 정도를 줄일 수 있다. 즉 새로운 예측치에 대한 새로운 시험을 활용한다거나 또는 기존 시험방법에 면접과 실기시험 등을 추가하여 보다 종합적인 평가를 함으로써 선발과정의 전체적인 타당도를 높일 수 있다. 이렇게 하기 위해서는 인사고과, 생산량측정, 연수실시, 감독자나 상사의 구두보고, 품질검사 등과 같은 선발활동에 대한 사후평가가 매우 중요하다.

5. 배 치

5.1 적성과 적정배치

적절한 공급원에서 기업이 요청하는 인원을 모집하고 이 가운데서 직무가 요청하는 자격요건을 갖춘 사람을 적절한 방법을 통해서 선발했다고 해서 채용의 모든 절차가 성공리에 끝났다고는 할 수 없다. 이제 우리는 기업 내의 2대지주가 되는 직무와 사람을 가장 합리적으로 연결시켜 주는 과업을 수행해야 하는데, 이것이 바로 배치이다. 곧 배치란 선발된 사람을 특정 직무에 할당하는 것을 말한다.

배치의 절차에 있어서 우리는 흔히 적성이니 혹은 적정배치란 말을 듣는다. 적성(aptitude)이란 한마디로 말해서 직무가 요구하는 성격의 방향을 의미하는 것이다. 즉, 직무가 요구하는 바가 조직적인 일, 추리적인 일, 정교한 일, 힘드는 일, 혹은 우아한 일 등등으로 표현될 수 있다면 여기에 알맞는 성격의 소유자, 즉 적성을 가진 사람이라야만 이러한 직무를 수행하는 데 있어서 적격자라고 할 수 있을 것이다. 애드킨스(D. C. Adkins)는 사람들은 그들이 가진 재능에 상응하는 직무에 배속된 경우와 그렇지 못한 경우를 보면 수행하는 작업량에 있어서 약 3.5배의 차이가 있다고 지적한 바 있다(정종진 · 이덕로, 1998, 207). 이것은 바로 모든 직장인은 적성에 맞는 일을 할 수 있게끔 배치되어야 한다는 것을 강조하는 말이다.

이에 비하여 적정배치는 업무량의 예측에 기초를 둔 인원배치의 적정을 목적으로 하고 있다. 말하자면 전자가 종업원의 질적인 관리에 주로 관계가 있는 말인데 비해, 후자는 합리성을 꾀하기 위한 종업원의 배치라고 할 수 있다. 그러므로 적정배치는 어떠한 부문의 어떠한 작업에 얼마만한 인원배치를 하는 것이 합리적인가 하는 문제를 다루는 것이라고 하겠다.

그러나 이러한 내용을 가진 적정배치를 가능케 하기 위해서는 먼저 직무의 성격 자체를 파악해야 하므로 적정배치를 가능케 하기 위한 조건으로서 필연적으로 적성배치의 문제가 고려되어야 하는 것이다. 따라서 적정배치는 광의로 해석해서 적성에 따른 적정한 배치라고 해석되어야 할 것이다.

5.2 적재적소주의와 적정배치의 변천

적재적소(the right person for the right job)라는 말은 인사배치상의 기본원리로 통하고 있는 극히 상식화된 말이기는 하나 각 직장에 있어서 이의 완전한 실천은 좀처럼 이루어지지 않고 있다. 어떤 직장에서든지 가장 적합한 요건을 최대한으로 갖춘 자란 그리 많이 있을 수는 없다. 그러므로 한정된 노동력으로 탄력성있는 생산을 수행해서 경쟁력을 강화하기 위해서는 적정배치에 의한 종업원의 자질발휘에 기대할 수밖에 없다.

인사배치에 있어서 적재적소주의가 실천된다면, 첫째로 종업원 개개인의 재능을 살리며 인격을 존중할 수 있고, 둘째로 종업원들을 인간기계의 지위로부터 해방시켜서 창의와 자발적 노력을 발휘케 할 수 있으며, 그리고 끝으로 종업원에게 고능률 고임금의 이상을 성취케 하는 활로를 열어 줄 수 있으므로, 이는 기업의 신속한 목표달성을 가일층 촉진시키는 훌륭한 방법이기는 하나, 이의 운영에는 신중히 고려되어야 할 문제점도 또한 없지 않다. 즉, 우리는 적재적소라는 미명 아래 경영자의 자의적인 배치가 감행되고 있는 예를 우리 주위에서 얼마든지 볼 수 있다. 이러한 문제를 극복하기 위해서는 과연 무엇이 적재인가에 대한 객관적인 판단기준이 명확하게 설정될 것이 요구된다.

적정배치에 관한 경영자 내지 집권자층의 관심은 이미 봉건사회에 있어서도 인물감정 혹은 인재등용 등의 말로써 표현되어 왔다. 그러나 당시의 지도자들은 인재를 등용함에 있어서도 항상 독단적인 전형과 은혜적인 배려라는 두 가지 관점으로부터 벗어나지 못하여 소위 말하는 봉건적인 사고방식은 이러한 면에서도 여실히 반영되어 왔던 것이다.

그러므로 적정배치가 경제적인 의도로 경영면에서 사용된 것은 자본주의사회가 성숙한 20세기 초의 일이다. 즉, 이 시기에 있어서는 노동생산성이 공리주의적인 관점에서 추구되었으므로 이제는 배치상의 이례적인 조치나 은혜적인 배려는 생각조차 할 수 없게 되었으며, 그 대신 경제성을 띤 노동력의 계획적 배치가 보다 중요시되게 되었던 것이다.

이 공리주이저인 인시배치는 그 낭시 발달을 보게 된 일반심리학과 그 후에 발달한 산업심리학의 힘을 입어 성격검사 혹은 적성검사를 이용할 수 있게 됨으로써 크게 발전하였으며, 과학적 관리법의 등장에 의한 직무에 관한 제 연구도 이의 발전에 크게 공헌한 바 있다. 즉, 제1차 세계대전시 미국의 군대에서 행한 지능검사나 판매원의 선발방법으로 이용된 흥미검사 등은 공리적인 인사배치를 위한 한 가지 방법으로서 발전되었음을 우리는 알 수 있다. 그 후 각국은 여러 산업분야에 있어서 각각의 사회경제적 여건에 맞는 적정배치를 위한 제 방법을 모색하여 왔으며 이미 상당한 성과를 보고 있다.

현장이야기

인재 적재적소 배치에 HR 빅데이터 활용을

아직 세월호 사건의 충격에서 채 벗어나지 못하고 있는 이 와중에 영흥도 낚싯배 전복사고, 제천 스포츠센터 화재사고에 이어서 밀양 화재사고가 또 일어났다. 우리 사회 구석구석 안전불감증은 그 도를 넘어선 지 이미 오래되었다.

그렇다면 이 고질적인 안전사고 문제를 어떻게 풀어야 할까? 사실 거의 대부분의 안전사고는 인재(人災)라고 해도 과언이 아니다. 아무리 좋은 제도를 만들어 놓아도 운용하는 것은 결국 사람의 몫이다. 그래서 국민의 생명과 안전에 직결되는 업무에는 이에 적합한 검증된 사람을 앉혀야 한다. 그렇게 하는 것만으로도 안전사고를 상당히 줄일 수 있다.

최근 HR 분야에는 새로운 바람이 불고 있다. 뇌인지과학의 발전으로 뇌적성에 맞는 업무에 사람들을 배치하는 HR 빅데이터가 그것이다. 구글·IBM 등 세계적인 기업들이 이 분야에 뛰어들고 있으며, 일본에서는 인공지능(AI)이 인재를 채용하는 단계로까지 진입하고 있다. 이러한 HR 빅데이터를 안전 관련 업무에 도입한다면 안전사고를 획기적으로 줄일 수 있을 것으로 기대된다. 업무 적합성을 가진 사람을 찾아내 적절한 교육을 거친 후 안전 관련 담당자로 배치한다면 현장에서 위기를 재빨리 감지하고 슬기롭게 대처할 수 있다. 또 사전에 철저히 안전을 점검하기에 사고 발생을 근원적으로 예방할 가능성이 아주 높다.

예로부터 '인사가 만사'라고 했다. 세상에 좋은 뇌, 나쁜 뇌는 없다. 단지 적합한 뇌만 있을 뿐이다. 적재적소의 인력 배치만으로도 국민의 안전과 생명을 지킬 수 있는 길이 열리기를 바란다.

자료: 안진훈(2018.1.26, "인재 적재적소 배치에 HR 빅데이터 활용을,"「매일경제신문」.

5.3 적정배치의 구체적 방법

적재적소주의가 적정배치를 위한 기초적인 원리라고 한다면 이제 우리는 적재(適材)와 적소(適所)에 관한 분석을 함으로써 이 문제를 해결해야 할 것이다. 적재는 곧 직무를 수행해야 할 사람을 뜻하며, 적소는 적재가 적용해야 할 직무를 의미한다. 그러므로 적재적소에 입각한 배치를 하려면 이 양자가 꼭 합치될 수 있는 점의 발견을 위한 연구가 선행되어야 할 것이다. 그러면 여기서 먼저 배치상 적재(사람)와 적소(직무)가 지니는 요건을 알아보기로 한다.

(1) 직무의 요건

직무의 요건이란 직무를 합목적적으로 수행함에 있어서 종업원에게 요구되는 신체적 · 정신적 특질을 의미한다. 이것을 더욱 구체적으로 분류하면 그 내용은 다음의 네 가지라고 할 수 있다.

① 직무가 요구하는 능력수준
② 직무가 요구하는 인격특성
③ 직무의 수행이 구체화될 직장의 환경
④ 직무의 조직상의 지위

(2) 사람의 요건

배치상 사람의 요건이란 맡은 바 직무를 수행해야 할 종업원의 능력, 신체적 · 인격적 특질을 파악하는 일이다. 이 점에 관해서는 다음과 같은 네 가지 요건을 생각해볼 수 있다.

① 신체적 특성: 건강, 역량과 인내성, 신체의 크기, 신체허용한계
② 정신적 특성: 감각의 정확성, 기능 · 특수능력, 기질 · 성격상의 특성
③ 배 경: 일반적 교육, 전직경력, 직무상의 훈련

이상에서 살펴본 바와 같이 직무의 요건과 사람의 요건을 정확하게 알아낼 수

그림 4-10 | 적정배치를 위한 요건분석

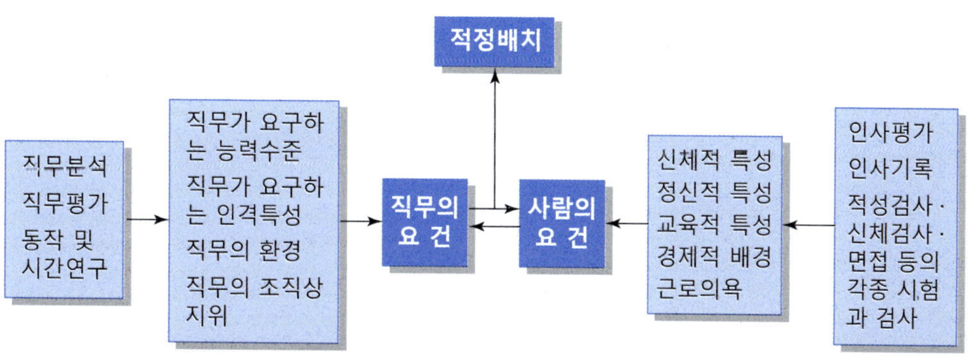

자료: 정종진 · 이덕로(1998), 「인적자원관리」, 제2판, 법문사, 211.

만 있다면 이 양자가 합치되는 점은 쉽게 발견할 수 있으므로 적정배치의 문제는 자동적으로 해결될 수 있다. 직무의 요건을 구명하기 위해서 발전된 기술로서는 직무분석, 직무평가, 시간 및 동작 연구 등의 직무를 중심으로 한 여러 연구가 있으며, 사람의 요건을 구명하기 위하여 발전된 기술로서는 인사기록검토, 인사평가, 적성검사 등과 같은 각종 검사와 시험 등이 있는데 이러한 관계를 알기 쉽게 그림으로 나타내면 [그림 4-10]과 같다.

5

인사이동 및 징계관리

- 1. 인사이동 및 징계관리의 의의
- 2. 승 진
- 3. 전환배치
- 4. 이 직
- 5. 징 계

1. 인사이동 및 징계관리의 의의

1.1 인사이동 및 징계의 의의

인적자원관리활동과 관련하여 종업원이 언제나 깊은 관심을 기울이고 있는 문제는 바로 인사이동이다. 인사이동이란 종업원을 선발하여 배치한 후에 종업원들이 업무를 수행해 나감에 따라 나타나는 능력 및 성과 등의 변화를 평가하고, 그 평가결과에 따라 행하는 조직 내에서의 승진(promotion), 전환배치(transfer) 및 이직(separation) 등을 말한다. 이러한 인사이동은 임금에 관한 문제와 더불어 종업원의 2대 관심사라고도 할 수 있다. 그리고 이러한 인사이동은 경영조직의 탄력성을 유지함에 있어서도 필요한 활동이며, 동시에 이 문제가 바로 생산성과도 직결되고 있는 만큼 종업원뿐만 아니라 경영자로서도 항상 세심한 고려를 해야 할 문제이다. 이 문제에 대한 공정하고도 합리적인 처리는 종업원의 근로의욕을 높이고 생산적 협력을 구할 뿐만 아니라 인재의 보다 적절한 활용에 의한 생산성의 향상이란 결과도 가져올 수 있다.

승진, 전환배치 및 이직 등의 인사이동은 조직이 항상 변화하는 조직 내외의 제 조건에 대응해서 그 작업집단의 규모를 조절함에 있어서 사용하는 방법이라 할 수 있다. 그런데 이러한 인사이동을 야기시키는 조직의 제 조건의 변화에는 다음과 같은 두 가지의 형태가 있다. 즉, 그 첫째는 특정의 규모를 가진 조직 내부에서 일어나는 종업원의 정상적인 변동이고, 둘째는 조직의 규모상의 변화, 즉 조직의 확장이나 축소로 말미암아 일어나는 변동이다.

이와 같이 기업조직에 있어서는 종업원이 고용된 후로는 응당 일정한 계층을 좇아 승진, 전환배치, 정년퇴직, 또는 자의에 의한 이직을 하는 것 등과 같이 종업원의 능력이나 의사에 의한 정상적인 인사이동이 있는 반면, 조직의 확장이나 축소에 의해서 불가피하게 야기되는 인사이동도 있다. 그러므로 승진, 전환배치 및 이직은 조직운영의 정상적인 과정에서든 또는 제 여건의 변화가 있을 때든 간에 다같이 작업집단의 신축성 있는 이동을 가능케 하는 방법이라고 할 수 있다.

아울러 인사이동과 밀접한 관계를 갖고 있을 뿐만 아니라 종업원의 신분관리와 관련하여 적지 않게 중요한 문제가 바로 징계이다. 조직 내 대부분의 구성원들은 조직이 설정해둔 규율과 규칙을 잘 따르며 조직의 목표달성을 위해 매진하지만 몇몇 소수의 사람들은 조직의 성장과 발전보다는 자신의 안일과 영달을 위해 조직의 규율과 규칙을 어기는 경우가 종종 있다. 이러한 소수의 일탈을 막고 그들에게 자계정신을 일깨워주기 위해 필요한 것이 바로 징계이다.

인사이동 및 징계를 집행함에 있어서 고려되어야 할 기본적인 과제는 아주 간단하다. 이 문제는 본질적으로 경영자가 승진, 전환배치, 이직 및 징계관리에 있어서 비공식적·비표준적 방법을 사용할 것인지, 그렇지 않으면 공식화되고 널리 제도화된 바 있는 일관된 방침을 적용할 것인지의 문제에 귀착된다. 물론 이 양 극단 사이에는 많은 절충적인 방안도 있을 수 있으며, 또한 이러한 제 방침을 직접 실천하는 방법에 있어서도 여러가지의 태도가 있을 수 있다. 예를 든다면 다같이 비공식적 방법을 적용한다고 하더라도 일면에서는 정실에 치우쳐서 처리할 수도 있는 것이고, 또 다른 면에서는 이와는 반대로 편견없이 공정하게 처리할 수도 있는 것이다.

인사이동 및 징계관리에 있어서 공식적 방침을 적용한다면 대체로 두 가지 면에 있어서 큰 이득이 있다고 볼 수 있는데, 그 첫째는 일관성이고, 둘째는 효율성이다. 즉, 공식적 방침을 적용한다면 종업원을 다루는 데 있어서 공평을 기할 수 있으므로 정실인사에서 야기되는 불평이나 불만이 감소될 수 있으며, 또한 일관된 방침의 적용은 인사이동 및 징계 때마다 경영자가 개별 종업원을 상대로 해서 일일이 판단하고 결정을 내릴 필요가 없어지므로 노력을 절감시킬 수 있게 된다.

1.2 인사이동의 목적

인사이동은 종업원에 대한 조직차원에서의 계획적인 이동을 말하는 것으로 경영목표의 효과적인 달성과 노동력의 이용 및 인재육성에 도움이 되는 것을 목적으로 한다. 보다 구체적으로 인사이동은 조직차원에서는 생산성 향상, 조직유연성 제고 및 매너리즘(mannerism) 타파를 목적으로 하며, 종업원차원에서는 역량의 개발과 활용도를 높이고 직무에 대한 동기부여와 직무만족의 증대를 목적으로 한다

(박성수 · 황호영 · 김공수 · 이경근, 2009).

① **생산성 향상**: 주기적인 인사이동을 통해 적재적소에 시의적절하게 전환배치가 이루어질 경우, 개개 구성원들은 자신들의 능력을 보다 잘 발휘할 수 있게 되어 궁극적으로 생산성이 향상될 수 있다.

② **조직유연성 제고**: 경영환경의 변화에 따라 사업별 또는 부서별로 인적자원의 수요변동이 있을 경우 적절한 인사이동을 통해 유연하게 대처할 수 있으므로 조직의 유연성을 제고시킬 수 있다.

③ **매너리즘 타파**: 한 부서(공장)나 직위에 너무 오래 머물다 보면 자기 자신도 모르게 기존의 매너리즘에 빠지고 되고 새로운 생각이나 시각, 방법, 절차 등을 등한시할 가능성이 크기 때문에 인사이동을 통해 매너리즘의 타파가 가능하다.

④ **역량의 개발**: 수평적 · 수직적 이동을 통해 다양한 업무를 수행하게 함으로써 조직의 전반적인 업무에 대한 이해도를 높일 뿐만 아니라 향후 또 다른 상위직무를 수행할 수 있는 능력을 개발할 수 있다.

⑤ **동기부여 증대**: 자신의 능력과 적성 및 의지에 적합한 직무로 인사이동이 이루어질 경우 일에 대한 흥미도뿐만 아니라 직무만족과 조직몰입이 증대되어

그림 5-1 | 인사이동의 목적

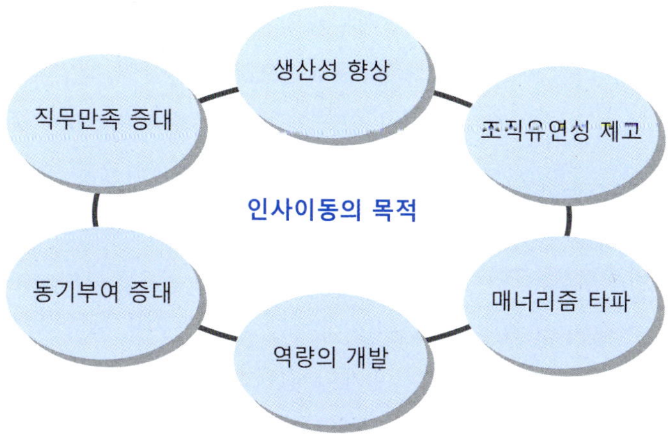

자료: 박성수 · 황호영 · 김공수 · 이경근(2009), 「디지로그시대의 인적자원관리」, 제2판, 박영사, 157.

개개인의 동기부여가 증대될 수 있다.

⑥ 직무만족 증대: 인사이동으로 자신의 능력을 최대한 발휘할 수 있거나, 자신의 능력을 향상시킬 수 있는 직무를 수행하게 됨에 따라 구성원의 직무만족도가 증대될 수 있다.

지금까지 살펴본 인사이동의 목적을 그림으로 나타내면 [그림 5-1]과 같다.

2. 승 진

2.1 승진의 의의

(1) 승진의 의의

모든 학문분야에 있어서 학술용어에 대한 명확한 개념구분이 되어 있지 않으면 많은 혼란과 오해를 불러일으킬 수 있는 데 경영학 또한 이의 예외가 될 수 없다. 그러므로 여기에 우선 승진(promotion)과 승급(upgrading)에 관한 정확한 정의부터 내리는 것이 좋을 것 같다.

임금과 더불어 종업원의 2대 관심사 중의 하나가 바로 승진이다. 승진이란 조직 내 하나의 직무에서 보다 나은 직무로의 이동, 즉 수직적 이동을 의미하는 것인데, 이 때 보다 나은 직무라는 것을 구체적으로 말한다면 책임의 증가, 권한·위신의 증대, 소요되는 기능의 확대 및 임금의 증가 등을 수반하는 직무라고 할 수 있다. 이 이외에도 근무시간이나 작업환경의 개선 등이 따르는 수도 있지만 모든 승진에 있어서 반드시 이들이 수반되는 것은 아니다.

여기에 비해서 승급이라는 말은 직무상 그처럼 큰 변화를 초래하는 것은 아니다. 그러나 이것이 동일한 조직단위 내에서 기능수준이 보다 높은 직무로 옮긴다는 점에서 승진과 더불어 밀접한 관계가 있다고 볼 수 있는데, 이러한 의미에서 승급을 소규모의 승진이라고 할 수 있다. 그러므로 예를 들어 공무원의 급수가 오르는 것은 승진이라고 할 수 있으나 호봉이 오르는 것은 승급이라고 하는 것이 타당할 것이다.

승진이나 승급은 다같이 보다 나은 직무에 대한 충원을 함에 있어서 외부에서 사람을 들여와서 보충하는 것이 아니라 현 종업원의 능력을 발전시켜서 이것을 내부적으로 인정함으로써 보충하려는 제도이며 경영조직상 수직적으로 행하여지는 인사이동을 의미한다.

(2) 승진에 있어서 능력과 선임권의 문제

승진에 관한 기본방침을 결정하는 데 있어서 가장 중요한 것은 능력(competence)과 선임권(seniority)의 상대적인 비중을 어떻게 결정할 것인가 하는 문제이다. 오늘날 인적자원관리에 있어서 일반적인 승진기준은 사람 중심의 연공주의와 직무 중심의 능력주의다.

연공주의는 조직구성원의 승진에 있어서 근무연수나 나이, 즉 시간의 차이에 의해 승진에 우선권을 준다는 개념으로서, 근무연수에 비례하여 개개인의 업무능력과 숙련도가 신장된다는 기본적 사고에 근거하고 있다. 이러한 연공주의는 측정의 신뢰성이 높아 객관적이며, 우리나라의 경우와 같이 연공질서가 지배적인 사회에서는 사회제도와 그 이념이 일치한다. 이 제도는 노동조합 사이에 널리 지지를 받아온 원칙으로서, 대부분의 경우 학력중시 풍토, 기술의 정체, 사회적 질서개념(예: 장유유서, 권위질서)의 유지, 종업원의 기득권 중시 등의 경향을 수반한다(이덕로, 2012, 156).

반면에 능력주의는 일반적으로 조직구성원이 조직의 목표달성에 기여하는 업무수행 능력에 따라 승진에 우선권을 준다는 것으로서, 합리적 사고방식을 강조하는 구미 각국에서 일찍이 발전된 개념이다. 이같은 능력주의는 직무와 구분하여 능력을 평가할 수 없으므로 합리적이고 명확한 직무분석 및 직무평가에 기초한 직무분류제도를 그 필수적인 전제조건으로 한다. 이러한 능력주의는 조직의 성과를 추구하는 경영자들에게 널리 지지를 받아온 원칙으로서 임금의 급격한 상승, 기술혁신, 노동력의 부족, 개방경제 등의 새로운 경제동향에 대응하여 조직구성원의 직무수행능력을 최대한 활용하여 조직의 효율성을 높이고자 하는 원칙이라고 하겠다(김식현, 1991, 233-235). 양자를 비교하면 〈표 5-1〉과 같다.

우리나라의 경우 기업에서 특히 노동조합이 결성되어 활발한 노동운동을 전개하고 있는 기업에 있어서는 노동자의 근속기간을 중시하는 풍조가 반영되어 승진

표 5-1 연공주의와 능력주의의 비교

요소 \ 유형		연공주의	능력주의
합리성 여부		비합리적 기준	합리적 기준
사회의 가치기준		전통적 기준, 정의적 기준	가치적 기준, 목적적 기준
경영외적요인	이해집단	노동조합	경영자
	사회문화적 전통	가족주의 종신고용제 유교사상 집단주의 장유서열관 동양사회 운명공동체적 풍토	개인주의 단기고용제 기독교사상 개인주의 능력서열관 서구사회 이익공동체 풍토
경영내적요인	계층	하위층	상위층
	직종	일반직종	전문직종
승진기준		사람중심(신분중심)	직무중심(직무능력중심)
승진제도		연공승진제도	직계승진제도
승진요소		근무연수, 경력, 학력, 연령	직무수행능력, 업적 또는 성과
장단점		집단중심의 연공질서 형성 적용의 용이함 승진관리의 안정성 능력평가상의 객관적 기준 무사안일주의의 만연 유능한 인재의 외부유출 조직의 침체현상	개인 중심의 경쟁질서 형성 적용상의 어려움 승진관리의 불안정성 객관적 기준의 결여 유능한 인재의 사기증진 조직의 활력 고취

자료: 김식현(1999), 「인사관리론」, 무역경영사, 233면을 수정한 것임.

에 있어서 선임권을 우선적으로 고려하는 경향이 있다. 그러나 이러한 경향에 대해서는 다음과 같은 두 가지의 질문, 즉 가장 오랜 기간 근무했다고 해서 반드시 가장 우수한 종업원이 될 수 있는가? 그리고 근속기간에 비례해서 자동적으로 승진이 된다면 이것이 과연 신입사원의 노력을 촉구하는 자극제가 될 수 있겠는가? 라는 질문이 제기되지 않으면 안 된다.

이상의 두 가지 질문에 대한 대답, 특히 두 번째 질문에 대한 회답은 대개의 경우에 있어서 부정적이므로 경영자가 승진에 있어서 선임권보다 능력을 앞세울 것을 주장하는 것은 당연한 일이다. 경영자가 종업원의 능력을 최대한도로 활용할 수 있기 위해서는 능력에 입각한 승진을 단행함으로써 종업원으로 하여금 직무에 관한 지식이나 기술을 증진시키기 위한 노력을 소홀히 하지 않도록 주지시켜 주어야 한다. 만약 선임권만이 승진의 기초자료로서 고려된다면 종업원들의 직무활동에는 창의와 개선을 위한 적극적인 노력은 조금도 찾아볼 수 없게 될 것이며 안일과 무사주의가 지배하게 되어 기업의 성과는 항상 침체상태에서 벗어나지 못하게 될 것이다.

그러나 승진자의 선발은 능력에 입각해야 한다는 것이 아무리 타당한 이론적인 근거를 가지고 있다고 하더라도 능력을 판단하는 데 있어서 엄격한 객관적인 평가척도가 적용되지 않는다면 종업원이나 노동조합이 주장하는 선임권 우위의 원칙을 꺾을 도리가 없을 것이다. 즉, 일부의 경영자들은 흔히 승진에 있어서 능력본위라는 미명 아래 정실과 편견에 치우치거나 혹은 사소한 한두 가지의 최근의 사고에 좌우되어 객관적인 기록이나 조직적인 인사고과를 소홀히 하고 자의로 중대한 결정을 내리고 있는 것을 볼 수 있는데, 이러한 경우에도 과연 능력 우선의 원칙이 실제로 적용되었다고 할 수 있겠는가가 문제이다.

그러므로 이러한 문제를 해결하기 위하여 경영자가 취할 수 있는 방책은 능력 우선의 원칙을 뒷받침할 수 있는 과학적 근거를 마련하는 것이다. 즉, 공정하고도 객관적인 인적자원관리를 하고 있다는 것을 사실로서 증명해야 하겠는데, 그러기 위해서는 근무성적의 기록과 인사고과를 기본적인 자료로서 이용하였다는 것이 제시되어야 한다. 그러나 여기서 한 가지 첨부되어야 할 것은 능력면에 있어서 근소한 차이밖에 없다면 능력을 선임권보다 우선적으로 다룰 수는 없다는 것이다.

끝으로 승진이나 휴직방침을 설정함에 있어서 선임권에 대한 고려가 상당히 이루어지고 있는 것이 사실이라면 다음으로 문제가 되는 것은 선임권의 결정방법이다. 선임권은 우리가 생각하는 것처럼 그렇게 간단하게 결정되지는 않는다. 여기에 관해서는 다음과 같은 두 가지의 기본적인 문제가 제기된다. 즉, 우리는 먼저 선임권을 어떠한 단위(직종, 부문, 공장, 사무계통)에서 인정하는가, 선임권을 어떻게 산정하는가에 대한 회답을 얻지 않으면 안 된다. 직종별 혹은 직업별 선임권은 현직과 승진예정직이 기능적으로 서로 밀접한 관련성이 있을 경우에 다른 종류의 선임권보다도 승진의 기초로서 합리적인 근거가 있다고 인정된다. 예를 들면 어떤 회사에 입사한 지 15년이나 되지만 현직에는 2년밖에 근무하지 못한 사람과 근속연수는 12년이지만 현직에는 이미 10년간 근무한 사람이 있을 경우에 현직과 밀접한 관련성이 있는 고도의 숙련을 요하는 직무에의 승진에 있어서는 일반적으로 후자가 보다 더 적임이라고 생각할 것이다.

동종의 선임권의 산정방법에도 여러가지의 종류가 있다. 즉, 기산일자를 종업원이 회사에 최초로 고용된 날로 하고 그 후의 전직, 휴직 등을 빼지 않고 계산하는 방법, 또는 이러한 작업의 중단기간을 공제해서 계산하는 방법, 혹은 이것보다도 더 엄격히 따져서 종업원이 가장 최근에 고용된 날로부터 기산하는 방법 등이 그것이다. 그러나 일반적으로 단기적인 휴직은 근무의 중단이라고는 생각되지 않으며, 직무별 선임권은 타직무로의 이동으로 소멸되고 또한 자의에 의한 퇴직이나 해고는 모든 선임권을 소멸시키는 것이라고 해석하는 것이 통례가 되어 있다.

오늘날 인적자원관리에서 선임권보다는 능력을 우선적으로 고려하는 분위기가 점점 확대되고 있는 추세이다. 그렇다고 하더라도 우리의 현실에서 선임권 자체를 완전히 무시할 수 없으므로 기업은 여기에 대한 명확한 방침을 수립해서 관계되는 모든 종업원에게 골고루 인식시켜 줌으로써 선임권에 관한 결정사항, 산정기간 등에 대한 판단상의 혼란이나 착오가 없도록 해야 한다.

2.2 승진의 기본원칙

조직마다 나름대로의 경영철학, 이념 및 조직문화가 있다. 하지만 승진과 관련된 의사결정의 질을 높이고 승진 결과에 대한 구성원들의 수용도를 높이기 위해서 조직이 반드시 지켜야 하는 기본원칙에는 공정성의 원칙, 합리성의 원칙 및 적정성의 원칙이 있다.

(1) 공정성의 원칙

승진에 있어서 공정성의 원칙(principle of equity)이란 조직이 구성원들에게 나누어줄 수 있는 승진기회라는 전체 파이를 얼마나 적절하게 분배하느냐와 관계되는 원칙으로, 일명 기회부여의 원칙이라고도 한다. 공정성은 각 개인에게 타인과의 비교를 통해 상대적으로 지각되는 것이기 때문에 이것이 지켜지지 않을 경우 조직 내 구성원들의 불만은 말할 것도 없고 구성원들 상호 간에 갈등의 원인이 되기도 한다. 따라서 승진의 기준, 절차, 방법 등이 객관적이고 공정하게 이루어짐으로써 승진에 대한 평가의 신뢰성이 철저하게 유지되도록 하여야 한다.

(2) 합리성의 원칙

합리성의 원칙(principle of rationality)이란 조직구성원이 조직의 목표달성을 위해 공헌한 내용을 정확히 파악하게 위해 어떤 것을 공헌으로 간주할 것인가와 관계되는 원칙으로, 승진의 기준으로서 무엇을 조직목표 달성에 대한 공헌으로 간주할 것인가의 문제이다. 예를 들어 나이, 근속연수, 경력 및 학력에 기초한 연공주의 승진은 비합리적인 기준인 반면에 직무수행능력, 업적 또는 성과에 기초한 능력주의 승진은 합리적인 기준으로 인정되고 있다.

기업은 조직의 안정적인 유지와 목표달성을 동시에 달성하기 위하여 연공과 능력을 적절히 조화시키는 방향으로 승진기준을 합리적으로 설정하여야 하며, 아울러 이러한 승진기준이 계층별·직종별로 세분화되어야 한다.

(3) 적정성의 원칙

개인이 조직에 들어오면 조직목표 달성을 위해 헌신하게 되는데, 그 대가로 조직으로부터 임금, 승진, 권한과 책임의 증대, 보다 나은 근무여건 등의 각종 유인을 받게 된다. 적정성의 원칙(principle of adequacy)이란 이러한 유인 중 승진과 관련하여 어느 정도의 승진기회를 부여받느냐, 즉 승진기회라는 전체 파이의 크기의 적정성을 말한다. 이것은 승진될 만한 사람이 TO(정원: 일정한 규정에 의하여 정한 인원)의 부족 등으로 승진이 안 될 때, 즉 승진정체현상이 일어날 때 문제가 된다.

승진보상에 대한 적정성은 시간적 차원과 공간적 차원에서 접근할 수 있다. 시간적 차원에서 과거에 조직구성원들이 받았던 승진보상과 현재 구성원들이 받고 있는 승진보상을 비교하는 것이고, 공간적 차원에서 동종 업체나 비슷한 규모의 기업 등 유사 조직의 구성원들이 받고 있는 승진보상과 비교하는 것이다(김영재·김성국·김강식, 2011, 411-412).

2.3 승진의 유형

승진의 유형에는 여러가지가 있다. 즉 직무 중심의 능력주의승진, 연공중심의 연공승진, 그리고 이 양자를 절충시킨 자격승진(qualification promotion), O.C.승진(organization change promotion), 대용승진(surrogate promotion) 등이 있다. 여기서 능력주의 승진, 즉 직계승진과 연공승진은 앞서 다루었기 때문에 여기서는 나머지에 대해 살펴보기로 하겠다.

(1) 자격승진제도

자격승진이란 사람주의의 장점을 살리면서 직무주의의 합리성을 가미시킨 것으로서 승진에 일정한 자격을 설정해 놓고 그 자격을 취득한 사람을 승진시키는 승진방식이다. 즉, 담당하는 직무내용과는 관계없이 각자에게 갖추어진 인적 자격요건에 따라서 경영 내의 공식적인 자격을 인정하고, 상급의 처우 단위로 승진시키는 방법이다(최종태, 2001, 370).

(2) O.C.승진

O.C.승진이란 승진 대상은 많으나 승진의 기회가 주어지지 않으면 사기저하·이직 등으로 인하여 유능한 인재를 놓칠 가능성이 있을 경우 경영조직의 변화를 통해 승진의 기회를 제공하는 승진방법이다. 이 유형은 사람주의와 직무주의를 절충시킨다는 점에서 자격제도나 대용제도와 같은 방향이라 할 수 있으나 실질적인 의사결정이나 그에 따른 운영방법에는 많은 차이가 있다. O.C.승진의 방향은 조직의 계층을 늘려서 승진 기회를 마련해 주는 것이 아니라 조직의 계층을 단축시켜 승진을 시키게 된다.

(3) 대용승진

끝으로 대용승진이란 직무주의와 사람주의를 절충시킨 점에서는 자격승진제도와 비슷하나 실질적인 내용에는 많은 차이가 있다. 자격승진제도는 사람 중심의 경영체제에서 매너리즘을 제거하고 능력 중심의 승진을 확립하려는 데서 비롯된 것인데 비해, 대용승진제도는 직무 중심의 경영체제에서 그의 경직성을 제거하고 융통성있는 인사를 확립하려는 데서 비롯된 것으로(최종태, 2002, 371), 흔히들 준승진이라 한다. 따라서 승진은 시켜야 하나 담당직책이 없는 경우 인사체증과 사기저하를 방지하기 위하여 직무내용상의 실질적인 승진은 없이 다만 직위 심벌(symbol)상의 형식적인 승진 기회를 제공하는 승진방법이다(김성수, 2003).

2.4 우리나라의 승진관리

(1) 승진소요연한

우리나라에서는 승진에 어느 정도의 연한이 소요되는가? 2014년 10월 한국경영자총협회가 전국 219개 기업을 대상으로 실시한 「2014년 승진·승급관리 실태조사」에 따르면, 대졸 신입사원이 부장으로 승진하기까지 [그림 5-2]에서와 같이 평균 17.9년, 임원까지는 22.1년이 소요되는 것으로 나타났다. 이는 2011년 조사 결과인 17.3년(신입사원→부장), 21.2년(신입사원→임원)에 비해 각각 0.6년, 0.9년 상승하였다.

내졸 신입사원의 기업 내부 인사규정상 승진소요연수는 부장까지 15.5년(2011년: 15.1년), 임원까지 19.2년(2011년: 18.6년)이었다. 따라서 실제 승진(17.9년, 22.1년)이 규정상 승진소요연수(15.5년, 19.2년)보다 각각 2.4년, 2.9년 더 걸리는 것으로 조사되었다.

실세 승진소요연수와 규정상 승진소요연수는 2011년 감소 추세를 보였으나, 2014년에는 소폭 상승하였다. 그 이유는 60세 정년 의무화 등 최근 노동시장 변화

그림 5-2 | 신입사원의 승진소요연수 (단위: 년)

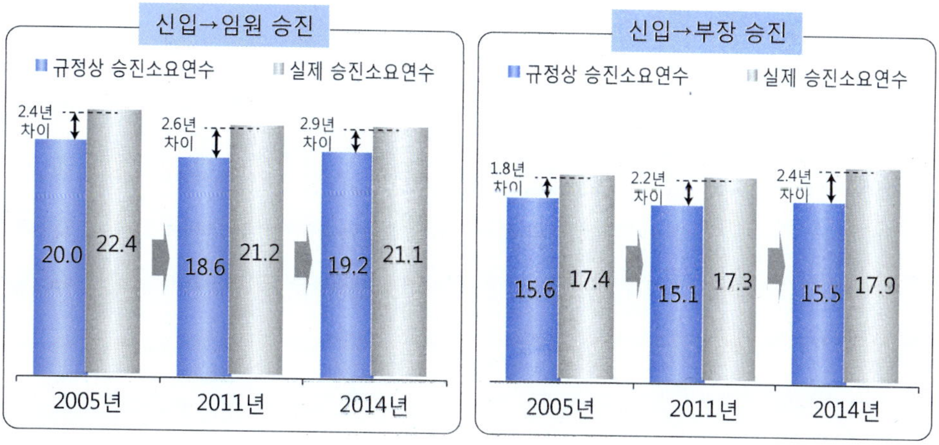

자료: 한국경영자총협회(2011.10), 「2011년 승진·승급관리 실태조사」, 2.; 한국경영자총협회(2014.10), 「2014년 승진·승급관리 실태조사」, 1-2.

표 5-2 | 2005년, 2011년, 2014년 승진소요연수 비교 (단위: 년)

구 분	규정상 승진연수			실제승진연수			기업규모별(2014)			
							대기업		중소기업	
	2005	2011	2014	2005	2011	2014	규정	실제	규정	실제
부장 → 임원	4.4	3.5	3.7	5	3.9	4.2	3.9	4.7	3.6	4.0
차장 → 부장	4.0	4.0	4.2	4.6	4.6	4.9	4.4	5.3	4.0	4.6
과장 → 차장	4.0	3.9	4.0	4.5	4.8	4.8	4.2	5.1	3.9	4.5
대리 → 과장	3.7	3.5	3.6	4.1	3.9	4.1	3.9	4.5	3.4	3.8
신입 → 대리	3.9	3.7	3.7	4.2	4.0	4.1	3.7	4.1	3.7	4.1

자료: 한국경영자총협회(2014.10), 「2014년 승진·승급관리 실태조사」, 1-2.

에 대응하여 기업들이 승진연한을 늘리고 있는 추세가 반영된 것으로 추정되며, 향후 정책이 시행되면, 이러한 추세는 더욱 심화될 전망이다.

한편, 승진소요연수는 규모별로 볼 때 중소기업보다 대기업이 더 긴 것으로 나타났다. 〈표 5-2〉에서 알 수 있듯이 신입사원에서 임원이 되기까지 대기업은 23.7년(2011년: 23.6년), 중소기업 21.0년(2011년: 20.8년)으로 대기업이 중소기업보다 약 2.7년 더 소요되는 것으로 나타났다. 대기업과 중소기업의 규정상 승진연한이 각 20.1년(2011년: 19.8년)과 18.6(2011년: 18.4년)으로 1.5년의 차이밖에 보이지 않음에도 불구하고 실제 소요되는 기간은 상당한 차이를 보이고 있다. 이러한 현상은 공무원에서도 마찬가지이다.

(2) 승진율

규정상 승진연한과 실제 승진소요연수가 차이를 보이는 현상은 통상 승진정체로 이어진다. 각 직급의 승진대상자 중 실제로 승진에 성공하는 근로자의 비중을 나타내는 승진율은 2005년 44.5%에서 2011년 38.8%로 하락했다가 2014년 38.6%로 비슷한 수준을 보이고 있다. 승진대상자 100명 중 약 39명만 승진에 성공했다는 의미다.

이를 직급별로 보면, [그림 5-3]에서 알 수 있듯이 '과장→차장' 구간의 승진율이 25.0%로 가장 낮았고, '신입→대리' 구간(65.7%)이 가장 높게 나타나 과장에서 차장 직급으로 올라가기가 가장 어려운 것으로 나타났다. '과장→차장' 구간의 승진이 어려운 이유는 지속된 승진정체의 영향으로 승진대상자수가 가장 많아져 승

그림 5-3 | 직급별 승진율(2014년)

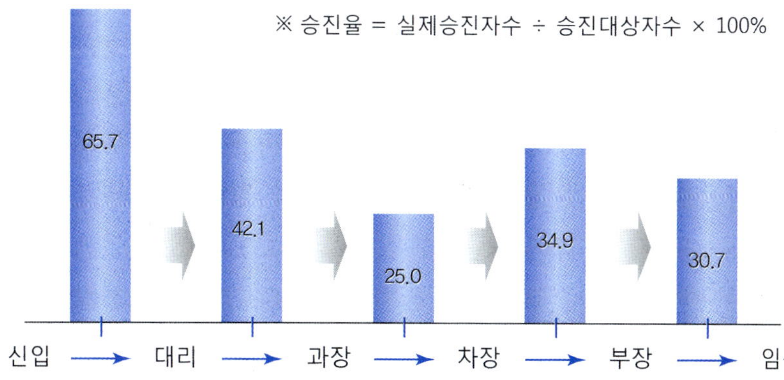

자료: 한국경영자총협회(2011.10), 「2011년 승진·승급관리 실태조사」, 2.

표 5-3 | 2005년, 2011년, 2014년 직급별 규모별 승진율 비교 (단위: %)

규모별 직급별	대기업			중소기업			전체		
	2005	2011	2014	2005	2011	2014	2005	2011	2014
부장 → 임원	32.7	27.2	26.0	61.5	71.4	48.9	36.5	31.4	30.7
차장 → 부장	32.6	37.0	29.9	60.4	42.1	54.3	33.6	37.8	34.9
과장 → 차장	36.5	22.1	24.3	72.7	44.4	48.8	37.5	23.6	25.0
대리 → 과장	44.3	37.5	37.7	73.2	74.6	65.2	45.4	41.8	42.1
신입 → 대리	55.3	66.9	65.4	83.8	67.8	66.4	57.4	67.4	65.7
계	43.2	35.5	35.4	75.0	60.8	59.4	44.5	38.8	38.6

주: 동 조사의 승진율은 응답한 기업들의 승진대상자수 중 실제승진자수의 비율을 추산하여 구한 값.
자료: 한국경영자총협회(2014.10), 「2014년 승진·승급관리 실태조사」, 5.

진율이 가장 낮게 나타난 것으로 보인다.

승진정체현상은 중소기업보다 대기업에서 훨씬 심각한 것으로 분석되었다. 〈표 5-3〉에서 알 수 있듯이 중소기업의 직급별 평균승진율은 59.4%로 대기업의 35.4%에 비해 1.7배 높은 것으로 조사되었다. 직급별로 구분할 경우, 대리 직급으로의 승진율은 대·중소기업이 큰 차이를 보이지 않았지만(1.0%p), 과장 이상 직급으로의 승진율은 중소기업이 평균 24.8%p 높게 나타났다.

현재의 직급별 승진율이 계속 유지된다는 가정하에 신입사원이 임원까지 승진할 수 있는 비율은 [그림 5-4]에서 알 수 있듯이 0.74%에 그치는 것으로 분석되었

그림 5-4 | 임원까지 승진할 수 있는 신입사원의 비율

구분	2005년	2011년	2014년
전체	1.2%	0.8%	0.74%
대기업	1.0%	0.6%	0.47%
중소기업	16.6%	6.8%	5.6%

자료: 한국경영자총협회(2011.10), 「2011년 승진·승급관리 실태조사」, 2; 한국경영자총협회(2014.10), 「2014년 승진·승급관리 실태조사」, 3-4.

다. 이는 2005년 1.2%, 2011년 0.8%에 비해 다시 약간 감소한 수치이다. 규모별로 볼 때 대기업에서 신입사원이 임원까지 승진하는 비율은 0.47%[1]까지 떨어졌으나, 중소기업에서는 이전보다 크게 떨어지기는 했지만 이 비율이 대기업의 12배나 되는 5.6%에 달하는 것으로 나타났다. 이와 같이 중소기업에서 임원이 될 수 있는 확률은 대기업보다는 월등히 높으나 2005년에 비해서는 1/3 수준으로 감소하였다. 이제는 중소기업에서도 임원으로 오르기가 무척 힘들게 되었다.

임원들은 기업의 운명을 좌우하는 집단이라 해도 과언이 아니다. 오너나 CEO의 입김이 제 아무리 세다고 해도 모든 사업에 관여할 순 없다. 그들을 대신해 기업을 실질적으로 관리하는 건 임원들이다. 말하자면 임원은 기업의 '핵심인재'이자 기업의 '꽃'인 셈이다. 일반 직장인들이 회사에 입사해 "임원 자리 한번은 해봐야지"라며 꿈을 키우는 것도 이 때문이다. 그런 핵심자리에 쉽게 오를 리 없다. 더스쿠프가 국내 10대 그룹의 주력 계열사 10곳(삼성전자·현대중공업·SK에너지·LG전자·롯데쇼핑·현대중공업·GS칼텍스·대한항공·한화·두산중공업)에서 근무 중인 임원의 비중을 조사한 결과에서도 임원으로 오를 가능성은 매우 낮았다. 전체 임·직원

1) 더욱이 0.47%의 확률을 뚫고 임원이 된 이들 중에는 고졸 출신으로서 그 어려운 일을 해낸 사람들도 있다. 2016년 30대 기업의 임원 중 고졸 출신은 단 5명에 불과했다. 0.001%에 해당하는 극한의 확률이다. 사람들은 그들을 '고졸신화'라고 부른다. 조성진 LG전자 부회장(용산공고)과 김용희 삼성물산 상무(서울북공고), 황대환 삼성전자 상무(수도전기공고), 남정현 삼성전자 상무대우(천안공고), 한준성 하나금융지주 전무(선린인터넷고)가 대표적인 고졸신화의 주인공들이다(신상언, 2017.2.27).

그림 5-5 | **10대 그룹 주력 계열사 임원 비중** (단위: %)

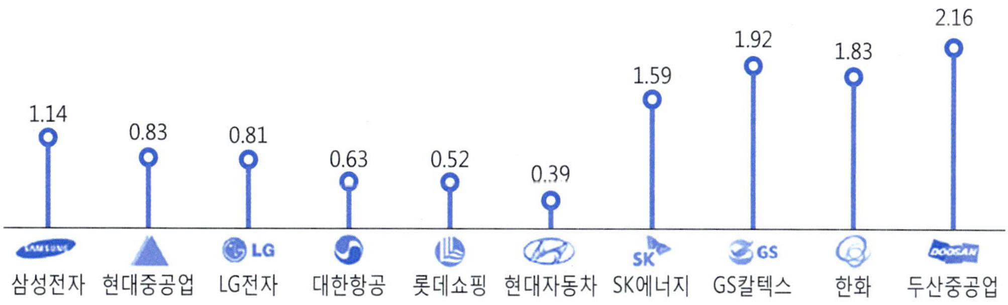

주: 2014년 3분기 기준.
자료: 김정덕(2014.12.17), "임원 확률 1.15%, 바늘구멍 '등용문'," 「더스쿠프」, 121.

수 약 29만 5000명 중에서 4,425명이 임원이었다. 임원 비중은 평균 1.15%다. 말 그대로 '상위 1%'인 셈이다(김정덕, 2014.12.17).

(3) 승진이 영향요인과 애로사항

승진 여부에 영향을 미치는 요소의 중요성은 직급에 따라 다소 다르게 나타났는데 공통으로 중요한 요소는 '관리능력', '개인성과', '근속연수', '직무전문성' 등이었다. 하지만 요소 간 중요성의 격차는 기업 규모에 따라서도 다소 달랐다. 그러나 보다 큰 차이는 직급에서 났다. 사무직 승진 시 과장급은 '직무전문성'(29.2%)을, 부장급은 '관리능력'(33.5%)을 중요하게 평가하는 것으로 나타났다. 구체적으로 과장급의 승진 고려요인은 〈표 5-4〉와 같이 '직무전문성'(29.2%), '개인성과'(25.0%), '근속연수'(19.9%), '관리능력'(13.9%)의 순으로 나타난 반면, 부장급의 승진 고려요인은 〈표 5-5〉에서 알 수 있듯이 '관리능력'(33.5%), '개인성과'(19.8%), '근속연수'(19.6%), '직무전문성'(14.0%)의 순으로 나타났다. 아울러 개인성과는 직급에 관계없이 승진에 중요하지만 중소기업보다는 대기업에서 훨씬 중요하게 평가하는 것으로 나타났다. 근속연수는 중소기업(부장급 20.2%, 과장급 19.5%)뿐만 아니라 대기업(부장급 18.3%, 과장급 21.3%)에서도 동일하게 승진의 중요한 요인으로 나타났다(한국경영자총협회, 2014.10, 2-11).

끝으로 현행 승진관리의 애로사항에 대해 〈표 5-6〉와 같이 '승진결정의 공정성 결여와 명확한 방침 부재'(27%)를 가장 높은 비율로 응답했으며, '승진탈락자의 사

표 5-4 | 사무직 중 과장급 승진 고려요인 (단위: %)

구 분	대기업	중소기업	제조업	비제조업	전 체
직무전문성	27.9	30.0	29.5	28.8	29.2
개인성과	36.1	18.6	28.5	20.1	25.0
근속연수	21.3	19.5	18.2	23.0	19.9
관리능력	8.2	16.8	11.4	16.5	13.9
충성도	1.6	9.0	6.2	6.5	6.3
승진시험	3.3	2.4	2.6	2.9	2.7
대인관계	1.6	2.9	2.6	2.2	2.4
기타	0	1.0	1.0	0	0.6
계	100	100	100	100	100

주: 복수응답 허용.
자료: 한국경영자총협회(2014.10), 「2014년 승진·승급관리 실태조사」, 11.

표 5-5 | 사무직 중 부장급 승진 고려요인 (단위: %)

구 분	대기업	중소기업	제조업	비제조업	전 체
관리능력	30.0	35.5	34.2	32.6	33.5
개인성과	27.5	15.4	20.2	19.3	19.8
근속연수	18.3	20.2	19.7	19.3	19.6
직무전문성	10.8	15.9	13.0	15.5	14.0
충성도	11.7	10.1	11.9	8.8	10.7
대인관계	0	2.9	1.0	3.0	1.8
승진시험	1.7	0	0	1.5	0.6
기타	0	0	0	0	0
계	100	100	100	100	100

주: 복수응답 허용.
자료: 한국경영자총협회(2014.10), 「2014년 승진·승급관리 실태조사」, 10.

기저하'(25.9%)도 높게 응답했다. 이어 '조직구성원의 고직급화'(18.7%), '부서간 승진 불균형'(18.3%) 순으로 나타났으며, '승진결과에 대한 근로자 반발'(7.2%)은 낮은 응답률을 보였다.

기업 규모별로 대기업은 '승진탈락자의 사기저하'(36.7%)가 가장 높은 응답률을 차지한 반면, 중소기업은 '승진결정의 공정성 결여와 명확한 방침 부재'(32.0%)가 가장 높게 나타났다. 인사시스템이 비교적 잘 갖춰져 있는 대기업은 승진관리의

표 5-6 | 승진관리의 애로사항 (단위: %)

구 분	대기업	중소기업	제조업	비제조업	전 체
승진결정의 공정성 부재	19.3	32.0	28.2	25.4	27.0
승진 탈락자의 사기저하	36.7	18.9	25.0	27.0	25.9
조직 구성원의 고직급화	16.5	20.1	18.6	18.9	18.7
부서간 승진 불균형	18.3	18.3	17.9	18.9	18.3
승진결과에 대한 근로자 반발	7.4	7.1	8.4	5.7	7.2
기 타	1.8	3.6	1.9	4.1	2.9
계	100	100	100	100	100

주: 복수응답 허용.
자료: 한국경영자총협회(2014.10), 「2014년 승진·승급관리 실태조사」, 13.

공정성, 투명성 문제 보다는 상위 직급 포스트 수의 부족으로 인한 탈락 직원의 사기 저하를 우려하는 반면, 중소기업은 승진관리의 객관성 확보에 대한 지속 노력이 필요한 것으로 분석되었다.

3. 전환배치

3.1 전환배치의 의의

전환배치란 조직 내 하나의 직무에서 비슷한 수준에 있는 다른 직무로의 수평적인 이동을 말한다. 이와 같이 승진이나 승급이 보다 나은 직무로 수직적으로 이동하는 것인 데 반해서, 전환배치는 종업원이 동등한 직급으로 수평적으로 이동하는 것을 의미한다. 따라서 전환배치에서는 임금, 책임과 권한, 소요기능 그리고 근무여건 등에 있어서 별로 큰 차이가 보이지는 않지만, 업무의 내용이나 성질에 있어서만 크게 달라지게 된다. 그러므로 전환배치는 승진의 경우와는 달리 조직구성원들에게는 그다지 달가운 인사이동이라고는 할 수 없다. 그럼에도 불구하고 앞서 살펴본 바와 같이 적정배치와 그렇지 않은 경우 수행하는 작업량에 있어서 약 3.5

배의 차이가 난다는 애드킨스(D. C. Adkins)의 지적처럼 반드시 적정배치가 이루어져야 한다.

그런데 실제 조직에서는 여러가지 이유로 적정배치가 제대로 이루어지지 않는 경우가 있다. 조직이 신축성있는 활동을 도모하기 위해서는 구성원들의 의사 유무에 관계없이 시의적절한 전환배치가 단행되어야 하기 때문에 기업은 무엇보다도 건전한 전환배치방침(transfer policy)을 사전에 설정해서 이와 관련된 구성원들에게 충분히 주지시켜야 할 필요가 있다.

일반적으로 전환배치가 이루어지는 목적은 ① 직무요건의 변화에 따라 종업원을 적응시키고 각 기능의 적격자를 양성한다. ② 부적정 배치를 시정하고 적재적소의 배치를 실현하여 종업원의 능력을 효과적으로 활용한다. ③ 반복적인 일에서 오는 단조로움을 극복하고 새로운 직무를 수행할 기회를 제공하여 개개인의 능력을 발전시킨다. ④ 부서간 혹은 구성원 상호간의 갈등을 예방하거나 줄여준다. ⑤ 노동수요가 감소하는 직종으로부터 노동수요가 증가하거나 결원이 발생한 직종으로 잉여인원을 재배치시킴으로써 조직의 안정을 도모한다(서도원, 2012, 148-149). ⑥ 종업원들에게 새로운 직무를 제공함으로써 자기개발을 유도할 수 있다. ⑦ 폭넓은 직무경험을 제공하여 조직의 전반적 직무체계를 이해하도록 함으로써 조직을 이끌어 나갈 후계자를 양성할 수 있다(신철우 외, 2018) 등이다.

3.2 전환배치의 원칙

(1) 적재적소적시주의

적재적소적시주의(right man, right place, right timing)는 종업원을 전환배치시키는 데 [그림 5-6]과 같이 해당 종업원의 "능력(적성)-직무-시간"이라는 세 가지 측면을 모두 고려하여 이들 간의 적합성(fitness)을 극대화시켜야 된다는 원칙을 말한다. 세 요소의 적합성이 필요한 이유는 개인이 갖추고 있는 능력 및 적성, 직무 및 시간이 요구하는 자격요건 간에 불균형이 나타날 경우, 자격과잉(overqualified) 혹은 자격미달(underqualified) 현상이 나타나기 때문이다. 보다 구체적으로 자격과잉의 경우 해당 종업원은 수행하는 직무에 만족하기가 어려우며, 자격미달인 경우 해당 종업원은 직무에 대해 두려움 그리고 성과 미달로 인한 보상의 삭감 등에 대

그림 5-6 | **능력 - 직무 - 시간의 적합성**

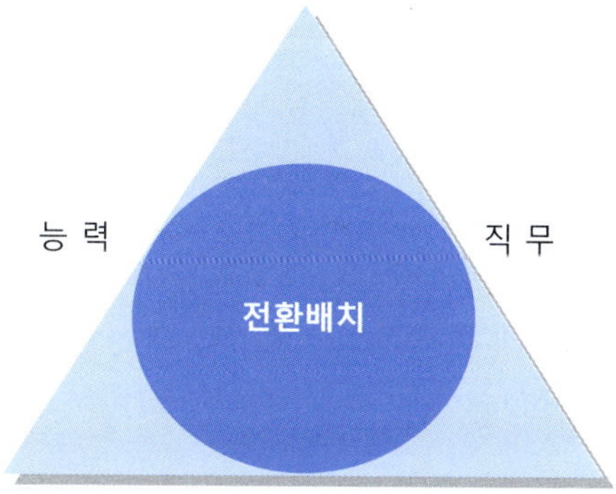

자료: 박경규(2016), 「신인사관리: 노동과 자본의 통합이론」, 제6판, 홍문사, 362.

한 불안감을 갖게 되기 때문이다.

전환배치를 하는 데 있어서 적재적소적시주의가 실현될 경우 얻을 수 있는 효과로는 다음과 같다. 첫째, 근로자 개개인의 적성을 살펴 잠재능력을 발휘시킬 수 있다. 둘째, 개성을 존중하게 되므로 인간존중의 이념을 구현할 수 있다. 셋째, 동기유발로 스스로 일하는 보람을 얻게 하여 창의력을 발휘할 수 있다. 넷째, 고능률·고임금의 실현으로 삶의 보람을 느낄 수 있다(송주호·임외석, 2017).

(2) 인재육성주의

오레일리와 페퍼(C. O'Reily & J. Pfeffer)의 「숨겨진 가치」(Hidden Value)라는 책에서도 알 수 있듯이 평범한 사람을 가치있는 인재로 육성하는 것이 중요하다(O'Reily & Pfeffer, 2000). 인재육성주의는 종업원에게 전환배치를 통해 능력이 신장될 수 있도록 한다는 원칙을 말한다. 조직에서의 개인은 교육훈련이라는 직접적인 방법을 통해 지식·기능을 습득할 뿐만 아니라 간접적인 방법인 새로운 직무를 수행하는 과정에서 자연스럽게 지식·기능을 습득하게 된다는 것이다. 따라서 조직은 구성원에게 보다 도전적인 직무를 부여함으로써 직무수행을 통해 능력이 신장되고 나아가 개인의 성장욕구 및 자기 실현욕구가 충족될 수 있도록 하여야 한다. 인재육성주의는 바로 '성장욕구 - 직무' 간의 적합성을 극대화시키는 원칙을 말한다.

(3) 균형주의

균형주의는 앞서 언급한 두 가지 원칙을 실행에 옮기는 데 있어서 조직 전체의 종업원 상황을 고려하여 전환배치를 해야 하는 원칙을 말한다. 즉 개별 종업원들이 보유하고 있는 능력과 성장욕구들을 현재 존재하는 직무들이 100% 충족시킬 수 없을 때, '능력 - 직무', '성장욕구 - 직무' 간의 적합성 정도를 상대적으로 극대화시켜야 한다는 것이다. 균형주의는 개인별 직무 적합성의 극대화보다 '개인 - 직무' 간의 연결의 합이 조직 전체적으로 볼 때 조직력 증가, 협동시스템 구축, 나아가 종업원의 전체 사기의 증가를 중요시하는 원칙이다(박경규, 2016, 361-362).

3.3 전환배치의 유형

전환배치는 그것이 발생하는 원인에 따라서 여러가지 유형으로 나누어볼 수 있다. 일반적으로 산업현장에서 이루어지는 전환배치를 목적에 따라 분류해보면 다음의 다섯 가지를 들 수 있다.

(1) 생산상황에 따른 전환배치

생산상황에 따른 전환배치(production transfer)는 한 부문에서는 노동에 대한 수요가 감소하고 반면에 다른 부문에서는 노동의 수요가 증대되었을 때, 노동에 대한 수요가 적은 부문의 종업원을 수요가 증가된 부문으로 이동시킴으로써 야기된다. 즉, 생산이 신장한 부문에서는 새로운 종업원을 고용해야 할 형편에 있으나 생산이 위축된 부문에서 종업원의 휴직이 불가피하게 된다면 이러한 사태의 발생을 방지하고 나아가서 회사 전체의 고용안정을 꾀할 수 있는 방법은 바로 이 종류의 전환배치인 것이다. 이것을 가능케 하기 위해서는 기업이 획일적인 고용절차를 채택하여 회사 내의 모든 고용활동이 조직의 한 중심부에서 종합적으로 조정될 필요가 있다.

(2) 인원대체를 위한 전환배치

인원대체를 위한 전환배치(replacement transfer)는 기업의 조업률이 전반적으로 저하되어 각 부문에 걸쳐 일정한 수의 인원정리가 불가피할 때 조직 내 공헌도가 큰 장기 근속자를 보호하기 위해서 취하게 되는 이동이다. 즉, 현재 전반적인 경기하강으로 말미암아 각 부문마다 30%의 조업단축이 불가피하게 되어서 일률적으로 30%의 인원정리를 단행해야 한다면 부문에 따라서는 고참사원들이 집중되어 있는 곳이 있어서 이들에 대한 희생을 막을 도리가 없다. 그래서 이들을 고참사원이 적은 부문으로 전출시켜서 이들보다 선임권이 적게 인정되는 종업원들과 대체하기 위해서 취해지는 전환배치가 바로 인원대체를 위한 전환배치이다.

(3) 만능공 양성을 위한 전환배치

만능공 양성을 위한 전환배치(versatility transfer)는 보다 다양한 직무에 대한 융통성이 있는 종업원을 양성하기 위해서 취해지는 전환배치이다. 이러한 종류의 전환배치는 한 사람의 종업원이 특정한 직무만을 다룰 만큼 충분한 업무량이 없어 부득이 여러가지의 직무를 담당하지 않을 수 없는 경우에 야기되는데, 특히 소규모의 조직에서 필요로 한다. 또한 조직에 따라서는 장래의 경영간부를 양성하기 위해서도 이러한 형태의 전환배치를 하게 된다. 이를 교육훈련의 차원에서 본다면 직무순환교육이라 할 수 있다.

(4) 근무시간 교대를 위한 전환배치

사람이 직무활동을 할 수 있는 시간은 하루 8시간이라는 제약이 있지만 기계설비는 수요만 있다면 24시간 가동하는 것이 보통이다. 따라서 기계설비를 24시간 계속 가동해야 하는 경우 유한킴벌리와 같이 4조 2교대제와 같은 독특한 제도가 있기는 하지만 보통은 3교대제 내지 2교대제 근무인력 편성이 보통이다. 3교대제의 경우에 종업원의 근무시간은 대체로 1교대(day shift), 2교대(swing shift) 및 3교대(graveyard shift)로 3분되게 되는데, 이 때 필요한 것이 바로 근무시간 교대를 위한 전환배치(shift transfer)이다.

일반적으로 종업원은 그의 직무활동이 수면과 정상적인 생활질시를 혼란시키지 않는 시간에 전개되기를 바라고 있으므로 이 종류의 전환배치에 대해서는 매우 큰 관심을 가지게 된다. 이 전환배치가 우리나라처럼 단순한 근무시간대의 교대가 아니라, 전환배치라고 하는 이유는 고용 당시에 모든 종업원들이 근로조건이나 임금률이 다른 시간대별로 근로계약을 체결했기 때문이다.

(5) 구제를 위한 전환배치

구제를 위한 전환배치(remedial transfer)는 종업원을 대상으로 한 최초의 배치가 그 종업원의 적성과 능력을 충분히 발휘하지 못할 정도로 잘못 이루어졌거나 부적절할 때, 감독자나 동료와 도저히 마음에 맞지 않을 때, 그리고 건강상태나 연령상으로 볼 때 현 직무가 더 이상 체력적으로 적합하지 않을 때 해당 종업원을 구제하는 차원에서 이루어지는 전환배치를 말한다(정종진 · 이덕로, 1998, 263-265).

이상의 다섯 가지 종류의 전환배치 중에서 생산상황에 따른 전환배치, 인원대체를 위한 전환배치 및 만능공 양성을 위한 전환배치는 주로 생산과 관련된 제 요인에서 야기되는 것이고, 근무시간교대를 위한 전환배치와 구제를 위한 전환배치는 주로 개인적인 문제로 인하여 일어난다고 할 수 있다.

현장이야기

전환배치 못해서 생긴 현대차 '이상한 풍경'

현대자동차 울산 5공장의 근로자 380여 명은 지난해 11월부터 최근까지 안전·소양 교육을 받았다. 이 라인에서 생산하던 테라칸이 단종됐고, 신차 'BH'(프로젝트명)는 연말에 나올 예정이라 일감이 없기 때문이다. 베르나와 클릭을 생산하는 1공장은 클릭의 수요가 줄면서 일감이 많지 않아 올 초부터 특근을 없앴다. 또 최근에는 근무시간 이후에 연장근무 형태로 하는 잔업도 없는 상태다. 반면 아반떼를 생산하는 울산 3공장의 근로자들은 지난달부터 주말 특근을 반복하고 있다. 미국에서 긴급 주문이 들어올 만큼 아반떼의 북미지역 판매가 늘고 있어 주문량을 맞추기 위해서다. 문제는 특근을 해도 주문량의 절반밖에 소화하지 못하는 데 있다.

한쪽에선 할 일이 없어 교육을 받고, 한쪽에선 주말마다 특근해도 밀려드는 주문을 소화해내지 못하는 것이 현대차의 요즘 공장 풍경이다. 회사 측은 일감에 맞춰 인력을 적절하게 배치하고 싶지만, "회사는 배치 전환, 공장 이동 및 근무지 이동 때 당사자의 의견을 들어야 하고 노조와 합의해야 한다"는 노사협약안에 걸려 유휴 인력을 활용하지 못하는 것이다.

현대차는 올해 임금·단체협약을 시작하면서 '전환배치제'를 도입하자고 노조에 제안했다. 하지만 노조는 "근무 여건이 나빠진다"며 반대한다. 기아자동차도 전환배치제를 도입하자고 노조에 제의했지만, 노조가 거부해 올해 노사 잠정 합의안에 넣지 못했다.

경쟁업체에 뒤지는 현대차 생산성

차 한 대를 만드는 데 걸리는 시간을 측정한 조립생산성지수에서 지난해 기준으로 현대차(30.3)와 기아차(37.5)는 도요타(22.1)와 GM(22.2)에 크게 뒤졌다.

도요타는 근로자가 어느 생산 파트에서도 일할 수 있는 '다기능공' 체제를 갖췄다. 전환배치에 대한 노조의 사전동의 요건도 없다. BMW는 공장이 바이에른 주의 뮌헨·딩골핑·란츠후트·레겐스부르크 네 곳에 흩어져 있다. 근로자들은 생산량이 많고 적음에 따라 집에서 거리가 꽤 되는 공장이라도 일정 기간 출퇴근하며 일하는 걸 당연하게 생각한다. 국내 완성차 업계에선 쌍용자동차가 올 들어 전환배치제를 도입했다. 회사 측은 지난해 3, 4분기에 적자를 내다가 올 상반기에 93억원의 순이익을 낸 것이 이와 무관하지 않은 것으로 분석했다. 쌍용차 관계자는 "전환배치로 생산원가가 지난해보다 5%포인트 줄었다"고 말했다.

"전환배치제 도입하면 생산성 20% 향상"

안수웅 우리투자증권 연구원은 "울산 1공장(베르나·클릭 생산)과 5공장에서 일감이 적은 인력을 인기 차종인 아반떼를 생산하는 3공장에 투입한다면 울산공장의 생산성은 20%쯤 올라갈 것"이라고 분석했다. 김동진 현대차 부회장은 "노조가 회사 발전을 최우선으로 생각하고 결단을 내려주기 바란다"며 "수요가 많은 차종 생산에 인력을 원활히 투입할 수 있다면 올해 영입이익률 6~7% 달성은 문제없다"고 말했다. 현대차의 지난해 영업이익률은 4.5%였다.

자료: 문병주(2007.8.22), "전환배치 못해서 생긴 현대차 '이상한 풍경'," 「중앙일보」.

4. 이 직

4.1 이직의 의의

이직(separation)이란 종업원과의 고용관계의 단절을 의미한다. 디지털시대·지식경영시대에는 핵심인재의 외부로부터의 확보와 이들의 지속적인 개발도 중요하지만 조직 내부의 유능한 인적자원의 지속적인 유지도 매우 중요하다. 왜냐하면 이직은 조직에 각종 비용, 즉 출구면접비, 모집비, 선발비, 교육훈련비 및 생산성

비용 등을 발생시킬 뿐만 아니라(Gomez-Mejia, Balkin, & Cardy, 2010, 190; Hinkin & Tracey, 2000; 권순식 · 박현미, 2006), 조직의 안정과 성과에 부정적인 영향을 미친다는 것이 여러 연구들을 통해 확인되었기 때문이다(Ongori, 2007). 결국 이직은 조직구성원들이 불만족하거나 조직이 제대로 기능하지 못하고 있다는 것을 보여주는 뚜렷한 증거 중의 하나이다(이덕로 · 안철경, 2010). 이러한 이유에서 이직은 경영자는 물론이고 조직 연구자에게 지속적인 관심의 대상이 되어 왔다.

1997년 말의 IMF 외환위기, 2008년의 미국발 글로벌 금융위기, 그리고 2010년의 유럽의 재정위기 등을 거치면서 이제는 구조조정이 일상화되고 세계적인 흐름이 되는 가운데 경영자들의 이직에 대한 관심이 다소 줄어들기는 했지만 핵심인재 또는 과학자나 기술자와 같은 전략적 인력들의 이직은 조직의 흥망성쇠에 결정적으로 영향을 미치기 때문에 여전히 큰 관심의 대상이 되고 있어(조학래, 2003), 자연히 이직관리도 인적자원관리의 적지 않게 중요한 부분이 되고 있다.

노동시장 내부화의 주요 지표 중의 하나는 이직률이다. 왜냐하면 이직률은 근속연수, 훈련노동력의 구성비, 공동체의식 등의 안전성, 건전성을 정하는 바로미터가 되기 때문이다. 이러한 이직은 여러가지 요인에 의해 결정된다. 지금까지 국내외의 많은 연구자들(서인덕 · 도재욱, 2007; 최명옥 · 유태용, 2005; 최인옥 · 노명화 · 배범수, 2009; Chen & Francesco, 2000; Ding & Lin, 2006; Zimmerman, 2008)이 다양한 요인들을 중심으로 이직결정요인을 연구해왔다. 이덕로 · 안철경 · 권인수(2010)는 선행연구의 문헌들을 종합해서 이직결정요인을 개인적 요인(나이, 재직기간, 성, 교육수준, 부양가족수, 연봉, 결혼유무, 자격증, 일-가정 갈등 등), 직무특성 요인(직무내용, 과업중요성, 직무자율성 및 책임감, 동료 및 상사관계 등), 그리고 환경요인(감독자의 스타일, 작업단위의 크기 및 동료 집단과의 상호작용의 성격, 거시경제적인 변수나 사회적 지지, 이직의 용이성, 취업관련 경험, 대안적인 직장기회의 여부 등)으로 구분하고 있다.

우리나라의 경우 예로부터 이직률(월평균 이직자수/월평균 근로자수×100)이 매우 높은 특징을 갖고 있다. 1980년대 초반만 하더라도 제조업의 월평균 이직률은 5% 대였으나 그 후 크게 줄어들어 2007년 12월 말에는 2.20%까지 떨어지기도 했으나(한국노동연구원, 2008), 2010년 12월 말 4.4%, 그리고 20017년 12월 말 현재 3.0%이다. 글로벌 금융위기가 있던 2007년은 예외이지만 여전히 3-5%의 높은 이직률을 보이고 있다. 그 결과 〈표 5-7〉에서 알 수 있듯이 임금근로자의 평균근속기간은 5년 남짓으로 매우 낮은 편이다. 이러한 통계는 [그림 5-7]의 OECD 주요국의

표 5-7 | 임금근로자 평균 근속기간 (단위: 세, 년)

연도	평균 연령	전체	규모별					
			1~4인	5~9인	10~29인	30~99인	100~299인	300인 이상
2003	37.7	4.4	1.7	2.3	3.8	5.6	6.5	9.0
2004	38.0	4.3	1.6	2.2	3.8	5.5	6.4	9.1
2005	38.4	4.5	1.7	2.3	3.9	5.8	6.4	9.3
2006	39.0	4.5	1.8	2.4	3.9	5.8	6.4	9.4
2007	39.5	4.6	1.9	2.4	4.0	5.9	6.5	9.7
2008	39.8	4.7	1.9	2.5	4.2	6.0	6.9	9.6
2009	40.3	4.9	2.0	2.7	4.2	6.2	6.9	9.7
2010	40.6	5.0	2.1	2.9	4.3	6.3	7.0	10.1
2011	40.9	5.1	2.4	3.0	4.5	6.5	7.1	10.0
2012	41.3	5.3	2.5	3.1	4.8	6.5	7.4	10.4
2013	41.7	5.5	2.7	3.3	5.0	6.8	7.5	10.6
2014	42.0	5.6	2.7	3.5	5.0	7.0	7.4	10.9
2015	42.3	5.7	2.8	3.5	5.0	6.9	7.5	11.0
2016	42.6	5.8	2.9	3.5	5.1	7.1	7.5	11.1

자료: 통계청, 「경제활동인구조사」, 원자료 각 년도; 한국노동연구원(2017), 「2017 KLI 노동통계」, 39.

그림 5-7 | OECD 주요국 고용안정성(평균 근속기간) 현황(2014년 25개국 기준) (단위: 년)

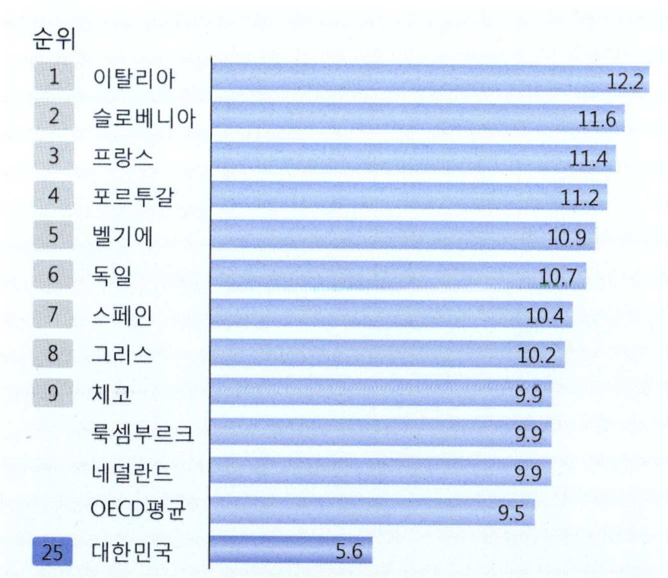

자료: 연합뉴스(2015.12.22).

평균 근속기간에 비해서는 턱없이 낮다.

마치와 사이몬(J.G. March & H.A. Simon)의 조직균형이론에 따르면 조직이 성원에게 제공하는 유인(inducement)이 조직성원이 조직에 바치는 공헌(contribution)보다 크거나, 적어도 같을 때 조직은 균형적으로 발전할 수 있다고 한다. 따라서 개인이 조직을 떠나는 원인은 그가 원하는 보상을 조직이 충족시켜 주지 못하기 때문이다(정종진 · 이덕로, 1994). 이러한 사실은 이직 동기에 대한 실제조사에서도 잘 알 수 있다.

취업포털 인크루트가 이직을 준비중인 직장인 516명을 대상으로 이직사유에 대해 설문한 결과 자신의 기업규모와 상관없이 '연봉이 너무 적어서'를 첫째로 꼽았다. 대기업 종사자의 경우 이직 이유 1순위로 '연봉이 너무 적어서'(22.0%)와 함께 '사내 인간관계가 좋지 않아서'(22.0%)를 동시에 꼽았다. 이외 '업무량이 너무 많아서'(19.7%)가 뒤를 이었고, '하고 있는 업무가 마음에 들지 않아서'(16.5%), '타 근무지로 발령을 받아서'(6.3%), '복리후생이 열악해서'(3.1%) 순으로 조사됐다.

중소기업 종사자가 꼽은 이직 이유는 대기업 종사자와 차이가 있었다. '연봉이 너무 적어서'(23.9%)를 역시 첫번째로 꼽긴 했지만 '복리후생이 열악해서'(20.6%)도

그림 5-8 | **기업규모별 이직사유**

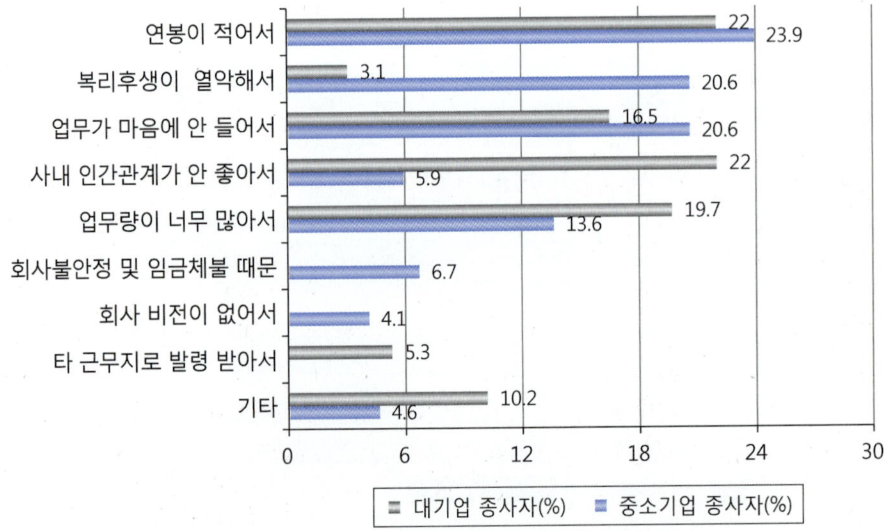

자료: 정지현(2011.11.15), "직장인 이직사유, 대기업·중소기업 '달라'," 「데이터뉴스」.

많았다. 또 '하고 있는 업무가 마음에 들지 않아서'(20.6%) 등을 지적한 답변도 많았다. 중소기업에서는 연봉뿐 아니라 복리후생과 업무의 질적인 측면도 이직 사유가 되고 있는 것이다. 이 외 '업무량이 너무 많아서'(13.6%), '회사불안정 및 임금체불 때문에'(6.7%), '사내 인간관계가 좋지 않아서'(5.9%), '회사에 비전이 없어서'(4.1%) 등이 이어졌다. 특히 '회사불안정 및 임금체불 때문에'와 '회사에 비전이 없다'라는 답변은 대기업 종사자는 거론하지 않은 답변이었다(정지현, 2011.11.15).

외국의 경우 이직사유에 대해 미국기업에 근무하는 근로자들을 대상으로 실시한 복수응답 조사결과를 보면 '다른 곳에서의 경력개발 기회'(78%), '보다 나은 보상/복리후생 패키지'(65%), '관리부실'(21%), '배우자의 이동에 따른 동반이직'(18%), '진학'(15%), '은퇴'(14%), 그리고 '직무안정에 대한 불안'(10%) 등으로 나타나(김환일·양시영, 2003), 미국의 경우 비경제적인 보상도 경제적인 보상 못지 않게 중요함을 알 수 있다.

최근 고학력자의 취업난이 심각한 상황임에도 불구하고 신입직원의 조기퇴사 현상이 나타나고 있다. 구인구직 매칭플랫폼 사람인이 기업 인사담당자 657명을 대상으로 실시한 설문조사 결과 최근 1년간 퇴사자 중 절반 가량(49%)이 1년차 미만 신입사원으로 나타났다. 설문 참여 기업들의 1년간 직원 퇴사율은 평균 17%였다. 퇴사자가 한 명도 없었던 기업은 11.7%에 그쳤다. 연차별로는 1년차 이하가 가장 많이 퇴사했고, 2년차 20.9%, 3년차 13.4%, 4년차 5% 등 저연차일수록 퇴사가 잦았다. 자연히 직급별로도 사원급(61.4%) 대리급(23.1%) 과장급(8.1%)의 퇴사가 많았다. 취업난을 뚫고 입사는 했으나 직무·근무조건 등이 맞지 않아 조기 퇴사 및 이직하는 신입사원이 많다는 얘기다. 그러다 보니 취업난의 한편에서는 '퇴준생'(퇴직준비생)이란 말이 취준생처럼 고유명사로 굳어지는 추세이다(김봉구, 2018.3.6).

끝으로 대한상공회의소가 인크루트와 함께 1980년대생 경력 2년 이하 대졸 신입사원 340명을 대상으로 「신세대 신입사원 직장생활 적응현황 조사」를 통해 신세대 신입사원들에게 현재 이직계획이 있는지를 물은 결과, "구체적인 이직절차를 진행 중이다"는 응답이 23.8%, "이직을 위해 공부하는 등 준비 중이다"는 응답이 18.2%로 조사돼 42.0%에 이르는 신입사원들이 이직을 준비하고 있는 것으로 나타났다. 또한 "지금은 아니지만 향후 이직할 의향이 있다"는 응답이 55.9%에 이르렀으며 "현재의 직장이 평생직장이다"는 응답은 2.1%에 그쳤다(대한상공회의소, 2011).

표 5-8 | 신세대 신입사원 이직계획 현황 (단위: 명, %)

구 분	전 체		기업규모별			
	응답수	비 율	중소기업	비 율	대기업	비 율
이직절차를 진행 중이다	81	23.8	58	25.0	23	21.3
이직을 위해 준비 중이다	62	18.2	42	18.1	20	18.5
향후 이직할 의향이 있다	190	55.9	129	55.6	61	56.5
현재의 직장이 평생직장이다	7	2.1	3	1.3	4	3.7
계	340	100.0	232	100.0	108	100.0

자료: 대한상공회의소(2011.10), 「신세대 신입사원 직장생활 적응현황 조사」, 4.

4.2 이직의 형태

이직의 형태는 [그림 5-9]와 같이 크게 자발적 이직(voluntary separation)과 비자발적 이직(involuntary separation)으로 나눌 수 있다. 자발적 이직은 사직(quit, resignation)이라고도 하는데, 이는 다시 회사에 불만이 있거나 보다 나은 기회를 찾기 위하여 다른 직장으로 옮기는 전직(turnover)과 결혼, 임신, 출산, 질병, 가족의 이주 등으로 회사를 그만두는 협의의 사직으로 나누어진다. 비자발적 이직은 회사규칙을 위반하거나 업무상의 과실로 인하여 조직에 엄청난 손실을 끼친 경우에 이를 징계하기 위한 해고(discharge)와 경제적 불황이나 인력과다로 인한 인력감축의 일환으로 사용되는 휴직(layoff)이나 정리해고, 그리고 정년퇴직(retirement)

그림 5-9 | 이직의 형태

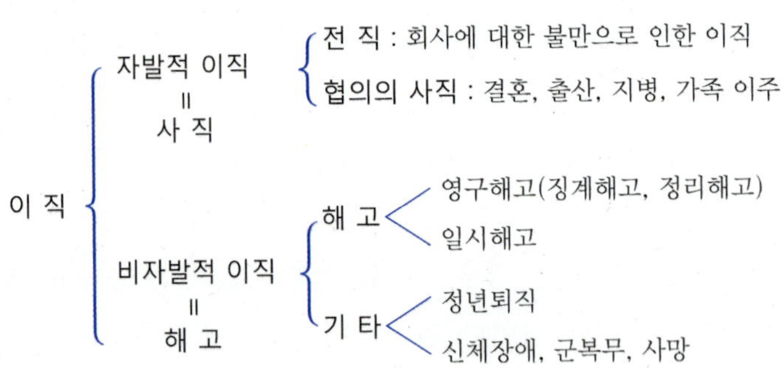

을 비롯한 기타로 구분될 수 있다(정종진 · 이덕로, 1994). 해고 및 구조조정에 의한 비자발적 이직은 이직의 결정권이 사용주에게 있다는 점과 충원이 이루어지지 않는다는 점에서 자발적인 이직과는 차이가 있다(McElroy, Morrow, & Rude, 2001). 근로자 개인 수준에서 자발적 이직을 할 경우 비자발적 이직에 비해, 일자리나 임금 수준에서 상대적으로 양호한 결과를 보여준다. 이에 비해 비자발적 이직은 본인의 의사와 무관하게 발생하므로 임금이나 고용안정성 측면에서 큰 어려움을 겪고, 이러한 부정적 효과가 장기간에 걸쳐 영향을 미치게 된다(윤윤구, 2010).

일반적으로 이직관리에 있어서의 중요한 과제는 자발적 이직과 관련된 문제들이다. 인적자원의 확보와 관리라는 측면에서 신규종업원의 채용 혹은 스카우트뿐만 아니라 현직 종업원의 이직을 방지한다는 것은 대단히 중요한 문제이다. 왜냐하면 근로자의 자발적 이직은 기업의 입장에서 중대한 비용이며, 수익성에 큰 영향을 미치는 변수이므로 조직성과에 중요한 영향을 미치는 요인이기 때문이다(Guthrie, 2001; Huselid, 1995). 특히 우리나라의 이직형태별 구성비를 보면 자발적 이직이 대부분을 차지하고 있기 때문에 더욱 그러하다.

우리나라 조직에서 자발적 이직이 지나치게 높은 것은 기업의 인력관리상 문제점인 동시에 해결해야 할 과제를 보여주는 것으로, 대부분 회피가능이직(avoidable separation)인 자발적 이직의 원인이 무엇인가를 다양한 방법을 이용하여 파악한 뒤 자발적 이직을 줄이기 위한 다각적인 노력을 경주해야 한다.

자발적 이직을 줄이기 위한 방안과 관련하여 빼놓을 수 없는 것이 고용안정과 밀접한 관련이 있는 구조조정이다. 특히 IMF 외환위기 이후 우리 사회의 최대 화두는 구조조정이었다. 구조조정의 배경은 경제위기였고 모든 구조조정이 경제위기 극복이라는 명분으로 정당화되었다(이덕로, 2004, 255). 구조조정은 변화에 대한 저항, 집권화, 사기저하, 신뢰상실, 갈등심화, 커뮤니케이션 왜곡, 팀워크 상실 등 여러가지 부정적 효과(Cameron, 1994)가 있다. 그럼에도 불구하고 IMF 이후 국내 기업은 상시적인 구조조정을 통해 근로자들의 비자발적 이직을 증가시켜 왔으며, 근로자들이 구조조정 상황에서 불공정성을 경험하면 할수록 조직에 대한 분노, 이직의사 등이 높게 나타났다. 이와 같이 구조조정은 살아남은 근로자에게도 고용안정 및 공정성에 부정적인 영향을 끼쳐 자발적 이직을 높이는 원인을 제공하기 때문에 신중하게 그리고 최후의 수단으로 하여야 한다.

이 밖에도 자발적 이직을 감소시키기 위해 ① 종업원 개개인의 불만이나 고민을 해결하기 위한 고충처리기구나 인사상담제도의 활용, ② 인간관계개선 프로그램의 운영, ③ 직무를 보다 도전성이 있고 만족스러울 수 있도록 직무설계, ④ 승진, 임금, 복리후생 등의 인사정책, ⑤ 학습사회의 토대인 기업의 교육훈련 기회의 증대를 통한 종업원의 욕구충족 등을 적절히 활용하도록 하여야 한다.

사직자의 사직원인에 대한 직접적인 조사방법으로 이직면접(exit interview)이 있다. 이직면접은 인적자원부서의 스태프가 사직자와 직접 면접하거나 그에게 설문조사에 협조를 구하여 사직이유와 관련된 모든 정황을 수집하는 것을 목적으로 한다. 그러나 사직자의 심리상태에 따라 정확한 정보자료가 수집되지 않는 경우가 많을 뿐 아니라 사직자 자신도 향후의 신원조회를 의식하여 솔직한 의견을 피력하지 않을 때가 많아 이직면접의 타당성에 많은 의문이 제기되기도 한다. 그럼에도 불구하고 이직면접은 사직자의 이직사유를 파악하는 데 여전히 유용한 방법으로 사용되고 있다(이덕로, 2004).

4.3 정년퇴직

(1) 정년퇴직의 의의

정년퇴직 혹은 퇴직이란 근로자가 일정한 연령에 도달하면 근로자의 의사나 능력과 무관하게 근로계약관계를 종료시키는 것을 말한다. 서구의 경우 우리나라처럼 통상적으로 말하는 정년은 드물고 노령연금을 지급받게 되는 65세가 되어 퇴직하는 것이 보통이다. 우리나라의 경우 근로기준법에서 퇴직에 관한 사항을 취업규칙에 규정하도록 하고 있는 바(근로기준법 제96조), 정년은 퇴직사유의 하나이므로 취업규칙에 규정되는 것이 일반적이며, 기존의 정년을 줄이는 취업규칙 개정은 취업규칙의 불이익 변경에 해당하므로 근로자 과반수로 조직된 노동조합 또는 근로자 과반수의 동의를 얻도록 하고 있다(근로기준법 제97조).

실제로 정년 60세 연장법 이전만 하더라도 우리나라 대부분의 기업에서는 정년을 55세로 하고 있었다. 취업규칙이나 단체협약에서 보통 "만 55세에 달한 익일(翌日), 그 달 또는 그 해의 마지막 날에 퇴직하는 것으로 한다" 라고 규정하고 있었다. 공무원의 경우에는 예전 정년은 5급(사무관) 이상만 만 60세이고, 6급 이하는 만 57세였다. 직급간 차등에 대해 그 동안 논란이 계속되어 왔는데, 참여정부말기인 2007년 12월 공무원노조와 합의한 뒤 행정안전부에서 2008년 9월 2일 국무회의에서 6급 이하의 공무원 정년개정안을 의결하여 2009년 1월 1일부터 시행하게 되었다. 다만, 지방직·국가직을 막론하고 2년마다 1년씩 순차적으로 연장하여 2009년 58세, 2011년 59세, 그리고 2013년부터 60세로 하였다.

참고로 해외의 사례를 보면 독일이나 일본 등 고령화가 진행 중인 나라에서는 법적으로 정년을 연장하고 있다. 일본은 2013년부터 근로자 정년을 60세에서 65세로 단계적으로 연장하는 제도를 시행 중이다. 프랑스는 2010년 법적인 최저 퇴직연령을 60세에서 62세로 올렸으며, 독일은 2013년 정년을 65세에서 67세로 점진적으로 연장하기로 했다. 스웨덴은 법적으로 67세까지 정년을 보장한다. 다만 미국과 영국의 경우에는 고용상 연령 차별금지법과 고용평등법을 통해 연령을 이유로 한 강제 퇴직을 금지하고 있다.

현장이야기

직장인 체감 은퇴연령, 평균 50.2세

직장인들이 체감하는 은퇴연령은 근로기준법상 정년인 60세보다 10년 이상 빠른 평균 50.2세로 조사됐다. 하지만 직장인들은 평균 61.1세까지 일을 계속 하고 싶다고 밝히면서 상반된 입장을 보였다.

20일 취업 포털 업체인 잡코리아에 따르면 최근 직장인 781명을 대상으로 '희망 vs 체감 은퇴연령'을 주제로 진행한 설문에서 이같이 나타났다.

남성과 여성 사이에서도 격차를 보였다. 실제 이번 설문에선 남성의 희망 은퇴연령은 62.9세였지만 체감 은퇴연령은 51.6세로 조사됐다. 여성의 희망 은퇴연령은 58.2세였지만 체감연령은 47.9세로 집계됐다.

직무별 체감 은퇴연령이 가장 높은 직무는 기타 전문직(52.4세)과 생산·기술직(52.3세), 재무·회계직(51.2세), 총무·인사직(50.8세) 등의 순이었다. 체감 은퇴연령이 가장 낮은 직무는 디자인(46.7세), 기획(47.8세), 마케팅·홍보(48.7세), IT·정보통신(49세), 서비스(49.6세) 등으로 분석됐다. 희망과 체감 은퇴연령 간의 격차가 큰 직종으로는 IT·정보통신(14세), 기획직(13.1세), 마케팅·홍보직(12.6세), 영업·영업관리직(11.6세), 서비스직(10.4세) 등이 꼽혔다. 이와 함께 응답자의 74.6%는 "현 직장에서 정년까지 일할 수 없을 것"이라 답했고 직무 전환 없이 자신이 일하고 있는 직무로 정년까지 일할 수 있겠느냐는 질문에도 65.7%의 직장인은 "불가능하다"고 밝혔다.

한편 직장인들은 정년까지 일하기 위한 조건으로 지속적인 자기계발(58.6%, 복수응답), 꾸준한 업무성과(30.9%), 끊임없는 현업 실무 투입(30%)을 꼽았다. 이어 직장 내외 인맥 형성·관리(22.5%), 신기술 습득(21.6%), 트렌드 습득·젊은 감각의 유지(20%), 연봉·직급 등 적당한 완급 조절(14.9%), 꾸준한 포트폴리오·경력관리(11.8%), 이직(11.4%), 직무전환(11%) 등으로 답했다.

자료: 허재경(2017.9.20), "직장인 체감 은퇴연령, 평균 50.2세," 「한국일보」.

통계청이 발표한 「장래인구추계: 2010년-2060년」에 따르면 [그림 5-10]에서 알 수 있듯이 우리나라의 65세 이상 고령인구는 2010년 12월 말 현재 545만명(11.0%)인데 비해, 2030년에는 현재의 2.3배인 1,269만명(24.3%), 2060년에는 3배인 1,762만명(40.1%) 이상으로 증가할 것으로 예측되고 있다(통계청, 2011.12.1). 참고로 5년 뒤인 2016년에 이루어진 조사에서는 [그림 5-11]과 같이 65세 이상 고령인구 비중은 2015년의 12.8%에서 42.5%로 증가하고 고령인구는 2015년 654만명에서 2025년에 1,000만명을 넘고, 2065년에는 1,827만명까지 증가할 것으로 전망하고 있다(통계청, 2016.12.8).

그림 5-10 | 인구별 구성추이: 1960-2060

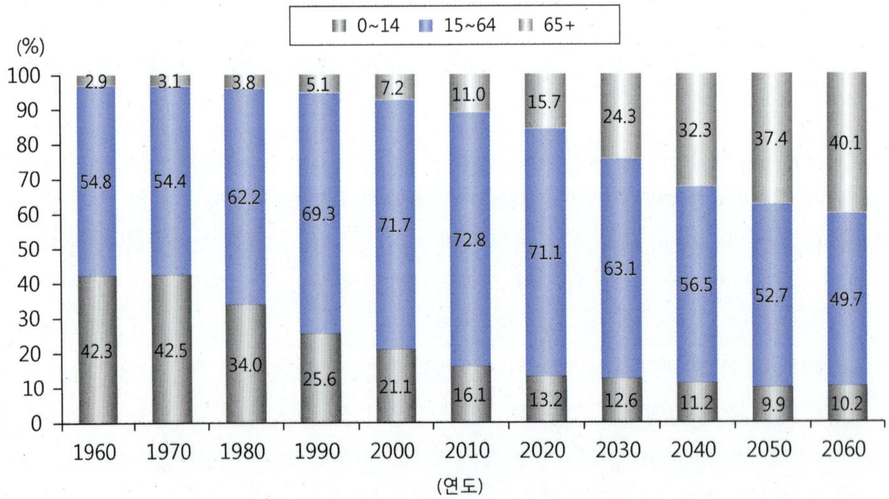

자료: 통계청(2011.12), 「장래인구추계: 2010년-2060년」, 1.

그림 5-11 | 연령계층별 인구 구성비: 1965-2065년

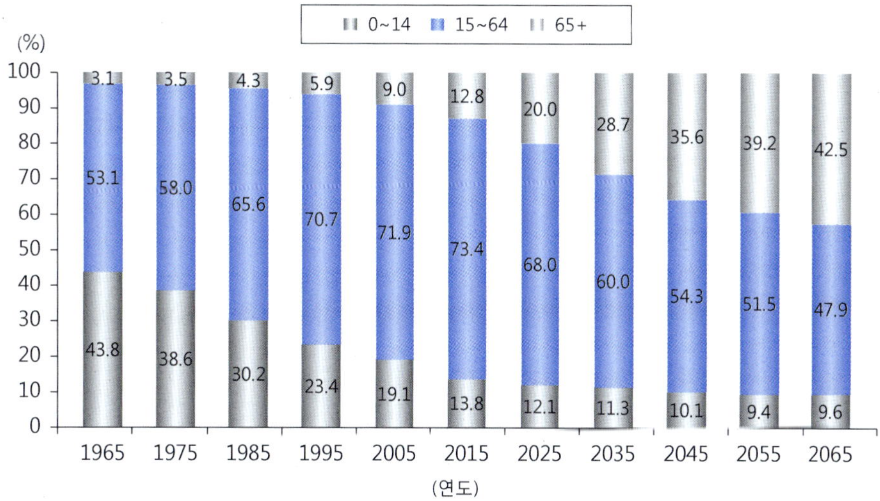

자료: 통계청(2016.12.8), 「장래인구추계: 2015-2065년」, 9.

총인구 중 65세 이상 인구비율이 7%-14% 미만인 사회가 고령화사회이기 때문에 우리나라는 이미 2000년도에 7.2%로 고령화사회에 진입했고, 2018년에는 고령사회(총인구 중 65세 이상 인구비율이 14%-20% 미만인 사회), 그리고 2028년에 초고령사회(총인구 중 고령인구(65세 이상) 구성비가 20%)에 진입할 것으로 보이기 때문에 정년제에 대한 수정이 불가피해져 최근에 정년 60세로 연장이 된 것으로 보인다. 고령자 본인의 의욕과 능력에 따라 정년퇴직의 기준이 보다 탄력적으로 적용되는 것이 바람직하다고 생각한다.

이어서 우리나라 출생아의 기대수명에 대해 살펴보도록 하자. 2015년 우리나라 출생아의 기대수명은 남자 79.0년, 여자 85.2년로 나타났다. 2014년 대비 남자 0.4년, 여자 0.1년 기대수명이 증가하였다. 이것을 45년전인 1970년과 대비해보면 [그림 5-12]에서 알 수 있듯이 남자 20.2년, 여자 19.4년의 기대수명이 증가했으며, 1960년 대비로는 남자 27.8년, 여자 31.9년이라는 어마어마한 기대수명의 증가가 이루어졌다.

기대수명의 국제비교는 각 나라마다 작성기간이 달라 엄밀한 비교는 곤란하지만 우리나라의 기대수명을 2015년 말 현재 비슷한 시기의 OECD 주요국과 비교해보면, [그림 5-13]에서 알 수 있듯이 OECD 평균보다 남자는 1.1년, 여자는 1.9년

그림 5-12 | **기대수명 추이**

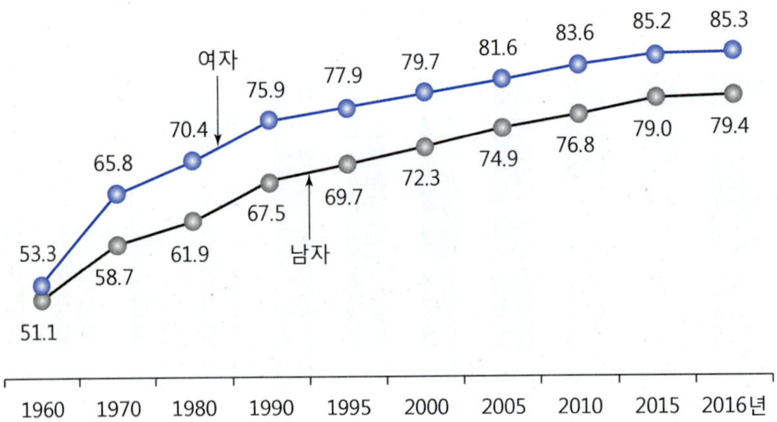

자료: 통계청(2016.12), 「2015년 생명표」, 6에 1960년과 2016년 자료를 추가하였음.

그림 5-13 | **OECD 주요 회원국 기대수명 비교**

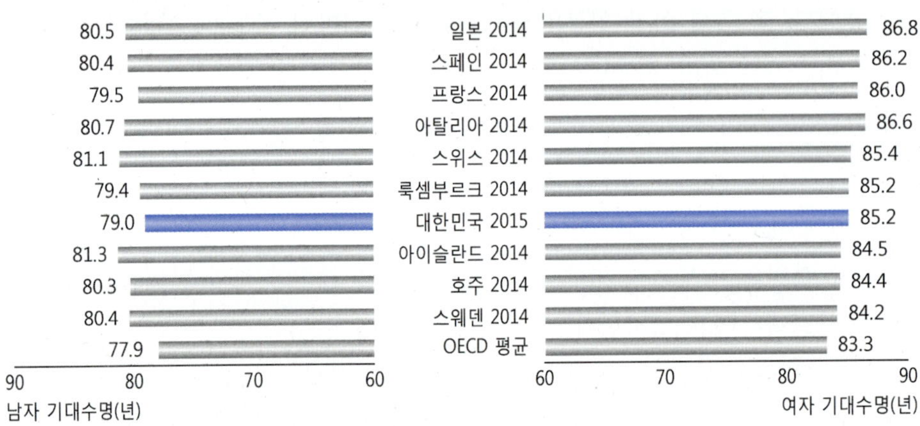

자료: 통계청(2016.12), 「2015년 생명표」, 5-7; OECD.Stat, *Health Status Data*.

더 큰 것으로 나타났다. 참고로 출생아의 기대수명이 OECD 평균에 도달한 시기는 남자는 2007년, 그리고 여자는 2003년이었다.

우리나라의 기대수명은 지난 60년에 걸쳐 지속적으로 늘어났고 앞으로도 계속 늘어나고 있는 데 2030년이 되면 [그림 5-14]에서 알 수 있듯이 한국 여성의 기대수명이 세계 최초로 90살을 넘어서고 한국 남성의 기대수명도 처음으로 세계 1위

그림 5-14 | **한국인 기대수명은 남녀 모두 세계 1위다**

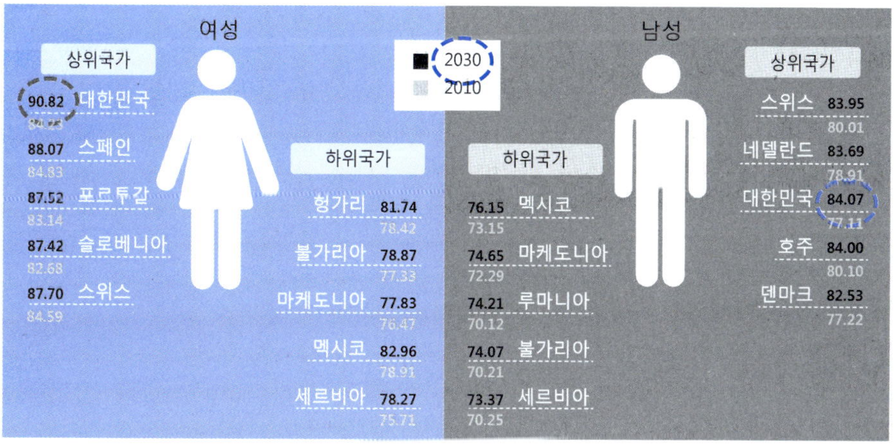

주: 한국인의 기대수명은 2010년에 여성 84.23살(세계 6위), 남성 77.11살(19위)이었다.
자료: 조일준(2017.2.22), "한국인 기대수명은 남녀 모두 세계 1위다,"「한겨레」.

에 올라서면서, 우리나라가 사상 처음으로 세계 최장수국가가 될 전망이다. 세계보건기구(WHO)와 영국 임페리얼 칼리지 런던은 경제협력개발기구(OECD) 35개 회원국의 기대수명을 분석한 논문을 21일 영국 의학저널 '랜싯'에 실었다. 이 보고서를 보면, 2030년에 태어나는 한국 여성의 기대수명은 90.82살에 이를 것으로 예측됐다. 조사 대상국 남녀 중에 기대수명이 90살을 넘는 집단은 한국 여성이 유일했으며, 다른 국가들과의 차이도 현격했다. 여성 장수국가로는 한국에 이어 프랑스(88.55), 일본(88.41), 스페인(88.07), 스위스(87.07) 등이 톱 5에 이름을 올렸다.

2030년생 한국 남성의 기대수명도 84.07살로 세계 1위를 기록했다. 오스트레일리아(84.00), 스위스(83.95), 캐나다(83.89), 네덜란드(83.60) 등이 남성 장수국가 최상위권에 올랐다. 지금까지 여성 기대수명이 세계 최장수국이던 일본은 한국과 프랑스에 이어 3위로 밀렸으며, 남성의 기대수명도 4위에서 11위로 뒤처졌다. 미국인의 기대수명이 여성 83살, 남성 80살로 조사 대상국 중 최하위권에 머문 것도 주목됐다(조일준, 2017.2.22).

지금까지 기대수명의 증가와 더불어 고령인구의 변화에 대해 살펴보았다. 여기서 알 수 있듯이 경제활동이 가능한 연로자들이 전체 인구에서 차지하는 비중이 점점 높아져감으로써 사회적인 문제뿐만 아니라 퇴직관리와 관련해서도 점점 중요한 문제로 제기되고 있다. 그러나 계속 인력시장에 들어오고 있는 젊은 인력과 조직체의 계속적인 발전을 생각할 때 퇴직관리에 있어서 나이든 인력만을 보호해 줄 수만은 없다. 그렇지만 연로(年老)인력의 경험과 지혜는 경우에 따라서 조직체에서 매우 유익할 수 있을 뿐 아니라, 일부 연로인력은 젊은 인력에 못지 않은 역량과 동기를 가지고 있으므로 선진국에서는 이러한 연로인력을 되도록 잘 활용하려는 노력이 많이 이루어지고 있다. 이를테면 정년을 65세에서 70세로 연장하는 것은 물론, 고문직이나 임시직 등 주로 비상임의 형태로 채용하거나 이들 연로인력이 조직체에 공헌할 수 있는 기간을 연장해 나가는 경향을 많이 보이고 있다(Sherman & Bohlander, 1992, 410-411).

인구의 이러한 급속한 고령화와 평균수명의 연장 추세에도 불구하고 기업의 정년제도는 지난 40-50년간 거의 변화가 없었다. 또한 50대 초반에 기업을 떠나야 하는 고용 및 인사관리시스템이 기업 현장을 주도하고 있어서 경제 전체적으로 보면 생산적으로 일할 수 있는 연령과 생애 주된 일자리에서의 퇴직연령 간에 간격이 점차 커져 온 것으로 판단된다. 통계청의 청년층·고령층 경제활동인구 부가조사 결과와 고용노동부의 관련 조사자료들에 따르면 우리나라 기업에서 근로자들의 평균 퇴직연령은 남성 55세, 여성 52세로 남녀를 합하면 평균 53세로 나타나고 있다(방하남 외, 2012, 2). 그러나 실제에 있어서 많은 직장인들은 현재 55세인 정년을 채우기는 커녕 '사오정오륙도'에 이어 '삼팔선'이라는 자조 섞인 유행어가 나돌만큼 실질적인 정년은 오히려 낮아져 최근 한 조사에서는 직장인 체감 은퇴연령이 평균 50.2세로 나타났다(허재경, 2017.9.20).

2000년대에 들어 퇴직연령을 연장하자는 요구가 봇물처럼 터져나왔다. 공공기관에서도 일반구성원들의 퇴직연령을 58세로 연장시키는 등 퇴직연령의 연장 추세를 보이기 시작했다. 이러한 추세에 따라 2010년 하반기부터 1년간 노·사·정이 민간기업의 정년 60세를 법제화하는 방안을 논의했으나 재계의 반대로 끝내 무산되고 말았다. 당시의 고령자고용촉진법은 정년 60세 이상을 권고만 하고 있어 정년 연장에 실효성을 거두지 못했다.

그러다가 정년 60세 연장법,[2)] 곧 근로자 정년을 60세로 연장할 것을 의무화한

---

2) 기존에 권고조항이던 정년을 의무조항으로 바꾸고, 60세로 나이를 연장한 것이 정년 60세 연장법의 핵심이다. 또한, "정년을 연장하는 사업주와 근로자의 과반수로 조직된 노동조합이 사업장 여건에 따라 임금체계 개편 등 필요한 조치를 해야 한다"고 개정 법안에 명시했다. 이에 따라 정년을 연장하는 사업장은 임금피크제 등의 임금 조정 조치를 취할 수 있다.

법안이 2013년 5월 22일 개정된 「고용상 연령차별금지 및 고령자고용촉진에 관한 법률」에 의해 2016년 1월 1일부터 도입되게 되었다. 2016년 1월 1일부터 상시근로자 300명 이상 사업장을 포함해 공공기관과 지방공사 및 지방공단에 적용되며, 2017년 1월 1일부터는 상시근로자 300명 미만 사업장과 국가 및 지방자치단체에 적용되어 오늘에 이르고 있다.

(2) 정년퇴직의 형태

정년퇴직에는 다음과 같은 몇 가지 형태가 있다.

① **통상퇴직**(normal retirement): 통상퇴직이란 퇴직연금(pension)을 받기 시작하는 연령에 퇴직하는 제도를 말하며, 통상적으로 서구에서는 65세를 정상퇴직으로 인식하고 있으나 강제적으로 퇴직하는 것은 아니다. 퇴직하느냐 안 하느냐 하는 것은 사실상 근로자의 마음에 달려 있다.

② **강제퇴직**(compulsory retirement): 강제퇴직이란 조직체의 규정에 따라 일정한 연령에 도달한 경우 강제적으로 퇴직하는 것을 말한다. 그러나 이 경우라도 사용자의 의사와 근로자의 희망이 합치된다면 고용을 연장하거나 재고용될 수도 있다. 우리나라에서는 55-65세를, 일본에서는 60-65세를 강제퇴직연령으로 하고 있다. 미국의 경우 고용연령차별법(Age Discrimination in Employment Act)이 1986년 개정됨으로써 70세였던 나이 상한선이 철폐되었다.

③ **자동퇴직**(automatic retirement): 자동퇴직이란 퇴직해야 되는 연령에 도달하면 고용의 연장이나 재고용의 여지없이 자동적으로 퇴직하는 제도를 말하는데, 전형적으로 세계 각국의 공무원퇴직제도에서 찾아볼 수 있다.

④ **신축적 퇴직**(flexible retirement): 신축적 퇴직이란 퇴직연령에 대해 어떠한 규정을 두지 않고 개개 구성원에게 건강이나 능력 등 여러가지를 감안하여 신축적으로 퇴직을 적용하는 방법을 말한다.

⑤ **명예퇴직**: 일정연령에 도달한 조직구성원에게 퇴직금 이외에 특별가산금을 지급하여 정년 이전에 퇴직할 수 있는 기회를 제공하는 퇴직제도로 조기퇴직이나 희망퇴직으로 불려지기도 한다. 명예퇴직제도는 조직구성원에게 조기에 제2의 인생을 시작할 수 있도록 기회를 제공하는 동시에 조직의 경력정체현상을 완화하기 위한 것이다.

현장이야기

정년 100세의 중소기업 '휴넷'…"직원이 중심되면 기업은 성장한다"

'5년 일하면 1개월 유급휴가, 정년 100세 제도, 퇴사율 연 10%'. 국내 중소기업 '휴넷'의 얘기다. 휴넷은 조영탁 대표가 1999년 설립한 평생교육 전문기업이다. 조 대표는 30대 중반 10년간 다니던 대기업을 그만두고 지금의 휴넷을 창업했다.

조 대표는 지난 18일 서울 구로구에 위치한 휴넷 본사에서 기자와 만나 "10년간 직장 생활을 경험하며 경영에 대한 현장 지식을 쌓았다"며 "'실용적인 지식을 가지고 있는 것을 어떻게 전달할까' 고민한 끝에 교육기업을 창업하게 됐다"고 말했다.

휴넷은 기업을 대상으로 진행되는 직장인 교육프로그램인 기업교육 사업과 함께 중소기업 전용 교육프로그램 '비즈 프라임', 교육 콘텐츠를 판매하는 교육컨설턴트 조직 '파트너즈'를 운영 중이다.

휴넷은 직원 중심의 기업문화로 업계 내에서 유명하다. 지난 2004년부터 만 5년 근속한 직원에게 1개월의 유급휴가인 '학습휴가제도'를 운영하고 있다. 지난해까지 학습휴가를 다녀온 직원만 65명이다. 전체 직원의 30%가 해당될 정도로 근속률도 높다. 휴넷이 도입한 이 제도는 대기업으로도 확산되는 분위기다. 조 대표는 "채우는 것만큼 비우는 것도 중요하다"며 "특히 해외에 가는 것을 추천하는데, 활용 여부에 따라 재충전과 인생을 돌아볼 수 있는 시간이 될 수도 있다"고 말했다. 그러면서 "회사 입장에서 결코 손해는 아니다"고 강조했다.

정년 100세 제도도 도입했다. 나이에 구애받지 않고 일할 수 있는 환경을 만들자는 취지에서다. 육체적인 나이를 떠나 얼마든지 일할 수 있도록 적극적인 고용을 보장하겠다는 게 조 대표의 의지다. 혁신아케데미도 올해로 10년째 진행 중이다. 휴넷의 금요일은 특별하다. 이날은 '1시간 일찍 출근해 자기개발을 하고, 1시간 일찍 퇴근'하는 '얼리버드데이'다. 오전 8시부터 1시간 가량 외부 인사를 초청해 다양한 주제로 특강을 듣는다. 혁신아케데미는 현재 400회 이상 진행됐다.

직원 중심의 기업문화는 회사의 성과로 이어졌다. 2014년 매출액 228억원으로 200억원을 돌파한 이후 지난해에는 278억원을 기록했다. 6년 전 진출한 중국시장 상황도 긍정적이다. 휴넷은 교육 한류를 일으키기 위해 "인내심을 가지고 수련하고 닦는다"는 의미를 담은 슈나이(xiunai)로 중국에 진출했다. 조 대표는 "많은 우여곡절이 있었지만 올해 손익분기점을 뛰어넘을 것으로 예상된다"면서 "한국은 연구소나 솔루션 개발의 전초기지로 삼고, 6개월~1년의 시차를 두고 중국시장으로 시스템을 확산시켜 나가는 방식으로 진행할 예정"이라고 말했다.

조 대표는 신사업 발굴에도 적극 나서고 있다. '탈렌트 뱅크'라는 소셜재능공유서비스 론

칭을 눈 앞에 두고 있다. 이 서비스는 중소기업들이 단기 계약직이나 임시직으로 대기업 출신의 인력을 충원할 수 있도록 매칭해주는 시스템이다. 조 대표는 '17년 전부터 구상해온 아이템'이라며 "이달 말 조직개편을 기점으로 관련 부서를 만들고 본격적으로 서비스를 론칭할 계획"이라고 말했다. 기업과 근로자가 고용계약이 아닌 서비스 제공 계약을 맺는 형태, 이른바 '긱 경제(Gig Economy)'도 주목하고 있다. 조 대표는 "긱 경제는 앞으로 노동시장을 변화시킬 핵심 요소로 성장할 것"이라며 "탈렌트 뱅크가 이를 충족시킬 것"이라고 기대했다.

대한민국 5,000만의 '리더'가 되고 '경영자'가 되는 것이 조 대표의 목표다. 의사가 의학을 공부하고 법조인이 법률을 공부하듯 회사를 다니는 직장인은 경영학을 배워야 한다는 것이 그의 지론이다. "5점짜리 인생을 살던 사람이 휴넷을 만나 100점짜리 인생을 꿈꾸게 하자"는 그의 꿈은 이제부터다 .

자료: 임효정(2016.10.23), "정년 100세의 중소기업 '휴넷'…"직원이 중심되면 기업은 성장한다"," 「뉴스토마토」.

4.4 휴 직

(1) 휴직의 의의

본인은 그만둘 의사가 전혀 없을 뿐더러 정년에 해당하는 연령에 달하거나 또는 조직에 대하여 결정적인 과오를 범하여 징계의 대상이 되지도 않았음에도 불구하고, 경기후퇴나 업종전환 등 전적으로 회사의 제 사정으로 말미암아 생기는 이직이 바로 휴직, 즉 일시해고(layoff)이다. 휴직은 이직 가운데서 경제적으로나 사회적으로 노사 쌍방에 있어서 가장 심각한 문제를 제기하기 때문에 휴직을 단행할 때에는 세심한 관심을 갖고 신중하게 처리하지 않으면 안 된다.

휴직이 그 어떠한 형태의 것이든 간에 거기에 대한 기본적인 방침을 명확하게 설정해 두는 것이 필요하다. 휴직이 종업원의 신상에 미칠 경제적·사회적 영향을 생각할 때 여기에 대한 건전한 기본적인 방침의 설정에 대한 필요성은 더욱 절실히 요청된다. 만약에 휴직에 대한 명확한 방침을 설정함이 없이 경영자의 애매한 판단에 의해서 자의로 휴직이 단행된다면 조직 전체의 근로의욕은 현저하게 저하될 것이며, 종업원은 언제 당할지도 모르는 휴직으로부터 오는 불안감을 떨어버릴 수가 없을 것이다.

(2) 휴직과 고용의 안정

특정의 기업에 있어서의 휴직이 때로는 불가피한 일이기는 하나 모든 기업은 항상 휴직을 극소화시키기 위한 끊임없는 연구와 노력을 하지 않으면 안 된다. 많은 선진 제 기업에서 경험한 바에 의하면 계절적인 휴직이나 단속적인 휴직은 경영자의 노력 여하에 따라서 어느 정도 감소될 수 있다는 것이 증명되었다.

그러므로 인적자원관리 부서에서는 타기업에서 성과를 거둔 바 있는 고용의 안정책에 관한 정보를 가능한 한 많이 수집해서 여기에 대한 충분한 연구와 검토를 하여 과연 그 어떠한 방책이 자기가 속하고 있는 조직에서도 가장 효율적으로 작용될 것인가 하는 것에 대해서 깊이 생각해 보아야 한다.

현장이야기

현대重, 2,600명 무급휴직 추진....노조는 "일방적 추진" 반발

해양부문 수주잔고 '제로', "불가피한 조치"
노조는 "일방 조치" 분사 등 구조조정 중단 요구

현대중공업이 일감 부족으로 가동 중단을 선언한 해양부문 직원들에게 무급휴직을 제안했다. 무급휴직 대상자는 2,600여명에 달할 것으로 예상된다. 현대중공업은 지난 19일 해양사업본부의 핵심 유지 인력을 제외한 직원들에 대한 무급휴직과 나머지 직원들의 기본급 20% 반납을 요구하는 '2018 단체교섭 회사 제시안'을 노동조합에 제안했다고 20일 밝혔다.

현대중공업은 수주 부진으로 이달 말이면 해양 부문 수주 잔고가 바닥이 난다. 회사는 일감이 줄어들자 근무시간 단축과 순환 휴직, 교육 등을 진행해 왔지만 이마저도 한계에 이른 것으로 보인다. 현대중공업은 2014년 11월 아랍에미리트(UAE) 나스르 원유생산설비를 수주한 뒤 현재까지 단 한건의 해양플랜트 사업도 수주하지 못했다. 강환구 사장은 다음달 해양부문의 가동 중단을 예고했다.

현대중공업 관계자는 "해양부문에 일감이 아예 없기 때문에 무급휴직을 제안했다"며 "다만 당사자인 직원들이 거부하면 진행할 수 없다"고 설명했다. 노조는 '일방적인 조치'라며 반발했다. 노조의 반대로 무급휴직 이행이 어려울 것이란 관측도 나온다.

노조는 이날 분사, 아웃소싱 등 하청화 구조조정 중단, 해양부분 일감배정, 유휴인력 전환배치, 순환·유급 휴직 실시 등의 내용을 담은 "노동조합의 고용안정과 노사 신뢰구축 방안"을 사측에 다시 제시했다.

자료: 박동해(2018.7.20), "현대중, 2,600명 무급휴직 추진....노조는 "일방적 추진" 반발," 「뉴스1」.

고용안정에 대해서 도움이 될 수 있는 방안(employment stabilization device)으로서는 내체로 다음과 같은 것들을 생각해 볼 수 있다.

① 획일적인 고용절차를 채택함으로써 우선 고용시부터 불요불급한 종업원의 채용을 억제하고 전부문에 걸쳐 균형이 잡힌 고용활동을 전개하는 방법.
② 생산상황에 기인한 전환배치나 인원대체에 의한 전환배치 등과 같은 전환배치제도를 충분히 활용함으로써 휴직을 억제하는 방법.
③ 종업원의 재훈련을 통해 잉여인력을 흡수하는 방법.
④ 업무량의 감소로 인한 특정 구성원만의 희생보다는 모든 구성원이 공동으로 조금씩 희생한다는 원칙에서 근로시간을 단축시켜 작업배분을 하는 방법.
⑤ 공동체적인 의식에서 나온 것으로 종업원들이 자발적으로 임금을 동결하거나 심지어 삭감을 통해 일부 구성원들의 휴직을 피하고 조직을 되살리려는 방법.
⑥ 계절적인 수요의 변동이 심한 직무에 대해서는 특별한 마케팅 활동이나 부산물의 제조 등에 의해서 연간 균형된 노동력을 유지하는 데 필요한 수요를 창출하는 방법.
⑦ 연간보장임금제도(guaranteed annual wage plan)를 적용하여 일정기간 근무한 종업원에게는 정해진 임금으로 일정기간 고용을 보장해 주는 방법 등이 있는데, Procter & Gamble, Hormel Meats, 그리고 Nunn-Bush Shoe 등이 이러한 방법을 쓰고 있다. 이 중 Procter & Gamble사에서는 2년 이상 근속한 종업원에게는 연간 48주의 고용을 보상해 주고 있다(Ivancevich & Konopaske, 2013, 402-409).

5. 징 계

징계의 사유는 징계가 기업질서의 위반행위에 대한 제재라는 측면에서 살펴볼 때 다양한 측면에서 요구되어지는데, 일반적으로는 노무관리상 요청이 있는 경우(무단결근 등이 잦은 경우), 비행행위(형법상문제가 되는 행위 또는 사내에서 문제를 야기시킨 행위 등), 품위유지의무위반행위(기업명예를 훼손하는 행위), 기업재산 등의 침해행위가 발생한 경우 등이 통상의 징계사유로서 인정된다.

징계는 이처럼 사용자가 근로자의 다양한 비위사유에 대하여 일방적으로 행하는 제재이므로, 근로기준법 제23조에서는 "사용자는 근로자에게 '정당한 이유'없이 해고, 휴직, 정직, 전직, 감봉, 그 밖의 징벌을 하지 못한다"고 규정하여 무분별한 징계를 제한하고 있다. 그러나, 실 생활에서는 너무나도 다양한 사례와 사정들이 복합적으로 얽혀있어 무엇이 근로기준법에서 말하는 '정당한 이유'에 해당하는 것인지 노무전문가가 아니고서는 알기가 쉽지 않다.

그렇다면, 최소한 다양한 유형의 징계를 행함에 앞서 사용자와 근로자 간 '정당한 이유'의 기준을 이해한다면 사용자는 비위행위에 해당하는 징계종류를 선택할 수 있을 것이고, 피징계자인 근로자는 사용자의 처분에 대한 수용성이 늘어나 징계로 인한 많은 분쟁이 줄어들 수 있을 것이다. 근로기준법에서 말하는 '정당한 이유'는 크게 4가지, 징계사유의 정당성, 징계절차의 정당성, 이중징계 문제, 징계의 형평성으로 살펴볼 수 있다.

5.1 징계의 의의

근로자가 직장생활을 하다보면 '고의 또는 과실로서 직장질서에 위배되는 행위'를 하는 경우가 발생할 수 있다. 이 경우 사용자는 해당근로자에게 '고의 또는 과실로 직장질서를 위배한 행위'에 대한 책임을 묻기 위하여 일정수준의 제재를 가하는데 이를 '징계'라 한다.

징계는 사용자 일방이 행한다는 특성에 따라 근로자가 이를 수용하지 아니하는 경우 다양한 분쟁이 발생할 수 있다. 특히, 회사는 징계가 잘못된 것으로 판단을 받게 되는 경우 피징계자에 대한 금전적 보상 및 내부직원들의 동요나 사기저하, 외부의 나쁜 평판 등 다양한 불이익을 감수해야 하므로 징계행위를 하는 경우 충분한 검토가 있어야 할 것이다.

모든 조직은 종업원에게 상사의 지시와 이미 확립되어 있는 규칙에 따라서 활동할 것을 바라고 있다. 그러나 이러한 규칙이 종업원에게 징벌과 공포를 주기 위해서 전체적인 방식으로 설정되고 운영된다면 그 원래의 효과는 상실되며, 종업원의 근로의욕을 저하시키는 결과를 초래하게 된다. 규칙이 본연의 자세를 유지하고 최대의 효과를 얻기 위해서는 건전한 사고하에서 입안되어 뛰어난 리더십에 의해서 운영되지 않으면 안 된다.

이 문제에 관해서 미국경영학회에서는 "인간의 천성이 보다 완전한 것이 되기까지는 개개인의 행동의 자유는 미리 표시되어 있는 규칙의 범위 내에서만 실현된다. 일반사회의 경우에는 법률에 의하지만 기업의 경우 그것은 각종의 기준에 의해서 부여된다. 법률이든 기준이든 그것을 준수해야 할 요구의 강도는 마찬가지이다. 이들 요구는 공정한 것이라야 하며, 이들 요구의 기초가 되어야 할 이유는 명백한 것이라야만 하며, 또한 이들의 제정은 가능한 한 민주적인 것이라야 한다"라고 말하고 있다. 이와 같이 하는 것이 바로 자계(self-discipline)의 정신을 구현시키는 방법이고 또한 현명한 지도자가 목적하고 있는 바이기도 하다.

징계에 관한 기본방침(disciplinary policy)을 설정함에 있어서는 먼저 기업 내의 어떠한 인사들이 징계를 필요로 하는가에 대한 검토를 할 필요가 있다. 따라서 이들에게 있어서 징계는 의의가 없는 말이다. 그러나 어떠한 조직에 있어서도 정해진 규칙이나 기준을 지키지 못하는 소수의 종업원(unruly minority)이 있어서 때로는 이들 소수의 행위가 다른 모든 종업원의 정상적인 활동을 해칠 우려가 있으므로 이들에 대해서는 명확한 벌칙을 내포하는 징계방침이 적용되어야 할 필요가 있게 되는 것이다(Ivancevich, 2004, 401-411).

그러므로 징계방침이 목적으로 하는 바는 대체로 종업원의 직장생활에 있어서 자계의 정신을 발전시키며 동시에 규칙을 위반하는 소수의 집단에 대해서 신속한 조치를 강구한다는 두 가지 점에 귀착된다고 볼 수 있다. 이러한 목적을 훌륭하게 달성할 수 있기 위한 건설적인 징계방침의 기초가 되는 요건은 다음과 같다.

첫째, 준수사항을 명확하게 성문화하고 동시에 이것을 위반했을 때 적용되는 벌칙도 명시할 것, 둘째, 취업규칙이나 복무기준을 명시해서 조직이 종업원에게 기대하고 있는 것이 무엇인가 하는 것을 모든 종업원에게 미리 분명히 가르쳐 줄 것, 셋째, 취업규칙이나 복무기준에 대해서 개개인의 종업원이 어느 정도 준수하고 있는가에 대한 것을 그들에게 알려주기 위한 절차를 마련할 것, 넷째, 규칙이나 기준에 대해서 위반했을 때는 징계처분을 단행하기 전에 그 상황이나 배후에 신중한 조사를 행하는 절차를 마련할 것, 다섯째, 규칙이나 기준을 어긴 종업원의 과오가 판명되면 여기에 대한 신속하고도 일관성 있는 징계처분이 그의 직속상사에 의해서 취해질 수 있을 것 등이다.

이상과 같은 징계방침을 설정함에 있어서 최고경영자층은 각급의 라인경영자의 적극적인 참여와 인사부문의 전문적 지식에 대한 협조를 얻어야만 비로소 방침의 건전성을 기대할 수 있다. 그 이유는 징계방침을 집행할 각급의 라인경영자, 이러한 문제에 대한 연구와 발전을 위한 노력을 임무로 삼고 있는 인사부문 전문가, 그리고 방침의 결정에 대한 최종의 권한을 가지고 있는 최고경영자층간의 이 문제에 대한 진지한 토의를 거친 제안이야말로 당해 조직이 지니고 있는 특수한 제 여건을 가장 완전하게 충족시켜 줄 수 있기 때문이다.

5.2 징계의 종류

모든 종업원이 조직의 징계방침을 잘 알고 있어야 할 뿐만 아니라 방침을 위반하였을 때 어떠한 처벌이 가해질 것인가에 관해서도 분명히 알 수 있도록 해야 한다. 그리고 규칙을 어겼을 때 가해지는 처벌이 일관성을 결여한다든가 또는 사람에 따른 차별대우나 정실에 입각한 처벌이 적용되어서는 안될 것이므로 이러한 것을 방지하기 위해서는 제 규칙의 위반에 대해서 적용되는 표준적인 징계행위에 대한 설명도 명기되어 있어야 할 것이다.

오늘날 일반기업에서 널리 적용하고 있는 징계의 종류는 회사마다 취업규칙이나 단체협약에 정하는 바에 따라 다양하지만, 크게 보면 주의·경고, 견책, 감급(감봉), 정직, 강등, 징계해고로 구분할 수 있다.[3)]

---

3) 참고로 국가공무원법 제79조에는 징계의 종류로 파면, 해임, 강등, 정직, 감봉, 견책의 6종이 있다.

(1) 주의·경고

서면이나 구두로 사내 규정위반 사실을 알리고 시정할 것을 명하는 것으로 시말서의 제출까지는 요구하지 않으나, 일종의 훈계로서의 의미를 갖는 처분이다.

(2) 견책

회사가 근로자의 위법한 부당행위에 대하여 이를 반성케 하고 또한 상래에 향하여 두번 다시 반복되는 일이 없도록 시말서를 제출토록 하는 처분으로 통상 견책 3회는 감급에 해당한다.

(3) 감급(감봉)

근로제공의 대가인 임금에서 일정액을 공제하는 것을 말한다. 월 급여액의 10% 이내로 기간은 3개월 이내의 징계이다. 근로기준법 제95조(제재규정의 제한)는 "취업규칙에서 근로자에 대하여 감급의 제재를 정할 경우에는 그 감액은 1회의 액이 평균임금의 1일분의 2분의 1을, 총액이 1임금지급기에 있어서의 임금총액의 10분의 1을 초과하지 못한다"고 규정하고 있다.

(4) 정직 또는 출근정지

근로관계를 존속시키면서 근로자의 근로제공을 일정기간 금지시키며 그 기간 중의 임금을 지급하지 않는 것을 말한다. 15일 이상 3개월 이내의 징계로, 정직자는 직원의 신분은 보유하나 그 직무에 종사하지 못하며, 정직기간 중에는 급료를 지급치 않으며 근속연수에서도 제외된다.

(5) 강등(降等)·강위(降位)·강격(降格)

직원의 직위나 직급을 1계급 낮추는 행위이다. 공무원이나 군인 및 공공기관의 경우와는 달리 일반 사기업에서는 그다지 사용되지 않는다.

(6) 징계해고

징계처분 중 제재로서의 효과가 가장 강한 것으로서 근로계약관계를 완전히 소멸시키는 사용자의 일방적 의사표시이다.

이상의 여러 징계의 유형 가운데서 특정규칙의 위반자에게 구체적으로 어떠한 종류의 처벌이 가해질 것인가 하는 문제는 위반의 정도 및 위반횟수라는 두 가지 관점에서 판단되어서 결정이 내려진다. 규칙위반의 정도가 극히 중대하여 당장 해고를 시켜야 할 경우를 제외하고는 대부분의 위반사항에 대해서는 주의·경고 혹은 견책을 하는 것이 일반적이며, 또한 이것이 비교적으로 효과가 있는 징계방법이라고 생각되고 있다. 이와는 반대로 감봉이나 휴직의 효과에 대해서는 아직 많은 의문이 있다고 보며, 해고는 정말로 불가피한 경우에만 적용되는 것이라고 생각하는 경향이 많다.

규칙위반시에 적용되는 징계의 유형도 중요하지만 이러한 징계를 직접 행사하는 방법에 있어서 신중을 기하지 않으면 그 효과가 반감된다는 것도 잊어서는 안 된다. 여기에 징계행위를 적용하는 데 있어서 몇 가지의 유의할 점을 들어 보면 다음과 같다.

현장이야기

"우리가 옳다는 믿음 하나로 버틴 결과"....
KTX 해고 승무원 12년만에 정규직 복직

KTX 해고 승무원들이 해고 12년만에 한국철도공사(코레일) 정규직으로 복직하게 됐다. 다만 현재 코레일에서 승무원 업무를 직접 하고 있지 않아 사무영업직으로 돌아왔다. 코레일이 승무원 업무를 하게 되면 전환배치하게 된다.

공공운수노조 철도노조와 코레일은 해고 승무원 문제해결을 위한 노사합의서 3개항과 부속합의서 7개항에 합의했다고 21일 밝혔다. 이 달 9일 교섭을 시작해 총 5차례 만나고, 16일, 20일에는 밤을 지새워 가며 협상을 벌인 결과다. 노사는 2006년 정리해고돼 근로자 지위 확인 소송을 제기한 KTX 승무원을 특별채용하기로 했다. 채용 결격사유가 있거나 코레일 본사 또는 자회사에 취업한 경력이 있다면 이번 채용에서 제외한다. 이에 따라 정리해고 승무원 280여명 가운데 이번 합의로 복직 대상이 되는 이는 180명이다.

채용은 사무영업 6급으로 이뤄진다. 현재 코레일이 KTX 승무업무를 직접 수행하고 있지 않기 때문이다. 이에 코레일은 노조에 KTX 승무업무를 직접 수행하게 되면, 이들을 승무원으로 전환배치할 것을 제안했다. 노조는 이를 수용했다. 김갑수 철도노조 수석부위원장은 "KTX 승무업무를 자회사 코레일관광개발에서 하고 있어 철도공사 직접고용으로 확정되지 않았다"며 "일단 사무영업 분야에 들어갔다가 승무업무를 코레일이 맡기로 확정될 때 전환하기로 했다"고 설명했다.

이날 노조는 그 간 협상 과정과 결과를 발표하는 기자회견을 가졌다. 이 자리에서 해고 승무원들은 "복직을 믿을 수 없다"며 환하게 웃다가도 감정이 북받친 듯 눈물을 훔쳤다. 김승하 철도노조 KTX열차승무지부 지부장은 "항상 투쟁의 현장이었던 이 곳에서 감사하다는 말을 하게 될 줄 몰랐고 꿈만 같다"라며 "여태까지 많은 우여곡절이 있었고 계란으로 바위치기라는 말을 많이 들었지만 우리가 옳다는 믿음 하나로 비텼다"라고 울먹였다.

이어 "이 자리에 함께 있을 수 없는 한 친구에게 우리가 정당했다는 것을 들려줄 수 있게 돼서 기쁘다"라며 "하늘에서나마 이 광경을 보며 웃지 않을까 기대한다"라고 떨리는 목소리로 말했다. 코레일은 해고 승무원들이 제기한 근로자 지위확인 소송 재심절차가 열리면 이들의 권익보호를 위해 협조하기로 했다. 또 정리해고와 '재판거래'로 유명을 달리한 승무원의 명예회복을 위해 노력하기로 했다. 해고 승무원들은 지난 두 달간 이어온 농성을 해제한다.

KTX 승무원들은 2006년 3월 1일부터 코레일의 직접고용을 요구하며 파업을 벌였지만, 코레일은 자회사 KTX관광레저(현 코레일관광개발)로 이적을 거부한 승무원들을 같은 해 5월 21일자로 정리해고했다. 해고 승무원들은 2008년 10월 1일 코레일을 상대로 민사소송을 냈고, 1심과 2심은 코레일이 KTX 승무원들의 실질적 사용자라며 원고 승소판결했다.

그러나 2015년 대법원은 이 판결을 파기하고 승무원들의 청구를 기각했다. KTX 승무원 재판은 법원행정처가 2015년 11월 작성한 '상고법원의 성공적 입법추진을 위한 BH(청와대)와의 효과적 협상 추진전략' 문건에도 언급된 것으로 밝혀져 이 사건을 둘러싼 사법부와 청와대 간 재판거래 의혹이 제기된 상태다.

자료: 이상무(2018.7.21), ""우리가 옳다는 믿음 하나로 버틴 결과"…KTX 해고 승무원 12년 만에 정규직 복직," 「한국일보」.

첫째, 징계의 행사는 규칙을 위반한 자의 직속상사에 의하여 발의되고 각급의 라인경영자에 의해서 집행되어야 한다. 만약 징계행위의 집행에 대한 책임이 여러 사람에게 분산된다면 징계의 적용에 있어서 일관성을 결여하기 쉽고 그 효과는 별로 기대할 수 없게 된다.

둘째, 징계 자체보다도 감독자가 징계행위를 행사하는 방법이 더욱 중요한 역할을 할 때가 있다. 즉, 어떠한 내용의 징계를 행하였는가 하는 문제보다도 어떠한 태도와 방법으로써 징계를 단행하였는가가 더 중요하다는 것이다. 감독자에 따라서는 부하직원에 대한 견책을 해도 이것을 받아들이는 당사자가 개과천선을 하려는 의욕을 불러일으킬 수 없을 정도로 졸렬한 방법을 사용하는 사람이 있다. 그러므로 감독자는 어떠한 방법에 의하면 가장 건설적인 징계처분을 단행할 수 있겠는가에 대한 연구를 할 필요가 있다.

셋째, 징계를 효과적으로 단행하기 위해선 일단 규칙에 대한 명백한 위반이라는 판정이 내려지면 즉각적인 징계행위의 적용이 필요하다. 징계처분을 행함에 있어서 우유부단한 감독자의 태도는 조직 내의 규율의 확립을 저해하며 나아가서는 사기의 저하를 초래할 우려가 있다(정종진·이덕로, 1998, 286-288).

6

교육훈련관리

- 1. 교육훈련의 의의
- 2. 교육훈련의 유형
- 3. 교육훈련의 방법
- 4. 교육훈련의 계획과 평가
- 5. 경력개발

1. 교육훈련의 의의

1.1 교육훈련의 의의

조직의 목적을 달성하기 위하여 전개되는 효율적인 고용활동은 매우 중요하다. 그러나 조직을 구성하고 있는 모든 사람들의 잠재적 능력을 최대한도로 개발하고 동시에 이것을 충분히 활용하기 위해서는 비록 고용된 사람이 조직이 필요로 하는 자격요건을 이미 갖추었다고 하더라도 고용한 모든 종업원들에게 그들이 취업하고 있는 직장의 환경에 빨리 익숙하게 하고, 또한 그들이 수행해야 할 직무에 대한 보다 많은 지식이나 기술을 습득케 하여, 보다 나은 직무활동을 수행할 수 있게끔 하는 교육 및 훈련을 위한 활동의 전개가 요청된다.

과학기술의 급격한 발전으로 우리의 생활양상과 사회구조가 크게 변화하게 되었다. 불과 20-30년 전까지만 해도 전문지식의 생명을 30-40년이라고 했지만 이제 전문지식의 생명은 고작 수 년밖에 되지 않을 정도로(박경규, 2001), [그림 6-1]에서와 같이 지식의 반감기(半減期)[1]가 빠르게 짧아지고 있다. 여기서 알 수 있듯이 학교교육과는 달리 직업교육이나 기술적 지식, 특히 컴퓨터 지식은 보다 빨리 변화하여 얼마 되지 않아 무용지물이 되고 있음을 잘 알 수 있다.

동일한 맥락에서 업무능력의 반감기를 보면 [그림 6-2]에서 알 수 있듯이 1900년에는 35년이던 것이 1980년에는 불과 5년으로 줄어들었고, 이러한 추세대로라면 21세기인 지금에 있어서는 아마도 2년 전후로 줄어들 것으로 보인다. 제품의 경우도 마찬가지다. 어떤 제품이 개발되어 시장에 도입되고 성장을 하다가 성숙기에 접어들게 되며, 결국은 쇠퇴하여 퇴출되고 만다. 곧 제품수명주기(Product Life Cycle)를 말한다. 이 제품수명주기가 예전과는 달리 급격하게 짧아져 전자제품의 경우

1) 인적자원의 반감기설에 따르면 인적자원의 지식과 기술은 3년마다 50%씩 감소되어 10년 후에는 조직체에서 거의 무용지물(대졸신입사원의 역량지수는 입사시의 100%에서 9년 후에는 12.5%로 감소)로 변해 버린다고 한다. 또한 조동성 교수는 경영학의 경우 지식의 반감기를 5년으로 보고 있다(조동성, 2000).

그림 6-1 지식의 반감기

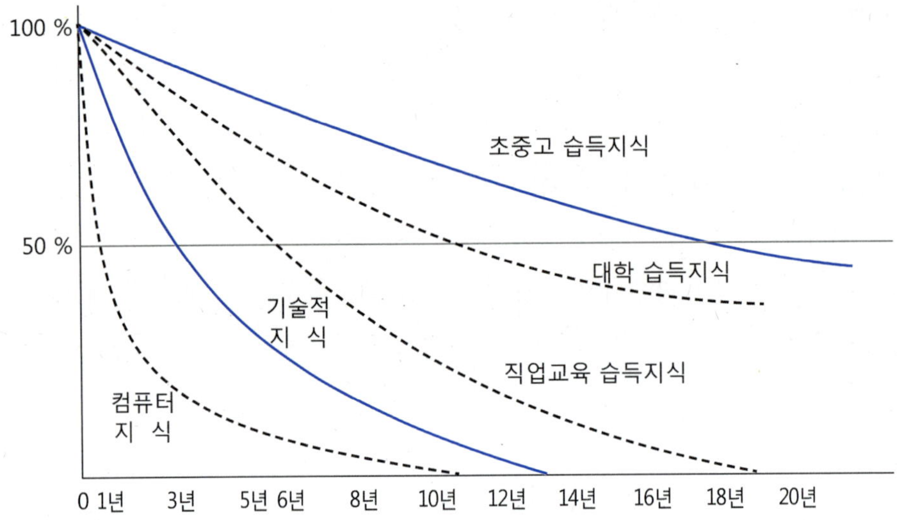

자료: 박경규(2016), 「신인사관리: 노동과 자본의 통합이론」, 제6판, 홍문사, 300.

그림 6-2 업무능력의 반감기

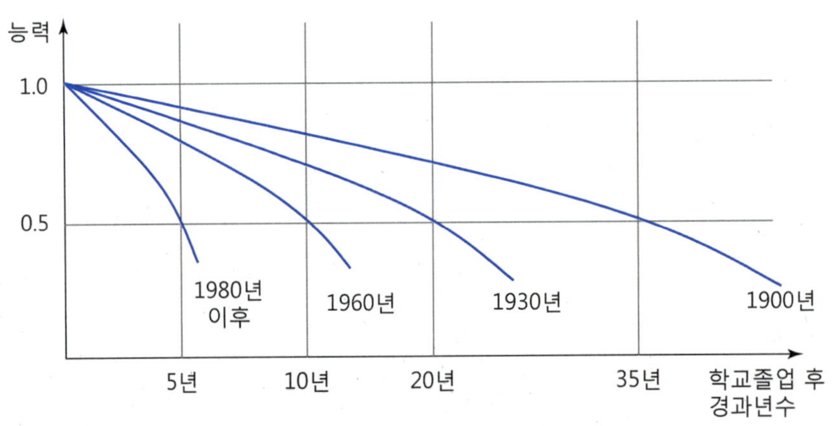

심지어 제품수명주기가 6개월 밖에 되지 않는 것도 있다고 한다.

이렇듯이 급격하게 변화하는 고도산업사회에서 우리가 담당하고 있는 직무활동을 통하여 우리에게 요구되고 있는 전문적인 역할을 다하기 위해서는 시의적절한 교육훈련이 지속적으로 필요하다. 이와 같이 기술과 지식이 진부화하는 데 걸리는 시간이 점차 짧아지는 지금 교육을 통한 혁신과 창조는 21세기를 주도해 나갈 선진기업에게는 필수적인 과업이다. 따라서 현대조직은 교육훈련을 통하여 새로운 기술과 조직변화에 적합한 구성원들의 의식, 태도, 그리고 행동을 개발하는 데 많은 노력을 기울이고 있다(Collins & Porras, 1994).

이러한 취지에서 오늘날 인력에 대한 교육훈련이 매우 필요한데, 교육훈련에 대한 필요성은 회사가 처한 상황이나 회사 내 종업원들 개개인의 지위와 욕구수준에 따라 다르다. 이들을 개인수준, 직무수준, 조직체수준에서 과학적으로 파악하는 것을 교육훈련의 필요성 분석(needs analysis), 혹은 교육니즈(needs) 분석이라고 한다(박경규, 2016, 303-309; 임창희, 2014).

여기서 교육훈련(training)은 제5절에서 논의할 경력개발의 개발(development)과는 차이를 보이고 있는 바, 양자의 차이에 대해 간략히게 살펴보고자 한다. 교육훈련은 전통적으로 종업원들로 하여금 그들의 현 직무수행을 개선하도록 돕는 데 초점을 둔다. 반면에 개발은 미래지향적으로 종업원으로 하여금 조직 내 다른 직위를 준비하고 아직 존재하지 않을지도 모를 직무로 나아갈 능력을 증대시켜 준다(Ford, 1997). 개발은 또한 종업원으로 하여금 현 직무에서의 변화, 즉 새로운 기술, 직무설계, 혹은 고객으로부터 오는 변화를 준비하도록 도와주기도 한다(Noe, Hollenbeck, Gerhart, & Wright, 2017, 274). 그래서 개발은 새로운 직무, 새로운 책임, 혹은 새로운 요건의 형식상의 변화를 준비하기 위한 것이다. 양자의 차이를 요약하면 〈표 6-1〉과 같나. 우리나라의 경우 특히 교육훈련은 대부분의 기업에서 웬만큼 이루어져 왔으나 개발에 대해서는 거의 이루어져 오지 않고 있는 실정이다.

그러면 실제로 우리 기업들은 교육훈련비로 어느 정도 지출하고 그리고 얼마나

표 6-1 | 교육훈련 대 개발

구 분	교육훈련	개 발
초 점	현재의 직무	현재 내지 미래의 직무
작업경험의 활용	현 직무 준비	변화 준비
범 위	개별 종업원	작업집단이나 조직
참 가	필수적임	자발적임
시간구성	단기적임	장기적임

자료: L. R. Gomez-Mejia, D. B. Balkin, & R. L. Cardy(2016), *Managing Human Resources,* 8th ed., Boston: Pearson, 234.

그림 6-3 | **기업 규모별 1인당 HRD 투자액**

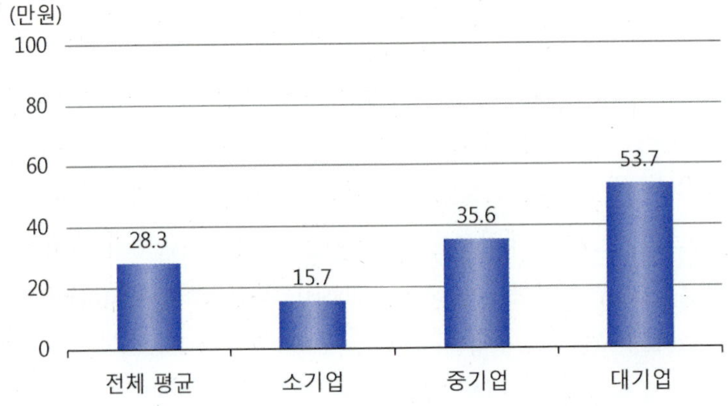

자료: 한국표준협회(2017), 「2017년 대한민국 인력개발 실태 및 성숙도 조사 결과」, 3.

교육훈련을 받을까? 한국표준협회(2017)가 한국직업능력개발원에서 격년 단위로 발표되는 인적자본기업패널(Human Capital Corporate Panel, HCCP) 자료와 미국의 ATD(Association for Talent)에서 발표하는 산업현황보고서(State of the Industry Report, SOIR) 자료를 활용하여 분석한 2017년 대한민국 인력개발 실태 및 성숙도 조사 결과에 따르면 우리나라 기업의 종업원 1인당 연간 교육훈련비는 [그림 6-3]에서와 같이 약 28만원으로 미국의 1,252달러에 비해 매우 낮은 것으로 나타났다. 특히, 소기업 대비 대기업의 교육 투자비는 약 3.4배로 인재육성 분야에서도 양극화가 심각함을 알 수 있다. 인력개발은 장기·지속적 활동으로 투자에 대한 성과가 점진적으로 나타나는 특성을 감안하면 기업 규모별 인적자원 경쟁력 격차는 더욱 심화될 것으로 예상된다.

이어서 우리나라 기업의 1인당 연간 평균 교육훈련시간을 보면 [그림 6-4]에서와 같이 약 25.9시간으로 미국의 33.5시간에 비해 약 7.6시간이 적고, 업종별로는 일반 제조업이 금융업에 비해 약 12.1시간이나 더 적은 것으로 조사됐다(한국표준협회, 2017). 이러한 결과는 한국직업능력개발원(2016.12)이 농림어업을 제외한 전 산업의 상용 근로자 10인 이상의 기업 4,500개를 대상으로 실시한 조사에서도 채용 예정자나 구직자 1인당 평균 연간 교육훈련비용은 325천원, 교육훈련시간은 24.9시간으로 거의 비슷하게 나타났다.

그림 6-4 | **기업 규모별 1인당 연평균 교육훈련시간**

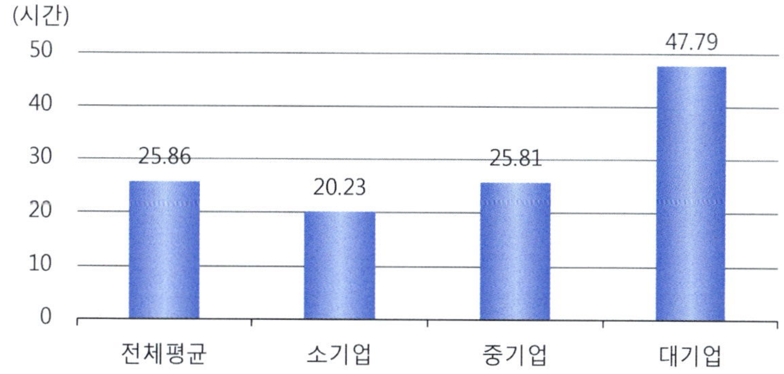

자료: 한국표준협회(2017), 「2017년 대한민국 인력개발 실태 및 성숙도 조사 결과」, 3.

현장이야기

기업들 어려울 땐 직원 교육비부터 '싹둑'....13% 줄였다

기업분석 전문업체 한국CXO연구소가 국내 1천 500대 기업의 직원 교육훈련비를 분석한 결과 교육훈련비를 감사보고서에 명시한 1천 31개 기업(68.7%)의 2013년 교육비 총액은 5천 168억 6천여만원이며 직원 1인당 교육비 평균은 60만 3천원으로 나타났다. 이는 2012년 교육비 총액 5천 943억 4천여만원보다 약 13% 감소한 수치이다. 한 회사당 평균 교육비는 2012년 5억 7천 640만원에서 2013년 5억 130만원으로 7천 510만원 감소했다.

매출 규모별로 따지면 5천억~1조원 기업군의 직원 1인당 교육비가 84만 9천원으로 가장 많았다. 매출 1조원 이상 대기업은 평균 80만 3천원으로 이보다 작았다. 매출 3천억~5천억원 기업군은 29만 1천원, 1천억~3천억원 기업군은 27만 7천원으로 교육비 수준이 급격하게 내려갔다. 중소기업의 직원 1인당 교육비는 대기업의 29%에 그쳤다.

조사 대상 기업 중 가장 많은 교육비를 투자한 기업은 두산그룹 계열 두산중공업으로 2013년 182억 7천여만원을 지출한 것으로 집계됐다. 2위는 삼성화재로 150억 7천여만원, 3~5위는 기아자동차(143억 9천여만원), 한미약품(129억 5천여만원), CJ제일제당(124억여원) 순이었다. 이어 두산(117억 9천여만원), LG화학(115억 5천여만원), 롯데쇼핑(114억 8천여만원), 삼성엔지니어링(108억 9천여만원), SK네트웍스(106억여원), LG디스플레이(105억 1천여만원)도 연간 교육비를 100억원 넘게 썼다.

직원 500명 이상 기업 중 1인당 교육훈련비가 가장 많은 곳은 한미약품으로 725만원이나 됐다. 직원 1인당 교육비가 많은 10개 기업 중에는 한미약품 외에도 유나이티드, 대웅제약,

보령제약, 삼진제약 등 제약회사가 5곳이나 포함됐다.

업종별로도 제약업이 직원 1인당 140만원대로 건설업(23만원대)의 6배가 넘었다. 화학(74만원대), 식품(49만원대), 금속(35만원대), 전자(24만원대)가 그 사이이다.

자료: 옥철(2015.2.26), "기업들 어려울 땐 직원 교육비부터 '싹둑'…13% 줄였다," 「연합뉴스」.

1.2 교육훈련의 가치

종업원의 교육훈련은 종업원을 가능한 한 능률적인 생산자로 육성할 것을 목적으로 하고 있다. 이것은 교육훈련을 경제적인 관점에서만 본 것으로 만일 종업원이 능률적인 생산자가 될 수 있다면, 이것은 경영자나 종업원에게 유리한 결과를 가져올 뿐만 아니라 사회 전체로 보더라도 유익한 일이다. 그 이유는 종업원의 작업이 능률적으로 수행된다면 경영자나 종업원의 수입이 증가하여 그들의 생활수준이 향상될 뿐만 아니라 그들이 생산하는 재화나 용역의 생산비가 저하되어 이들의 가격을 하락시키므로 일반소비대중의 생활도 윤택해질 수 있기 때문이다.

교육훈련의 가치는 훌륭한 교육훈련으로 무엇을 성취할 수 있겠는가의 문제를 생각해 본다면 명백히 알 수 있다. 여기에 대해서 미이 교수는 훈련의 성과를 아주 구체적으로 논하여 교육훈련은 낭비와 불량품의 감소, 작업방법의 개선, 결근율과 노동이동률의 감소, 습득기간의 단축, 감독자의 부담 감소, 초과시간노임의 감소, 기계유지비의 감소, 불만의 감소, 품질의 개선, 승진에 대한 자극, 사고율의 감소, 의사소통의 개선, 사기의 향상 등을 기대할 수 있다고 한다.

이에 비해서 피고즈는 다음과 같이 보다 더 간결하고 요령있는 설명을 하고 있다. 즉, 교육훈련은 첫째, 신입사원들에게 방침이나 규칙 등과 같은 회사에 대한 기본적 지식을 주입해 줌으로써 이들로 하여금 가능한 최단시일 내에 회사에 대한 친근감을 가지게 한다. 둘째, 신입사원에게 그들이 담당할 직무의 요건에 대한 지도를 해줌으로써 신입사원들은 단시일 내에 질·양의 양면으로 표준과업량을 달성할 수 있게 되어 소득의 증가를 꾀할 수 있게 된다. 셋째, 현 종업원들의 기술을 증진시킬 수 있으므로 전환배치나 승진을 위한 자격과 능력을 갖출 수 있게 한다. 넷째, 사고, 불량품 및 기계설비의 손모율을 감소시킬 수 있다. 다섯째, 나날이 도입되는 새로운 기술이나 생산방법에 대해서 종업원들로 하여금 신속하게 적응할 수 있게끔 한다. 그리고 끝으로 좋은 교육훈련은 종업원의 능력을 최대한도로 발휘하게 할 수 있으므로 이들의 불만, 결근율 및 노동이동률 등을 감소시킨다.

결국 교육훈련은 조직의 경영성과나 가치를 향상시키는 데 교육훈련비가 경영성과에 끼치는 영향을 분석한 연구는 20세기 중반 Schultz(1961)의 '인적자본이론'으로 거슬러 올라간다. 그는 교육과 훈련은 노동의 질을 향상시켜 기업의 생산성을 높일 수 있음을 보여주었다. Huselid(1995)도 교육훈련이 종업원의 이직률을 낮추고 기업의 생산성에 긍정적인 영향을 준다는 사실을 보여주었다. Guerrero & Barraud-Didier(2004) 또한 근로자에 대한 교육훈련이 인적 자산에 영향을 주어 재무적 성과에 긍정적 영향을 미친다는 사실을 밝히고 있다.

국내의 경우 중소기업 전용 주식시장인 KONEX 시장 상장기업을 중심으로 교육훈련비가 기업들의 경영성과에 긍정적인 영향을 미친다는 결과를 보여준 김정우·김주철(2017)의 연구를 비롯하여 조은영·윤두열(2016), 한창근(2018), 김진수·이미숙(2011) 등이 교육훈련(비)이 경영성과나 기업가치에 정의 영향을 미치는 것으로 나타났다.

이어서 조직의 경영성과나 가치향상과 관련하여 우리나라 교육훈련의 구체적인

그림 6-5 | 재직근로자 교육훈련 효과

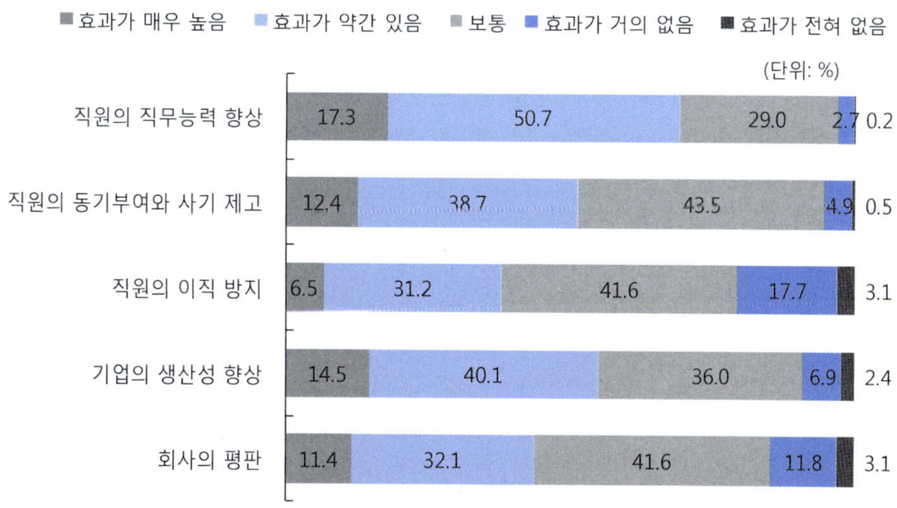

자료: 반가운·김봄이(2017.3), 「2016년 기업직업훈련 실태조사 기초 분석 보고서」, 한국직업능력개발원, 32.

효과에 대해 살펴보자. 한국직업능력개발원이 상용 근로자가 10인 이상인 기업 1,167개를 대상으로 재직근로자를 대상으로 교육훈련을 실시한 기업의 교육훈련의 효과를 살펴본 결과 68.0%가 훈련이 직원들의 직무능력 향상에 미친 효과가 높다고 평가하였으며 다음으로 생산성향상(54.6%), 직원들의 동기부여와 사기제고(51.1%), 회사의 평판제고(43.5%), 이직방지(37.7%)에도 효과가 있는 것으로 나타났다(반가운 · 김봄이, 2017.3).

그러나 교육훈련이 이상과 같은 성과를 거두기 위해서는 경영진과 종업원의 인식이 바뀌지 않으면 안 된다. 예전에는 교육훈련을 우습게 보는 경향이 없진 않았다. 교육훈련에 들어가게 되면 상대적으로 덜 중요한 일을 맡고 있는 것으로 여겨지거나 조직 내 위상이 떨어지는 것으로 생각하던 시절도 있었다.

사실 모든 조건을 두루 갖추고 있는 탁월한 인재를 확보하는 것도 기업경쟁력에 결정적으로 영향력을 미칠 수 있다. 그런 의미에서 세계적인 컨설팅사 McKinsey & Company의 전 회장이었던 라자 굽타(R. Gupta)는 21세기를 '인재를 확보하기 위한 전쟁(the war for talent)의 시대'로 규정한 바 있다.

그러나 타고난 인재를 확보하는 것 못지 않게 훌륭한 인재를 양성하는 것 또한 중요하다. 레일리와 페퍼(C. A. O'Reilly & J. Pfeffer)는 탁월한 인재관리는 보통 사람들의 잠재된 역량을 최대한 끌어내어 비범한 성과를 내도록 하는 것인데, 이것은 다름 아닌 교육훈련이라고 주장한 바 있다(O'Reilly & Pfeffer, 2000). 그만큼 시의적절한 교육훈련을 통해 홍수처럼 밀려오는 4차 산업혁명시대에 부응할 수 있는 인재로 거듭날 수 있음을 강조하고 있다.

따라서 최고경영자층을 비롯한 각급 경영자들이 조직적인 차원에서 교육훈련의 중요성을 충분히 인식하는 동시에 종업원도 교육훈련이 자신의 능력의 발전이나 앞으로의 활동을 위해서 참으로 유익하다는 사실을 인식해야만 하는 것이다. 즉, 교육훈련은 각층 관리자들의 열의와 종업원들의 배우려는 의욕이 없이는 그 실효를 기대할 수 없는 것이다.

2. 교육훈련의 유형

산업에 있어서의 교육훈련제도는 기업이 어떠한 가치기준에 따라 종업원의 태도나 행동면의 개선을 가져오게끔 하기 위해서 행하는 계획적 활동이다. 그러므로 그 범위는 종업원들이 일상의 직무를 수행함에 있어서 직접 필요로 하는 지식이나 기술을 전달하는 것에서만 그치는 것이 아니라 이것을 통해서 그들의 행동상의 변경을 가져오도록 하는 데까지 미쳐야 한다.

일반적으로 교육훈련은 〈표 6-2〉와 같이 교육훈련을 받는 대상에 의해서, 훈련이 시행되는 장소에 의해서, 그리고 교육훈련의 내용 등에 의해서 분류되고 있다. 따라서 이하에서는 교육훈련의 구체적인 내용에 대해 살펴보기로 하자.

표 6-2 | 교육훈련의 유형

기준 \ 유형	교육훈련의 유형		
대 상	신 분 별	입직훈련, 종업원훈련	
	계 층 별	일선종업원훈련, 감독자훈련, 경영자훈련	
장 소	직 장 내	직장내 교육훈련(OJT)	
	직 장 외	직장외 교육훈련(Off-JT)	
내 용	신 입	입직훈련, 기초교육훈련	
	종 업 원	직무훈련	직업학교훈련, 도제훈련, 실습장훈련
		교양훈련	일반교양강좌

2.1 입직훈련

입직훈련(入職訓練)이란 신입사원들에게 견습기간 중이나 또는 고용 당초의 일정 기간에 걸쳐서 기업을 구성하는 일원으로서 필요한 일반상식을 가르쳐 주며 앞으로의 근무나 생활설계에 대한 기본방침을 가르쳐 주기 위한 입문교육으로, 방향을 정해준다는 의미에서 흔히들 오리엔테이션(orientation)이라고도 말한다. 말하자면 신입사원들로 하여금 새로운 조직의 환경에 신속히 적응케 하기 위한 훈련이라고 할 수 있다(DeCenzo, Robbins, & Verhulst, 2013, 232-233).

생각건대 우리가 처음으로 직장을 가진다든가 혹은 직장을 옮기게 되어 근무처로 나간 첫날에 새로운 직장에서 받는 첫인상은 오래도록 기억에 남는 법이다. 이때 보통의 사람들은 대개의 경우 새로운 환경에 쉽게 동화되지 못하므로 몹시 당황하고 불안한 감을 느끼게 되므로 상당한 기간 동안 그들이 지니고 있는 역량을 직무상에 충분히 발휘하지 못하게 되는 일이 많다. 새로운 환경에 접했을 때 신입사원이 느끼게 되는 이러한 불안감을 덜어주며 가능한 최단시일 내에 그들로 하여금 새로운 직장과 더불어 호흡을 같이 할 수 있는 종업원을 만들고자 하는 것이 바로 입직훈련의 목적이다.

보다 구체적으로 입직훈련의 목적은, 종업원의 견지에서 본다면, 신입사원으로 하여금 ① 회사에 대한 좋은 이미지의 구축, ② 귀속의식의 증대, ③ 직무에 대한 지식계발과 팀웍촉진 등이다. 회사의 견지에서 본다면 입직훈련을 통해 ① 노동이동률 감소, ② 직장이나 동료들의 시간절약, ③ 종업원들의 고충감소 등이다.

입직훈련의 내용에 대해서는 회사의 역사, 규모 및 업무내용 등에 따라서 차이가 날 수 있으나 대개의 경우 다음과 같은 세 가지 부문으로 구성된다.

첫째, 회사에 관한 기초적인 설명으로는 ① 기업의 역사, 조직, 경영, 제품 및 종류, ② 인적자원관리상의 방침 및 제 규정, ③ 복리후생 및 종업원의 제 활동, ④ 고용조건, 특히 징계에 관한 규정 및 그 절차, ⑤ 식당이나 주차장과 같은 이용할 수 있는 회사의 시설, ⑥ 그 지역에서 이용할 수 있는 여러 시설과 제 사정, ⑦ 소속부문의 조직과 구성, 업무내용, 노동시간, 임금 및 승진의 기회, ⑧ 회사 내의 노동조합에 관한 제 사정 등인데, 이들은 주로 인사부에서 관장한다.

둘째, 직무에 관한 보다 구체적인 설명으로는 ① 관련있는 여러 사람의 소개, ② 해당 부서에 적용되는 제 규정, ③ 직장의 견학설명, ④ 직무에 대한 설명, 즉 직무내용, 표준, 안전, 노동시간, 임금산출 방법, 작업장, 공구, 기계에 대한 손질, ⑤ 신입사원의 동료에 대한 소개 등인데, 이들은 통상 소속부서의 감독자나 장이 관장한다.

셋째, 사후검토를 위한 면접으로는 ① 회사의 방침이나 제 절차에 관한 질의응답, ② 이전 회사의 방침이나 규율에 관한 설명 중 특히 중요한 점에 대한 제 설명, ③ 단체보험 등 임의가입제로 되어 있는 복리제도나 자발적인 종업원 후생활동에의 참여 여부에 대한 의사타진, ④ 공장전체의 견학과 설명, 특히 본인의 작업과 직장의 타부문과의 관계에 대한 설명, ⑤ 배치의 타당성 여부나 훈련의 진척상황에 대한 검토 등인데, 통상적으로 인사부 또는 소속부서의 감독자가 관장한다.

2.2 직장내 교육훈련

직장내 교육훈련 혹은 현장훈련(OJT: On-the-Job Training)이란 일을 하는 과정에서 직무에 관한 지식과 기술을 습득하게 하는 훈련방식으로서, 훈련은 주로 감독자나 선임자에 의해서 개별적으로 실시된다. 직장내 교육훈련은 오늘날 일선종업원을 위한 훈련방식으로서 가장 널리 이용되고 있으며, 그 머리글자를 따서 OJT라고도 한다. 이 방법에 의하면 종업원들은 바로 현장의 실무에 배치되어 작업을 하는 과정에서 경험이 풍부한 숙련공이나 감독자에 의해서 직무에 대한 지도를 받게 되어 있다.

직장내 교육훈련의 효과는 다른 어떤 훈련방식보다도 특히 교관의 능력에 의해서 많이 좌우된다. 그러므로 만약 훌륭한 교관을 구할 수만 있다면 이 방법은 많은 미숙련 내지 반숙련노동자를 신속히 훈련시키는 데 있어서 가장 효과적인 방법이라고 할 수 있다. 이 방법은 제2차 세계대전 중에 미국의 많은 군수공장에서 새로이 취업한 수백만의 미숙련노동자를 단시일에 성공적으로 훈련시키는 데 적용된 방법이기도 하다(Dessler, 2017). 이 방법의 장단점은 〈표 6-3〉과 같다.

표 6-3 직장내 교육훈련의 장단점

장 점	단 점
• 개인에게 적절한 지도를 할 수 있다. • 직장실정에 맞는 교육이 가능하다. • 가르친 것을 당장 익힐 수 있다. • 교육방법의 개선이 용이하다. • 감독자와의 접촉을 원활하다. • 일을 하면서도 교육을 받을 수 있다.	• 통일적이고 조직적인 교육이 어렵다. • 다수의 사람을 훈련시키기 어렵다. • 훈련방법이 좋지 않을 수도 있다. • 작업수행에 지장을 초래하여 그 결과 생산성이 낮다. • 원재료의 낭비를 가져온다.

2.3 직장외 교육훈련

직장외 교육훈련(Off JT: Off the Job Training)이란 종업원을 일단 직무로부터 분리시켜 별도의 장소에서 전문가들로부터 오로지 교육만 받을 수 있도록 하는 교육훈련으로 집단적으로 이루어지는 것이 일반적이다. 직장외 교육훈련의 장단점은 〈표 6-4〉와 같다.

표 6-4 직장외 교육훈련의 장단점

장 점	단 점
• 다수의 종업원을 교육시킬 수 있다. • 통일적이며 조직적인 교육이다. • 훈련에만 전념할 수 있다. • 유능한 전문가의 훈련을 받을 수 있다.	• 교육이 비교적 추상적이다. • 시간이 많이 걸린다. • 비용이 많이 든다. • 교육생의 능력차를 고려하기 어렵다

2.4 종업원훈련

입직훈련이 신입사원을 그 대상으로 하는 데 반해, 종업원훈련은 이미 직무에 종사하고 있는 종업원을 위해서 계획된 훈련이다. 현대의 경영이 지니는 동태적인 성격은 경영 내부의 여러 사람들에게 끊임없이 새로운 지식과 기술을 습득할 것을 요구하고 있다. 산업사회의 격심한 경쟁 속에서 이겨 나가기 위해서는 나날이 도입되는 새로운 기계와 새로운 생산방식에 신속하게 적응할 수 있는 종업원을 확보해야 하는데, 종업원의 이러한 능력은 오로지 끊임없이 계속되는 체계적인 교육훈련을 통해서만 갖추어질 수 있는 것이다. 드러커가 "훈련은 오늘의 필요에서 이루어지는 것이 아니라 미래의 경영을 담당할 수 있는 능력을 갖추도록 하는 데 그 목적이 있다"고 한 말은 바로 생산기술이나 경영기술의 발전에 발맞추어서 개인의 지식이나 기술도 발전되어야 한다는 것을 뒷받침하는 말이다.

종업원에 대한 훈련의 내용은 조직 내에서 그들이 수행하는 직무의 성격이나 그들이 차지하는 지위에 따라서 다르다. 종업원훈련 가운데서 생산활동과 더불어 가장 직접적인 관계가 있는 것이 일선종업원을 위한 훈련제도이다. 그러므로 여기에서는 관리방법에 관한 지식보다도 직무에 관한 기술을 전수하는 직무훈련과 현대를 살아가는 직장인에게 필요한 일반교양훈련(교양, 정치, 사회, 문화 등 전반적인 것)이 중요하다. 여기서는 직무훈련을 중심으로 살펴보고자 하는데, 직무훈련에는 직업학교훈련, 도제훈련, 실습장훈련 등이 있다.

(1) 직업학교훈련

종업원이 직무를 수행함에 있어서 요구되는 기초적인 지식, 예컨대 속기, 컴퓨터, 어학 등에 관한 훈련은 회사에서 행하는 것보다 항상 이러한 문제를 전문적으로 다루고 있는 각종 직업학교에 종업원을 파견하여 교육시키는 것이 비용면이나 효과면에서 유리할 때가 많다. 특히 소규모의 기업인 경우에는 훈련에 필요한 시설이나 훌륭한 교관요원을 갖춘다는 것은 힘든 일이다. 직업학교훈련이란 회사에서 필요한 기술을 회사 내에서 가르치지 않고 회사 밖의 전문학교에서 배우도록 하는 것을 말한다. 일종의 직업학교 파견교육훈련이다.

(2) 도제훈련

도제훈련(Apprentice Training)이란 고도의 질을 요하는 작업에 종사할 사람을 위한 훈련방법으로 중세에 발달한 도제제도(apprenticeship)에 그 기초를 두고 있

표 6-5 | 도제훈련기간

직 업	과정의 기간
비행기 기술자	3~4년
자동차 기술자	3~4년
이발사	2년
양조 기술자	2~3년
도살 기술자	2~3년
목 공	4년
악기 기술자	3~4년
사진사	3년
무선전기 기사	4~5년
X선 기사	4년

자료: L. W. Rue, N. A. Ibrahim, N. A,, & L. L. Byars(2016), *Human Resource Management*, 11th ed., New York: McGraw-Hill Book Co., 211.

다. 예로써 공예, 용접, 배관, 목수직 등에 주로 적용된다. 이 훈련방식은 〈표 6-5〉에서와 같이 적게는 2년 정도에서 심지어 5년에 이르기까지 오랜 세월에 걸친 일관된 감독을 필요로 하므로 경비가 많이 드는 훈련이며, 또한 한꺼번에 많은 사람을 훈련시킬 수 없다는 단점이 있다. 그러나 고도의 질을 요하는 작업에 종사할 사람을 위한 훈련방식으로서는 뛰어난 방식이라고 할 수 있다.

미국의 경우 1937년의 도제법(Apprenticeship Act)에 따라 건설업, 탄광업, 자동차수리업을 비롯한 여러 산업에서 도제프로그램에 자금을 지원하고 있는데, 연간 약 30,000명 정도가 교육을 받고 있다. 독일에서도 도제형태의 프로그램에 상당한 지원을 하고 있는데, 15세에서 18세 사이의 독일청소년의 반 정도가 도제프로그램에 등록되어 있다.

(3) 실습장훈련

실습장훈련(Vestibule Training)이란 일명 현관훈련이라고도 불리는 훈련방식으로서 대체로 직장훈련에 들어가기 전에 현장과 비슷한 별도의 공간에 설비를 갖추어 교육대상자에게 주로 기능(skill)을 전수시키는 훈련을 말한다(박경규, 2016, 315-316). 이 훈련방식은 대체로 직장내 교육훈련을 실시하기 위한 예비적 단계라고도 볼 수 있는데, 일시에 다수의 종업원을 신속히 훈련시킬 필요가 있을 때 널리 이용된다. 이 방법에 의하면 종업원은 회사 내에 마련된 실습장에서 훈련용의 기계나 설비를 직접 다루면서 교관을 통해서 합리적인 작업방법에 관한 기술을 습득케 되는 것이다. 이 실습장훈련은 종업원에게 처음부터 직장훈련을 시키기에는 너무 비용이 많이 들거나 위험한 직무에 필수적인 과정이다.

이 실습장훈련은 종업원에게 처음부터 직장내 교육훈련을 시키기에는 비용이 너무 많이 들거나 매우 위험한 직무에 필수적인 과정이다(Dessler, 2017, 259-261). 이를테면 비행조종사 훈련시 실제 비행기와 똑같은 조종실과 모션실을 갖춘 시뮬레이터(simulator)에서의 훈련을 들 수 있다.

3. 교육훈련의 방법

3.1 교육훈련의 기본적 방법

교육훈련의 성과를 크게 좌우하는 중요한 요소는 교육훈련을 실시함에 있어서 적용하는 방법 내지 기법이다. 교육훈련계획의 내용이 아무리 충실하고 훌륭하다고 하더라도 우수한 훈련의 방법 내지 기법을 도입할 수 없다면 이는 전혀 소용없는 것이 되고 만다. 그러므로 훈련부문의 전문가들에게 요청되는 가장 중요한 과업 중의 하나는 우수한 훈련방법을 발전시키는 문제라고 할 수 있다. 대체로 현재까지 소개되어 있는 기본적인 훈련방법으로는 강의식, 통신식, 직무순환, 회의·토의, 시청각교육, 모의교육, 역할연기, 사례연구, 웹중심 교육훈련 등이 있다.

(1) 강의식 교육방법

강의식 교육방법(lecture method)은 학교교육에서 널리 적용되고 있는 것과 마찬가지로 훈련담당자가 강단에서 일방적으로 특정 주제에 대한 강의를 행하고, 피훈련자는 그냥 청강만 하는 훈련방법이다. 이 방법은 미지의 분야에 대해서 수강자를 끌고 들어가며, 전체적 전망을 줄 수 있고, 시간과 비용을 절약할 수 있다는 장점이 있는 반면, 수강자를 항상 수동적인 처지에 놓으며, 시시각각 등장하는 지식사회의 제 문제에 대해 문제해결 능력을 배양하기가 곤란하다는 중대한 결함이 있다.

(2) 통신식 교육방법

통신식 교육방법(communication method)이란 대규모의 기업체, 공공단체 및 노동단체 등 규모가 큰 기관에서 널리 적용하고 있는 교육훈련의 방법이다. 이 방법은 특히 지식이나 기술의 습득을 요하는 종업원이 광범위한 지역에 산재해 있으므로 한 곳에 모아서 훈련시키는 것이 곤란할 경우나, 또는 일단 훈련을 받은 종업원에 대해서 보완적인 훈련을 실시할 필요가 있을 경우에 널리 적용된다. 이 방법의 장점은 무엇보다도 비용의 절약이라는 점에 있으나, 훈련을 시키는 사람과 받는 사람과의 개인적 접촉이 불가능하므로 자연적으로 수동적인 훈련이 될 수밖에 없으며, 자극이 부족하며 또한 시청각교재를 사용할 수 없다는 등의 결점이 있다.

(3) 회의식 방법

회의식 방법(conference method)은 주제에 대한 지식과 경험을 정리함으로써 강의식과 같은 일방적인 훈련방식에 의해서 야기되는 이해의 불충분한 점을 교정하려고 하는 것을 주목적으로 하는 훈련방법이다. 현대의 교육방법이 지식을 강제로 주입하는 것이 아니라 스스로 배우고, 깨닫고, 생각한다는 자기연수방식으로 이행됨에 따라서 회의식 교육방법의 중요성이 점차로 강조되고 있다. 그러나 이 교육방식을 적용하기 위해서는 적절한 회의지도자가 있어야 함은 물론이고 여기에 참가하는 피교육자들도 교육항목에 대한 개략적·기초적인 지식과 회의에 대한 어느 정도의 경험을 가질 것이 요청된다. 회의식 교육방법을 더욱 구체적으로 세분하면 자유토의법(free discussion), 배석토의법(panel discussion), 콜로퀴(colloquy), 포럼(forum), 심포지엄(symposium), 분반토의(buzz session) 등으로 분류할 수 있다.

(4) 직무순환법

직무순환법(job rotation method)이란 일정한 훈련계획하에서 순차적으로 직무를 바꾸어서 담당케 함으로써 지식과 경험을 쌓게 하는 훈련방법이다. 이 제도가 목적으로 하는 바는 종업원으로 하여금 넓은 안목으로 기업 전체의 직무를 이해시키고, 폭넓은 인간으로 만들며, 동시에 직무에 대한 지식과 경험을 풍부히 하는 데 있다. 이 방법에 의해서 훈련을 받게 되는 종업원은 항상 새로운 자극을 받게 되므로 흔히 직장인이 가지기 쉬운 침체된 감정으로부터 벗어날 수 있으며 전임자의 눈에 띄지 않았던 직무상의 여러 결함을 찾아내어 이에 대한 개선책을 마련하려는 기풍을 가지게 된다.

(5) 시청각교육법

강의식교육에다 여러가지의 시청각교재를 사용함으로써 인상을 강화시키고 교육훈련에 대한 흥미를 일으키게 하는 것이 바로 시청각교육법(audio-visual method)이다. 이러한 교육을 위해서는 영화, 빔프로젝트, TV, 모형, 사진 및 도표 등이 이용되고 있다. 이러한 시청각 교재를 선택함에 있어서는 다음과 같은 점에 특히 유의해야 한다. 즉, 교재는 피교육자에게 흥미가 있고 인상적일 것, 피교육자가 이해하기 쉽고, 그 설명, 구조, 조작, 준비 및 뒤처리가 용이할 것, 계층별·업무별 및 목적별의 종업원 교육훈련에 각기 적합한 의의와 성질을 가질 것, 가급적이면 효과에 비해서 비용이 비싸게 들지 않을 것 등이 바로 그것이다.

(6) 역할연기법

역할연기법(role playing method)은 주제에 대해서 피교육자로 하여금 실제로 체험케 하는 교육이다. 즉, 이 방법은 피교육자들 가운데서 연기자를 선출해서 일정한 역할을 연기시키는 것인데, 이 때 연기자 자식과 이것을 관찰하는 다른 피교육자는 다같이 문제에 대한 정확한 이해와 관찰을 할 수 있으며 실연을 피교육자 전원이 순차적으로 할 수 있다면 그 성과는 배가될 것이다. 이 방법은 말로써 그 진의를 설명할 수는 없다. 피교육자가 마음 속에서 공감을 느껴야 할 필요가 있을 경우에는 그 효과가 크지만, 반면에 많은 시간을 요하며 잘못하면 반 장난이 될 우려도 있다.

(7) 사례연구법

사례연구법(case study method)은 특정 주제에 관한 실제의 사례를 작성하여 교육시 이를 배부하고 이에 관한 활발한 토론을 전개함으로써 피교육자의 판단력, 지식, 태도 및 분석능력 등을 양성해서 문제를 처리하는 능력을 발전시키기 위해서 사용된다. 사례에 의한 연구를 함에 있어서는 사례의 제시, 해결의 전제가 되는 자료 및 정보의 수집, 해결책을 세우기 위한 연구와 준비, 집단토의에 의한 해결책의 발견과 그 검토 등의 네 가지 단계에 의하는 것이 효과적이다(이덕로, 2012, 218; Ivancevich, 2004, 392-432).

(8) 웹중심 교육훈련

웹중심 교육훈련(web-based training)은 인터넷에 의한 공개 컴퓨터 네트워크나 인트라넷에 의한 사적 컴퓨터 네트워크를 통하여 제공되는 교육훈련 프로그램을 의미한다. 기업에서의 웹중심 교육훈련은 주로 인트라넷을 통한 교육자와 피교육자 간의 단순한 커뮤니케이션 수준으로부터 특정 교육훈련 프로그램을 중심으로

표 6-6 교육훈련의 효과 비교

방법 \ 효과	지식교육	태도변화	문제해결능력	종합순위
사례연구	4	4	1	3
회의·토의	3	3	3	1
강 의	2	6	5	4
모의교육	8	5	2	5
시청각 교육	7	7	8	8
프로그램 교육	1	9	6	6
역할연기	5	1	4	2
감수성 훈련	9	2	7	7
텔레비전 강의	6	8	9	9

자료: L.N. Neider(1981), "Training Effective Changing Attitudes," *Training and Development Journal*, December, 25.

교육자와 피교육자 그리고 피교육자들 간의 높은 수준의 커뮤니케이션과 학습상호작용에 이르기까지 다양한 형태로 구성된다.

웹중심 교육훈련도 가상 교육훈련과 같이 분산된 피교육자들에게 그들 자신의 통제(학습시간, 학습진행속도, 교육프로그램의 선정 등)하에 경제적이고 유익한 교육훈련을 받을 수 있는 기회를 제공하고, 이것이 바로 웹중심 교육훈련의 장점이다. 또한, 웹중심 교육훈련은 교육자와 피교육자 그리고 피교육자들간의 커뮤니케이션을 가능케 함으로써 정보·경험의 교환은 물론 학습결과의 피드백을 통하여 학습효과를 증진시키는 장점도 제공한다(이학종·양혁승, 2005, 614-615).

아울러 이들 교육훈련의 효과를 비교해 보면 〈표 6-6〉과 같다.

이상에서 살펴본 바와 같이 교육훈련의 효과는 교육훈련의 방법에 따라 차이가 난다. 이 교육훈련의 방법은 교육훈련의 내용과 장소, 특히 교육훈련의 내용에 따라 달라져야 한다. 따라서 교육훈련방법의 효과를 극대화시키기 위해서는 교육훈련방법을 획일적으로 정할 것이 아니라 교육훈련의 내용이 무엇이고 또 어디서 이루어지는가에 따라 탄력적으로 결정하지 않으면 안 된다. 일반적으로 종업원의 기능훈련은 실습방식을, 태도개발은 참가방식을, 그리고 지식개발은 제시방식(presentation model)을 많이 사용한다(최종태, 2002, 400). 교육훈련의 내용과 교육훈련방법의 연계는 [그림 6-6]과 같다.

그림 6-6 | **교육훈련내용과 교육훈련방법의 연계**

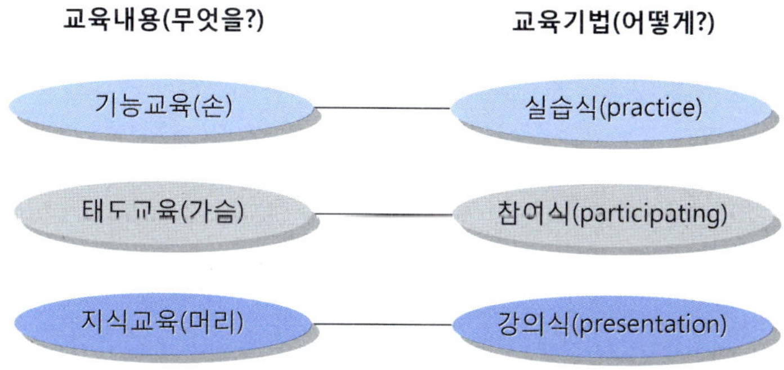

자료: 임창희(2014), 「인적자원관리」, 제3판, 비앤엠북스. 165.

3.2 교육훈련의 특수한 방법

이상과 같은 교육훈련의 기본적 방법을 기초로 하여 오늘날 많은 기업에서는 제각기 그들의 특수한 사정에 적합한 여러가지 형태의 훈련방법을 고안해 냈는데, 그 중에서 몇 가지의 대표적인 훈련방식을 열거하면 다음과 같다.

(1) JIT(Job Instructor Training)

이것은 제2차대전으로 말미암아 미국산업에서 갑자기 수백만의 숙련공이 전쟁터로 나가게 됨에 따라 새로이 취업하게 된 많은 미숙련공들에 대하여 단시일내로 직무에 대한 훈련을 시킬 필요성을 느끼게 되어 미국의 전시인력위원회에서 우선 훈련요원을 교육시키기 위해서 만들어진 훈련방식이다. JIT는 실시 이전 4단계와 실시 중 4단계로 나뉘어진다. JIT에 의하면 실제로 작업방법을 가르치기 전에 지도원은 먼저 다음과 같은 4단계의 준비를 해야 한다. 즉, ① 훈련예정표를 작성할 것, ② 작업과정을 분해할 것, ③ 도구, 재료, 설비 등 필요한 모든 것을 갖추어 놓을 것, 그리고 ④ 작업장을 정비할 것 등이다.

이러한 준비단계가 끝나면 다음으로는 실제의 훈련에 들어가게 되는데, 이것 역시 4단계로 이루어진다. 즉 ① 배울 준비를 갖추게 한다. ② 작업과정을 요령있게 설명한다. ③ 피교육자로 하여금 작업을 시켜 본다. ④ 사후검토를 한다는 것

등이다. 이러한 JIT를 실시해 본 결과 종업원의 이직이 줄어들었고 사기가 크게 향상되었으며 각종 사건·사고가 줄어든 것으로 나타났다.

(2) TWI(Training Within Industry)

이 방법은 제2차 세계대전시 생산의 증가를 위한 현장감독자에 대한 교육의 필요성이 고조됨에 따라 미국정부에서 1942년에 제정한 훈련방식으로서 1944년에는 영국을 비롯한 연합국에 보급되었으며 1948년에는 국제노동기구(ILO)에서 채택하여 세계 각국에 널리 보급된 바 있다. 우리나라의 경우 1960년에 ILO에서 한국생산성본부에 3명의 고문관을 파견함으로써 본격적으로 보급되게 되었다.

이 방식은 주로 생산부문 제일선감독자의 훈련에 적합한 것으로 한 반을 10명 내외로 1회의는 2시간으로 모두 5회의(10시간)로서 1계열을 이루며, 아래의 JI, JM 및 JR의 3계열 총 30시간의 과정으로 완료된다.

① JI(Job Instruction): 직무교육에 관한 연구를 통하여 감독자의 부하에 대한 기술지도능력을 향상시킬 것을 목적으로 한다.

② JM(Job Mothod): 과학적 관리의 원리에 입각한 작업연구의 방법을 연구하여 담당업무의 개선요령을 파악함으로써 감독자의 생산관리능력을 향상시킬 것을 목적으로 한다.

③ JR(Job Relations): 사회심리학의 원리에 입각한 집단통솔의 방법을 요약하여 관련된 여러 사람들과의 원활한 대인관계를 습득시킴으로써 감독자로서의 지휘통솔력을 향상시킬 것을 목적으로 한다.

(3) MTP(Management Training Program)

TWI와 프랑스의 경영학자 페욜(H. Fayol)의 일반관리론을 중심으로 해서 관리업무에 종사할 미국공군 사관 및 문관을 위해서 작성된 훈련방식인데, 그 내용은 주로 관리의 기초, 작업의 개선, 작업의 관리, 부하의 훈련, 인간관계 및 관리의 전개 등으로 구성되어 있는데, 이 훈련방식은 1949년부터 미극동공군(FEAF)에서 일본인 감독자의 훈련용으로 발전시켜 일본의 자위대에서 널리 사용하고 있다.

(4) AMP

AMP(Advanced Management Program)란 최고경영자의 자질함양과 능력개발을 위해 개발한 훈련방식이다. 그 내용은 중간관리자를 위한 대표적인 교육훈련인 MTP에 추가하여 전략이나 방침 및 각종 관리에 대한 전문적인 기술이나 지식까지 가르치는 것이 특색이다. AMP는 AT&T(American Telephone and Telegraph)에서 처음으로 사용했기 때문에 흔히들 ATT방식이라고도 한다(정종진 · 이덕로, 1998).

4. 교육훈련의 계획과 평가

4.1 교육훈련의 계획

앞서 교육훈련의 필요성에서 살펴본 바와 같이 직무가 요구하는 제 요건에 비해 종업원이 현재 가지고 있는 직무수행의 능력이나 기술이 현저하게 떨어지게 되면 그 차이를 채우기 위해 교육훈련을 실시하여야 한다. 교육훈련을 실시하기 위해서는 일반적으로 [그림 6-7]과 같은 네 가지의 요건, 즉 교육훈련의 대상자, 교육훈련의 담당자, 교육훈련의 내용 및 일정계획 등을 적절히 세워야 한다.

(1) 교육훈련의 대상자

교육훈련의 실시를 위한 계획과 관련하여 먼저 교육훈련의 대상자가 누구인지를 알아야 한다. 곧 현재 훈련을 필요로 하고 있는 사람(object)이 신입사원인지 또는 이미 취업을 하고 있는 종업원인지를 알아야 하며, 보다 구체적으로는 현 종업원 가운데서도 현재 훈련의 필요성을 가장 절실히 느끼고 있는 사람이 일신의 종업원인지 감독자층인지, 또는 경영자층인지를 분명히 파악해야 한다. 훈련을 받아야 할 대상이 먼저 결정되어야 할 이유는 이들 대상에 따라서 훈련의 내용, 기간, 장소, 담당자 등이 달라지기 때문이다.

그림 6-7 | 교육훈련의 계획

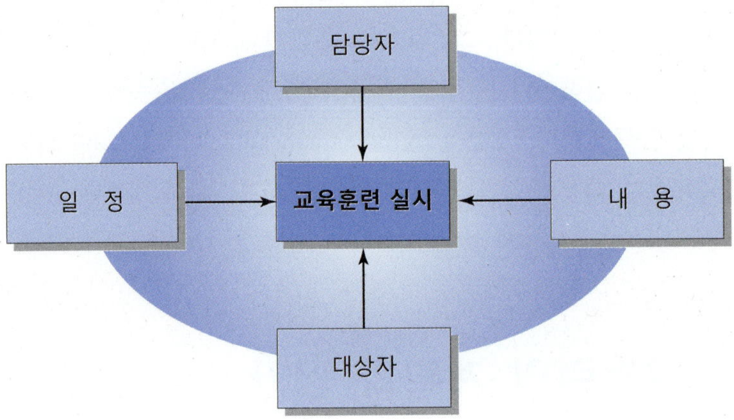

(2) 교육훈련의 내용

훈련의 내용(content)에 대한 계획을 세우기 위해서는 먼저 종업원의 담당직무를 연구해서 도달되어야 할 작업표준을 명확하게 밝혀내어야 하며, 다음으로는 종업원 개인의 근무실적, 능력, 태도 등을 검토해서 이것을 앞서 설정한 작업의 표준과 비교하면 된다. 즉, 현재 종업원이 가지고 있는 직무상의 지식이나 기능이 도달되어야 할 작업의 표준에 미치지 못한다면 바로 이 부족한 분야의 지식이나 기능은 교육훈련을 통하여 신속히 보완되어야 한다는 것이다.

(3) 교육훈련의 담당자

훈련의 담당자(trainer)는 기업의 규모, 업종, 경영자의 방침 등에 따라서 상이하지만 대체로 대규모의 기업에 있어서는 독립된 교육훈련부서를 두고 전 종업원에 대한 조직적이며 계속적인 훈련을 하고 있다. 성공적인 훈련의 담당자가 되기 위해서는 무엇보다도 가르쳐야 할 직무에 관한 광범한 지식과 오랜 경험을 가짐으로써 피훈련자로부터 신뢰와 존경을 받을 수 있는 자라야 하며, 나아가서는 탁월한 훈련기술을 소유하고 교육에 대한 인내와 열의를 가져야 한다. 이 밖에도 피훈련자 개개인에 대한 도움제공과 유머감각이 요구된다(Donaldson & Scannell, 1983).

(4) 교육훈련의 일정

교육훈련의 계획을 위해 마지막으로 필요한 것은 구체적인 일정(schedule)이다. 교육훈련의 시기와 기간은 대체로 훈련의 목적, 장소, 담당자 및 피훈련자의 능력과 훈련을 위하여 회사가 투입할 수 있는 비용의 한계 등에 의해서 결정된다. 신입사원의 경우에는 대개 실무에 종사하기 전에 2주에서 4주 사이에 걸쳐 합숙훈련을 받게 된다. 일반종업원의 경우에는 피교육자의 능력이나 경험을 기준으로 해서 교육훈련의 장단이 결정되면 가능한 한 작업에 그다지 지장이 없을 때를 이용하여 그 시기를 선정하는 것이 바람직하다. 그리고 훈련의 장소는 앞서 말한 훈련의 내용과 방식에 따라서 결정된다.

4.2 교육훈련의 평가

교육훈련 프로그램이 끝난 뒤에 혹은 진행 중인 교육훈련 프로그램의 중간에 조직은 교육담당자들과 피교육자들에게 교육훈련 결과를 피드백해줄 뿐만 아니라, 교육훈련의 목표가 얼마나 충족되었는지, 현 프로그램이 과연 조직의 목표달성에 가장 좋은 방법인지, 교육훈련 프로그램이 가져다준 경제적 효과는 어느 정도인지, 그리고 미래의 교육훈련을 계획하는 데 보다 유용한 자료나 정보가 무엇인가를 알아보기 위하여 반드시 교육훈련 프로그램의 평가과정을 거쳐야 한다(Dessler, 2017, 210). 교육훈련의 평가방법으로는 〈표 6-7〉과 같이 종업원의 자기평가, 종업원 이외의 사람을 통한 평가, 객관적 평가 등이 있다.

이러한 방법에 의해서 교육훈련의 성과를 평가할 때 그 기준으로는 ① 생산량,

표 6-7 | 교육훈련의 평가방법

평가방법	구체적 내용
• 종업원의 자기평가	종업원과의 면담 · 회합 질문서에 의한 종업원의 의견조사
• 종업원 이외의 사람을 통한 평가	감독자와의 면담 · 회합 질문서에 의한 종업원의 조사
• 객관적 평가	습득테스트, 태도조사 기타 평가법(불량품, 사건 · 사고의 발생률 등)

② 단위생산소요시간, ③ 훈련기간, ④ 불량·파손으로 인한 자재소모율, ⑤ 품질, ⑥ 근로의욕, ⑦ 결근·고충·노동이동률·재해율, ⑧ 일반관리비 등을 들 수 있다. 아울러 훈련 내용과 과정에 대한 종업원들의 반응, 훈련을 통해 얻게 된 지식, 훈련으로부터 기인된 행동상의 변화, 그리고 훈련의 직무와의 관련성 여부 등도 고려하여야 한다(Alliger & Elizabeth, 1989).

5. 경력개발

5.1 경력개발의 의의

일반적으로 경력(career)이란 "한 개인이 일생에 걸쳐 일과 관련하여 얻게 되는 경험"을 말한다. 조직체에서는 이러한 경력과 관련하여 조직체의 인력수요와 개개 구성인이 바라는 경력과의 조화를 도모할 필요가 있다. 이러한 의미에서 경력개발(CDP: Career Development and Planning)이란 조직체에서 요구하는 인적자원과 조직 구성원이 희망하는 경력목적을 통합시켜 구성원의 경력경로를 체계적으로 계획·조정하는 인사관리활동을 말한다. 이렇게 함으로써 경력개발은 조직체의 인력수요를 적시에 충족시키고 소속 구성원에게 앞으로의 경력경로를 미리 알려주며, 인력계획과 인력개발 프로그램을 활용하여 조직의 인적자원 개발과 조직구성원의 경력희망욕구를 동시에 만족시켜 줄 수 있다(이학종·양혁승, 2005). 이 경력개발을 인력개발차원에서 볼 때 시간적으로 장기적이고 관심의 대상은 직무이다. 이것을 잘 나타내고 있는 것이 [그림 6-8]이다.

경력개발은 1955년 미국의 후버위원회에서 하나의 제도로써 권고되기 시작하면서부터 경력개발(CDP: Career Development Planning), 경력계획(Career Planning), 경력관리(Career Management), 경력개발 프로그램(Career Development and Program) 등 다양한 표현으로 사용되기 시작하였다. 이 후버위원회의 권고안이 하나의 기본지침이었다고 한다면 기본적인 경력개발 프로그램은 1957년 미국육군문관의 경력개발이다. 이렇듯 정부차원에서 시행되어온 경력개발은 1960년대부터 IBM을 비롯

그림 6-8 | 인력개발의 네 가지 영역

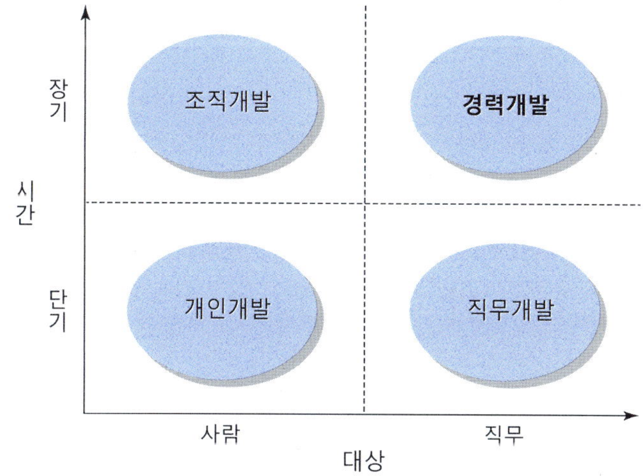

자료: 김흥국(2001.5), 「21세기 인적자원 개발과 경력개발제도」, 한국생산성본부, 2.

한 민간기업으로 보급되어 전세계적으로 보급되게 되었다.

우리나라에서는 1980년대 초 도입의 필요성을 논의하기 시작하여 1980년대 후반에서 1990년대 초 사이에 도입이 본격화되었다. 30대 그룹을 대상으로 한 조사에서 전사적 시행 1.2%, 부분적 시행 14.1%, 제도화 과정 12.0%였고, 1,000명 이상의 대기업의 경우 도입 27.2%, 검토 중 25.0%로 이미 90년대 중반에 대기업의 1/4이 적어도 부분적으로 경력개발을 도입하고 있는데(김흥국, 1995), 신인사제도의 도입 및 확산과 더불어 앞으로 도입 기업이 더욱 늘어날 전망이다.

5.2 경력개발의 필요성

경력개발의 필요성에 대해서는 다양하게 생각해 볼 수 있는데, 김흥국 교수는 [그림 6-9]에서와 같이 크게 네 가지 측면, 즉 ① 외부적 환경변화, ② 내부적 환경변화, ③ 인력개발의 현황, 그리고 ④ 제도 도입의 기대효과 등에서 경력개발의 필요성을 제시하고 있다(김흥국, 2001).

그림 6-9 | 경력개발의 필요성

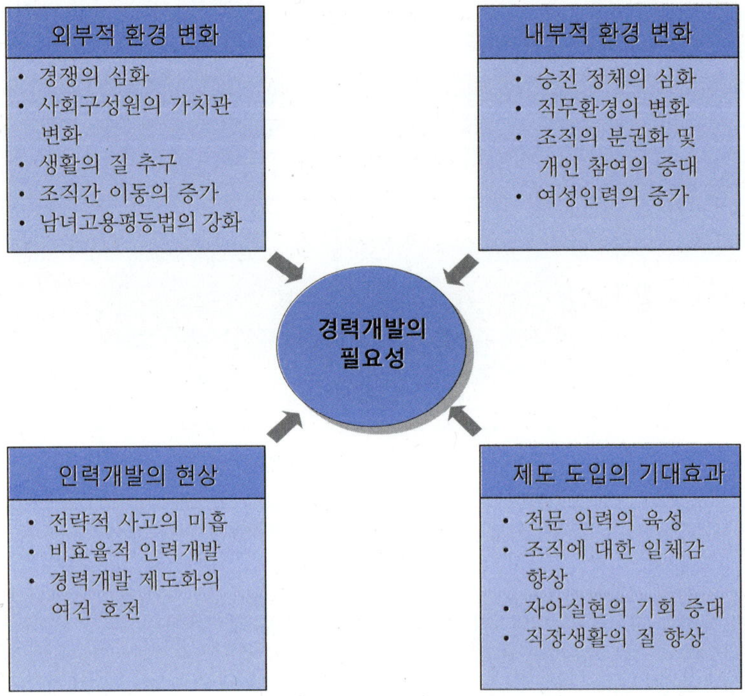

자료: 김홍국(2001.5), 「21세기 인적자원 개발과 경력개발제도」, 한국생산성본부, 2.

5.3 경력개발의 기본원칙

경력개발의 기본원칙으로 적재적소 배치의 원칙, 승진경로의 원칙, 자체 후진 양성의 원칙, 경력기회개발의 원칙 등 네 가지를 들 수 있다.

(1) 적재적소 배치의 원칙

경력개발은 조직 내 인재를 적재적소에 배치(the right man for the right place)하는 것을 원칙으로 하고 있다. 즉, 종업원의 적성·지식·경험 및 기타 능력과 조직의 목표달성에 필요한 직무가 잘 조화되도록 맞추는 것을 그의 골격으로 한다. 이를 위해서는 자격요건과 종업원의 적성 및 선호체계에 대한 정보를 충분히 파악하여야 한다. 따라서 경영정보시스템의 하위시스템인 인사정보시스템을 효율적으로 활용하도록 하여야 한다.

(2) 승진경로의 원칙

경력관리는 명확한 승진(경력)경로의 확립을 그의 원칙으로 하고 있다. 이 원칙은 기업의 모든 직위는 계층적인 경력경로로 형성되고 정의되며, 또 기술되고 평가되어야 한다는 입장이다. 즉, 과학적인 직계를 이루고 그에 따른 경력경로가 이루어져야 한다는 점이다. 이러한 승진경로의 설정은 질적 인적자원계획을 수립하는 데 있어서 본질적인 문제해결의 길잡이가 된다.

(3) 자체 후진양성의 원칙

경력개발은 기업 내부에서의 후진양성을 원칙으로 한다. 즉 경력관리는 인재를 외부에서 충원하는 것보다 내부에서 자체적으로 양성하는 것을 기본원칙으로 한다. 내부충원은 종업원에게 성장의 동기부여를 하고 종업원을 기업에 밀착시키도록 한다. 그렇게 함으로써 유능한 인재를 지속적으로 확보할 수 있고 경력초심자로 인한 기업의 손실을 방지할 수 있다. 기업 내부의 인재육성을 통하여 기업 외부로부터 충원된 신입사원이 겪는 소외감을 방지할 수 있고, 조직, 작업스타일, 직장분위기 등에 대한 적응시간과 비용을 절감할 수도 있다. 또 기업은 직계의 연계를 통하여 소위 경영맹인(經營盲人)의 위험도 제거할 수 있다(최종태, 2002, 323).

(4) 경력개발기회의 원칙

조직구성원이 그들의 경력상 필요한 것을 알게 되면 조직은 경력경로를 작성해야 하며, 구성원의 능력발전보다 기회가 제한된다고 인정되는 저기회의 직업은 별도로 명시하여야 하고 또 이를 후보자에게 알려야 한다.

승진의 기회가 많지 않은 구성원들도 그들의 경력개발기회를 갖기를 원하고 있다. 그러므로 조직은 구성원에게 생애단계와 연령단계별로 경력기회의 개발을 통하여 승진경로가 너무 자주 한 부서에만 국한시키지 않도록 해야 할 것이다. 따라서 하위직무 요건의 신중한 분석을 통해서 보다 상위직무를 준비하여야 한다. 일반적으로 직무요건을 분석해 보면 서로 다른 분야의 여러 직무에 대한 복수의 승진경로를 찾아볼 수가 있다(김원경, 1993).

5.4 경력개발의 모형

경력개발을 제대로 이해하기 위해서는 이것의 이론적 기반에 큰 영향을 미쳤던 경력개발의 모형을 이해할 필요가 있다. 경력개발에 적용할 수 있는 모형에는 개인차원의 모형과 조직차원의 모형이 있다. 개인차원에서 적용할 수 있는 경력개발 모형에는 경력단계모형, 경력앵커(닻)모형, 경력성공순환모형 등이 있고, 조직차원에서 적용할 수 있는 경력개발 모형에는 리치(Leach)의 시소(seesaw)모형과 알핀 저스터(Alpin & Gerster)모형 등등이 있다(박경규, 2016, 346-349; 신철우 외, 2018, 250-252; 송준호 · 임외석, 2017, 212-217; 박계홍 · 박하진 · 임웅석, 2018, 329-335). 이 중 가장 대표적인 모형인, 홀(D. Hall)의 경력단계모형을 살펴보기로 하자. 홀은 경력단계를 [그림 6-10]과 같이 4단계로 들고 있다. 각 단계별 특징은 다음과 같다.

(1) 탐색단계

탐색단계(exploration stage)로 불리어지는 25세 이하의 1단계는 자아개념(self-concept)을 정립하고 미래에 자신이 무엇을 해야 할 것인가의 경력지향(career orientation)을 결정한다. 이 단계의 마지막 부분은 시도기(trial period)로서 조직에 새로 들어온 지 1-2년 정도의 시기이며, 자신에게 적합한 분야를 탐색하고 이에

그림 6-10 | 홀의 경력단계모형

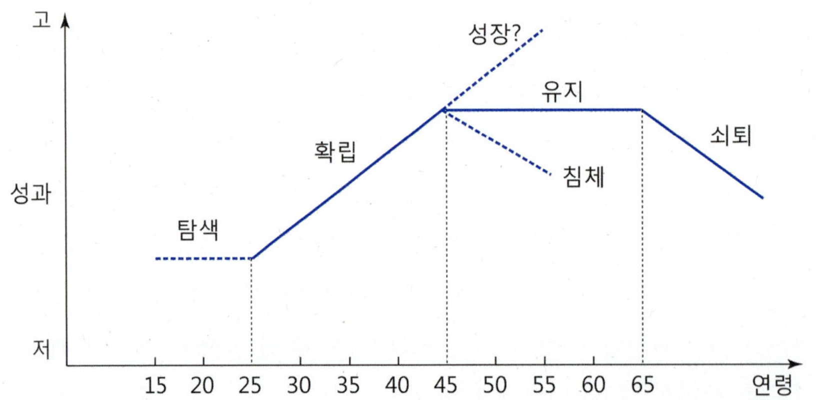

자료: D. T. Hall(1976), *Careers in Organizations*, Santa Monica, California: Goodyear Pub. Co., 57.

다른 시초직무(beginning job)를 찾아내어 시초직무를 발전시켜 평생의 업으로 삼을 것을 계획하는 시기이다. 따라서 이 시기에 처한 사람들은 그만큼 고민도 많고 방황도 많으며, 이직률이 가장 높다.

이 시기에 처한 각 개인은 여러가지 직무를 경험할 수 있도록 하여 자신과 직무의 적합관계를 알아보는 자기탐색(self-exploration)이 이루어지도록 해 주는 것이 필요하다.

(2) 확립단계

확립단계(establishment stage)로 불리어지는 25세에서 45세에 이르는 2단계는 일단 특정의 직무영역에 정착하는 시기로서, 조직구성원들이 탐색단계에서 선택한 직업에 정착하려고 노력하고 결국에는 한 직업에 정착하게 되는 단계이다. 그 뿐만 아니라 확립단계는 구성원이 조직체에서 성과를 올리고 업적을 축적하여 승진하면서 경력발전을 달성하고 조직체의 경력자로서 조직체에 몰입하는 단계이다(이학종·양혁승, 2005, 605). 이러한 조직사회화 과정에서는 도전적인 과제부여, 주기적인 피드백, 상사의 지원 및 멘토링(mentoring) 구축 등이 필요하다(김영재·김성국·김강식, 2018, 309-401).

이 시기에는 다른 동료들 또는 라이벌 간에 상당한 정도의 경쟁심이 작용하며 경쟁상황 하에서의 갈등 및 실패에 대한 감정적 처리가 대단히 중요하다.

(3) 유지단계

유지단계(maintenance stage)로 불리는 45세에서 65세에 이르는 3단계는 다음 세대에 무엇인가 의미있는 것을 만들어 내려고 노력하는 시기라고 해서 생산(generativity)의 시기라고도 한다. 3단계에서는 예일대학교 정신의학과의 심리학 교수인 다니엘 레빈슨(D. Levinson)이 지적한 '중년의 위기(mid-life crisis)' 또는 '중간경력위기(mid-career crisis)'가 다가오며, 개인이 이를 얼마나 잘 극복하느냐에 따라 다시 성장할 수도, 또는 쇠퇴해 버릴 수도 있다.

이 단계에서는 좀 더 조직과 자신을 동일시하게 되고 전체 조직의 목표와 관련하여 자신의 직무를 바라볼 수 있게 된다. 또한 자신의 가족, 지역사회 등과의 관계를 재정립하고 미래의 인생계획을 다시 한번 수립하려고 하기도 한다.

(4) 쇠태단계

쇠퇴단계(decline stage)로 불리는 65세 이후의 4단계는 조직에서 은퇴를 하거나 은퇴를 준비하는 시기로, 육체적으로나 정신적으로 능력이 쇠퇴하는 시기이며 경력개발에 대한 모티베이션이 줄어드는 시기이다. 이 시기는 자신의 조직생활을 통합(integrity)해 보려는 시기라 해서 통합단계라고도 하는데 , 그 이유는 자신의 인생에 대한 의미를 총정리한다는 뜻이 내포되어 있기 때문이다(박경규, 2016, 350).

홀은 4단계로 구분되는 경력단계에 따라 각 개인의 경력을 개인 스스로가 계획·개발할 수 있도록 조직이 이를 도와주어야 하며, 특히 경력단계별로 과업욕구(task needs)와 과업에 임하는 개인의 감정욕구(emotional needs)를 파악하여 훈련 및 개발을 하도록 도와주어야 한다고 주장하였다.

5.5 경력개발의 과정

경력개발은 여러 과정을 거쳐 이루어지는데, 기본적인 과정은 [그림 6-11]과 같다. 이 그림에서 알 수 있듯이 일반적으로 경력개발의 과정은 조직구성원들이 희망하는 경력을 알아내고 조직체의 장단기 인력수요를 알아내어 구성원과 실무관리자나 전문경력상담자와의 경력상담을 거쳐 자신의 경력목표를 설정하고, 이 목표달성에 필요한 경력경로를 알려주며, 끝으로 경력개발의 결과평가의 과정과 더

그림 6-11 | 경력개발의 과정

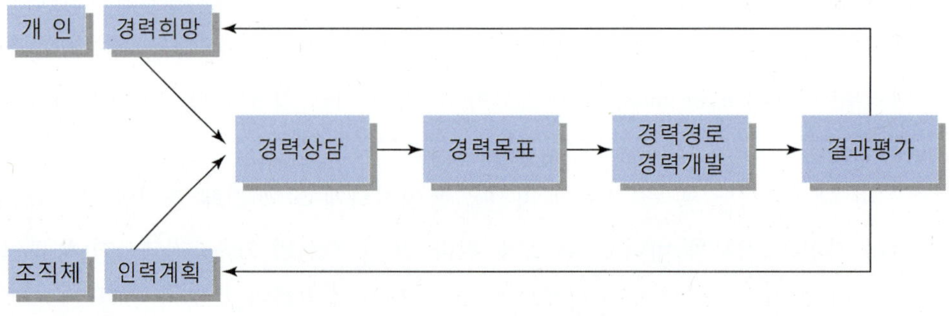

자료: 이학종·양혁승(2014), 「전략적 인적자원관리」, 개정판, 오래. 606-612.

불어 피드백시키는 일련의 과정을 거치게 된다. 이것을 보다 구체적으로 살펴보면 다음과 같다.

(1) 개인관련 자료수집

경력개발은 개인과 관련된 인적자료의 체계적인 수집으로부터 출발하게 된다. 따라서 조직구성원의 학력, 경력, 기술, 자격, 가치관 등과 같은 기본적인 인적사항과 인사평가자료는 물론이고 개별 종업원의 경력도 평가하여야 한다. 개인평가는 종업원 개인의 직무적성이 무엇이고 어떤 강점과 약점을 가지고 있는지에 초점을 두는데, 보통 경력관련 테스트북을 이용하거나 경력계획워크샵을 통해 평가할 수 있다.

(2) 직무분석과 인력계획

다음으로 직무분석을 통해 각 직무의 내용이나 요건, 자격요건, 직무간의 연결 및 승진경로 등을 명백히 하여야 한다. 아울러 조직의 주요 전략적 이슈, 조직이 직면할 가장 중요한 욕구와 도전, 이러한 도전을 충족시키는 데 필요한 중요 기술, 지식 및 경험, 요구되는 충원수준, 조직의 강점(Gomez-Mejia, Balkin, & Cardy, 2016, 234) 등을 활용한 조직체계획과 인력계획을 통하여 조직체의 장단기에 걸쳐 필요로 하는 인력수요를 분석한다.

(3) 경력상담

경력상담(career counselling)이란 조직구성원이 경력목표를 세우고 이에 적합한 경력경로를 찾아서 자신의 경력을 효율적으로 개발할 수 있도록 대화형식으로 도와주는 방법이다(송준호 · 임외석, 2017). 경력목표를 설정하기 전에 상사나 전문경력상담자로부터 조직체의 인력수요를 중심으로 경력기회와 옵션(option), 새로운 직무나 공석 등을 충분히 듣고 새로운 경력기회를 토의하여야 한다. 이 때 실무관리자나 전문경력상담자가 어떠한 내용의 상담과 지도를 해 주느냐가 부하에게 미치는 영향은 실로 막중하다.

(4) 경력목표의 설정

개개 구성원들이 실무관리자나 전문경력상담자와의 상담을 통하여 조직의 경력욕구와 개인의 경력욕구가 합치되는 구체적인 경력목표를 설정하게 된다. 이를테면 3년 후에는 대리, 6년 뒤에는 과장, 12년 후에는 부장 등등이다. 이 과정에서는 특히 구성원과 경력기회에 대하여 잘 알고 있는 실무관리자의 역할이 매우 중요하다.

(5) 경력경로의 설정

앞서 설정한 경력목표를 달성하기 위하여 구체적으로 거쳐 나가야 할 직무와 그 직무를 거쳐가는 동안 수행해야 할 주요 교육훈련 프로그램이 바로 경력경로(career path)이다. 개개 구성원들은 객관적 자료를 가지고 자기진단(self-assessment)을 정확하게 한 다음 스스로 혹은 상사나 경력전문가와 더불어 본인에게 적합한 경력경로를 계획하여야 한다.

(6) 결과평가

경력개발이 활성화되기 위해서는 설계된 제도의 운영에 대한 체계적 평가가 매우 중요하다. 따라서 평가영역, 평가기준 및 평가요소의 설정 등을 통한 체계적 평가시스템의 구축을 통해 경력개발의 도입과 운영에 따른 문제점을 발견한 뒤 이를 보완하고 개선하는 시스템의 재설계가 지속적으로 이루어져야 한다.

5.6 경력개발의 문제점

경력개발의 성공은 본인과 상사의 적절한 자질과 열의는 물론이고 조직차원의 제도적 뒷받침이 이루어졌을 때 비로소 가능하다. 구체적으로 경력개발이 성공하기 위해서는 조직구성원의 ① 경력에 대한 열의, ② 심리적 성공을 중시하는 경력관이 필요하고, 상사의 ③ 관심과 참여, ④ 정확한 경력정보와 경력상담 능력이 중요하며, 그리고 조직의 ⑤ 개인욕구의 다양성 고려, ⑥ 정기적 역량평가와 현실적 피드백, ⑦ 공평한 참여기회 부여, ⑧ 기본에 충실한 제도의 체계화, ⑨ 장기적이고도 신중한 접근, ⑩ 최고경영자의 적극적 지원 등이 필요하다.

이들이 결여되었을 때 경력개발을 효과적으로 실시하는 데에는 여러가지 문제들이 따를 수 있다. 이 중 가장 많이 언급되고 있는 문제점 네 가지를 살펴보면 다음과 같다.

(1) 비현실적인 경력목표

조직구성원들은 조직체의 전반적인 상황에 맞추어 경력개발을 계획하지 아니하고 지나치게 자기 중심적인 경력발전만을 원함으로써 비현실적인 경력목표를 추구하는 경우가 있는데, 그 결과 경력개발이 실패로 끝나는 경우가 많다.

(2) 빠른 승진경로

빠른 승진경로로 말미암아 경력개발이 어렵다. 조직구성원들은 경력개발을 승진과 동일시하는 경향이 많다. 그 결과 빠른 승진경로에만 너무 지나친 관심을 보임으로써 많은 구성원들이 소위 인기직무로 경력목표를 집중시키는 경향이 있다.

(3) 지나친 의존 경향

경력개발은 인사관리부서나 몇몇 경력전문가들만의 책임이라는 그릇된 인식으로 경력계획을 전적으로 이들 스탭들에게 맡김으로써 경력개발이 제대로 이루어지지 않는 경우가 많다. 경력개발의 최종적인 책임은 어디까지나 본인에게 있으므로 이들 전문가들의 도움을 받아 구성원들이 주도적으로 이끌어나가는 적극적인 자세가 필요하다(이학종·양혁승, 2005, 608-610).

(4) 경력고원현상

경력고원현상으로 인하여 경력개발이 효과적으로 이루어지지 않는다. 조직구성원들은 여러가지 이유로 더이상 경력발전만을 지향할 수 없는 경우가 있다. 이를테면 1997년의 IMF 외환위기, 2007년의 미국발 글로벌 금융위기, 그리고 2010년의 유럽의 재정위기 등과 같은 경제위기나 개인의 신체상의 노화현상이나 능력상의 도태로 인하여 나타나는 경력상의 고원(plateau)현상이 바로 그 경우이다(이학종·양혁승, 2005).

7

인사평가

- 1. 인사평가의 의의
- 2. 인사평가의 방법
- 3. 인사평가의 문제점
- 4. 신인사평가제도

1. 인사평가의 의의

1.1 인사평가의 의의

어떤 조직이든 조직 내에는 다양한 구성원들이 있다. 이들 구성원들의 능력은 실로 천차만별이다. 실제로 최상의 성과를 내는 종업원들은 최하의 성과를 내는 종업원들보다도 평균적으로 세 배나 많은 성과를 낸다고 한다(Schuler, 1998). 따라서 이들 차이가 나는 종업원들의 능력을 주기적으로 알아내어 능력에 상응하는 적절한 보상이나 일자리를 마련해주어야 할 것이다. 이러한 필요성에서 등장한 것이 바로 인사평가(performance appraisal)제도이다.

인사평가란 조직 내의 여러 직무에 종사하고 있는 종업원의 근무성적이나 능력 등을 그 조직체에 대한 유용성의 관점에서 평가하여 이들의 상대적 가치를 주기적으로 결정하기 위한 제도를 말한다. 따라서 직무와 직무를 비교해서 직무의 가치를 평가하는 것이 제3장에서 살펴본 직무평가인 데 비해서, 인사평가는 [그림 7-1]에서와 같이 사람과 직무와의 관계를 평가하는 것이다.

이러한 인사평가를 공식적으로 처음 만들어 낸 사람은 19세기 초 스코틀랜드에서 방직공장을 경영하던 로버트 오웬(R. Owen)으로 알려져 있다. 그는 '성격수

그림 7-1 | 직무평가와 인사평가

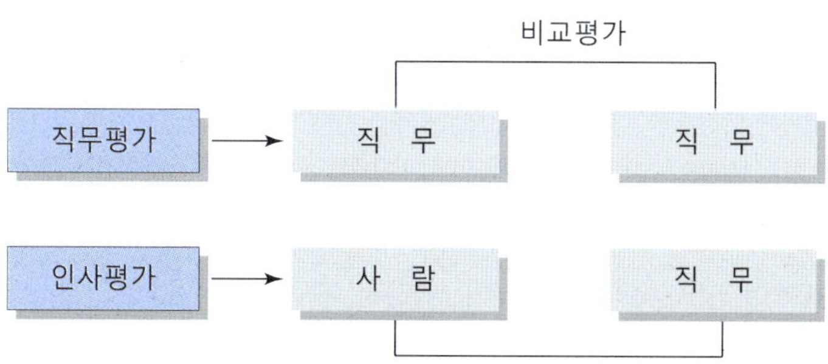

자료: 최종태(2002), 「현대인사관리론 - 의사결정론적 시스템 어프로치」, 전정판, 박영사, 423.

첩(character book)'을 종업원들에게 나누어 주고 그들로 하여금 매일매일의 근무상황을 기록케 하였으며, 이 보고에 의하여 근무성적의 좋고 나쁨을 '성격표시판(character board)'에 색으로 구분하여 제시함으로써 조용한 경고자 역할(silent mentor)을 하도록 했다. 1906년에는 칼 피어슨(K. Pearson)이 평가척도법을 고안했고(이재규 · 김진극 · 김동조, 2011, 185), 그 다음으로 1915년에 뉴욕의 Lord and Taylor 백화점에서, 또 1917년에는 스코트(W. B. Scott)가 중심이 되어 '미육군평가척도(the US army rating scales)'가 작성되어 배치와 승진 등 인사관리의 기초자료로 제공되었다.

제1차 세계대전이 끝난 후 1919년에는 군대 내의 인사관리관계자와 심리학자가 이 제도를 민간기업에 도입하였을 뿐만 아니라 대기업이나 중기업에서는 심리학자를 채용하여, 이들의 지도 밑에 인사평가의 발전을 시도하였으며, 고용절차, 복무관리 등 인사관리의 분야에 있어서 괄목할만한 개혁을 성취하였다. 또한 1923년에는 미국에서 인사분류법이 공포됨에 따라 공무원에 대한 인사평가가 공식적으로 실시되었는데, 그 후 이 분야는 급속한 발전을 이루어 이제 인사평가는 조직 내의 인간을 평가하는 중요한 방법이 되었다.

이와 같이 미국에서는 이미 오래 전부터 인사평가에 대한 연구가 이루어져서 관공서나 대 · 소기업체에서 널리 사용되어 왔으나, 우리나라에 있어서는 근래에 이르러 그 중요성이 인식되어 연구와 실천을 위한 활발한 움직임을 보이고 있고, 이에 대한 구체적인 통계자료는 없으나 일반공무원에 대한 근무성적평가규정(각령 제234호)이 1961년 10월 22일에, 군근무평가규정(각령 제1629호)이 1963년 11월 11일에 각각 공포된 사실로 미루어 그 역사가 짧음을 알 수 있다.

전통적으로 인사평가는 상사가 부하를 고과하는 하향식 평가방식이었다. 그러나 오늘날의 인사평가의 주체는 전통적인 상사, 특히 직속상사로부터 동료, 부하, 위원회, 기타 등등 실로 다양하다. 최근 들어서는 [그림 7-2]와 같은 다면평가제 방식, 즉 360도 피드백평가(360° feedback evaluation)도 많이 이루어지고 있다.

360도 피드백평가란 조직구성원 개인이 스스로를 평가한 후 조직의 다른 구성원, 즉 직속상사, 동료 혹은 직속부하로부터 평가결과를 피드백 받는 과정을 말한다. 기존의 인사평가가 상사가 부하를 평가하는 하향식 평가였던 것에 비해, 360도 피드백평가는 자기평가를 기본으로 하여 동료는 물론 직속부하 및 외부고객으로부터의 수평적 · 상향식 평가과정이 추가된다. 이 360도 피드백평가는 자기평

그림 7-2 | 단일원천과 다수원천의 피드백시스템

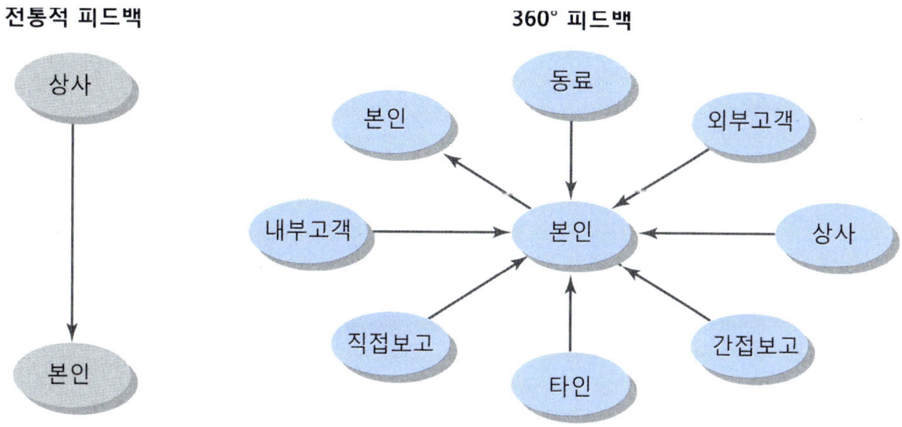

자료: M. R. Edward & A. J. Ewen(1996), *360° Feedback: The Powerful New Model for Employee Assesment & Performance Improvement*, New York: AMACOM, 9.

가의 결과를 기본으로 하여 상사, 동료, 부하로부터의 평가를 '자기평가결과에 대한 피드백 과정'으로 여기는 것이 중요한 특징이다. 이 제도는 주로 미국에서 불리어지는 명칭이며, 우리나라에서는 다면평가, 사방평가, 팔방평가 등의 별칭이 존재한다.

오늘날 인사평가는 인적자원관리시스템의 성패를 가름하는 중요한 하위시스템으로 성과지향적 인적자원관리상에 보상과 인적자원개발을 위한 문지기역할을 하고 있다. 즉 인사평가를 통해야만 공정한 보상관리와 효과적인 인적자원개발이 가능한 것이다(김성국, 2003, 233; Tichy, Fombrun, & DeVanna, 1982).

이러한 인사평가는 미국에서는 일반적으로 merit rating, personnel rating, personnel appraisal, performance appraisal, performance evaluation이라는 다양한 용어로 사용되고 있다. 우리나라에서도 인사평가와 관련하여 다양한 용어들이 사용되고 있는데, 시기별 또는 업종별로 차이가 난다. 과거에는 주로 근무평정이라는 용어가 사용되었다. 정부, 공기업, 은행과 같은 일부 금융기관 등에서는 아직까지도 근무평정이란 용어를 사용되고 있는 것으로 알려지고 있다. 그 후 1980년대 이전까지는 인사고과라는 용어가 가장 빈번히 사용되다가 1990년 이후에는 통합인 통제방식인 성과관리의 일환으로서 인사평가라는 표현을 사용하기 시작하였다(정동관 외, 2015,15). 이러한 사실은 [그림 7-3]과 같이 정동관 외(2015)의 조사결과

그림 7-3 | 인사평가 명칭

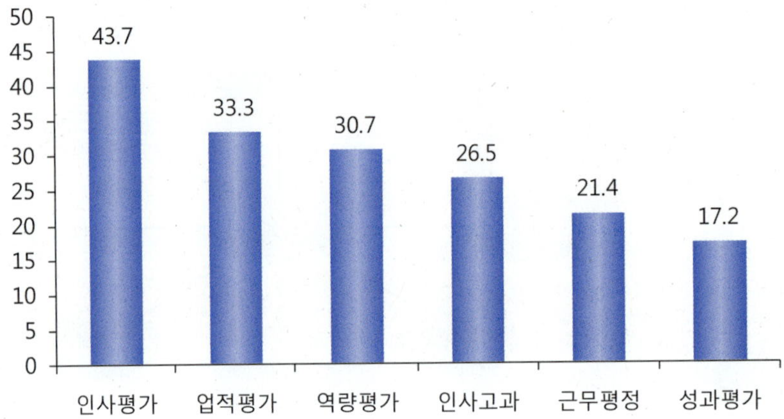

자료: 정동관 외(2015), 「인사평가제도 현황과 발전방안에 관한 연구」, 한국노동연구원, 116.

에서도 잘 나타나고 있다.

1.2 인사평가의 시기와 횟수

(1) 인사평가의 시기

인사평가는 일정한 시기에 모든 종업원들에 대해 시행하는 것이 일반적이지만 충분한 시간을 가지고 고과를 하지 않으면 고과의 타당도와 신뢰도에 문제가 제기될 수 있다. 인사평가의 시기는 피고과자의 과업주기에 맞추어 주요 과업이 완료되고 고과자가 충분한 시간을 투입할 수 있는 시기에 시행하는 것이 가장 효과적이다(이재규 · 김진극 · 김동조, 2011, 191-192). 우리나라의 경우 일반적으로 사업연도가 끝나는 12월에 인사평가를 가장 많이 실시하는 것으로 나타났다. 다음으로 1월, 6월, 그리고 7월의 순으로 나타났다. 주요 구성항목별 인사평가 시기를 보면 업적평가의 경우 12월(40.6%), 1월(25.1%), 6월(16.0%), 7월(14.3%)의 순이었고, 능력평가의 경우 12월(34.3%), 1월(22.9%), 6월(11.4%), 7월(10.9%)의 순이었으며, 그리고 태도평가도 유사한 경향을 보이고 있다(박준성 · 김환일, 2008, 21).

(2) 인사평가의 횟수

인사평가는 매년 1회씩 실시하는 것이 보통이지만 직종에 따라 6개월 또는 3개월 단위로 실시하는 경우도 있다. 동기이론과 강화이론에 따르면 성과에 대한 피드백을 자주 하고 성과와 보상의 관계를 명확히 할수록 피고과자의 동기수준이 높아지고 성과도 높아진다고 한다. 인사평가를 1년에 한 번씩 하는 것은 동기부여측면에서 볼 때 효과적이지 못하다. 따라서 공식적 고과는 1년에 한 번 하더라도 비공식적 피드백은 자주하여 동기를 강화해 주는 것이 바람직하다(이재규 · 김진극 · 김동조, 2011, 192).

우리나라의 경우 인사평가를 업적평가, 능력평가, 태도평가 등으로 나누어 살펴본 결과 업적평가의 경우 '연 1회'가 55.1%로 가장 높았고, 그 다음으로 '연 2회'가 34.1%로 '수시평가' 2.8%, '연 3회 이상'이 1.1%로 나타났다. 능력평가의 경우 '연 1회'가 61.9%로 가장 높았고, 그 다음으로 '연 2회'가 23.9%, '수시평가' 2.3%의 순으로 나타났다. 태도평가의 경우 '연 1회'가 33.0%로 가장 높았고, '연 2회'가 14.8%로 '수시평가' 2.3%순으로 나타났다. 이와 같이 인사평가의 실시횟수는 업적평가, 능력평가, 태도평가 모두 '연 1회'와 '연 2회'를 85% 이상 실시하고 있는 것으로 나타났다(박준성 · 김환일, 2008, 20-21). 이러한 결과는 2015년에 이루어진 정동관 외(2015)의 연구결과와도 거의 같았다(정동관 외, 2015, 127-128).

표 7-1 | 인사평가의 실시횟수 (단위: %, 개)

구 분	연 1회	연 2회	연 3회 이상	수시평가	계
업적평가	55.1(97)	34.1(60)	1.1(2)	2.8(5)	100.0(176)
능력평가	61.9(109)	23.9(42)	0.0(0)	2.3(4)	100.0(176)
태도평가	33.0(58)	14.8(26)	0.0(0)	2.3(4)	100.0(176)
기 타	5.7(10)	1.7(3)	0.6(1)	0.0(0)	100.0(176)

자료: 박준성 · 김환일(2008), 「한국기업의 인사평가제도 실태조사」, 한국경영자총협회, 21.

1.3 인사평가의 요소

인사평가의 요소는 크게 업적, 능력, 태도로 구분할 수 있다. 구체적으로 직무수행결과인 업적은 종업원의 가치, 공헌도, 근무성적 등이며, 수행한 직무의 질과 양을 나타낸다. 능력은 지식이나 기능, 이해력, 창조력, 사고력, 표현력, 판단력, 기획력, 조직력, 절충력, 지도력, 개발력, 섭외력 등을 포함한다. 그리고 태도에는 책임성, 적극성, 협조성, 활동성, 인내심, 신중성, 자신감, 달성의지 등과 같은 일에 대한 자세와 정서적 안정성, 사회적 성향, 공감성, 결단성 등과 같은 성격 유형이 포함된다. 그러나 이러한 고과요소는 획일화시킬 수는 없다. 업적, 능력, 태도의 세부적 요소는 인사평가의 목적이나 대상 및 직능에 따라 충분히 차이가 있을 수 있다(서도원 · 서인석 · 송석훈 · 이기돈, 2003).

그러면 우리나라 기업에서는 실제로 인사평가의 요소로 주로 어떤 것을 사용할까? 박준성 · 김환일 연구팀이 189개 기업을 대상으로 실시한 '한국기업의 인사평가제도 실태조사'에서 능력과 역량평가의 주요 요소로 〈표 7-2〉와 같이 리더십능

표 7-2 | 능력과 역량평가의 주요 항목 (단위: %, 개)

구 분	산업별		계	규모별	
	제조업	비제조업		대기업	중소기업
전략수립능력	47.9(57)	52.7(29)	49.4(86)	50.9(54)	47.1(32)
목표실천능력	65.6(78)	74.5(41)	68.4(119)	67.9(72)	73.5(50)
기획분석능력	40.3(48)	54.5(30)	44.8(78)	56.6(60)	26.5(18)
리더십능력	73.9(88)	81.8(45)	76.4(133)	81.1(86)	69.1(47)
부하육성능력	63.9(76)	65.4(36)	64.4(112)	70.7(75)	54.4(37)
대외교섭능력	24.4(29)	32.7(18)	27.0(47)	32.1(34)	19.1(13)
네트워크활용능력	15.1(18)	25.4(14)	18.4(32)	22.6(24)	11.8(8)
직무관련 지식	79.8(95)	65.4(36)	75.3(131)	75.5(80)	75.0(51)
업무수행태도	74.8(89)	69.1(38)	73.0(127)	67.0(71)	82.4(56)
인간관계	42.0(50)	47.3(26)	43.7(76)	44.3(47)	42.6(29)
충성심	18.5(22)	23.6(13)	20.1(35)	20.7(22)	19.1(13)
커뮤니케이션능력	52.1(62)	52.7(29)	52.3(91)	65.1(69)	32.3(22)
OA관련 능력	15.1(18)	18.2(10)	16.1(28)	17.9(19)	13.2(9)
직무관련 경험	22.7(27)	21.8(12)	22.4(39)	19.8(21)	26.5(18)
문제해결능력	73.1(87)	74.5(41)	73.6(128)	78.3(83)	66.2(45)
기 타	6.7(8)	9.1(5)	7.5(13)	7.5(8)	7.3(5)
합 계	100.0(119)	100.0(55)	100.0(174)	100.0(106)	100.0(68)

주: 복수응답

자료: 박준성 · 김환일(2008), 「한국기업의 인사평가제도 실태조사」, 한국경영자총협회, 25.

력(76.4%), 직무관련지식(75.3%), 문제해결능력(73.6%), 업무수행태도(73.0%), 목표실천능력(68.4%) 순으로 나타났다. 이러한 요소는 비제조업보다는 제조업에서, 그리고 중소기업보다는 대기업에서 더욱 강하게 나타났다(박준성 · 김환일, 2008, 25).

1.4 인사평가의 목적

인사평가는 조직구성원의 가치를 체계적으로 평가 · 결정하는 것인데, 이러한 인간에 대한 가치판단은 우선 조직에 대한 유용성이라는 관점에서 평가될 것이나, 그 사용목적에 따라 여러 인사평가방식을 생각할 수 있으므로 그 가치판단의 관점이 다를 수 있다. 일반적으로 인사평가는 보상결정의 기초자료로 가장 많이 사용되지만 이 밖에도 여러가지 목적으로 사용된다. 구체적으로 인사평가는 ① 임금관리의 기초자료, ② 인사이동의 기초자료, ③ 종업원들간의 현재적 · 잠재적 능력비교와 종업원들이 지니고 있는 숨은 재능의 발견, ④ 교육훈련의 기초자료, ⑤ 종업원의 성과향상 ⑥ 선발(시험)의 타당성 검토 등으로 사용되고 있다(이학종, 2000;

그림 7-1 | 인사평가의 목적

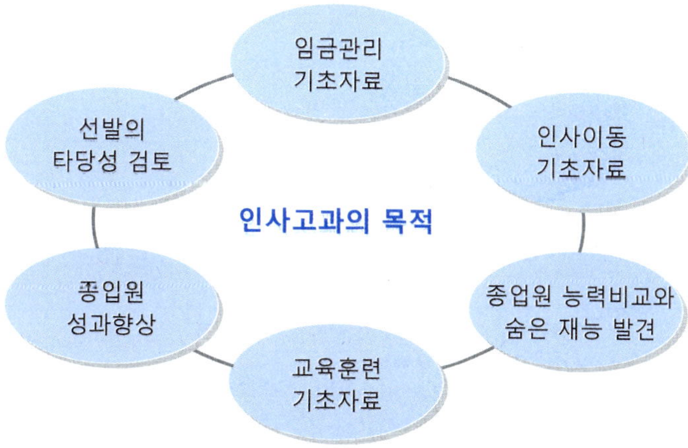

자료: 박성수 외(2009), 「디지로그시대의 인적자원관리」, 제2판, 박영사, 197을 수정한 것임.

Gomez-Mejia, Balkin, & Cardy, 2010, 241).[1)]

이와 같이 인사평가는 평가수단으로서 뿐만 아니라 종업원개발과 동기부여를 위한 유용한 도구로 활용되며(Antony, Perrewe, & Kacmar, 1999), 그 결과가 인적자원관리의 거의 모든 영역에서 기초자료로 활용된다. 특히 종업원의 능력개발 및 처우를 위한 가장 중요한 자료로 쓰인다(최종태, 1991). 이와 같이 종업원의 현재적·잠재적 능력비교와 종업원들이 지니고 있는 숨은 재능을 발견하는 인사평가과정을 통해 종업원들의 역량을 발굴·개발하고 이를 극대화시켜 나갈 수 있을 것이다. 보통 사람들은 자기 에너지와 능력의 단지 25%만을 자신의 일에 투입한다고 한다(Jackson & Schuler, 2003). 따라서 종업원의 현재적·잠재적 능력을 극대화시키고 이에 상응하는 적절한 보상을 해줌으로써 종업원들이 지니고 있는 내재된 재능

표 7-3 | 인사평가결과의 활용 (단위: 개, %)

		표본수	승진 결정	기본급 조정	성과급 지급	배치 이동	교육훈련자 선발	개인 표창
전 체		501	94.4	56.3	54.7	35.5	25.6	20.6
기업 규모	1,000인 이상	138	98.6	50.7	65.2	42.0	37.7	27.5
	500~1,000인 미만	178	92.1	57.9	55.6	35.4	24.2	18.0
	300~500인 미만	185	93.5	58.9	46.0	30.8	17.8	17.8
산업	광공업	123	97.6	72.4	52.9	37.4	25.2	22.0
	건설업	20	100.0	60.0	60.0	35.0	30.0	20.0
	도소매/음식숙박업	66	97.0	59.1	60.6	34.9	22.7	18.2
	전기/운수/통신	76	96.1	63.2	69.7	39.5	40.8	22.4
	사업/개인/공공서비스 등	216	90.7	43.5	48.2	33.3	20.8	19.9
노조 유무	있음	255	95.3	50.6	58.0	40.8	27.1	24.3
	없음	246	93.5	62.2	51.2	30.1	24.0	16.7

자료: 정동관(2016), "인사평가제도의 실태," 「노동리뷰」, 한국노동연구원, 2016년 4월호, 8.

1) Martis & Jackson(2006)은 인사평가의 목적을 크게 관리적 용도(보상, 승진, 징계. 해고, 다운사이징)과 개발 용도(강점의 확인, 변화영역의 확인, 훈련/개발, 코칭, 경력계획)로 대별하고 있다.

을 개발하도록 하여야 한다.

그러면 우리나라 기업에서는 실제로 인사평가의 결과를 주로 어디에 활용하고 있는가? 정동관 연구팀이 국내 501개 사업체를 대상으로 실시한 '한국기업의 인사평가제도의 실태조사'에서 "인사평가 결과를 어디에 활용하는가(복수응답)?"라는 물음에 〈표 7-3〉과 같이 인사평가를 활용하는 가장 일반적인 방식은 '승진결정'으로 드러났다(94.4%). 기업규모별로는 1,000인 이상의 기업에서 98.6%, 산업별로는 건설업 100.0%, 광공업 97.6%, 도소매/음식숙박업 97.0%로 모든 기업, 또는 대부분의 기업이 인사평가를 '승진결정'에 활용하고 있었다. 노조 유무에 따라서도 유노조기업과 무 노조기업은 큰 차이없이 93% 이상의 높은 비율로 '승진결정'에 인사평가자료를 활용하였다. 그 다음으로 인사평가결과는 '기본급조정'(56.3%), '성과급지급'(54.7%)에도 높은 비율로 활용되고 있었다(정동관, 2016).

2. 인사평가의 방법

인사평가는 현재까지 여러 조직에서 수많은 방식이 고안되어 사용되고 있으나 이들을 원리면에서 분류하면 대체로 다음과 같은 네 가지의 방식으로 정리할 수 있다. 주어진 관리조건, 사용될 목적, 고과대상의 종류, 고과자의 능력 등등에 상응한 방식을 어떻게 선택하고 어떻게 운영할 것인가에 앞서 우선 기본적인 인사평가의 방식, 특색 및 그 한계점을 살펴보기로 하자.

2.1 평정척도법

평정척도법(rating scale method)이란 전형적인 인사평가의 한 방법으로서 피평가자의 능력, 개인적 특성 및 성과를 직무수행의 달성가능 정도에 따라 사전에 마련된 척도를 근거로 하여 평정자가 체크할 수 있도록 하는 방법이다. 축약하면 평가요소별로 주어진 척도에 따라 피평가자에 대해 평가를 하는 방법이다. 이 때의 척도는 5점 척도가 가장 일반적이며 간혹 3점이나 7점 척도를 사용하기도 한다(유

표 7-4 평정척도법의 예

척 도 / 평가요소	직무요구에 부족	직무요구에 약간 부족	직무요구에 충족	직무요구에 초과충족	직무요구에 훨씬 초과충족
작업의 질 정확성, 기술, 완전성, 정연성	항상 불만족 ☐	때때로 불만족 ☐	항상만족 ☐	우수 ☐	항상 우수 ☐
작업의 양 정규임무, 과외 및 불시임무	요구수준 이하 ☐	항상 불만족 ☐	요구 충족 ☐	요구의 초과 ☐	항상 요구초과 ☐
신뢰성 교육이행, 안전 습관, 창의력, 시간엄수, 출석	항상 감독필요 ☐	때때로 감독 필요 ☐	보통 신뢰가능 ☐	감독필요 거의 없음 ☐	완전 신뢰 ☐
태 도 회사·직무 및 동료근로자에 대한 태도, 협동	타인과 함께 일할 수 없음 무관심 ☐	종종 비협조 ☐	보통 함께 일함 ☐	종종 열의표시 훌륭한 팀일원 ☐	특별한 흥미 타인이 작업하도록 자극함 ☐

자료: 박경규(2016), 「신인사관리: 노동과 자본의 통합이론」, 제6판, 홍문사, 277.

규창·박우성, 2017; 최종태, 2002). 평정척도법은 가장 널리 사용되고 가장 간단한 방법으로 구체적 예는 〈표 7-4〉와 같다.

평정척도법의 장점은 다음과 같다. ① 분석적 평가를 사용한다. 즉 인간의 능력이나 실적을 전체적으로 종합 평가하지 않고, 각 구성요소를 분석적으로 평가함으로써 전체를 판단한다. ② 각 평가요소에 비중을 둠으로써 각 요소가 종합되어 균형을 가진 평가체계를 구성할 수 있어 평가의 타당성을 높일 수 있다. ③ 개발과 관리에 시간이 가장 적게 들어 경제적이다. ④ 각 단계에 인위적인 점수를 줌으로써 수량화뿐만 아니라 통계적 조정을 가능케 한다는 것 등이다(DeCenzo & Robbins, 2013). 평정척도법은 이러한 장점이 있는 반면에 단점 또한 있는데 단점으로는 ① 평가요소의 구성과 선정이 힘들다. ② 평가요소의 비중결정이 어렵고, 그 효과가 의심스럽다. ③ 현혹효과(halo effect) 등 평가오차를 방지하기 힘들다(Werther, Jr. & Davis, 1996) 등을 들 수 있다.

2.2 서열법

서열법(ranking scales)은 직무평가에 있어서의 서열법과 같이 근무성적이나 능력 및 태도 등에 대하여 순서로 서열을 매기는 방법인데, 여기에는 종합적으로 순위를 결정하는 방법과 각 요소마다 순위를 결정하여 이를 종합하는 방법의 두 가지가 있다. 서열법은 〈표 7-5〉와 같이 매우 간단하고 초보적인 고과방식으로 일명 순위비교법이라고도 한다.

서열법은 방법이나 그 실시에 있어서 매우 간편하기 때문에 비용과 시간이 덜 들고 고과오류도 적다는 장점이 있으나 다음과 같은 단점이 있다. 즉, ① 평가대상이 20-30명을 넘을 때는 이를 몇 그룹으로 묶어 한 그룹씩 다시 종합하여야 하며, 이와 반대로 너무 인원수가 적을 때는 순위가 가지는 의의가 없다. ② 순위는 반드시 종업원간의 실적이나 능력에 대한 등간격을 표시하지 않으며 그 수량화가 힘들다. ③ 동일한 직무의 범위에서만 적용할 수 있으며 부서간의 상호비교는 불가능하다. ④ 평가가 구체적인 기준에 의하지 않고 있으므로 평가결과에 대하여 설득력이 부족하다. ⑤ 능력개발의 목적에 효용이 없다.

표 7-5 | 서열법

평가요소 / 피평가자	일의 양	일의 질	적극성	지 식	신뢰성	협조심	합 계	서 열
김 ○ ○	1	2	1	1	3	1	9	1
이 ○ ○	3	3	3	2	1	3	15	3
박 ○ ○	7	7	6	7	7	6	40	7
정 ○ ○	6	4	7	5	5	7	34	6
한 ○ ○	4	5	4	3	4	4	24	4
황 ○ ○	2	1	2	4	2	2	13	2
최 ○ ○	5	6	5	6	6	5	33	5

2.3 대조법

대조법(checklist rating scales)이란 [그림 7-5]에서와 같이 평가자로 하여금 피평가자의 성과나 특성을 가장 잘 기술한 단어나 문장을 선택(check)케 하여 체크된 갯수와 그들의 가중치를 감안하여 평가하는 방법(Werther & Davis, 1993, 248)으로 일명 체크리스트법이라고 한다. 대조법의 특징은 평가척도법 등 기타 방법에 있어서는 채택된 각 평가요소가 추상적임에 비하여 대조법은 능력의 발휘도나 성질의 소유도를 구체적으로 기술한 문장을 관찰항목으로 한다는 점이다.

대조법의 장점으로는 ① 고과자는 직무수행상 발생하는 사실만을 체크하면 되므로 고과항목이 합리적으로 구성되기만 하면 평가결과는 신뢰성과 타당성을 가지며 평가가 매우 용이하다. ② 모든 다른 고과방식에 있어서 피할 수 없는 후광효과를 방지할 수 있다. ③ 고과항목의 표준화로 부서간의 상호비교가 가능하다. ④ 고과항목은 실제로 수행되는 직무의 요소와 밀접하게 관련되어 있으므로 감독자와 부하간의 토의가 용이하다.

이에 반하여 단점으로는 ① 직무활동의 성패를 전반적으로 망라할 행동견본의

그림 7-5 | 대조법

평가요소 : 리더십은?

가중치		
4	☑	부하들에 대하여 공정한 인사를 한다.
4	☐	부하들의 신망이 두텁다.
2	☑	문제에 부딪치면 결단력있게 해결한다.
2	☐	다른 부서장들과 좋은 관계를 갖는다.
1	☑	부하들의 감정까지 읽으면서 통솔한다.
5	☑	부하들로부터 실력이 있다는 평을 많이 듣는다

총 점: 4+2+1+5=12점

※ 왼쪽의 가중치는 인사전문 부서에서만 알고 있으며, 평가자는 해당되는 네모칸 안에 ✓표만 하면 됨.

자료: 임창희(2014), 「인적자원관리」, 제3판, 비앤엠북스, 130.

선정이 힘들다. ② 각 항목의 점수화의 절차가 매우 복잡하며 곤란하다. 또한 이의 합리적 운영을 위하여서는 고과항목은 각 사용목적별로 선정하여야 하며, 또 각 직무마다 점수화를 다르게 작성하여야 하므로 방대한 작업이 소요된다. ③ 고과항목의 배열순서가 힘들다는 것 등을 지적할 수 있다(임창희, 2003, 210).

2.4 강제할당법

강제할당법(forced distribution method)이란 미리 고과범위와 범위별 비율을 결정해 놓고, 피고과자들을 비교하여 비율에 맞추어 각 범주에 할당하는 방법으로, 일반적으로 피고과자의 수가 많아지게 되면 능력이나 실적의 평가결과는 정상분포를 그리게 되며, 어떤 결과가 정상분포에 가까울수록 그 평가는 타당성이 있다는 이론에서 나온 방법이다. 이것은 독립된 인사평가의 한 방법이라기보다는 일반 조직에서 많이 나타나는 관대화경향이나 중심화경향을 피하여 평가의 타당성을 높이기 위해 평가척도법이나 서열법 등과 같이 병행해서 상용할 수 있는 보완적인 방법으로, 전체의 평가등급을 수, 우, 미, 양, 가 (혹은 A, B, C, D, F)의 등급으로 나누어 각 등급에다 피고과자 총수의 10%, 20%, 40%, 20%, 10%씩을 강제로 할당하는 방법이다(권석균 · 이병철 · 양제완, 2017, 290-291). 정동관 외(2015)의 인사평가제도 활용실태 조사연구에서 국내기업의 67.1%에서 강제할당법을 도입하여 사용하고 있는 것으로 나타났다.

지금까지 4가지의 인사평가방법에 대해 살펴보았다. 그러면 실제 산업현장에서는 어떤 평가방법을 어느 정도 활용하고 있는가를 살펴보기로 하자. 〈표 7-6〉에서 알 수 있듯이 가장 일반적인 평가방식은 평정척도법으로 나타났다(47.3%). 이러한 결과는 평정척도법의 경우 측정이 가장 용이하다는 점에서 비롯된 것으로 풀이된다. 종업원을 순차적으로 서열화하는 서열법과 종업원을 정해 놓은 비율에 따라 평가하는 강제할당제(정규분포와는 다름)는 상대평가방식으로 분류된다.

평정척도법 다음으로 많이 쓰이는 평가기법이 강제할당법(34.7%)과 서열법(31.5%)이라는 점에서 우리나라 기업들이 상대평가방식을 매우 많이 활용하고 있음을 알 수 있다. 상대평가방식은 관대화 또는 중심화의 평가 오류로부터는 비교

표 7-6 인사평가 방식 (단위: %)

		표본수	서열법	강제할당법	평정척도법	대조법
전 체		501	31.5	34.7	47.3	5.6
기업 규모	1,000인 이상	138	32.4	31.4	49.2	8.1
	500~1,000인 미만	178	27.5	30.3	46.6	3.9
	300~500인 미만	185	35.5	44.9	45.7	4.3
산업	광공업	123	25.2	37.4	55.3	5.7
	건설업	20	30.0	45.0	35.0	0.0
	도소매/음식숙박업	66	33.3	28.8	36.4	10.6
	전기/운수/통신	76	34.2	47.4	42.1	6.6
	사업/개인/공공서비스	216	33.8	29.6	49.1	4.2
노조 유무	있음	255	32.6	38.4	42.0	5.9
	없음	246	30.5	30.9	52.9	5.3

자료: 정동관·유태영·정승국·김기선·류성민(2015), 「인사평가제도 현황과 발전방안에 관한 연구」, 한국노동연구원, 128.

적 자유로울 수 있지만, 종업원 입장에서는 평가 결과를 스스로 통제할 수 없게 되기 때문에 평가의 공정성 측면에서 불만을 야기할 소지가 크다(정동관 외, 2015, 127-128).

이상에서 살펴본 바와 같이 인사평가의 방법은 다양하며, 각 방식은 제각기 나름대로의 장점과 단점을 가지고 있으므로 이것을 실제로 경영에 적용함에 있어서는 보다 신중한 연구와 검토를 하여 각 기업이 처해 있는 특성과 규모에 가장 적합한 방식을 고안해내도록 하여야 한다.

참고로 국내의 모 금융기관이 사용하고 있는 인사평가표를 소개하면 〈표 7-7〉과 같다.

표 7-7 | 인사평가표

<table>
<tr><td rowspan="5">피
평
가
자</td><td colspan="2">소 속</td><td>직 급</td><td>성 명</td></tr>
<tr><td></td><td></td><td></td><td>(인)</td></tr>
<tr><td>입 사 일</td><td></td><td>생 년 월 일</td><td></td></tr>
<tr><td>승 격 일</td><td></td><td>학 력 / 전 공</td><td></td></tr>
<tr><td>현 보 직</td><td></td><td>담 당 업 무</td><td></td></tr>
</table>

본인은 본 인사고과가 회사와 비평가자에게 중대한 영향을 미친다는 사실을 깊이 인식하여 주의깊게 관찰하고 공정무사하게 평정하겠음을 서약함.

<table>
<tr><td colspan="2">구 분</td><td>소 속</td><td>직 위</td><td>성 명</td></tr>
<tr><td rowspan="4">평
가
자</td><td>1차 평가자</td><td></td><td></td><td>(인)</td></tr>
<tr><td>2차 평가자</td><td></td><td></td><td>(인)</td></tr>
<tr><td>조정평가자(Ⅰ)</td><td></td><td></td><td>(인)</td></tr>
<tr><td>조정평가자(Ⅱ)</td><td></td><td></td><td>(인)</td></tr>
</table>

1. 본 인사평가는 직원의 업적과 능력을 본인과 상사가 함께 관찰하여 차후 인적자원관리에 최대한 활용함을 목적으로 한다.
2. 평가자는 나 자신의 근무성적이 공정하게 평가되기를 바라듯이 소속직원의 근무성적을 공정하게 평정하여야 한다.
3. 본 인사평가는 인력운영팀장의 책임하에 개인별로 분류하여 영구 보관하여야 하며, 차후 대상직원의 보직, 교육, 승진, 개발에 적극 활용토록 한다.

1. 업적평가

<table>
<tr><td rowspan="2">구 분</td><td colspan="4">분기별평점</td><td rowspan="2">연평균
평점</td><td rowspan="2">가중치</td><td rowspan="2">최종평점</td></tr>
<tr><td>1/4분기</td><td>2/4분기</td><td>3/4분기</td><td>4/4분기</td></tr>
<tr><td>1차 평가자</td><td></td><td></td><td></td><td></td><td></td><td>50%</td><td></td></tr>
</table>

2. 능력 및 의욕/태도 평가

평가요소		평가 요소의 정의	가중치	구분	등급 S	등급 A	등급 B	등급 C	등급 D	평점
능력	기획력	효율적인 목표설정과 달성을 위하여 방법, 절차 등을 논리적으로 전개하는 능력	10	1차						
				2차						
능력	응용·개선 능력	습득한 업무지식을 응용하여 문제점을 파악하고 보다 효율적인 해결 방법을 제시하는 능력	10	1차						
				2차						
능력	이해·판단력	문제의 상호관계 및 변화양상을 통찰하여 적합한 결론을 내리는 능력	10	1차						
				2차						
능력	소 계		30	1차 평가			2차 평가			
의욕과 태도	자기개발의욕	자기분야의 최고가 되기 위해 관련분야에 대해 깊은 흥미와 관심을 가지고 꾸준히 연구, 노력하려는 정도	5	1차						
				2차						
의욕과 태도	도전성	어렵고 힘든 일이라도 실패를 두려워 하지 않고 능동적이며 과감하게 도전하여 그것을 성취하려는 정도	5	1차						
				2차						
의욕과 태도	협조성	조직의 일원으로서 동료, 상사 및 다른 부서에 협조하려고 하며 전체적 발전에 부응하려는 정도	5	1차						
				2차						
의욕과 태도	책임감	자신의 업무에 대해 항상 완벽하게 수행하려는 노력을 하고 책임회피와 전가를 하지 않으며 일을 완수하려는 정도	5	1차						
				2차						
의욕과 태도	소 계		20	1차 평가			2차 평가			

3. 평가집계표

구 분	업 적	능 력	의욕/태도	계
반 영 비 율	50점	30점	20점	100점
1차 평가자				
2차 평가자				

현장이야기

직장인 60%, "우리 회사 인사평가제도 불합리하다"

직장인 60%는 회사의 인사평가제도가 불합리하다고 생각하고 있는 것으로 나타났다. 잡코리아는 지난 6일부터 26일까지 남녀 직장인 862명을 대상으로 상반기 인사평가 관련 인사평가제도를 운영하는 회사에서 근무하는 직장인들에게 "귀하 회사 인사평가제도는 합리적인가요"라고 묻자 응답자 중 60.7%가 "불합리하다"고 답했다고 27일 밝혔다. 이를 구체적으로 살펴보면 "다소 불합리한 면이 있다"는 답변이 52.2%로 주를 이뤘다. 이어 "회사의 평가를 전혀 받아들일 수 없다"는 답변은 8.6%로 적었다.

이들이 인사평가제도를 불합리하다고 느낀 이유는 '인맥 위주의 주관적인 평가(50.0%)', '미흡한 인사평가제도(48.0%)', '직군, 업무특성 등을 무시하고 평가해서(획일화 된 평가기준)(28.7%)' 등 이었다.

이를 토대로 상반기 인사평가 결과에 만족하는 직장인은 5명 중 2명뿐이었다. 상반기 인사평가를 마친 직장인들을 대상으로 만족도 조사를 실시한 결과 "상반기 인사평가 결과가 만족스럽다"는 답변이 39.7%를 기록한 것이다.

반면 불만족스러운 결과를 받았다는 직장인은 5명 중 3명인 60.3%였다. 인사평가를 마친 직장인들은 "인사평가는 형식적일 뿐, 덤덤하다(47.7%)", "결과에 대한 실망감으로 의욕을 상실했다(30.8%)", "다른 회사로 이직을 결심했다(27.2%)", "업무 성과를 인정받은 것 같아 뿌듯하다(20.3%)" 등 다양한 반응을 보였다.

자료: 박종준(2018.7.27). "직장인 60%, "우리 회사 인사평가제도 불합리하다"." 「브릿지경제」

3. 인사평가의 문제점

인사평가에 관한 많은 선행연구에서 평가의 정확성과 공정성이 확보될 때 비로소 평가시스템에 대한 만족도와 수용도가 높아진다는 사실이 밝혀지고 있다. 반면에 조직구성원이 평가에 대한 부정확성과 불공정성을 지각하는 경우에 성과와 보상을 연계하는 것을 어렵다고 생각하게 되어 조직에 대한 충성심이나 노력을 줄이고 되고 궁극적으로는 다른 직장을 모색하게 된다.

따라서 인사평가에 있어서 고과과정의 정확성과 그 결과에 대한 수용도를 높일 수 있는 다양한 방안이 필요하다.[2] 이와 병행하여 인사평가에서 일어날 수 있는 전형적인 오류를 줄이거나 없애려는 노력이 필요하다. 전통적인 인사평가에서 종종 일어나는 오류와 함께 한국기업에서의 인사평가의 문제점을 살펴보기로 하겠다.

3.1 인사평가의 문제점

(1) 현혹효과

현혹효과(halo effect)란 특정 항목의 평가시에 받은 인상이 이와는 직접 관련이 없는 다른 항목의 평가에 영향을 미치는 경향을 말한다. 이와 같은 현상은 ① 쉽게 관찰되지 않는 특성(traits not easily observed), ② 익숙하지 않은 특성(unfamiliar traits), ③ 쉽게 정의되지 않는 특성(traits not easily defined), ④ 성격적인 특성(character trails) 등으로 해서 많이 일어난다. 이는 인사평가의 타당성·객관성을 파괴하는 중대요인이 되며, 이를 제거하기 위해서는 ① 고과자의 훈련, ② 고과방법의 기술적 활용, ③ 고과방법의 개선 등이 요구된다.

(2) 상동적 태도

현혹효과가 피평가자의 한 가지 특성에 근거한 것인 데 비해, 상동적 태도는 피평가자들이 속한 집단의 한 가지 범주나 전반적인 특성에 따라 판단할 때 나타날 수 있는 오류이다. 즉 그들이 속한 집단의 특성에 근거하여 사람을 판단하는 경향을 말한다. 예를 들면 미국인은 개인주의적이고, 한국인은 매우 부지런하며, 흑인은 운동소질이 있으며, 이탈리아인은 정열적이라고 하는 것 등이다(Secord, Backman, & Slavitt, 1976).

(3) 관대화 경향

관대화 경향(leniency tendency)이란 평가자가 개인을 평가할 때 가급적 후하게

---

2) 피고과자의 고과결과에 대한 수용도를 높이기 위한 방안으로 ① 인사평가의 설계 및 운영과정에 피고과자의 참여 증대, ② 평가정보의 타당성을 높이기 위한 방안 강구, ③ 보상과의 연계성 강화, ④ 고과자에 대한 신뢰 구축, ⑤ 고과제도의 설계와 운영시 피고과자가 처해 있는 조직의 상황적 요건의 고려, ⑥ 쌍방적인 커뮤니케이션의 구축 등이 논의되고 있다(Ivancevich, 2004; 이덕로·김한제, 2000).

평가하려는 경향을 말한다. 이와 같은 경향이 나타나는 원인으로는 ① 부하를 나쁘게 평가하여 대립할 필요가 없다는 것, ② 자기부하가 타부문의 종업원에 비하여 더 나쁘게 평가되는 것을 피하기 위한 것, ③ 나쁜 평가가 곧 고과자 자신의 책임으로 간주될 수 있다는 것 등을 들 수 있다. 이를 방지하기 위해서는 정규분포곡선을 이용하면 된다.

(4) 엄격화 경향

엄격화 경향 혹은 가혹화 경향(strictness tendency)이란 관대화경향과 반대되는 것으로 고과자가 전반적으로 피고과자를 가혹하게 평가하여 평가결과의 분포가 평균이하로 편중되는 경향을 말한다. 엄격화 경향은 고과자의 가치관에 의해 성과에 대한 기대수준을 매우 높게 설정했거나 부하들과의 갈등관계에서 일종의 처벌적 성격을 띨 때 나타난다. 이러한 경향은 조직 내 구성원들의 사기나 동기부여와 밀접한 관계가 있다.

(5) 중심화 경향

중심화 경향(central tendency)이란 평가자가 피평가자에 대해 잘 알지 못하는 경우 중간점수를 부여함으로써 평가행위를 안전하게 하려는 의도에 의해 이루어지

그림 7-6 | 관대화, 엄격화 및 중심화 경향

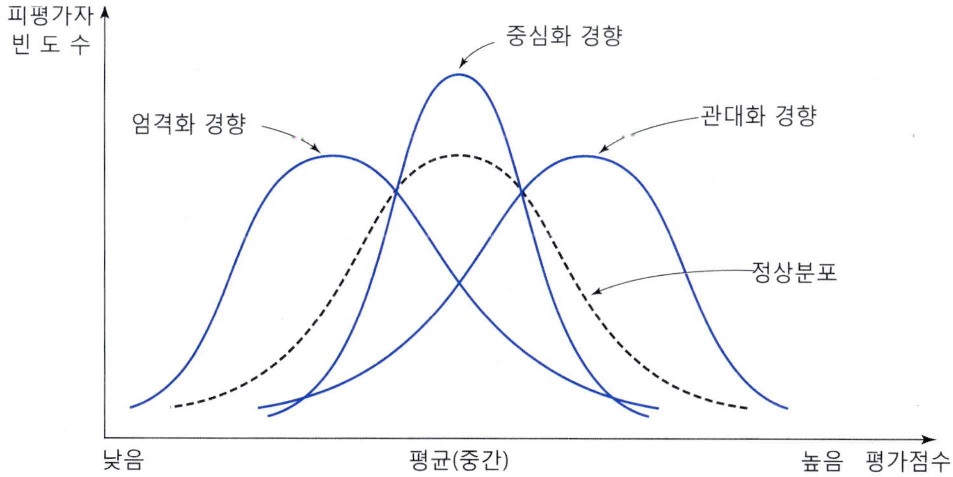

는 경향(Latham & Wexley 1993)으로 흔히 집단화 경향이라고도 한다. 중심화 경향이 발생하는 원인으로는 평가자의 평가에 대한 자신감 결여, 평가방법이나 피고과자에 대한 이해부족, 평가능력의 부족, 시간부족, 그리고 저평가시 피고과자와의 감정적 대립의 우려 등이 있다.

이상에서 제시한 관대화 경향, 엄격화 경향 및 중심화 경향을 그림으로 나타내면 [그림 7-6]과 같다.

(6) 대비효과

대비효과(contrast effect)란 특정의 피고과자가 다음에 평가될 피고과자의 평가에 영향을 미치는 오류로, 객관적인 기준이 없이 개개인을 서로 비교할 때 일어나는 오류이다. 탁월한 동료들과 함께 일하는 매우 유능한 사람의 경우 탁월한 동료들의 그늘에 가려 때문에 실제보다 낮게 평가를 받는 경향이 있다.

(7) 논리적 오류

논리적 오류(logical errors)란 서로 상관관계가 있는 요소 간에 어느 한 쪽이 우수하면 다른 요소도 당연히 그럴 것이라고 판단하는 경향을 말한다. 예컨대, 기획력과 독창력의 두 개의 평정요소에 대하여 어느 하나가 우수하면 다른 것도 그럴 것이라고 판단하는 것과 같은 경우이다.

(8) 연공오류

연공오류(seniority errors)란 피평가자의 학력이나 근속연수, 연령 등 연공에 좌우되어 발생하는 오류를 의미한다. 예를 들어 학력이 대졸자와 국졸자가 있을 때 전자를 더 높게 평가해 버리는 경향을 말한다. 육체적 노동을 요구하는 일과 같이 업무의 성격에 따라서 그 반대의 경우도 있고, 또한 문화적 차이에 의해 서구의 경우 우리와는 반대의 경우가 일반적으로 발생하고 있다. 이러한 연공오류는 특히 우리나라의 근무평정에 있어서 많이 발생하는 오류의 하나이다(안춘식, 1988, 5).

(9) 최근화 경향

최근화 경향(recency tendency)이란 일반적으로 평가를 해야 할 때에는 평가기간 전체를 토대로 종합적으로 평가를 하여야 한다. 하지만 인간 기억력의 한계 때문에 많은 평가자들은 최근에 제공된 정보, 즉 최근의 좋거나 나쁜 실적이나 능력을 중심으로 피고과자를 평가하려는 데서 생기는 오류를 말한다.

(10) 초기효과

초기효과(primacy effect)란 최근화 경향과는 반대로 평가자가 평가기간의 초기에 주어진 정보에 보다 큰 비중을 두고 피고과자를 평가하는 경향으로 초두효과라고도 한다(Schuler, 1998; Anthony, Kalmer, & Perrewe, 2002). 미국 다트머스대 뇌과학 분야의 교수는 뇌의 편도체가 인상을 판단하는 데 0.017초밖에 걸리지 않는다고 했고, 미국 프린스턴대 심리학과에서는 0.1초만에 첫인상이 형성된다는 연구결과를 내놓았다. 처음 생성되는 인상과 느낌이 찰나에 만들어질 정도로 첫인상이 중요함을 알 수 있다. 특히 호감이 가는 첫인상은 자연스러운 대화의 촉매가 되며, 사회심리학의 선구자인 솔로몬 애쉬(S. E. Asch)의 실험에서도 밝혀진 바와 같이 대인 지각 영향력이 크다.

지금까지 인사평가에서 일어날 수 있는 전형적인 오류에 대해 살펴보았다. 그러면 우리나라 기업에서는 실제로 인사평가에서 어떤 오류들이 일어나고 있을까? 박준성·김환일 연구팀의 '한국기업의 인사평가제도 실태조사'에 따르면 관대화

표 7-8 평가자들에게 나타나는 평가오류 (단위: %, 개)

구 분	산업별		계	규모별	
	제조업	비제조업		대기업	중소기업
관대화 경향	88.1(104)	81.8(45)	86.1(149)	91.3(95)	78.3(54)
중심화 경향	59.3(70)	56.4(31)	58.4(101)	63.5(66)	50.7(35)
현혹 효과	34.7(41)	45.4(25)	38.1(66)	36.5(38)	40.6(28)
엄격화 경향	9.3(11)	5.4(3)	8.1(14)	6.7(7)	10.1(7)
논리적 오차	12.7(15)	20.0(11)	15.0(26)	13.5(14)	17.4(12)
대비오차	11.9(14)	9.1(5)	11.0(19)	2.9(3)	23.2(16)
시간적 오차	11.9(14)	16.4(9)	13.3(23)	11.5(12)	15.9(11)
연공오차	48.3(57)	41.8(23)	46.2(80)	51.9(54)	37.7(26)
합 계	100.0(118)	100.0(55)	100.0(173)	100.0(104)	100.0(69)

주: 3개만 체크.
자료: 박준성·김환일(2008), 「한국기업의 인사평가제도 실태조사」, 한국경영자총협회, 32.

경향이 86.1%로 가장 많이 나타나고, 다음으로 중심화 경향(58.4%), 연공오차(46.2%), 현혹효과(38.1%), 논리적 오류(15.0%) 등등의 순으로 나타났다(박준성 · 김환일, 2008).

3.2 한국기업 인사평가의 문제점

앞서 전통적인 인사평가에 따른 문제점을 살펴보았지만 이들은 세계 각국에 공통적인 것이다. 여기서는 특히 한국기업에서 많이 야기되는 인사평가의 문제점과 그에 따른 개선방향을 살펴보면 다음과 같다.

첫째, 처우 중심의 인사평가에 편중되어 있다. 정동관 외(2015)의 연구에서도 평가 결과를 활용하는 방식에 대해 '승진'에 활용한다는 응답이 94.4%로 가장 높았고 다음으로 '기본급조정'이 56.3%였었다. '능력개발 및 인재육성'은 이들보다 훨씬 적은 편이었다. 한국기업에서는 인사평가를 주로 승진이나 승격 그리고 보상에 이용하고 있음을 알 수 있다.

보통 사람들은 자기 에너지와 능력의 단지 25%만을 자신의 일에 투입한다고 한다(Jackson & Schuler, 2003). 그런 의미에서 오늘날과 같은 4차 산업혁명시대에는 종업원의 현재적 · 잠재적 능력을 극대화시키고 이에 상응하는 적절한 보상을 해줌으로써 종업원들의 내재된 역량을 개발하도록 하는 게 중요하다. 따라서 앞으로는 처우 중심의 인사평가를 다목적 인사평가로 개선하도록 하여야 한다.

둘째, 인사평가의 공정성문제에 대한 논란이다. 우리나라는 지금까지 종업원의 직무수행 성과에 대한 공정하고도 정확한 평가를 위하여 평가방침과 평가요소 그리고 평가방법과 고과자훈련 등에 많은 노력이 경주되어 왔다. 특히 IMF 위기를 전후로 공정성과 객관성을 제고하기 위한 다면평가, 목표관리, 고과자훈련, 평가결가의 공개, 절대평가 등이 점차로 확대되어 왔다(조영호 외, 2002, 221). 그럼에도 불구하고 아직도 인사평가가 가장 논란이 많은 분야의 하나로 인식되고 있다. 정동관 외(2015)의 연구에서 인사담당자가 판단하는 인사평가제도에 대한 내부종업원들의 신뢰도에 대해 긍정적으로 응답한 경우('매우 높음'+'대체로 높음')는 22.2%에 지나지 않아(143-144) 인사담당자들이 판단할 때도 회사의 인사평가에 대한 종업원들의 신뢰도가 그리 높지 않음을 알 수 있다. 종업원들의 입장에서는 말할 필요도 없다.

인사평가는 보상의 차원에서 절대적으로 중요한 기준이다. 이러한 기준이 공정하지 않다면 내부적인 인사에 대한 불평불만이 표출될 것이며, 장기적으로 조직 내의 분열의 원인이 될 수 있다. 공정한 인사평가를 통해 통일적이고 집단적인 보상에서 개별적이고 차별적인 보상의 기준을 삼아야 한다. 따라서 앞으로는 인사평가제도에 대한 신뢰성을 제고시키기 위해서라도 공정하고도 객관적인 평가가 이루어지도록 하기 위한 노력이 뒤따라야 한다.

셋째, 모든 부서를 아우르는 획일적, 통합적 인사평가에서 오는 문제점이다. 조직 내에서 부서별, 직능별로 종업원이 맡은 임무와 과제는 다를 수밖에 없다. 영업부서와 관리부서는 엄연히 다른 부서이며 같은 인사평가의 기준으로는 공정하고도 정확한 업무평가가 사실상 불가능하다. 따라서 앞으로는 계층별로, 직능별로 인사평가의 기준과 방법이 다른 맞춤식의 목적별 인사평가를 실시해야 한다.

넷째, 상대적인 고과에서 오는 문제점이다. 업무순위평가라든지 상사에 의한 사원순위평가 등은 종업원의 경쟁분위기 조성 등 순기능을 수행하기도 하지만 공정하지 않은 순위평가나 불명확한 기준에 의한 상대적 평가는 역기능을 초래하기도 한다. 상대적으로 좋지 못한 순위를 받은 종업원은 업무에 대한 자신감을 상실할 수도 있으며 잘못된 순위평가는 좋은 인적자원을 조직에서 이탈시킬 수도 있는 것이다. 따라서 앞으로는 상대적인 고과에서 절대적인 고과로의 전환을 고려할 필요가 있다.

다섯째, 상사 중심의 획일적인 인사평가에서 오는 문제점이다. 상사 위주의 인사평가는 수직적인 계층만을 양산할 뿐이다. 모든 피고과자는 인사평가자인 상사에게 좋은 모습만을 보이려고 애를 쓸 뿐이며, 조직의 미래나 발전보다는 상사에 대한 맹목적인 충성만을 강요받을 뿐이다. 앞서 360도 피드백평가에서도 언급한 바와 같이 동료나 피고과자 자신도 좋은 인사평가자가 될 수 있다. 객관적으로 볼 때 동료보다 좋은 평가자는 없다. 따라서 앞으로는 상사 중심의 일방적인 인사평가에서 동료나 피고과자를 참여시키는 방식으로 유도할 필요가 있다.

여섯째, 비밀주의 인사평가에서 오는 문제점이다. 밀실에서 비밀리에 이루어진 인사평가는 투명성이 보장받을 수 없고, 설사 투명한 평가가 이루어졌다고 할지라도 피고과자들은 이러한 결과에 대해 의구심을 품어 인사평가제도에 대한 신뢰도가 떨어지지 않을 수 없다. 앞서 둘째에서 언급했던 정동관 외(2015)의 연구나 박준성 · 김환일(2008, 39)의 연구결과에서 알 수 있듯이 우리나라 기업의 인사평가제도에 대한 직원들의 신뢰도는 낮은 편이다. 따라서 비밀주의 인사평가에서 벗어나 정확한 기준에 의해 이루어진 인사평가를 공개함으로써 피고과자 본인이 수긍할 수 있도록 하여야 한다.

일곱째, 추상적인 인사평가기준에서 구체적인 직무기준에 의한 고과를 실시해야 한다. 계층별 · 직능별로 직무기능을 명확하게 해야 한다. 추상적인 인사기준은 평가오류를 나타낼 수 있으며 추상적인 기준은 아무래도 고과자의 주관이 개입할 여지가 있다. 객관적이고 투명한 인사평가를 하려면 추상적인 기준보다는 구체적이고 실무적인 기준을 만들어야 한다(김종인, 2002, 184-186).

4. 신인사평가제도

지금까지 전통적인 인사평가방식에 대해 살펴보았다. 이러한 고과방식들은 현혹효과, 중심화 경향, 관대화 경향, 그리고 주관의 객관화 등의 문제점을 유발시킴으로써 오늘날 인사평가상의 문제점들을 상대적으로 덜 일으키는 개선된 고과방법이 점차 많이 이용되고 있다. 그 중에서 대표적인 것으로 행동기준고과법, 목표에 의한 관리, 종합평가제도, 균형성과표 평가법, 그리고 중요사건기록법 등에 대해 각각 살펴보기로 하겠다.

4.1 행동기준고과법

행동기준고과법(BARS: Behaviorally Anchored Rating Scale)은 일명 행동기대척도법(BES: Behavioral Expectancy Scale)이라고도 하는데, 전통적인 인사평가법이 안고 있는 단점을 극복하기 위하여 중요사건기록법과 평가척도법을 결합하여 양자의 장점을 살리고 단점을 보완한 것으로 스미스와 캔달(P. C. Smith & L. M. Kendall)에 의해 만들어진 인사평가법이다. 이 방법은 다음과 같은 세 가지 과정을 통해 이루어지게 된다.

(1) 핵심과업의 선정

직무를 구성하는 중요과업과 책임분야를 선정하게 되는데, 직무기술서가 중요한 자료원천이 된다. 대부분의 평가방법이 광범하고 다양한 직무를 취급하도록 고안된 것과는 달리 행동기준고과법은 특정 직무의 특성에 맞추어져 있기 때문에, 성과달성의 원인이 될 직무에 근거한 정보를 개인에게 제공하게 된다.

(2) 척도설정과 표준행동의 기술

핵심과업을 선정하고 나면 핵심과업별로 그 과업의 수행수준을 5-10개의 수직척도를 설정하고, 이들 척도마다 이에 해당하는 표준문장(anchor statement)을 〈표 7-9〉와 같이 정확하게 기술한다.

표 7-9 | 행동기준고과법의 예(피평가자: 판매관리자, 과업: 계획업무)

척 도 값	행 동 기 준
7 ( ) 매우 우수	프로젝트를 포괄적으로 계획하고 세부적인 서류를 작성하여 상부의 결재를 받고 이를 관계자 모두에게 배부한다. 아울러 프로젝트를 일정대로 진행해 나간다.
6 ( ) 우 량	프로젝트를 적절히 계획·배정하고 진행결과를 잘 파악하여 이를 관계자에게 알려준다. 일상적인 운영문제가 있지만 이것을 관계자에게 효과적으로 알려준다.
5 ( ) 양 호	세부적인 직무를 적절히 계획·배정하고 일정표도 작성한다. 일정기간을 단축하면서 여유시간도 감안한다. 고객이 요구하는 시간 내에 적업을 완성시키지만 간혹 비용이 초과될 때도 있다.
4 ( ) 평 균	프로젝트 계획 자체를 좋아도 주요 국면에 대한 통제가 미숙하고 진행상의 차질과 문제점을 제대로 보고하지 않는다. 그 결과 고객의 불평이 자주 발생한다.
3 ( ) 평균 미달	프로젝트 계획이 약간 허술하고 일정표도 비현실적이다. 1~2일 이상을 내다보는 계획은 세우지 못하며, 예정일자에 대한 현실적인 개념도 부족하다.
2 ( ) 불 량	주어진 과업을 어떻게 나눌 것인가에 대한 분명한 계획이나 일정이 거의 없다. 프로젝트 업무배정이나 계획의 결여로 진행상의 적지 않은 혼란이 발생하지만 개선이 어렵다.
1 ( ) 매우 불량	주어진 시간 내에 프로젝트를 완성한 적이 없고, 그럼에도 불구하고 이에 신경을 쓰지도 않는다. 계획 부족으로 항상 일을 망치면서도 개선할 생각조차 없다.

자료: C. E. Schneier & R. W. Beatty(1979), "Developing Behaviorally Anchored Rating Scales(BARS)," *Personnel Administrator*, August 60을 토대로 수정.

(3) 과업행동의 평가

설정된 척도와 기준문장을 사용하여 피평가자의 과업성과와 행동에 해당하는

척도를 선택함으로써 피평가자를 평가한다. 이 고과절차는 과업별로 평가한 뒤 평가된 척도의 계량적 값을 합하여 최종 고과점수를 산출한다.

이 방식이 평가척도법과 같은 전통적인 인사평가법이 안고 있는 갖가지 문제들을 줄여줄 수 있는지 없는지는 분명하지 않다(Bannister, Kinicki, Dinisi, & Hom, 1987). 왜냐하면 이 방식 또한 여전히 여러가지 평가 오류에 빠질 수 있기 때문이다. 그러나 몇몇 연구결과 이 방식이 보다 정확한 평가를 가져올 수 있는 것으로 나타났다.

행동기준고과법에는 다음과 같은 장점이 있다. 첫째, 인사부 외부의 사람이 행동기준고과법 프로그램 개발에 참가할 수 있다는 점이다. 그 결과 행동기준고과법 프로그램에 참가한 종업원들은 보다 몰입되고 덜 긴장이 되며 다른 고과방법보다는 훨씬 만족한다는 점이다. 둘째, 경영자들은 중요사건기록을 통해 부하에게 중요한 피드백을 얻을 수 있다는 점이다. 셋째, 성과차원을 보다 구체적으로 정의함으로써 평가자의 신뢰성을 증대시킬 수 있다.

행동기준고과법의 단점으로는 첫째, 개발에 상당한 시간과 비용을 필요로 한다는 점이다. 둘째, 척도가 특정 직무에 특유한 것이기 때문에 하나의 직무를 위해 설계된 척도는 다른 직무에는 적용하기 어렵다는 점이다.

4.2 목표에 의한 관리

전통적인 인사평가방법은 고과 자체에 있어서 조직체나 직무목표와의 연결성이 분명하지 않기 때문에 평가의 기준도 불확실하며 성과에 대한 피드백이나 고과면접도 불충분하여 충실하게 이루어지지 않는 등 여러가지 문제점을 내포하고 있다. 이러한 문제를 극복하기 위하여 성과목표와 평가기준을 명백히 하고 고과과정에서 평가자와 피평가자의 참여를 최대화함으로써 인사평가의 효과를 높이려는 방식이 바로 목표에 의한 관리(Management by Objective)이다.

원래 목표에 의한 관리방식이란 종래 상사에 의한 일방적·하향적 목표설정 및 업적평가 대신에 부하가 스스로 혹은 상사와의 협의를 통하여 목표를 설정하고 업적평가까지도 하는, 조직의 전체적인 성과를 높이기 위한 경영기법으로 1954년 피터 드럭커(P. F. Drucker)에 의해 처음 창안되었다. 그 뒤 맥그리거(D. McGregor)와 오디언(G. S. Ordiorne)에 의해 더욱 수정 보완되어(Drucker, 1954; McGregor, 1960; Ordiorne, 1979) 다양한 프로그램으로 전세계에서 활용되고 있는데, 세계 500대 기업 중 약 200여개 기업에서 이 방식을 활용하고 있다고 한다.

인사관리와 관련하여 목표에 의한 관리의 중요한 단계적 과정은 다음과 같다.

(1) 공동목표의 설정

먼저 평가기간 동안에 달성해야 할 구체적이고 실현가능한 목표를 설정한다. 여기서 목표는 일상업무성과를 위한 일상목표, 창의적인 업무성과를 위한 창의목표 및 피평가자의 능력을 개발하기 위한 개인발전목표 등으로 이루어진다. 그리고 이들 목표들은 반드시 문서화되고 상사의 검토를 받아야 한다. 끝으로 상사와 부하는 이 목표를 논의하고 조직목표와의 적합성을 살피게 된다.

(2) 주기적인 피드백

평가기간 중 일정한 피드백 시기를 정해 피평가자인 부하와 평가자가 주기적인 피드백이 이루어진다. 이를테면 분기 내지 반기별로 주기적인 피드백을 정하여 그 때까지의 업무성과와 목표달성 정도를 피령가자가 혹은 평가자와 피평가자가 공동으로 토의하고 필요에 따라 목표달성을 위한 적절한 방안을 세워 경과상황에 대처해 나간다.

(3) 최종적 평가

기말에 가서 평가기간 동안에 실제로 달성한 성과를 목표와 비교하여 그 차이와 원인을 공동으로 분석 · 평가하여 앞으로의 목표와 계획에 대하여 토의하고 이것을 차기의 목표설정으로 연결시킴으로써 목표에 의한 관리의 순환과정이 계속 진행되어 나간다. 여기서 평가의 주된 목적은 ① 목표의 적절성 여부, ② 목표설정방식의 개선점 및 ③ 개개인의 능력의 개선점 등에 두게 된다. 참고로 판매직 종업원의 목표달성 정도를 예로 들면 〈표 7-10〉과 같다.

이 목표에 의한 관리를 성공적으로 운영하기 위한 요건은 다음과 같다. 첫째, 조직의 각 수준에서 설정된 목표가 구체적이고 측정 가능한 것이라야 한다. 둘째, 기대되는 결과는 종업원의 통제하에 두어야 하며, 셋째, 상사와 부하는 목표를 검

표 7-10 목표에 의한 관리의 예

목 표	목표량/기간	실행결과	목표달성률(%)
1. 전화판매량	100	104	104
2. 새로운 고객과의 접촉횟수	20	18	90
3. 제품명 A의 판매량	10,000	9,750	97.5
4. 제품명 B의 판매량	17,000	18,700	110
5. 고객의 불편신고/서비스 전화	35	11	30

자료: 박경규(2016), 「신인사관리: 노동과 자본의 통합이론」, 제6판, 홍문사, 285.

토하고 평가해야 할 구체적 시기를 설정해야만 한다. 끝으로 각 종업원의 목표계획서(goal statements)에는 목표달성방법에 관한 기술이 수반되어야 한다.

목표에 의한 관리방식의 장점으로는 부하 스스로가 목표를 설정할 수 있다는 점이다. 이 목표설정(goal setting)은 종업원의 성과를 개선시키고 그럼으로써 생산성 증대를 가져오는 것으로 나타났다. 직무성과상의 측정 가능한 성과는 보통 10-25%에 이르고 있는데, 경우에 따라서는 이보다는 훨씬 높게 나타났다. 아울러 자동적인 피드백으로 상하상호간의 커뮤니케이션의 증대, 권한의 위양 및 분권화의 촉진을 가져올 수 있다.

단점으로는 너무 많은 목표가 설정되어 혼란이 일어날 수 있다. 목표에 의한 관리 결과를 보상과 연결시키기 어렵다. 단기간을 지나치게 강조한다. 원래 설정된 목표를 결코 수정할 수 없다, 동기를 부여시키기보다는 위협하는 엄격한 통제기구로 사용할 우려가 있다. 성과를 강조하기 때문에 양을 위해 질이 희생될 수 있다. 비관리직에 적용하기 어렵다. 여러 사람을 비교 평가하기 어렵다. 그리고 시간과 비용이 많이 든다는 점 등을 들 수 있다(Daley, 1988).

4.3 종합평가제도

인사평가의 문제점에서도 지적된 바와 같이 평가의 정확성과 공정성이 결여되면 평가결과에 대한 수용도가 떨어진다. 평가의 정확성과 공정성의 결여는 단일기준이나 단일평가자에 의한 평가에서 야기되는 경우가 많다. 따라서 복수기준(multiple criteria)과 복수평가자들(multiple assessors)을 활용하여 6-12명 정도의 피평가자의 자질과 잠재능력을 보다 집중적으로 그리고 종합적으로 평가하는 제도를 종합평가제도라고 한다. 종합평가법은 관리자의 직무성과를 알아내는 타당한 평가법이지만 핵심 리더십역량을 판단하는 데에도 상당한 가치가 있다(Brownell, 2005). 여기서 평가센터란 개인이나 집단의 평가훈련을 실시하면서 피평가자 집단을 관찰하는 장소를 말한다.

원래는 제2차 세계대전 이전에 독일 육군에 의해 처음으로 사용된 뒤 영국에서는 장교선발에 이용되었으며, 미국에서는 2차대전 중 정보국에서 정보요원을 선발하는 데 이 기법을 사용하였다 한다. 그러다가 1950년대 중반에 미산업계에 등장한 더글래스 브래이(D.W. Bray)와 그의 동료들에 의해 AT&T사에서 처음 사용된 지 불과 8년여 만에 2,000여개 조직으로 확산되어(Nichols & Hudson, 1981) 오늘날

표 7-11 | 종합평가법

제1일

- 오리엔테이션(10~15명의 피평가자 대상)
- 4개의 3~4인조 편성: 경영 시뮬레이션 게임, 조직능력, 적응성, 리더십 등 관찰 및 평가
- 적성검사: 구두 · 계량분석능력, 논리적 사고력 측정
- 성격검사: 행동경향, 태도, 취미 측정
- 심층면접: 동기 측정
- 소집단토의: 적극성, 설득력, 표현력, 신축성, 패기 등 관찰 및 평가

제2일

- 의사결정실습: 스트레스하의 의사결정 능력, 상황의 연결능력, 자료준비, 타인에 대한 이해력 등 관찰 및 평가
- 역할연기(고용, 인사고과 면접 등): 타인에 대한 민감성, 상황의 이해력, 정보유출능력 등 관찰 및 평가
- 소집단행동(예산편성, 재무관리 등): 협조심, 표현력, 열성 등 능력과 태도 관찰 및 평가

제3일

- 사례연구: 표현력, 문제의식, 관련지식(생산관리, 마케팅, 회계학, 인사관리, 재무관리 등) 평가
- 동료평가
- 평가자 회의: 토의 및 종합평가

수주일 이후

- 관리자와 평가결과 토의
- 경력목표설정과 경력개발에 대한 상담

자료: 이학종(1991), 「인적자원관리 - 이론과 사례연구 -」, 세경사, 269.

GE사, IBM사, Ford사, Sears Roebuck사 등과 같은 미국 내 많은 회사에서 이 방식을 활용하고 있으며, 나아가 캐나다, 일본, 호주, 브라질 등 많은 나라에서 이 제도를 실시하고 있다.

종합평가법은 통상 평가센터에서 3일 정도 지속하며, 피고자들의 네 가지 영역의 능력, 즉 조직화, 계획화, 의사결정 및 리더십 능력을 평가하게 되는데(Gomez-Mejia, Balkin, & Cardy, 2010, 206), 이 때 평가를 위해 주로 사용되는 기법은 〈표 7-11〉에서와 같이 역할연기(role playing), 태도검사, 심층면접(in-depth interview), 시뮬레이션(simulation), 사례연구, 의사결정실습(in-basket exercise) 등으로 불확실성과 위험이 많은 환경에서 매우 유용하게 사용될 수 있다(Schneider & Schmitt, 1992; Thornton, 1992).

4.4 균형성과표(BSC)

균형성과표(BSC; Balanced Score Card)에서 말하는 균형(Balanced)이란 전통적인 재무적 성과평가 중심에서 재무적·비재무적 성과를 모두 균형있게 고려한다는 것이며, 단기 중심적인 성과관리에서 장·단기성과관리를 동시에 관리한다는 것이다. 균형성과평가법은 기업의 사명과 전략을 측정하고 관리할 수 있는 포괄적인 측정 지표의 하나로서 1992년 미국 하버드대 경영대학원 로버트 카플란(R. Kaplan) 교수와 컨설팅 회사인 '르네상스 솔루션'의 컨설턴트인 데이비드 노튼(D. Norton)에 의해 공동 개발되었다(Kaplan & Norton, 1996).

대부분의 기업들이 회사의 성과를 평가하기 위해 매출액이나 수익 등의 재무지표를 활용하고 있다. 그러나 매출이나 수익 등의 재무적 지표만으로 기업의 장기적 성과까지 측정하기 힘들다. 재무적 지표는 경영전략과 연관되어 있지 않고 과거의 정보이며 사후적 결과만을 강조하기 때문에 미래 경쟁력에 대한 지표로 활용되기 힘들었다(박기찬, 2010). 반면 BSC는 재무적인 관점과 더불어 [그림 7-7]과 같이 고객관점, 내부 프로세스관점, 학습과 성장 관점 등 기업의 성과를 종합적으로 평가하는 균형잡힌 성과측정법이다. BSC는 현재의 경영성과뿐만 아니라 미래의 성과를 향상시킬 수 있는 역량도 동시에 측정하고 평가할 수 있다. 미국과 유럽의 많은 기업들이 이 제도를 도입하였으며, 우리나라의 경우 공무원조직을 비롯한

그림 7-7 | 균형성과표

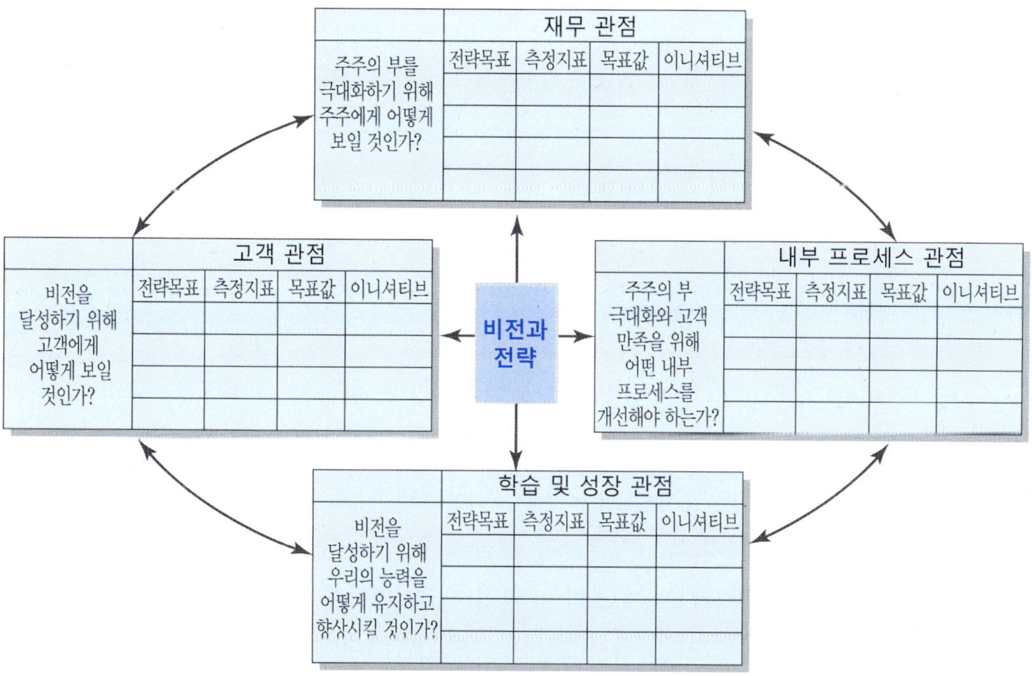

자료: 김영재 · 김성국 · 김강식((2018), 「신인적자원관리」, 제3판, 탑북스. 322.

공공기관의 대부분이 이 방식을 활용하고 있다.

이러한 균형성과표의 유용성으로는 네 가지 상이한 관점에서 정보를 제공해 주면서도 기업이 경쟁력을 향상시키는 데 경주하여야 할 여러가지 핵심 요소들을 일목요연하게 보여주는 데 있다. 또 다른 유용성으로는 기업 전체의 최적화에는 오히려 장애를 가져다 줄 수 있는 부분 최적화를 방지하는 데 있다. 즉, 하나의 관점에서의 향상이 또 다른 관점을 희생시키면서 성취된 것인지 아닌지를 파악할 수 있다.

4.5 중요사건기록법

중요사건기록법(Critical Incident Method)이란 평가기간 중에 피평가자와 관련하여 일어났던 중요한 사건사건들, 즉 특별히 효과적인 혹은 비효과적인 행동 내지 업적을 체계적으로 기록해 두었다가 평가시 이를 중심으로 평가하는 방법이다. 여기서 특별히 효과적인 행동 내지 업적이란 해당 작업조직에 결정적인(긍정적이든 부정적이든) 영향을 미쳤던 사건을 말한다.

이러한 기법을 평가제도의 구성요건 측면에서 평가하면, 첫째 타당도 측면에서 중요한 정보를 제공하기가 어렵다. 예를 들어 교육훈련을 인사평가의 목적으로 피평가자를 평가할 때 피평가자가 지난 평가기간 동안 특별한 (혹은 돌출적인) 행동을 하지 않았을 때 교육훈련 관련정보를 획득하기가 어렵다. 그러나 임금(인센티브)이 목적인 평가의 경우, 평가기간 동안 피평가자가 기업에 특별히 커다란 공헌을 했을 때 이를 임금(인센티브) 결정에 활용할 수 있다. 따라서 중요사건기록의 경우 그 타당성 문제는 평가하기가 곤란하다.

신뢰성 측면에서 볼 때는 중요사건 그 자체에 대한 신뢰도는 매우 높을 것이다. 즉 중요사건을 구체적으로 기술하기 때문에 이러한 사건은 대개 작업조직에 이미 알려졌기 때문에 평가사의 주관이나 편견이 개입될 소지가 적기 때문이다. 그러나 이 기법은 여러 피평가자들을 비교하여 우열을 가려야 하는 경우 어렵다. 왜냐하면 중요사건들이 서로 유사성이 낮을 경우 피평가자들에 대한 비교에 문제점이 야기되며, 이러한 문제점은 바로 이 기법의 수용성에도 연결된다. 즉 피평가자들이 중요사건 기술 그 자체에 대해서는 수용성이 높겠지만 이 사건들에 대한 평가, 나아가 이를 승진, 임금(인센티브) 등에 반영할 때의 수용성은 낮아질 것이다(박경규, 2016, 280-281).

중요사건기록법은 그 실시 자체가 비교적 용이하고 비용도 그렇게 많이 발생하지 않기 때문에 실용성은 높은 편이다. 하지만, 사건에 대한 기록을 유지하는 데 많은 시간이 요구될 뿐만 아니라, 어떤 사건들을 기록해 두어야 할지에 대한 개념이 고과자마다 다를 수 있다는 한계가 있다(Mello, 2011).

8

임금관리

1. 임금관리의 의의

1.1 임금의 의의

직장에서 승진과 더불어 종업원의 2대 관심사 중의 하나가 바로 임금이다. 임금 혹은 봉급(wage or salary)이란 종업원이 조직에 노동력을 제공하고 이에 대한 대가로 수령하는 금전적 또는 비금전적 금품을 말한다. 여기서 금품은 반드시 화폐적 가치가 포함되는 것으로 금전적 화폐로 지급되는 금전적 금품과 화폐는 아니지만, 화폐적 가치가 있는 비금전적인 것까지 포함한다. 예컨대 우리가 흔히 월급·봉급이라고 칭하는 것들은 금전적 금품에 해당한다. 반면 스톡옵션으로 지급되는 주식은 미래에 현금화가 가능한 비금전적 금품에 해당한다(이진규, 2009).

환언하면 임금이란 근로사가 노동을 제공하고 얻은 모든 소득이라고 정의할 수 있다. 이러한 맥락에서 우리나라의 현행 근로기준법 제2조 5호에 의하면 "'임금'이란 사용자가 근로의 대가로 근로자에게 임금, 봉급, 그 밖에 어떠한 명칭으로든지 지급하는 일체의 금품을 말한다"라고 규정하고 있다. 이 임금은 노동자나 사용자에게 다 같이 중요한 의의를 가지고 있는데, 이것을 더욱 구체적으로 살펴보면 다음과 같다.

(1) 노동자와 임금

노동자에게 있어서 임금이 지니는 첫 번째의 의의는 경제적 측면(economic aspect)에서 찾아볼 수 있다. 임금은 노동자에게 있어서는 생계를 유지하게 하는 가장 주요한 수입의 원천이자 경제적 지주이다. 따라서 노동자는 언제나 임금의 증가와 소득의 안정을 도모하기 위한 온갖 노력을 다하게 된다. 그런데 여기서 말하는 생계비는 노동자 개인만의 생계비가 아니라 그에게 딸린 가족 전체의 생계비라는 것을 생각한다면 임금의 경제적 의의는 더욱 중요성을 띠게 된다.

임금의 두 번째 의의는 사회적 측면(social aspect)에서 찾아볼 수 있다. 임금은 노동자의 사회적 신분을 규정하는 한 요소가 된다. 다시 말하자면 임금은 조직 내부와 외부에서 노동자의 사회적 지위를 결정하는 요인이 된다는 것이다. 즉, 임금은 조직 내부에서 종업원의 조직적 계층을 강화케 한다. 부장, 과장, 계장 등의 직제상의 지위는 단순히 그 지위가 가지고 있는 권한이나 책임만을 내포하고 있는 것은 아니다. 여기에 고임금이란 뒷받침이 없다면 지위에 대한 권위는 충분히 보장될 수 없으며 그 기능도 완전히 발휘될 수 없을 것이다.

임금의 세 번째 의의는 심리적 측면(psychological aspect)에서 찾아볼 수 있다. 이상에서 설명한 바와 같이 임금은 노동자의 생계의 근거가 되며 동시에 그들의 사회적 지위를 결정케 하는 것이므로 이는 노동자들의 심리적 욕구를 충족시키는 수단이 된다. 곧 조직구성원들은 여가선용이나 취미생활을 하는 데 필요한 돈의 대부분을 임금의 형태로 받게 되는데, 자연스러운 결과로 욕구충족을 위해 보다 많은 임금을 기대하게 된다. 그 뿐만 아니라 아담스(S. Adams)의 공정성이론에서 알 수 있듯이 임금불공정성은 구성원들이 불평불만과 사기저하의 주요요인으로 작용할 수 있기 때문에 임금은 심리적으로도 중요하다(이덕로, 2018, 64-66; Griffin, 2017; Lussier, 2017).

이와 같이 근로자의 입장에서 볼 때 임금은 근로자가 인간다운 삶을 영위하는 데 필요한 최소한 화폐소득일 뿐만 아니라 사회적·심리적인 측면에서도 중요한 의의가 있다(Martocchio, 2001).

(2) 기업과 임금

기업의 입장에서 본다면 임금이 지니는 의의는 첫째로 비용(cost)으로 생각할 수 있다. 곧 임금은 기업으로서는 제조원가의 주요한 구성요소가 된다. 특히 지식 내지 노동집약적인 산업일수록 임금이 전체 비용에서 차지하는 비중이 높기 때문에 더 중요하다. 따라서 오늘날과 같은 지식경영시대나 4차 산업혁명시대에 있어서 기업은 종업원들에게 자신들의 지식을 다른 사람들과 나누어 갖도록 장려하는 데 각종 보상시스템을 도입·활용하고 있다(Bartol & Srivastava, 2002).

둘째로 임금은 조직의 목표달성에 핵심적 요소가 되는 생산성에 영향을 미친다. 로크(E. Locke)는 생산성을 향상시키는 몇 가지 방법을 비교한 바 있는데, 그 결과 임금이 30%의 생산성 증가를 자져다 주었고 목표설정방법 18%, 직무충실화 17%인 반면에 의사결정에의 참가방법은 0.5%의 증가에 그쳤다(박경규, 2016, 392; Lawler, 1981). 따라서 임금을 단순히 비용으로만 생각하는 것은 잘못이다. 노무비는 임금률과 노동생산성의 양자에 의해서 결정되는 것이므로 생산비율이 높을 때는 고임금과 저노무비는 병행될 수 있다. 때로는 타기업보다 비싼 임금을 지불하고도 고도의 능률이 발휘되어 노무비를 오히려 절약할 수도 있다. 그러므로 합리적인 임금형태와 만족할 만한 임금수준은 생산성을 높이는 원천이 되는 것이다.

셋째로 임금은 기업의 수입의 또 다른 원천이 된다. 즉, 임금은 개개의 기업으로 본다면 비용이지만 그것의 사회적인 합계는 구매력으로 나타나서 기업의 수입을 결정하는 원천이 된다는 것이다. 거시적으로 관찰한다면 개개의 노동자에게 임금으로서 지불된 노동자의 소득은 저축과 소비로 나누어지는데, 이 소비분은 바로 기업에 대한 수요의 형태로 나타난다. 대체로 보아서 소비성향은 고소득층보다 저소득층이 높으므로 부유층의 소득 증가보다 노동자층의 수입 증가가 구매력을 훨씬 더 증가시키는 역할을 하는 것이다. 그러므로 경영자는 임금을 단순히 비용으로만 생각하지 말고 자기회사 상품에 대한 구매력을 결정한다는 사실을 인식할 필요가 있다.

1.2 임금관리의 내용

공정한 임금의 책정이 모든 종업원과 기업가에 다 같이 중요한 문제라는 것은 위에서 이미 언급했는데, 이것을 규정하기 위한 기술을 발전시키는 것이 바로 임금 및 봉급관리의 활동이다. 그러면 공정한 임금의 책정을 위해서는 구체적으로 어떠한 내용에 관한 연구와 검토가 있어야 하는가? 여기에 관해서 벨쳐(D. W. Belcher) 교수는 다음과 같은 여섯 가지의 내용을 들고 있다. 즉, 임금수준의 결정문제(determination of wage level), 임금체계에 대한 검토(study on wage structure), 개별임금결정의 문제(individual wage determination), 임금형태에 관한 문제(wage payment method), 복리후생에 관한 문제(the problem of fringe benefit) 등이다. 그러나 피고즈는 이 문제를 다루는 데 있어서 임금수준의 문제, 기업 내부에서의 임금격차(internal wage differentials), 임금형태 등을 중요시하고 있다. 이 밖에도 김식현(1999), 정재훈(2015) 교수를 비롯한 국내외의 많은 학자들은 임금관리를 [그림 8-1]과 같이 임금수준, 임금체계, 임금형태로 체계화하고 있다.

이러한 주장들에 최근 우리사회에서 더욱 심화되고 있는 양극화현상을 감안하

그림 8-1 | 김식현·정재훈 등에 의한 임금관리의 체계

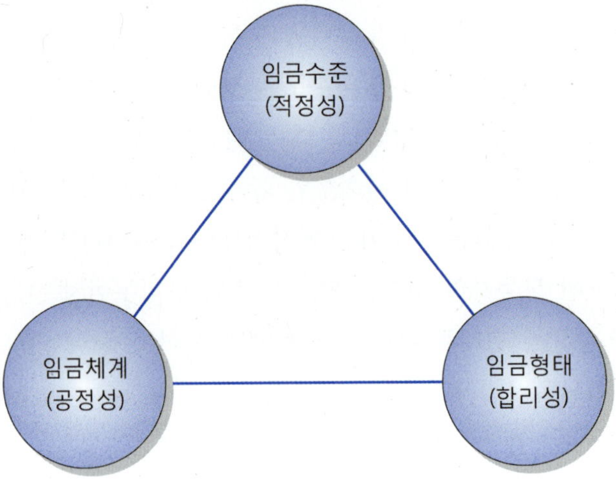

그림 8-2 | 임금관리의 체계

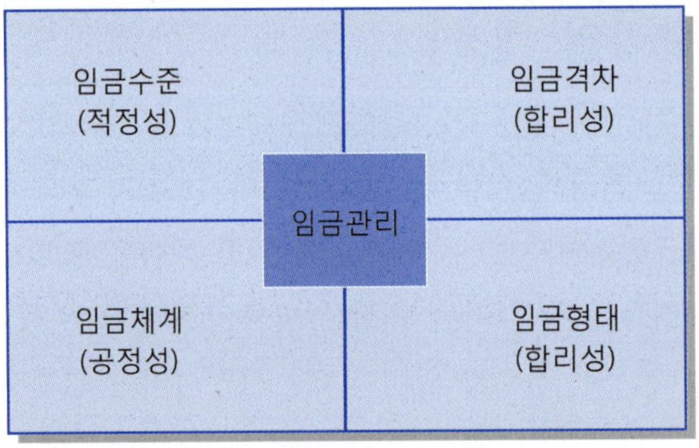

여 임금격차를 추가하여 필자들은 임금관리의 체계를 [그림 8-2]와 같이 임금수준, 임금격차, 임금체계, 임금형태 등으로 구성하고자 한다. 구체적으로 첫째, 임금의 의의에 이어 오늘날 일반적으로 적용되고 있는 임금수준을 결정하는 요인들을 검토하고자 하며, 둘째, 임금체계에 있어서는 임금의 구체적인 구성요소에 대한 고찰을 하되, 주로 연공급, 직무급, 직능급을 중심으로 전개할 것이며, 셋째, 임금형태에 있어서는 가장 합리적이며, 공정한 임금의 산출방법이 어떠한 것이며 각 방식의 장단점이 어떠한 것인가에 대한 것을 고찰하려고 한다. 끝으로 임금형태와

관련하여 21세기에 들어 크게 관심의 대상이 되고 있는 연봉제에 대해 살펴보기로 하겠다.

2. 임금수준

임금의 외부공정성은 기업이 종업원에게 나누어 줄 임금총액의 크기와 관련되는 것으로, 이것은 해당기업의 임금수준으로 반영된다. 임금수준이란 조직이 그 구성원들에게 지불하는 임금총액의 평균, 즉 종업원 1인당 평균임금액을 말한다(Milkovich & Newman, 2005).

한 예로 우리나라 근로자들의 2016년 규모별 · 고용형태별 임금수준을 살펴보면 [그림 8-3]과 같다. 한국경영자총협회가 고용노동부의 「고용형태별 근로실태조사」 원자료를 기반으로 2016년 대졸 신입근로자 초임(임금총액 기준)을 규모별 · 고용형태별로 추정한 결과, 300인 이상 사업장 정규직 대졸 초임은 평균 4,350만원, 300인 이상 사업장 기간제 2,573만원, 300인 미만 사업장 정규직 2,490만원, 300인 미

그림 8-3 | 2016년 규모별 · 고용형태별 대졸 초임(임금총액) 평균

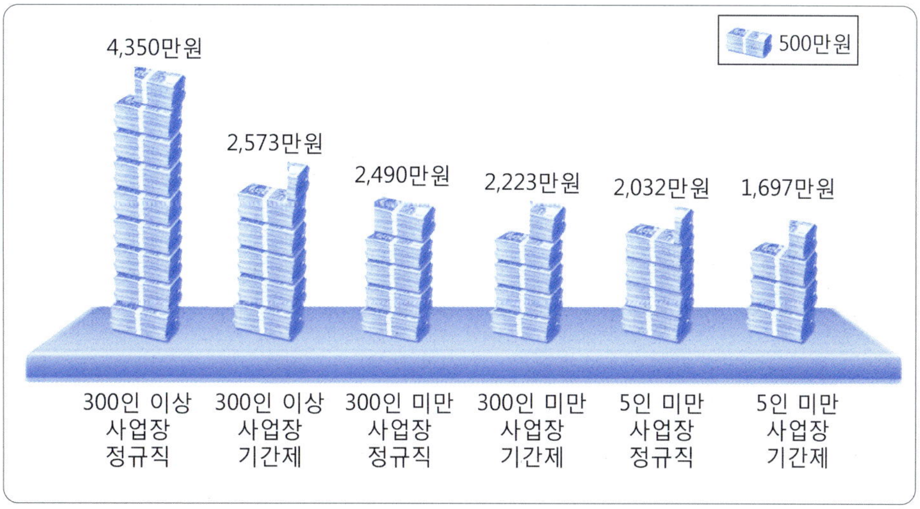

자료: 한국경영자총협회(2017.3), 「2017년 경영계 임금조정 권고 참고자료」, 1.

그림 8-4 | **성별·학력별 임금수준** (단위: 천원/월)

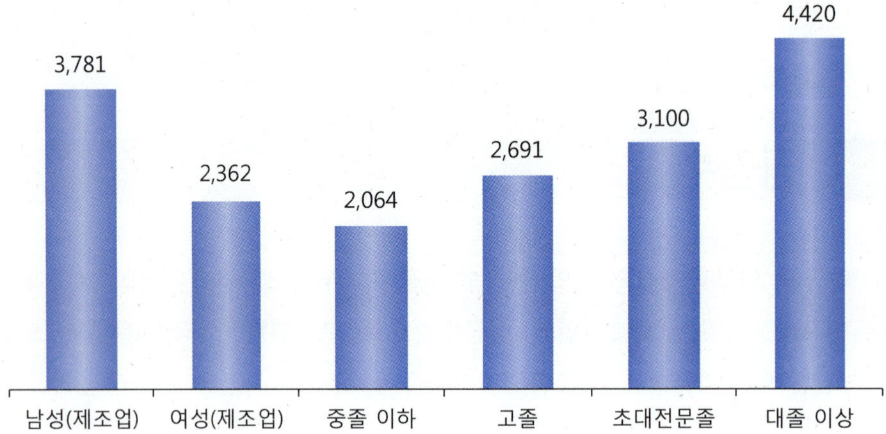

주: 1) 비농전산업기준, 2) 10인 이상.
자료: 한국노동연구원(2017), 「2017 KLI 노동통계」, 65-66.

만 사업장 기간제 2,223만원, 5인 미만 사업장 정규직 2,032만원, 5인 미만 사업장 기간제 1,697만원 순으로 나타났다.

이어서 상여금 월할분을 포함한 2015년의 성별·학력별 임금수준을 보면 남성(제조업) 378만 1천원, 여성(제조업) 236만 2천원, 중졸 이하 206만 4천원, 고졸 269만 1천원, 초대전문졸 310만원, 대졸 이상 442만원으로 조사되었다.

월급쟁이들의 꿈은 여러가지가 있을 수 있는데, 그 중 하나가 바로 억대 연봉이다. 그런 직장을 샐러리맨들은 신의 직장이라 부른다. 2017년 직원들에게 평균 억대의 연봉을 지급한 꿈의 일터는 총 24곳으로 나타났다. 2013년 6곳 대비 4배나 늘었다. 개별기업별로 볼 때 대부분 주요 금융기관이고 일부 화학회사나 수출기업들도 있다. 신의 직장에 오른 기업 24곳의 2017년 종업원 1인당 임금수준을 보면 〈표 8-1〉과 같다.

임금수준은 사용자에게는 인건비로 제품원가와 연관되어 있고 종업원에게는 소득의 원천으로 생계비와 직결된다. 그러므로 사용자는 기업의 지불능력과 경쟁력의 관점에서, 종업원은 생계와 직장 선택의 관점에서 임금수준을 대단히 중요시 여기고 있다. 이와 같이 한 기업의 경쟁자들과 비교해서 어느 정도의 임금을 지불해야 할 것인가 하는 문제는 그 기업이 경쟁적 환경 속에서 존속하고 성장하는 데 대단히 중요한 과제라 할 수 있다.

표 8-1 | '신의 직장'에 오른 기업 24곳 (단위: 원)

순위	회사명	1인 평균 급여액	순위	회사명	1인 평균 급여액
1	메리츠종금증권	2억 3,748만	11	NH 투자증권	1억 900만
2	KB금융	1억 2,700만	12	교보증권	1억 648만
3	부국증권	1억 2,317만	13	SK 텔레콤, 한국콜마홀딩스, 동아쏘시오홀딩스	1억 600만
4	S-Oil	1억 2,075만	14	신한지주	1억 500만
5	삼성전자, 현대시멘트	1억 1,700만	15	LG	1억 470만
6	하나금융지주	1억 1,600만	16	SBS 미디어홀딩스	1억 400만
7	대한유화	1억 1,500만	17	NICE	1억 282만
8	넷마블게임즈	1억 1,400만	18	삼성카드	1억 100만
9	코리안리	1억 1,300만	19	메리츠금융지주	1억 76만
10	SK 이노베이션	1억 1,100만	20	LG상사, SBS	1억

주: 2018년 3월 12일 KOSPI 상장 시가총액 기업 기준.
자료: 김현예(2018.4.5), "평균 연봉 1억 '신의 직장' 5년 만에 4배," 「중앙일보」.

지금까지 임금수준의 의의와 우리나라의 예에 대해 살펴보았다. 이어서 이러한 임금수준을 결정하는 데 영향을 미치는 요소로는 경쟁임금, 생계비, 기업의 지불능력, 법과 규율 등이 있다. 그러면 이들 각각에 대해 살펴보기로 하자.

2.1 경쟁임금

기업의 일반적인 임금수준은 실제로는 동일지역의 동일산업에서 일반적으로 지불되고 있는 임금을 기준으로 해서 결정되는 경향이 농후하다. 기업이 경쟁기업보다 우수한 종업원을 유지 내지 확보하려고 한다면 적어도 그 지역 내지 동일산업에서 적용되고 있는 평균임금 내지 그 이상의 임금을 지불하지 않으면 안 된다. 그 이유는 자본주의적 경영체제하에서는 자본과 마찬가지로 노동의 이동도 자유롭기 때문이다. 그래서 이 때 특정기업이 평균율 이상의 임금을 지불한다고 하면 그 기업은 임금수준결정상 선도자의 역할을 하게 되는 것이다. 그러나 대부분의 기업이 임금수준을 결정하는 데 있어서 취하고 있는 일반적인 경향은 자사와의 비교의 대상이 되는 기업과 더불어 동일한 보조를 취하려고 하는 것이다.

그러므로 임금수준을 결정하는 데 있어서 이러한 요인들을 크게 참작하기 위해서는 동일지역 내지 동일산업의 임금수준에 대한 정확한 정기적인 조사가 선행되지 않으면 안 된다. 더욱이 임금조사(wage survey)는 노동조합과의 단체교섭을 진행하는 데 있어서도 필요한 기초자료가 되므로 정확하게 조직적으로 수행되어야 한다. 임금조사에 있어서 필요한 절차로서는 조사대상이 되는 기업의 선정, 모든 조사대상기업의 공통적인 기간직무에 대한 리스트의 작성, 타당한 비교검토를 행하기 위해서 위에서 언급한 직무내용에 대한 상세한 기술, 동종 직무에 대한 정확한 임금자료를 얻기 위한 질문서의 발송, 각각의 직무에 대한 임금자료의 집계 및 정리 등을 들 수 있다.

2.2 기업의 재무상태

이상과 같은 경쟁임금이 임금수준의 결정에 큰 영향을 미치기는 하지만 기업의 재무상태, 즉 기업의 지불능력 또한 무시할 수 없는 요소이다. 만약 기업이 손실을 보았다거나 또는 적정이윤을 올리지 못했다면 경쟁기업과 동일한 수준의 임금을 지속적으로 지불하기가 어려울 것이다.

전술한 바와 같이 임금은 노동자측으로 본다면 주된 수입이 되지만 기업측으로 본다면 주요 비용이 되므로 기업의 재무상태가 좋지 않아 지불능력이 떨어질 때는 비용의 절감을 위한 온갖 노력을 다해야 하기 때문에 임금의 인상은 더욱 곤란하다는 결론이 나온다. 그러나 기업의 재무상태는 노동생산성의 향상을 통해서나 또는 인건비 이외의 원가절감에 대한 경영자의 능력향상을 통해서도 호전될 수 있으므로 노동조합측에서는 이 문제가 임금수준의 결정에 있어서 결정적인 역할을 하지 않는다고 주장을 펼치기도 한다.

그럼에도 불구하고 일반적으로 노동조합은 기업이 이윤을 많이 올리고 있을 때에는 지불능력을 임금교섭상의 근거로서 이용하려 하고, 반대로 경영자측은 재무상태가 악화되어 있을 경우에 기업의 지불능력을 문제시하려 하고 있다. 이러한 점으로 보아 어쨌든 기업의 재무상태는 임금수준을 결정하는 데 있어서 중요한 요소라고 할 수 있다. 만약에 기업이 재무상태에 입각해서 임금교섭을 하려면 제조원가, 제품원가 및 이윤 등에 관한 객관적인 정확한 자료를 노동자에게 제공해서 여기에 대한 노사 간의 상호 이해를 증진시키는 일이 앞서야 하는 것이다.

2.3 생계비

경제가 비교적으로 안정되지 못한 사회에서는 위의 두 요인에 못지않게 생계비가 임금수준을 결정하는 데 큰 역할을 하고 있다. 특히 임금인상에 대한 검토를 할 때는 생계비의 비중은 거의 절대적이다. 즉, 물가의 상승시에 있어서 명목임금이 물가의 상승률을 따르지 못한다면 노동자의 불만은 증대되며 사기는 현저하게 저하될 것이다. 노사분규에 있어서 노동자가 말하는 생활급의 지급은 바로 이것을 의미하는 것이다. 생계비를 임금수준의 중요한 결정요인으로 고려하기 위해서는 생계비에 대한 정확한 조사가 앞서야 할 것은 두말할 필요도 없다.

생계비에 따른 임금수준의 결정을 합리화하기 위해서 많은 기업과 노동조합은 단체협약에서 에스카레이터조항(escalator clause)을 채택하고 있다. 이 조항에 의하면 생계비지수의 변동에 대응해서 자동적인 임금상승이나 일정한도의 임금감액이 행하여지게 되는데, 미국의 경우 많은 사회보장 수혜자와 250만의 군 및 공무원 퇴식사들이 생계비 소성을 받고 있다. 미국에서의 가장 흔한 조정방식은 소비자물가지수(CPI: Consumer Price Index)가 0.3포인트 오를 때마다 시간당 1센트를 올려 주는 방식이다(정종진 · 이덕로, 2017).

이 이외에도 근래에는 생계비가 현저하게 변화했을 때는 임금에 관한 재교섭을 할 수 있는 임금재교섭조항(wage reopener clause)을 단체협약 중에 넣고 있는 경우가 많다. 이 임금재교섭조항은 에스카레이터조항만큼 일반적인 것은 아니지만 그래도 일부 기업에서 활용되고 있다. 미국의 통계를 보면 조사된 단체협약의 80%에서 이러한 임금재교섭조항을 두고 있는 것으로 나타났다.

2.4 법과 규칙

임금수준의 결정에 있어서 정부가 제정한 법률이나 규정도 큰 영향을 미치고 있다. 이를테면 최저임금법(minimum wage law)을 들 수 있다. 최저임금법은 법률상 이 법의 적용을 받게 되어 있는 모든 기업에 대해서 종업원에게 지불해야 할 임금의 절대적인 최저한도를 규정한 법이다. 이 제도는 1894년 뉴질랜드의 산업조정중재법에서 처음 시작된 이래 1896년 호주의 빅토리아주법, 1909년 영국의 임금위원회법, 1915년 프랑스의 가내노동법, 1928년 ILO총회의 최저임금제도제안 채택결의, 1938년 미국의 근로기준법으로 이어져 오고 있는데, 미국의 경우 1938년 당시의 시간당 최저임금은 0.25달러에 불과했으나 그 뒤 점점 올라 1997년에는 5.15달러(Byars & Rue, 2004, 279), 2014년에는 10.10달러, 2018년에는 주에 따라 다소 다르지만 워싱턴주의 경우 11.5달러로 증가하였다.

우리나라는 1953년에 제정된 근로기준법 제34조에 명문화해 두고 있음에도 불구하고 한참 늦은 1988년부터 이 법을 채택해오고 있는데, 우리나라 최저임금제도 관련 주요 지표의 추이는 〈표 8-2〉와 같다.

이외에도 전시나 또는 국가적으로 위급한 사태에 직면했을 경우 임금수준은 국가의 시책이나 규정에 의해서 규제를 되기도 한다. 우리나라의 경우 1961년 5.16 군사쿠데타 직후에 적용된 '정부투자기업체 임직원의 보수통제에 관한 규정'이 그 좋은 예이다.

표 8-2 | 최저임금제도 관련 주요 지표 추이

구 분 / 적용기간	적용 대상(법)		최저임금수준		상승률
	규 모	산 업	시 급	월급(환산)	최저임금
'88. 1~'88. 12	10인 이상	제조업	475.0	114,000[1)]	–
'90. 1~'90. 12	10인 이상	전산업	690.0	155,940	10.6
'92. 1~'92. 12	10인 이상	전산업	925.0	209,050	12.8
'94. 9~'95. 8	10인 이상	전산업	1,170.0	264,420	7.8
'96. 9~'97. 8	10인 이상	전산업	1,400.0	316,400	9.8
'97. 9~'98. 8	10인 이상	전산업	1,485.0	335,610	6.1
'98. 9~'99. 8	10인 이상	전산업	1,525.0	344,650	2.7
'99. 9~'00. 8	5인 이상	전산업	1,600.0	361,600	4.9
'00. 9~'01. 8	1인 이상	전산업	1,865.0	421,490	16.6
'01. 9~'02. 8	1인 이상	전산업	2,100.0	474,600	12.6
'02. 9~'03. 8	1인 이상	전산업	2,275.0	514,150	8.3
'03. 9~'04. 8	1인 이상	전산업	2,510.0	567,260	10.3
'04. 9~'05. 8	1인 이상	전산업	2,840.0	641,840	13.1
'05. 9~'06. 12	1인 이상	전산업	3,100.0	700,600	9.2
'07. 1~'07. 12	1인 이상	전산업	3,480.0	786,480	12.3
'08. 1~'08. 12	1인 이상	전산업	3,770.0	787,930	8.3
'09. 1~'09. 12	1인 이상	전산업	4,000.0	836,000	6.1
'10. 1~'10. 12	1인 이상	전산업	4,110.0	858,000[2)]	2.75
'11. 1~'11. 12	1인 이상	전산업	4,320.0	902,880[3)]	5.1
'12. 1~'12. 12	1인 이상	전산업	4,580.0	957,220[4)]	6.0
'13. 1~'13. 12	1인 이상	전산업	4,860.0	1,015,740	6.1
'14. 1~'14. 12	1인 이상	전산업	5,210.0	1,088,890	7.2
'15. 1~'15. 12	1인 이상	전산업	5,580.0	1,166,220	7.1
'16. 1~'16. 12	1인 이상	전산업	6,030.0	1,260,270	8.1
'17. 1~'17. 12	1인 이상	전산업	6,470.0	1,352,230	7.3
'18. 1~'18. 12	1인 이상	전산업	7,530.0	1,573,770	16.4
'19. 1~'19. 12	1인 이상	전산업	8,350.0	1,745,150	10.9

주: 1) 1988년은 고임금 및 저임금 업종의 최저임금액을 단순 평균한 수치임.
2) 주 40시간 적용 사업장 기준(월 209시간). 주 44시간 사업장은 928,000원.
3) 주 40시간 적용 사업장 기준(월 209시간). 주 44시간 사업장은 976,320원.
4) 주 40시간 적용 사업장 기준(월 209시간). 주 44시간 사업장은 1,035,080원.

자료: 이원덕 편(2003), 「한국의 노동 1987-2002」, 한국노동연구원, 344; 고용노동부.

현장이야기

"부럽다 SK"....연봉 1~4위 싹쓸이·6개 계열사 억대 연봉

SK그룹 계열사들이 지난해 주요 기업 직원연봉 서열에서 상위권을 휩쓴 것으로 나타났다. SK에너지를 비롯한 화학 계열사가 1~4위를 '싹쓸이'한 가운데 이들을 포함해 6개 계열사의 평균 연봉이 1억원을 넘는 것으로 조사되면서 다른 기업 직원들의 부러움을 사고 있다.

9일 재계와 CEO스코어 등에 따르면 매출 상위 500대 기업 가운데 사업보고서를 제출하고 전년과 비교가 가능한 324곳의 직원 급여를 분석한 결과 SK그룹 계열사가 '톱 10위' 내에 4개나 포함됐으며, 특히 이들 기업이 1~4위를 차지했다.

SK에너지가 직원 1인당 평균 연봉이 1억 5천 220만원으로 가장 높았고, SK종합화학(1억 4천 170만원)과 SK인천석유화학(1억 3천만원), SK루브리컨츠(1억 2천 130만원)가 그 뒤를 이었다. SK이노베이션(1억 1천 100만원·11위)과 SK텔레콤(1억 570만원·18위)을 합치면 6개 계열사가 직원연봉이 평균 1억원을 넘었다.

전년 대비 연봉 상승액도 두드러졌다. SK에너지는 1년 만에 2천 60만원이나 올랐고, SK종합화학(1천 970만원)과 SK루브리컨츠(1천 810만원)도 2천만원 가까이 상승했다. SK인천석유화학은 620만원 올랐다.

SK그룹을 제외하면 국내 5대 그룹 계열사 가운데 연봉 20위 내에 든 기업은 삼성전자(1억 1천 700만원·7위)가 유일했다. LG그룹 계열사로는 LG상사가 1억원(24위)으로 '억대 연봉'에 턱걸이 했으며, 롯데그룹에서는 롯데케미칼이 9천 470만원으로 가장 많았다. 특히 지난해 중국 사드(THAAD·고고도 미사일 방어체계) 보복 등으로 '고난의 한 해'를 보냈던 현대차그룹은 기아차가 9천 310만원(38위), 현대차가 9천 160만원(44위)으로 50위 내에 들며 체면을 유지했다. 그러나 기아차는 1년 전에 비해 연봉이 평균 290만원, 현대차도 240만원 낮아져 직원들의 지갑이 더 얇아진 것으로 나타났다.

지난해 절대 액수로 직원연봉이 가장 많이 오른 업체는 동원산업이었다. 2016년 평균 5천 600만원에서 지난해 9천 360만으로 무려 3천 760만원(67.1%)이나 인상되며 240위에서 34위로 뛰어올랐다. 반면 가장 많이 내린 업체는 STX조선해양으로, 6천 700만원에서 4천 800만원으로 1천 900만원(28.4%)이나 깎인 것으로 나타났다.

재계 관계자는 "업종별로는 화학 기업들이 전통적으로 직원 연봉이 높다"면서 "SK그룹 계열사들이 상위권을 휩쓴 것은 최근 몇년간 실적이 좋았던데다 직원 근속연수가 길기 때문으로 보인다"고 말했다.

자료: 이승관(2018.4.9), ""부럽다 SK"..연봉 1~4위 싹쓸이....6개 계열사 억대 연봉," 「연합뉴스」.

3. 임금격차

3.1 임금격차의 의의

임금격차(wage differentials)란 임금을 동일시점에서 여러가지 요소별로 비교했을 때 나타나는 임금의 상대적인 간격을 말한다. 이것은 보통 백분율로 표시된다. 임금격차는 산업별 임금격차, 규모별 임금격차, 직종별 임금격차, 학력별 임금격차, 성별 임금격차, 지역별 임금격차, 그리고 고용형태별 임금격차 등으로 구분해 볼 수 있다.

우리나라의 임금격차를 보면 과거에는 다른 어느 나라보다도 각종 임금격차가 크게 났다는 점이다. 그러나 지난 20-30년간에 걸쳐 노동계, 산업계, 그리고 정부의 줄기찬 노력에 의해 그 격차가 크게 줄어들었다. 그럼에도 불구하고 규모별 임금격차는 유일하게 그 차이가 줄어들기는커녕 더욱 벌어지고 있다.

적정한 임금격차는 노동의 진정한 의미를 깨닫게 하고 사회 전반에 걸쳐 노동의 효율적 배분을 달성하게 할 뿐만 아니라 근로자의 근로의욕을 제고시키기 때문에 산업 전체의 효율성을 향상시킬 수 있다. 그러나 과도한 임금격차는 근로자 간 계층화를 발생시키고 위화감을 조성할 뿐만 아니라 근로의욕과 심지어 삶의 의욕마저 좌절시킬 수도 있다.

최근 들어 절차적 정당성(공정성)과 분배적 정당성이 인적자원관리 분야의 주요 이슈로 등장하고 있다. 공정성 문제는 주관적 판단에 의한 자아 정체성이 형성되어 각종 직무태도에 영향을 미치게 된다(Johnson & Lord, 2010). 특히 임금과 관련하여 대내직·대외직 임금공징싱이 그 어느 때보다도 중요한 요소로 작용하는 시금 대내적·대외적 임금공정성이 확보될 수 있도록 임금관리에 있어서 보다 더 신중한 정책적 고려가 뒤따라야 하겠다.

3.2 임금격차의 내용

임금격차를 산업별, 규모별, 직종별, 학력별, 성별, 지역별, 그리고 정규직·비정규직 등으로 나누어 살펴보기로 하겠다.

(1) 산업별 임금격차

산업간 임금격차를 보면 9차 산업분류방식에 의해 이전자료와의 단순 비교가 어렵기는 하다. 그러나 가장 유사한 산업별 임금격차를 보면 〈표 8-3〉에서 알 수 있듯이 2016년의 경우 전산업을 100으로 했을 때 임금수준이 가장 높은 산업은 166.8을 나타내고 있는 전기·가스·증기 및 수도사업이고, 다음으로 높은 산업은 157.0을 나타내고 있는 금융·보험(및 부동산)업이다. 반면에 가장 낮은 수준을 보이고 있는 산업은 운수업으로 82.2이며, 그 다음으로 낮은 산업이 바로 (보건업 및) 사회복지서비스업으로 84.2이다. 산업별 격차는 그 동안 줄기차게 줄어 들어왔음을 알 수 있다.

표 8-3 | 산업별 임금격차 (전산업 = 100)

산업 \ 연도	1975	1980	1985	1990	1995	2000	2007	2010	2016
전산업(농림 제외)	100.0	100.0	100.0	100.0	100.0	100.0	100.0	100.0	100.0
광 업	118.8	115.5	100.3	94.4	97.8	98.6	103.2	95.4	106.1
제 조 업	83.4	83.3	83.3	92.1	92.0	92.7	100.2	99.3	103.5
전기·가스 및 수도사업	226.9	160.7	177.5	148.6	131.6	144.2	173.3	154.7	166.8
건 설 업	133.8	146.4	123.5	116.0	113.3	106.5	100.6	101.8	97.3
도·소매 및 음식숙박업	114.5	119.9	114.8	102.0	93.6	89.7	100.4	106.7	101.3
운수창고통신업	98.9	115.6	105.6	91.0	87.6	102.5	151.7	135.2	82.2
금융·보험·부동산용역업	209.2	160.6	160.2	132.7	119.4	113.1	164.1	137.0	157.0
사회 및 개인서비스업	145.3	156.4	149.4	128.8	127.1	110.0	96.6	97.3	84.2

주: 2007년의 경우 도·소매 및 음식숙박업은 도매 및 소매업, 운수창고통신업은 통신업, 금융·보험·부동산은 금융 및 보험업, 사회 및 개인서비스업은 사회서비스업을 지칭함.

자료: 한국노동연구원(2008), 「2008 KLI 노동통계」, 58-59; 한국노동연구원(2017), 「2017 KLI 노동통계」, 60-61을 토대로 재작성.

(2) 규모별 임금격차

기업규모별 임금격차를 보면 〈표 8-4〉에서 알 수 있듯이 기업규모별로 별로 차이가 없던 1980년대와는 달리 최근의 경우 시간이 흐를수록 기업규모 간 임금격차가 커지고 있음을 알 수 있다. 기업규모별 임금격차 중에서도 특히 대기업과 중소기업 사이의 이러한 임금격차는 구직자의 중소기업 기피현상과 사회양극화의 심화 등 국가의 성장잠재력이 저하되는 결과를 초래할 가능성이 크다. 따라서 앞으로 정부는 퇴직연금, 우리사주 및 사내근로복지기금 등 생산적 근로복지제도에 대한 지원, 직무급과 같은 성과연동 임금체계 확산, 성과를 높이고 일자리를 늘리는 '생산적 교섭'으로의 지도를 통한 합리적 임금교섭 지원 등으로 기업규모 간 임금격차의 해소에 보다 많은 노력을 경주해야 할 것이다.

표 8-4 | 규모별 임금격차 (10-29인 = 100)

<table>
<tr><th>규모 \ 연도</th><th>1980</th><th>1985</th><th>1990</th><th>1995</th><th>2000</th><th>2005</th><th>2010</th><th>2015</th><th>2016</th></tr>
<tr><td>10-29인</td><td>100.0</td><td>100.0</td><td>100.0</td><td>100.0</td><td>100.0</td><td>100.0</td><td>100.0</td><td>100.0</td><td>100.0</td></tr>
<tr><td>30-99인</td><td>106.6</td><td>101.9</td><td>104.2</td><td>102.4</td><td>104.7</td><td>108.6</td><td>116.8</td><td>109.4</td><td>108.8</td></tr>
<tr><td>100-299인</td><td>104.2</td><td>100.0</td><td>109.8</td><td>108.6</td><td>114.4</td><td>121.0</td><td>119.4</td><td>113.8</td><td>115.2</td></tr>
<tr><td>300-499인</td><td>110.2</td><td>110.4</td><td>127.1</td><td>123.3</td><td>131.8</td><td>135.6</td><td rowspan="2">144.7</td><td rowspan="2">163.8</td><td rowspan="2">161.2</td></tr>
<tr><td>500인 이상</td><td>107.2</td><td>111.7</td><td>135.0</td><td>139.6</td><td>146.6</td><td>170.2</td></tr>
</table>

주: 2008년부터는 300-499인과 500인 이상을 구분하지 않고 300인 이상으로 집계함.
자료: 한국경영자총협회(1992), 「'97 노동경제연감」 152; 한국노동연구원(2017), 「2017 KLI 노동통계」, 61을 토대로 재작성.

(3) 직종간 임금격차

직종간 임금격차를 보면 〈표 8-5〉에서 알 수 있듯이 1992년 말에는 생산직 종사자의 임금을 100으로 했을 때 행정 및 관리직 종사자가 237.9로 가장 높았고, 전문기술직 종사자는 146.2로 나타난 반면, 서비스 종사자는 가장 낮은 82.8이었고 다음으로 판매직이 91.7이었다.

비록 1993년과 2000년에 걸쳐 두 차례 직종분류의 개편으로 과거와의 직접 비교는 어렵지만 2015년 12월 말 현재 장치 · 기계조작원은 월평균 2,906천원(단순노무직 1,740천원)에 비해 고위 임직원 및 관리자는 7,938천원으로 과거와 비교해서 그 격차가 좁아져 오다가 최근 들어 다시 벌어지고 있다.

표 8-5 | 직종별 임금격차 (생산직=100)

직종 \ 연도	1975	1980	1985	1990	1991	1992
전문기술직	256.6	225.1	211.5	161.5	152.2	146.2
행정관리직	451.2	370.4	321.2	240.5	266.8	237.9
사 무 직	200.0	149.9	140.2	120.5	117.8	113.1
판 매 직	119.1	92.0	127.2	96.0	89.0	91.7
서 비 스 직	101.4	97.6	95.5	86.1	84.9	82.8
생 산 직	100.0	100.0	100.0	100.0	100.0	100.0

(장치·기계조작원=100)

연도 \ 구분	고위임 직원및 관리자	전문가, 준전문가, 기술공	사무직	서비스	판 매	기능원	장치·기계 조작원	단 순 노무직
2000	(3,098) 212.3	(2,180) 149.4	(1,593) 109.2	(1,313) 90.0	1,176 (80.6)	(1,534) 105.1	(1,459) 100.0	(962) 66.0
2003	(3,853) 214.2	(2,684) 149.2	(2,036) 113.2	(1,484) 82.5	(1,722) 95.7	(1,861) 103.4	(1,799) 100.0	(1,138) 63.3
2007	(4,925) 225.2	(3,252) 148.7	(2,606) 119.2	(1,635) 74.8	(2,042) 93.4	(2,360) 107.9	(2,606) 100.0	(1,423) 65.1
2010	(5,267) 212.2	(3,476) 140.0	(3,044) 122.6	(1,915) 77.1	(2,684) 108.1	(2,664) 107.3	(2,482) 100.0	(1,552) 62.6
2014	(7,431) 250.1	(3,903) 131.3	(3,745) 126.0	(1,914) 64.4	(2,942) 99.0	(3,348) 112.6	(2,971) 100.0	(1,801) 60.6
2015	(7,938) 273.1	(3,779) 130.0	(3,633) 125.0	(1,775) 61.0	(2,857) 98.3	(2,984) 102.6	(2,906) 100.0	(1,740) 59.8

주: ( )는 천원/월.
자료: 한국노동연구원(2008), 「2008 KLI 노동통계」, 64; 한국노동연구원(2017), 「2017 KLI 노동통계」, 68을 토대로 재작성.

(4) 학력간 임금격차

학력간 임금격차를 보면 〈표 8-6〉에서 알 수 있듯이 1980년에는 중졸 이하의 임금을 100으로 했을 때 대졸 이상은 298.9이였으나 그 뒤 꾸준히 개선되어 2000년에는 186.1로까지 떨어졌으나 그 뒤 횡보를 거듭하다가 최근들어 다시 조금씩 격차가 늘어나는 추세이다. 그 이유는 과거에 비해 전체 인구 중 대졸자가 차지하는 비중이 크게 늘어났기 때문으로 보인다.

이러한 학력간 임금격차에 대해 구직자와 인사담당자의 의견이 각각 다른 것으

표 8-6 학력별 임금격차 (중졸 이하=100)

연도 \ 학력	전학력	중졸 이하	고 졸	초대(전문대)졸	대졸 이상
1980	133.2	100.0	137.6	200.4	298.9
1990	123.1	100.0	114.0	133.0	199.2
2000	132.1	100.0	117.4	122.0	186.1
2005	140.4	100.0	118.7	122.5	188.3
2010	143.8	100.0	117.9	124.3	183.1
2014	166.4	100.0	135.1	153.3	208.5
2015	167.2	100.0	130.4	150.2	214.1

자료: 한국노동연구원(2008), 「2008 KLI 노동통계」, 62; 한국노동연구원(2017), 「2017 KLI 노동통계」, 66을 토대로 재작성.

로 나타났다. 2011년 9월 21일 취업포털 커리어가 구직자 479명을 대상으로 설문조사 한 결과, 56.6%가 학력간 임금격차에 "반대한다"고 답했다. 이와는 다르게 인사담당자 152명 중 60.5%는 "학력간 임금격차가 있어야 한다"는 상반된 결과를 보이고 있다. 구직자의 학력별로도 상이한 결과가 나타났는데, 고졸자들은 학력별 임금격차에 대해 59.0%가 "반대한다"라고 한 반면에 대졸자는 55.8%가 "찬성한다"라고 답해 학력별로 의견이 엇갈렸다(조용철, 2011).

자본주의 국가에서 학력간 임금격차를 어느 정도 나야 하는 것은 당연하다. 하지만 과거의 경우 그 격차가 너무 컸다는 점에 대해 부인하기 어렵다. 따라서 이제는 학력에 따라 그에 합당한 대우를 받아야 하는 것이 아니라 능력과 업적에 걸맞는 대우가 이루어지도록 하는 게 바람직하다고 생각한다.

(5) 성별 임금격차

10인 이상 비농전산업을 기준으로 성별 임금격차를 보면 〈표 8-7〉에서 알 수

표 8-7 성별 임금격차 (남=100)

성 \ 연도	1980	1985	1990	1995	2000	2005	2010	2015
남	100.0	100.0	100.0	100.0	100.0	100.0	100.0	100.0
여	44.2	47.9	53.5	59.6	63.2	62.7	64.2	62.5

자료: 한국노동연구원(2007), 「2007 KLI 노동통계」, 52; 한국노동연구원(2017), 「2017 KLI 노동통계」, 65를 토대로 재작성.

있듯이 2015년의 경우 여성근로자의 임금은 남성근로자의 임금수준의 62.5%에 불과했다. 그나마 최근에 개선되어 이 정도이지만 1987년(50.1%) 이전만 하더라도 50%(1980년 44.2%, 1985년 47.9%)가 채 되지 않았다.

성별 임금격차는 모든 사회에서 나타나는 보편적이고 또한 지속적인 현상으로 인정되지만, 격차의 크기는 사회마다 매우 다르다. 유럽 대륙과 스칸디나비아 지역에서는 상대적으로 성별 임금격차가 적은 반면, 남유럽과 영미권에서는 성별 격차가 여전히 높고, 동아시아에서 성별 격차는 더욱 크게 나타나고 있다(Gradin, Rio, & Canto, 2010; OECD 2010).

[그림 8-5]에는 OECD가 발표한 각국의 '성별 임금격차'(2016년 기준)를 보여주고 있는데, 여기서 여성은 남성에 비해 영국은 16.8%, 미국은 18.1% 적은 것으로 나타났다. 영국과 미국 남성의 전일제 노동자 임금의 중위값을 100으로 볼 때, 여성 노동자 임금의 중위값이 각각 16.8%, 18.1% 적다는 말이다. 두 나라 모두 OECD 회원국 평균(14.1%)을 넘어서는 수치다 보니, 임금격차를 해소해야 한다는 목소리가 나오고 있다.

그림 8-5 | **OECD 주요 회원국 성별 임금격차**

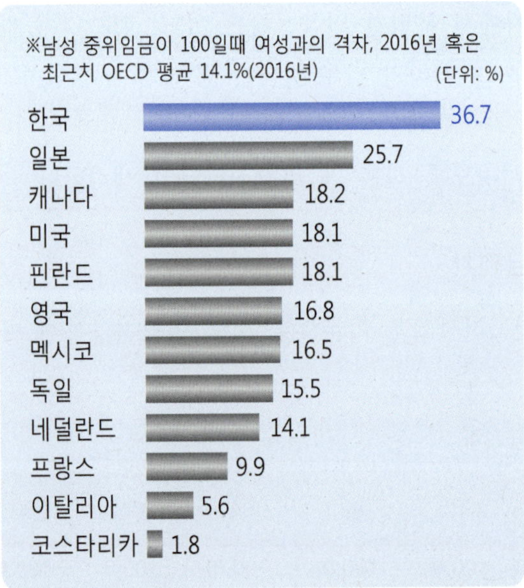

자료: 박다해(2018.4.4), "영국도, 미국도 '페이미투'…'남녀임금 격차 1위' 한국은?," 「한겨레신문」; OECD(2016), *Gender Pay Gap in the OECD*.

이 자료를 통해 최근의 한국상황을 보도록 하자. 같은 조사에서 한국 여성 노동자의 임금 중위값은 남성보다 36.7% 적어 압도적인 1위를 차지했다. 이웃 일본(25.7%)과 10%p(포인트) 이상 차이날 뿐 아니라 OECD가 성별 임금격차 통계를 발표한 2000년 이후 한번도 1위 자리를 내놓지 않았다(박다해, 2018.4.4).

여기서 알 수 있듯이 우리나라의 성별 임금격차는 비교대상의 주요국에 비해 너무 높은 편임을 알 수 있다. 최근 우리나라의 출산율이 급격히 낮아지면서 갈수록 산업인력이 부족한 오늘의 현실에서 성별 임금격차의 현격한 차이는 결코 바람직스럽지 못하다. 앞으로는 직무급제도의 도입 및 확대를 통해 임금관리가 이상으로 삼고 있는 동일노동·동일임금이 이루어질 수 있도록 기업과 정부의 각별한 노력이 요망된다.

(6) 지역별 임금격차

우리나라의 지역별 임금수준을 보면 서울과 울산, 전남지역 근로자들의 임금수준은 높은 반면, 제주, 대구, 광주는 다른 지역보다 낮은 것으로 나타났다.

고용노동부에 따르면 2011년 4월 기준으로 상용근로자 5인 이상 사업체 1만 3천개를 표본 조사한 결과 근로자 1인당 월급여(정액+초과 급여, 상여금·성과급 제외)는 248만 7천원으로 전년 동월대비 3.4% 상승했다. 지역별로는 서울이 292만 1천원으로 가장 많았고 울산 282만 2천원, 전남 255만 7천원 순으로 나타났다. 서울은 고임금 업종인 금융·보험, 전문서비스업 등의 사업체가 집중돼 있고 울산은 자

그림 8-6 | 지역별 월평균 임금수준 (단위: 천원)

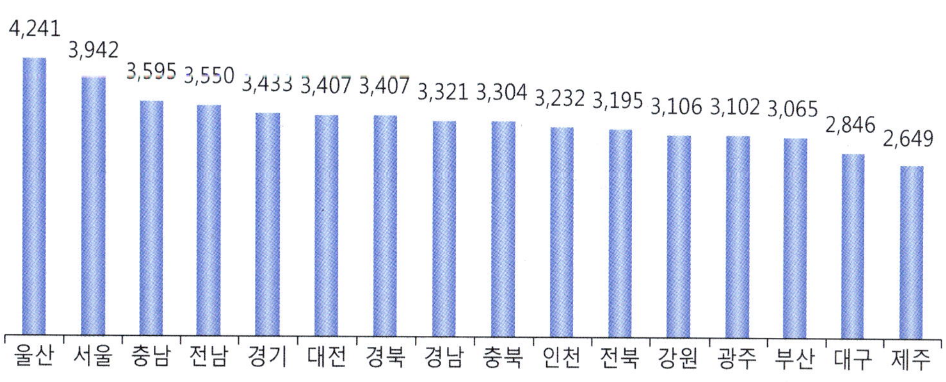

자료: 고용노동부(2018.7.6), 2017년 기준 「통계로 보는 우리나라 노동시장의 모습」, 9.

동차·선박 제조 등 대규모 업체와 협력업체가 밀집돼 있어 임금 수준이 높은 것으로 분석됐다. 전남은 대규모 화학제품 제조업체의 비중이 높아 임금이 높은 편이라고 고용부는 설명했다. 반면 제주(203만 3천원), 대구(216만 5천원), 광주(222만 6천원)는 전국 평균의 90%에도 못 미치는 낮은 수준인 것으로 나타났다. 고용부 관계자는 "이들 지역은 상대적으로 제조업 기반이 취약하고 도·소매업, 숙박 및 음식점업, 운수업 등의 비중이 높아 임금 수준이 낮다"고 말했다(문성규, 2011.10.30).

(7) 정규직과 비정규직의 임금격차

정규직근로자란 고용기간의 종료를 미리 정하지 않고 전일제로 근무하며 사용자와 근로자가 직접 고용계약을 맺고 일하는 근로자를 말한다. 비정규직근로자는 정규직근로자의 잔여범주에 해당하는 근로자로 비정규직근로자에는 한시적근로자, 시간제근로자, 비전형근로자가 포함된다. 한시적근로자는 근로계약기간을 정한 기간제근로자와 근로계약기간을 정하지 않았으나 계약의 반복 갱신으로 계속 일할 수 있거나 비자발적 사유로 계속 근무를 기대할 수 없는 비기간제근로자를 말하고, 시간제근로자는 한 주에 36시간 미만 일하기로 정해져 있는 근로자를 말하며, 비전형근로자는 파견근로자, 용역근로자, 특수형태근로종사자, 가정내(재택, 가내) 근로자, 일일(단기)근로자를 말한다.

고용노동부가 2018년 7월 8일 발표한 '2018년도 고용형태공시 결과'에 따르면 3월 말 기준으로 공시 대상 300인 이상 사업장 3,478곳의 전체 근로자수 486만 5,000명 중 기업 소속 근로자이지만 계약기간이 정해진 기간제 93만 1,000명과 간접 고용한 소속 외 근로자 90만 6,000명를 합한 비정규직은 37.8%에 달했다. 기업 근로자 10명 중 4명이 비정규직이다.

비정규직 문제는 이미 '고용'의 차원을 넘어섰다. 소득 양극화를 심화시키고, 사회적 갈등을 키워 한국경제와 한국사회의 지속적인 발전을 가로막는 큰 걸림돌이 되고 있다. 비정규직의 문제를 근원적으로 해결하지 않고서는 지속 가능한 성장을 기대할 수 없는 상황에 이르렀다. 그런 의미에서 최근 들어 우리 사회의 뜨거운 감자 중의 하나인 비정규직과 정규직의 임금격차를 살펴보자.

정규직-비정규직의 임금격차를 시간당 임금을 통해 살펴보도록 하겠다. 정규직 근로자의 시간당 임금은 2001년 8,130원, 2003년 10,010원, 2005년 11,167원, 2008년 14,283원, 2010년 14,388원, 2015년 17,480원 그리고 2017년 18,835원인

그림 8-7 | **정규직과 비정규직의 시간당 임금총액**

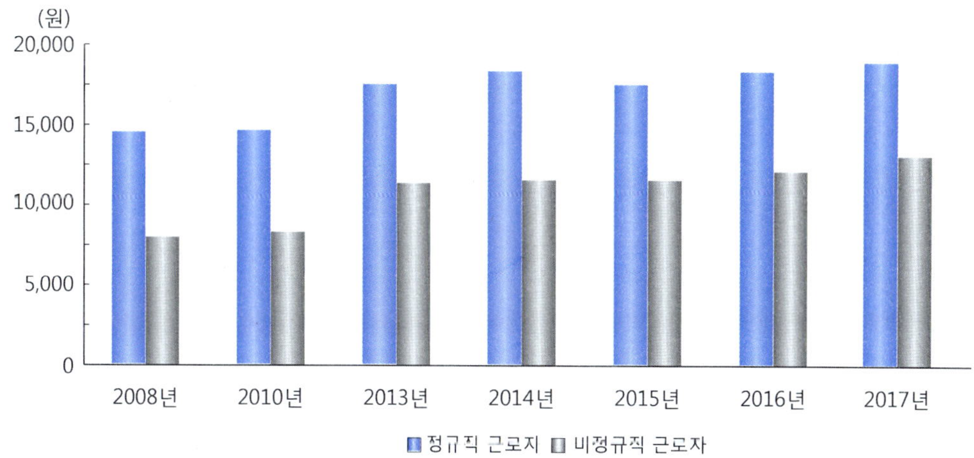

자료: 고용노동부(2011), 「고용형태별근로실태조사」.

반면에, 비정규직 근로자는 2001년 4,833원, 2003년 5,346원, 2005년 5,954원, 2008년 7,932원, 2010년 8,236원, 2015년 11,452원 그리고 2017년 13,053원으로 정규직 대비 2001의 59.4%에서 2005년에는 53.3%로 그 차이가 더욱 커지다가 그 후 지속적으로 격차가 줄어들어 2010년에는 57.2%, 2015년 65.5%, 2017년 69.3%이다(통계청, 2018; 통계청 e-나라지표). 최근 몇 년간 정규직과 비정규직의 시간당 임금총액을 비교하면 [그림 8-7]과 같다.

4. 임금체계

앞 절에서는 직종, 산업, 성, 규모, 학력, 지역 및 고용형태 등의 차이에 따른 임금격차를 보았으므로 이제 우리는 노동자가 받는 월급봉투의 내용을 분석해 볼 필요가 있다. 월급봉투의 내용, 즉 급여명세서를 들여다 볼 때 제일 먼저 우리들의 눈에 띄는 것은 그 내용이 퍽 복잡하다는 사실이다. 대개의 경우에는 '수당'이라는 항목이 대단히 많은 데 한 연구에 따르면 평균 수당의 종류는 7.1가지이며 심지어 48종류까지 가지고 있는 기업도 있었다. 이들 제 항목의 총액이 때로는 '본봉'의

그림 8-8 | **직접적 보상의 구성**

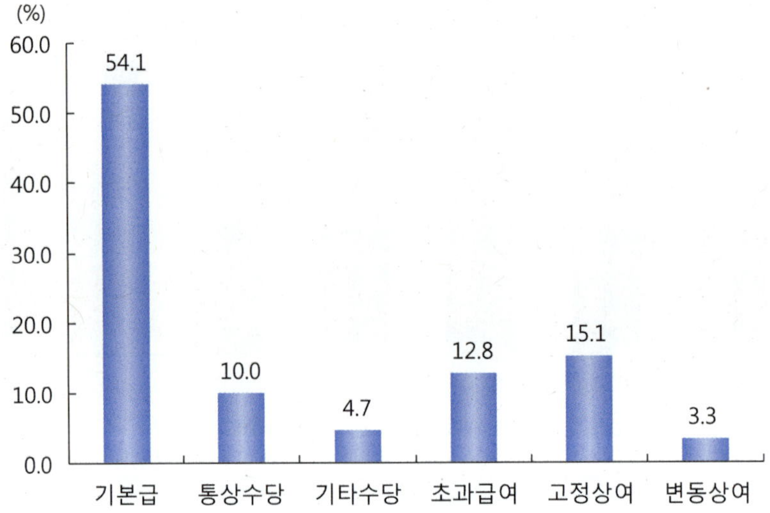

자료: 노동부(2009), 「2008년 임금제도 실태조사」, 25.

2-3배에 달하는 수도 흔히 있음을 본다. 이와 같이 총급여액 중에서 본봉이 차지하는 비중이 몹시 적다는 것은 우리나라 임금체계의 특징의 하나라고 할 수 있다(이덕로, 2012).

[그림 8-8]은 우리나라 기업들의 직접적 보상의 구성비를 보여주고 있다. 위에서 언급한 바와 같이 기본급(본봉)과 다양한 수당들로 구성되어 있음을 알 수 있다. 실제로 기본급이 전체의 54.1%를 차지하고 고정상여의 비중은 15.1%, 경영성과에 따라 변동하는 변동상여의 비중은 평균 3.3%로 나타났다. 물론 사업체의 특성에 따라 각종 수당이 차이가 나는데, 특히 고정상여금 및 변동상여금의 비중의 경우 상대적으로 고임금을 받는 전기가스수도, 금융보험업, 1000인 이상 대규모 사업장에서 비중이 높게 나타났다(노동부, 2009, 25).

따라서 향후 보상구조의 개선방안으로 [그림 8-9]처럼 첫째, 복잡한 수당을 직무수당 및 법정수당으로 단순화하고 기본급에 직무특성을 반영하여 직군별 기본급 체계로 개선하며, 복리후생 성격이 강한 보상항목은 통합하고 그 성격을 명확하게 한다. 둘째, 기존의 복잡한 임금항목 통합, 폐지, 전환 등 변경으로 기본급의 비중을 높이고, 셋째, 포상 성격의 토익수당은 포상금으로 전환하며 상여금은 성과상여금으로 전환하여 지급율 조정 및 성과연봉이 가능하도록 개선하는 등 전반적으

그림 8-9 | **보상구조의 변화**

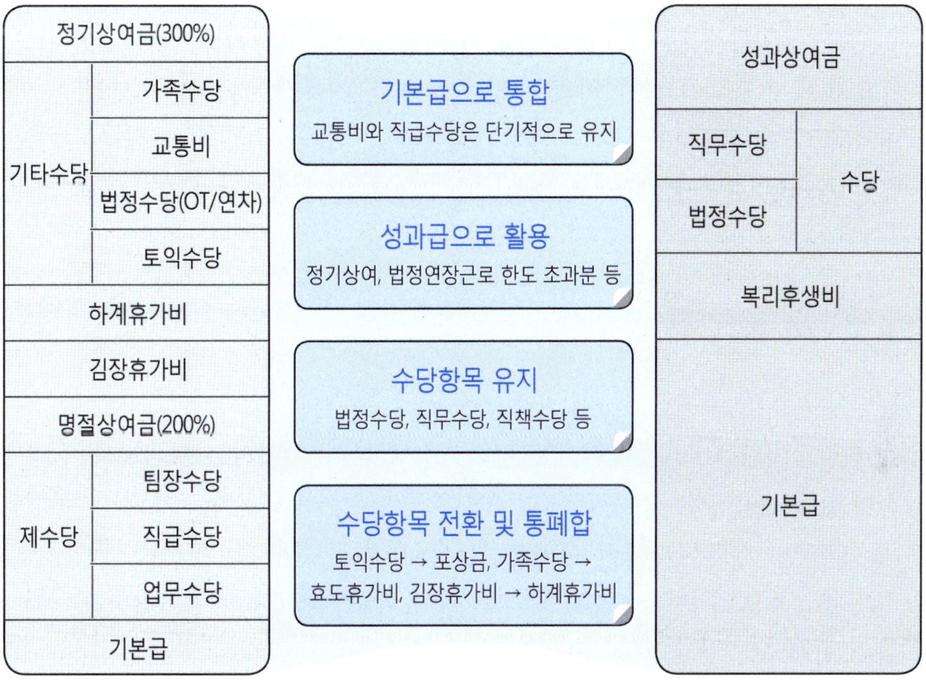

자료: 고용노동부(2016.8), 「임금체계 개편을 위한 가이드 북」, 76.

로 연공성을 완화하고 임금구조를 단순화하면서 성과지향적으로 개선하도록 하고 있다(고용노동부, 2016.8, 76).

임금체계(wage structure)란 임금지급항목의 구성내용 또는 종업원의 임금을 결정하는 기준을 말한다. 즉 형식면에서는 종업원들에게 지급되는 임금이 어떠한 항목들로 구성되어 있고 또한 내용성격면에서는 각 항목이 어떠한 기준에 의해 설정되어 개별임금의 격차가 공정하게 결정되는가를 나타내 주는 개념이다. 전자를 광의의 임금체계, 후자를 협의의 임금체계라고도 한다. 그러나 엄격한 의미에서 임금체계는 후자, 즉 임금격차의 구조를 말한다.

앞서 언급한 임금수준의 관리가 기업의 전체적인 평균임금결정과 관련된 총액인건비 관리로 대외적 임금공정성(external wage equity)을 확보하는 관리하고 한다면, 임금체계관리는 총액임금을 기업 내 근로자들에게 어떠한 항목으로 어떠한 기준에 의하여 공정하게 배분하느냐에 관리의 초점을 두는 개별인건비 관리로 대내적 임금공정성(internal wage equity)을 확보하는 관리라 할 수 있다(김영재·김성국·김강식, 2018).

이러한 임금체계는 각국의 문화, 사회관습, 업종 및 개별 기업의 특성, 조직의 목표와 가치 등의 차이에 따라 연공급(호봉급), 직무급, 직능급, 역할급, 생활급 등의 다양한 형태가 이루어지고 있다(고용노동부, 2016.8, 10). 본 절에서는 가장 기본적인 형태인 연공급, 직무급, 직능급을 중심으로 자세히 살펴보기로 하겠다.

4.1 연공급

연공급이란 나이나 학력이나 근속연수에 따라 주어지는 임금으로 전형적으로 속인급(屬人給)이다. 즉 근속연수가 많은 종업원에게 근속연수가 적은 종업원보다 더 많은 임금을 주는 것이 공정하다는 논리에서 도입되는 것이다. 여기서 근속연수는 학력수준과 타 직장에서의 근무연수도 고려하는 것이 일반적이다. 예를 들면 대졸 입사자의 경우 고졸 입사자보다 4년 더 근속한 것으로 보고 규모가 유사한 타 기업에서 근무한 경력도 근속연수로 인정해 주는 것이다. 연공급 제도하에서는 종업원의 근속연수가 많아짐에 따라 임금수준이 높아진다. 연공급의 예로는 장기 근속수당, 정근수당 등을 들 수 있다.

그림 8-10 | 우리나라의 임금체계

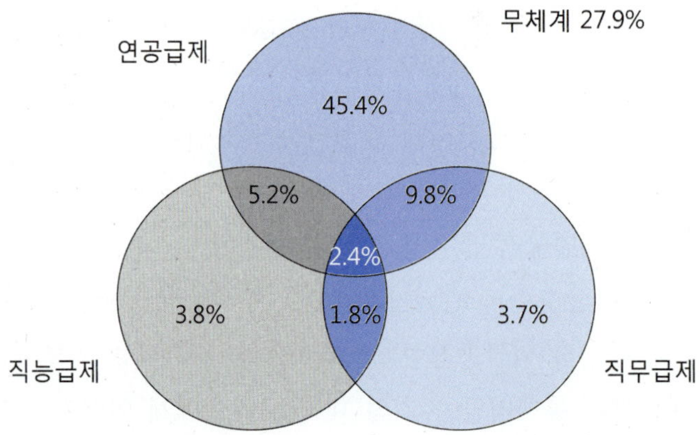

자료: 노동부(2007.5), 「2007 임금체계 개선 가이드 북」, 3.

그림 8-11 | **임금체계 변동 추이**

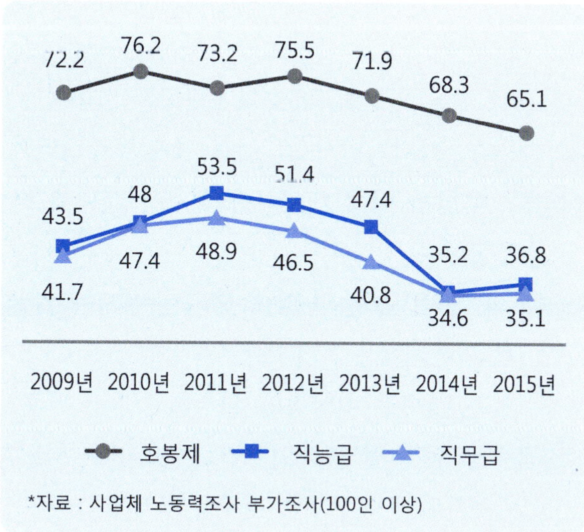

주: 사업체 노동력조사 부가조사(100인 이상).
자료: 고용노동부(2016.8), 「임금체계 개편을 위한 가이드 북」, 9.

이 임금체계는 일본에서 생성되어 우리나라의 많은 기업들이 도입하고 있다. [그림 8-10]에서 알 수 있듯이 임금체계가 얽히고 설켜있지만 2007년 현재 가장 많은 부분을 자지하고 있는 부분이 연공급제이다. 우리나라의 경우, [그림 8-11]과 같이 사업체노동력조사 부가조사에서 연공급(호봉제) 비중이 2009년 72.2%에서 2015년 65.1%로 점차 감소하고는 있지만 여전히 지배적인 것으로 나타난다. 그림에서는 직무급, 직능급도 적지 않은 비중을 차지하고는 있지만 실제로는 연공에 따른 운영이 다수이다. 따라서 엄밀한 의미의 직무급 비중은 약 5%, 직능급은 2-3% 정도로 추정하고 있다(한국노동연구원, 2016).

연공급의 장점으로는 ① 귀속의식의 확대, ② 인적자원관리의 융통성, ③ 연공존중의 동양적 풍토에서 질서확립과 사기 증진, ④ 상위직 적용의 용이함, ⑤ 실시의 용이함 등을 들 수 있다. 반면에 연공급의 단점으로는 ① 동일노동·동일임금 실시의 곤란, ② 능력있는 젊은 층의 사기저하, ③ 인건비 부담의 가중, ④ 전문인력확보의 어려움, ⑤ 무사안일한 풍토조성 등이다.

4.2 직무급

연공급은 오늘날과 같은 자동화·정보화시대에는 경험이나 육감에 크게 의존하던 숙련노동자의 지위가 약화되면서 더 이상 '연공=숙련=기간노동자'라는 등식이 성립되기 어렵다. 따라서 이에 대체하여 새로운 시대에 적합한 임금체계로 등장한 것이 바로 직무급이다.

직무급이란 직무의 가치, 즉 질과 양에 따라 주어지는 임금으로 전형적으로 속직급(屬職給)이다. 이 임금체계는 동일노동·동일임금(equal pay for equal work)의 원리를 구현할 수 있는 것으로 이상적인 임금체계이다. 예로는 기술수당, 위험수당, 자격수당, 직급수당 등을 들 수 있다.

우리나라의 경우 외환위기 이후부터 직무급의 도입 노력이 상당히 전개되었다. 태평양(2001), 오리온(2002), 삼양사(2002), 외환은행(2002), CJ(2003) 등 21세기에 들어서면서 대기업과 은행을 중심으로 도입되었고, 외국인투자기업에서도 직무급을 도입하기 시작했다. 하지만 직무급의 도입은 매우 제한적으로 이루어졌고 업계 전반으로 확산되었다고는 평가하기 어렵다(고용노동부, 2016.8, 23-24)

표 8-8 | 연공급과 직무급의 비교

	장 점	단 점
연공급	• 생활보장에 따른 귀속의식의 확대 • 연공 존중의 동양적 풍토에서 질서 확립과 사기의 유지 내지 증진 • 폐쇄적 노동시장 하에서 인력관리가 용이함 • 인사관리의 융통성 • 주직무가 불분명할 때 적절함 • 실시가 용이함 • 상위직에의 적용이 용이함	• 동일노동·동일임금의 실시가 곤란함 • 전문기술인력의 확보가 곤란함 • 능력 있고 패기 있는 젊은 층의 사기 저하 • 비합리적인 인건비 지출에 따른 인건비 부담의 가중 • 동기유발 부족에 따른 소극적이고 종속적인 근무태도의 야기
직무급	• 직무에 상응하는 급여 지급 • 개인별 임금차 불만의 해소 • 인건비의 효율성 증대 • 노동시장에서 적용이 용이함 • 능력 위주의 인사풍토 조성 • 하위직에의 적용이 용이함	• 절차가 복잡하고 객관적인 평가기준의 설정이 어려움 • 인사관리의 융통성 결여 • 학력·연공 중심 풍토에서 오는 저항이 강함 • 종신고용 풍토의 혼란

자료: 최종태(1981), 「현대인사관리론」 박영사, 144를 토대로 수정한 것임.

직무급의 장점으로는 ① 개개인의 임금차에 따른 불만의 해소, ② 인건비의 효율성 증대, ③ 노동시장 적용의 용이함, ④ 능력 위주의 인사풍토 조성, ⑤ 하위직에의 적응이 용이 등이다. 반면에 직무급의 단점으로는 ① 인적자원관리의 융통성 결여, ② 복잡한 절차, ③ 학력이나 연공중시 풍토에서 오는 저항, ④ 종신고용 풍토의 혼란 등이다.

위에서 살펴본 연공급과 직무급의 장단점을 비교해보면 〈표 8-8〉과 같다.

4.3 직능급

직능급이란 일을 전제로 한 사람에 대한 임금으로 직무수행능력에 따라 주어지는 임금을 말한다. 직능급은 직능(function)에 대한 임금이 아니라 직무 내 요소를 적용한 연공급이라는 의미에서 직무급과 연공급의 절충형태이다. 이 직능급은 일본 기업들에서 만들어진 것으로 60년대에 다양한 시도가 이루어지다가 80년대에 이르러서는 일본을 대표하는 지배적인 임금체계로 정착하게 되었다(유규창 · 박우성, 2017). 완전한 직무급의 도입이 어려운 우리나라와 같은 기업풍토에 적합하다.

직능급의 장점으로는 첫째, 종업원이 할당된 직무에 의해서만 과업을 수행하는 것이 아니기 때문에 조직에서는 항상 배우고 개발하는 학습조직 분위기를 만들 수 있다. 둘째, 종업원들의 직무다양성을 실현시킬 수 있어 종업원들의 근로의욕을 고취시키고 결근과 이직률을 감소시킨다. 셋째, 종업원들의 다양한 업무기술 습득에 대한 동기유발로 적극적인 직무 간 횡단적 훈련과 개발을 가능하게 한다. 특히, 직무수행의 유연성으로 관리층을 감소시킬 수 있어 유연한 조직을 만들 수 있다.

직능급의 단점으로는 첫째, 개별 종업원의 업무기술과 능력을 어떻게 평가할 것인가에 대한 구체적인 평가 공정성을 확보할 수 없다는 단점이 있다. 업무능력 습득을 위한 훈련과 개발의 기회 또한 공정하게 제공되어야 하기 때문에 자칫하면 종업원들이 차별적인 대우를 받고 있다는 불공정성을 지각하기 쉽다. 둘째, 종업원들의 다양한 직무수행 능력이나 전문적 업무기술 습득을 위한 높은 훈련과 개발 비용이 소요된다(이진규, 2001, 424).

5. 임금형태

임금형태란 임금의 구체적인 형태, 즉 임금의 산정방법을 말한다. 여기에는 기본적으로 시간급과 성과급이 있으며, 이를 좀 더 확대하면 할증급과 특수임금제를 추가할 수 있다. 그러면 이들 각각에 대해 살펴보기로 하겠다.

5.1 시간급제

시간급제란 근로자가 수행한 작업의 양과 질, 즉 성과에 관계없이 일정한 근로시간에 대하여 일정한 임금을 지불하는 임금으로, 흔히들 고정급이나 정액급이라고들 한다. 이를테면 일급, 주급, 월급 연봉 등을 들 수 있다.

시간급제의 장점으로는 ① 근로자의 입장에서 보면 일정액의 임금이 확정적으로 보장되어 있다. ② 기업의 입장에서는 근로일수나 시간수만 산출되면 임금계산에 관한 업무는 간단히 처리될 수 있으므로 임금산정이 간편하고 공정하다. 반면에 시간급제의 단점으로는 ① 수행한 작업의 양과 질에 관계없이 임금이 지급되기 때문에 근로자를 자극할 수 없어 작업능률이 오르지 않는다. ② 단위시간당의 임금계산이 용이하지 않다.

5.2 성과급제

성과급제(piece-rate plan)란 종업원들의 직무성과를 측정하여 직무성과에 따라 임금을 산정해 지급하는 제도이다. 각 종업원이 받는 임금이 자신이 얼마만큼 열심히 작업을 하였는가 하는 직무성과에 따라 직무성과의 단위당 임률을 기초로 산정이 되는데, 작업시간과는 관계없이 임금이 산정되기 때문에 유능한 작업자의 임금은 훨씬 높아지게 된다.

성과급의 장점으로는 ① 구성원들에게 임금에 있어 합리성과 공평성을 제공해 준다. ② 작업능률을 크게 자극할 수 있어 생산성 제고와 원가절감, 소득증대의 효과가 있다. ③ 제품단위당 임금이 계산되므로 제품의 원가에서 직접노무비가 일정하여 시간급제보다는 원가계산이 용이하다는 점 등이다.

성과급제의 단점으로는 ① 구성원이 받는 임금액이 항시 유동적으로 수입이 불안정하며 미숙련자에게는 불리하다. ② 구성원이 작업량에 대해서만 치중한 결과 기계설비의 소모가 심하거나 제품품질 저하의 우려가 있다. ③ 구성원들의 직무태도 여하에 따라 작업량의 변동이 심하므로 합리적인 생산계획에 차질을 가져올 우려가 있다. ④ 임금액을 늘리고자 무리한 노동을 할 우려가 있어 심신의 피로가 오기 쉽다. 조직적 태업의 우려도 있다(조보상 외, 2002, 248).

5.3 할증급제

할증급제란 시간급제와 성과급제를 절충하여 보다 합리적인 임금형태를 마련하려는 취지에서 만들어진 것으로 흔히들 추가급제라고도 한다. 곧 근로자에게 최저한의 임금을 보장하면서 작업에 있어서 일정한 표준 이상의 성과에 도달했을 경우에는 일정률의 추가급을 지급함으로써 근로자의 소득안정과 능률증진이라는 두 가지 목적을 동시에 달성하고자 하는 방식이다. 다시 말하면 임금의 기본수준을 유지·보장하면서 소정의 표준 이상으로 작업성과를 올렸을 때에 할증(premium)이나 상여(bonus)의 형식으로 일정한 추가급을 지불할 수 있게 한 것이다(김성수, 2003, 233-248).

할증급의 도입목적은 생산능률의 향상으로 기업에 이익이 발생했을 때 그 이익을 기업과 종업원에게 배분함으로써 종업원의 능률을 자극함과 동시에 임금의 과도한 증가를 억제하려는 것이다(박경규, 2016, 430). 할증급제에는 할시할증세(Halsey premium plan), 로완할증제(Rowan premium plan), 비도(bedaux premium plan)[1] 등등이 있다.

---

1) 보다 자세한 내용에 대해서는 다음을 참조. 정종진·이덕로, 「인적자원관리」, 제2판, 법문사, 1998, 345-349.

5.4 특수임금제

특수임금제란 시간급제, 성과급제 및 할증급제 등의 어떤 임금형태에도 속하지 않는 임금지급방법이다. 특수임금제에는 집단자극제, 순응임률제 및 이윤분배제 등이 있다.

(1) 집단자극제

집단자극제(group incentive plan)란 근로자 개개인을 중심으로 임금을 산정·지급하는 개인임금제도에 대립되는 개념으로, 일정한 근로자의 집단별로 임금을 산정하여 지급하는 제도이다. 이것을 '단체급제' 또는 '집단성과급제'이라고도 하는데, 일반적으로 근로자들은 임금이 자기의 능력에 따라 정해지는 것을 원하고 있으나 작업의 종류에 따라서는 개인 본위의 작업능률보다는 근로자 상호간의 긴밀한 협조와 조화된 팀워크를 필요로 하는 작업에 적당하다. 따라서 이동식조립작업과 같이 생산량이 기계화된 작업라인에 의하여 조정되는 경우에는 개인보다는 전체 작업집단을 중심으로 하는 집단자극제가 고려되며, 특히 집단구성원의 상호작용과 상호압력을 통하여 동기부여적 집단분위기를 조성하기 위한 집단 인센티브에 목적이 있다.

이러한 제도는 미국의 자동차공장 등에서 실시하였으나 오늘날에는 특정 사업부단위나 집단분임조 활동의 집단 인센티브 지급 등의 형태로 발전함으로써 조직구성원들의 동기부여에 큰 기여를 하고 있다(조보상 외, 2002, 252-253).

(2) 순응임률제

순응임률제(sliding scale plan)란 변화하는 경제적 제 조건에 따라 임률을 자동적으로 조정하는 임금제도로, 투입되는 변수에 따라 생계비순응임률제, 판매가격순응임률제, 이윤순응임률제 등이 있다.

생계비순응임률제란 생계비지수나 물가지수를 임금상승률과 관련시킴으로써 물가가 아무리 변동하더라도 이에 상관없이 근로자의 실질임금을 일정수준 보장해주는 임금제도이다. 판매가격순응임률제란 판매가격을 임금상승률과 관련시킴으로써 제품의 판매가격의 변동에 따라 임률도 변동되도록 하는 제도이다. 끝으로 이윤순응임률제란 기업의 이윤을 임금과 결부시키는 제도로 이익지수가 변동될 때 그에 따라 임률을 조정시키는 제도이다.

(3) 이윤분배제도

이윤분배제도(profit sharing plan)란 기업활동 결과 얻어진 이윤을 이윤창출에 기여했던 근로자들에게 나누어주는 방법으로 대표적인 형태로 스캔론 플랜, 럭커 플랜 등이 있다. 럭커 플랜(Rucker plan)이란 부가가치에 대한 일정한 임금총액의 비율, 즉 임금배분율을 미리 정해두고 이를 부가가치에 곱하여 임금총액을 계산하는 이윤분배제도를 말한다. 반면에 스캔론 플랜(Scanlon plan)이란 노사협력에 의한 생산성향상을 출발점으로 하여 종업원의 참여 의식과 지식을 총동원할 수 있는 제안제도와 기업의 이익을 종업원에게 배분하는 보너스제도(생산물의 판매가치를 기준으로 함)를 근간으로 하는 이윤분배제도를 말한다.

6. 연 봉 제

6.1 연봉제의 의의

연봉제란 나이나 근속연수에 관계없이 개별 근로자의 능력, 실적 또는 공헌도를 평가하여 연간 임금수준을 결정한 뒤 매월 균등분할 지급하는 성과(능력)중시형의 임금지급체계를 말한다. 이런 의미의 연봉제의 대표적인 형태는 프로운동선수들에게서 찾아볼 수 있다. 이와 같이 프로운동선수에게 적용되는 연봉제는 그 용어에서 보듯이 연봉협상과 연봉재계약, 고용계약이 새로이 체결되는 것이 보통이다.

그러나 우리나라에서는 미국기업의 직무성과급제도와 프로야구선수들에게 적용되는 연봉제를 동일하게 이해하는 경향이 있는 것 같다. 미국에서의 연봉제는 영어로는 통상 ‘merit pay system’ 또는 ‘pay for performance system’ 등으로 불린다. 이는 1년 단위의 고용계약이나 프로운동선수들의 연봉계약제와도 다르고 총액임금제와도 다른 의미이다. 미국기업의 연봉제란 그 영문표기에서 알 수 있듯이 평가에 의한 '고과급' 내지는 '성과급'의 성격을 지니고 있다. 즉 개별 근로자의 업무성과에 따라 임금이 차별화되는 개별성과급제도이면서 직무가치가 임금산정의 기초가 되는 직무급형태를 바탕으로 하고 있다. 따라서 우리가 말하는 미국의 연봉제라고 하는 것은 '직무급+개별성과급'으로 엄격하게는 연봉제라고 하기는 어렵다(이덕로 · 유병주, 2001).

IMF 외환위기 이후 합리성을 중시하는 새로운 경영문화의 형성과 고임금 · 고능률 시대의 개막은 근로자의 의식구조와 기업의 인적자원관리에 적지 않은 영향을 미쳤고, 그 결과 그 동안 인적자원관리의 문제점으로 제기되어 온 승진적체와 고급인력 확보의 어려움을 해소하기 위하여 지금까지 우리나라 임금제도의 근간을 이루어 온 연공형 임금체계에 대한 재검토가 이루어지게 되었다. 그 과정에서 추진되었던 것이 바로 연봉제의 도입이다.

연봉제에 대한 본격적인 논의는 1992년에 정부에서 총액임금제를 추진하면서 시작되었고(양병무, 1998), 이에 우리 기업들도 학계에서 합리적인 임금형태로 주장해 오던 연봉제의 도입에 관심을 기울이면서 활발한 논의가 이루어지기 시작했다. 그러던 중 IMF 사태를 맞으면서 생존 위기에 처한 기업들은 종업원들의 성과와 보상을 연계시키는 연봉제가 우수한 종업원들을 유치하고 이들의 생산성을 향상시키는 데 도움을 주리라는 기대와 함께 연봉제를 급격하게 도입하기 시작했다(송하식 · 이덕로 · 김주엽, 2002). 연공주의가 주축을 이루고 있던 이웃나라 일본 기업 역시 1990년대에 버블 붕괴 위기를 겪고 대거 연봉제를 받아들였다. 우리나라 100인 이상 사업장의 구체적 도입현황을 보면 1996년에 1.6%에 불과했으나 IMF 외환위기 때인 1998년 15.1%를 거쳐(노동부, 2005. 7; 고용노동부, 2011) [그림 8-12]와 같이 2016년 말 현재 75.3%로 크게 늘어났다.

연봉제를 도입하는 기업이나 기관이 빠르게 늘면서 이미 정착단계에 들어간 기업도 많다. 하지만 연봉제가 자리 잡은 기업에서조차 회사원이 연봉협상에 나서는 사례는 많지 않다. 대부분 인사고과에 따라 자동으로 연봉이 책정되는 시스템이기 때문이다. 한겨레신문사가 취업포털 잡코리아에 의뢰하여 직장인 250명을 대상으로 설문조사한 결과를 보면, 5명 중 3명(65.2%)이 연봉협상을 제대로 해본 적이 없는 것으로 나타났다. 개별 면담을 통해 인상률 정도를 결정한다는 응답도 27.2%에 지나지 않았다.

연봉제가 도입되었으면서 연봉협상은 왜 이렇게 소극적으로 이뤄지는 것일까.

그림 8-12 | **연봉제 도입현황** (단위: 개소, %)

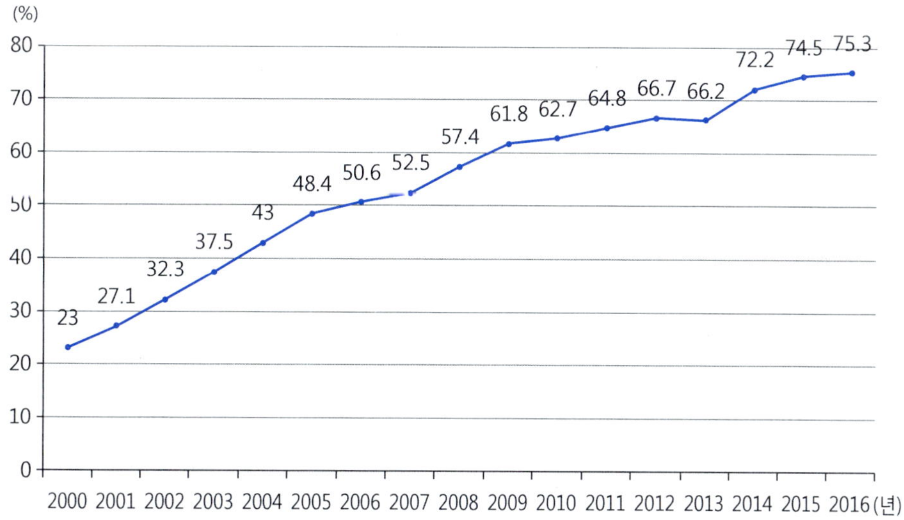

주: 상용근로자 100인 이상 사업장에 대한 조사.
자료: 고용노동부(2018), 「사업체노동력조사 부가조사('08년까지 고용노동부 임금제도 실태조사」.

연봉을 주장해도 크게 달라지지 않고, 너무 강하게 주장하면 찍혀서 불이익을 당할까 우려하는 분위기가 팽배하기 때문이라는 분석이 많다. 이번 조사에서도 36.8%(복수 응답)가 제대로 된 연봉협상을 못하는 이유로 '강하게 주장해도 바뀌지 않을 것 같아서'를 꼽았고, 27.2%는 '자기 주장을 강하게 하면 불이익을 받을까 봐서'라고 응답했는데, 보다 자세한 내용은 [그림 8-13]과 같다.

보다 최근에 취업포털 잡코리아가 직장인 761명을 대상으로 '연봉협상 방식'에 대한 설문조사를 실시한 결과에서도 이러한 분위기가 그대로 반영되었는데, 직장인의 10명 중 7명은 회사의 연봉협상 방식에 불만족하는 것으로 나타났다. 조사결과 직장인이 가장 많이 하고 있는 연봉협상 방식은 회사의 기준에 따라 정한 후 동의를 위한 개별면담 진행(38%)인 것으로 나타났다. 개별면담을 통한 인상률 협상(31.4%), 전 직원 일괄비율 적용 후 통보(26.8%), 개인별 차등비율 적용 후 통보(2.1%)가 뒤를 이어 진정한 의미의 협상을 통해 연봉수준을 결정하는 직장인은 10명 중 3명 꼴에 불과한 것으로 나타났다. 그 결과 직장인의 68.5%는 회사의 연봉협상 방식에 불만족한다고 밝혔고 만족한다는 응답은 31.5%에 그쳤다(김세진, 2017.12.11.).

그림 8-13 | 연봉협상을 제대로 할 수 없는 이유

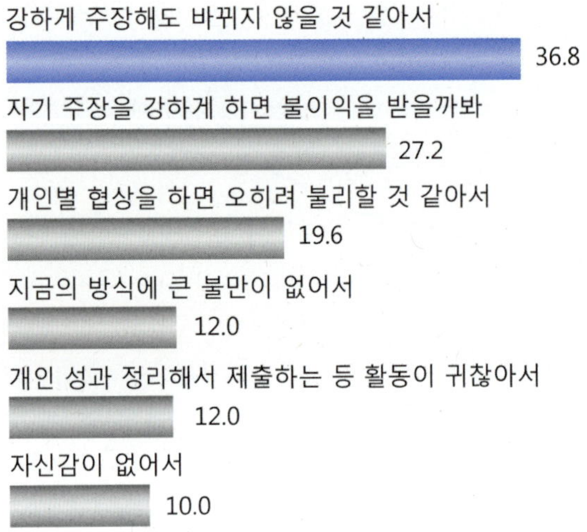

자료: 조기원(2011.12.7), "금액보단 퍼센트로.... 협상 의지 보여라," 「한겨레신문」.

이러한 연봉제를 도입함으로써 얻을 것으로 기대되는 긍정적인 효과에는 여러 가지가 있다. 이 중 주요한 것으로 ① 인건비의 효율적 관리, ② 경영감각의 배양, ③ 우수한 인재의 확보 및 유지, ④ 임금관리의 용이성, ⑤ 종업원들의 능력과 역량개발, ⑥ 의사소통의 원활화, ⑦ 생산성향상, ⑧ 조직의 변화유도, ⑨ 경쟁의식의 제고, ⑩ 활력 고취 등을 들 수 있다.

6.2 연봉제의 추진·운영을 위한 조직구성방법

연봉제를 추진·운영하는 방법에는 우리나라 기업에서 가장 많이 사용하는, 인사부가 주관해서 추진·운영하는 방법, 위원회를 구성하여 추진하는 방법, 외부컨설팅회사에 의뢰하는 방법, 인사부와 외부컨설팅회사가 함께 추진하는 방법 등이 있다. 이들 방법의 형식과 장단점을 살펴보면 〈표 8-9〉와 같다.

표 8-9 | 연봉제 추진조직 구성방법

구성방법 \ 구분	형 식	장 점	단 점
인사부 주관 방법	해당임원이 인사부에 지시하는 방법	가장 효율적 짧은 시간 소요	일방적, 주관적 객관성 결여
위원회 방식	노사대표 위원회구성 적정 인원: 5~10명 회의 방식	노사협조로 통합실시 효과 의견수렴	많은 시간 소요 의견충돌시 조정의 어려움
컨설팅 방법	외부의 전문기관에 의뢰하는 방법	전문가적 입장에서 의견수렴 제도의 공정성확보	경제적 부담 기업여건의 불충분 변경 가능성
인 사 부 + 컨설팅 방법	인사부 주도와 필수부문만 외부전문기관에 컨설팅하는 방법	회사실정과 전문가적 지식 접목	의사소통이 원활치 않을 경우 반쪽 연봉제가 될 가능성이 많음

6.3 연봉제의 유형

연봉제는 구성항목을 어떻게 하느냐에 따라 크게 두 가지 형태로 구분해 볼 수 있다. 하나는 완전연봉제이고 다른 하나는 부분연봉제이다. 완전연봉제는 전년도 본인의 실적, 직무수행능력의 수준, 회사의 기대도 등을 종합적으로 판단해서 "연간 얼마"라는 연봉 하나로만 구성되는 경우이다. 즉 기본급, 제수당, 상여금을 하나로 묶어서 단일연봉으로 구성하는 방식으로 주로 프로운동선수들에게서 찾아볼 수 있는 방식이다. 부분연봉제는 〈표 8-10〉에 제시되어 있듯이 수당이나 상여금의 항목을 별도로 구성하여 기존의 월급제 방식에서의 임금구성항목을 회사실정에 맞도록 구성한 경우이다.

표 8-10 | 연봉제 설계항목의 설계 유형

<table>
<tr><th>유 형</th><th colspan="5">연봉 구성항목 내역</th></tr>
<tr><td>연수관리방식</td><td colspan="2">기본급</td><td>제수당</td><td>고정상여</td><td>변동상여</td></tr>
<tr><td>수 당 유 지</td><td>기본연봉</td><td colspan="2">제수당</td><td colspan="2">업적연봉</td></tr>
<tr><td>수 당 폐 지</td><td colspan="3">기본연봉</td><td colspan="2">업적연봉</td></tr>
<tr><td>완전 연봉제</td><td colspan="5">단일 연봉</td></tr>
</table>

우리나라의 경우 정규직근로자에게는 근로기준법에서 법정자격수당, 연월차수당 및 퇴직금 지급을 강제하고 있기 때문에 각종 수당이나 복리후생비 및 퇴직금과 같은 보상항목을 모두 포함하는 패키지형 보상으로서 완전연봉제의 도입은 현실적으로 어려운 점이 많다. 또한 소득세법상 식대보조금과 차량운행보조금 등의 항목에 대해서 일정금액까지 소득세 감면 혜택을 주고 있기 때문에 이를 연봉에 포함시키지 않는 것이 우리 기업들의 연봉제 구성의 일반적 형태이다. 근로기준법의 적용대상이 되는 정규직에 대해서는 초과근로수당·연월차 수당 등의 법정수당을 유지한 기본연봉+업적연봉+제수당의 형태를 적용하고, 근로기준법의 적용대상이 아닌 임원이나 계약직에 대해서는 완전연봉제(단일연봉)나 기본연봉+업적연봉 방식의 연봉제 적용이 가능하다.

단일연봉 방식은 그야말로 실적 하나만 가지고 목표를 달성한 사람에게는 연령이나 근속연수에 상관없이 높은 임금을 지급하고, 반대로 목표를 달성하지 못한 사람의 연봉은 낮은 수준으로 억제한다. 이와 같이 단일연봉 방식은 목표달성 여부에 따라 매년 연봉액에 큰 차이가 난다는 것이 특징이다. 한편 단일연봉 방식은 개인의 실적을 근거로 연봉을 결정하기 때문에 기업측에서 보면 매우 합리적인 방법이나 종업원측에서 보면 해마다 수입에 큰 변동이 발생하기 때문에 안정적이지 못하다.

한편 기본연봉+업적연봉 방식은 월급제하에서 생계비유지 차원의 월급여와 성과배분적 성격의 상여금을 가지고 기본급과 제 수당을 포함한 통상임금에 상당하는 임금의 기본연봉과 상여금에 상당하는 임금을 업적연봉으로 합쳐서 연봉을 구성하는 방식이다. 연봉을 업적에 대한 보수로만 평가한다고 하면 업적연봉만으로 연봉을 구성하는 것이 합리적일지 모르나 임금에는 생활보장적 측면과 노동대가 측면의 두 가지 성격이 있기 때문에 이 점을 고려하여 기본연봉+업적연봉으로 구성하는 것이 바람직할 것으로 보인다.

6.4 기본연봉과 업적연봉의 구성비

연봉제를 기본연봉과 업적연봉으로 구성할 경우 그 구성비율을 어떻게 배분할 것인가가 중요한 문제이다. 기본연봉은 월급제하에서의 월정임금에 상당하는 것으로써 직무수행능력, 생계비 등을 감안하여 결정되는 것이기 때문에 크게 변동이 되지 않도록 하는 것이 바람직하다. 가령 직무수행능력을 기준으로 기본연봉을 결정할 경우 직무수행능력은 매년 상승되는 성격을 가지고 있다. 또한 능력은 크게 바뀌는 것이 아니라 매년 안정적으로 신장되다가 일정한 연령 이후부터는 능력신장이 완만해지거나 떨어진다고 한다. 따라서 기본연봉은 안정적으로 유지를 해 나갈 필요가 있다.

반면에 업적연봉은 업적에 대한 공헌도에 따라 결정되는 성과부분이다. 이 때문에 업적연봉은 변동적 요소가 매우 크다. 따라서 연봉 전체에서 차지하는 비율을 크게 하면 할수록 자극적인 연봉제가 되는 것이다. 반대로 기본연봉의 비율을 크게 하면 할수록 안정적인 연봉제가 된다. 연봉제를 자극이 강한 것으로 할 것인가, 안정적인 것으로 할 것인가는 각 기업의 자유이지만 너무 자극을 강하게 하게 되면 구성원들에게 불안감을 줄 수가 있다.

이러한 맥락에서 연봉제 도입초기 단계에서는 많은 기업들이 기본연봉 비율은 70% 정도로 하고, 업적연봉은 30% 정도로 하고 있다. 다만 연봉적용 대상이 되는 직종이나 직급에 따라 업적연봉 비율을 상향조정하기도 한다. 그러나 처음부터 너무 자극적인 연봉제를 도입할 경우 이에 대한 저항이 예상되기 때문에 [그림 8-14]와 같이 점진적으로 확대해 가는 것이 일반적이다.

일반적으로 총연봉 중 기본연봉 대 업적연봉의 비율이 70:30의 경우에는 연봉급 위주의 연봉제로서 생계비보조의 성격이 강하여 근로자에 대해 안정적인 표준형이다. 또 기본연봉 대 업적연봉의 비율이 30:70일 때는 자극형으로 직무성과에 대한 연봉제로서 연봉의 변동폭이 큰 편이다. 또한 기본연봉과 업적연봉으로 구성된 연봉제를 운영함에 있어서는 도입기→성숙기→정착기로 나누어 〈표 8-11〉과

그림 8-14 | 기본연봉과 업적연봉의 구성비율

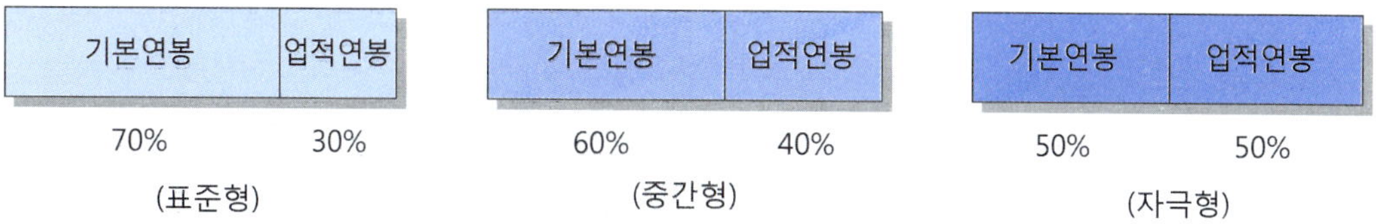

표 8-11 | 연봉제의 단계별 적용

단 계		도입기	성숙기	정착기	비 고
유 형	기본연봉	7	6	5	동일직급·동일임금 지급
	업적연봉	3	4	5	직무성과에 대한 임금지급

같이 단계적으로 연봉제의 본래 취지를 살려 실적주의 내지는 성과주의를 강화해 나가는 운영의 묘를 살릴 필요가 있다. 따라서 연봉제 도입시에는 제도의 충격 약화와 생활보장을 위해 업적연봉폭이 약한 생활안정형 연봉제가 강한 반면, 연봉제가 정착되면서 성과에 따른 파격적인 인센티브를 지급하는 능력급형 연봉제의 비중이 점차 올라가게 된다(유병주·이덕로, 2001).

6.5 연봉제 적용방식 및 대상

(1) 연봉제 적용방식

연봉제 운영방식과 관련하여 먼저 적용방식을 살펴보면 연봉제하에서 임금인상방식을 플러스섬(plus-sum) 방식으로 할 것인지, 제로섬(zero-sum) 방식으로 할 것인지를 검토하여야 한다. 전자는 일을 잘하는 사람에게 임금을 더 많이 주는 것으로 실적이 나쁜 사람이라도 연봉을 줄이지는 않는다. 즉 전년도 임금수준은 최소한 보장하면서 가급만 있는 경우이다. 이 때 연봉산정은 누적식이 이용된다. 이의 대표적인 형태가 두산의 연봉제이다.

후자는 실적이 나쁜 사람들의 임금을 줄이는 대신 이것을 실적이 좋은 사람들에게 올려주는 것으로 전년도 임금수준에서 올라갈 수도 있고 떨어질 수도 있는 가감급이 동시에 있는 경우를 말한다. 이 때 연봉산정은 패자부활이 가능한 비누적식이 이용된다. 이의 대표적인 형태가 삼성이다. 이 두 가지 방식 중 어느 쪽을 채택할 것인가는 연봉의 구성이나 연봉제의 도입목적, 조직의 제반여건 그리고 임금관리전략에 따라 접근방법이 다를 수 있다.

(2) 연봉제 적용대상

연봉제 적용대상을 어디까지 할 것인가? 하는 문제는 대단히 중요하다. 전사원을 대상으로 할 것인가, 일부 계층에 대해서만 적용할 것인가는 기업의 임금관리 전략에 따라 결정되어질 문제이다. 다만 순수연봉제의 경우 모든 사원들에게 일률적으로 적용될 수 있는 것이 아니다. 연봉제 적용대상자들이 공정하다고 납득할 수 있는 성과기준 및 측정방법이 없거나 업무수행상 재량권이 없는 직종에 대해서는 아무리 훌륭한 연봉제를 적용한다 하더라도 성공하기 어렵다. 이러한 경향은 최근의 노동부 조사결과에서 연봉제 실시에 따른 최대의 문제점이 '평가에 대한 불신(47.4%)'으로 나타난 데서도 잘 알 수 있다.

물론 연봉제의 형태나 도입목적에 따라 달라질 수는 있으나 일반적으로 연봉제의 적용대상은 개인별로 업무상의 역할과 책임이 분명하고, 업무상의 역할과 책임이 비교적 큰 직종 그리고 개인별로 업무상 실적을 분명히 파악할 수 있고, 능력을 활용할 수 있는 단계에 있으며, 시간관리의 대상에서 제외되는 계층에 적합하다. 이러한 전제조건에 비추어 볼 때 연봉제는 관리직, 전문·기술직, 영업직에 적합하고, 일반사무직이나 생산직 사원에게는 다소 부적합한 것으로 평가되고 있다. 참고로 노동부가 2005년 100인 이상 사업장 2,974개소를 대상으로 연봉제 적용대상을 조사한 결과 〈표 8-12〉와 같이 관리사무직이 88.8%로 가장 높았고, 그 다음으로 사무직(76.5%), 연구개발·기술직(61.5%)인 것으로 나타났다(노동부, 2005.12).

표 8-12 | 연봉제 적용대상

관리직	연구개발/기술직	사무직	서비스/영업직	생산기능직	단순노무직
88.8	61.5	76.5	51.9	18.3	15.5

자료: 노동부(2005. 12), 「연봉제·성과배분제 실태조사 결과」, 8.

9

복리후생관리

- 1. 복리후생의 의의
- 2. 복리후생제도의 유형
- 3. 카페테리아식 복리후생제도

1. 복리후생의 의의

1.1 우리나라의 복지수준

오늘날 대부분의 국가들은 복지국가를 지향하고 있으며, 국민들의 삶의 질 향상을 목표로 하여 다양한 복지정책을 제공하는 것에 우선순위를 두고 있다. 우리나라 또한 인구·사회·경제적 변동요인에 능동적이고 유연하게 대응하고, 각종 사회적 위험으로부터 국민을 보호하기 위한 복지정책을 추진해 오고 있다. 그에 따라 복지지출의 규모 역시 빠르게 증가하여 2016년 복지지출 수준은 123조 4천억원으로 정부 총지출의 31.9%를 차지하였다. 그러나 여전히 국민들의 복지 체감도와 만족도는 그다지 높지 않으며 복지지출에 대한 요구도 점점 더 강해지고 있다. 특히, 저출산·고령화의 심화로 연금을 비롯한 복지에 대한 수요는 장기적으로 꾸준히 증가할 것으로 예측된다(김상호 외, 2016.12). 이처럼 복지에 대한 욕구가 다양화되고 증대되는 현 상황에서 우리나라의 복지수준에 대한 평가에 대하여 논의하는 것은 의미있는 일이다.

한국보건사회연구원이 OECD(경제협력개발기구) 34개국의 경제활력, 복지수요, 재정지속, 복지충족, 국민행복 등 5개 부문의 23개 지표로 각국의 복지수준을 측정하여 종합 평가한 결과 우리나라 복지수준의 최종순위는 21위, 종합 평균은 0.529점으로 나타나, 평균에 약간 못 미치는, 중하위권에 속하는 것으로 조사됐다. [그림 9-1]에서 알 수 있듯이 5개 부분 중 경제활력도(8위)는 양호한 편이며, 재정지속도(3위)는 상당히 좋은 편에 속한다. 복지수요도(10위)는 양호한 편이지만, 복지충족도(28위)는 낮은 편에 속했다. 국민행복도는 33위로 매우 낮았다. 복지충족도가 낮은 것은 국민연금 소득대체율, 장애연금 지출액, 공공사회지출이 낮기 때문이며, 국민행복도가 낮은 것은 자살률이 높고, 출산율이 낮기 때문이다.

지난 5년을 뒤돌아보면 한국 복지수준은 미미한 수준이지만 나아졌는데, 왜 한국인은 행복하지 않을까? 실제로 한국의 복지수준은 종합적으로 개선되기는 했지만, 국민이 느끼는 행복감은 오히려 더 떨어진 것으로 나타났다. 5년 전 34개 경제

그림 9-1 | 한국의 복지수준

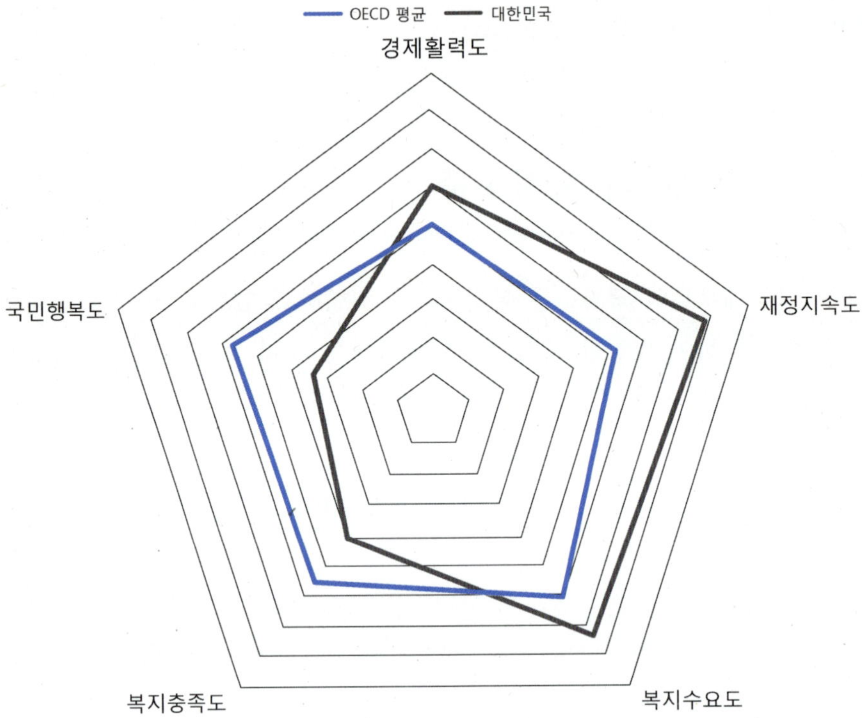

국가	종합	경제활력도	재정지속도	복지수요도	복지충족도	국민행복도
대한민국	0.529 (21위)	0.593 (8위)	0.778 (3위)	0.734 (10위)	0.402 (28위)	0.337 (33위)
OECD	0.555	0.494	0.524	0.605	0.551	0.570

자료: 김상호·정해식·임성은·김성아(2016.12), 「OECD 국가의 복지 수준 비교 연구」, 한국보건사회연구원.

협력개발기구(OECD) 회원국 중 23위(2011년)였던 한국의 복지수준은 2016년 21위로 소폭 상승했다. 그러나 같은 기간 국민행복도는 30위에서 33위로 내려앉았다.

5개 부문 중 4개는 다 나아졌는데 삶의 만족도와 국가 투명도, 자살률, 합계출산율, 여가, 출생 시 기대수명 등으로 측정한 국민 행복도는 0.348점에서 0.133점으로 크게 떨어지며 순위도 3계단 하락했다. 특히 자살률(인구 10만명당 28.7명)과 합계출산율(1.21명)은 최하위로 나타났다. 보고서는 "한국의 복지수준이 그간 종합 순위는 높아졌지만 상대적 위치를 고려한 점수에서는 상위권 국가를 따라가지 못하고 있다는 사실을 보여준다"며 "국민이 체감하는 복지수준은 크게 개선되지 않았을 것"이라고 분석했다(홍진수, 2017.4.5.).

이와 같이 우리나라의 복지수준이 최근에 많이 올라가기는 했지만 여전히 OECD 국가 중 낮은 수준이다. 국력, 기술력, 경제력 어느 지표를 보더라도 낮은 수준이다. 이처럼 우리나라의 경우 아직은 국가적 보장제도가 미약하다보니 조직 내에서의 복리후생급여에 대하여 당분간 경영자나 근로자의 쌍방이 다 같이 부담하지 않을 수 없는 현실이다(이재규 · 김진극 · 김동조, 2011, 334).

국가차원에서 복지수준이 낮기 때문에 개인은 개인 나름대로 고민과 대비를 해야 하겠지만 보다 더 다급한 곳은 바로 기업이다. 기업차원에서 종업원들에게 적절한 복리후생을 고려할 당위성은 여기에 있다. 특히 요즘과 같이 어려운 경제여건하에서 임금인상은 여러 모로 모양이 좋지 않다. 그러나 올리지 않을 경우 물가상승률이 임금인상률을 앞서 실질소득증가가 오히려 떨어지는 상황하에서는 구성원들의 마음에서 우러나오는 애사심과 조직몰입을 기대하기 매우 어렵다. 이제는 복리후생이 종업원들을 위해 지출하는 단순한 비용이 아니라 기업의 경영성과를 장기에 걸쳐 향상시킬 수 있는 투자의 성격을 가지기(전지현 · 하성욱, 2011) 때문에 복리후생을 통한 지원이 관련된 비용을 상쇄할 정도의 생산성 향상과 이윤 증가를 가져올 뿐만 아니라 노동시장에 복리후생제도에 관한 정보가 알려져 보다 우수한 인재를 확보할 수 있다고 보는 전략적 접근이 필요하다.

1.2 복리후생의 정의

복리후생이 무엇인가에 관하여 지금까지 많은 학자나 실무자들이 그 정의를 논의하여 왔으나 내용이 매우 넓을 뿐만 아니라 시대에 따라 변천하여 왔으므로 아직 명확한 정실을 보이고 있지 못하다. 그러나 제 견해들을 종합하여 복리후생의 정의를 시도한다면 복리후생이란 기업이 인적자원관리의 한 수단으로 노동생산성의 향상, 노사관계의 안정, 노동력의 정착과 노동능력의 유지 · 향상에 기여할 것을 기대하면서 종업원들의 경제생활의 안정과 심신의 건강을 증진시키기 위해 종업원이나 종업원의 가족들에게 제공하는 임금 이외의 모든 보상과 서비스를 말한다.

여기에서 특히 '인적자원관리의 한 수단'이라고 표현한 것은 현대의 복리후생이 결코 저임금의 대체나 열악한 근로조건을 호도하기 위한 것이 아니라, 보다 적극적으로 기업목적의 달성을 위해 필요한 종업원의 확보, 정착 및 노동능력의 유지·증진에 기여하기 위한 중요한 역할을 갖고 있기 때문이다. 다시 말해 현대의 복리후생은 사회사업이나 자선사업으로서 실시되고 있는 것이 아니기 때문이다. 그러므로 높은 임금을 지급하거나 노동환경을 고도로 정비했다고 하더라도 복리후생은 이제 인적자원관리의 원래의 목적을 효율적으로 달성하기 위하여 간과해서는 안될 중요한 기능 중의 하나가 되고 있다.

역사적으로 볼 때 복리후생시설은 경영가족주의이념에 의해 특수화된 은혜적 시혜로서 출발하였다. 실제로 산업혁명을 전후한 시기에 생산성이 낮은 종업원이 낮은 임금으로 가족의 생활을 꾸려나가기 어려웠기 때문에 사용자가 시혜적으로 여러 복리후생제도를 만들기 시작하였다(임창희, 2014). 그러나 노동조합의 확대, 근로기준법 등 노동보호법규의 강화, 사회보장제도의 확충, 기술혁신의 전산업으로의 확산, 노동자의 교육수준 향상, 생활양식의 변화, 근대적 인사관리기법의 도입, 노동조건의 국제적 영향, 임금수준의 향상, 노동시간의 단축과 주5일 근무제의 도입, 재산형성제도 등 사회적 내지는 기업 내 근로 제 조건의 변화를 배경으로 한 오늘날에는 복리후생의 '은혜적'이라는 종래의 특징적 성격이 점차로 희박해졌다. 이제 복리후생은 대등한 노사관계를 전제로 하여 기업측이 인사관리상의 필요에 의해 혹은 장기적인 투자의 관점에서 원조 내지 협력한다는 의미의 대종업원서비스의 제공으로 바뀌게 되었다.

이러한 복리후생은 기업의 공동체 원리를 전제로 한 국가사회보장제도의 일환으로써 사회적 임금(최종태, 2000, 288), 종업원급부(employee benefits), 복지후생, 후생복리, 종업원복지 등 다양한 명칭으로 불리어지고 있다(김영재·김성국·김강식, 2018, 521). 그러나 노동에 대한 직접적 보상인 임금을 부가적으로 보완해 주는 각종 급부라는 의미에서 과거에는 부가급부(fringe benefits)라는 용어로도 많이 사용되어 왔다.

특히 미국의 경우 복리후생을 지칭할 때 '종업원급부'라는 용어를 많이 사용하고 있다. 종업원급부란 '임금 이외에 지급되는 보상'이라고 할 수 있다. 이렇게 볼 때 종업원에게 지급되는 보상은 '보상=임금+종업원급부·서비스'라고 하는 등식이 된다. 그러므로 이를 다시 정리하면 종업원급부란 취업시간에 대한 기본임금 또는 급여 이외에 기업이 종업원에게 지급하는 금전적 급부나 현물급부 등으로 임금이 직접적인 보상인 반면 복리후생은 간접적인 보상을 말한다.

전통적으로 많이 사용되어 왔던 '부가'(fringe)란 가장자리를 의미하므로 아마도 기본임금이나 급여를 장식하여 보기 좋게 하기 위한 급부를 뜻했을 것 같다. 그러나 오늘날 '부가'란 확실히 잘못된 표현이다. 이제는 '부가'를 단지 '여분'이라고만 볼 수는 없다. 대부분의 미국인들은 휴가비는 말할 것도 없이 질병, 실직, 그리고 노년에 대비한 주된 재원을 여기에 상당히 의존하기 때문에 총보상의 상당한 부분을 차지하고 있다.

그래서 미국의 경우 1929년만 하더라도 총보상의 3%에 불과할 정도로 총보상에서 차지하는 비중이 얼마 되지 않았으나 제2차대전 이후부터 급격하게 증가하기 시작했다. 제2차대전 이후 종업원급부가 급격히 증가해 온 이유는 첫째, 노동조합운동의 큰 흐름이 임금인상을 통해 생활수준을 높임과 아울러 노동자의 폭넓은 생활수준을 유지 · 안정시키고자 '무노동 무임금(no work, no pay)의 원칙'에서 '무노동 부분임금의 원칙'으로 개정 · 확내시켜 갔나는 네 있나. 둘째로는 많은 자본주의국가에서 국민의 최저생활을 보장하기 위한 사회보장제도를 충실히 하고자 그 재원조달의 수단으로서 기업의 부담을 증대시켰다는 데 있다. 미국의 경우 전체 노동비용 중에서 복리후생비용이 차지하는 비중은 1950년에는 20%, 1959년에는 25%에 해당되었으나, 2008년에는 30.3%(U.S. Bureau of Labor Statistics, June 2008; Gomez-Mejia, Balkin, & Cardy, 2010)를 차지할 정도[1]로 총보상에서 차지하는 비중이 급속히 늘어나는 추세이다.

1.3 복리후생의 목적

현대의 기업복지는 종업원뿐만이 아니라 그 가족에 대해서도 생활 원조적이며 경제적인 면은 물론 문화생활의 향상과 건전한 노동생활의 보장까지 매우 다양하고 폭넓게 운영되고 있다. 이와 같은 기업복리후생의 목적은 일반적으로 다음과 같이 요약할 수 있다(이원우 · 서도원 · 이덕로, 2002, 274-275).

1) 전체 노동비용 중에서 복리후생비용이 차지하는 비중은 1993년에 이미 41%를 기록하고 있다(Milkovich & Newman, 1996, 417)는 자료도 있다. 조사마다 약간의 차이를 보이기는 하나 복리후생의 중요성이 현금지급만큼 커지고 있음을 나타내고 있다.

(1) 근로생활의 안정

종업원 및 그 가족들에게 제공하는 각종 복리후생제도는 근로자의 생활안정 및 근로의욕의 증진에 크게 기여할 뿐만 아니라 종업원에 대한 간접적이고 부가적인 보상수단으로써 직접적인 보상인 임금과 함께 근로자의 생활안정 및 노동력의 재생산에 중요한 영향을 미치게 된다.

(2) 건강한 노동력의 확보 및 유지

기업의 복지후생은 경영활동에 필요한 육체적·정신적 노동력의 안정적 확보[2)] 및 유지발전에 중요한 영향을 미치고 있다. 특히 종업원 및 그 가족에 대한 주택의 지원을 비롯한 의료혜택의 제공, 생활편의시설의 확충 등은 종업원의 이직방지, 고용안정, 노동력의 효율적 활용, 생산성 향상 등에 크게 기여할 수 있다.

(3) 인간관계의 개선 및 일체감의 조성

개별근로자의 능력이나 업적에 따라 차별적으로 지급하는 임금에 비하여 복지후생은 모든 종업원을 대상으로 균등하게 제공하는 간접적 보상으로서 조직 내의 인간관계의 개선, 근로의욕의 증대, 그리고 종업원의 일체감 조성 등에 좋은 영향을 줄 수 있다.

(4) 노사관계의 안정

기업의 다양한 복지시설 확충과 제반 복지시책의 효과적인 운영은 노사관계를 안정화시키는 데 기여할 수 있으며, 특히 기업 내 각종 복지시설 및 시책에 대한 노사공동의 운영은 노사공동체를 형성하고 협력적·안정적 노사관계를 촉진할 수 있다.

(5) 지역사회의 발전 및 기업이미지의 제고

기업의 다양한 복지후생시설의 확충 및 시설을 마련하고, 이를 지역주민에게 개방함으로써 지역사회의 발전을 도모하고, 그들과의 유대관계를 강화하여 궁극적

2) 우리나라 복리후생의 효시는 1919년 경성방직이 마련한 기숙사, 사택 및 식사제공으로 알려지고 있는데, 이 역시 노동력 확보의 목적으로 이루어졌다(임창희, 2014, 332).

으로 기업이미지의 제고에 기여할 수 있다(민경호, 2013, 260-261).

1.4 복리후생의 효과

복리후생(비)이 기업의 재무적 경영성과나 기업가치에 긍정적인 영향을 준다는 많은 연구결과들이 있다. 구체적으로 중소기업 전용 주식시장인 KONEX 시장 상장기업을 중심으로 복리후생비가 기업들의 경영성과에 긍정적인 영향을 미친다는 결과를 보여준 김정우 · 김주철(2017)의 연구를 비롯하여 조은영 · 윤두열(2016), 정군오 · 임응순(2014), 한창근(2018) 등이 복리후생(비)과 경영성과나 기업가치 사이의 긍정적인 영향관계를 보여준다.

복리후생은 기업의 재무성과나 기업가치에 큰 효과가 있는 것으로 드러나고 있지만 어느 일방이 아니라 기업과 종업원 쌍방에게 공통의 이익을 주는 효과가 있는 것이 원칙이다. 기업이나 종업원 어느 한편에게만 이익이 돌아간다면 복리후생은 결코 그 의의를 찾을 수 없게 될 것이다. 그런 의미에서 복리후생에 관해 충분히 검토하고 신중하게 실시한다면 종업원의 경제적 생활안정, 노동력유지 · 증진의 촉진, 고용안정과 생활수준 향상에의 기여, 생활 전반에 대한 지식의 증가 등 많은 이익을 종업원이나 그 가족에게 직접 · 간접으로 주게 될 것이다. 그 결과 기업은 기본적 노동조건의 개선 효과를 높이게 됨으로써 기업에 대한 종업원의 신뢰감 증대, 노사관계의 안정, 노동생산성의 향상, 노동능력의 최적이용 및 인간관계의 개선 등에 이바지하게 될 것이다.

그러나 이미 앞서 지적한 바와 같이 저임금이나 열악한 노동조건의 대체적 기능으로 혹은 노동조합의 활동을 억제하고자 하는 효과를 기대하는 수가 없지 않으나, 이와 같은 효과를 기대한다는 것은 오히려 기업에 대한 신뢰를 실추시키며 인적사원관리상 부의 효과를 자초하게 되므로 이를 피하지 않으면 안 된다.

여기에서 분명히 유의해야 할 일이 있는데, 그것은 일반적으로 말해서 복리후생만을 충실히 하면 자동적으로 좋은 효과를 가져올 수 있느냐 하면 반드시 그렇지만은 않다는 점이다. 복리후생을 충실히 한 결과 결근율이 감소하고, 노동생산성이 향상되었다고 주장하는 경우라도 혹시 이러한 현상이 노동조건의 다른 변인의 개선효과로서 나타났는지도 모르기 때문이다. 바꾸어 말하면 복리후생을 충실히 했다고 해서 반드시 전적으로 전술한 효과가 나타난다고 하는 보증은 아무 것도 없다는 말이 된다. 다만 이러한 효과가 있을 것이라는 기대는 복리후생의 기능으로 보아 충분히 고려될 수 있기 때문에 중시되는 것이다.

복리후생의 효과는 다른 인적자원관리 수단이 그러하듯이 그 자체가 독립하여 효과를 나타낼 여지는 그리 크지 않다. 복리후생 역시 다른 인적자원관리 활동들과 밀접하게 관련하여 상호 영향을 미치면서 종합적인 결과로 그 효과가 나타나는 것이기 때문이다. 그런데 이들 영향요인 중에서도 특히 그 조직의 기본적 노동조건이 사회적 상식수준과 같은지, 아니면 그 이상인지 하는 것은 복리후생의 전제조건이 될 수 있다. 왜냐하면 임금이나 노동시간은 사회적 수준에 미치지 못할 만큼 저수준에 방치한 채 복리후생만 충실히 했다고 하더라도 조직목적 달성을 위해 기여할만한 효과를 기대하기는 어렵기 때문이다.

한편 복리후생시설 자체에 관해서도 그것이 정말로 종업원들이 바라던 것인지의 여부에 대한 정도가 복리후생의 효과를 결정하는 중요한 변수로 작용한다. 복리후생시설은 그것을 설치했거나 규정화한 것만 가지고 효과가 있으리라고 생각하는 것은 속단이다. 무릇 효과가 있느냐 없느냐 하는 판정은 그 시설이나 제도를 종업원들이 얼마나 효율적으로 사용하느냐의 여부에 달려 있다고 보아야 한다. 예를 들어 주택대부금제도를 마련했다고 하더라도 그 내용이 빈약하기 때문에 사실상 이용할 만한 가치가 없다고 한다면 효과는 없다.

복리후생이 활용되어지기 위해서는 어떤 경우에, 어떤 시설을, 어떤 절차를 밟아 이용할 수 있는가에 관해 종업원들에게 주지시키는 홍보활동이 필요하다. 이러한 노력도 없이 다만 복리후생활동을 제도화하기만 하면 종업원들이 활용할 것이라는 생각은 매우 안이한 생각이다.

현장이야기

"돈보다 복지"....눈높이 달라진 구직자들

최근 직장 선택의 최우선 기준으로 '근무환경'과 '복리후생'이 떠오르고 있다. 단연 '연봉'이 1순위였던 과거와 달리 요즘은 급여가 적어도 여가가 보장되는 일자리, 스트레스를 덜 받는 환경에서 업무를 볼 수 있는 회사를 우선 선택하는 구직자들이 많아졌기 때문이다.

취업포털 커리어 관계자는 "대졸 청년 사이에서 근무환경과 복리후생이 일자리 선택의 중요한 요소로 자리매김하고 있다"며, "이는 근무환경·복리후생과 같은 요인이 충족되지 않을 경우 회사에 인재가 몰리지 않는 것은 물론 기존 직원들도 직장에 대해 불만족하고 결국 이직할 수 있다는 것을 의미한다"고 말했다.

한국경영자총협회가 내놓은 '2016년 신입사원 채용실태 조사' 자료에 따르면 근로자 300인 미만 기업체에 합격한 대졸 신입사원 3명 가운데 1명 정도(32.5%)가 입사 1년 내 회사를 떠났고 주요 퇴사 이유 중 하나로 복리후생을 꼽았다. 근무환경이 나빠 이직을 결정했다는 응답자도 다수였다. 서울 구로구에 위치한 한 중소기업에 다니고 있는 이모(34)씨는 "지금 다니고 있는 회사는 연봉은 비교적 높은 편이지만 출퇴근이 너무 불편하고 퇴근시간이 늦은 게 흠"이라며, "현재 취업포털 등을 통해 고향인 대전에 머무르며 다닐 수 있는 중소기업을 알아보고 있는 중"이라고 전했다. 이어 그는 "연봉은 낮아도 별 상관없다"고 덧붙였다.

커리어는 여기서 한발 더 나아가 11월 4~7일 4일 동안 직장인 184명, 인사담당자 84명에게 이 같은 중소기업의 높은 이직률을 끌어내리기 위해 무엇을 해야 하는지를 물어봤다. 그러자 직장인 21.5%는 '미비한 복리후생 개선'이라고 답했다. 인사담당자 역시 23.9%가 각각 '복리후생 확대', '근무환경 개선'이라고 답변했다. 노사 모두 높은 중소기업 퇴사·이직률의 주요 제고 방안으로 복리후생을 꼽은 것이다.

그렇다면 구직자들이 바라는 복리후생과 이색 복지제도에는 무엇이 있을까. 한 취업포털 사이트는 최근 취업 희망자들이 원하는 복리후생 베스트 7을 소개했다. 그에 따르면 1위는 기숙사 운영이었고 2위는 정기 보너스였다. 이어 3위 통근 버스 운행, 4위 자녀 학자금, 5위 야근수당, 6위 사내 동호회 지원, 7위 휴가비 지급 등의 순이었다. 이 외 주5일 근무, 중/석식 제공, 직책 수당 지급 등도 구직자들이 바라는 복리후생 리스트에 이름을 올렸다.

요즘에는 중소기업이 군대식 분위기에 보수적인 기업 문화만 가진 것은 아니다. 다양하고 개성있는 복지제도로 직원들의 단합을 이끄는가 하면 독특하고 색다른 복리후생이 취업준비생들의 눈길을 끌기도 한다. 회사 내 과장, 차장, 부장 등을 직급 대신 누구누구님으로 부르는 '호칭 서열 파괴' 복리후생부터 주 4·5일 근무, 카페테리아 설치, 패밀리데이 및 리프레시 휴가 운영 등 직원들의 사기 증진과 삶의 질 향상을 위한 복지제도에 이르기까지 각양각색이다.

자료: 임지훈(2016.11.17) [머니+] ""돈보다 복지"....눈높이 달라진 구직자들," 「중앙일보」.

2. 복리후생제도의 유형

복리후생제도의 유형은 여러가지 기준으로 분류할 수 있으나 본 절에서는 법적 요구사항을 기준으로 하는 법정 복리후생과 법정외 복리후생으로 나누어 살펴보도록 하겠다. 아울러 최근에 많은 회사에서 도입하고 있는 선택적 복리후생프로그램인 카페테리아식 복리후생제도에 대해서는 별도의 절에서 살펴보기로 하겠다.

2.1 법정 복리후생

사회보장기본법 제3조 제2호에 의하면, "사회보험이라 함은 국민에게 발생하는 사회적 위험을 보험방식에 의하여 대처함으로써 국민건강과 소득을 보장하는 제도를 의미한다"라고 정의하고 있다. 구체적으로 살펴보면 사회보험은 국민을 대상으로 질병·사망·노령·실업 기타 신체장애 등으로 인하여 활동능력의 상실과 소득의 감소가 발생하였을 때에 보험방식에 의하여 그것을 보장하는 제도라고 할 수 있다. 이와 같이 사회보험은 운영과 방법론에서 보험기술과 보험원리를 따르고 있다는 점에서 공공부조와 상이하다. 사회보험은 사회의 연대성과 강제성이 적용되며, 사보험과는 다른 주요한 특성을 다음과 같이 갖고 있다.

표 9-1 사회보험과 사보험의 특성 차이

구 분	사회보험	사 보 험
제도의 목적	최저생계 또는 의료보장	개인의 선택에 따른 위험 대비
보험가입	강제	임의
부양성	국가 또는 사회부양성	없음
수급권	법적 수급권	계약적 수급권
독점/경쟁	정부 및 공공기관의 독점	자유경쟁
공동부담 여부	공동부담의 원칙	본인부담 위주
재원부담	능력비례 부담	개인의 선택
급여수준	균등 급여	기여 비례

사회보험에서 다루는 보험사고로는 업무상의 재해, 질병, 분만, 폐질(장애), 사망, 유족, 노령 및 실업 등이 있으며, 이러한 보험사고는 몇 가지 부문으로 나뉘어 사회보험의 형태를 이루게 된다. 즉 질병과 부상에 대해서는 건강보험 또는 질병보험, 폐질·사망·노령 등에 대해서는 연금보험, 업무상의 재해에 대해서는 산업재해보상보험, 그리고 실업에 대해서는 고용보험제도가 있으며 이를 4대 사회보험이라 한다. 이들 법정 복리후생제도는 기업의 강제적 실시와 함께 비용의 일부를 기업이 지원하도록 법으로 규정하고 있는데, 그 주요 내용은 다음과 같다.

(1) 건강보험

국민건강보험(national health insurance), 줄여서 건강보험이란 일상생활에서 발생하는 우연한 질병이나 부상으로 인하여 일시에 고액의 진료비가 소요되어 가계가 파탄되는 것을 방지하기 위하여, 보험원리에 의거 국민들이 평소에 보험료를 낸 것을 보험자인 국민건강보험공단이 관리운영하다가 국민들이 의료를 이용할 경우 보험급여를 제공함으로써 국민 상호간에 위험을 분담하고 의료서비스를 제공하는 사회보장제도로 흔히들 의료보험(medical insurance)이라고도 한다. 주요 기능은 종업원 및 그 가족에게 발생하는 질병을 적은 비용으로 치료할 뿐만 아니라 각종 질병을 조기에 발견하여 예방하는 데 있다.

우리나라는 1963년에 제정된 의료보험법에 의거하여 1977년에 근로자 500인 이상의 사업장을 대상으로 한 직장의료보험에서부터 시작되었다. 그 후 몇 차례 의료보험법 개정과 함께 의료보험도 점차 확대되어 1988년 7월부터 근로자 5인 이상의 사업장으로까지 그 범위가 확대되었다가 1994년에는 전국민적 의료보장제가 확립되기에 이르렀다. 이들 기업에 종사하는 모든 종업원은 반드시 의료보험에 가입해야 하고, 의료보험의 50%는 기업이 지원하도록 되어 있다. 그 후 1999년 2월에 다시 의료보험법의 전부 개정과 함께 국민건강보험법으로 개칭되었다. 2000년 국민의료보험과 직장 의료보험을 통합하면서 보험제도를 국민건강보험으로 개칭하고, 건강보험에 관한 업무는 '국민건강보험공단'을 설립하여 주관하도록 하고 있다.

(2) 연금보험

국민연금은 국가가 보험의 원리를 도입하여 만든 사회보험의 일종으로 가입자, 사용자 및 국가로부터 일정액의 보험료를 받고 이를 재원으로 노령으로 인한 근로소득 상실을 보전하기 위한 노령연금, 주소득자의 사망에 따른 소득상실을 보전하기 위한 유족연금, 질병 또는 사고로 인한 장기근로능력 상실에 따른 소득상실을 보전하기 위한 장애연금 등을 지급함으로써 국민의 생활안정과 복지증진을 도모하는 사회보장제도의 하나이다.

한국 연금제도의 역사는 1960년에 공무원연금, 1963년엔 군인연금, 그리고 1975년 사립학교교직원연금과 같이 일부 특수직종을 대상으로 시작되었다. 그 뒤 노동시장 확대와 계속적인 출생률 저하 등으로 국민연금제도에 대한 필요성이 증

그림 9-2 | **4대 공적 연금 수지 추이** (단위: 억원)

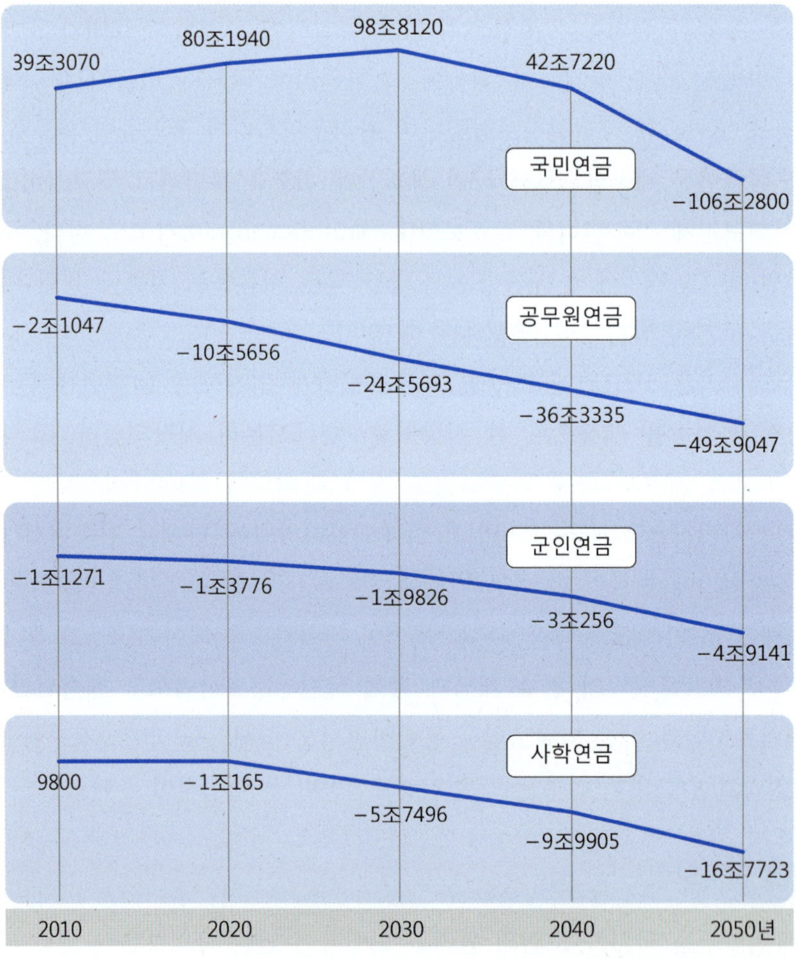

자료: 기획예산처.

가되면서 1986년부터 종전의 국민복지연금제도를 수정 · 보완하여 1988년 1월부터 국민연금제도를 시행하게 되었다. 이러한 국민연금제도는 기금운용 등 효율적 관리운영을 위해 1987년 9월에 독립기관으로 국민연금관리공단을 설립하였으며, 우선적으로 10인 이상 사업장에 근무하는 18세 이상 60세 미만의 근로자 및 사업주를 대상으로 실시하였다. 1988년 10인 이상 사업장을 중심으로 추진되었던 국민연금제도는 1992년 소득보상 혜택이 더욱 절실한 5인 이상 사업장으로 당연 적용대상을 확대하였으며, 1995년에는 신경제 5개년 계획 및 WTO 체제하의 농어촌 발전대책의 일환으로 농어촌지역에까지 국민연금제도를 확대하였고, 1999년 4월 도시지역에까지 국민연금제도를 실시한 데 이어 2006년 1월 1일부터는 사업장 적용범위를 근로자 1인 이상 사업장 전체로 확대함으로써 전국민 연금시대가 열렸다.

참고로 국민연금, 공무원연금, 군인연금, 사학연금 등 4내 공적연금의 수지를 보면 [그림 9-2]에서 알 수 있듯이 지속적으로 악화되어 2050년에는 적자 규모가 178조원에 육박할 것으로 분석됐다. 우리나라 공적연금제도는 '내는 것보다 많이 받는' 구조이면서도, 정작 기금 증식이 원활하게 이루어지지 않아 연금 성숙도가 높아질수록 연금수지 균형이 위협받고 있으며, 최근 저출산 · 고령화 문제와 맞물려 잠재적 국가채무로서의 연금수지 적자문제는 향후 국가재정에 큰 부담으로 작용할 것으로 우려되고 있다(김춘순, 2010).

(3) 산재보험

산업재해보상보험제도, 줄여서 산재보험은 산업재해, 즉 업무수행과 관련하여 발생한 근로자의 부상, 질병, 사망 등의 재해에 대하여 이를 회복시키거나 소득을 보장하기 위한 또는 그 가족의 생활보호를 위한 보험이다. 보험급여의 종류에는 요양급여, 휴업급여, 장해급여, 유족급여, 상병보상급여, 장의비로 나누어진다. 산업재해는 예고없이 발생하는 것으로 근로자가 직장에서 가장 불안하게 느끼는 것 중의 하나이다. 특히 우리나라의 경우 많이 개선되기는 하였지만 여전히 산업재해가 많아 더욱 그러하다(민경호, 2003, 260-266).

우리나라에서는 1963년 산업재해보상보험법이 제정되어 1964년부터 시행되었으며 당시 종업원 500명 이상의 사업장에만 적용하도록 하였으나 1986년 이후 부터는 원칙적으로 근로기준법이 적용되는 사업장으로 확대되었으며, 2000년 7월 이후부터는 전사업장으로 적용범위가 확대되었다(김성수, 2003, 277-278). 산업재해보상보험에 관한 업무는 고용노동부 산하기관인 근로복지공단이 주관하고 있다.

(4) 고용보험

고용보험(unemployment insurance)은 근로자가 실직했을 때 실직근로자와 가족의 생활을 안정시키고 실직자의 재취업을 촉진하기 위한 것으로, 국민건강보험·국민연금·산업재해보상보험과 함께 4대 사회보험을 이룬다. 우리나라의 고용보험제도는 1993년 12월 27일 고용보험법이 제정되고 1995년 7월 1일부터 시행되었다. 시행 초기에는 근로자 30인 이상의 사업장에 반드시 가입하도록 규정하였으나 1998년 3월과 10월 법개정에 의해 현재 1인 이상의 근로자를 고용하는 모든 사업 또는 사업장에 적용된다.

고용보험의 목적은 실업예방, 고용촉진, 근로자의 직업능력 개발 및 향상, 국가의 직업지도와 직업소개 기능을 강화하고 근로자가 실직한 경우 생활에 필요한 자금을 지급하여 구직활동을 촉진하여 경제와 사회를 발전시키는 것에 있다. 우리나라의 고용보험제도는 실직자에게 실업급여를 제공하는 실업보험사업뿐만 아니라 적극적으로 취업을 알선하여 재취업을 촉진하고 근로자의 고용안정을 위해 고용안정사업과 근로자 직업능력개발사업 등을 벌이는 등 적극적인 노동시장정책이 통합되어 있다는 특징이 있다.

현행 우리나라 고용보험법에 따른 실업급여를 보면 기본급여는 이직 전 평균임금의 50%를 피보험기간과 이직일 현재의 연령에 따라 90-240일간 지급받게 되며(제도 도입 당시에는 30-210일이었다가 1998년 3월 1일부터 60일-210일로 변경되었고, 2006년 1월 1일부터 현재와 같이 운영), 지방노동관서장의 지시에 따라 직업훈련 또는 교육훈련의 수강을 받은 경우 2년까지 연장 지급할 수 있다. 기본급여액이 지나치게 높거나 낮은 문제를 방지하기 위해 기본급여 상한액은 1일 35,000원, 기본급여액이 최저임금액에 미달할 때에는 최저임금액을 기준으로 지급하게 된다.

2.2 법정외 복리후생

법정외 복리후생제도는 국가에서 법률로 정한 복리후생프로그램 이외에 기업이 자체적으로 도입하고 있는 복리후생제도를 말한다. 법정외 복리후생은 강제성 측면에서 단체협약상의 복리후생과 기업 자발적인 복리후생으로 나눌 수 있다. 단체협약상의 복리후생은 기업이 노조와의 단체교섭 결과 근로자에게 단체협약을 통해 그 도입을 약속한 것이기 때문에 근로기준법과 동일한 효력으로 강제성을 띠게 된다. 반면에 기업의 순수 자발적 복리후생은 기업이 임의로 도입하는 것으로 경영사정에 따라 탄력적으로 제공할 수 있다. 노조는 가능한 한 많은 복리후생프로그램을 단체협약에 포함시켜 그 계속성을 확보하려고 노력하고 있으며, 기업은 임의적인 복리후생의 범위를 넓히려는 추세이다(박경규, 2016, 453).

법정외 복리후생 프로그램의 내용은 매우 다양한데, 그 대표적인 것들을 유형화하면 주택·급식을 비롯한 생활시설, 구매·금융을 비롯한 경제시설, 진료·보양을 비롯한 보건위생시설, 그리고 학교·도서관·체육관·오락실을 비롯한 문화·체육오락시설 등을 들 수 있다. 이들에 대한 보다 구체적인 내용은 〈표 9-2〉와 같다.

아울러 참고로 우리나라의 근로자 1인당 노동비용 추이와 근로자 1인당 내역별 법정복리비 추이를 살펴보면 〈표 9-3〉과 〈표 9-4〉와 같다.

마지막으로 최근 우리 사회의 심각한 문제로 대두되고 있는 저출산문제와 밀접한 관계가 있는 직장보육서비스와 관련하여 보건복지부가 지난 2018년 5월 발표한 '2017년 직장어린이집 설치현황 실태조사'에 따르면 〈표 9-5〉에서와 같이 지난해 말 기준으로 설치의무 대상사업장 1,253곳 가운데 직장어린이집을 설치하거나

표 9-2 | 법정외 복리후생 프로그램의 내용

구분	내용
생활시설	• 주택시설: 사택, 기숙사, 전셋집 또는 전세방의 알선 등 • 급식시설: 식당, 식료품의 배급 등 • 기타: 생활상담소, 피복대여, 침구대여
경제시설	• 구매시설: 매점, 배급소, 소비조합, 쿠폰제도, 각종 수리시설 등 • 금융시설: 주택대금, 경조관계대금, 자녀육영대금, 불행구제대금 등의 대금제도 및 예금 제도 등 • 공제제도: 경조관계급부금, 재해위무금 등 • 기타: 결혼식장 등의 설비, 내직알선 등
보건위생시설	• 진료시설: 의무실, 진료소, 병원, 요양소 등 • 보양시설: 보양소, 해변휴양소, 산간휴양소 등 • 보건시설: 욕탕, 이발소, 미용실, 방역, 냉난방, 환기, 환경위생 등
문화·체육 오락시설	• 문화시설학교, 도서관, 강연회, 강습회 등 • 체육시설: 체육관, 운동장, 풀장 등 • 위안오락실: 오락실, 클럽·하우스, 영화·연극, 야유회 등

자료: 최종태(2002), 「현대인사관리론」, 전정판, 박영사, 293.

표 9-3 | 우리나라의 근로자 1인당 노동비용 추이 (단위: 천원/월, %)

연 도	노동비용 총액	직접 노동비용	간접 노동비용				
			전 체	퇴직급여	법정복리비	법정외 복지비용	기타 노동비용
1984	455(100.0)	359(79.0)	96(21.0)	50(11.1)	8(1.8)	26(5.8)	11(2.4)
1986	431(100.0)	353(82.0)	78(18.0)	30(7.0)	9(2.2)	26(6.0)	12(2.8)
1988	546(100.0)	458(83.9)	88(16.1)	31(5.7)	19(3.4)	26(4.8)	12(2.2)
1990	816(100.0)	667(81.7)	149(18.3)	57(7.0)	24(2.9)	49(6.0)	19(2.3)
1992	1,180(100.0)	891(75.5)	289(24.5)	105(8.9)	51(4.3)	100(8.5)	33(2.8)
1994	1,502(100.0)	1,131(75.4)	370(24.6)	146(9.7)	55(3.7)	126(8.4)	43(2.8)
1996	1,871(100.0)	1,456(77.8)	415(22.2)	138(7.4)	81(4.3)	140(7.5)	57(3.0)
1998	2,337(100.0)	1,415(60.5)	923(39.5)	618(26.5)	122(5.2)	142(6.1)	41(1.8)
2000	2,795(100.0)	1,750(62.6)	1,046(37.4)	635(22.7)	183(6.6)	170(6.1)	58(2.1)
2002	2,844(100.0)	2,064(72.6)	779(27.4)	293(10.3)	222(7.8)	199(7.0)	66(2.3)
2004	3,249(100.0)	2,591(79.7)	659(20.3)	236(7.3)	202(6.2)	172(5.3)	49(1.5)
2006	3,705(100.0)	2,919(78.8)	786(21.2)	265(7.2)	247(6.7)	223(6.0)	51(1.4)
2008	4,071(100.0)	3,158(77.6)	913(22.4)	401(9.9)	268(6.6)	194(4.0)	49(1.2)
2010	4,256(100.0)	3,332(78.3)	925(21.7)	424(10.0)	278(6.5)	180(4.2)	43(1.0)
2012	4,754(100.0)	3,655(76.9)	1,099(23.1)	526(11.1)	311(6.5)	212(4.5)	49(1.0)
2014	4,938(100.0)	3,839(77.7)	1,099(22.3)	510(10.3)	329(6.7)	225(4.6)	35(0.7)
2015	5,054(100.0)	3,977(78.7)	1,077(21.3)	479(9.5)	335(6.6)	229(4.5)	34(0.7)

주: 1) 30인 이상 사업체의 상용근로자 기준.
2) ( ) 안은 노동비용 총액에 대한 구성비.
3) 기타 노동비용은 현물지급, 모집, 교육훈련, 작업복, 전근, 사보발행, 표창비용 등의 합계임.
자료: 한국노동연구원(2011), 「2011 KLI 노동통계」, 74; 한국노동연구원(2017), 「2017 KLI 노동통계」, 77.

위탁보육(상시근로자의 영유아의 30% 이상)을 하는 등 설치의무를 이행한 곳은 86.7%인 1,086곳으로 나타났다. 직장어린이집 설립의무를 미이행한 사업장은 167곳이었다.

여성가족부가 2006년에 직장보육서비스 제공의무사업장인 '상시 여성근로자 300인 이상 또는 상시 남녀근로자 500인 이상 사업장'을 대상으로 실시한 조사에서 보육서비스 제공 의무사업장 817개소 가운데 302개소에서 의무이행 중인 것으로 드러나 의무사업장의 이행률이 고작 37%에 불과했던 사실(여성가족부, 2006.4)에 비추어보면 크게 늘어났음을 알 수 있다. 그러나 정부가 범정부차원에서 저출산 문제를 해결하고 일·가정 양립을 통한 '워라밸'에 대한 사회적 분위기 조성에 역점을 두고 있지만 일부 기업과 사립학교는 구성원들의 복리후생은 물론, 정부의 저출산정책까지 외면하는 '배짱'을 부리고 있다.

표 9-4 | **근로자 1인당 내역별 법정복리비 추이** (단위: 천원/월, %)

구 분	1993	1995	2000	2005	2010	2011	2012	2013	2014	2015
법정복리비 총액	62 (100.0)	65 (100.0)	183 (100.0)	217 (100.0)	4,256 (100.0)	4,592 (100.0)	4,754 (100.0)	4,800 (100.0)	4,938 (100.0)	5,054 (100.0)
건강보험료	12 (18.6)	14 (21.1)	28 (15.0)	57 (1.7)	87 (2.1)	101 (2.2)	110 (2.3)	117 (2.4)	120 (2.4)	122 (2.4)
산재보험료	28 (44.5)	16 (24.4)	32 (17.3)	36 (1.1)	46 (1.1)	44 (1.0)	45 (0.9)	43 (0.9)	42 (0.9)	42 (0.8)
국민연금	19 (29.7)	25 (38.6)	86 (47.0)	93 (2.7)	106 (2.5)	106 (2.3)	110 (2.3)	114 (2.4)	117 (2.4)	119 (2.4)
고용보험료	– (–)	6 (9.1)	34 (18.3)	27 (0.8)	36 (0.9)	38 (0.8)	42 (0.9)	44 (0.9)	45 (0.9)	46 (0.9)
장애인고용 부담금	2 (2.3)	2 (2.5)	2 (1.1)	3 (1.3)	3 (0.1)	3 (0.1)	4 (0.1)	4 (0.1)	5 (0.1)	5 (0.1)
재해 보상비	3 (4.6)	3 (4.3)	2 (1.2)	1 (0.4)	0 (0.0)	1 (0.0)	0 (0.0)	1 (0.0)	1 (0.0)	1 (0.0)

주: 1) 30인 이상 사업체의 상용근로자 기준.
2) ( ) 안은 법정복리비 총액에 대한 구성비.
자료: 고용노동부, 「기업체노동비용조사보고서」 각 년도; 한국노동연구원(2011), 「2011 KLI 노동통계」, 76; 한국노동연구원(2017), 「2017 KLI 노동통계」, 79.

표 9-5 | **의무사업장의 직장보육서비스 제공 현황(사업장 유형별)** (2017.12.31일 현재)

구 분		의무사업장* (A=B+C)	이 행(B)			미이행(C)
			계	설치	위탁	
계		1,253	1,086(86.7%)	839(66.9%)	247(19.7%)	167(13.3%)
국가기관		131	122(93.1%)	115(87.8%)	7(5.3%)	9(6.9%)
지자체		168	155(92.3%)	123(73.2%)	32(19.1%)	13(7.7%)
학교	국공립	27	25(92.6%)	15(55.6%)	10(37.0%)	2(7.4%)
	사립	80	66(82.5%)	29(36.3%)	37(46.3%)	14(17.5%)
대학병원	국공립	12	11(91.7%)	9(75.0%)	2(16.7%)	1(8.3%)
	사립	57	49(86.0%)	35(61.0%)	14(24.6%)	8(14.0%)
기 업		778	658(84.6%)	513(65.9%)	145(18.6%)	120(15.4%)

자료: 보건복지부(2018), 「2017년 직장어린이집 설치현황 실태조사」, 3-12.

상시 근로자 500명 이상 또는 상시 여성 근로자 300명 이상의 사업장이 직장어린이집 설치의무를 지키지 않으면 거액의 이행강제금을 물어야 함에도 이들 기업들은 이를 이행하지 않고 있는 것이다. 정부는 직장어린이집 설치의무사업장이 직장어린이집을 설치하지 않으면 1년에 2회까지, 1회당 최대 1억원씩 연간 최대 2억원의 이행강제금을 부과한다. 보건복지부에 따르면 직장어린이집 설치의무 미준수에 따른 이행강제금 부과제도가 2016년 1월부터 실시된 이후 지난해 17개 사업장에 대해 총 17억원의 이행강제금이 부과되고 징수가 완료됐다.

3. 카페테리아식 복리후생제도

3.1 카페테리아식 복리후생제도의 의의

복리후생에 대한 지출이 늘어나면서 기업은 제한된 복리후생 예산의 범위 내로 비용을 통제하면서도, 복리후생제도를 운영하는 장점을 살려서 종업원들의 복리후생 만족도를 향상시키기 위한 대책이 필요하게 되었다. 이러한 대책의 하나로 등장한 복리후생제도가 바로 선택적 복리후생제도(flexible benefit plans)로 일명 카페테리아식 복리후생제도(cafeteria benefit plans)라고도 불린다(박우성, 2001; 유규창, 2004).

카페테리아식 복리후생제도란 마치 카페테리아에서 손님이 구미에 맞는 음식만 골라 먹는 것과 같이 여러가지 급부제도를 마련해 놓고 종업원들이 각자의 필요에 따라 선택적으로 이용하도록 하는 제도를 말한다. 1963년 미국 캘리포니아 대학의 심리학자인 스탠리 닐리(S. M. Nealey)가 General Electrics를 대상으로 실시한 연구에서 처음으로 창안되었다.

닐리 교수는 GE의 종업원들이 임금이나 복리후생의 선호도에 있어 차이가 많이 나고 있음을 밝히면서, 이러한 선호도를 충족시키기 위해서는 비용을 감안한 선택권을 제공하여야 한다고 주장하였다. 닐리 연구 이후에 많은 연구들이 이것을 지지하였고, 1974년에는 Educational Testing Services(ETS)와 TRW Systems Group에서 최초로 선택적 복리후생제도를 도입하였다(유규창·조규성, 1999. 3-11, McCaffery, 1992).

우리나라의 경우 1997년에 한국 IBM에서 처음으로 도입되었으며, 그 이후

1998년 제일제당, 1999년 한국가스공사, 2005년 공무원의 후생복지에 관한 규정에 맞춤형복지의 근거규정이 마련되면서 현재는 중앙행정기관, 지방자치단체는 100%, 공공기관의 경우도 80% 이상 도입하였다. 일반기업의 경우 대기업을 중심으로 도입되던 시점을 지나 중견기업이나 중소기업도 도입을 활발히 진행하고 있다(송준호 · 임외석, 2017; 신건호 · 이승계 · 임상혁 · 박재춘 · 김종길, 2011).

카페데리아식 복리후생제도 하에서는 주어진 예산 범위 내에서 조직구성원들이 자신의 의지와 욕구에 따라 복리후생 항목을 선택하는 제도로 종업원 개인이 자신이 수혜를 받고자 하는 복리후생의 내용을 결정할 수 있을 뿐만 아니라, 동일한 내용에 대해서도 수혜를 받는 정도를 달리 할 수 있다(Beam & McFadden, 1996; Rosenbloom, 1996). 즉, 선택적 복리후생제도의 핵심은 종업원 개인이 자신에게 부여된 일정한 복리후생 예산의 한도 내에서 자신이 원하는 복리후생 프로그램들을 선택한다는 것이다.

종업원들은 그들의 연령, 학력, 소득수준, 생활방식, 그리고 기호에 따라 각기 다른 복리후생제도와 서비스를 필요로 한다. 예를 들어 일반적으로 젊은 종업원들은 식섭보수나 학비보소를 원하는 데 비해, 나이든 종업원들은 연금이나 건강보험을 더욱 중요시한다. 그 결과 다양한 노동력 요구에 부응할 수 있는 다양한 보상제도가 요청된다. 이와 같이 현대기업은 다양한 연령, 학력, 소득수준, 생활방식, 그리고 기호를 가진 노동력을 보유하고 이에 대한 다양한 보상제도가 요청되기 때문에 카페테리아식 유연적 복리후생 프로그램의 확립이 필요하게 되었다. 젊은 근로자 및 여성근로자 비율의 증가와 더불어 다양한 기능인력의 요청과 특정기업 내의 직업범위가 넓어졌고 구성원들의 개인적 가치와 태도도 다양해져 가고 있다. 이에 따라 구성원들의 다양한 노동력을 동기화시키고 보상시키는 다양한 보상 패키지를 마련하는 것이 필연적으로 요청되고 있다.

이 제도 하에서 기업은 건강보험, 생명보험, 휴가 및 연금 등과 같이 최소한의 복리후생제도만을 공통적으로 실시하고 그 밖의 복리후생제도에 관해서는 종업원이 스스로의 필요에 따라 선택하도록 한다. 이 제도는 종업원 개인의 욕구와 선호를 보다 적절하게 충족시킬 수 있어 보상의 가치에 대한 인식의 제고와 만족감의 증대, 결근율과 이직률의 감소에 따른 조직유효성의 증대, 종업원 선발의 유리 등 여러가지 이점이 기대되었다. 초기에 앞서 얘기했던 ETS와 TRW를 비롯하여 American Can Company, North American Van Lines 등의 회사에서 실시한 결과 카페테리아식 복리후생 프로그램은 그 옵션 범위와 선택에 있어서 프로그램마다 다소 다르지만, 일반적으로 일률적인 프로그램에 비하여 구성원들의 복리후생 욕구를 잘 충족시켜 주는 것으로 나타나면서 널리 사용되어 왔다.

그러나 카페테리아식 복리후생제도라 해서 조직체에 많은 비용을 발생시키지 않는 것은 아니다. 선택 옵션이 많고 복잡할수록 컴퓨터가 활용되어야 되고 여기에 전산개발 비용이 발생한다. 그리고 여러 옵션에 대한 전반적인 복리후생 관리 업무도 대폭 증가한다. 노조가 결성된 조직체에서는 노조의 저항도 고려해야 한다. 복리후생 옵션 선택에 있어서 노조의 역할이 감소되기 때문이다. 이러한 단점에도 불구하고 앞서 언급한 장점들로 말미암아 카페테리아식 복리후생 프로그램을 실시하는 기업의 수는 점차 늘어나고 있다.

3.2 카페테리아식 복리후생제도의 형태

카페테리아식 복리후생 프로그램이란 종업원 각자가 자기 욕구(needs)에 따라서 그들이 선호하는 복리후생 패키지를 선택할 수 있도록 하는 유연적 복리후생 프로그램을 말한다. 일반적으로 카페테리아식 복리후생 프로그램은 다음과 같은 세 가지의 기본 형태로 나누어 볼 수 있다.

(1) 핵심적 접근법

핵심적 접근법(core approach)은 종업원들에게 기본적으로 핵심이 되는 복리후생을 먼저 제공하게 된다. 다음에 여분의 자금으로 복리후생의 목록을 만들어 종업원에게 제공한다. 종업원들은 이 표로부터 그들 각자의 사정에 가장 적합한 항목들을 선택하게 된다. 이 때 각 복리후생 항목의 가격설정이 제대로 이루어져야 예산을 세우고 계획을 집행할 수 있다. 왜냐하면 복리후생의 각 항목의 가격차이 때문에 종업원들은 가격이 높은 항목을 선택하는, 소위 현명한 선택(intelligent selection) 현상이 일어나게 되므로 이는 결국 복리후생 비용의 증가를 초래하게 된다.

(2) 모듈 접근법

모듈 접근법(modules approach)은 기본핵심적 접근법에서의 비용증가에 따른 역효과를 해결하기 위해 등장한 제도이다. 이 제도는 동등한 가치를 지닌 복리후생 모듈이나 패키지를 하나의 선택항목으로 종업원들에게 제시하는 것이다. 이를테면 복리후생의 개별항목을 집단화시켜 하나의 패키지를 만들 때 종업원들은 가격이 높은 항목만 선택하는, 소위 현명한 선택이 어렵도록 비용증대의 역효과를 상쇄시킬 수 있도록 집단화시키는 방법이다. 따라서 이 접근법에서는 각 개별 복지후생 패키지들의 가치를 동등화시키는 것이다(김종인, 2002, 206-207).

(3) 변동지출계정법

변동지출계정법(flexible spending account approach)은 종업원들에게 각각 여러 가지 계정을 두어 이 계정의 금액범위 내에서 회사가 제시한 복지항목의 다양한 상품이나 서비스를 자유롭게 선택하여 구매하거나 이용할 수 있게 하는 제도이다. 이 때 종업원들이 구입할 수 있는 서비스나 상품은 복리후생 계획에 의해 미리 결정된다. 이 방법의 장점은 종업원들이 일반적으로 집단적인 복리후생 계획에서는 혜택을 받을 수 없는 여러가지 서비스나 상품에 대해서도 혜택을 받을 수 있다는 것이다. 또한 일반적으로 변동지출계정은 기업과 종업원의 부담에 의해 채워지게 된다.

3.3 카페테리아식 복리후생제도의 효과와 한계

(1) 카페테리아식 복리후생제도의 효과

카페테리아식 복리후생제도는 전통적인 복리후생제도가 어떤 혜택을 종업원들에게 제공할 것인가에 대한 모든 결정을 기업에서 내리는 것과는 달리 종업원 개개인의 취향과 필요에 의해 종업원 자신들이 복리후생제도를 선택하게 함으로써 복리후생에 대한 만족도를 높이는 등 카페테리아식 복리후생제도가 갖는 장점은 다양하다(Milkovich & Newman, 1996, 425; McCaffery, 1992). 이를 구체적으로 살펴보면 다음과 같다.

첫째, 추가적으로 많은 비용을 들이지 않아도 종업원들이 자신의 필요와 욕구에 가장 잘 맞는 복리후생제도를 취사 선택할 수 있기 때문에 효용가치를 극대화시켜 종업원의 복리후생에 대한 만족도를 높일 수 있다.

둘째, 종업원의 특성과 구성이 다양하게 변화함에 따라 조직 내에서 발생하는 복리후생에 대한 욕구를 시의적절하게 반영할 수 있으므로 동기부여에 효과적이다.

셋째, 종업원과 그들의 가족이 자신들의 복리후생제도의 설계에 참여함으로써 복리후생에 대한 이해를 높일 수 있을 뿐만 아니라 복리후생 설계능력을 배양시킴으로써 종업원들의 자율과 책임역량을 강화할 수 있다.

넷째, 노동조합 혹은 근로자대표를 선택적 복리후생제도의 계획에서부터 실행 및 사후평가과정에 직접 참여하게 함으로써 노사 간의 신뢰와 협력을 증진시킬 수 있다

다섯째, 필요는 충족하면서도 총복지비용의 수준을 제한함으로써 노동비용의 증가를 억제할 수 있고, 복리후생 비용의 사전예측이 어느 정도 가능하기 때문에 노동비용의 안정적인 통제가 가능하다.

여섯째, 구성원들의 직무만족과 그에 따른 기업의 이미지 제고나 생산성 향상에 긍정적인 효과를 가져다 줄 수 있다(박경규, 2016, 463; 유규창 · 조규성, 1999, 8-10; Barringer & Milkovich, 1998).

(2) 카페테리아식 복리후생제도의 한계

그러나 카페테리아식 복리후생제도는 다음과 같은 한계가 있다.

첫째, 전통적인 복리후생제도는 근로자 개인의 직급과 급여에 관계없이 일괄적으로 적용하여 직장 내에 근로자 간의 유대감을 형성할 수 있었으나, 카페테리아제도는 개인별 한도를 차별적으로 줌으로써 복리후생제도가 갖는 본연의 공동체 정신을 상실하게 만든다.

둘째, 근로자 개인별로 복지후생 프로그램을 관리하여야 하기 때문에 전산화의 도입이 절실하게 되고 이에 따른 관리비용의 증가를 감당해야 한다. 이러한 점을 고려하면 카페테리아제도는 중소기업에서는 그 실시가 어려우며, 실시가 가능한 대기업에서도 처음에는 많은 비용의 부담을 감수할 수밖에 없다.

셋째, 근로자 각 개인이 이용할 수 있는 복리후생비의 총액을 설정하여 그 범위 내에서 복리후생의 혜택을 갖도록 해야 하는데, 그 비용의 총액 수준을 결정하기가 어렵다. 노사 간에 이해를 조정하는 것이 쉽지 않으며, 보상적 성격의 급여처럼 인식되어 실시 목적을 반감시킨다.

넷째, 실시하고 있는 프로그램 중에서 신청자가 적으면 상대적으로 비용이 증

가하게 되어 그 근로자가 누릴 수 있는 다른 프로그램에서의 수혜폭이 좁아지게 된다. 이를 예방하기 위해서는 사전 조사가 필요하다(송준호 · 임외석, 2017, 364).

3.4 카페테리아식 복리후생제도의 운영상의 유의점

기업의 복리후생 관리는 그 기업체가 가지는 규모 · 업종 · 조직구조 · 전통 등의 구체적인 특수성이나 조건과 기업체가 처해 있는 사회 · 경제 · 기술 및 정치적 환경에 따라 부단히 그 운영실태가 달라진다. 오늘날 기업이 합리적인 복리후생관리를 위해 다음에 특히 유의할 필요가 있다.

(1) 창출적 효과

기업의 경영 사회정책의 일환으로서의 복리후생제도는 경영공동체 형성을 구심점으로 하여 기업의 종합적인 경제적 성과목표와 일치되도록 운영하여야 한다. 환언하면 복리후생이 오로지 종업원에게 소득을 형성시켜 주는 '이전적 효과'에만 그쳐서는 안 되고, 경영의 성과를 유도하는 '창출적 효과'를 강구하도록 해야 한다. 다시 말해 경영복지 정책은 반드시 경영성과의 과정과 통합되어야 한다. 이러한 점에서 경영복지 정책이 종업원의 자아발전 욕구와 밀접한 연관 속에서 추진되는 것이 바람직하게 여겨진다.

(2) 질적인 기능적 측면

지금까지 대부분의 기업에서는 경영복지 관리를 지나치게 금전 내지 물질적인 급여, 즉 복리후생의 양(quantity)적인 구조적 측면만 강조해 왔다. 이러한 사실은 복리후생 관리비 지출의 통계자료에서도 쉽게 찾아볼 수 있다. 그러나 효율적인 복리후생 관리를 위해서는 복리후생의 질적인 측면, 즉 종업원의 적극적인 동기유발(motivation)과 사기(morale) 앙양도 강조되어야 한다.

(3) 욕구구조의 파악

효율적 복리후생 관리를 위해서는 종업원의 욕구를 정확히 파악하여야 한다. 기업의 종업원은 연령 · 성별 · 계층 · 소득 및 교육수준에 따라 그들이 바라는 욕구

구조가 다르다. 그러므로 한정된 자금을 효율적으로 활용하기 위해서 자기 기업 종업원의 복리후생에 대한 지배적인 욕구구조와 계층에 따른 욕구내용을 정확히 파악하여 이에 대한 적절한 대책을 모색하여야 한다.

(4) 종업원 참여

경영복리후생 관리의 효율화를 위해서는 종업원이 참여하는 운영조직이 요청된다. 경영복리후생의 정책과 관리에는 노사 쌍방이 계급투쟁적인 의식을 떠나서 상호 협력적인 이념과 조직 속에서 운영되어야 한다. 그러므로 복리후생 관리의 종업원 참여는 노사협력의 분위기 조성에 주요한 모티브가 되기도 한다.

현장이야기

이색 복리후생제도

"셋째 아이 낳으면 회사가 책임집니다."

건설업체들이 '세자녀 갖기' 지원운동을 활발히 벌이고 있다. 동문건설은 이달부터 직원들이 셋째 자녀를 낳을 경우 출산 축하금 500만원과 자녀가 대학을 졸업할 때까지 매달 50만원의 양육비를 지원한다. 동문은 지난해 7월 셋째 자녀에 대해 축하금 100만원과 월 10만원의 양육비 지원제도를 도입한 이후 올해 초 사원복리후생제도를 변경해 지원금을 상향조정했다. 김시환 상무는 "달라진 후생제도에 따라 직원이 셋째 자녀를 낳을 경우 대학 졸업 때까지 받는 지원금은 최고 1억7000만원에 이를 것"으로 추정했다. 월드건설은 임직원이 셋째 아이를 낳으면 출산 축하금 500만원을, 둘째 아이 출산 때도 300만원을 지원키로 결정하고 올 상반기 중 시행한다. 한일건설도 직원이 셋째 아이를 출산하면 출산 장려금을 100만원 지급하고 양육비로 매달 10만원을 지원하는 제도를 상반기 중 시행한다. 회사는 세 자녀를 가진 직원이 자사 아파트를 분양받으면 고액의 상품권을 지급하는 방안도 마련 중이다.

자료: 중앙일보 2006.2.22.

(5) 비용-수익 분석

효율적인 복리후생 관리를 위해서는 복리후생에 대한 비용-수익(cost-benefit) 분석과 같은 과학적인 측정이 뒤따라야 한다. 복리후생에 대한 투입-산출(input-output)을 단순히 추측으로써가 아니라 과학적이고 계수적인 수단을 갖추어서 관리해야 할 필요가 있다. 그렇게 함으로써 복리후생에 대한 투자효율을 높일 뿐만 아니라 종업원으로부터 이해와 신뢰를 사는 데도 큰 도움이 된다.

(6) 국민사회경제 정책과의 연계

개별 경제단위인 기업의 복리후생은 거시경제단위인 사회경제 정책과의 연계 속에서 그의 발전을 모색해야 되겠다. 환언하면 사회변동 속에서 기업의 위치를 파악하고 거기에 부합되는 경영복리후생제도의 확립이 요청된다. 그러므로 개별 경제단위인 기업의 경영사회 정책 및 관리도 종합적인 국민사회경제 정책과 보조를 맞추어 전개시켜야 한다.

10

안전보건관리

- 1. 안전보건관리의 의의
- 2. 우리나라의 산업재해현황
- 3. 안전보건관리

1. 안전보건관리의 의의

1.1 안전보건관리의 의의

안전(safety)이란 상해, 손실, 위해 또는 위험에 노출되는 것으로부터의 자유를 의미하는데, 특히 작업과 관련된 사고로부터 종업원을 보호하기 위한 것이며, 보건(health)이란 종업원을 육체적·정신적 질병으로부터 보호하기 위한 것이다(Mondy, Noe, & Premeaux, 2002, 392). 안전보건관리는 종업원에 대한 안전관리와 보건관리를 통합한 개념으로 산업안전 및 보건관리, 직업안전 및 보건관리(occupational safety and health) 또는 공장안전관리(plant security) 등으로도 불리고 있다. 오늘날에 있어서 종업원의 안전보건문제는 종업원들 자신의 관점에서 뿐만 아니라 조직이나 전체사회의 관점에서도 대단히 중요한 문제로 부각됨으로써 인적자원관리의 주요 기능의 하나가 되고 있다.

그러면 이 안전보건문제가 어떻게 해서 기업경영에 적지 않은 영향을 미치는가를 살펴보자. 근대산업은 고도로 기계화·장치화되어 있기 때문에 인간은 기계에 예속되어 부자연한 자세, 정신적 긴장 등을 부단히 강요당하고 있다. 뿐만 아니라 업종에 따라서는 유해가스, 유해방사선, 유독액체, 고열, 분진, 소음 및 진동 등을 발산하는 것이 많기 때문에 각종 직업성 질환이 발생하기 쉽다. 이와 같은 제 원인으로 말미암아 근로자들은 그들의 안전, 생명 및 보건에 대해 적지 않은 위협을 받고 또 실제로 치명적인 해를 입어왔다.

일단 산업재해[1]가 일어나면 피해자의 신체상해와 질병에 따라 의료비를 부담해야 하고 작업시간의 손실을 가져올 뿐만 아니라 재해로 인하여 중단된 작업이 정상적으로 복구되어 작업을 다시 시작하게 될 때까지 많은 시간, 인력, 경비가 소요된다. 나아가 직장에서 직·간접으로 사고와 관련된 사람들로부터 이미 받았던 사

1) 산업안전보건법상 '산업재해'란 근로자가 업무에 관계되는 건설물·설비·원재료·가스·증기·분진 등에 의하거나 작업 또는 그 밖의 업무로 인하여 사망 또는 부상하거나 질병에 걸리는 것을 말한다.

고충격을 회복시키는 문제, 사고의 사후처리에 따르는 인원보충에 관한 인사문제, 새로 충원된 사람들에 대한 교육훈련계획, 그리고 이에 수반되는 갖가지 문제 등으로 기업경영에 미치는 영향이 지대하다 아니할 수 없다.

이와 같이 조직구성원의 안전과 보건은 전통적으로 기업경영의 가장 근본적인 기능으로 인정되어 왔다. 안전 및 보건은 또한 조직의 사회적 책임과 인본주의적 관점에서 뿐만 아니라 산업재해가 대형화되면서 경제적·사회적 관점에서도 그 중요성이 강조되어 오고 있다. 이를테면 1995년 4월 28일 오전 7시 52분 대구시 달서구 상인동 영남고 앞 지하철 공사장 인근의 대백플라자 신축공사장에서 작업을 위하여 75mm 구멍 31개를 굴착하던 중 실수로 도시가스 배관에 구멍이 뚫리면서 대형가스폭발사고가 일어나 101명의 사망자(학생 51명, 일반시민 50명)와 146명의 부상자가 발생했고 227동의 건물과 147대의 차량이 파괴되었던 대구지하철가스폭발사고를 들 수 있다. 이 밖에도 산업재해나 안전사고가 실제로 얼마나 위험하고 치명적인가를 몇몇 예를 통해 살펴보기로 하자.

1979년 3월 28일 펜실베이니아 근교의 드리마일(Three Mile) 핵발전소에서 100만분의 1의 확률을 가진 냉각장치의 파열로 핵이 누출됨으로써 펜실베이니아 전역을 핵의 공포로 몰아넣었던 적이 있다. 그로부터 5년 뒤인 1984년 12월 2일 늦은 밤 인도의 보팔시에 있는 Union Carbide의 저장탱크에서 메틸 아이소사이안산(methyl isocyanate, MIC)이라는 유독성 가스가 누출되는 역사상 최악의 산업재해가 발생하였다. 누출된 화학물질이 바람을 타고 주변 주거지역으로 확산하는 바람에 주민 60여만 명이 노출돼 다쳤고, 3,878명이 사망했다. 또, 화학물질에 노출돼 고통에 시달리다 목숨을 잃은 사람까지 더하면 이 사고로 인한 사망자는 1만 5,000여 명이나 됐다. Dow Chemical에 인수된 Union Carbide는 5년이 지난 1989년에야 배상액으로 인도 정부에 4억 7,000만 달러를 지급했다. 하지만 피해자에게 돌아간 보상금은 고작 1인당 평균 550달러에 불과했다(강찬수, 2018.6.30).

이 밖에도 1986년 1월 발사 후 75초만에 7명의 우주 비행사 전원을 잃음으로써 미국의 우주프로그램을 일시 중단시켰던 우주왕복선 챌린저호 폭발사건과 1986년 4월의 구소련의 체르노빌 핵발전소의 사상 최대의 핵누출사건 등을 들 수 있다. 보다 최근인 2003년 12월 23일에는 중국 충칭시 근처에 위치한 한 가스정에서 발생한 천연가스 대형 폭발사고로 243명이 사망하는 중국 최악의 산업재해가 발생하기도 했다.

1.2 안전보건 관련법

산업보건관리는 산업혁명 이전 단계에서는 사업가들의 관심 밖이었고 노동자는 그저 처절한 희생만 강요당할 뿐이었다. 그러다가 산업혁명 이후 기계에 의한 대량생산체제로 바뀌면서 미숙련 부녀자, 아동들의 노동이 많아지면서 종업원들의 안전보건문제가 대두되게 되었다. 그러나 제1차 세계대전 이전까지만 해도 안전보건문제는 소극적 차원에서 다루어져 왔으나, 이 때부터 예방의 가치를 인정하기에 이르게 된다. 즉 기업이 산업재해를 적극적으로 예방한다면 재해비용의 예방뿐만 아니라 종업원의 직무만족도가 올라가 생산성이 향상된다는 사실을 깨닫기에 이른 것이다(임창희, 2011, 348). 그러나 그러한 인식의 전환에는 각국 정부의 법제정이나 행정지도가 한 몫 했음을 결코 부인할 수 없다.

심각한 안전 및 보건문제에 직면하여 각국은 법과 행정지도를 통해 사전적인 예방활동과 사후적인 보상에 대대적인 노력을 경주하게 되었다. 미국의 경우 1960년대 말만 하더라도 산업재해로 연간 14,000명이 사망하고 250만명이 상해를 입었으나, 의회가 점증하는 산업재해에 관심을 갖고 이들을 줄이기 위하여 1970년에 직업안전보건법(Occupational Safety and Health Act)을 통과시킴으로써(Sherman & Bohlander, 1992) 사망자수는 현격히 개선되어 2007년에는 5,488명으로까지 줄어들었다. 그러나 상해자는 410만명으로 30여년 사이에 크게 늘어난 일자리를 감안하더라도 나아지지 않고 있다(Gomez-Mejia, Balkin, & Cardy, 2010, 539). 아울러 행정지도의 예를 들면 2007년 10월 터널화재사고로 5명의 종업원을 숨지게 한 RPI Coating와 Xcel Energy에 대해 직업안전보건청(OSHA)은 안전보건기준을 어겼다는 이유로 1,035,000달러의 벌금을, 2008년 5월에는 United Airlines에 대해 낙하방지와 관련된 위험을 어겼다는 이유로 408,000달러의 벌금을 물린 바 있다(Gomez-Mejia, Balkin, & Cardy, 2010, 538-539).

근로자의 안전 및 보건과 관련된 우리나라 최초의 법은 1953년 5월 10일에 공포된 근로기준법이다. 동 법은 작업자의 안전과 보건을 위해 제64조에서 제73조에 걸쳐 각종 규정을 설정함으로써 법적 기초가 마련되었다. 그러나 1960년대에 시작된 고도의 경제성장과 더불어 취업인력이 대폭 증가하면서 산업재해의 발생건수도 급격히 증가하게 되었는데, 이들에 대한 신속하고도 공정한 보상을 하기 위하여

1963년 11월 5일 산업재해보상보험법(법률 1485호, 일부개정 2018. 06. 12. 법률 제15665호)이 제정되었다(정종진 · 이덕로, 2017, 76).

이와 병행하여 산업별로 광산보건법, 선박안전법, 도로운송차륜보호법, 건설업법 등등이 속속 제정되었고, 그 뒤 보다 효율적인 재해방지와 안전보건관리를 조장하기 위하여 독립입법으로 만들어진 것이 바로 산업안전보건법이다. 산업안전보건법은 안전보건에 관한 기준을 확립하고 정부, 사업주 및 노동자들에게 책임의 소재를 명확하게 하여 산업재해를 예방하고 쾌적한 작업환경을 조성함으로써 노동자의 안전과 보건을 유지 · 증진함을 목적으로 1981년 12월 31일 법률 3532호로 제정되고 1982년 7월1일부터 시행되어 수 차례의 개정(법률 제15588호 일부개정 2018.4.17)을 거치면서 오늘에 이르고 있다.

안전보건과 관련하여 이상의 여러 법들의 제 규정은 산업안전 · 보건에 관한 기준을 확립하고, 일반적으로 근로자의 안전보건에 대하여 근로자를 사용하여 사업을 하는 자인 사업주의 책임을 보다 명확하게 하며, 산업재해를 예방하고 쾌적한 작업환경을 조성함으로써 근로자의 안전과 보건을 유지 · 증진함을 목적으로 하는데 있다(김식현, 1991; 이덕로, 2012).

현장이야기

체르노빌 원자력발전소 사고

석관에 의해 봉인된 체르노빌 원자력 발전소의 현재 모습

체르노빌 원자력발전소 사건은 1986년 4월 26일 오전 1시 23분에 구소련(현 우크라이나)의 키예프 남쪽 130km에 있는 체르노빌 원자력발전소 제4호기 원자로의 안전시스템을 시험하는 도중 원자로 4호기의 비정상적인 핵 반응으로 발생한 열이 감속재인 냉각수를 열분해시키고, 그로 인해 발생한 수소가 원자로 내부에서 폭발함으로써 방사능이 누출되었던 세계 최악의 참사이다. 당시 누출된 방사성 물질에 포함된 방사능의 총량은 약 14엑사베크렐(1018 베크렐)로, 이는 일본의 히로시마에 투

하된 원자 폭탄에서 방출된 양의 약 400배 정도이다.

2000년 4월 26일의 사고 발생 14주년 추모식에서 발표된 내용에 따르면, 러시아 사고처리 종사자 86만명 중, 5만 5천명 — 국제환경단체인 그린피스의 발표에 따르면, 체르노빌 사건의 직접적·간접적 영향으로 20만명에 이르는 사망자가 발생했다고 한다. — 이 사망했다. 우크라이나 국내(인구 5천만명) 방사성 노출자 3,427,000명 중, 작업원의 86.9%가 각종 병에 걸려 있으며 주변 주민과 유이, 소아 등의 갑상선 암의 발생이 높아졌다.

2. 우리나라의 산업재해현황

2.1 우리나라의 산업재해현황

조직체나 산업에 있어서의 안전 및 보건은 작업장에서의 각종사고나 질병의 발생건수, 도수율, 천인율 및 강도율[2] 등에 의하여 평가된다. 우리나라의 2017년 말 현재 산업재해 발생현황을 보면 〈표 10-1〉에서 알 수 있듯이 산업재해보상보험법 적용사업장 2,457,225개소에 종사하는 근로자 18,560,142명 중에서 4일 이상 요양을 요하는 재해자가 89,848명으로 재해율(%)은 0.48[3]로 나타났다. 재해율은 1980년대 중반부터 계속 떨어져오다가 2000년부터 수년간 다시 증가추세를 돌아섰다가 2003년부터 다시 조금씩 떨어지고 있다.

이를 세부적으로 살펴보면 사망자수 1,957명, 부상자 87,891명에 근로손실일수만 47,035,222일에 달하며, 산재보상금은 4조 2,800.6억이나 지급되었고, 간접손실액을 포함한 경제적 손실액수는 〈표 10-2〉에서 알 수 있듯이 무려 21조 4,002.8억원에 달하고 있다.

---

2) 도수율＝재해건수/연근로시간수×1,000,000
강도율＝총근로손실일수/연근로시간수×1,000
천인율＝재해자수/근로자수×1,000

3) 재해율＝재해자수/근로자수×100: 근로자수 100명당 발생하는 재해자수의 비율.

표 10-1 우리나라의 산업재해현황 (단위: 명)

연 도	근로자수	재해자수	사망자수	재해율
1981	3,456,746	117,938	1,295	3.41
1983	3,941,152	156,972	1,452	3.98
1985	4,495,185	141,809	1,718	3.16
1987	5,356,546	142,596	1,761	2.66
1989	6,687,821	134,127	1,724	2.01
1991	7,922,704	128,169	2,299	1.62
1993	6,942,527	90,258	2,249	1.30
1995	7,893,727	78,034	2,662	0.99
1997	8,236,641	66,770	2,742	0.81
1999	7,441,160	55,405	2,912	0.74
2000	9,486,000	68,976	2,528	0.73
2001	10,581,186	81,434	2,748	0.77
2003	10,599,345	94,924	2,923	0.90
2006	11,688,797	89,910	2,453	0.77
2007	12,528,879	90,147	2,406	0.72
2009	13,884,927	98,821	2,181	0.70
2010	14,198,748	98,645	2,200	0.69
2012	15,548,423	92,256	1,864	0.59
2014	17,062,308	90,909	1,850	0.53
2015	17,968,931	90,129	1,810	0.50
2016	18,431,716	90,656	1,777	0.49
2017	18,560,142	89,848	1,957	0.48

자료: 고용노동부(2018), 「2017년 산업재해현황분석」, 6-8.

표 10-2 산업재해로 인한 경제적 손실액 추이 (단위: 100만원)

구분 \ 연도	1985	1990	1995	2000	2005	2010	2015	2016
산재보상금	185,998	539,351	1,133,577	1,456,266	3,025,800	3,523,735	4,079,108	4,280,055
간접손실액	743,992	2,157,406	4,534,310	5,825,064	12,103,100	14,094,940	16,316,432	17,120,220
경제손실액	929,990	2,696,757	5,667,857	7,281,330	15,128,900	117,618,675	20,395,540	21,400,275

주: 간접손실액: 하인리히 방식에 의하여 직접손실액(산재보상금 지급액)의 4배로 계상.
자료: 고용노동부(2011), 「2010년 산업재해현황분석」, 6-8; 노동부(2007), 「2006년 산업재해분석」, 2-19; 고용노동부(2017), 「2016년 산업재해분석」, 4.

이 규모는 연봉 2,000만원에 해당하는 신규근로자 100만명 이상을 고용할 수 있는 금액이다. 산업재해로 인한 근로손실일수는 파업 등으로 인한 근로손실일수의 100배가 넘었는데, 보다 구체적으로 2007년의 경제적 손실액을 살펴보면

그림 10-1 | 산업별 산업재해 현황 분포도

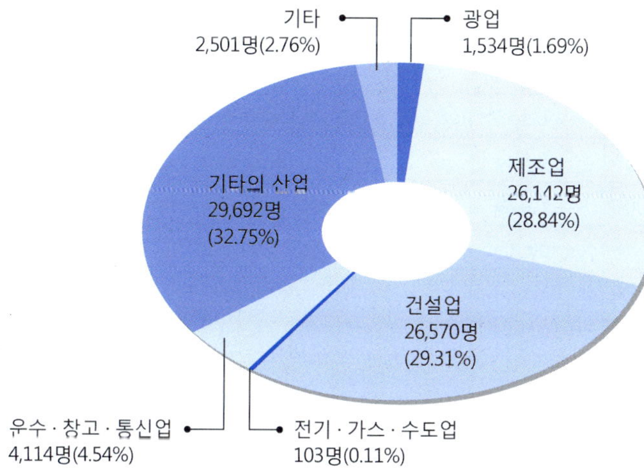

주: 기타는 임업, 어업, 농업, 금융보험업임.
자료: 고용노동부(2017), 「2016년 산업재해현황분석」, 10.

16,211,380억원으로 2007년 GDP 975조의 1.67%(KDI, 2009)이고 같은 시기 노사분규로 인한 생산차질액 약 2조 802억(제조업의 생산차질액 1조4395억원, 비제조업 매출 1691억원을 포함 총 1조6085억원의 직접적인 차질액+간접생산 및 매출차질액 총 671억원+수출차질액 4억5000만달러로 당시 한화 4046억원)의 7.8배에 해당되는 것(지식경제부, 2009)으로 기업 차원뿐만 아니라 국가경제적 차원에서도 막대한 손실을 초래하고 있다.

이어서 산업재해를 산업별로 살펴보도록 하자. 산업별로 보면 2007년 말까지만 해도 제조업이 전체 산업재해의 37.85%로 가장 높았다(노동부, 2008). 그러나 최근에는 기타의 산업에서 가장 많이 발생하여 [그림 10-1]과 같이 29,692명(32.75%)으로 가장 높고, 다음은 건설업이 26,570명(29.31%), 제조업이 26,142명(28.84%), 운수 · 창고 · 통신업이 4,114명(4.54%), 광업이 1,534명(1.69%) 순으로 나타났다(고용노동부, 2017).

그러나 우리나라 산업 중에서 재해율이 가장 높은 산업은 〈표 10-3〉에서 알 수 있듯이 광업으로 2016년 말의 경우 천인율은 137.54, 도수율은 62.15, 강도율은 212.89로, 가장 양호한 전기 · 가스 · 수도업(천인율 1.41, 도수율 0.67, 강도율 0.47)은 말할 것도 없고 제조업(천인율 6.17, 도수율 2.76, 강도율 1.62)보다 훨씬 높게 나타났

표 10-3 | 산업별 재해현황 및 도수율·강도율·천인율 (단위: 개소, 명, 건)

구 분	전산업	광 업	제조업	건설업	전기·가스·수도업	운수·창고·통신업	금융보험업
사업장수	2,457,225	1,105	375,634	333,201	2,363	71,860	41,419
근로자수	18,431,716	11,153	4,236,653	3,152,859	72,940	836,471	761,187
재해자수	90,656	1,534	26,142	26,570	103	4,114	285
재해건수	90,009	1,489	25,888	26,367	98	4,106	284
도수율	2.38	62.15	2.76	4.78	0.67	2.37	0.19
강도율	1.24	212.89	1.62	2.58	0.47	1.30	0.14
천인율	4.92	137.54	6.17	8.43	1.41	4.92	0.37

* 도수율, 강도율 산정시 연근로시간은 한국표준산업분류(9차 개정)의 산업별 근로시간을 활용하였음.
자료: 고용노동부(2017), 「2016년 산업재해현황분석」, 11.

표 10-4 | 광업의 도수율·강도율·천인율 추이

구분 \ 연도	2007년	2009년	2011년	2012년	2013년	2014년	2015년	2016년
천인율(‰)	98.91	81.42	91.25	69.43	79.08	105.42	126.47	137.54
도 수 율	42.02	36.78	39.28	30.02	34.82	45.64	55.37	62.15
강 도 율	118.22	121.27	127.22	92.30	123.76	166.3	206.04	212.89

자료: 고용노동부(2017), 「2016년 산업재해현황분석」, 30.

다. 더욱이 19년 전인 1997년 말의 천인율 51.69, 도수율 21.90, 강도율 61.95(노동부, 2004, 2008)에 비해서도 크게 증가하였다. 광업 분야에서 이렇게 많은 재해가 발생하고 있는 것은 광산업이 사양산업이 되면서 기업의 재무구조가 부실화하여 각 사업장에서 산업안전보건관리에 투자할 재원을 충분히 확보하지 못했기 때문으로 보인다.

참고로 광업과 제조업의 도수율·강도율·천인율 추이를 살펴보면 각각 〈표 10-4〉와 〈표 10-5〉와 같다.

끝으로 산업재해의 발생원인을 관리적 원인별로 보면 안전지식의 불충분, 안전수칙의 오해, 경험훈련의 미숙, 작업방법의 교육 불충분, 유해위험작업의 교육 불충분 등의 교육적 원인이 전체의 59.33%를 차지하고, 다음으로 구조물, 기계장치, 설비불량, 건물기계 장치 부적합, 구조재료의 부적합, 생산방법의 부적당, 점검·정비·보존불량 등의 기술적 원인이 26.25%, 그리고 안전관리 조직 결함, 작업수

표 10-5 제조업의 도수율·강도율·천인율 추이

구분 \ 연도	2007년	2009년	2011년	2012년	2013년	2014년	2015년	2016년
천인율(‰)	11.02	10.37	9.69	8.38	7.79	7.22	6.49	6.17
도 수 율	4.62	4.65	4.20	3.71	3.48	3.22	2.88	2.76
강 도 율	3.20	2.66	2.69	2.47	2.22	1.87	1.69	1.62

자료: 고용노동부(2017), 「2016년 산업재해현황분석」, 31.

칙 미제정, 작업준비 불충분, 인원배치 부적당, 작업지시 부적당 등의 작업관리상 원인이 14.22%로 나타났다. 그러나 사망사고의 경우 전반적인 산업재해의 발생원인과는 달리 작업관리상의 원인이 44.18%로 가장 많았고 다음으로 기술적 원인이 44.09%, 교육적 원인은 7.22%에 불과했고 분류불능이 4.50%로 나타났다(고용노동부, 2011, 256-257).

산업재해의 발생원인을 관리적 원인별로 볼 때 교육적 원인이 차지하는 비율이 상당부분을 차지하고 있는 것은 최근 계속되는 현상으로 사업장 내 안전보건교육이 얼마나 중요한 가를 잘 보여주고 있다. 따라서 기업이 안전보건교육을 주기적으로 그리고 철저히 실시하고, 안전작업 풍토를 조성하여 작업자 스스로가 안전수칙에 준하여 작업을 하도록 함으로써 산업재해의 발생률을 상당 부분 감소시켜 나갈 수 있을 것이다.

2.2 특성별 재해발생 현황

이어서 재해발생 현황을 특성별, 즉 사업장 규모별, 입사근속기간별, 요양기간별, 성별, 월별, 요일별, 작업시간대별, 재해 유형별, 지역별, 연령별 등으로 나누어 보다 자세히 살펴보기로 하자.

(1) 사업장 규모별 재해발생 현황

2017년 재해발생 현황을 사업장 규모별로 살펴보면 [그림 10-2]에서 알 수 있듯이 상시근로자 50인 미만인 영세규모 사업장에서 72,526명(80.7%), 50~100인

그림 10-2 | 사업장 규모별 재해발생 현황

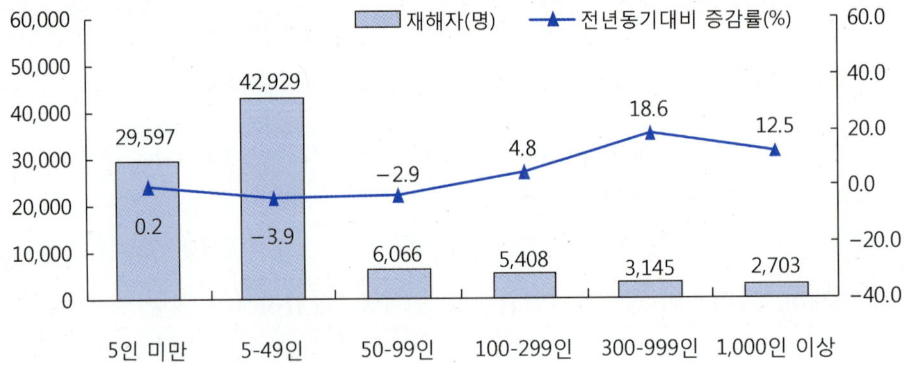

자료: 고용노동부(2018), 「2017년 산업재해현황분석」, 5

미만 사업장에서 6,066명(6.8%), 100～299인 미만 사업장에서 5,408명(6.0%) 발생하는 등 안전관리가 부실한 50인 미만의 영세업체의 재해가 대기업에 비해 많이 발생하고 있음을 알 수 있다(고용노동부, 2018).

(2) 입사 근속기간별 재해발생 현황

입사기간별로 살펴보면 〈표 10-6〉에서 알 수 있듯이 입사기간 6개월 미만의 근로자가 57.03%로 과반수를 넘었고, 다음으로 6개월-1년 미만이 9.61%, 그리고 1년-2년 미만이 9.27%로 전체 재해자 중 68,820명이 2년 미만의 미숙련 근로자의 재해로 나타나고 있다.

표 10-6 | 입사 근속연수별 재해발생 현황 (단위: 명)

구 분	총 계	6개월 미만	6개월～1년 미만	1～2년 미만	2～3년 미만	3～4년 미만	4～5년 미만	5～10년 미만	10년 이상	분류 불능
총 계	90,656 (100.00%)	51,703 (57.03%)	8,710 (9.61%)	8,407 (9.27%)	4,431 (4.89%)	2,979 (3.29%)	2,229 (2.46%)	5,146 (5.68%)	6,657 (7.34%)	394 (0.43%)

자료: 고용노동부(2017), 「2016년 산업재해현황분석」, 85.

(3) 요양기간별 재해발생 현황

요양기간별로 살펴보면 〈표 10-7〉에서 알 수 있듯이 사망재해를 포함한 6개월 이상의 요양을 요하는 재해자수가 24.14%, 3개월 이상 6개월 미만의 요양을 요하는 재해자수가 35.75%, 15일 이상 3개월 미만의 요양을 요하는 재해자수가 35.91%, 그리고 7일 이하의 경미한 요양을 요하는 재해자수가 1.79%로 나타났다.

표 10-7 | 요양기간별 재해발생 현황 (단위: 명)

구 분	재해자	사망자	6개월 이상	91~180일	29~90일	15~28일	8~14일	4~7일
총 계	90,656 (100.00%)	1,777 (1.96%)	20,112 (22.18%)	32,409 (35.75%)	26,275 (28.98%)	6,286 (6.93%)	1,911 (2.11%)	1,623 (1.79%)

자료: 고용노동부(2017), 「2016년 산업재해현황분석」, 91.

(4) 성별 재해발생 현황

성별 재해발생 현황을 보면 〈표 10-8〉에서 알 수 있듯이 남자가 72,617(80.10%)건을 차지하였으며 반면에 여자는 20%가 채 되지 않은 18,039건에 불과하였다.

표 10-8 | 성별 재해발생 현황 (단위: 명)

구 분	총 계	남	여
총 계	90,656 (100.00%)	72,617 (80.10%)	18,039 (19.90%)

자료: 고용노동부(2017), 「2016년 산업재해현황분석」, 74.

(5) 월별 재해발생 현황

월별 재해발생 현황을 보면 〈표 10-9〉에서 알 수 있듯이 재해가 가장 많이 발생한 달은 8월로 8,275(9.13%)건이 발생했고 재해가 가장 적게 발생한 달은 2월로 6,323(6.97%)건이었다. 그러나 월별로 볼 때는 통계적으로 그다지 유의성이 없는 것으로 보인다. 일반적으로 재해가 가장 많이 발생한 달은 보통 7월이나 8월로 날씨의 영향이 크고 재해가 가장 적게 발생한 달은 2월과 9월인데, 이 때는 설이나 추석과 같은 명절이 작용한 것으로 보인다.

표 10-9 | 월별 재해발생 현황 (단위: 명, %)

구 분	총 계	광 업	제조업	건설업
총 계	90,656(100.00)	1,534(1.69)	26,142(28.84)	26,570(29.31)
1월	7,020(7.74)	98	2,099	2,029
2월	6,323(6.97)	128	1,988	1,501
3월	7,624(8.41)	136	2,379	1,912
4월	7,023(7.75)	112	2,071	2,026
5월	7,188(7.93)	129	2,103	2,071
6월	8,072(8.90)	134	2,225	2,438
7월	8,164(9.01)	117	2,357	2,445
8월	8,275(9.13)	147	2,255	2,586
9월	7,055(7.78)	106	1,921	2,240
10월	7,358(8.12)	129	2,064	2,271
11월	8,518(9.40)	126	2,383	2,659
12월	8,036(8.86)	172	2,297	2,392

자료: 고용노동부(2017), 「2016년 산업재해현황분석」, 97.

(6) 요일별 재해발생 현황

요일별 재해발생 현황을 보면 〈표 10-10〉에서 알 수 있듯이 월요일이 15,146(16.71%)건으로 가장 많았고, 일요일이 5,874(6.48%)건으로 가장 적었다. 월요일에 재해가 가장 많이 발생한 것은 휴일의 영향을 다소 받았기 때문으로 보이며, 일요

표 10-10 | 요일별 재해발생현황 (단위: 명, %)

구 분	총 계	광 업	제조업	건설업
총 계	90,656(100.00)	1,534(1.69)	26,142(28.84)	26,570(29.31)
일	5,874(6.48)	19	852	2,047
월	15,146(16.71)	323	4,759	4,174
화	14,941(16.48)	350	4,591	4,197
수	14,459(15.95)	255	4,432	4,075
목	14,704(16.22)	279	4,551	4,288
금	14,954(16.50)	260	4,511	4,119
토	10,578(11.67)	48	2,446	3,670

자료: 고용노동부(2017), 「2016년 산업재해현황분석」, 98.

일의 경우 적은 이유는 상대적으로 일하는 근로자의 수가 적었기 때문으로 보인다.

(7) 작업시간대별 재해발생 현황

작업시간대별 재해발생 현황을 보면 〈표 10-11〉과 같이 재해가 가장 많이 발생한 시간대는 10-12시 전으로 19,878건(21.93%)이 발생했으며, 가장 적게 발생한 시간대는 2-4시 전으로 834(0.92%)에 불과했다. 1990년대에 항상 8~10시 전의 시간대에 산업재해가 가장 많이 발생한 것과는 대조적이다(노동부, 1997).

표 10-11 | 작업시간대별 재해발생현황 (단위: 명, %)

구 분	총 계	광 업	제조업	건설업
총 계	90,656(100.00)	1,534(1.69)	26,142(28.84)	26,570(29.31)
0~2시 전	3,405(3.76)	842	1,116	412
2~4시 전	834(0.92)	0	269	66
4~6시 전	1,011(1.12)	5	276	56
6~8시 전	3,102(3.42)	16	654	1,007
8~10시 전	14,521(16.02)	334	4,229	5,332
10~12시 전	19,878(21.93)	182	5,394	6,867
12~14시 전	9,334(10.30)	70	2,475	2,679
14~16시 전	17,154(18.92)	50	4,793	6,249
16~18시 전	11,365(12.54)	13	3,630	3,355
18~20시 전	4,273(4.71)	13	1,503	250
20~22시 전	3,005(3.31)	4	772	87
22~24시 전	1,764(1.95)	4	460	71
분류불능	1,010(1.11)	1	571	139

자료: 고용노동부(2017), 「2016년 산업재해현황분석」, 99.

(8) 재해 유형별 재해발생 현황

재해 유형별 재해발생 현황을 보면, [그림 10-3]에서 알 수 있듯이 넘어짐이 전체 재해의 15,948명(17.59%)으로 가장 높았고, 다음은 떨어짐 14,679명(16.19%), 끼임 13,260명(14.63%), 절단 · 베임 · 찔림 8,541명(9.42%), 업무상 질병 7,876명(8.69%) 순으로 나타났다. 전년에 비해 베임 · 찔림(202명, 2.31%), 무리한 동작(149명, 4.82%), 무너짐(60명, 12.61%), 업무상 질병(43명, 0.54%) 등은 감소하였고, 떨어짐(553명,

그림 10-3 재해유형별 재해자 분포도

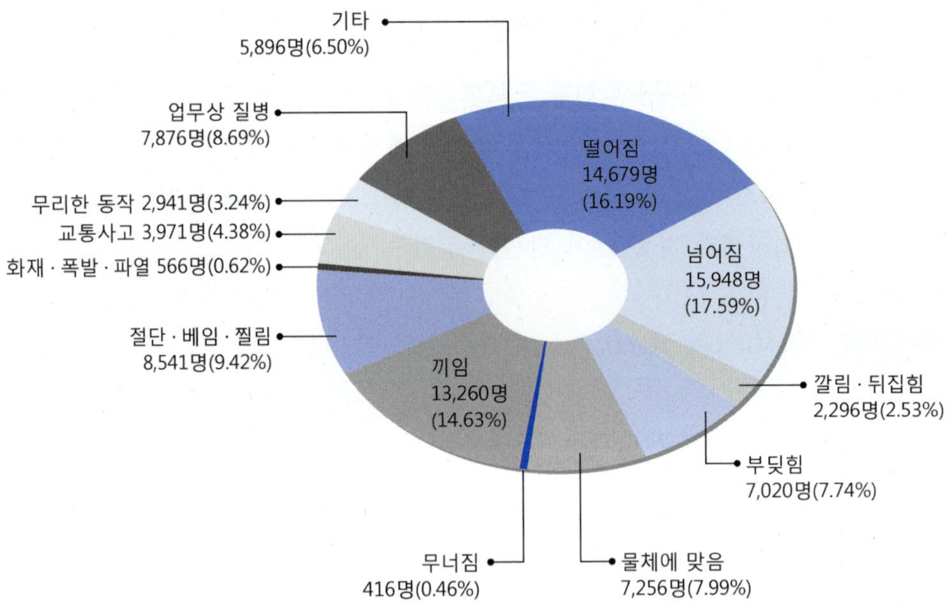

자료: 고용노동부(2017), 「2016년 산업재해현황분석」, 12.

3.91%), 부딪힘(362명, 5.44%), 넘어짐(316명, 2.02%), 물체에 맞음(95명, 1.33%) 등은 증가한 것으로 나타났다.

재해유형을 업종별로 볼 때 제조업에서는 끼임이 8,434명(32.26%), 건설업은 떨어짐이 8,699명(32.74%), 기타의 사업은 넘어짐이 8,417명(28.35%), 운수창고통신업은 교통사고가 933명(22.68%)으로 가장 많이 발생하였다.

(9) 지역별 재해발생 현황

지역별 재해현황은 살펴보면 〈표 10-12〉에서 알 수 있듯이 영세 소규모 사업장이 밀집되어 있는 경기도가 23,207명으로 가장 많았고, 다음으로 서울 12,314명, 경남 7,588명, 부산 5,613명, 대구 5,269명, 인천 5,235명 순으로 나타났다. 그러나 재해율은 이와는 달리 강원도가 0.87로 가장 높았고 인천 0.59, 대구 0.58, 전북 0.57이었으며 서울이 0.29로 가장 낮았다.

표 10-12 지역별 재해현황 (단위: 명, %)

구 분	사업장수	근로자수	재해자수	재해율
총 계	2,457,225	18,431,716	90,656	0.49
서 울	544,776	4,210,386	12,314	0.29
부 산	148,432	1,097,978	5,613	0.51
대 구	137,589	904,825	5,269	0.58
인 천	119,893	880,060	5,235	0.59
광 주	83,354	616,598	3,028	0.49
대 전	89,524	684,570	3,410	0.50
울 산	50,822	543,620	2,638	0.49
강 원	77,762	487,597	4,237	0.87
경 기	581,649	4,236,921	23,207	0.55
충 북	75,668	571,213	3,472	0.61
충 남	89,471	759,780	3,857	0.51
경 북	103,235	840,687	3,722	0.44
경 남	157,899	1,316,110	7,588	0.58
전 북	90,774	580,736	3,301	0.57
전 남	71,441	484,083	2,558	0.53
제 주	34,936	216,552	1,207	0.56

자료: 고용노동부(2017), 「2016년 산업재해현황분석」, 100.

(10) 연령별 재해발생 현황

마지막으로 연령별 재해현황은 살펴보면 〈표 10-13〉에서 알 수 있듯이 60세 이상의 고령층이 24.31%로 가장 많았고, 다음으로 55-59세 17.56%, 50-54세 14.66%, 45-49세 11.86%, 40-44세 8.63%와 같이 연령의 역순으로 재해발생이 많았다.

표 10-13 연령별 재해발생 현황 (단위: 명, %)

구 분	총 계	18세 미만	18세~24세	25세~29세	30세~34세	35세~39세	40세~44세	45세~49세	50세~54세	55세~59세	60세 이상	분류 불능
총 계	90,656 (100.00%)	79 (0.09%)	3,669 (4.05%)	4,920 (5.43%)	5,369 (5.92%)	6,785 (7.48%)	7,828 (8.63%)	10,754 (11.86%)	13,287 (14.66%)	15,923 (17.56%)	22,035 (24.31%)	7 (0.01%)

자료: 고용노동부(2017), 「2016년 산업재해현황분석」, 79.

3. 안전보건관리

2009년 2월 6일에 개정된 산업안전보건법 제4조 '정부의 책무'에서 "정부는 제1조의 목적을 달성하기 위하여 다음 각 호의 사항을 성실히 이행할 책무를 진다"라고 규정하고 있다.

1. 산업안전·보건정책의 수립·집행·조정 및 통제
2. 재해 다발 사업장에 대한 재해 예방 지원 및 지도
3. 유해하거나 위험한 기계·기구·설비 및 방호장치·보호구 등의 안전성 평가 및 개선
4. 유해하거나 위험한 기계·기구·설비 및 물질 등에 대한 안전·보건상의 조치기준 작성 및 지도·감독
5. 사업의 자율적인 안전·보건 경영체제 확립을 위한 지원
6. 안전·보건의식을 북돋우기 위한 홍보·교육 및 무재해운동 등 안전문화 추진
7. 안전·보건을 위한 기술의 연구·개발 및 시설의 설치·운영
8. 산업재해에 관한 조사 및 통계의 유지·관리
9. 안전·보건 관련 단체 등에 대한 지원 및 지도·감독
10. 그 밖에 근로자의 안전 및 건강의 보호·증진

정부는 산업의 조정자로서 위의 10가지 사항을 응당 성실히 이행할 책무를 지지만 이보다도 자본주의 꽃인 기업이 먼저 산업재해의 중요성을 인식하여 안전보건문제의 해결에 적극 나서야 한다. 그러면 산업현장에서의 안전보건과 관련하여 기업이 어떻게 관리를 해야 하는가? 이 문제와 관련하여 먼저 안전관리에 관한 접근방법을 살펴보고 다음에 종합적인 안전관리 및 예방적 보건관리에 대해 살펴보기로 하겠다.

3.1 안전관리의 접근방법

효율적인 안전관리에 접근하는 데 있어서 다섯 가지의 접근방법, 즉 공학적, 선발적, 교육적, 라인 및 스탭 접근방법 등을 고려할 수 있다.

(1) 공학적 접근방법

작업장에서의 사고위험도를 물질적 측면에서 없애는 데 치중하는 방법으로서 기계, 설비, 도구 등 주로 물질적 설계와 작업절차 설계에 있어서 안전도를 높이려는 공학적 접근방법(engineering approach)이다. 공학적 접근방법은 안전관리에 있어서 가장 근본적인 방법으로서 작업장의 안전에 많은 실질적인 성과를 가져올 수 있다. 조직체에서는 주로 전문안전기사(safety engineer)가 작업장의 안전설계를 전담하게 된다.

(2) 선발적 접근방법

산업재해는 공학적 접근방법만으로는 방지될 수 없다. 안전한 작업장은 도리어 구성원의 방심을 초래할 수 있고, 따라서 이것이 사고의 원인이 될 수 있다. 그리고 일반적으로 사고는 소수의 구성원에 국한되어 있고, 이들이 반복적으로 사고를 일으키는 경향이 있다. 따라서 선발과정에서 성격검사를 통하여 사고성(accident proneness) 특성을 지닌 지원자들을 제외시키려는 것이 선발적 접근방법(selection approach)이다.

(3) 교육적 접근방법

앞서 산업재해의 발생원인에서도 살펴본 바와 같이 산업재해의 가장 큰 원인은 안전지식의 불충분, 안전수칙의 오해, 경험훈련의 미숙, 작업방법의 교육 불충분, 유해위험작업의 교육 불충분 등의 교육상의 문제이다. 따라서 조직체는 교육적 접근방법(safety training approach)을 통하여 위험한 작업장의 접근이나 위험물질의 취급방법 그리고 작업방법은 물론 작업자세와 동작 등 작업장에서 구성원들의 안전의식과 안전행위를 향상시킬 수 있다.

(4) 라인 접근방법

사고성은 구성원들의 내적인 성격과 관련되었다고 보지 않고, 오히려 작업장에서의 심적 상태와 밀접한 관계가 있다는 견해가 많다. 즉, 사고는 젊은 구성원 중에서 비교적 많이 발생하고 특히 어려운 작업에 적응하는 과정에서 비교적 많이 일어난다(Strauss & Sayle, 1980). 그리고 집단구성원간의 관계와 감독자의 관리도 사고발생에 영향을 준다. 따라서 라인실무에서 구성원으로 하여금 안전규율을 준수하도록 하고, 작업장의 안전을 위한 구성원의 행동을 조성하는 라인관리자 역할을 강조하는 것이 라인 접근방법(line approach)이다.

(5) 스탭 접근방법

스탭 접근방법(staff approach)은 조직체의 안전관리를 안전전문가에게 위임하는 방법이다. 안전관리 스탭은 인적자원부서의 소속으로서, 작업장의 안전설비와 안전한 기계설비는 물론 안전절차를 설정하고 사고통계와 사고원인을 분석하고 구성원의 안전교육도 전담한다. 그 과정에서 안전관리책임자는 안전관리에 대한 기능적 권한을 발휘할 수 있기 때문에 때로는 라인실무자와의 갈등도 야기될 수 있다(이학종 · 양혁승, 2005, 513-515).

현장이야기

SK하이닉스, 미래지향적 산업보건관리 나서

SK하이닉스가 임직원을 대상으로 직장 생활 중 발생 가능한 질병의 사전 예방과 맞춤형 건강관리를 위해 적극 나섰다. SK하이닉스는 18일 'SK하이닉스 산업보건 선진화지속위원회' 활동을 시작한다고 밝혔다. 지난 6월 발족한 위원회는 약 4개월 간의 준비과정을 거쳐 이 날 임직원 설명회를 시작으로 본격적인 활동에 돌입했다.

선진화지속위원회가 중점을 두고 있는 과제는 JEM(Job Exposure Matrix · 임직원 각각의 직무별 노출이력 관리시스템)과 코호트(특정한 환경과 경험을 공유하는 일정 집단) 구축이다.

이 과제를 통해 직무 환경별로 유해인자 노출 정도를 정의하고 해당 직무에서 실제로 특정한 질병이 발생될 수 있는 가능성을 밝혀 문제가 있으면 개선에 나서는 등 사전 예방적 건강관리 체계를 구축하게 된다.

충분한 데이터가 확보되어야 연구의 신뢰도를 높일 수 있는 만큼 이번 연구는 약 10년 동안의 중장기 프로젝트로 진행된다. 생산현장을 시작으로 연구개발 및 일반 사무현장 등 모든 직원을 대상으로 연구가 진행될 계획이다. 위원회는 이 외에도 SK하이닉스의 산업보건 정책 개발 및 지원, 협력업체 산업보건안전 관리 지원 등 산업보건 선진화를 위해 다양한 활동을 지속한다는 방침이다.

위원회는 총 10명의 위원으로 구성됐다. 위원장은 아주대 예방의학교실 장재연 교수와 SK하이닉스 사업총괄(겸 경영지원총괄) 이석희 사장이 공동으로 맡는다. 외부 전문위원으로는 서울대 보건대학원 윤충식 교수, 이화여대의료원 직업환경의학과 김현주 교수, 가톨릭대 직업환경의학과 김형렬 교수가 5명의 노사대표와 함께 참여해 투명성과 객관성을 높일 계획이다.

이번 위원회 역시 SK하이닉스의 산업보건관리 수준을 한 차원 높이는 데 지속적으로 큰 역할을 하고 있는 인사들로 구성된 만큼, 향후 일관성 있는 정책의 수립과 실행이 가능하게 됐다. 중장기로 진행될 이번 위원회의 성공적인 운영을 위해 SK하이닉스 최고 경영진이 공동 위원장을 맡은 점도 특징이다.

한편, 안전하고 건강한 사업장 구축을 위해 SK하이닉스는 2014년 10월 외부전문가와 노사대표로 '산업보건검증위원회'를 구성하고, 작업환경과 직업병 의심사례 등 산업보건 전반을 진단한 바 있다. 검증위원회는 반도체 작업환경과 직업병 의심질환간 인과관계를 규명하지는 못했지만 기업의 사회적 역할에 기반을 두고 포괄적인 지원과 보상에 나서줄 것과 함께 도출된 127개 과제의 개선을 제안했다. 또 SK하이닉스는 검증위원회의 제안을 전격 수용해 지난해 1월 '산업보건 지원보상위원회'를 구성한 후, 심의와 지원보상을 진행하는 한편 127개 개선 과제의 보완에 적극 나서고 있다.

SK하이닉스 관계자는 "1단계 검증 활동과 2단계 지원보상과 개선 활동이 사회의 요구에 대응하는 수동적 행위였다면, 3단계 활동은 예방에 초점을 맞췄다"면서 "사회의 이슈 제기와 상관없이 세계 최고 수준의 산업보건관리 시스템을 구축하겠다는 자발적이고 미래지향적인 행보라는 점에서 의미가 크다"고 설명했다. SK하이닉스는 이와 같은 선제적 임직원 건강관리를 통해 기업의 사회적 책임을 강화하는 한편 회사와 임직원간 신뢰도가 높아져 궁극적으로는 기업 경쟁력이 높아질 것으로 기대하고 있다.

자료: 박영민(2017.10.18). "SK하이닉스, 미래지향적 산업보건관리 나서." 「메가뉴스」.

3.2 종합적 안전관리

작업장의 안전은 조직체 경영에 매우 중요한 만큼 이들 접근방법 모두가 효과적인 안전관리에 중요한 것이 사실이다. 따라서 조직체의 안전관리는 라인과 스탭 그리고 기술적인 측면과 여러 관련기능 측면에서 종합적으로 이루어져야 할 것이다. 종합적 안전관리에 중요한 점 몇 가지를 요약하면 다음과 같다.

(1) 최고경영층의 관심과 지원

안전한 작업장을 만드는 데에는 무엇보다도 안전이 곧 기업의 경쟁력이라는 최고경영층의 확고한 공약(commitment)이 있어야 한다. 사고에 따른 경제적인 손실이나 노조로부터의 압력을 초월하여 조직구성원에 대한 사회적 책임과 인본주의적인 관점에서 안전한 작업장은 조직체의 근본적인 필수조건이라는 최고경영층의 인식과 이를 뒷받침하기 위한 적극적인 투자노력이 필요하다.

(2) 안전관리 전담부서의 설치

안전관리 전문스탭으로 구성된 전담부서를 설립하고, 책임자에게 안전한 작업장을 설계하고 유지할 수 있는 지위 및 신분과 기능적 권한을 부여하여야 한다. 이때 안전담당부서는 실무부서의 협조 없이는 그 효과가 발휘될 수 없다. 따라서 안전관리스탭은 실무관리자와의 협의와 노조의 협조를 통하여 그들의 업무를 수행하는 것이 바람직하다. 참고로 사업장에서 갖추어야 할 우리나라 산업안전보건법상의 안전관리체제를 살펴보면 [그림 10-4]와 같다.

(3) 시스템적 안전관리

안전관리는 여러 인적자원관리기능과 밀접한 관계를 맺고 있다. 선발로부터 시작하여 교육훈련과 인사평가에 이르기까지 안전관리는 인적자원관리 전반에 걸쳐서 많은 연관성을 지니고 있다. 따라서 선발과정에서 사고성이 높은 지원자를 추려내고 교육훈련을 통하여 안전에 대한 인식을 가다듬게 하며, 인사이동과 배치에 있어서 안전측면을 고려하고, 인사평가에도 구성원의 성과목표와 관리자의 관리목표에 안전관리를 포함하게 함으로써 시스템적으로 통합된 안전관리를 지향할 수 있을 것이다.

(4) 현장에서의 안전관리

안전관리의 최종적인 효과는 실무에서 발휘된다. 따라서 일상 업무를 수행하는

그림 10-4 | 안전보건관리체계 구성도

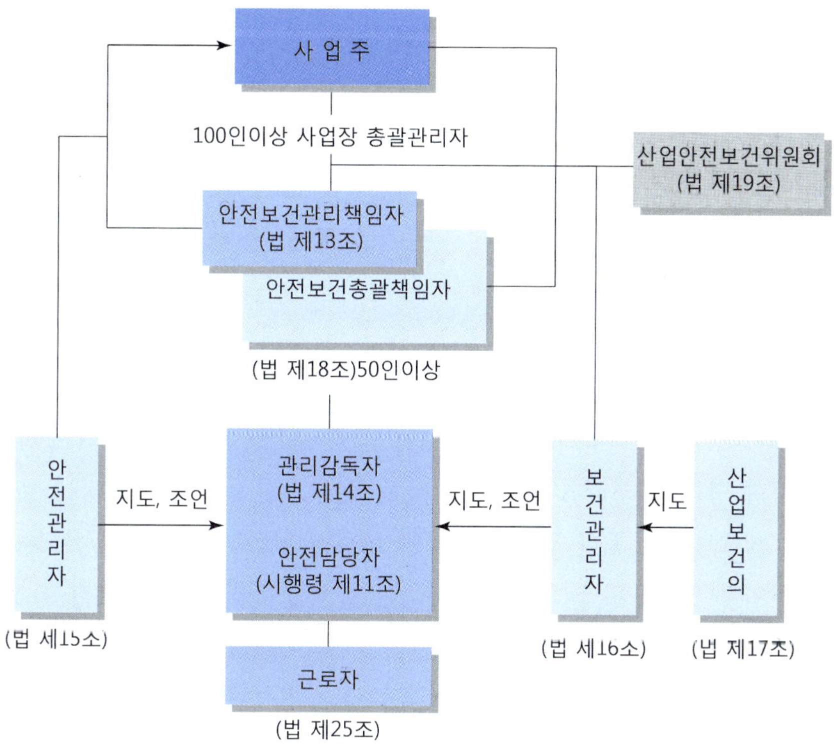

과정에서 조직구성원 모두가 안전수칙과 규정을 준수하고 구성원들간에 상호협조하여 불안전한 작업행위를 고쳐 주는 실무관리자의 역할이 매우 중요하다. 그러므로 안전관리 스탭과 협조하고 실무에서의 안전관리에 책임을 지는 실무관리자의 역할이 강조되어야 할 것이다(이학종 · 양혁승, 2005, 515-517).

3.3 예방적 보건관리

보건관리(health management)란 기업이 종업원의 심신의 건강을 보호하고 증진하기 위하여 대책을 강구하는 일련의 활동을 말한다. 산업의 고도화로 인한 작업환경의 유해화는 직장에서의 스트레스를 심화시켜 근로자의 건강에 많은 문제를 가져옴에 따라 보건관리의 중요성이 점차 증대되고 있다. 기업의 보건관리는 생산시스템과 상호 밀접한 관계에 있으므로 의료담당자의 임명에서부터 사업장의 보건관리에 대한 책임의 명백화, 의료시설 등 근본적인 요건과 더불어 의료보험과 재해보험을 통한 질병의 치료와 의료비 지급 등 종합적인 관리를 포함한다.

국민안전을 정부의 핵심 국정목표로 삼고 있는 문재인 정부는 2022년까지 산업재해 사고사망자를 절반으로 감축(사고사망만인율 0.27‰, 사고사망자 500명 이하 달성)하려는 목표를 마련한 바 있다(고용노동부 외, 2018.1). 그러나 우리나라 조직체에서의 보건관리는 과학적으로 입증된 각종 유해물질과 광선 등의 유해환경을 고려할 때 아직도 이에 대해 적절한 대책이 마련되어 있지 않는 편이다. 앞으로 기대되는 지속적인 산업고도화와 더불어 조직체의 유해환경은 더욱 악화될 우려가 있으므로 조직체의 보건관리 문제가 더욱 중요해질 것이 확실하다.

조직체에서의 보건관리는 첫째로 의료담당자의 임명과 조직체의 보건관리에 대한 책임의 명확화, 그리고 의료실 설비 등 근본적인 요건을 구비하는 동시에 의료보험과 재해보험을 통한 질병의 치료와 의료비 및 재해비의 지급 등을 포함한다. 그러나 이러한 사후의 보건관리보다도 더 중요한 것은 사전의 예방적 보건관리이다. 따라서 작업으로 인한 조직구성원의 각종 질병과 정신적 스트레스를 사전에 방지함으로써 인적자원의 유지·보존은 물론 인적자원의 성과를 높이는 것을 목적으로 한다. 예방적 보건관리에는 다음의 몇 가지 방법이 있다.

(1) 유해환경에 대한 노출억제

직장에서의 직업병을 방지하기 위해서는 무엇보다도 먼저 보건면에서 안전한 작업장을 마련하는 일이다. 이것은 기술적인 측면에서 유해물질을 가능한 한 공정과정에서 제거하고 작업장의 안전작업시설은 물론 유해물질 측정장치와 기구를 통하여 안전상황을 추적함으로써 조직구성원의 유해환경 노출을 억제하는 것이다. 그리고 유해작업장은 가능한 한 일반구성원들로부터 격리시키고, 작업장에서의 특수 작업복 사용과 안전절차도 철저히 준수하도록 해야 할 것이다.

(2) 주기적 보건진단

모든 병은 조기에 발견되어야 치료가 가능하다. 그러나 일반적으로 우리들은 몸이 불편할 때에 비로소 병원에 가서 진단을 받는다. 그리고 병이 진단되었을 때에는 치료하기가 매우 어려울 때가 많다. 특히 간, 심장, 신장에 관련된 성인병의 경우에는 조기발견이 특히 중요하며 암의 경우에는 더욱 그렇다. 병의 조기발견에는 어떠한 비결이 있는 것도 아니고 단지 주기적인 보건진단과 검사를 받는 수밖에 없다. 따라서 조직체는 구성원으로 하여금 주기적인 보건진단의 기회를 부여하고 그들의 적극적인 참여를 권유하여야 할 것이다.

(3) 보건교육과 보건프로그램

조직구성원의 보건관리는 구성원 자신이 자기 보건에 관심을 갖고 일상생활과 직장생활에서의 음식, 음주, 흡연 등에 정신을 기울이고 운동도 적절히 하며 주기적인 보건진단을 받음으로써 실현될 수 있다. 따라서 조직체는 조직구성원으로 하여금 자기의 보건관리에 관심을 갖도록 교육을 시킬 필요가 있으며, 각종 운동시설을 갖추어 그들의 운동기회를 제공하는 것이 바람직하다. 보건교육은 사내 교육훈련에서 다루어지는 경우가 많고, 운동시설로는 체육관이나 운동장을 갖춘 조직체도 많이 있다.

(4) 종합적 보건관리

보건관리는 인적자원부서의 보건담당자뿐만 아니라 상담과 교육훈련, 그리고 일반관리 등 인적자원관리 전반에 직접 또는 간접적으로 관련되어 있다. 조직구성원의 스트레스에는 직장 문제뿐만 아니라 구성원의 개인적인 문제 등 많은 요인들이 복합적으로 작용하고 있다. 따라서 관리자와 인적자원관리 스탭은 그들의 상담기능을 통하여 구성원의 스트레스 문제를 제거하는 데 도움을 줄 수 있다. 그리고 교육훈련과 감수성훈련이나 팀 구축과 같은 조직개발 프로그램은 구성원으로 하여금 그의 스트레스를 수용하거나 극복할 수 있는 능력을 길러줄 수 있다(이학종, 2000).

11

노사관계관리

- 1. 노사관계의 의의
- 2. 노동조합
- 3. 단체교섭과 단체협약
- 4. 경영참가제도
- 5. 노동쟁의 및 조정제도
- 6. 부당노동행위

1. 노사관계의 의의

1.1 노사관계의 의의

(1) 노사관계의 의의

산업화 초기만 하더라도 당초 노사관계란 노동자와 사용자와의 관계 내지 노동조합과 사용자와의 이자(二者)관계로 해석하였다. 그러나 19세기 말부터 종래의 노사관계에 있어서는 보지 못했던 새로운 문제가 등장하였다. 그 첫 번째의 계기는 노사 사이에 국가권력이 개입하기 시작하였다는 점이다. 미국에 있어서는 빈곤의 문제나 실업문제가 커다란 사회문제가 되어, 건강보험이나 실업보험이라는 새로운 형태로 정부가 노사의 문제에 간여하게 되었다. 정부가 노사 사이에 개입하게 된 또 하나의 중요한 계기는 노동조합 세력의 증내에 있다. 즉 노동조합의 세력이 강화됨에 따라 그의 활동을 자본주의 경제체제의 테두리 안에 한정하고 노사의 충돌·분쟁에 어떠한 형태의 규칙을 설정해 두기 위해 국가나 정부가 정책이라는 형태를 취하게 된다. 정부는 노사관계 그 자체에 대한 '공동정책'의 담당자로서 등장한 것이다(정종진·이덕로, 2017, 3-5).

이와 같이 산업화가 진행되는 과정에서 노사 사이의 문제가 산업사회에 미치는 영향이 증대됨에 따라 정부가 개입하게 되어 오늘날 노사관계를 구성하는 요소, 즉 당사자로서는 사용자나 그 단체, 노동자와 그 단체, 그리고 정부라는 삼자(三

그림 11-1 | 던롭의 노사관계시스템

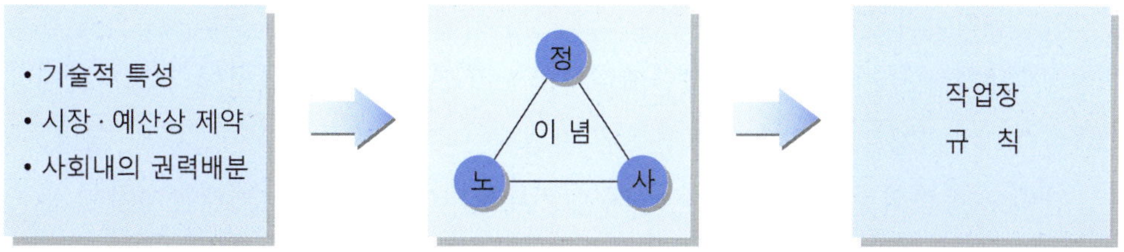

者)관계로 파악하고 있다. 이러한 맥락에서 하버드 대학교의 던롭(J. T. Dunlop) 교수는 [그림 11-1]과 같이 "노사관계시스템을 경영자, 근로자 및 정부들 사이의 상호관계의 복합체"로 정의내리고 있으며, 레스터(R. A. Lester) 또한 노사관계를 "근로자조직과 산업경영자 간의 처리뿐만 아니라 임금, 생산성, 고용보장, 경영자의 고용관행, 조합의 정책 및 노동문제에 대한 정부의 행동을 포괄한 노동의 모든 영역을 포함한다"라고 정의하고 있다(Dunlop, 1958; Lester, 1951).

(2) 노사관계의 이중성

일찍이 마르크스(K. Marx)는 노동자와 사용자를 영원히 화합할 수 없는 계급관계로 보고 사용자계급은 이익추구를 위해 끊임없이 노동자계급의 노동력을 착취하고 이에 대항하여 노동자계급은 자각하고 단결하여 유산자인 사용자계급을 결국 무너뜨리게 될 것이라고 보았다. 이와 같이 양대 계급 간에는 이질적인 존재이므로 협력이란 있을 수 없고 오직 경제적인 이해관계의 대립만이 존재한다고 보았던 것이다. 즉 노사관계를 일원론적으로 보았다. 그러나 오늘날 많은 학자들은 이원론적 관점에서 이론을 전개하고 있다.

노사관계를 광의(廣義)로 보면 개별적 노사관계와 집단적 노사관계로 나누어 볼 수 있다. 먼저 개별적 노사관계란 종업원과 사용자 사이의 노사관계를 말한다. 이 관계는 취업으로 인한 관계인데, 여기서 사용자는 소유와 경영의 분리에 의해 경영자로 나타나고 노동자는 종업원으로서 등장한다. 분업의 원리에 따라 경영자는 경영철학과 방침을 수립하고 목표달성을 위해 계획 · 조직 · 통제 등의 관리활동을 담당하고, 종업원은 경영자의 지시나 명령에 따라서 여러가지의 노동을 제공하게 된다. 따라서 여기에서는 경영자와 종업원은 똑 같이 생산활동의 담당자이고 똑 같이 노동하는 관계에 놓이게 되는 것이다. 그 결과 생산이 주 목적이고 이를 확대하기 위해 협력관계가 발생한다. 이러한 협력관계를 더욱 발전시키기 위한 제도적인 메커니즘이 바로 종업원경영참가제도이다. 이러한 관계를 규율하는 것은 취업규칙이며 통상 인사관리활동으로 이루어진다.

집단적 노사관계란 근로자단체로서의 노동조합과 사용자 사이의 노사관계를 말한다. 이 관계는 고용조건의 결정과 관련되는 것으로 사용자(경영자)와 임금노동자 간의 노동력의 매매를 둘러싼 경제적 거래관계이다. 경제적 거래관계에서 본 양자는 이해가 대립되는 관계이다. 여기에서는 생산활동 결과 얻어진 이윤의 분배가

주 목적이고 이를 확보하기 위해 대립관계가 발생한다. 이러한 대립관계는 숙명적인 것으로 관리의 여하에 따라 정도는 줄일 수 있을지언정 근본적으로 해소시키기는 사실상 불가능하다.

사용자는 노동자에게 분배를 많이 해주면 이익이 감소되고 또한 노동자는 분배를 많이 받지 못하면 자기와 자기 가족의 생활수준을 향상시킬 수가 없으며 생존권과 관계되는 문제이다. 따라서 양자 간에는 치열한 대립이 계속되고 서로 자기에게 유리하게 하기 위하여 노동쟁의를 하거나 공장폐쇄를 하기도 한다. 이러한 관계를 규율하는 것은 단체협약이며, 이러한 대립관계를 완화시키기 위한 제도적인 메커니즘이 바로 단체교섭이다. 이러한 관계를 규율하는 것은 단체협약이며 통상 협의(狹義)의 노사관계활동으로 이루어진다(정종진 · 이덕로, 2017, 6-7).

이상과 같이 노사관계는 종업원과 사용자와의 관계(employee-employer relations)로 해석되기도 하고, 때로는 노동조합과 사용자(경영자)와의 관계(union-management relations)를 강조하는 경우도 있다. 그러나 노사관계는 위의 두 가지 관계 중의 어느 하나만에 의해서 성립되는 것은 아니다. 현실적으로는 위의 두 가지 관계의 총합으로 성립되는 것이 보통이다.

이와 같이 노사관계는 고용주와 피고용주의 관계인 동시에 경영자와 노동조합과의 관계인 것이다. 그래서 현대의 노사관계를 본다면 경영자는 단순한 종업원, 즉 사원으로서의 노동자와 관계를 가질 뿐만 아니라, 동시에 노동조합원과도 관계를 가지지 않으면 안 되게 되어 있는데, 이러한 관계를 노사관계의 이중성이라 한다(신유근, 1988; Sutton et al., 1956).

1.2 노사관계의 발전과정

노사관계는 18세기 중엽부터 시작된 영국의 산업혁명 이후 오늘날까지 각국에서 추진되어온 공업화과정을 배경으로 하여 성립된 것이다. 따라서 노사관계는 그 시대와 사회에 따라 각기 독특한 양상을 보이는 것이 통례이다. 즉 경영에 있어서의 고용조건의 결정기구의 성격은 역사적인 발전과정에 따라 그 내용을 달리하고 있는 것이다. 노사관계를 발전과정에 따라 구분해 보면 다음과 같은 네 가지이다.

(1) 전제적 노사관계

전제적 노사관계란 자본주의 초기에 성행하여 대체로 19세기 중기까지 존재하던 형태이다. 이 단계에서는 자본시장이 충분히 형성되지 않아 경영은 대부분 소유자에 의해 관장되는, 이른바 '소유자 경영'(owner management)단계에 머무르게 되었다. 한편 노동력도 아직 농촌에서 완전히 분리되지 않아 근대적 노동시장이 성립되지 않음으로써 고용은 주로 연고(緣故)모집이나 구빈(救貧)의 형태로 이루어지게 되었는데, 이 같은 결합의 필연적인 결과로서 당시의 노사관계는 절대명령과 그에 대한 철저한 복종이 있는 단계이다.

(2) 온정적 노사관계

온정적 노사관계는 19세기 초에서 20세기 초 사이에 존재하던 노사관계 형태이다. 자본주의적 생산의 발달과 함께 정착근로자가 증대되어 감에 따라 전제적 노사관계는 근로자의 협조를 더 이상 얻을 수 없어 생산성이 떨어지게 되자 사용자도 이에 대응하여 근로자에 대해서 주택, 음료, 의료 등 가부장적 온정주의에 입각한 복리후생시설을 마련하게 되는 단계이다. 이것은 19세기 초 영국의 사회주의자의 한 사람이며 산업자본가였고 '고임금의 경제론'을 주장하면서 기업 경영에 이것을 실천했던 로버트 오웬(Robert Owen)에서 비롯되어 거의 1세기에 걸쳐 보편화되었던 노사관계의 형태이다.

(3) 완화적 노사관계

완화적 노사관계는 산업혁명이 진전되어 근대적인 기업형태로서 주식회사가 보편적으로 보급되게 되는 단계에 존재하던 노사관계 형태이다. 이 단계(영국 1862년, 프랑스 1868년, 독일 1870년에 각각 회사법이 제정됨)에 이르면 기업규모가 확대되고 관리의 합리화도 추진되며, 자본의 집중에 의한 경영과 자본의 분화현상이 나타난다. 그러나 당시의 자본집중은 아직도 완전한 '자본과 경영의 분리'를 촉진할 정도가 되지 못하고 경영도 전문경영자가 아닌 '주주에 의한 경영'(stockholder management)으로서 어느 정도 경영직능이 분화될 뿐이다. 노동에 있어서도 고용의 정착, 전문화, 그리고 숙련의 객관화 내지 사회화의 실현으로 횡단적인 직업별 노동조합을 출현시켜 자연히 자본의 일방적 지배를 어느 정도 제약하게 되는 단계이다.

(4) 민주적 노사관계

제 1차 세계대전 후 1930년대 초기의 세계공황 이후, 자본의 집중·독점화는 고도로 진전되고 경영규모도 더욱 확대됨으로써 이른바, '자본과 경영의 분리'가 촉진되어 경영직능의 분화·전문화, 전문경영자의 탄생이 일반화되었다. 한편, 노동도 경영규모의 확대에 따라 기능의 획일화·사회화 및 산업별 노동조직의 발전이 이루어졌다. 특히 산업별 노동조합과 경영자 단체와의 통일적 단체협약이 발전됨에 따라 노동의 성격도 종래의 개개 기업의 종업원이었던 성격에서 점차로 계급연대적·총노동적인 성격을 띠게 된 것이다.

이와 같이 새로운 성격을 갖는 노동과 자본의 관계는 그 나라의 경제적·사회적 조건에 따라 다르겠지만, 일반적으로 고용관계의 결정에 있어 일단 대등한 지위에서 단체교섭을 할 수 있게 되는 단계를 민주적 노사관계라 한다.

1.3 노사관계의 형태

위에서 살펴본 바와 같이 자본주의가 진전됨에 따라 노사관계는 전제적 노사관계로부터 민주적 노사관계로 발전해 왔음을 알 수 있다. 이 중 오늘날 가장 바람직한 노사관계는 바로 이 민주적 노사관계이다. 그러나 민주적 노사관계라 하더라도 노사 쌍방의 성숙도의 정도에 따라 그 질을 달리하는데, 다니엘 밀즈(D. Q. Mills)는 노사관계를 질에 따라 다음과 같이 분류하고 있다(Mills, 1994, 172-176).

(1) 공개갈등형

경영자들이 노동조합과 정면 대결하고 그들에게 전혀 양보하려고 하지 않는 태도를 말하는데, 이러한 극단적인 태도는 오늘날의 노사관계에 있어서는 극히 드문 일이다. 그러나 제2차 세계대전 이전에는 이러한 태도가 흔히 있었던 일로서 경영자들이 노동조합에 대한 경험과 지식이 그다지 없었던 때였다. 한편 이러한 경우 노동조합은 경영자들의 경영 전권을 근본적으로 무시하려고 하며 극단적인 행동을 보이게 되어 노사 모두가 큰 상처를 입고 마침내는 기업을 파행으로 이끌어가게 되는 단계이다.

(2) 무장휴전형

노사 양측은 여전히 상대방을 적대자로 보며, 때때로 발생하는 공개갈등형을 준비하기도 한다. 그럼에도 불구하고 어느 한쪽도 심한 손해를 보지 않기 위하여 가능한 한 적대행위를 제한하려고 한다. 이러한 형태의 노사관계는 미국의 대기업에서 가장 많이 볼 수 있는 형태인데, 주된 특징은 다음과 같다. 첫째, 경영자들은 조합과의 단체교섭을 근대 산업사회의 필요악이라고 생각하고 있다. 둘째, 노동조합 간부도 조합의 주요 임무는 경영자의 활동에 맞서 투쟁하는 데 있다고 생각한다. 셋째, 단체교섭의 범위와 공동 결정사항에 대한 노사의 의견이 기본적으로 일치되고 있지 않다. 넷째, 근로자들의 충성 내지 협조를 얻으려고 노사가 서로 경쟁하는 관계에 있다.

(3) 노사조화형

노사조화형(working harmony) 노사관계란 보다 성숙된 단계에서 볼 수 있는 노사관계의 형태로 위에서 언급한 무장휴전형과 뒤이어 애기할 노사협력형의 중간형태이다. 여기서 노사 쌍방은 상대방을 기존의 실체로 인정할 뿐만 아니라 상호 존중하며, 주장의 불일치를 줄여나가기 위하여 줄 것은 기꺼이 주고 받을 것은 받으려 하는(give and take), 보다 현실적인 입장을 취하기 때문에 갈등이 대폭 제한되게 되는 단계이다.

(4) 노사협력형

노사 쌍방은 서로 상대방을 존중할 뿐만 아니라 공동문제를 해결하는 데 도움을 주는 존재로 보는 태도를 말한다. 여기서는 전반적인 협력관계가 손상되지 않게끔 갈등이 엄격히 제한된다. 예컨대 단체교섭에서 문제가 해결되지 않는 경우에는 파업이라는 수단에 의지하기 보다는 제 3자인 중재자에게 이의 처리를 부탁하거나 아니면 근래에 와서 크게 인기를 더해가고 있는 합동노사위원회를 구성하여 상호관심사에 대한 공동연구를 하는 것이다(정종진 · 이덕로, 2017, 12-14).

2. 노동조합

2.1 노동조합의 의의

(1) 노동조합의 의의

시드니와 베아트리스 웹(S. Webb & B. Webb)은 「노동조합주의의 역사」에서 노동조합이란 "임금근로자가 그들의 근로생활의 제 조건을 유지·개선할 목적으로 조직한 항구적인 단체"라고 정의 내리고 있다(Webb & Webb, 1920). 유사한 맥락에서 우리나라 노동조합 및 노동관계조정법 제2조 제4호에서는 "'노동조합'이라 함은 근로자가 주체가 되어 자주적으로 단결하여 근로조건의 유지·개선 기타 근로자의 경제적·사회적 지위의 향상을 도모함을 목적으로 조직하는 단체 또는 그 연합단체를 말한다"라고 규정하고 있다.

이 정의를 자세히 살펴보면 노동조합은 세 가지 공통된 의미를 지니고 있음을 알 수 있다. 첫째, 노동조합은 근로자의 자주적인 단체, 곧 노동조합은 근로자의, 근로자에 의한, 근로자를 위한 조직체라는 점이다. 둘째, 노동조합은 어디까지나 근로조건의 유지나 개선을 주 목적으로 해야 한다는 점이다. 그런 의미에서 비록 근로자가 주체가 되어 자주적으로 조직된 단체라 하더라도 그 목적하는 바가 순전히 정치적 또는 종교적 이념을 실현하고자 하는 단체라면 노조라 얘기할 수 없다. 셋째, 노동조합은 항구적인 단체라야 한다는 점이다. 노조는 일시적으로 존재해서는 그 목적을 제대로 달성할 수 없다. 따라서 특별한 일이 없는 한 항구적으로 존재하는 단체라야 한다.

이러한 정의를 잘 반영한 듯 우리나라 노동조합 및 노동관계조정법 제2조 제4호에서 "노동조합이라 함은 근로자가 주체가 되어 자주적으로 단결하여 근로조건의 유지·개선 기타 근로자의 경제적·사회적 지위의 향상을 도모함을 목적으로 조직하는 단체 또는 그 연합단체를 말한다"라고 규정하고 있다. 다만 단서조항으로 다음 각목의 1에 해당하는 경우에는 노동조합으로 보지 아니한다.

가. 사용자 또는 항상 그의 이익을 대표하여 행동하는 자의 참가를 허용하는 경우.
나. 경비의 주된 부분을 사용자로부터 원조받는 경우.
다. 공제·수양 기타 복리사업만을 목적으로 하는 경우.
라. 근로자가 아닌 자의 가입을 허용하는 경우. 다만, 해고된 자가 노동위원회에 부당노동행위의 구제신청을 한 경우에는 중앙노동위원회의 재심판정이 있을 때까지는 근로자가 아닌 자로 해석하여서는 아니된다.
마. 주로 정치운동을 목적으로 하는 경우.

(2) 노동조합 가입 이유

종업원들이 노조에 가입하려는 이유에는 여러가지가 있다. 종업원들이 노동조합에 참여하고자 하는 가장 주된 이유는 그들이 경영자에 의해 독단적으로, 부당하게, 혹은 불공정하게 대우받고 있다고 느끼기 때문이다. 이러한 일들은 주로 종업원과 상사 사이의 원활하지 못한 의사소통으로 야기된다. 이와 같이 상사나 회사측의 독단적인 행동에 대한 두려움이 친 노조 감정의 주된 이유이다(DeMaria, 2007). 그러나 노조가 형성되고 종업원들이 노조에 가입하는 데에는 또 다른 중요한 이유가 있는데, 구체적으로 여섯 가지로 나누어 설명해 보기로 하겠다(Mondy, Noe, & Premeaux, 1999).

1) 경제적 안정감

근로자들이 노조에 가입하는 주된 이유는 고용안정과 높은 경제적 보상을 위해서이다. 선진국의 경우 노조운동이 전개된 이후 근로자의 직장은 안정되었고 경제적 보상도 경제발전과 더불어 많이 개선되었다. 따라서 일반 근로자들은 이러한 결과가 노조의 단체교섭 덕택이라고 믿고 노조에 가입하려 한다(김정우, 2014, 42-68; Brett, 1980).

2) 집단 소속감

소속감은 공동체(사회, 조직, 집단) 구성원으로서의 개인이 해당 공동체에 대하여 선험적으로 갖고 있는 지각적 귀속 감정이다(김철호, 2013). 인간의 속성이 그러하듯이 근로자들 또한 자기들의 공통된 신분이나 목적을 중심으로 자신들 나름대로의 집단을 형성하여 이와 동일시(identify)하려고 한다. 그렇게 함으로써 이에 소속감을 느끼게 되고, 소속 구성원들 상호 간에 존중하는 관계를 맺고자 하며, 그리고 계속해서 상호작용하고 싶어한다.

3) 자율성과 독립성

근로자들은 자신들의 일과 문제를 스스로 해결해 나가는 자체의 자율적인 능력, 주도적인 역할 및 독립된 위치를 원한다. 즉, 다른 집단의 도움이나 다른 사람의 영향을 받지 않고 독립적으로 자신의 희망대로 자신의 문제를 해결해 나가는 주체성을 원한다.

4) 직장환경에 대한 이해와 의사표현

근로자들은 직장에서 일어나는 모든 일에 대하여 알고 싶어하고 당면한 상황에 대하여 자신들의 의사를 표현하고 싶어한다. 그들은 직장의 상황 파악과 이에 대한 의사표시 그리고 나아가 기업경영과 관련된 중요 의사결정에 참여하는 것은 근로자 개인보다 단체행동을 통하여 더 효과적으로 이루어질 수 있다고 믿고 있다.

5) 공정한 인간적 대우

근로자들은 단순히 생산도구로서만 인정받지 않고 실제적으로 인간적 대우를 원한다. 따라서 그들은 경영층의 임의적인 결정이나 단독적인 결정에 대하여 호소할 수 있고, 이에 따라 공정한 판결과 대우를 받을 수 있는 기회를 원한다. 이러한 기회는 근로자 개개인의 힘으로는 불가능한 것이 사실이다.

6) 노조압력과 리더십기회

단체교섭에서 보다 유리한 고지를 점하기 위해 단결력을 보다 공고히 하고자 하는 노동조합으로부터의 유형·무형의 압력과 유니온 숍(union shop) 규정도 근로자들을 노조에 가입시키는 실질적인 이유로 작용한다. 또한, 노조활동과 노조조직에서의 리더십 역할을 자아실현의 기회로 생각하며 노조에 가입하려는 근로자들도 있다(이학종, 2000; 이학종·양혁승, 2005).

2.2 노동조합의 기능

노동조합의 기능을 다양하게 분류해 볼 수 있으나 전통적으로 노동조합은 좁은 의미로 보아 경제적 기능, 공제적 기능 및 정치적 기능 등으로 나누고 있다(김성수, 2000; 박상필, 1994; 최종태, 1996, 95). 그러면 이들 각각의 기능에 대해 간단히 살펴보기로 하겠다.

(1) 경제적 기능

노동시장을 배타적으로 독점함으로써 그들의 경제적 지위를 높이려는 기능으로 노조의 가장 주된 기능이다. 초기의 노동조합이 직업별 조직형태를 취하고 노동의 배타적 독점을 꾀하여 수요에 대한 공급을 조절함으로써 임금의 적정수준을 유지하였다는 것은 다름 아닌 노동시장의 통제기능인 것이다. 그리고 노동조합의 이러한 기능은 사용자와의 단체교섭을 통하여서만 달성될 수 있는 것이므로 웹(S. Webb)이 단체교섭을 노동조합의 3대 기능 중의 하나로 지적한 것은 타당한 것이었다. 사용자들로 하여금 노동조합과의 교섭을 통하지 않고서는 필요로 하는 노동력을 조달할 수 없는 상태로 이끄는 것과 같은 기능을 노동조합의 경제적 기능 또는 산업적 기능이라고도 한다.

노동조합이 이러한 기능을 충분히 발휘하기 위해서는 그 전제로서 사용자가 노동조합을 대등한 교섭상대자로 인정할 필요가 있으며, 아울러 노동조합의 단체교섭권을 끝까지 뒷받침하는 쟁의권이 보장되어야 한다. 사실 노동조합의 정당한 쟁의행위가 보장되지 않는다면 단체교섭은 그 실효성을 거둘 수 없는 것이다.

(2) 공제적 기능

노동조합이 조합원의 생활을 안정시키기 위하여 착수한 활동 중에서 중요한 것 중의 하나가 바로 공제기능이다. 노동자는 예기치 아니한 질병이나 재난을 당하기도 하고, 직장을 잃거나 실업자가 되기도 하며, 불시에 노동능력을 상실하게 되는 경우가 있다. 오늘날에 있어서는 복리후생이 잘 되어 있어 그 중요성이 상대적으로 줄어들고 있으나 사회보험제도가 발달하지 못한 초기단계에서는 이러한 불행을 당했을 경우 자비·복리단체의 신세를 지는 수밖에 없었음에 비추어 노동조합은 상호부조를 하기 위하여 준비된 조합기금 중에서 질병, 상해, 실업, 재난, 노령자의 부양이나 구직을 위한 여비, 작업도구의 교환비 등에 지불하게 되는데, 이러한 기능이 바로 공제기능이다.

(3) 정치적 기능

앞서의 경제적 기능이 사용자와의 단체교섭을 통해서 발휘되는 데 비하여 정치적 기능은 그 상대가 사용자가 아니라 국가나 지방자치단체이다. 노동조합의 정치적 활동, 즉 정치적 기능은 경제적 기능과 불가분의 관계에서 발생하는 기능이라고 할 수 있다. 왜냐하면 노동조합은 경제적인 목적을 달성하기 위하여 부득이 정치적인 활동을 전개하지 않을 수 없기 때문이다. 즉 노동관계법의 개정과 제정, 세제, 물가정책, 사회보험제도, 임금 가이드라인, 기타 사회복지정책의 개정이나 집행과 관련하여 그들에게 유리한 방향으로 이루어지도록 하기 위해 특정 정당을 지지하거나 반대하는 활동을 전개하게 된다.

우리나라의 경우 구 노동조합법 제12조에서 노동조합의 공직선거에 있어서 특정정당의 지지, 특정인을 당선시키기 위한 행위, 조합원으로부터의 정치자금의 징수 및 노동조합기금의 정치자금에의 유용 등의 정치활동을 각각 금지해왔다. 그러나 1997년 3월 13일부로 개정된 노동조합 및 노동관계조정법에서 기존의 정치활동금지조항이 폐지된 데 이어 1998년 2월 6일 IMF 극복을 위한 노사정위원회의 대타협으로 향후 노조의 정치활동을 자유화하게 됨에 따라 앞으로 이에 관한 활동이 보다 증대될 것으로 보인다(변상우 외, 2015, 117-122).

2.3 노동조합의 형태

노동조합은 분류하는 기준에 따라 여러가지가 있는데, 크게 노동조합에 가입하는 조합원의 자격에 의한 유형과 결합방식에 의한 유형으로 나누어 볼 수 있다(이상윤, 2013, 545). 전자는 노동조합의 일반적인 유형을 지칭하는 직업별 노동조합·산업별 노동조합·일반 노동조합·기업별 노동조합 등이 포함되는 대내적 유형이다. 반면에 후자의 결합방식에 의한 유형은 단위노동조합과 연합(체)노동조합으로 나눌 수 있는데, 여기서는 가장 일반적인 조합원자격에 따른 유형으로 아래와 같은 네 가지로 살펴보고자 한다.

(1) 직업별 노동조합

직업별 노동조합(craft union)이란 산업이나 기업에 관계없이 동일한 직업을 갖는 노동자들이 그들의 경제적 이익을 확보하기 위하여 결성한 횡적 조직체로서 주로 숙련기술자를 중심으로 이루어진, 노동운동 사상 가장 일찍이 발달한 조직형태를 말한다. 1850년을 전후하여 영국의 기계공업에서 확립되기 시작한 이 조합은 제화공조합, 인쇄공조합, 선반공조합, 목공노조 등과 같이 동일한 직종에 종사하는 임금근로자들이 노동시장을 배타적으로 독점하여 그들의 권익을 옹호하기 위한 조직으로 흔히들 직종별 노조 또는 직능별 노조라고도 한다.

(2) 산업별 노동조합

산업별 노동조합(industrial union)이란 직업이나 계층에 관계없이 기업을 초월하여 특정 산업에 종사하는 모든 근로자가 하나의 노동조합을 구성하는 조직형태이다(정재훈, 2009). 예컨대 운수산업 · 섬유산업 · 철강산업 등에 종사하는 근로자가 자기가 종사하는 기업 또는 직종에 관계없이 자신이 속하는 산업을 중심으로 노동조합을 조직하는 형태를 말하는 것이다. 역사적으로 볼 때 산업별 노동조합은 직업별 노동조합이나 일반 노동조합보다 늦게 발달한 노동조합으로 1930년대의 공황과 노동입법에 힘입어 미숙련노동자가 노동시장을 수적으로 크게 차지하게 됨으로써 이들의 조직화를 위하여 발달한 조직형태로 현대 노동조합의 가장 대표적인 형태이다(Fossum, 2002).

(3) 일반 노동조합

일반 노동조합(general union)은 직업이나 산업에 관계없이 하나 내지 수 개의 산업에 걸쳐 흩어져 있는 일반 근로자들에 의해 폭넓게 규합하는 노동조합의 형태이다. 특히 초기 단계에 있어서는 직업별 조합에서 배제된 미숙련 노동자들과 잡노동에 종사하는 노동자들을 중심으로 자신들의 입장을 옹호하기 위해 조직되었으나 최근에 와서는 특정 대상집단을 정하지 않고 누구나 가입이 가능한 일반 노동조합이 생겨나고 있다(신수식 · 김동원 · 이규용, 2008, 85). 모든 산업을 망라한다고는 하지만 실제로는 주로 유통업, 건설업, 운수업 등에서 주로 이루어지고 있다. 예를 들면 영국의 수송 및 일반노조(Transport and General Workers' Union),[1] 미국의 노동기사단(Knights of Labor)과 한때 세계 최대의 노조였던 트럭운전수노조(Teamster)

1) 현재의 이름은 Unite T&G이다. Amicus와 합병하여 2007년 5월 1일에 새로 Unite로 창설되었다. UNISON에 이어 영국의 2대 노동조합이다(정종진 · 이덕로, 2017, 110-111).

등이다(Holley & Jennings, 1997).

(4) 기업별 노동조합

기업별 노동조합(enterprise union)이란 동일기업 내 근로자들에 의해 조직되는 노동조합으로 일명 기업 내 조합이라고도 한다. 앞서 언급했던 세 형태의 노조는 모두 기업의 울타리를 넘어서서 조직되는 반면, 기업별 노조는 동일기업 내 근로자들에 의해 조직되는 노동조합으로 일명 기업 내 조합이라고도 한다. 오늘날 산업국가 중에서 이 기업별 노조형태를 주로 취하고 있는 나라는 일본과 우리나라뿐이다. 미국의 경우 전통적으로 산업별 노조형태가 보편화된 나라이지만 기업별 노조가 없었던 것은 아니다. 제 1차 세계대전에서 1930년대에 있었던 자주성 없는 노조가 바로 그것이다. 따라서 미국에 있어서는 기업별 노조라 하면 바로 기업이 지배하는 노조, 즉 어용노동조합을 의미하고 있다.

우리나라의 경우 1980년 신군부에 의해 노동조합법이 개정되면서 기업별 조합형태를 강제함에 따라 대부분의 노동조합이 원래의 기업별 노조의 형태로 다시 환원되었다. 그러나가 1990년 말 IMF 외환위기를 겪으면서 기업별 노조와 산업별 노조를 비롯한 초기업별 노조의 형태가 혼재되어 오늘에 이르고 있다(신수식·김동원·이규용, 2008, 87). 2003년 12월 말 기준으로 초기업 노조는 469개 노조에 조합원은 484,400명으로 전체조합원 1,549,949명의 31.3%였으나, 꾸준히 늘어나 2016년 12월 말 현재 초기업 노조는 607개 노조에 조합원 1,088,350명으로 전체조합원 1,966,881명의 55.3%를 차지할 정도이다(고용노동부, 2011, 2007).

2.4 노동조합의 설립요건

(1) 노동조합의 설립

1) 실질적 요건

노동조합은 설립에 있어서 대외적으로는 자주성을, 대내적으로는 민주성을 갖추어야 한다. 전자의 자주성을 확보하는 문제는 이른바 노동조합의 실질적 요건에 관한 것이며, 후자의 민주성의 확보는 형식적 요건에 관한 것이다. 노동조합이 법의 보호를 받기 위해서는 실질적 요건과 형식적 요건을 다 갖추어야 한다. 다시 말하면 이러한 요건들을 갖추지 못할 경우 노동조합은 법률상의 불이익을 면치 못하게 되거나 또는 노동조합으로서의 자격을 가질 수가 없게 된다. 따라서 노동조합의 자주성과 민주성은 근로자의 헌법상 단결권 보호를 위한 최소한도의 필요조건이라고 말할 수 있다(이상윤, 2015, 572).

우리나라에서도 노동조합의 자격을 인정받을 수 있는 실질적·형식적 요건에 대해 노동조합 및 노동관계조정법 제2조 제4호, 제10조 및 제11조를 통해 규정하고 있다. 그러면 노동조합의 설립요건에 대해 구체적으로 살펴보기로 하자.

우리나라 노동조합 및 노동관계조정법 제2조 제4호 본문에서 노동조합을 "근로자가 주체가 되어 자주적으로 단결하여 근로조건의 유지·개선 기타 근로자의 경제적·사회적 지위의 향상을 도모함을 목적으로 조직하는 단체 또는 그 연합단체를 말한다"로 정의내리고 있고, 그 단서조항에서 "다음 각목의 1에 해당하는 경우에는 노동조합으로 보지 아니 한다"라고 규정하고 있다.

가. 사용자 또는 항상 그의 이익을 대표하여 행동하는 자의 참가를 허용하는 경우.
나. 경비의 주된 부분을 사용자로부터 원조받은 경우.
다. 공제·수양 기타 복리사업만을 목적으로 하는 경우.
라. 근로자가 아닌 자의 가입을 허용하는 경우. 다만, 해고된 자가 노동위원회에 부당노동행위의 구제신청을 한 경우에는 중앙노동위원회의 재심판정이 있을 때까지는 근로자가 아닌 자로 해석하여서는 아니된다.
마. 주로 정치운동을 목적으로 하는 경우.

이와 같이 노동조합 및 노동관계조정법 제2조 제4호에 규정되어 있는 노동조합의 요건을 적극적 측면과 소극적 측면으로 나누어 설명하면 다음과 같다.

① 적극적 요건

노동조합은 주체 및 목적이라는 관점에서 적극적 요건[2)]을 충족시키는 경우에

2) 적극적 요건을 i) 주체·목적의 둘로 분류하는 견해(김형배, 2009, 662), ii) 자주성·목적성·단체성의 셋으로 분류하는 방법(김유성, 2001, 56-57), iii) 주체·자주성·목적·단체성의 넷으로 분류하는 견해(이병태, 2008, 107) 등이 있다. 자주성·단체성 또는 주체·자주성

한하여 성립되는데, 우리나라 노동조합 및 노동관계조정법 제2조 제4호 본문에서 다음의 두 가지일 것을 요구하고 있다(이상윤, 2015, 574).

첫째, 노동조합은 근로자가 주체가 되어 자주적으로 조직한 단체이어야 한다. 근로자가 주체가 된다 함은 집단적 노사관계의 당사자인 사용자의 지배로부터 노동조합이 독립할 것과 비근로자는 노조원이 될 수 없다는 것을 의미한다.

둘째, 집단적 노사관계도 개별적 노사관계가 전제되지 않는다면 아무런 존재 의의가 없기 때문에 노동조합은 개별적 노사관계의 내용인 근로조건의 유지·개선을 통하여 근로자들의 경제적·사회적 지위의 향상을 도모하는 것을 그 주된 목적으로 한다. 이러한 목적을 달성하는 방법으로는 단체교섭의 전개·단체협약의 체결·쟁의행위 등이 있다.

② 소극적 요건

첫째, 노동조합은 사용자 또는 항상 그의 이익을 대표하여 행동하는 자의 참가를 허용하여서는 아니된다. 그것은 노동조합의 결성·운영에 있어서 노동조합이 자주성을 확보할 수 없으며, 나아가서는 이용조직화할 가능성이 있기 때문이다. 여기서 사용자의 이익을 대표하는 자의 범위에 관하여는 각 기업에 있어서 기업운영의 실태에 따라 구체적으로 이를 판단하여야 한다.

대체적으로 ① 회사임원, 이사회 또는 이에 유사한 기관의 구성원, ② 공장지배인, 인사과장, 경리과장 및 인사업무에 관한 비밀정보에 접하는 지위에 있는 자, ③ 종업원의 고용, 전직, 해고의 권한을 가진 자 및 생산관리, 근로관계, 대외부관계, 법규, 기타 전문적 사항에 관한 회사의 정책결정에 관한 권한을 가지며 혹은 직접 이에 참여하는 자, ④ 근무부(명칭 여하에 불구하고 근무부서의 상부직원), ⑤ 비서 및 인사근로관계에 관한 기밀의 업무를 취급하는 자, ⑥ 회사 내의 재산의 보호, 출입자의 감시, 순찰 등의 경찰적 업무를 담당하는 자, ⑦ 사용자의 지시를 받아 근로자에 관한 감시·감독적 지위에 있는 감사담당 부서의 직원 등을 들 수 있을 것이다(김치선, 1997, 369).

을 광의의 주체로서 통일하여 파악하는 경우 이들 견해 간에 커다란 차이점은 없는 것으로 보고 있다(이상윤, 2013, 560).

현장이야기

사상 첫 '변호사 노조' 탄생…로펌에도 '노조 바람'?

변호사도 노동조합이 있을까요? 적어도 우리나라에선 변호사만으로 이뤄진 노조는 지난 23일까지 없었습니다. 그러나 24일 우리나라의 첫 변호사 노조가 탄생했습니다. 대한법률구조공단 변호사들이 결성한 '변호사 노조'가 중앙노동위원회로부터 교섭단위 분리 결정을 받아낸 건데요. 일반직원들도 포함된 노조에서 변호사들만의 노조가 떨어져 나온 겁니다.

그럼 왜 지금까진 우리나라에 변호사 노조가 없었을까요? 이에 답하기 위해 우선 배경부터 설명드리겠습니다. 원칙적으로 근로자는 노조를 설립할 수 있습니다. 2011년 7월 새 노동조합법 시행 전까지 하나의 사업장에는 하나의 노조만 설립할 수 있었는데요. 그러나 새 노조법 시행으로 하나의 사업장에 여러 개의 노조를 세울 수 있게 하는 '복수노조' 제도가 도입됐습니다. 노조은 회사를 상대로 단결권·단체교섭권·단체행동권을 행사하게 되죠. 하나의 사업장에 있는 여러 개의 노조가 단체교섭권을 행사하려면 노조들끼리 의논해서 교섭 대표를 한 곳으로 정해야 합니다. 이를 교섭창구 단일화라고 합니다.

그런데 같은 회사에 다닌다고 해도 어느 자리에서 어느 업무를 맡느냐에 따라 출·퇴근 시간이나 월급 등 근로조건이 다 다르죠. 그런 차이가 너무 심해서 다른 직군과 같이 단체교섭을 하기 어려운 경우도 있습니다. 이 경우 노동위원회에서 교섭단위 분리 결정을 받아 따로 단체교섭권을 행사할 수 있습니다. 사내에서 주도권을 쥐고 있는 다수 노조 입장에서 보면 달가운 일은 아니죠. 자신들의 교섭권이 상대적으로 약화되는 결과가 나올 수 있으니까요.

이번 중노위 결정으로 구성원이 19명에 불과한 법률공단 변호사 노조는 일반직원 550여 명으로 구성된 기존 노조에서 떨어져 나와 독자적인 지위를 인정받았습니다. 이 결정은 52시간 근로제 도입과 맞물려 변호사업계에서 큰 관심을 끌었습니다. 52시간 근로제 시행 이후 재량근로제·포괄임금제 도입 여부를 두고 로펌 측과 '눈치싸움'을 벌이는 변호사들이 많은 상황이었거든요. 특히 회사에서 '일개미' 역할을 하는 주니어급 '어쏘 변호사'(Associate Attorney)들은 로펌 앞에만 서면 한없이 작아진다고 합니다. 자연스레 자신들의 이익을 대변해줄 노조에 대한 관심이 클 수밖에 없겠죠.

지금까지 우리나라에서 변호사들이 결성한 노조는 법률공단 변호사 노조가 유일합니다. 그럼 법률 전문가들인 변호사들이 왜 정작 본인들의 노조 하나 설립하지 못했던 걸까요? 일단 법조계의 보수적인 분위기가 가장 큰 걸림돌이라고 합니다. 워낙 업계가 좁고 입소문도 빨라서 노조를 설립하겠다고 '총대'를 멜 경우 순식간에 여기저기서 '반항아'로 찍히게 된다고 합니다. 어쏘 변호사 경력이 있는 A변호사는 "회사를 나오는 데 퇴직금까지 깎으려고 하더라. 업계에 소문이 안 좋게 날까 싶어서 싸우지도 못하고 입 꾹 다물고 나왔다. 이런 곳에서 누가 노조를 하겠다고 나설 수 있겠냐"며 쓴웃음을 지었습니다.

로펌 내 다른 일반직원과의 갈등도 문제라고 하는데요. 여러 로펌에서 변호사와 일반 직원 사이에 임금 격차 등을 이유로 위화감이 조성돼 있다고 합니다. 이런 상황에서 변호사들이 처우를 높여보겠다고 노조 활동을 벌인다면 일반직원들이 반발할 우려가 크다는 거죠. 또 노조 결성을 생각할 만한 큰 규모의 로펌일수록 회사에 순응하는 변호사들도 많다고 합니다. 어쏘 변호사인 D변호사는 "일이 힘들어도 사실 변호사 일이 어쩔 수 없는 것이기도 하고, 많이 받고 있기도 해서 어쩌겠냐는 분위기가 강하다"고 전했습니다.

변호사 노조를 대리했던 법률사무소 메이데이의 유재원 변호사는 이런 문제를 모두 고려하더라도 로펌 내 변호사 노조는 필요하다고 강조했습니다. 유 변호사는 "변호사들은 근로시간, 인간적인 대우의 문제에서 열악한 환경에 처해있다"며 "주당 90시간, 100시간씩 일하는 '무한근로제'인데 누군가 이 덫을 끊어내야 한다"고 말했습니다. 그러면서 "쥐어짜기식의 법률서비스 제공은 이제 없어져야 한다"며 "이번 충노위 결성이 로펌에서 일하는 일반 변호사들에게 효시가 되길 바란다"고 했습니다.

자료: 김종훈(2018.7.28), "사상 첫 '변호사 노조' 탄생…로펌에도 '노조 바람'?," 「머니투데이」.

둘째, 노동조합은 그 경비지출에 있어서 주로 사용자의 원조를 받아서는 아니 된다. 이것은 재정적인 면에서 노동조합이 사용자로부터 자주성을 유지하기 위하여 필요한 일이다. 여기서 경비라 함은 노동조합의 조합규약 기타에 의하여 활동을 하는 데 소요되는 일체의 비용을 말한다. 즉 조합 사무처리를 위하여 고용하는 서기의 급료 및 조합대회 기타 회의에 출석한 조합원에 대한 수당, 여비 등의 제경비 기타 일체를 말하여 이러한 경비를 노조가 지출하는 데 있어서 주로 사용자로부터 재정적 원조를 받아서는 아니된다는 것이다.

셋째, 노동조합은 공제·수양 기타 복리사업만을 목적으로 하여서는 아니된다. 이것은 노동조합의 목적에 비추어 당연한 일이므로, 조합원의 근로조건의 유지·개선이라는 본래의 목적활동을 떠나 공제·수양 기타 복리사업만을 목적으로 하는 것은 노동조합이라고 할 수 없다. 그러나 노동조합이 조합원의 근로조건의 유지·개선이라는 목적을 추구하면서 합리적인 범위 안에서 공제사업 기타 복리사업을 영위하는 것은 무방하다.

넷째, 노동조합은 '근로자가 아닌 자'의 가입을 허용하여서는 아니된다(노조 및 조정법 제2조 제4호 라목). 여기서 구체적으로 '근로자가 아닌 자'의 정의가 문제가 되는데, 전통적으로 고용노동부의 해석은 "해당 직장에서 실제 근로하지 않는 자"라는 입장을 취하였다. 그러나 현행 노동조합 및 노동관계조정법상 근로자가 되기 위하여 사용자와의 근로계약관계가 반드시 전제되는 것은 아니다. 우리나라 노동법은 기업별 노동조합 이외에도 다양한 형태의 노동조합을 인정하고 있기 때문이다(이상윤, 2013, 565). 따라서 현재 구체적 근로계약관계를 맺고 있으면서 현실적으로 취업하고 있는지의 여부는 문제되지 않으며, 실업자나 해고된 근로자라 하더라도 노동조합 및 노동관계조정법상의 근로자에 해당된다고 볼 수 있다(김형배, 2015, 812-813).

다섯째, 노동조합은 주로 정치운동을 목적으로 하여서는 아니된다(노조 및 조정법 제2조 제4호 마목). 정치운동을 '주로' 하는 것만 금지되므로 '주로'의 기준이 문제될 수 있다. 정치운동은 정치관련법령이 허용하는 한도 내에서 이를 자유로이 행할 수 있다. 다만 정치운동은 근로자의 근로조건의 유지·개선이라는 필요목적을 침해하지 아니하는 범위 안에서 행사되어야 할 것이다(이상윤, 2015, 583). 이 조항은 노동조합이 정치단체화하는 것을 방지하기 위한 것이다.

2) 형식적 요건

노동조합이 노동법상의 보호를 받으려면 앞서의 실질적 요건 이외에 노동조합 및 노동관계조정법 제10조 제1항의 설립신고서에 동법 제11조의 규약을 첨부하여 고용노동부장관, 특별시장·광역시장·도지사·특별자치도지사 또는 시장·군수·구청장(이하 "행정관청"이라 한다)에게 제출하여야 한다. 이를 노동조합의 형식적 요건이라 하며, 이것은 대내적인 민주성의 확보를 위한 것이다.

① 설립신고서의 작성

노동조합을 설립하고자 하는 자는 우선 노동조합 및 노동관계조정법 제10조 제1항의 설립신고서의 기재사항을 작성하여야 한다.

구법하에서는 "단위노동조합의 설립은 근로조건의 결정권이 있는 사업 또는 사업장 단위로 근로자 30인 이상 또는 5분의 1 이상의 찬성이 있는 설립총회의 의결이 있어야 한다"라고 하여 기업별 노조를 강제하고 있었다. 그러나 이 조항에 대해서는 이것이 헌법에 보장된 자주적 단결권에 내재되어 있는 조직형태의 자율적 결정권리를 본질적으로 침해하는 위헌으로 규정하고 또한 실제로 노조결성을 방해하는 독소조항으로 기능해 왔다는 점에서, 많은 비난이 가해졌다. 따라서 1987년 노동법 개정에서는 이러한 주장을 받아들여 노동자들이 조직형태를 자유로이 선택할 수 있도록 이 조항을 삭제하였다.

구체적으로 설립신고서의 기재사항으로 다음의 6가지가 있다. ① 명칭, ② 주된 사무소의 소재지, ③ 조합원수, ④ 임원의 성명과 주소, ⑤ 소속된 연합단체가 있는 경우에는 그 명칭, ⑥ 연합단체인 노동조합에 있어서는 그 구성노동단체의 명칭, 조합원수, 주된 사무소의 소재지 및 임원의 성명·주소 등이다.

② 규약 첨부

노동조합은 법인격을 가지는 경우이든 그렇지 않든 간에 하나의 사단(社團)으로서의 통일적인 조직체이다. 따라서 노동조합은 단체로서의 조직과 운영을 위한 규범이 필요하게 되는 바, 이 규범이 조합의 규약이다. 노동조합이 노동법상의 조합으로서의 완전한 보호를 받고자 한다면 그 조직의 자주적·민주적 운영을 보장하기 위한 다음과 같은 내용의 규약을 갖추어야 한다.

노동조합 및 노동관계조정법 제11조는 조합규약의 필요적 기재사항으로서 다음과 같은 사항을 들고 있다. ① 명칭, ② 목적과 사업, ③ 주된 사무소의 소재지, ④ 조합원에 관한 사항(연합단체인 노동조합에 있어서는 그 구성단체에 관한 사항), ⑤ 소속된 연합단체가 있는 경우에는 그 명칭, ⑥ 대의원회를 두는 경우에는 대위원회에 관한 사항, ⑦ 회의에 관한 사항, ⑧ 대표자와 임원에 관한 사항, ⑨ 조합비 기타 회계에 관한 사항, ⑩ 규약변경에 관한 사항, ⑪ 해산에 관한 사항, ⑫ 쟁의행위와 관련된 찬반투표 결과의 공개, 투표자 명부 및 투표용지 등의 보존·열람에 관한 사항, ⑬ 대표자와 임원의 규약위반에 대한 탄핵에 관한 사항, ⑭ 임원 및 대의원의 선거절차에 관한 사항, ⑮ 규율과 통제에 관한 사항 등이다.

③ 노동조합의 설립신고

노동조합이 노동조합 및 노동관계조정법 제2조 4호의 실질적인 요건을 갖추고, 제10조 제1항의 설립신고서를 작성한 뒤 제11조의 규약을 구비한 경우에도 설립신고를 하지 않으면 노동법상의 완전한 보호를 받을 수 없다. 따라서 노동조합을 설립하고자 하는 자는 설립신고서에 노동조합의 규약을 첨부하여 연합단체인 노동조합과 2 이상의 특별시·광역시·도·특별자치도에 걸치는 단위노동조합은 고용노동부장관에게, 2 이상의 시·군·구(자치구를 말한다)에 걸치는 단위노동조합은 특별시장·광역시장·도지사에게, 그 외의 노동조합은 특별자치도지사·시장·군수·구청장(자치구의 구청장을 말한다. 이하 제12조제1항에서 같다)에게 제출하여야 한다.

이와 같이 노동조합 및 노동관계조정법이 설립신고서와 규약의 제출을 요구하는 것은 노동조합의 민주성을 확보하기 위한 행정적 감독의 일환으로 이해된다(김형배, 2006, 686). 행정관청은 제10조 제1항의 규정에 의한 설립신고서를 접수한 때에는 특별한 사정이 없는 한 3일 이내에 신고증을 교부하여야 한다.

(2) 노동조합의 운영

자본주의 사회의 필수적인 산물인 노동조합은 오늘날 운영에 있어서 대외적인 자주성과 대내적인 민주성을 그 요건으로 한다.

1) 노동조합의 자주성

노동조합의 자주성이란 노동조합의 결성과 운영에 있어서 근로자가 외부로부터의 부당한 간섭이나 개입을 배제하고 스스로의 주체성을 확보하면서 조직 및 활동을 영위하는 것을 말한다. 노동조합에 대한 외부로부터의 간섭이나 개입으로는 국가, 정당, 사용자를 들 수 있으며, 현행 노동조합 및 노동관계조정법은 이 중에서도 사용자로부터의 자주성 확보에 역점을 두고 있다.

우리나라 노동법은 노동조합의 자주성을 확보하기 위하여 사용자와 사용자의 이익 대표자를 조합에 참여시키는 경우에는 법률상 조합으로 인정하지 않고 있다(노동조합 및 노동관계조정법 제2조 4호 가목). 이 때에 노동조합의 참가가 허용되지 않는 '사용자'라 함은 사업주, 사업의 경영담당자 또는 그 사업의 근로자에 관한 사항에 대하여 사업주를 위하여 행동하는 자로 규정하고 있다(노동조합 및 노동관계조정법 제2조 제2호).

고용노동부의 유권해석에 의하면 '사업주를 위하여 행동하는 자'란 이사회 또는 이와 유사한 기관의 구성원, 공장지배인, 인사 및 회계책임자, 비서와 인사·회계 및 노무관계에 관한 기밀사무를 담당하고 있는 자, 회사의 정책결정에 대한 권한을 갖거나 혹은 이에 관여하는 자, 노무부서의 직원, 회사경비를 맡은 수위 등을 지칭하고 있다.

한편 재정에 있어서 노조는 사용자의 원조를 받아서는 아니 되고 단지 가입비나 정기조합비에 의한 수입에 의존해야만 자주성을 확보할 수 있다. 그러나 우리나라의 경우 노조가입률이 2016년 12월 말 현재 10.3%로 1990년대 이후로 조합원 수의 격감으로 인한 조합비 수입의 감소뿐만 아니라 조합비의 징수율마저 크게 떨

표 11-1 조합원 규모별 조직현황 (단위: 개소, 명, %)

구 분	50명 미만	50~99	100~299	300~499	500~999	1000명 이상	총 계
노조수 (비율)	3,439 (56.3)	919 (15.1)	1,035 (17.0)	249 (4.1)	224 (3.7)	237 (3.9)	6,103 (100)
조합원수 (비율)	53,696 (2.7)	65,175 (3.3)	171,916 (8.7)	95,517 (4.9)	155,428 (7.9)	1,425,149 (72.5)	1,966,881 (100)

* 총연합단체와 연합단체 노동조합수는 제외.
자료: 노동부(2017), 「2016년 전국노동조합 조직현황」, 15.

표 11-2 조합원 규모별 근로시간면제한도

조합원 규모	시간 한도	조합원 규모	시간한도	사용가능 인원
99명 이하	최대 2,000 시간 이내	1,000명~2,999명	최대 10,000시간 이내	• 조합원수 300명 미만의 구간: 파트타임으로 사용할 경우 그 인원은 풀타임으로 사용할 수 있는 인원의 3배를 초과할 수 없다. • 조합원수 300명 이상의 구간: 파트타임으로 사용할 경우 그 인원은 풀타임으로 사용할 수 있는 인원의 2배를 초과할 수 없다.
100명~199명	최대 3,000 시간 이내	3,000명~4,999명	최대 14,000시간 이내	
200명~299명	최대 4,000 시간 이내	5,000명~9,999명	최대 22,000시간 이내	
300명~499명	최대 5,000 시간 이내	10,000명~14,999명	최대 28,000시간 이내	
500명~999명	최대 6,000 시간 이내	15,000명 이상	최대 36,000시간 이내	

주: '조합원 규모'는 노동조합 및 노동관계조정법 제24조 제4항의 '사업 또는 사업장'의 전체조합원 수를 의미하며, 단체협약을 체결한 날 또는 사용자가 동의한 날을 기준으로 산정한다.

어져 재정적으로 심각한 위기에 봉착해 있다. 특히 〈표 11-1〉과 같이 2016년 말 기준 조합원수 50인 미만의 노동조합은 3,439개로 전체의 56.3%, 그리고 50-99인 사이의 노동조합은 919개로 전체의 15.1% 등 100인 미만의 노동조합이 전체의 71.4%를 차지할 정도로 영세성을 면치 못하고 있다(고용노동부, 2017, 15).

따라서 노동조합의 자주성이 침해되지 않는 범위 내에서 사용자의 노조전임자에 대한 임금지원을 허용해왔다. 그 결과 원래 노조전임자 급여는 노동조합에서 부담하는 것이 당연함에도 사용자가 전적으로 지급하는 것이 하나의 관행이 되어 왔다. 그러다가 1997년 개정 노조법에 노조전임자 급여지급 금지규정을 도입하였고 3차례에 걸친 13년 간의 유예 끝에 2009년 12월 4일 노사정 합의를 통해 도입한 것이 바로 근로시간면제(타임오프)제도이다.

근로시간면제제도는 노사 간 단체협약 등을 통해 적용대상자와 시간 한도를 정하고, 이들이 근무시간 중에 사용자와의 교섭, 협의 등 법률에서 정하고 있는 일정 범위의 활동을 할 경우 임금의 손실없이 할 수 있도록 허용하고 있다. 개정 노조법은 유급 처리될 수 있는 근로시간면제 범위를 무한정 인정하는 것이 아니라 근로시간면제심의위원회가 심의, 의결하여 고용노동부장관이 고시한 시간과 인원한도 내로 한정하고 있다. 따라서 근로시간면제 한도를 초과하지 아니하는 범위에서 노동조합 전임자의 임금을 사용자가 부담하는 것은 무방하다. 참고로 사업장 규모별 근로시간면제 한도는 〈표 11-2〉와 같다.

2) 노동조합의 민주성

노동조합조직이 거대화되면 조합 내부운영의 민주화가 중요한 문제로 등장하게 된다. 평조합원(rank-and-file)의 조합 활동에 대한 무관심은 오늘날 세계적인 경향으로 되어 있다. 영국에서는 요직인 전국조합의 서기장(general secretary)이 종신제가 많고, 미국에서는 조합책임자(president)의 1인독재가 많다.[3] 전국조합이 하부조합의 요구를 들어주지 않음으로써 비공인파업(wild cat strike)이 미국이나 영국에서 자주 일어나고 있는 것은 당연한 결과라고 하겠다. 근로자의 이익을 옹호하기 위하여 등장한 노동조합조직이 오히려 근로자를 지배하고 착취하는, 이른바 노동이 귀족화하는 것을 막기 위하여 영국에서는 직장위원운동, 곧 숍스튜어드운동(shop steward movement)이 일어났고, 미국에서는 정부의 입법을 통한 규제와 조합 스스로의 노력이 가해지고 있다.

이러한 추세에 발맞추어 우리나라 노동조합 및 노동관계조정법 제14조는 노조의 민주적 운영을 위하여 조합설립일로부터 30일 이내에 주된 사무소에 i) 조합원 명부(연합단체인 노동조합에 있어서는 그 구성단체의 명부), ii) 규약, iii) 임원의 성명·주소록, iv) 회의록, v) 재정에 관한 장부와 서류를 비치하도록 함과 동시에 회의록, 재정에 관한 장부와 서류는 3년간 보존할 것을 규정하고 있다. 또 노동조합의 대표자는 회계연도마다 결산결과와 운영상황을 공표하여야 하며, 조합원의 요구가

---

3) AFL의 곰퍼스(S. Gompers)는 38년간, 그린(W. Green)은 28년간, AFL-CIO의 미니(G. Meany)는 24년간, 키르크랜드(W. Kirkland)는 15년간, 강력한 노동운동을 공언해 온 존 스위니(J. Sweeney)는 1995년부터 14년간 재임해왔다. 현재는 전미광산노조 변호사 출신인 리처드 트럼카(R. L. Trumka)가 지난 2009년 AFL-CIO 위원장으로 선출돼 9년째 노조를 이끌고 있다(AFL-CIO, 1985).

있을 때에는 이를 열람하게 하여야 한다(노동조합 및 노동관계조정법 제26조).

아울러 매년 1회 이상 조합총회를 개최하게 하는 한편(노동조합 및 노동관계조정법 제15조 제1항) 임원의 선거에 있어서 다수결원칙을 채택함으로써(노동조합 및 노동관계조정법 제16조 제3항) 총의를 통하여 1인독재를 막고, 조합원의 권리를 균등하게 보장함으로써 조합의 모든 문제에 함께 참여할 수 있는 기회를 열어 놓았다. 끝으로 규약의 제정 · 변경과 임원의 선거 · 해임에 관한 사항은 조합원의 직접 · 비밀 · 무기명 투표방식(노동조합 및 노동관계조정법 제16조 제4항)에 의하여 자유의사의 반영을 도모하고 있다.

2.5 노동조합의 조직화

노동조합이 조직체로서 갖는 힘은 [그림 11-2]와 같이 두 가지 점에서 찾아볼 수 있다. 그 하나는 조합원의 확보이고, 다른 하나는 조합의 활동에 필요한 자금의 확보이다. 환언하면 양적인 측면의 숍(shop)제도, 즉 노조가입방법과 질적인 측면의 체크오프시스템(check-off system), 즉 조합비 징수방법인데, 이들 각각에 대해 살펴보도록 하겠다.

(1) 노조가입방법

노조가입방법에는 클로즈드 숍(closed shop), 오픈 숍(open shop), 유니온 숍

그림 11-2 | 노동조합의 조직화

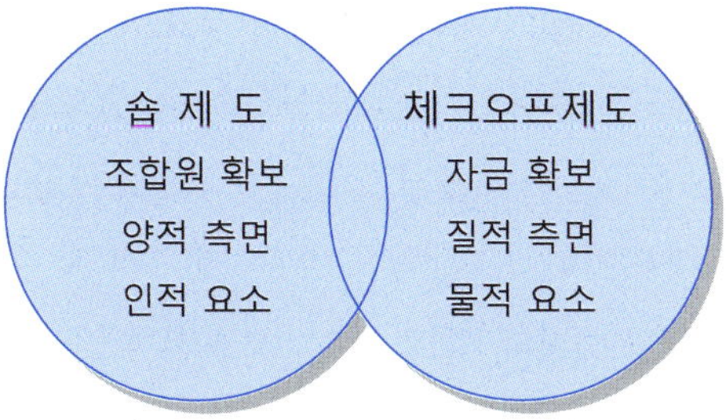

자료: 최종태(1996), 「현대노사관계론」, 전정판, 경문사, 107.

(union shop) 등과 같은 기본적인 방법과 이들의 변형형태인 에이전시 숍(agency shop), 메인티넌스 숍(maintenance of membership) 및 프레퍼렌셜 숍(preferential shop) 등이 있다.

① **클로즈드 숍**: 이것은 기업의 노동자 또는 종업원 요건이 근로조합원을 전제로 하는 것이다. 즉, 노동조합에의 가입이 고용조건의 전제가 되는 것으로 노동조합측에 가장 유리한 제도이다. 따라서 회사와 노동조합의 단체협약으로서 종업원의 채용, 해고 등을 노동조합의 통제에 맡기고 노동조합원 이외에는 종업원을 채용하지 않고 반드시 조합원 중에서 채용하여야 한다는 제도이다. 미국의 경우 와그너법에서 클로즈드 숍 제도를 인정하기도 했으나 오늘날 대부분의 국가에서 이를 불법화 하고 있다(Ehrenberg & Smith, 2006; Sloane & Witney, 2006).

② **오픈 숍**: 고용관계에 있어서 고용주가 노동조합의 가입조합원뿐만 아니라 자유로이 조합원 이외의 노동자까지도 고용할 수 있는 제도이다. 클로즈드 숍 제도는 조합원을 강제로 압박하는 수단이 되기 쉽다고 하나, 이 제도는 고용주에 의한 조합 약화의 수단으로서의 역할도 커진다. 우리나라의 경우 특정한 노동조합원이 될 것을 고용조건으로 하는 행위를 부당노동행위로 규정함으로써 오픈 숍 제도가 주종을 이루고 있다.

③ **유니온 숍**: 이것은 앞선 두 가지 숍의 중간형태로 고용주는 노동조합의 조합원 이외의 노동자까지도 자유로이 고용할 수 있으나 일단 고용된 노동자는 일정기간(보통은 30일 이내) 중에 조합원이 되지 않으면 안 된다는 제도이다. 우리나라의 경우 "노동조합이 당해 사업장에 종사하는 근로자의 2/3 이상을 대표하고 있을 때에는 근로자가 그 노동조합의 조합원이 될 것을 조건으로 하는 단체협약의 체결은 예외로 하며(노동조합 및 노동관계조정법 제81조 제2호)"라고 규정하여 유니언 숍을 체결할 수 있도륵 하고 있다.

④ **메인티넌스 숍**: 이는 미국에서 2차대전 중에 나타난 것으로 클로즈드 숍 제도의 완화된 형태이다. 조합원유지 숍 제도라고 하며 일단 단체협약이 체결되면 기조합원은 물론 단체협약이 체결된 이후에 가입한 조합원도 협약이 유효한 기간 동안은 조합원자격을 유지(maintenance)하여야 하는 제도를 말한다. 단 신입사원이나 기존의 비조합원은 노조에 가입할 필요는 없다.

⑤ 에이전시 숍: 종업원들이 노조에 가입하도록 강제되지는 않지만 비조합원(free-riders)들도 조합원들의 조합비에 상당하는 금액을 정기적으로 노동조합에 불입하도록 하는 제도이다. 이 제도는 근로자들이 비조합원으로서 조합비 납부의 업무를 회피하는 반면, 타조합원들과 동일한 혜택을 향유하려는 공짜심리를 줄일 수 있으며, 동시에 노동조합은 조합원수를 늘이게 됨으로써 안정을 꾀할 수 있는 방법이다.

⑥ 프레퍼렌셜 숍: 이 제도는 사용자측이 비조합원의 고용도 가능하지만 조합원에 대하여는 고용상에 차별적인 우대를 가하는 제도이다. 따라서 이 제도의 효율성은 노·사 쌍방이 차별적 대우(preference)를 어떻게 적용하는지에 달려 있다. 차별적 대우의 한 예는 고용시 조합원에게는 우선순위를 두어 채용하는 것을 들 수 있다. 이 조항은 테네시주 스프링 힐에 위치해 있는 새로운 새턴(Saturn) 제조공장을 둘러 싸고 전미자동차노조(UAW: United Auto Workers)와 GM 사이에 교섭이 이루어진 뒤 전국노사관계위원회(NLRB)에 의해 확정된 바 있다(DeCenzo & Robbins, 2007).

(2) 노조조합비

숍제도가 양적인 의미에서의 노조안정책이라면 질적인 측면에서의 노조안정책과 관련있는 것이 바로 체크오프시스템(check-off system)이다. 체크오프시스템이란 노동조합과 사용자 사이의 협정에 근거하여 사용자가 조합원인 근로자의 임금으로부터 조합비를 공제하고, 그것들을 일괄해서 노동조합에 인도하는 것으로(임종률, 2007; 최영진, 2007), 조합비의 일괄공제제도를 말한다. 즉 조합이 조합비를 징수하는 방법에는 조합원 개개인을 찾아다니며 조합비를 걷는 방법과 사용자가 노동조합을 위하여 조합원인 근로자의 임금으로부터 조합비 기타 노동조합의 징수금을 공제하여 직접 노동조합에 인도하는 방법이 있는데, 후자를 조합비공제제도 또는 원어대로 체크오프시스템이라고 한다.

노조는 우선 자금확보면에서 뿐만 아니라 조합의 안정성 확보라는 이유에서도 조합비공제제도의 채택을 단체교섭에서 사용자측에 요구하는 것이 일반적이다. 미국과 일본을 비롯한 대부분의 노조에서 일괄공제제도를 채택하고 있으며, 우리나라의 경우 약 97.6% 정도이다.

3. 단체교섭과 단체협약

3.1 단체교섭의 의의

(1) 단체교섭의 의의

단체교섭(collective bargaining)이란 웹부처(B. & S. Webb)에 의해 처음으로 만들어진 것으로 이에 대한 정의는 학자에 따라 다소 차이는 있으나 대부분 그 내용은 일치하는 경향을 보이고 있다. 코캔과 카츠(T. A. Kochan & H. C. Katz)는 "단체교섭을 노사관계를 지배하는 하나의 시스템으로 파악하고, 고용계약과 신분을 확정하고 작업장에서 노동자와 경영진 간 상호작용을 구조화하는 과정"으로 규정하고 있다(Kochan & Katz, 1988). 소머스(G. G. Somers)는 "단체교섭을 고용 제조건을 교섭할 목적으로 사용자와 특정 종업원 단위를 대표하는 노동조직 사이에 이루어지는 지속적인 관계"로 정의내리고 있다(Somers, 1980).

이상의 정의를 종합해 보면 단체교섭이란 노동조합 대표자가 그 노동조합 또는 조합원을 위하여 사용자나 사용자단체와 단체협약 체결 기타 사항에 관하여 교섭하는 과정을 말한다. 즉, 노동조합과 사용자 또는 사용자단체가 근로자의 임금이나 근로시간 그 밖에 근로조건에 관한 협약의 체결을 위해 대표자를 통해 집단적 타협을 모색하고 또 협약을 관리하는 절차이다.

노동자들은 법적으로는 대등하지만 경제적으로는 대등하지 못한 약자로서 진정한 의미에서의 대등성을 획득하고자 오랜 세월의 투쟁을 거쳐 노동조직을 만들었다. 따라서 오늘날 많은 국가들은 이것의 필요성을 인정하여 법으로 보장하고 있다. 그러나 단결권은 노동자의 단결의 자유를 주 목적으로 하지만 단결 자체만으로는 무의미한 것이고 조직력을 배경으로 하여 사용자와 단체교섭을 전개함으로써 노동조합운동의 본래 목적을 달성할 수 있는 것이다.

이렇게 볼 때 노동조합의 기본은 단체교섭에 있고, 단결권의 보장은 단체교섭권 확립을 위한 것이며, 그리고 단체행동권의 보장은 효과적인 단체교섭권의 확보를 위한 것이라 할 수 있다. 이러한 단체교섭은 집단적 노사관계의 축으로써 오늘날 노사 간의 대립이나 갈등관계를 민주적이고 평화적인 방법에 의해 공존공영과 산업평화 유지의 방향으로 유도하는 데 불가결의 요소가 되고 있으며, 이를 위한 제도적 장치를 단체교섭제도라 한다(이덕로 · 정종진, 2017, 139).

(2) 단체교섭의 대상

단체교섭의 대상을 어디까지로 하느냐 하는 문제는 노동조합의 성격이나 구조, 산업간의 성격과 구조, 그리고 경영의 목표에 따라 차이가 있다. 독일, 이탈리아, 스웨덴, 영국, 미국 등 선진공업국들은 협약이 법률에 반하든지, 법률이 정한 기준에 미달하는 고용조건을 규정해서는 안 된다는 제약을 제외하고는 교섭사항의 범위는 전적으로 당사자가 자유로이 정하도록 하고 있다.

구체적으로 미국의 전국노동관계위원회가 기준으로 설정한 단체교섭의 영역을 검토해 보면 동위원회는 교섭의무사항, 교섭임의사항 및 교섭금지사항으로 구분하고 있다. 첫째, 교섭의무사항은 태프트 하틀리법(Taft-Hartley Act) 제8조 (d)에 규정된 임금, 근로시간 및 기타 근로조건을 말한다. 둘째, 교섭임의사항은 임금, 근로시간 및 기타 근로조건의 영역에 해당되지 않는 사항으로 이들 사항에 대한 교섭은 완전히 임의적이다. 따라서 이들 사항을 단체협약에 포함시킬 것을 요구함으로써 노동쟁의의 단계에 이르는 것은 위법이며, 노동조합측의 부당노동행위에 해당된다. 예를 들면 회사 식당에서의 식사요금, 파업 시도자에 대한 고용조건에 관한 규정, 협약내 감독의 포함문제, 노조문제에 관한 경영권의 문제, 교섭단의 규모와 자격에 관한 규정 등이다. 셋째, 교섭금지사항은 불법적이며 전국노사관계위원회에서 금지된 사항이다. 이들 사항에 대한 교섭은 허용되지 않으며, 설령 상대방이 동의했다 하더라도 허용되지 않는다. 예로써 클로즈드 숍(closed shop), 인종에 의한 종업원 선발 및 차별 대우에 대한 교섭, 무노동 유임금요구(featherbedding) 등이다(Carrell & Heavrin, 2001).

우리나라 노동조합에서는 단체교섭에 관하여 명백한 법 규정을 두지 않고 있다. 그러나 노동조합 및 노동관계조정법 제2조 제4호 노동조합의 정의에서 “근로자가 주체가 되어 자주적으로 단결하여 근로조건의 유지 · 개선 기타 근로자의 경제적 · 사회적 지위의 향상을 도모함을 목적으로 조직하는 단체 또는 그 연합단체를 말한다”라고 하고 있으며, 동법 제2조 제5호에서는 노동쟁의의 정의로 “노동조합과 사용자 또는 사용자단체 간에 임금 · 근로시간 · 복지 · 해고 기타 대우 등 근로조건의 결정에 관한 주장의 불일치로 인하여 발생한 분쟁상태를 말한다"라고 규정하고 있어 단체교섭의 대상이 광의의 근로조건 전반으로 해석되고 있다. 따라서 임금·근로시간은 물론이고 조합활동, 근로조건, 안전·보건, 복리후생, 재해보상, 취업규칙, 노동쟁의 등 노사관계 전반을 다 포함하고 있음을 알 수 있다. 그 결과 강제적 교섭사항을 명문으로 규정하고 있는 미국의 단체교섭제도에 비해 융통성이 있다는 장점은 있으나, 반면에 단체교섭 사항을 둘러싸고 분쟁을 일으킬 소지가 많다는 점이 지적되고 있다.

3.2 단체교섭의 방식

단체교섭은 노사의 힘의 관계를 배경으로 하는 거래와 협상의 관계이다. 따라서 단체교섭의 방법 또는 형태는 노동운동의 성격, 노동조합의 조직형태, 기업규모 및 노동시장 등에 따라 여러가지 상이한 양상을 띨 수 있지만 크게 다음과 같이 구분할 수 있다.

(1) 기업별교섭

특정 기업 또는 사업장 단위로 조직된 독립된 노동조합이 단체교섭의 당사자가 되어 당해 기업주 또는 사업주와 교섭하는 방식을 말한다. 이 기업별교섭에 있어서는 교섭의 양당사자가 고용관계 즉 사용주와 종업원이라는 종속관계로 말미암아 실질적으로 대등한 입장에서 교섭하기가 곤란하다는 단점이 있으나 반대로 회사 사정에 익숙하여 무리한 요구나 이에 따르는 노사분규를 예방할 수 있다는 장점이 있다. 우리나라와 일본에서 전형적으로 채택되고 있다.

(2) 통일교섭

전국적 또는 지역적인 산업별 또는 직업별의 노동조합과 이에 대응하는 전국적 또는 지역적인 사용자단체와의 교섭방식을 말한다. 노동조합이 산업별 또는 직업별로 전국적 또는 지역적인 노동시장을 지배하고 있는 반면에, 기업의 규모는 크지 않고 재정도 약하며, 또한 시장에서의 상호경쟁이 극심한 중소기업의 경우에 있어서 흔히 볼 수 있는 방식이다. 이 교섭방식은 복수사용자(multiemployer bargaining)

이라고도 하며 영·미를 비롯한 유럽 각국에서 채택되고 있다(Reynolds, Masters, & Moser, 1998).

우리나라에서 통일교섭이 이루어지고 있는 대표적인 경우는 한국노총 소속의 전국항운노동조합연맹과 한국항만하역협회 사이에 체결되는 단체협약으로 항운노련은 각 회원조합으로부터 교섭권을 위임받아 한국항만하역협회와 임금을 포함한 단체협약을 직접 체결한다.

(3) 대각선교섭

대각선교섭이란 전국적·지역적인 산업별 또는 직업별 노동조합이 개개기업과 개별적으로 교섭하는 방식을 말한다. 이것은 산업별 노동조합에 대응할 만한 사용자단체가 없거나 또한 이러한 사용자단체가 있다 하더라도 각 기업에 특수한 사정이 있을 때 사용되는 방식이다. 미국의 경우 General Motors, U.S. Steel 등과 같은 대규모회사가 이 방식을 사용하고 있다.

우리나라의 경우 산업별 노조인 민주노총 산하의 전국대학노조가 연세대학교를 비롯한 각 대학교와 벌이는 교섭이 이에 해당된다. 아울러 면방업체가 임금에 대해서는 전국섬유노조와 방직협회가 통일교섭으로서 정하고 있으나 기타 사항은 단체협약 기준안을 작성하여 각 기업체 또는 사업장별로 다시 협약을 체결하고 있는바, 이런 경우를 통일교섭과 대각선교섭의 혼재 형태로 볼 수 있다.

(4) 집단교섭

집단교섭이란 수 개의 노동조합지부가 공동으로 이에 대응하는 수 개의 기업집단과 집단적으로 교섭하는 형태를 말한다. 이 방식은 노동조합측이나 사용자측이 산업별로 연합전선을 형성하여 교섭하는 것으로, 이를 연합교섭이라고도 하며 유럽 각국에서 많이 볼 수 있는 형태이다.

우리나라의 경우 노동조합 및 노동관계조정법 제29조 제3항에 따라 사용자단체와의 단체교섭에 있어서 산업별 연합단체가 교섭권한을 가질 수 있으므로, 산업별 노동조합연합단체가 특정 분야에 대하여 사용자단체와 단체교섭을 하거나, 혹은 기업별 단위노동조합의 대표자들이 연명으로 사용자단체와 단체교섭을 할 수 있는바, 이 경우를 집단교섭이라고 볼 수 있다.

(5) 공동교섭

공동교섭이란 상급단체인 산업별·직업별 노동조합이 하부단체인 기업별 노조나 기업 단위의 노조지부와 공동으로 개별기업의 사용자와 교섭하는 방식을 말한다. 이 교섭은 거대 기업 사용자의 근로자들이 다수의 지역별 노조로 결성되어 있을 때 근로조건의 통일을 기하기 위하여 지역별 노조들과 이들의 연합체가 공동으로 단일사용자와 교섭하는 경우에 이용되는 형태이다(신수식·김동원·이규용, 2014, 112-113).

이 방식은 기업별 노조에 있어서 기업별교섭이 갖는 약점을 어느 정도 보완해 줄 수 있는 장점이 있지만 상급단체가 교섭을 주도하는 경우 기업의 실정에 대한 고려가 부족하여 노사 간의 갈등이 증가하는 단점이 있다(윤희준, 2008).

일반적으로 노동조합은 공동교섭 또는 대각선교섭에 있어서 유형교섭(pattern bargaining)이라는 교섭전략을 활용하는 경향이 있다. 이는 일종의 각개격파의 전략으로 노동조합에 가장 좋다고 생각되는 특정 기업과 우선 단체협약을 체결하고 이 협약모형을 타기업에 강요하는 전략으로, 예컨대 전미철강노조(USW)와 US Steel, 또 전미자동차노조(UAW)와 GM 사이에서 활발히 이루어지고 있다.

현장이야기

'청소 아줌마'들의 집단교섭

최근에 늘 고용불안에 시달리는 '청소 아줌마'들이 집단교섭을 이루어내 화제가 된 적이 있다. 고려대, 고려대병원, 경희대, 연세대, 이화여대, 홍익대 등에서 청소·경비·시설관리 업무를 맡고 있는 12개 하청업체 대표자들과 민주노총 산하의 전국공공운수사회서비스노동조합연맹에 소속되어 있는 해당 기관의 지회 노조원들 사이에 2011년부터 이루어져 온 집단교섭이 바로 그것이다.

최저임금이 곧 '최고임금'이던 청소노동자들의 노동조건은 집단교섭으로 점차 개선된 것으로 나타났다. 2011년 첫해 집단교섭을 통해 이화여대·고려대·연세대 청소노동자들은 최저임금 4,320원보다 280원 많은 시급 4,600원에 합의했고, "산별 교섭(집단교섭)에 참가한다", "인력조정시 노조와 사전 합의한다", "계약직 채용을 제한한다"는 내용을 단체협약에 명문화할 수 있었다(김소연, 2012.1.25).

이런 식으로 서울 시내 대학 환경미화, 경비, 시설 노동자들이 이뤄낸 성취는 놀랍다. [그림 11-3]에서 알 수 있듯이 2011년 4,600원이던 시급은 3년 만에 6,200원이 됐다. 3년간 임금상승률이 34.8%에 이른다. 4만여원에 불과하던 한 달 식대는 9만원이 됐고, 5만원 수준의 명절상여금은 18만원까지 올랐다. 임금뿐만 아니라 전반적인 노동조건 역시 눈에 띄게 좋아졌다. 예전엔 용역업체는 물론 대학 쪽의 부당한 요구에 제대로 항의조차 못하고 응해야 했으나 지금은 사정이 달라졌다. 이숙희 서경지부 홍익대분회장은 "노조가 없을 땐 학교 이사장 집에 가서 설거지를 해주는가 하면, 경비 노동자가 아침마다 지게를 지고 학교 안 언덕 위까지 쓰레기를 날라야 했으나 이젠 그런 게 없어졌다"고 말했다.

그림 11-3 서경지부 소속 대학 간접고용 노동자(청소 노동자) 집단교섭현황

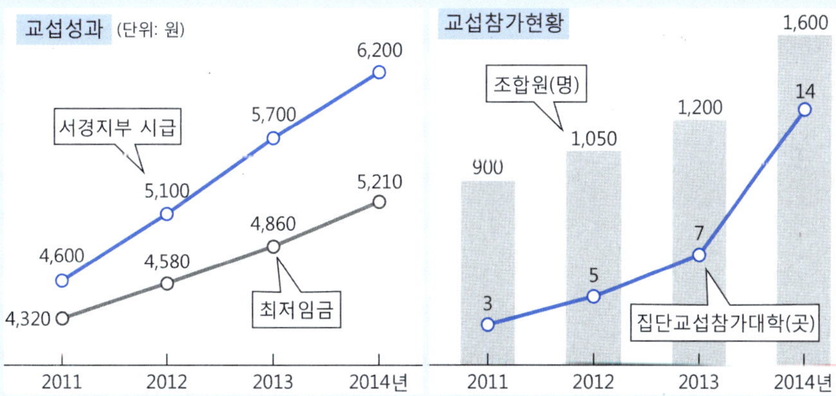

자료: 전종휘(2014.6.29). "'빗자루 연대'의 기적…청소노동자들의 삶을 바꾸다." 「한겨레신문」.

3.3 단체협약

(1) 단체협약의 의의

단체협약이란 노동조합과 사용자 혹은 사용자단체 사이의 단체교섭에 의한 합의로써 성립하는 것이며, 근로조건 기타 근로자의 대우에 관한 기준을 정하고 협약 당사자 상호 간에 채권·채무의 설정을 목적으로 한다(임종률, 2002). 즉, 단체협약은 노동조합과 사용자 또는 사용자단체 사이에 단체교섭을 통하여 합의·결정된 임금, 근로시간 등의 근로조건 및 기타 노사관계에 관한 제반 사항에 대한 합의이며, 이를 서면으로 작성한 문서가 단체협약서라고 할 수 있다.

근로자의 근로조건이나 처우 등을 규율하는 자치규범에는 개별근로자와 사용자

간에 체결되는 근로계약이나 사용자가 임의로 작성하는 취업규칙도 있지만 단체협약이 체결되면 이 모두는 단체협약의 영향을 받게 된다. 단체협약을 단체교섭권 행사의 산물이고 단결권과 단체행동권은 단체교섭권 행사의 실효성 제고를 위한 수단으로서의 기능을 가진다고 볼 때 노동3권 행사의 결정체라고 할 수 있다. 따라서 단체협약은 노사가 자치적으로 정한 각종 사적 규범 중 최상위에서 노사관계를 규율한다는 점에서 노사관계의 헌법이라고 할 만큼 산업현장에서 그 중요성이 지대하다(김정한 · 문무기 · 윤문희, 2003).

이러한 단체협약의 기능으로는 기업의 민주화, 근로조건의 개선, 산업평화의 유지 및 노조의 조직력 강화 등이 있다.

(2) 단체협약의 유효기간

노동조합 및 노동관계조정법 제32조 제1항에서 “단체협약에는 2년을 초과하는 유효기간을 정할 수 없다”고 규정하고 있으며, 동법 제32조 2항에서 “단체협약에 그 유효기간을 정하지 아니한 경우 또는 제1항의 기간을 초과하는 유효기간을 정한 경우에 그 유효기간은 2년으로 한다”고 규정함으로써 역시 유효기간을 2년으로 보고 있다. 끝으로 동법 제 32조 제3항에서 “단체협약의 유효기간이 만료되는 때를 전후하여 당사자 쌍방이 새로운 단체협약을 체결하고자 단체교섭을 계속하였음에도 불구하고 새로운 단체협약이 체결되지 아니한 경우에는 별도의 약정이 있는 경우를 제외하고는 종전의 단체협약은 그 효력만료일로부터 3월까지 계속 효력을 갖는다”라고 규정함으로써 유효기간은 최고 2년 3월이 되는 셈이다.

이처럼 노동관계법이 단체협약의 유효기간을 제한하는 규정을 둔 것은 변화하는 산업사회의 사회적 · 경제적 여건의 적응, 당사자의 부당한 구속 방지, 적절한 근로조건의 유지, 그리고 노사관계의 안정에 그 목적이 있다(김정한 · 문무기 · 윤문희, 2003, 24).

(3) 단체협약의 효력

단체협약의 효력은 영향을 미치는 법률상의 효력에 따라 크게 규범적 효력, 채무적 효력 그리고 조직적 효력 등 세 가지 유형으로 나누어볼 수 있는데, 여기에서는 이들의 확대적 적용인 일반적 구속력과 지역적 구속력 등에 대해서도 아울러 살펴보기로 하겠다.

1) 규범적 효력

단체협약의 여러 조항 가운데 “근로조건 기타 근로자의 대우에 관한 기준”을 정한 부분이 있는데 이것을 규범적 부분이라 하고, 이 규범적인 부분에 대해서 적용되는 강제적인 효력을 규범적 효력이라 한다. 이를테면 임금 · 퇴직금 · 상여금 · 복리후생 · 근로시간 · 안전과 건강 · 재해보상 · 가족수당 · 경조금 · 교육훈련 · 정년제 등이 이에 속한다(김형배, 2006). 단체협약의 규범적 효력은 근로조건의 개선을 목적으로 하는 단체협약의 핵심적 기능을 시현하는 부분이기 때문에 규범적 부분이 전무한 협정은 단체협약이라고 할 수 없다.

2) 채무적 효력

단체협약의 여러 조항 가운데 협약 당사자의 권리 · 의무에 관한 조항이 있는데, 이와 같은 협약 당사자의 권리 · 의무에 관한 단체협약의 내용을 채무적 부분이라 한다. 이 채무적 부분에 대해서 적용되는 효력을 채무적 효력이라 한다. 이를테면 평화의무조항, 숍(shop)조항, 단체교섭 위임금지조항, 유일교섭단체조항, 쟁의행위에 관한 조항 등을 들 수 있다.

이러한 협약조항에 협약 당사자 간에 계약법상의 권리 · 의무관계, 즉 합의된 사항에 따르는 채권 · 채무관계가 생기기 때문에 협약의 이같은 조항에 위반한 당사자의 일방에 대해 다른 일방의 당사자는 채무불이행의 책임을 추궁할 수 있다.

3) 조직적 효력

단체협약의 여러 조항 중 경영에 있어서의 제도, 기관의 조직과 운영 등에 관한 조항과 같이 집단적 노사관계에 적용되면서도 개별적인 근로관계와도 관련되는 부분이 있는데, 이를 조직적 부분이라 한다. 이 조직적 부분에 적용되는 효력을 조직적 효력이라고 한다. 종래 이는 조합원인 종업원의 해고에 관한 협의 · 동의조항, 노사협의회와 고충처리기관 등의 조직과 운영에 관한 조항 내지 협정 등을 말해 왔는데, 오늘날 노사 간 협력적 관계가 부각되고 보다 긴밀해지면서 이 조직적 부분의 중요성은 더욱 강조되고 있다.

4) 일반적 구속력

하나의 사업 또는 사업장에 상시 사용되는 동종의 근로자 반수 이상이 하나의 단체협약의 적용을 받게 된 때에는 당해 사업 또는 사업장에 사용되는 다른 동종의 근로자에 대하여도 당해 단체협약이 적용된다(노동조합 및 노동관계조정법 제35

조)는 것으로 이것을 '협약의 일반적 구속력'이라고 한다.

이는 만약 절반 이하의 사람이 협약을 체결한 조합이 조합원이 아니라고 해서, 사용자가 이들을 협약이 정한 기준보다 낮은 근로조건으로 사용하는 일을 그대로 방임해 둔다면, 협약의 기능이 현저하게 줄어들어, 특히 사용자는 보다 나은 근로조건에서 일하는 협약조합의 조합원인 종업원을 기회 있을 때마다 해고시키고, 보다 낮은 조건에서 일하는 근로자로 대체하려고 할 위험성이 있기 때문이다.

5) 지역적 구속력

노동조합 및 노동관계조정법 제36조 제1항은 "하나의 지역에 있어서 종업하는 동종의 근로자 3분의 2 이상이 하나의 단체협약의 적용을 받게 된 때에는 행정관청은 당해 단체협약의 당사자의 쌍방 또는 일방의 신청에 의하거나 그 직권으로 노동위원회의 의결을 얻어 당해 지역에서 종업하는 다른 동종의 근로자와 그 사용자에 대하여도 당해 단체협약을 적용한다는 결정을 할 수 있다"라고 규정하고 있는데, 이것이 '지역단위의 일반적 구속력' 즉 지리적 구속력으로 동일지역에 있어서의 '동일노동·동일임금의 원칙'을 실현하기 위한 목적에서 비롯된 것이다(이덕로·정종진, 2017, 203-212).

4. 경영참가제도

4.1 경영참가제도의 의의

(1) 경영참가제도의 의의

근로자가 그들의 권익을 유지·발전시키기 위해 노동3권을 갖고 있듯이 경영자 또한 여기에 상응하는 권리를 갖고 있는데, 이것이 바로 경영권 내지 경영전권(management prerogative)으로 경영자만이 누릴 수 있는 고유한 권한을 말한다. 그러나 기업의 목표란 경영자나 근로자 중 어느 한 쪽의 일방적인 노력에 의해서는 결코 효율적으로 달성하기가 어려운 법이다. 그것은 경영자와 근로자가 상호 협력적인 관계에 있을 때 비로소 능률의 극대화를 가져올 수 있는 일이다. 따라서 노사협력의 증진을 도모하기 위해 나타난 제도 중의 하나가 바로 경영참가제도이다(대한상공회의소, 2004).

이와 같이 근로자의 경영참가제도란 근로자 또는 노동조합이 경영자와 공동으로 기업의 경영관리기능을 담당·수행하는 것을 말한다. 환언하면 근로자 자신 또는 노동조합이 기업의 경영에 참가하여 경영자와 함께 경영상의 권한과 책임을 분담하는 것이다. 오늘날 정도의 차이는 있을지언정 대부분의 나라가 노사협력을 증진시키기 위하여 근로자의 경영참가를 인정함으로써 이제 종업원의 경영참가는 참가를 실시하느냐 않느냐의 문제가 아니라 어떻게 그리고 얼마나 실시하느냐의 문제로 발전하고 있다.

우리나라는 1963년에 개정된 노동조합법 제6조에서 노사협의제도의 도입을 처음으로 규정한 뒤 1980년 12월 31일 노사협의회법을 독립입법으로 만들었으며, 1997년 3월 13일에는 '근로자 참여 및 협력증진에 관한 법률'로 경영참가제도를 더욱 강화·발전시켜 나가고 있다(이덕로·정종진, 2017, 222-223).

현장이야기

'임금공유제'로 상생협력 앞장 선 SK하이닉스

SK하이닉스(대표 박성욱)는 노사가 상생협력 '임금공유제'를 2015년 6월 도입했다. 자신들의 임금 인상분 중 20%를 협력사에 제공하는 방식으로, 시행 이후 결과를 돌아보니 해마다 5,000여명의 협력사 직원들이 1인당 평균 6% 이상의 임금인상 효과를 거둔 것으로 나타났다. 재계에서는 협력업체 근로환경을 개선하는 등 대·중소기업 간 양극화 해소 방안을 노사가 자율적으로 마련했다는 점에서 산업계에 울리는 반향이 컸다는 해석이 나왔다. 이런 공로를 인정받아 박성욱 SK하이닉스 대표는 그해 '금탑 산업훈장'을 수훈하기도 했다.

SK하이닉스는 이후에도 1,600억원 규모의 2·3차 협력사 지원펀드를 조성해 현금지급 비중을 확대하고 직원 역량강화·복지개선·인재채용 프로그램을 지원하는 등 2·3차 협력사 상생 확대방안을 올 7월에 발표하기도 했다. 더불어 상생협력 딥체인지의 일환으로 성장성이 높은 중소 협력사를 '기술혁신기업'으로 선정해 포괄적 기술지원을 하는 한편, '상생타운'을 통한 협력사와의 혁신적 아이디어 교환, 품질향상 동반 노력을 위한 장비·시스템 등의 구축도 지원하고 있다.

사회적 기업 육성에도 적극적이다. 최근에는 본사 소재지인 경기도 이천 지역의 '행복교

복 실버천사' 사업을 진행했다. 무상으로 기증받은 교복을 수선해 새 제품의 10% 가격으로 판매하는 사업으로, SK하이닉스는 본 사업을 지속 발전시켜 사회적 기업으로 인증받는 방안을 검토한다는 계획이다. 여기에 활용한 기금인 '행복나눔기금'은 임직원이 기부한 금액과 회사 측에서 동일한 금액을 매칭그랜트로 더해 조성하며, 2011년부터 올해까지 총 140억원의 기금을 지역사회를 위해 기탁했다.

자료: 이재운(2017.11.20), "'임금공유제'로 상생협력 앞장 선 SK하이닉스," 「이데일리」.

(2) 경영참가제도의 배경

1) 근로자측의 상황변화

종래 근로자들을 하나의 노동계급으로 결합시켜온 것은 다름 아닌 노동의 동질성과 근로자의 빈곤 및 공통적인 불평·불만 등이었으나, 그것들이 오늘날은 많이 변화하고 있다. 우선 미국 등 선진공업국가에 있어서의 노동은 전문화하고, 다양화되어 전에 없이 이질성을 띠어가고 있다. 또 근로자라 해도 상당수가 자기의 주택을 소유하고, 차량을 갖고 있으며 그리고 어느 정도의 주식마저 소유하게 되어 반드시 무산자라고만 볼 수 없게 되었다.

한편 불평·불만에 대해서도 과거와 같이 그것을 토론하거나 호소할 길이 없는 그런 상태가 아니다. 오늘날에는 여러가지 방도로 그들의 의사를 발표하고 반영시킬 수 있게 되어 있다. 뿐만 아니라 과거에 근로자는 평생을 일반근로자로 지내야 할 처지에 있었지만, 오늘날의 근로자는 노력만 하면 감독자→관리자→경영자로 점차 높은 직위로 올라갈 수 있는 기회가 늘어나는 것과 같이 근로자측의 상황이 많이 바뀌어 가고 있다.

2) 사용자측의 상황변화

한편 사용자측에 있어서도 사정이 달라지고 있다. 즉 종래 사용자의 기업목표는 저수준의 노동코스트를 통한 이윤의 극대화를 도모하는 것이었으나, 경제적·사회적 환경의 변화에 따라 적정이윤 내지 만족이윤 중시주의로 기업목표를 전환시키지 않을 수 없게 되었다. 따라서 임금을 개선해서 노동의 생산성을 높일 수 있다면 구태여 저임금을 고집하지 않는다. 즉 고생산성·고임금의 정책으로 방향전환이 불가피하다는 것이다. 따라서 오늘날 대부분의 사용자는 노동조합의 위상이나 입장을 이해하고 적대적 존재로서가 아니라 파트너(partner)로서의 역할을 인정하여, 적극적으로 공존관계를 이루어 가고자 노력하고 있다.

3) 노동조합의 기능확대

이상과 같은 노사관계 당사자의 상황 변화는 기존 노동조합의 활동이나 기능에도 적지 않은 영향을 미쳐 노동조합의 역할이나 기능이 여러가지 면에서 그 성격을 달리하게 되었다. 우선 노동운동이 과거와는 달리 상당한 정도로 성장하고 원숙해지면서 노동조합의 기능이나 역할도 종래의 경제적 지위의 향상에만 머물지 않고, 정치적·사회적·문화적, 심지어 교육적 기능으로까지 점차 확대되게 되었다. 이와 같이 노동조합의 활동범위가 급격히 확대됨에 따라 근로자나 노조원들의 다양한 수준에서의 경영참가에 대한 욕구를 자극하게 되었고, 그 결과 근로자의 경영참가를 자연스럽게 받아들이지 않을 수 없게 되었던 것이다.

우리나라에서는 외환위기 이후 구조조정이 본격적으로 허용되면서 고용안정을 보장받고 노동운동의 실질적 영향력을 확대하기 위해 유노조 기업에서의 경영참여 요구가 크게 증가하였다(이주희·이승협, 2005).

4) 기술혁신과 생산성향상

기술혁신에 의해 먼저 그 이익을 누릴 수 있는 쪽이 사용자인 반면 먼저 많은 희생을 입을 수 있는 자는 근로자이다. 왜냐하면 기술혁명은 인력의 절약과 기술의 빈부화 등으로 인하여 실업·배치전환, 더 나아가서는 노동강화 등의 현상을 초래하기 때문이다. 그리고 이들은 결과적으로 격렬한 노사분쟁을 유발하고, 생산성 향상에는 오히려 역효과를 초래하게 된다. 이와 같은 문제의 해결을 위해서는 전통적인 단체교섭의 방식으로는 적절하지 않다. 왜냐하면 단체교섭은 노사 간의 이해가 상반되는 문제를 다루기 위해 마련된 제도이기 때문이다.

생산성향상이란 노사 간에 이해를 같이 하는 협조관계에서만이 가능한 것이다. 따라서 기술혁신과 생산성향상을 통하여 증대된 경영성과를 노사 간에 적절하게 배분할 수 있는 성과배분의 길이 마련되어야 한다.

5) 인간관계론의 등장

호손실험(Hawthorne experiment)의 결과로 1930년대부터 등장하기 사작한 인간관계론은 경영관리제도에 중대한 변형을 가져오기 시작했다. 즉 종전의 과학적 관리론에 의하면 인간의 기본적인 작업동기는 임금에 있다고 가정하고, 그들에게 필요한 것은 관리자에 의한 철저한 과업관리와 감시·감독이라 생각하였다. 그러나 호손실험을 계기로 생산성을 좌우하는 것은 물질적인 요소보다는 오히려 종업원의 사기와 직무에 대한 만족감이라는 것이 인식되었다. 여기에서 생산의 협력자인 근로자가 자발적·능동적으로 경영에 참가할 때 사기와 만족도는 더욱 고취되고, 생산성이 향상되어 기업 발전에도 기여하게 된다는 것이 입증되었다(Reece & Brandt, 2007; Robbins & Timothy, 2011).

6) 기업의 사회적 책임의 인식

기업의 규모가 거대화되면 기업은 과거와 같은 사적 전유물이 아니라 하나의 공기(公器)가 된다. 따라서 기업의 사회적 책임(CSR: Corporate Social Responsibility) 또한 증대하게 되었다. 당초 노사 간의 문제는 그들 상호의 이해에 관계된 일종의 사적 문제와도 같은 것이어서 그의 해결은 당사자들의 자유의사에 맡겨져 있었던 것이다. 그러나 오늘날과 같이 대형화하고 거기에 대응해서 조합 역시 대규모화하면, 노사관계가 국민경제에 미치는 영향이 지대한 까닭에 노사 간의 노동분쟁은 단순히 어느 당사자 간의 사적 분쟁으로만 볼 수 없게 되었다. 여기에서 노사 쌍방은 각기 자신의 사회적 책임을 인식하여 필요 이상의 분쟁행위를 가능한 한 회피하고, 노사문제를 될 수 있는 대로 이성에 입각한 대화를 통해서 평화적으로 해결하지 않을 수 없게 된 것이다.

4.2 경영참가제도의 유형

종업원이 경영에 참가되는 방식은 각국의 문화만큼이나 다양하지만 일반적으로 경영참가를 광의와 협의로 구분하는데, 넓은 의미의 경우에는 근로자 또는 노동조합이 기업경영상의 제 문제에 관하여 발언권을 갖는 것에서부터 종업원지주제도와 같이 주식소유를 통한 자본참가, 스캔론 플랜과 같이 기업이윤에 참가하는 이윤참가까지도 포함한다. 그러나 좁은 의미의 경우에는 근로자 또는 노동조합이 기업의 여러 계층적 수단에서 경영상의 의사결정에 참가하여 영향을 미치는 과정으로 노사협의제와 노사공동결정제를 지칭한다. 이 밖에도 아이디어 참가로 제안제도, 브레인스토밍 및 복수경영제도를 추가시키기도 한다. 이것을 표로 나타내면 〈표 11-3〉과 같다.

표 11-3 | **경영참가의 유형**

- **경영참가의 유형** (광의)
  - 자본참가: 종업원지주제도
  - 이윤참가: 스캔론 플랜, 럭커 플랜
  - 경영참가(협의): 노사협의제, 노사공동결정제
  - 기타 참가: 제안제도, 복수경영제도, 브레인스토밍

(1) 종업원지주제도

종업원지주제도(Employee Stock Ownership Plan: ESOP)란 회사의 경영방침에 대하여 종업원에게 특전이나 혜택을 제공함으로써 종업원이 자사주를 자발적으로 취득·보유하도록 권장하는 제도로서, ① 투자자가 소속회사의 종업원이어야 하고, ② 투자대상이 자사주식이어야 하며, ③ 회사가 특별한 편의도 제공한다는 특징을 지니고 있다.

이러한 종업원지주제도는 초기에 기업방어적인 측면에서 사용되었으나 오늘날에는 여러 목적으로 사용된다. 경영상 유대관계 강화의 측면에서 볼 때 기업 내적으로 종업원의 애사심 함양, 인재의 확보와 이직방지로 인한 정착화, 근로의욕 및 생산성 향상, 노사안정 및 협조의 증진 등을 기대하고, 기업 외적으로는 기업의 대외적 PR의 촉진도 가져온다. 특히 애사심의 함양이나 동기의 유발, 자신의 노력 등이 회사의 이익과 주가에 공헌한다는 것 등을 깨닫게 하여줌은 시사하는 바가 크다고 할 수 있다. 경영상 자금조달 강화 측면에서 볼 때 자기금융적인 성격의, 양질의 자기자본 조달은 물론 장기 안정주주의 확보, 주가의 안정성 유지 등을 용이하게 한다(Woodworth, 1981; 최종태, 1986).

(2) 스캔론 플랜

기업활동 결과 창출된 이윤을 이윤창출에 공헌한 구성원들에게 나누어 주는 제도를 이윤분배방식이라 하는데, 이 중 오늘날 이익분배제도 중 가장 일반적인 모형이 바로 스캔론 플랜(Scanlon plan)이다. 스캔론 플랜은 미국 철강 노동조합(USW)의 간부였던 조셉 스캔론(J. Scanlon)에 의해 1937년에 개발된 조직체 수준의 집단 인센티브제도로서, 이 제도는 기업의 생산성향상을 노사협조의 결과로 보고 총매출액에 대한 노무비 절약분(labor cost savings)으로서의 이윤을 인센티브 임금, 즉 상여금으로 종업원들에게 배분하는 방식을 말한다.

이와 같이 스캔론 플랜은 종업원의 참여의식을 고취시키고 그들의 지식과 상상력을 충분히 활용할 수 있는 새로운 형태의 제안제도(suggestion plan)와 기업의 성과를 종업원과 함께 합의한 기준에 따라 공정하게 배분하는 상여금제도(bonus plan)를 양대 지주로 해서 운용되고 있다.

1) 제안제도

스캔론플랜의 기본사고는 노사협력에 있으므로 제안제도 역시 기업의 생산성 향상을 도모하기 위한 노사협력의 방안으로서 전통적인 개인 중심의 제안제도와는 달리 집단 중심의 제안제도이다. 이러한 집단 중심적인 제안제도는 부서수준의 공장위원회(shop committee)와 중역수준의 적격심사위원회(screening committee)를 중심으로 운영된다.

① **공장위원회**: 공장위원회는 기업의 각 중요부문별로 설치되고 경영자측 대표 1명(생산부서의 경우 보통 직장이나 감독자)과 종업원측 대표 2-5명으로 구성되며, 보통 한 달에 두 번 정도 회의를 갖는다. 이 위원회는 종업원들의 활용되지 못하고 있는 독창력과 상상력을 활용하는 데 그 목적을 두고 생산성 향상, 품질개선, 낭비감소, 조직의 운영방법의 개선 등에 대한 종업원의 제안을 개발하고 심사한다. 이 위원회는 또한 생산비에 대한 종업원의 이해를 촉진시키고 이와 관련된 정보를 전종업원에게 알리기도 한다. 종업원의 제안이 채택되고 또한 그것이 특정비용 범위 내의 것으로 다른 공장위원회의 활동에 영향을 주지 않는다면, 그 제안은 추가적인 승인 없이 해당 공장위원회에 의해서 곧 실행될 수 있다.

② **적격심사위원회**: 적격심사위원회는 생산직 및 사무직 종업원 대표, 노조간부, 최고경영자 등 8-12명 정도의 노사 동수로 구성되고 월 1회 정도의 회합을 갖는다. 이 위원회는 전월의 경영성과와 이의 원인을 분석 · 검토하고 매달의 상여금 결정을 토의한다. 그리고 생산위원회에서 채택되지 않은 제안을 제안자가 다시 재고를 원할 경우 이 제안을 다시 심사하는 일종의 상급법원으로서의 역할을 수행한다. 뿐만 아니라 이 위원회는 비용절감, 생산상의 애로점, 고객의 불평, 품질문제, 원자재 부족문제, 그리고 입찰, 주문,

판매 및 선적방침, 시장전망 등 기업이 당면한 문제를 토의하고 조직개선을 위한 각종 제안을 심사하는 기능을 수행한다. 단, 단체교섭과 관련된 문제는 단체교섭기구에서 다루고 여기서는 취급하지 않는다.

2) 상여금제도(bonus plan)

스캔론은 상여금을 노동과 경영의 효율적인 결합의 결과로 보고 이것을 증대시키기 위해서는 최고경영자로부터 현장사원에 이르기까지 모든 구성원들이 적극적으로 참여하여야 하며, 아울러 그 배분에 있어서도 모든 구성원을 참여시키고 있다. 상여금의 배분은 다음과 같은 방법으로 이루어진다.

① 먼저 일정기간 동안의 기준(표준)노무비율을 산정한다. 기준노무비율은 노무비절약분을 산정하는 기준이 되는데, 일정기간 동안의 생산물의 판매가치(sales value of production)에 대한 총노무비의 비율이다.
② 매출액에 재고품이나 반입품의 가액을 가감하여 매월의 판매가치를 계산하고 이를 노사협조의 결과로 이룩된 경영성과로 본다. 그리고 이러한 성과를 달성하기 위하여 실제로 지급된 매월의 실제 노무비를 계산한다.
③ 앞에서 계산된 당해 월의 판매가치에 기준노무비율을 곱하여 산출한 기준노무비에서 실제노무비를 차감하여 상여금재원(bonus pool)을 산정한다.
④ 실제 상여금 재원의 배분은 회사의 재정형편에 따라 다르겠지만 일반적으로 노무비가 기준노무비를 초과할 경우를 대비하여 25%는 적립금으로 사내 유보하고 나머지 75%는 종업원과 회사에 각각 75%와 25%, 즉 3:1의 비율로 배분한다.

이러한 스캔론 플랜의 효과로 다음과 같은 것을 들 수 있다.
① 하위계층에서의 조정, 팀웍 및 지식의 공유를 향상시킨다.
② 사회적 욕구가 참가에 의해, 그리고 상호 강화하는 집단행동에 의하여 충족된다.
③ 종업원의 관심이 생산량이 아니라 비용절감에 모아진다.
④ 높은 능률이 상여금으로 이어져 기술과 시장의 변화를 보다 더 잘 수용한다.
⑤ 근로자의 태도가 바뀌고 근로자들은 보다 효률적인 계획과 관리를 요구한다.

⑥ 근로자들은 효율적·합리적으로 일함으로써 초과근무시간을 줄이려고 한다.
⑦ 근로자들도 아이디어를 창출해 낸다.
⑧ 노사관계를 보다 신축적으로 관리할 수 있다.
⑨ 노조가 보다 나은 작업상황과 임금에 대한 책임의식을 가짐으로써 노조가 더욱 강화된다.
⑩ 종업원의 품질에 대한 관심이 증대된다.
⑪ 개개 종업원들의 고충이 감소된다.

(3) 경영참가(협의)

협의의 경영참가는 근로자 또는 노동조합이 공동결정권을 갖고 있느냐의 여부에 따라서 노사협의제와 노사공동결정제로 나누어 볼 수 있다. 여기서 노사협의제도는 3대 주요 기능, 즉 기업의 주요문제에 대한 문제제기, 의견교환 및 정보제공 등인 반면 노사공동결정제도는 이들 외에 공동결정까지 포함한다.

1) 노사협의제

노사협의제는 주로 공장 및 기업수준에서 노사 간의 협조증진·생산성향상 및 이와 관련된 제 경영문제에 대해 근로자에게 발언권을 주기 위하여 노사 합동기구를 조직해서 이를 통해 경영에 참가하는 방식으로, 1944년 국제노동기구가 "노동은 상품이 아니다"라고 천명한 필라델피아 선언 이래 오늘날 세계 각국에서 널리 도입·실시되고 있다.

노사협의제도에 대한 ILO의 정의를 살펴보면 "경영자와 근로자가 대등한 입장에서 단체교섭에서 취급하지 않는 사항으로서, 노사 쌍방이 이해관계를 공통으로 하는 사항에 대하여 협의함으로써 상호의 이해를 넓히고 협력하는 기능을 가진 제도"라고 하고 있다.

노사협의회의 참가범위, 환언하면 협의안건의 범위는 나라마다 시대마다 극히 다양하나, 이를 몇 가지로 대별해 보면 다음과 같다. 즉 ① 기술 및 생산적 사항: 생산계획, 생산방법, 직무조직, 개발계획, ② 고용 및 인사·노무 사항: 채용, 승진, 배치전환, 교육훈련, 작업환경 개선, 근로자복지, 업무평가, 급료 및 부가급료, 지불방법, 해고, 일시해고, 산업재해, ③ 경제적 사항: 투자계획, 가격정책, 이윤배분정책, 자금운용계획, ④ 기타 사항: 회사 최고경영자의 임명, 공장 이전, 공장의 부분폐쇄 결정, 합병과 같은 회사존립에 관한 사항 등이다.

2) 노사공동결정제

노사공동결정제도란 앞서 언급했던 노사협의제도의 3대 주요 기능, 즉 문제제기, 의견교환 및 정보제공에서 한 단계 더 나아가 기업의 주요 문제에 대한 공동결정까지 할 수 있는 것을 특징으로 하는 경영참가이다. 이 노사공동결정제도의 대표적인 나라가 바로 독일이다.

공동체원리를 기반으로 한 독일의 노사공동결정제는 영·미식 단체교섭의 방식과는 대조적으로 노조를 경영과 대립된 힘(power)으로 보지 않고, 노조가 경영에 참가하여 의사결정의 권리와 책임을 지는 경영참가의 형태라 할 수 있다(Schlesinger, 1989). 요컨대 독일의 노동조합은 그들의 활동영역을 기업의 경영층 내에 있다고 생각한다. 따라서 그들은 다수의 미국 노조의 관점과는 정반대의 입장을 취하고 있다. 이를테면 독일의 근로자는 경영층의 대항세력으로 존재하는 대신에 그들은 경영층의 일부로 남아 있기를 원한다. 이와 같이 노조가 경영층의 대항세력으로 존재하기보다는 경영층의 일부로서 공동활동의 영역을 지님으로써 독일의 노사관계를 '친권적 노사관계'라고도 한다.

독일 노사공동결정제의 유형은 다음과 같다.

① 광산, 철강산업의 종업원 1,000명 이상의 모든 기업에 적용되는 공동의사결정법에 따른 감사역회의 평등한 참가
② 광산, 철강산업을 제외한 분야의 2,000명 이상의 종업원을 가진 주식회사 등에 적용되는 신공동의사결정법에 따른 감사역회의 동등한 참가
③ 500-2,000명의 종업원을 가진 주식회사 등에서의 경영조직법에 따른 1/3의 감사역회의 참가
④ 500명 이하의 영세기업에 적용되는 경영조직법에 따른 경영협의회의 참가

3) 우리나라의 노사협의제

우리나라의 노사협의제도는 노동법의 개정의 역사와 그 운명을 같이해 왔다. 즉 우리나라의 노동법이 1963년에 처음으로 크게 개정될 때에 노동조합법 제6조 내에 노사협의제도에 관한 규정이 신설된 후에 1973년과 1974년의 노동조합법 개

정시에는 동 규정이 확대·구체화되다가 1980년 12월 31일의 노동조합법 개정시에는 노사협의회법이 독립법률(법률 제3348호)로 제정되게 되었다. 그 뒤 6.29민주화 조치의 여파로 1987년 11월 28일에 개정(법률 제3968호)되었다가 1997년 3월 10일의 대대적인 노동법 개정 때 근로자의 경영참여를 강조하여 구 노사협의회법을 '근로자참여 및 협력증진에 관한 법률'로 신법 형식의 추가적인 개정이 이루어져 오늘에 이르고 있다.

노사협의회의 설치기준을 보면 한 때 인적 기준뿐만 아니라 예외규정, 즉 농업·수렵업·임업 및 어업, 금융·보험·부동산 및 용역업, 제조업 중 신문발행업, 공사기간이 1년 미만인 건설업 등은 제외한다는 규정이 많았다. 그러나 지금은 근로자참여 및 협력증진에 관한 법률 제4조 제1항에서 "노사협의회는 근로조건에 대한 결정권이 있는 사업이나 사업장 단위로 설치하여야 한다. 다만, 상시 30명 미만의 근로자를 사용하는 사업이나 사업장은 그러하지 아니하다"라고 하여 상시 30인 이상의 근로자를 사용하는 사업이나 사업장은 예외없이 설치하도록 함으로써 노사협의회 설치의무 사업장의 범위가 상당범위 확대되었다.

노사협의회에서 다루어야 할 사항은 크게 협의사항, 의결사항 및 보고사항 등이다. 협의회가 협의하여야 할 사항은 다음 각 호와 같다(근로자참여 및 협력증진에 관한 법률 제20조 제1항).

1. 생산성 향상과 성과 배분
2. 근로자의 채용·배치 및 교육훈련
3. 근로자의 고충처리
4. 안전, 보건, 그 밖의 작업환경 개선과 근로자의 건강증진
5. 인사·노무관리의 제도 개선
6. 경영상 또는 기술상의 사정으로 인한 인력의 배치전환·재훈련·해고 등 고용조정의 일반원칙
7. 작업과 휴게 시간의 운용
8. 임금의 지불방법·체계·구조 등의 제도 개선
9. 신기계·기술의 도입 또는 작업 공정의 개선
10. 작업 수칙의 제정 또는 개정
11. 종업원지주제와 그 밖에 근로자의 재산형성에 관한 지원
12. 직무 발명 등과 관련하여 해당 근로자에 대한 보상에 관한 사항

13. 근로자의 복지증진
14. 사업장 내 근로자 감시 설비의 설치
15. 여성근로자의 모성보호 및 일과 가정생활의 양립을 지원하기 위한 사항
16. 그 밖의 노사협조에 관한 사항

다음으로 사용자가 협의회의 의결을 거쳐야 할 사항은 다음 각 호와 같다(근로자참여 및 협력증진에 관한 법률 제21조).

1. 근로자의 교육훈련 및 능력개발 기본계획의 수립
2. 복지시설의 설치와 관리
3. 사내근로복지기금의 설치
4. 고충처리위원회에서 의결되지 아니한 사항
5. 각종 노사공동위원회의 설치

사용자가 정기회의에서 성실하게 보고하거나 설명하여야 할 사항은 다음 각 호와 같다(근로자참여 및 협력증진에 관한 법률 제22조 제1항).

1. 경영계획 전반 및 실적에 관한 사항
2. 분기별 생산계획과 실적에 관한 사항
3. 인력계획에 관한 사항
4. 기업의 경제적·재정적 상황

(4) 기타 참가제도

1) 제안제도

제안제도는 종업원으로 하여금 기업이 생산하는 제품, 작업방법, 설비기계 및 작업환경의 개선이나 원가절감과 매출액증대를 가능케 하는 개선 방법 내지 새로운 아이디어를 제안하도록 권고하고, 그것이 채용된 경우에는 발생한 이익액 내지 절약액에 따라 적절하게 보상을 제공하는 제도이다.

이 제안제도는 1880년 스코틀랜드의 조선가 윌리암 데니(W. Denny)가 제안함(suggestion box)이라는 형식을 통하여 직원들의 가치있는 창의 또는 착상을 경영면에 반영토록 한 데서부터 비롯되었다. 이러한 제안제도의 효과로는 ① 커뮤니케이션의 촉진효과, ② 사기앙양의 효과, ③ 조직에 대한 일체감과 신뢰감의 증진효

과, ④ 경제적 효과, ⑤ 합리적·효율적인 경영관리의 효과, ⑥ 직무에 대한 관심과 흥미조성의 효과 등이 있다.

2) 브레인스토밍

브레인스토밍(brainstorming)이란 용어는 흔히들 두뇌습격법 또는 두뇌착란법이라고 하는 것으로, 두뇌(brain)에 폭풍(storm)을 일으킨다는 뜻으로 미국의 유명광고회사인 BBDO사의 부사장이었던 오스본(A. F. Osborn)에 의하여 창안된 아이디어 창출기법을 말한다(Seta, Paulus, and Baron, 2000).

브레인스토밍은 10명 이내의 집단을 대상으로 10-60분 간에 걸쳐 한 주제에 대하여 다각적인 토론을 통하여 대량의 아이디어를 얻는 자유연상법(free association)의 전형적인 방법이다. 처음에 광고분야에서 창조적인 아이디어를 개발하기 위하여 사용된 이 기법은 오늘날 광고뿐만 아니라 제품개발 기타 모든 문제해결을 위하여 널리 사용되고 있다. 여기에는 4가지 원칙, 즉 비판금지의 원칙(criticism is ruled out), 결합개선의 원칙(combination and improvement are welcomed), 자유분방의 원칙(freewheeling is welcomed), 그리고 질보다 양 우선의 원칙(quantity and variety are welcomed) 등을 철저히 준수하고 있다.

브레인스토밍을 통하여 다음과 같은 효과를 얻을 수 있다. 인간관계의 원활화, 적극적 태도확립, 동기부여, 창의적 태도배양, 진취적 태도배양, 핵심파악의 기민성·문제해결능력, 합리적인 습관의 증진 등이다.

3) 복수경영제도

구성원들이 경영의사결정에 직접 참여하는 또 한 가지의 제도는 복수경영제도이다. 1932년 McCormick and Company의 사장인 맥코르믹(C. P. McCormick)에 의해 창안된 복수경영제도의 주된 목적은 청년중역을 육성하는 데 있다. 곧 복수경영제도는 중간 또는 하위 관리자들이 최고경영층의 이사회와 같은 운영위원회를 형성하여 실무운영에 필요한 의사결정을 하고 정책결정도 상위경영층에 건의하는 관리자들의 참여제도이다. 이 제도는 청년이사회제도(junior board of director)라고도 불리워진다(Rue & Byars, 1992).

일반적으로 중견간부 이사들은 조직체 문제해결과 근무환경의 개선, 그리고 조직체가 당면한 문제에 대한 참신한 의견제시 등 많은 공헌을 하고 있다. 그리고 사장이나 임원을 간부이사회에 초청하여 사원들의 의견도 대변함으로써 계층 간의 상호 이해를 도모하고 있다. 이러한 결과는 기존의 중역회를 자극하고, 중견관리자들의 능력개발은 물론, 구성원의 사기를 증진시키고 상하간 신뢰하는 관계를 조성하는 효과도 가져오고 있다(이학종, 2000; 이학종 · 양혁승, 2005).

5. 노동쟁의 및 조정제도

5.1 노동쟁의 및 조정제도의 의의

(1) 노동쟁의 및 조정제도의 의의

산업사회가 형성되면서 근로자들은 노동조합을 결성하여 그 단결된 힘을 배경으로 사용자와 대등한 지위에서 근로조건의 유지 및 향상을 위하여 단체교섭을 행한다. 그리고 노사 간에 있어서의 이해관계가 대립되는 문제는 이와 같은 단체교섭을 통하여 해결되는 것이 가장 이상적이며, 또한 이것이 기대되어야 한다. 그러나 노사 간의 이와 같은 대립적인 사항이 반드시 단체교섭에 의하여 해결된다고는 할 수 없다. 이와 같이 단체교섭에 의하여 문제점이 해결되지 않을 때 야기되는 것이 바로 노동쟁의이다.

노동조합 및 노동관계조정법 제2조 제5호에서는 노동쟁의를 노동조합과 사용자 또는 사용자단체 간에 임금 · 근로시간 · 복지 · 해고 기타 대우등 근로조건의 결정에 관한 주장의 불일치로 인하여 발생한 분쟁상태를 말한다. 이 경우 주장의 불일치라 함은 당사자 간에 합의를 위한 노력을 계속하여도 더 이상 자주적 교섭에 의한 합의의 여지가 없는 경우를 말한다.

이러한 분쟁상태가 실력행사로 이어질 때 쟁의행위라 하는데, 노동조합 및 노동관계조정법 제2조 제6호에서는 쟁의행위라 함은 파업 · 태업 · 직장폐쇄 기타 노동관계 당사자가 그 주장을 관철할 목적으로 행하는 행위와 이에 대항하는 행위로서 업무의 정상적인 운영을 저해하는 행위를 말한다.

노동쟁의는 크게 2가지, 즉 이익분쟁과 권리분쟁으로 나눌 수 있다. 이익분쟁이란 임금 및 근로 제 조건에 관한 새로운 계약을 체결하기 위하여 노사가 단체교섭을 하는 과정에서 합의에 도달하지 못함으로써 일어나는 분쟁을 말한다. 이에 반하여 권리분쟁이란 단체협약의 체결 이후 근로계약의 이행이나 계약문구의 해석 및 집행과정에서 일어나는 분쟁을 말한다.

이러한 노동쟁의는 원래 관계당사자 간의 의견 차이에서 발생하는 것이므로 자주적으로 해결하는 것이 바람직한 일이지만, 이를 당사자의 자주적 해결에 일임할 경우에는 쟁의행위가 자주 발생하고, 장기간 계속됨으로써, 기업의 정상적인 운영을 저해하게 되고 노사 쌍방에 적지 않은 손실을 초래하게 된다. 뿐만 아니라, 기업의 정상적인 운영의 저해는 국민경제와 국민의 일상생활에 커다란 영향을 미치게 된다. 그러므로 기업에 있어서의 노사 간의 분쟁 내지 쟁의행위는 단순히 기업내적인 산업평화는 물론 국가적 차원에 있어서의 산업평화를 위하여 가능한 한 회피하여야 한다. 이리하여 오늘날 각국은 노사 간의 분쟁에 국가가 개입하여 이를 미연에 막거나 상호조정하는 제도를 마련하고 있다. 우리나라에서는 노동조합 및 노동관계조정법을 제정하여 노동쟁의의 평화적 해결을 도모하는 한편, 노동위원회로 하여금 그 조정을 담당하도록 하고 있다.

(2) 근로자의 쟁의행위와 면책

우리나라 노동법은 근로자의 쟁의행위가 적법절차를 따르는 한 민사 내지 형사상의 책임을 면해주고 있다. 노동조합 및 노동관계조정법 제3조는 "사용자는 이 법에 의한 단체교섭 또는 쟁의행위로 인하여 손해를 받은 경우에 노동조합 또는 근로자에 대하여 그 배상을 청구할 수 없다"고 하는 민사상의 면책(免責)을 규정하고 있다. 아울러 동법 제4조 '정당행위'는 헌법 제33조 제1항의 단체행동권을 구체화하여 "근로자들이 근로조건을 유지 · 개선하기 위하여 단체교섭 및 쟁의행위 등을 함에 있어서 그 행위가 정당성을 가지는 한 형법 제20조의 사회상규에 위반하지 않는 행위로 이를 처벌하지 않는다"고 하는 형사상의 면책을 규정하고 있다.

나아가 노동조합 및 노동관계조정법 제39조는 "근로자는 쟁의행위 기간 중에는 현행범 외에는 이 법 위반을 이유로 구속되지 아니한다"고 규정한 데 이어, 동법 제43조 제1항은 "사용자는 쟁의행위기간 중 그 쟁의행위로 중단된 업무의 수행을 위하여 당해 사업과 관계없는 자를 채용 또는 대체할 수 없다"고 규정하여 쟁의권의 정상적인 행사를 뒷받침하고 있으며, 그리고 동법 제81조 제5호에서는 근로자가 정당한 단체행위에 참가한 것을 이유로 그 근로자를 해고하거나 그 근로자에게 불이익을 주는 행위를 부당노동행위로 규정하여 쟁의행위에 대한 측면적 보장을 하고 있다.

이와 같이 노동조합 및 노동관계조정법에서는 근로자들의 정당한 쟁의행위에 대해서는 민형사상의 면책을 규정하고 있는데, 그의 근거는 전술한 헌법 제33조에서 규정한 노동3권의 보장에 있다. 즉 헌법이 근로자에게 단체행동권 등을 보장한 기본취지는 근로자들의 경제적·사회적 지위의 향상을 위한 실력행사를 보장한 것일 뿐만 아니라 그와 같은 실력행사의 법적 효과로서 민사상·형사상의 면책을 위시하여 쟁의행위를 했다는 이유로 근로자에게 해고 기타 불이익을 주는 것을 막으려는 데 있다. 이러한 법적 효과는 근로자가 정당한 쟁의행위로서 행한 모든 측면의 행위에 대하여 당연히 인정되지 않으면 안 된다.

정당한 쟁의행위에 대해서는 민사상의 면책규정에 의하여 노동조합뿐만 아니라 개개의 조합원도 쟁의행위로 발생한 손해에 대하여 책임을 지지 않는다. 그러나 민사상의 책임의 면제는 정당한 쟁의행위에 대하여 개개의 근로자로서는 근로계약상의 의무불이행에 따른 손해배상의 책임을 지지 않는다는 것이며, 임금청구권을 상실하지 않는다는 것은 아니다. 따라서 쟁의행위로 말미암아 근로자가 현실적으로 노무제공을 거부하면 임금청구권을 상실하게 되는 것은 당연한 것이며, 일하지 않으면 임금은 받을 수 없다는 무노동 무임금(No Work, No Pay)의 원칙은 쟁의기간 중에 있어서도 적용됨은 물론이다.

(3) 쟁의행위의 금지

비록 우리 헌법에서 노동3권을 보장하고 있을 뿐만 아니라 노동조합 및 노동관계조정법에서 적법절차에 따른 쟁의행위에 대하여는 민사 내지 형사상의 책임을 면해주고는 있지만, 무한정 쟁의행위가 가능한 것은 아니다. 우리나라는 노동운동의 역사가 짧고 분단이라는 특수한 상황으로 말미암아 특정인이나 특정의 상황에서는 쟁의행위에 대해 어느 정도의 제한을 가하고 있다.

구체적으로 살펴보면 ① 사실상 노무에 종사하는 공무원 이외의 모든 공무원, ② 필수유지업무(필수공익사업의 업무 중 그 업무가 정지되거나 폐지되는 경우 공중의 생명·건강 또는 신체의 안전이나 공중의 일상생활을 현저히 위태롭게 하는 업무로서 대통령령이 정하는 업무) 근무 근로자, ③ 쟁의행위에 관한 찬반투표에서 1/2 이하의 찬성, ④ 폭력이나 파괴행위, ⑤ 안전·보호시설의 제거, ⑥ 노동쟁의 조정기간중(조정전치주의에 따라 일반사업에 있어서는 10일, 공익사업에 있어서는 15일간의 조정, 중재에 회부된 때에는 15일간, 그리고 긴급조정이 공표된 때에는 30일간 쟁의행위를 중지하여야 한다) 등이다.

5.2 쟁의행위의 유형

노동조합 및 노동관계조정법 제2조에서 쟁의행위란 "파업 · 폐업 · 직장폐쇄 · 기타 노동관계 당사자가 그 주장을 관철할 목적으로 행하는 행위와 이에 대항하는 행위로써 업무의 정상적 운영을 저해하는 것"을 지칭한다. 그러면 이들 각각에 대해 간단히 살펴보기로 하겠다.

(1) 파 업

파업이란 근로자가 단결하여 근로조건의 유지 · 개선이라는 목적을 달성하기 위하여 집단적으로 노무의 제공을 거부할 것을 내용으로 하는 쟁의행위로, 노동자측의 쟁의행위 중에서 가장 역사가 오래되고 또한 널리 행해지며, 그리고 가장 강력한 쟁의행위이다. 파업은 파업 종료 후에 계속 근무할 의사를 가지고 있다는 점에서 사직과 구별된다. 이 파업은 여러가지 관점에서 구분해 볼 수 있으나 보통은 경제파업, 부당노동행위 파업, 동정파업, 총파업, 불법파업, 돌발(flash)파업, 연좌파업, 관할권파업 등으로 나누어 볼 수 있다(Sloane & Witney, 2002, 242-253).

(2) 태 업

태업(soldiering)은 사용자에게 압박을 가할 목적으로 근로자들이 단결해서 의도적으로 작업능률을 떨어뜨리는 쟁의행위이다. 이를테면 불완전한 제품을 만든다든지 연료, 재료를 필요 이상으로 소모한다든지, 노동시간을 헛되이 보내는 것 등을 들 수 있다. 그러므로 이론적으로는 작업을 하지만 실제적으로는 작업을 하지 않거나 또는 필요 이상의 더딘 작업 또는 조잡한 작업을 하는 것을 말한다. 이러한 태업의 장점으로는 작업을 하는 가운데 사용자에게 적지 않은 타격을 가할 수 있다는 점과 태업은 파업에 비해 사회적으로 불안감을 그다지 야기시키지 않는다는 점을 들 수 있다.

이에 반하여 사보타지(sabotage)는 기계제품의 파손과 불량제품의 생산 등 적극적인 생산시설 및 제품의 파괴행위로서 단순한 태업에 그치지 않고 의식적으로 생산설비를 파괴하는 행위까지를 포함하는 개념이다. 적극적인 사보타지는 본래의 쟁의행위라고 인정되기 어렵다(Carrell, 2007). 태업과 흡사한 것으로 준법투쟁이 있는데, 이것은 법규를 정상보다 엄격히 준수하여 사업의 능률을 저하시키는 쟁의행위를 말한다. 이러한 준법투쟁의 유형으로서는 연장근무의 거부, 일제휴가, 동시이행의 항변권행사, 집단사표 및 안전투쟁 등이 있다(이상윤, 2006).

(3) 보이콧

보이콧(boycott)이란 사용자에게 압력을 가할 목적으로 사용자 또는 그와 거래관계에 있는 제3자의 제품의 구입, 기타 시설의 이용을 거절한다든가, 사용자 또는 그와 거래관계에 있는 제3자와 근로계약의 체결을 거절할 것을 요구하는 쟁의행위로서 흔히들 불매운동(不買運動)이라고들 한다. 이 경우 사용자에 대하여 사용자의 제품의 구매 또는 설비의 이용을 거부함으로써 압력을 가하는 것을 1차적 보이콧이라 하고, 폭력적인 행위를 수반하지 않는 한 정당성이 인정된다.

한편 사용자와 거래관계에 있는 제3자와의 거래를 단절할 것을 요구하고 이에 응하지 않을 때에는 제품의 구입이나 시설의 이용 또는 노동력의 공급(근로계약의 체결)을 중단하겠다는 압력을 가하는 것을 2차적 보이콧(secondary boycott)이라고 하는데, 이에 대해서는 대부분의 나라에서 불법화하고 있다.

(4) 생산관리

생산관리는 근로자들이 단결하여 사용자의 지휘·명령을 거부하면서 사업장 또는 공장을 점거함으로써 조합간부의 지휘하에서 노무를 제공하는 쟁의행위이다. 이것은 근로자들이 종전의 경영방침을 그대로 따르면서 다만 근로자들이 직접 경영을 하되 수익금은 회사를 위하여 보관하고 임금을 종래대로 지급하는 이른바 이상형 생산관리와 회사자재를 마음대로 처분하거나 회사의 수익금을 일방적으로 인상한 임금에 충당하는 경우로 나누어 생각할 수 있다.

(5) 피케팅

피케팅(picketing)은 노조원들이 표지를 들고 노동쟁의의 진행을 알리면서 다른 노동자들도 참가하여 작업장에 들어가지 말 것을 독촉하는 쟁의행위로써 파업을 효과적으로 수행하기 위하여 근로희망자들의 사업장 또는 공장의 출입을 저지하고 파업참여에 협력할 것을 구하는 행위이다. 보통 피케팅은 사업장 또는 공장의 입구에서 플랜카드를 들고, 또는 확성기 등을 이용하여 출입자를 감시하고 근로희망자들에게 파업에 동조할 것을 요구하는 것으로 나타난다. 피케팅은 원래 파업이나 보이콧과 같은 주된 쟁의행위의 보조적인 수단으로 사용되고 있다.

(6) 직장폐쇄

사용자측의 쟁의행위로서 직장폐쇄(lockout)가 있다. 직장폐쇄는 사용자가 자기의 주장을 관철하기 위하여 근로자의 집단에 대하여 생산수단을 차단함으로써 노무의 수령을 집단적으로 거부하는 행위를 말한다. 직장폐쇄는 노사 간의 의견의 불일치가 있는 경우에 사용자가 자기의 주장을 관철하기 위한 목적으로 행하는 것이어야 한다. 그러므로 사용자가 경영상의 사정으로 휴업을 한다든가 사업장을 폐쇄하는 행위 또는 다수의 근로자에 대하여 취업규칙 위반 등을 이유로 출근정지처분을 하는 행위는 직장폐쇄가 아니다. 이 밖에도 ① 조업계속, ② 공제자금제도, ③ 경쟁기업에의 하청 등이 있다(Fossum, 2002, 395-396; 노동부, 2007).

5.3 노동쟁의조정절차

집단적 노사관계는 단체협약에 의하여 평화적으로 규율되는 것이 가장 이상적이지만, 노사 간의 이해대립이 언제나 평화적으로 해결될 수는 없으며, 어떤 의미에서 협약 자율은 집단적 이해관계의 대립을 힘에 의하여 해결할 수 있는 방법이 전제되어 있기 때문에 가능한 것이다. 그러나 노사 간의 분쟁은 당사자들 자신에게 경제적 손실을 가져올 뿐만 아니라 국민생활에 대하여도 많은 영향을 미치게 된다. 따라서 각국은 노동쟁의의 해결을 위해 다양한 제도를 마련하고 있다.

우리나라의 노동조합 및 노동관계조정법도 제1조에서 “이 법은 헌법에 의한 근로자의 단결권·단체교섭권 및 단체행동권을 보장하여 근로조건의 유지·개선과 근로자의 경제적·사회적 지위의 향상을 도모하고, 노동관계를 공정하게 조정하여 노동쟁의를 예방·해결함으로써 산업평화의 유지와 국민경제의 발전에 이바지함을

그림 11-4 | **노동쟁의의 조정절차**

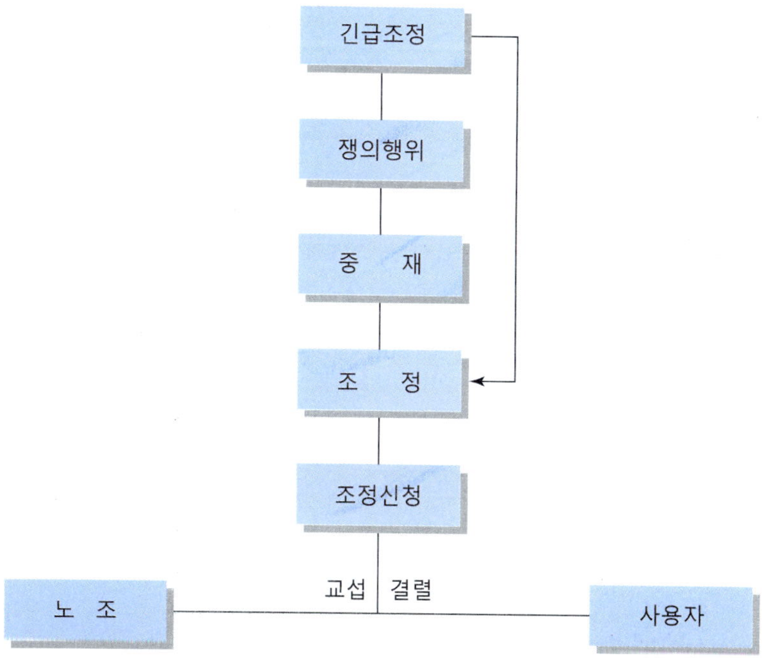

목적으로 한다"라고 규정하고 있다. 여기에는 노동쟁의가 발생했을 때 당사자는 자주적으로 이의 해결에 노력하여야 한다는 당사자의 책무를 규정하고 있다.

이와 같이 우리나라의 노동쟁의조정제도는 원칙적으로는 노사 간의 자주적 해결을 이상으로 하고 있다. 그러나 우리나라와 같이 노동운동의 역사가 짧고 노사관계의 건전한 발전이 제대로 이룩되지 못한 상태에서 모든 것을 원리적으로만 입법화한다는 것은 기대하기 어려운 일이기도 하다. 따라서 현행 노동조합 및 노동관계조정법에서는 노동쟁의에 대한 자주적 해결의 원칙을 명문으로 규정하고 있음에도 불구하고, 내용적으로 노동쟁의가 발생하여 관계 당사자의 일방이 노동쟁의의 조정을 신청한 때에는 즉시 노동쟁의의 조정에 들어가게 된다. 노동쟁의의 조정방법으로는 ① 조정, ② 중재, ③ 긴급조정 등을 두고 있는데, 기본 구조를 간단히 살펴보면 [그림 11-4]와 같다.

(1) 조 정

조정(mediation)은 양 당사자로 하여금 상호 간의 문제를 살펴보도록 권장함으로써 당사자가 스스로 해결책을 모색하도록 도와주는 조정절차인 알선보다는 적극적인 조정방식으로서 당사자 간의 차이점을 해결할 수 있도록 제안이나 추천을 하는 조정절차이다.

노동위원회는 관계당사자의 일방이 노동쟁의의 조정을 신청한 때에는 지체없이 조정을 개시하여야 하며, 관계당사자 쌍방은 이에 성실히 임하여야 한다. 또한 고용노동부장관이 긴급조정의 결정을 한 때에도 조정이 자동적으로 개시된다.

조정은 노동위원회 내에 구성된 조정위원회가 담당하는데, 조정위원회는 노, 사, 정을 대표하는 위원 3인으로 구성된다. 조정위원회의 활동은 분쟁의 현황과 당사자들의 의견을 파악하기 위한 의견청취, 조정안의 작성, 수락된 조정안의 유권해석 등으로 크게 구분된다.

조정은 무한정 계속할 수 있는 것은 아니다. 조정은 조정의 신청이 있는 날로부터 일반사업에 있어서는 10일, 공익사업에 있어서는 15일 이내에 종료하여야 한다. 그러나 이러한 조정기간은 관계당사자의 합의로서 일반사업에 있어서는 10일, 공익사업에 있어서는 15일 이내에서 연장할 수 있다.

조정위원회의 활동 중 가장 중요한 것은 조정안을 작성하는 것이다. 조정안이 관계당사자에 의해 수락된 때에는 조정위원 전원이 조정서를 작성하는데, 이 조정서는 단체협약과 동일한 효력을 갖는다.

(2) 중 재

중재(arbitration)는 알선이나 조정과는 달리 당사자 사이에 놓여 있는 문제점을 해결하기 위하여 내리는 결정으로 노사의 자주적 해결의 원칙과는 가장 거리가 먼 조정제도이다. 이 중재는 ① 관계당사자의 쌍방이 함께 중재를 신청한 때, ② 관계당사자의 일방이 단체협약에 의하여 중재를 신청한 때 개시된다.

노동쟁의가 중재에 회부된 때에는 그 날로부터 15일 간은 쟁의행위를 할 수 없다. 노동쟁의의 중재 또는 재심을 위하여 노동위원회에 중재위원회를 두도록 하고 있다. 이 중재위원회는 중재위원 3인으로 구성되며 중재기관으로서의 중재위원은 노동위원회의 공익을 대표하는 위원 중에서 관계당사자의 합의로 선정한 자에 대하여 그 노동위원회의 위원장이 지명한다.

중재재정은 서면으로 작성하여 이를 행하며 그 서면에는 효력발생 기일을 명시하여야 한다(동법 제68조 제1항). 중재재정의 내용은 단체협약과 동일한 효력을 가진다(동법 제70조 제1항). 그러나 관계당사자는 지방노동위원회나 특별노동위원회 또는 중앙위원회의 중재재정이 위법이거나 월권에 의한 것이라고 인정하는 경우에는, 그 중재재정서의 송달을 받은 날로부터 10일 이내에 중앙노동위원회에 그 재심을 신청하거나, 중재재정서 또는 재심결정서의 송달을 받은 날로부터 15일 이내에 행정소송을 제기할 수 있다(동법 제69조).

(3) 긴급조정

긴급조정이란 쟁의행위가 국민경제에 미치는 영향이 클 때에 행정관청의 직권에 의하여 강제적으로 거치는 특별한 조정절차이다.

고용노동부장관은 쟁의행위가 공익사업에 관한 것이거나, 그 규모가 크거나 그 성질이 특별한 것으로서 현저히 국민경제를 해하거나 국민의 일상생활을 위태롭게 할 위험이 현존하는 때에는 긴급조정의 결정을 할 수 있다. 고용노동부장관은 긴급조정의 결정을 하고자 할 때에는 미리 중앙노동위원회 위원장의 의견을 들어야 한다. 고용노동부장관은 긴급조정을 결정한 때에는 지체없이 그 이유를 붙여 이를 공표함과 동시에 중앙노동위원회와 관계 당사자에게 각각 통고하여야 한다(동법 제76조). 관계 당사자는 긴급조정의 결정이 공표된 때에는 즉시 쟁의행위를 중지하여야 하며, 공표일로부터 30일이 경과하지 않으면 쟁의행위를 재개할 수 없다(동법 제77조).

중앙노동위원회는 노동조합 및 노동관계조정법 제76조 제3항의 규정에 의한 통고를 받은 때에는 지체없이 조정을 개시하여야 하며(동법 제78조) 조정이 성립될 가망이 없다고 인정한 경우에는 긴급조정결정의 통고를 받은 날로부터 15일 이내에 공익위원의 의견을 들어 그 사건을 중재에 회부할 것인가의 여부를 결정하여야 한다. 중앙노동위원회는 중재회부의 결정을 한 때에는 지체없이 중재를 행하여야 한다(이덕로 외, 2018, 85-116: Lee Deog-Ro et al., 2018, 111-153).

6. 부당노동행위

6.1 부당노동행위의 의의

부당노동행위(unfair labor practices)란 사용자가 노동조합과 근로자의 정당한 권리를 침해하거나, 반대로 노동조합이 사용자의 정당한 기업활동을 침해할 때 나타나는 일체의 행위를 말한다. 사용자의 부당노동행위란 구체적으로 ① 노동조합을 결성하고, 노동조합에 가입하고, 노동조합을 통해 단체교섭하는 권리를 방해하는 것, ② 노동자의 조직을 지배하거나, 조직에 개입하거나, 재정 원조를 하는 것, ③ 노동조합의 조합원이 되는 것을 촉진, 또는 저해하는 것을 목적으로 노동조건 등에 대해서 차별을 하는 것, ④ 노동자가 전국노사관계위원회에 신고, 또는 증언한 것을 이유로 해고 등 기타의 차별적 대우를 하는 것, ⑤ 임금, 노동시간 등의 노동조건에 대해서 노동자의 과반수로 지지되고 있는 노동조합과의 단체교섭을 거부하는 것 등을 들 수 있다.

한편 노동조합측의 부당노동행위는 구체적으로 ① 노동조합을 결성하고, 노동조합에 가입하고, 노동조합을 통해 단체교섭하는 권리 및 이들을 하지 않는 권리를 제한하는 것, ② 단체교섭에 관한 사용자의 행위의 제한, ③ 사용자에 대해서 노동조합 문제와 관련해 노동자의 차별적 대우를 요구하는 것, ④ 해당 노동조합이 대표권을 가지는 교섭 단위에 관계되는 임금, 노동 시간 등의 노동조건에 대한 단체교섭을 거부하는 것, ⑤ 노동조합과 사용자단체로의 가맹, 노동조합 승인 등의 거래관계를 이용하여 파업, 피케팅, 보이콧을 하거나 위협하고 강요하는 것, ⑥ 노동조합 보증 조항 밑에서 차별적 또는 과대한 부담금을 징수하는 것, ⑦ 페더베딩(featherbedding), ⑧ 증명되고 있지 않은 노동조합에 의한 조직화, 사용권의 용인을 요구하는 피케팅 또는 위협하는 것, ⑨ 통고 없이 병원 등에서 파업, 피케팅을 하는 것 등을 들 수 있다(정종진·이덕로, 2017, 400).

이 부당노동행위제도는 원래 노동조합의 어용화를 방지하기 위하여 1935년 미국의 와그너법에 의해 처음으로 입법화되었다. 와그너법에서는 사용자의 조합활동에 대한 간섭, 조합지배, 차별대우, 산업발전의 위협 등을 부당노동행위로서 금지하는 조항을 두었다(김치선, 1990, 371). 그 후에 입법적 보호를 받게 된 노동조합이 비대하게 되어 산업발전의 안정이 위협을 받게 되자, 1947년 태프트 하틀리법에서는 노사의 균형을 취하고자 노동조합측의 부당노동행위를 추가하게 되었으며, 1959년 랜드럼 그리핀법(Landrum Griffin Act)에서는 노조의 활동과 그들의 내부문제를 더욱더 규제하게 되었다(문무기 · 김홍영 · 송강직 · 박은정, 2005; Fossum, 2006; Katz & Kochan, 2004; Noe et al., 2006).

그러나 우리나라의 경우에는 미국과는 달리 노동조합 및 노동관계조정법 제81조에서 사용자에 대한 부당노동행위만을 5가지로 규정하고 있다.

6.2 부당노동행위의 유형

부당노동행위의 유형은 나라마다 특색 있게 규정하고 있으나 산업평화와 노동3권의 실질적인 보장이라는 측면에서 볼 때 거의 대동소이하다. 우리나라의 경우 부당노동행위의 유형을 다섯 가지로 유형화하고 있는데, 1호의 불이익 대우와 5호의 보복적 불이익 대우를 하나로 묶어 4가지로 살펴보기로 하겠다.

(1) 불이익 대우

노동조합 및 노동관계조정법 제81조 1호에서 "근로자가 노동조합에 가입 또는 가입하려고 하였거나 노동조합을 조직하려고 하였거나 기타 노동조합의 업무를 위한 정당한 행위를 한 것을 이유로 그 근로자를 해고하거나 그 근로자에게 불이익을 주는 행위"를 부당노동행위라고 규정하고 있다. 따라서 불이익 대우의 원인이 되는 요인으로는 ① 노동조합에 가입 또는 가입하려고 한 것, ② 노동조합을 조직하려고 한 것, ③ 노동조합의 업무를 위해 정당한 행위를 한 것, ④ 정당한 단체행위에 참가한 것 등의 네 가지가 있다.

불이익 대우의 형태로는 가장 전형적인 해고를 비롯하여 전근 · 감봉 · 배치전환 · 출근정지 · 휴직 · 복직거부 · 계약갱신거부 · 고용거부 · 차별승급이나 승진승급의 보류 · 강등 · 복지시설의 차별적 이용 · 직종의 변경 그리고 능률급인 경우에 능률이 떨어지는 기계에 배치하는 것 등이 있다. 이러한 강제적인 불이익 대우 이외에도 시말서의 제출 · 견책 · 근신(경고) · 좌천 등의 정신적 불이익 대우가 포함된다.

(2) 황견계약

노동조합 및 노사관계조정법 제81조 2호는 "근로자가 어느 노동조합에 가입하지 아니할 것 또는 탈퇴할 것을 고용조건으로 하거나 특정한 노동조합의 조합원이 될 것을 고용조건으로 하는 행위"를 부당노동행위라고 규정하고 있는데, 이러한 계약을 황견계약이란 한다.

이 황견계약은 1920년대 미국에서 대량으로 발생했는데, 순종을 잘 한다고 하여 이와 같은 명칭이 붙어지게 되었다. 황견계약은 조합조직을 부인하거나 약화시키기 위하여 혹은 단체교섭을 회피하기 위한 수단으로서, 조합에 가입한 자는 그 조합으로부터 탈퇴할 것을, 또는 특정한 노동조합 즉 어용조합을 만들어 새로 고용되는 자나 이미 고용되어 있는 자는 그 조합에 가입할 것 등의 내용을 갖는 계약이며, 이에 대한 대가로서 고용기회를 제공하는 것이다.

(3) 단체교섭의 거부

노동조합 및 노동관계조정법 제81조 제3항에서는 "노동조합의 대표자 또는 노동조합으로부터 위임을 받은 자와의 단체협약체결 기타의 단체교섭을 정당한 이유 없이 거부하거나 해태하는 행위"를 부당노동행위로 규정하여 이를 금지하고 있다. 단체교섭이야말로 노동조합의 본래적이고도 핵심적인 기능이므로 이와 같은 교섭을 사용자가 거부한다는 것은 조합의 존재이유를 무의미하게 하는 것과 같으므로 노동조합의 실질적 존재 의의를 해하는 것이 되고 나아가 단결권의 침해가 됨으로 원활한 단체교섭의 실현을 위해 이를 부당노동행위로 금지하고 있다.

(4) 지배 · 개입 및 경비원조

노동조합 및 노동관계조정법 제81조 제4호는 "근로자가 노동조합을 조직 또는 운영하는 것을 지배하거나 이에 개입하는 행위와 노동조합의 전임자에게 급여를 지원하거나 노동조합의 운영비를 원조하는 행위"를 부당노동행위로 금지하고 있다. 근로자의 단결이 보호받기 위해서는 '자주성'이란 요건을 갖추어야 하지만 이 자주성은 사용자에 대한 관계에 있어서 보통 '순수성'과 '독립성'을 의미하는 것이다. 여기서 지배 · 개입이란 바로 이 독립성을 침해하는 행위를 포괄하는 개념이라

할 수 있다.

그런데 이 지배·개입은 불이익 대우나 황견계약처럼 사용자가 근로자 개개인에 대하여 행하는 행위가 아니라 근로자의 단결체인 노동조합 자체에 대하여 행하는 유형의 하나이다. 이러한 지배·개입의 양태로서는 조합의 조직결성·운영에 대한 지배·개입 및 경비원조가 있다(정종진·이덕로, 2017, 415).

6.3 부당노동행위의 구제절차

부당노동행위가 이루어진 경우에, 이것을 시정하는 데는 두 가지 길이 있다. 하나는 법원에 제소하여 그 판결을 기다리는 것이다. 그러나 법원에서의 민사소송으로는 기껏해야 차별적인 해고인 경우, 해고무효확인의 소(訴)나 종업원으로서의 지위보전의 가처분 등을 통한 구제를 기대할 수 있을 뿐이다. 이것은 경제적·시간적인 여유가 별로 없는 근로자에게 있어서 별반 실효성이 없는 조치임은 두말할 필요조차 없다. 더구나 단체교섭 거부를 비롯한 기타의 부당노동행위유형에 대하여는 거의 묘책이 없다.

그러기에 보다 신속하고 강력한 구제를 도모할 수 있는 행정적 구제의 길을 열어 놓고 있다. 즉, 노동위원회에 신청해서 행정처분에 따르도록 하는 것이다. 따라서 오늘날은 노동위원회에 부당노동행위에 대한 구제를 신청하여 그의 명령에 따르도록 하는 것이 일반적이다. 노동위원회의 구제절차는 다음과 같다.

(1) 구제신청 접수

부당노동행위는 지방노동위원회 및 중앙노동위원회가 심급을 달리하는 2심제를 기본으로 하는데, 그 위에 행정소송을 인정하여 형식상 3심제를 이루고 있다. 1심은 부당노동행위가 발생한 사업장의 소재지를 관할하는 지방노동위원회가 관장하되 2 이상의 관할구역에 걸친 사건은 주된 사업장의 소재지를 관할하는 지방노동위원회에서 관장하며, 특정사항에 관한 것인 때에는 특별노동위원회가 초심으로서의 관할권을 갖는다. 그리고 2심에 해당하는 중앙노동위원회는 지방노동위원회 또는 특별노동위원회가 취급한 사건에 대하여 재심권을 가진다.

사용자의 부당노동행위로 인하여 그 권리를 침해 당한 근로자 또는 노동조합은

1심인 지방노동위원회에 그 구제를 신청할 수 있다. 구제의 신청은 부당노동행위가 있은 날로부터 3월 이내에 이를 행하여야 한다. 이와 같이 부당노동행위의 구제신청에 제척기간을 둔 것은 기간의 경과로 말미암아 행위의 입증이 곤란하고 또한 구제의 실효성을 거두기가 어렵기 때문이다. 여기서 구제신청의 상대방인 피신청인은 부당노동행위를 실제로 행한 자연인으로서의 대표이사나 중역이 아니라 구제의무를 부담하는 기업 자체가 된다.

(2) 사실조사

노동위원회는 구제신청을 받은 때에는 지체없이 필요한 조사와 관계 당사자의 심문을 하여야 한다. 노동위원회의 조사 및 심문절차는 소송절차에 있어서의 변론과 증거조사에 해당하는 핵심적 부분으로서 노동위원회는 심문을 함에 있어서는 관계 당사자에 대하여 증거의 제출과 증인에 대한 반대심문을 할 수 있는 충분한 기회를 주어야 한다. 노동위원회의 조사와 심문에 관한 절차는 중앙노동위원회가 따로 정하는 바에 의한다(동법 제83조).

(3) 심문일정 통지

노동위원회는 사실 조사가 완료되면 신청인과 피신청인에게 심문일정을 통지한다. 양 당사자는 심문일정 연기신청, 증인신청, 그리고 위원 제척 · 기피 신청을 할 수 있다.

노동위원회의 부당노동행위 구제신청은 사용자 위원 1인, 노동자 위원 1인, 그리고 공익 위원 3인을 포함한 총 5인의 심판위원에 의하여 심문회의가 진행된다. 양 당사자는 5명의 심판위원 중 자신에게 불리하거나 상대방에게 유리한 판정을 내릴 것으로 판단되는 위원에 대하여 제척 · 기피 신청을 할 수 있다.

(4) 심문회의 및 판정회의

노동위원회의 심문회의 및 판정회의는 구제신청 접수일로부터 60일 이내에 개최된다.

(5) 판정서 송부(사건 종료 및 구제 명령)

노동위원회는 판정일로부터 30일 이내 판정서를 양 당사자에게 송부함으로써 구제신청 사건은 종료된다. 노동위원회는 제83조의 규정에 의한 심문을 종료하고 부당노동행위가 성립한다고 판정한 때에는 사용자에게 구제명령을 발하여야 하며, 부당노동행위가 성립하지 아니한다고 판정한 때에는 그 구제신청을 기각하는 결정을 하여야 한다. 판정·명령 및 결정은 서면으로 하되, 이를 당해 사용자와 신청인에게 각각 교부하여야 한다(동법 제84조).

구제명령의 내용은 부당노동행위에 의하여 침해된 상태를 회복하는 데 필요하다고 생각되는 적절하고 구체적인 조치로 나타난다. 예를 들면 불이익 대우의 전형인 해고에 대하여는 노동위원회는 해고된 근로자에게 원상회복으로서 원직에의 복귀는 물론 해고에 의하여 상실된 임금의 소급 지불(back pay)을 명하는 것이 원칙이다. 이 밖에도 황견계약의 파기, 단체교섭의 즉각 개시, 지배·개입·경비원조 금지 등이 있다.

(6) 재심절차(중앙노동위원회)

지방노동위원회 또는 특별노동위원회의 구제명령 또는 기각판정에 불복이 있는 관계 당사자는 그 명령서 또는 결정서의 송달을 받은 날로부터 10일 이내에 중앙노동위원회에 재심을 신청할 수 있다. 다만 재심의 신청이 있더라도 초심명령은 그 효력이 정지되지 않으며, 중앙노동위원회의 재심사에 의하여 취소 또는 변경이 있는 경우에 비로소 효력을 상실한다. 중앙노동위원회에서의 구제신청절차는 초심인 지방노동위원회와 동일한 절차로 진행된다.

(7) 행정소송(행정법원 → 고등법원 → 대법원)

중앙노동위원회의 구제명령이나 기각결정 또는 재심판정에 대하여 관계 당사자는 그 명령서·결정서 또는 재심판정서의 송달을 받은 날로부터 15일 이내에 행정소송법이 정하는 바에 의하여 소를 제기할 수 있다. 이 기간 내에 재심을 신청하지 아니하거나 행정소송을 제기하지 않으면 구제명령·기각결정 또는 재심판정은 확정되며, 관계 당사자는 이에 따라야 한다. 또한 중앙노동위원회의 구제명령 등의 효력은 행정소송의 제기에 의하여 정지되지 않으며, 행정소송의 판결에 의하여 비로소 취소된다(서울지방노동위원회, 2016).

참고문헌

■ 제1장 인적자원관리의 기초

강두순 · 이동인 · 문지웅 · 우제윤 · 황순민 · 강영운(2018.2.27), "유한킴벌리, 30년 변함없이 녹화사업 · 환경캠페인," 「매일경제신문」.

강성춘 · 박지성 · 박호환(2011), "전략적 인적자원관리 국내 연구 10년: 걸어온 길, 그리고 가야 할 길," 「인사조직연구」, 19(2), 51-108.

고용노동부(2017.11), 「2016년 노동조합 조직 현황」, 9.

권석균 · 이병철 · 양재완(2017), 「(지속가능 성장을 위한) 인적자원관리」, 시대가치, 22-62.

권성훈(2018.5.3), "우리나라의 연구개발투자 현황과 시사점," 「지표로 보는 이슈」, 제120호, 국회입법조사처, 2.

김민식 · 손가녕(2017.2.16), "제4차 산업혁명과 디지털 트랜스포메이션(Digital Transformation)의 이해," 「동향」, 29(3), 통권 640호, 정보통신정책연구원, 3.

김성국(2005), 「인적자원관리 뉴패러다임」, 명경사, 274-285.

김성수(2003), 「21세기형 신인적자원관리」, 삼영사, 59-62.

김영재 · 김성국 · 김강식(2018), 「신인적자원관리」, 제3판, 탑북스, 51-61.

김주희 · 강영희(2014), "고몰입 인적자원관리에 대한 인식이 직무스트레스에 미치는 영향: 노사관계 분위기의 조절효과를 중심으로," 「인사조직연구」, 22(2), 143-168.

김지한(2018.7.11), "이적료 1370억원, 연봉은 390억원.... 호날두, 9년 만에 팀 옮겼다," 「중앙일보」.

김진희 · 심원술(2006), "경영전략과 인적자원관리의 적합성에 따른 조직성과 차이," 「인사 · 조직연구」, 14(1), 53-87.

김혜연(2018.1.5), "'삼성 노벨상' 장은주 펠로우의 디스플레이 이야기," 「주간현대」.

김흥길(2017), 「(인간중시의) 인적자원관리」, 탑북스.

노용진(2009.11.18), "원칙이 있는 인사," *LG Business Insight*, LG경제연구원, 18-25.

문성옥 · 이지만 · 이주일(2017), "고몰입 인적자원관리가 생산성 향상에 미치는 영향 - 신뢰의 매개효과와 노사관계의 조절된 매개효과 -," 「인적자원관리연구」, 24(4), 105-131.

민경호(2003), 「현대인사관리」, 무역경영사, 17-20.

박경규(2016), 「신인사관리: 노동과 자본의 통합이론」, 홍문사.

박계홍 · 박하진 · 임웅석(2018), 「4차산업혁명 시대의 인적자원관리」, 형설출판사. 23.

박상돈(2017.3.20), "한국 출산율 OECD와 세계 전체에서 꼴찌 수준," 「연합뉴스」.

박영배(2018), 「인적자원관리」, 제2판, 청람.

박우성 · 유규창(2001), "인적자원관리의 패러다임 변화와 인사부서의 역할 - 인적자원관리전문가 서베이 결과를 중심으로 -," 「인사관리연구」, 25(1), 347-369.

배종석(1999), "경쟁우위와 인적자원관리: 전략적 인적자원관리 연구의 비판적 고찰과 연구방향 모색," 「인사 · 조직연구」, 7(2), 1-45.

백필규 · 이정일(2000), "디지털시대의 인사혁명," 「CEO Information」, 234, 삼성경제연구소, 8-9.

변연배(2011), "최근 경영환경에 따른 인사기능의 역할 변화," 「경영계」, 11월호, 한국경영자총협회.

삼성경제연구소 HRM연구실(2001), 「디지털시대의 HRM: eHRM」, 3-11.

서도원 · 이덕로(2016), 「현대경영학원론」, 박영사, 380.

서도원 · 서인석 · 송석훈 · 이기돈(2003), 「인사관리 - 이론과 실제 -」, 대경, 3-24.

신유근(1991), "한국의 경영시스템과 노사관계의 변화," 「노사관계연구」, 2, 61-102.

신유근(2000), "한국기업의 인사관리 평가와 향후 발전방향," 「월간 인사관리」, 66-71.

우진용(2011.10.2), "FC 바르셀로나의 인재 경영," 「서울경제신문」.

유규창(1998), "인적자원관리의 전략적 접근법에 대한 연구," 「경영학연구」, 27(3), 585-610.

유규창 · 박우성(2017), 「(리더를 위한) 인적자원관리」, 창민사, 88.

윤대혁 · 정형일(2006), 「글로벌 시대의 인적자원관리」, 삼영사, 78.

이강민 · 전상길(2018), "개인-환경(조직, 상사, 직무) 적합성이 비윤리적 친조직 행동에 미치는 영향," 「인적자원개발연구」, 21(1), 79-105.

이경은(2018.6.28), "혁신의 아이콘, 미국 '아마존'," 「한국경제TV」.

이덕로(2004), 「자동차산업의 인적자원관리」, 집문당, 110-111.

이덕로(2018.2), 「조직행동론」, 피앤씨미디어, 385.

이덕로 · 김한제(2000), "인사고과의 특성이 피고과자의 고과결과 수용에 미치는 영향에 관한 연구 - 상황변수의 상호조절효과를 중심으로 -," 「경영학연구」, 29(1), 247-272.

이덕로 · 서도원 · 이원우(2008), 「경영학의 이해」, 박영사, 45-271.

이덕로 · 서향희(2017.8), 「인간관계론」, 피앤씨미디어.

이병하 · 박우성(2008), "기업인사시스템의 역사적 변화와 시사점: 삼성전자 사례를 중심으로," 「경영사학」, 23(2), 45-76.

이영면 · 김성국(2002), "한국기업의 인사," 조영호 외, 「경영학 뉴패러다임: 조직인사 · 노사관계」, 박영사, 172-236.

이진규(2001), 「전략적 · 윤리적 인사관리」, 박영사, 4-5.

이학종 · 양혁승(2005), 「전략적 인적자원관리」, 박영사, 9-597.

이행종(2015.11.23), "기업의 SR, 지금… 유한킴벌리 ① 지배구조: 유한킴벌리 사회책임경영 보고서 대해부," 「SR타임스」.

임창희(2014), 「인적자원관리」, 제3판, 비앤엠북스.

장세진(2013), 「(글로벌경쟁시대의) 경영전략」, 제6판, 박영사, 6-11.

장시형(2011.12), "파격 연봉 제시하고 전용기 띄우고… 글로벌 'S인재'를 영입하라," 「이코노미플러스」, 통권 86호, 33-36.

정재훈 · 김준성(2002), "전략적 인적자원관리(SHRM)의 이론과 실천: 한국기업의 SHRM방향 설정을 위한 탐색적 연구," 「인사관리연구」, 26(3), 195-196.

정종운(2002), "한 나라의 국제경쟁력," 「한독사회과학논총」, 163-181.

정종진 · 이덕로(1998), 「인적자원관리」, 제2판, 법문사, 15-40.

정종진 · 이덕로(2017), 「최신노사관계론」, 법문사, 76.

조영호(2000), "환경변화와 기업경영의 대전환," 한국노동연구원 편, 「21세기형 인적자원관리 – 뉴 패러다임과 실천과제 –」, 명경사, 3-30.

천성현(2006.11.29), "기업문화 혁신에 성공한 CEO," 「LG주간경제」, LG경제연구원, 9.

최계영(2017.5.31), "4차 산업혁명과 ICT," *KISDI Premium Report* 17-02, 정보통신정책연구원, 12.

최숙희 · 강우란 · 전효찬 · 강성원 · 박재룡(2007.8.3), 「한일 고령화의 영향과 파급효과」, 삼성경제연구소, 2-22.

최종태(1999), "인사관리혁신과 시장모형," 「경영학연구」, 27(5), 1141-1156.

한국노동연구원(2000), 「21세기형 인적자원관리」, 명경사, 33-50.

Arthur, J. B.(1994), "Effects of Human Resource System on Manufacturing Performance and Turnover," *Academy of Management Journal*, 37(3), 670 687.

Barney, J. B.(1991), "Firm Resources and Sustained Competitive Advantage," *Journal of Management*, 17(1), 99-120.

Becker, B. E., & Huselid, M. A.(2006), "Strategic Human Resource Management: Where do we go from here?," *Journal of Management*, 32(6), 898-925.

Berdrow, I. & Lane, H. W.(2003), "International Joint Ventures: Creating Value through Successful Knowledge Management," *Journal of World Business*, 38(1), 15-30.

Bovee, C. L., Thill, J. V., Wood, M. B., & Dovel, G. P.(1993), *Management*, New York:

McGraw-Hill Book Co., 77.

Bowen, D. E., & Ostroff, C.(2004), "Understanding HRM-Firm Performance Linkages: The Role of the Strength of the HRM System," *Academy of Management Review*, 29(2), 203-221.

Boxall, P. & Macky, K.(2009), "Research and Theory on Highperformance Work Systems: Progressing the High-Involvement Stream," *Human Resource Management Journal*, 19(1), 3-23.

Byars, L. L. & Rue, L. W.(2004), *Human Resource Management,* 7th ed., New York: McGraw-Hill Book Co.

Caldwell, R.(2003), "The Changing Roles of Personnel Managers: Old Ambiguities, New Uncertainties," *The Journal of Management Studies*, June, 40(4), 983-1004.

Chruden, H. J. & Sherman, A. W., Jr.(1984), *Personnel Management: The Utilization of Human Resources,* 6th ed., Cincinnati, Ohio: South-Western, 4.

Daft, R. L.(2016), *Management*, 12th ed., Boston, MA, USA; Cengage Learning, 65.

Delery, J. E. & Roumpi, D.(2017), "Strategic Human Resource Management, Human Capital and Competitive Advantage: is the Field going in Circles?," *Human Resource Management Journal*, 27(1), 1-21.

Delery, J. E., & Doty, D. H.(1996), "Modes of Theorizing in Strategic Human Resource Management: Tests of Universalistic, Contingency, and Configurational Performance Predictions," *Academy of Management Journal*, 39(4), 802-835.

Desouza, K. C.(2002), *Managing Knowledge with Artificial Intelligence*, Westport, CT: Quorum Books.

Desouza, K. C. & Evaristo, R.(2003), "Global Knowledge Management Strategies," *European Management Journal*, 21(1), February, 62-67.

Drucker, P. F.(1993), *Post-Capitalist Society*, New York: Harper Business.

Eichengreen, B., Mehl, A., & Chitu, L.(2018), *How Global Currencies work: Past, Present, and Future*, Princeton: Princeton University Press.

Farndale, E., Hope-Hailey, V., & Kelliher, C.(2011), "High Commitment Performance Management: The Roles of Justice and Trust," *Personnel Review*, 40(1), 5-23.

Flippo, E. B.(1984), *Personnel Management*, 6th ed., New York: McGraw-Hill Book Co., 4-7.

Frederick, W., Davis, C. K., & Post, J. E.(1988), *Business and Society: Corporate Strategy, Public Policy, Ethics* , 7th ed., New York: McGraw-Hill, 139-141.

Gomez-Mejia, L. R., Balkin, D. B., & Cardy, R. L.(2010), *Managing Human Resources,* 6th ed., New Jersey: Pearson Education Inc., 8-21.

Harris, J. O. & Bethke, A. L.(1989), "HR Professionals Two Decades Later," *Personnel Administrator*, 34(2), February, 66-71.

Hellriegel, D., Jackson, S. E. & Slocum, J. W.(2005), *Management: A Competency-Based Approach*, 10th ed., Singapore: South-Western Educational Pub., 76.

Hodge B. J. & Anthony, W. P. & Gales, L. M.(2003), *Organization Theory: A Strategic Approach*, 6th ed., Upper Saddle River: Prentice Hall, 68-72.

Huselid, M. A.(1995), "The Impact of Human Resource Management Practices on Turnover, Productivity, and Corporate Financial Performance," *Academy of Management Journal,* 38(3), 635-672.

IMD(2017), *The World Competitiveness Report,* 2-3.

Ivancevich, J. M. & Konopaske, R.(2013), *Human Resource Management*, 12th ed., New York, NY: McGraw-Hill Irwin,

Kim, W. C. & Mauborne, R. A.(1993), "Procedural Justice, Attitudes, and Subsidiary Top Management Compliance with Multinational's Corporate Strategic Decisions," *Academy of Management Journal,* 36, 502-526.

Kinicki, A. & Williams, B. K.(2013), *Management: A Practical Introduction*, 6th ed., New York: McGraw-Hill, 177.

Kotter, J. P. & Heskett, J. L.(1992), *Corporate Culture and Performance,* New York: Free Press, 69.

Kublin, M.(1990), "The Soviet Factory Director: A Window on Eastern Bloc Manufacturing," *Industrial Management*, March-April, 21-26.

Kim, T. Y., Rosen, B., & Lee, D. R.(2009), "South Korean Managerial Reactions to voicing Discontent: The Effects of Employee Attitude and Employee Communication Styles," *Journal of Organizational Behavior*, 30(7), 1001-1018.

Lengnick-Hall, M. L. & Lengnick-Hall, C.(2003), *A Human Resource Management in the Knowledge Economy: New Challenges, New Roles, New Capabilities*, San Francisco, CA: Berrett-Koehler.

McDuffie, J. P.(1995), "Human Resource Bundles and Manufacturing Performance; Organizational Logic and Flexible Production System in the World Auto Industry," *Industrial and Labor Relations Review*, 48(2), 197-221.

Miner, J. B. & M. G. Miner(1985), *Personnel and Industrial Relations: A Managerial*

Approach, New York: Macmillan Publishing Co., 27-47.

Mondy, R. W. & Premeaux, S. R.(1995), *Management: Concepts, Practices, and Skills,* 7th ed., Englewood Cliffs: Prentice-Hall, 50-54.

Münsterberg, H.(1913), *Psychology and Industrial Efficiency,* Boston: Houghton Mifflin.

Naisbitt, J. & Aburdene, P.(1990), *Megatrends 2000*, New York: William Morrow, 95-103.

Noe, R. A., Hollenbeck, J. R., Gerhart, B., & Wright, P. M.(2017), *Human Resource Management: Gaining a Competitive Advantage*, 10th ed., New York: McGraw-Hill Education, 53-56.

OECD(2018), *Main Science and Technology Indicators 2018*.

Pascale, R. T. & Athos, A. G.(1981), *The Art of Japanese Management*, Harmondsworth: Penguin Books, 202.

Peters, T. & Waterman, R.(1982), *In Search of Excellence,* New York: Harper & Row, 13-16

Pfeffer, J.(1994), *Competitive Advantage Through People*, Boston, Massachusetts: Harvard Business School Press, 27-65.

Pigors, P. & Myers, C. A.(1981), *Personnel Administration: A Point of View and a Method,* 9th ed., New York: McGraw-Hill.

Schmidt, J. A., Pohler, D., & Willness, C. R.(2018), "Strategic HR System Differentiation between Jobs: The Effects on Pirm Performance and Employee Outcomes," *Human Resource Management,* 57(1), 65-81.

Schuler, R. S.(1990), "Repositioning the Human Resource Function Transformation or Demise?," *Academy of Management Executive*, 4(3), 49-60.

Sharplin, A.(1985), *Strategic Management*, New York: McGraw-Hill Book Co., 10.

Sherman, A. W., & Bohlander, G. W.(1992), *Managing Human Resources*, 9th ed., Cincinnati Ohio: South Western, 9.

Smith, L. J., Brice, L. R., & Skaggs, J. H.(1983), "Thirty Five Years of Service and Growth," *Personnel Administrator*, 28(6), 65-72.

Snell, S. A., & Youndt, M. A.(1995), "Human Resource Management and Firm Performance: Testing a Contingency Model of Executive Control," *Journal of Management*, 21(4), 711-737.

Snell, S. A., Shadur, M. A., & Wright, P. M.(2001), "Human Resources Strategy: The Era of our Ways," In M. A. Hitt, R. E. Freeman, & J. S. Harrison (Eds.), *The Blackwell*

Handbook of Strategic Management, MA: Blackwell Publishers Inc.

Spates, T. G.(1948), *The Scope of Modern Personnel Administration*, New York: Funk & Wagnalls Co,

Tead, O., & Metcalf, H. C.(1920), *Personnel Administration*, New York: McGraw-Hill Book Co.,

Thurow, L.(1991), *Head to Head,* New York: William Morrow & Co., 51-55.

Toffler, A.(1990), *Powershift*, New York: Bantam Books, 413-422.

Tyson, S.(1997), "Human Resource Strategy: A Process for Managing the Contribution of HRM to Organizational Performance," *The International Journal of Human Resource Management*, 8(3), 277-290.

Ulrich, D.(1997), *Human Resource Champions*, Boston, MA: Harvard Business School Press.

WEF(2017), *Global Competitiveness Report 2017.*

Yoder, D. & Staudohar, P. D.(1982), *Personnel Management and Industrial Relations,* 7th ed., Englewood Cliffs, N.J.: Prentice-Hall.

Youndt, M. A., Snell, S. A., Dean, J. W., & Lepak, D. P.(1996), "Human Resource Management, Manufacturing Strategy, and Firm Performance," *Academy of Management Journal*, 39(4), 836-866.

Zheng, W., Yang, B., & McLean, G. N.(2010), "Linking Organizational Culture, Structure, Strategy, and Organizational Effectiveness: Mediating Role of Knowledge Management," *Journal of Business Research,* 63(7), 763-771.

■ 제2장 인사철학과 인사방침

권석균 · 이병철 · 양재완(2017), 「(지속가능 성장을 위한) 인적자원관리」, 시대가치, 40.

김식현(1998), 「신판인사관리론」 신고6판, 무역경영사, 39-45.

나윤기(1996), 「인사관리론」, 재판, 학문사, 139.

박순빈(2005.11.28), "고객 · 가치 · 인간…기업 경영이념 "개성없다"," 「한겨레」.

서도원 · 서인석 · 송석훈 · 이기돈(2003), 「인사관리 - 이론과 실제 -」, 대경, 11-16.

서도원 · 이덕로(2016), 「현대경영학원론」, 박영사, 86-394.

신건호 · 이승계 · 임상혁 · 박재춘 · 김종길 · 정형진 · 이공희 · 이중규 · 박정우 · 김종철 · 이경호(2011), 「(글로벌 시대의) 인적자원관리」, 탑북스, 53.

신정선(2010.3.17), "예전 사훈(社訓)은 '딱딱'… 요즘은 '톡톡'," 「조선일보」.

양창삼(2009), 「인적자원관리와 신인사제도」, 한국학술정보.

윤대혁(2011), "지속가능경영의 인식이 구성원의 직무태도에 미치는 영향," 「인적자원관리연구」, 18(3), 179-201.

이덕로(2004), 「자동차산업의 인적자원관리」, 집문당, 108-119.

이덕로(2012), 「최신 인적자원관리」, 집현재, 59-61.

이덕로 · 서도원(1998), "한국기업의 경영특성에 관한 종단적 연구," 「경영학연구」, 27(4), 911-936.

이덕로 · 서도원 · 김용순(2003), "변혁적 · 거래적 리더십이 조직시민행동에 미치는 영향 - 신뢰의 매개효과를 중심으로 -," 「경영학연구」, 32(2), 107-132.

이덕로 · 서도원 · 이원우(2008), 「경영학의 이해」, 박영사, 71.

이재규 · 김진극 · 김동조(2011), 「지식경영시대의 인적자원관리」, 제2판, 문영사, 62.

이진규(2001), 「전략적 · 윤리적 인사관리」, 박영사, 598-600.

이학종(1997), 「무한계 시대의 전략경영」, 박영사, 207-208.

이학종(1998), 「한국기업의 구조조정과 새 조직문화개발」, 박영사, 3.

이학종(2000), 「전략적 인력자원관리」, 세경사, 412-597.

이학종(2008), 「기업문화와 기업경쟁력」, 박영사, 142.

임창희(2007), 「경영학원론」, 학현사, 346.

전국경제인연합회(2005.11), 「회원사 경영이념(經營理念), 사훈(社訓), 사시(社是) 조사」.

정종진 · 이덕로(1998), 「인적자원관리」, 제2판, 법문사, 41-70.

조동성(2010), 「21세기를 위한 경영학」, 제2판, 서울경제경영, 263-264.

조영호 외(2002), 「경영학 뉴패러다임: 조직인사 · 노사관계」, 박영사, 224.

Bohlander, G. W., Snell, S., & Sherman, A. W.(2001), *Managing Human Resources*, 12th ed., Cincinnati Ohio: South-Western College Pub., 25-27.

Gomez-Mejia, L. R., Balkin, D. B., & Cardy, R. L.(2007), *Managing Human Resources,* 5th ed., New Jersey: Pearson Education Inc., 234.

IMD(2017), *The World Competitiveness Yearbook,* 78-214.

Ivancevich, J. M.(2004), *Human Resource Management*, 9th International ed., New York: McGraw-Hill//Irwin, 317.

Jackson, S. E. & Schuler, R. S.(2006), *Managing Human Resources Through Strategic Partnership*, 9th ed., Mason, OH: Thomson/South-Western, 411-414.

McGregor, D.(1960), *The Human Side of Enterprise,* N.Y.: McGraw-Hill, 33-48.

McGregor, D.(2006), *The Human Side of Enterprise*, New York: McGraw-Hill, 37-51.

Pigors, P. & Myers, C. A.(1981), *Personnel Administration*, 9th ed. New York: McGraw Hill Book Co., 48-50.

Robbins, S. P.(2005), *Organizational Behavior*, 11th ed., Englewood Cliffs, N.J.: Prentice-Hall, 172.

Rue, L. W., Ibrahim, N. A., & Byars, L. L.(2016), *Human Resource Management*, 11th ed., New York: McGraw-Hill Education, 11-15.

Schuler, R. S.(1998), *Managing Human Resources*, 6th ed., Cincinnati, Ohio: South-Western, 420-424.

Sherman, A. W. & Bohlander, G. W.(1992), *Managing Human Resources*, 9th ed., Cincinnati Ohio: South-Western, 23-25.

■ 제3장 직무관리

김병숙(2007), 「한국직업발달사」, 시그마프레스.

김성수(2003), 「21세기형 신인적자원관리」, 삼영사, 59-62.

김영재 · 김성국 · 김강식(2018), 「신인적자원관리」, 제3판, 탑북스, 232-266.

김해룡 · 김쌍언(2011), "직무자율성이 혁신행동에 미치는 영향: 셀프리더십의 매개효과를 중심으로," 「조직과 인사관리연구」, 35(4), 199-229.

민경호(2003), 「현대인사관리」, 무역경영사, 17-20.

박경규(2016), 「신인사관리: 노동과 자본의 통합이론」, 홍문사, 142-144.

박경환 · 한인수(1999), "혁신행위에 영향을 미치는 개인성격과 직업환경 - R&D 연구원 기술인력을 중심으로 -," 「경영학연구」, 28(2), 477-504.

박성수 · 황호영 · 이경근 · 전명숙 · 채준호(2016), 「디지로그시대의 인적자원관리」, 제4판, 박영사, 233-266.

박시진 · 홍원기(2018), "승진 영향요인과 직무특성이 공무원 직무만족에 미치는 영향: 중앙부처를 중심으로," 「한국인사행정학회보」, 17(1), 141-165.

박영배(2018), 「인적자원관리」, 제2판, 청람, 82-84.

송병식(2005), "직무특성과 혁신행동간의 창의성의 매개효과에 대한 탐색적 연구," 「대한경영학회지」, 18(4), 1483-1503.

스티븐 로빈스 · 티모시 저지 저, 이덕로 · 김태열 · 박기찬 · 박원우 공역(2015), 「조직행동론」, 제16판, 한티미디어, 271-278.

신건호 · 이승계 · 임상혁 · 박재춘 · 김종길(2011), 「인적자원관리」, 탑북스, 76-87.

심덕섭 · 양동민 · 하성욱(2010), "직무특성, 통제위치, 리더," 「인사 · 조직연구」, 18(3), 175-

216.

양석곤 · 김성용 · 안성익(2017), "상사신뢰가 혁신행동에 미치는 영향: 직무특성의 조절효과를 중심으로," 「리더십연구」, 8(4), 131-163.

유규창 · 박우성(2017), 「(리더를 위한) 인적자원관리」, 창민사, 145.

윤형중(2011.1.29), "한국의 유망 직업 변천사(1950-2010년): 유망 직업 키워드 70년 '수출' 2000년 '삶의 질'," 「매일경제신문」.

이덕로(2018), 「조직행동론」, 피앤씨미디어, 172-173.

이덕로 · 김태열(2008), "직무특성이 개인창의성에 미치는 영향: 선행적 행동의 매개효과를 중심으로," 「경영학연구」, 37(3), 443-475.

이영면 · 김성국(2002), "한국기업의 인사," 조영호 외, 「경영학 뉴패러다임: 조직인사 · 노사관계」, 박영사, 172.

이재규 · 김진극 · 김동조(2011), 「지식경영시대의 인적자원관리」, 제2판, 문영사, 185.

이종구 · 조은상 · 김홍유(2009), "한국 직업변천사의 시대별 특성 비교분석에 관한 탐색적 연구 – 해방이후(1945)~현재(2009)까지 –," 「경영사학」, 52, 79-109.

이진규(2001), 「전략적 · 윤리적 인사관리」, 박영사, 143-147.

임창희(2014), 「인적자원관리」, 제3판, 비앤엠북스, 191.

정재훈(2011), 「인적자원관리」, 3판, 북넷, 184.

정종진 · 이덕로(1998), 「인적자원관리」, 제2판, 법문사, 83-119.

조윤형 · 김태진 · 조영호(2011), "직무특성과 정서노동이 직무몰입과 혁신성향에 미치는 영향," 「조직과 인사관리연구」, 35(3), 1-37.

한국노동연구원(2002), 「21세기형 인적자원관리: 뉴 패러다임과 실천과제」, 명경사, 33-50.

Benson, S., Eddy, E., & Lorenzet, S.(2000), "The Importance of Critical Psychological State in the Job Characteristics Model: Meta-analytic and Structural Equations Modeling Examination," *Current Research in Social Psychology*, 5(12), 170-189.

Bohlander, G. W., Snell, S., & Sherman, A. W.(2001), *Managing Human Resources*, 12th ed., Cincinnati, Ohio: South-Western College Pub., 116.

French, W. L.(2003), *Human Resources Management*, 5th ed., Boston: Houghton Mifflin, 165-193.

Gibson, C. B., Gibbs, J. L., Stanko, T. L., & Tesluk, P.(2011), "Including the "I" in Virtuality and Modern Job Design: Extending the Job Characteristics Model to Include the Moderating Effect of Individual Experiences of Electronic Dependence and Copresence," *Organization Science*, 22(6), 1481-1499.

Gomez-Mejia, L. R., Balkin, D. B., & Cardy, R. L.(2010), *Managing Human Resources,* 6th ed., New Jersey: Pearson Education Inc., 56-88.

Greenberg, J. & Baron, R. A.(2000), *Behavior in Organization: Understanding and Managing The Human Side Work*, 7th ed., Upper Saddle River, N.J.: Prentice Hall, 15.

Hackman, J. R. & Oldham, G. R.(1975), "Development of the Job Diagnostic Survey," *Journal of Applied Psychology*, April, 159-170.

Hackman, J. R. & Oldman, G. R.(1980), *Work Design,* Massachusetts: Addison-Wesley Publishing Company, 77-80.

Herzberg, F.(1979), "Orthodox Job Enrichment," in L. E. Davis & Taylor, J. C. eds., *Design of Jobs*, 2nd ed., Santa Monica, Calif.: Goodyear Publishing, Inc., 136.

Ivancevich, J. M. & Konopaske, R.(2013), *Human Resource Management*, 12th ed., New York, N.Y.: McGraw-Hill/Irwin, 317.

Jiang, L. & Johnson, M. J.(2018), "Meaningful Work and Affective Commitment: A Moderated Mediation Model of Positive Work Reflection and Work Centrality," *Journal of Business and Psychology*, 33(4), 545-558.

Kreitner, R. & Kinicki, A.(2013), *Organizational Behavior*, 10th ed., New York, N.Y.: McGraw-Hill/Irwin, 177.

Lussier, R. N.(2017), *Human Relations in Organizations: Applications and Skill Building*, 10th ed., New York: McGraw-Hill Book Co., 250.

Mondy, R. W., Noe Ⅲ, R. M. & Premeaux, S. R.(2002), *Human Resource Management*, 8th ed., Englewood Cliffs, N.J.: Prentice-Hall, Inc., 89-97.

Pierce, J. L., Jussila, I., & Cummings, A.(2009), "Psychological Ownership within the Job Design Context: Revision of the Job Characteristics Model," *Journal of Organizational Behavior,* 30(4), 477-496.

Risher, H.(1999), *Aligning Pay and Results: Compensation Strategies that work from the Boardroom to the Shop Floor,* New York: American Management.

Robbins, S. P.(2005), *Organizational Behavior*, 11th ed., Englewood Cliffs, N.J.: Prentice-Hall, Inc., 184.

Robbins, S. P., & Judge, T. A.(2017), *Organizational Behavior*, 17th ed., Boston: Pearson, 284.

Scott, S. G. & Bruce, R. A.(1994), "Determinants of Innovative Behavior: A Path Model of Individual Innovation in the Workplace," *Academy of Management Journal*,

37(3), 580-607.

Snell, S., Morris, S., & Bohlander, G. W.(2016), *Managing Human Resources*, 17th ed., Boston, MA.: Cengage Learning, 116.

Szilagyi, A. D., Jr. & Wallace, M. J., Jr.(1990), *Organizational Behavior and Performance*, 5th ed., Glenview, Ill.: Scott, Foresman/Little, Brown Higher Education, 212.

Werther, W. B., Jr. & Davis, K.(1996), *Human Resource and Personnel Management*, 5th ed., New York: McGraw-Hill, 419.

Zhou, J.(1998), "Feedback Valence, Feedback Style, Task Autonomy, and Achievement Orientation: Interactive Effects on Creative Performance," *Journal of Applied Psychology*, 83(2), 261-276.

■ 제4장 채용관리

강인귀(2018.2.21), "공들여 쓴 입사지원서, 검토시간은 평균 10.8분," 「머니S」.

김동만(2018.3.19), "블라인드 채용 정착돼야," 「국민일보」.

김명희(2015.6.3), "잡플래닛, "기업 지원 공개채용 줄고 상시채용 늘어"," 「전자신문」.

김종민(2018.2.19), "신입 공채 구직자 평균 스펙은? '토익 764점, 자격증 3개'," 「뉴시스」.

대한상공회의소(2002), 「기업의 핵심인력난 실태 및 대응방안 조사」, 12.

대한상공회의소(2013.4.16), "100대 기업이 원하는 인재상," 3.

박경규(2016), 「신인사관리: 노동과 자본의 통합이론」, 홍문사, 288-299.

박수영(2018.1.18), "2017년 하반기 취업성공 신입사원 평균 합격스펙은?," 「브레이크뉴스」.

박영배(2018), 「인적자원관리」, 제2판, 청람, 370.

박우성 · 노용진(2001), 「경제위기 이후의 인적자원관리와 노사관계의 변화」, 한국노동연구원, 22-69.

송민성(2014.8.27), "인성이 기업이익과 직결, 세계적인 명문교 이미 전환 완료!," 「에듀진」.

송영수(2003.9.30), "인재전쟁의 시대에 기업이 요구하는 인재상," 「에세이」, 자유기업원.

안진훈(2018.1.26), "인재 적재적소 배치에 HR 빅데이터 활용을," 「매일경제신문」.

유규창 · 박우성(2017), 「(리더를 위한) 인적자원관리」, 창민사, 160-167.

이덕로(2012), 「최신 인적자원관리」, 집현재, 115.

이덕로(2018), 「조직행동론」, 피앤씨미디어, 263.

이영면(2015), 「고용관계론」, 제5판, 경문사, 32-8.

이원덕 편(2003), 「한국의 노동 1987-2002」, 한국노동연구원, 188.

이재규 · 김진국 · 김동조(2001), 「디지털시대의 인적자원관리」, 문영사.

이진구 · 이효중 · 박상훈(2016.12), 「한국 인력채용 방식의 특성분석 연구 – 공개채용제도를 중심으로 –」, 한국산업인력공단, 11.

이진규(2001), 「전략적 · 윤리적 인사관리」, 박영사, 598-600.

이학종 · 양혁승(2005), 「전략적 인적자원관리」, 박영사, 272-294.

이학종 · 양혁승(2012), 「전략적 인적자원관리」, 개정판, 오래, 89-92.

임창희(2014), 「인적자원관리」, 제3판, 비앤엠북스, 75-160.

정종진 · 이덕로(1998), 「인적자원관리」, 제2판, 법문사, 123-321.

조영호 외(2002), 「경영학 뉴패러다임: 조직인사 · 노사관계」, 박영사, 224.

최현준(2007.8.23), "미국박사 6.6%는 '엉터리 박사'," 「한겨레신문」.

한국경영자총협회(2017.4), 「2017년 신규인력 채용동태 및 전망조사 결과」, 2-7.

한국경영자총협회(2017.6), 「2017년 신입사원 채용실태 조사결과」, 2-3.

현영은(2018.5.9), "대기업 인재상 공통 키워드 1위 '도전/도전정신'," 「잡코리아」.

홍보팀(2016.7.28), "시대 따라 변하는 기업 인재상…지금은?," 「사람인」.

황규대(2004), 「인적자원관리」, 전정판, 박영사, 11-99.

Anthony, W. P., Perrewe, P. L., & Kacmar, K. M.(1999), *Human Resources Management: A Strategic Approach*, 3rd ed., Fort Worth: The Dryden Press, 365-369.

Bohlander, G. W., Snell, S. A., & Sherman, A. W.(2001), *Managing Human Resource*, 12th ed., Cincinnati, Ohio: South-Western, 145-253.

Byars, L. L. & Rue, L. W.(2004), *Human Resource Management*, 7th ed., New York: McGraw-Hill Book Co, 161-163.

Dessler, G.(2003), *Human Resource Management*, 9th ed., Englewood Cliffs, N.J.: Prentice-Hall, Inc., 161.

Drucker, P. F.(1993), *Post-Capitalist Society*, New York: Harper Business.

Edward, M. R. & Ewen, A. J.(1996), *360 Feedback: The Powerful New Model for Employee Assesment & Performance Improvement*, AMACOM, 9.

Flippo, E. B.(1981), *Personnel Management*, 5th ed., N.Y.: McGraw-Hill Book Co., 133.

Gold, D., & Madigan, B.(1989), "Job Posting Boosts Worker Morale," *Resource*, 8(6), June, 7.

Gomez-Mejia, L. R., Balkin, D. B., & Cardy, R. L.(2007), *Managing Human Resources*, 5th ed., New Jersey: Pearson Education Inc., 141-169.

Harrel, T. & Harrell, M.(1974), "Relation of Second Year MBA Grades to Business

Earnings," *Personnel Psychology,* 27, 487-491.

Harris, J. O. & Bethke, A. L. (1989), "HR Professionals Two Decades Later," *Personnel Administrator*, 34(2), February, 66-71.

IMD(2002), *The World Competitiveness Yearbook,* 88-214.

Ivancevich, J. M.(2004), *Human Resource Management,* 9th ed., New York: McGraw-Hill.

Jackson, S. E. & Schuler, R. S.(2003), *Managing Human Resources Through Strategic Partnership,* 9th ed., Cincinnati, Ohio: South-Western Publishing Co., 408-511.

Kavanagh, M. J., Gueutal, H. G., & Tannenbaum, S. I.(1990), *Human Resource Information Systems: Development and Application*, Boston: PWS Kent, 29-30.

Kleiman, L. S.(1997), *Human Resource Management; A Tool for Competitive Advantage,* New York: Western Publishing Co., 120-121.

Lederer, A. L.(1984), "Information Technology: Planning and Developing a Human Resource Information System," *Personnel,* 61(3), May-June, 14-15.

Lengnick-Hall, M. L. & Lengnick-Hall, C.(2003), *A Human Resource Management in the Knowledge Economy: New Challenges, New Roles, New Capabilities*, San Francisco, CA: Berrett-Koehler.

Lengnick-Hall, M. L., & Moritz, S.(2003), "The Impact of e-HR on the Human Resource Management," *Journal of Labor Research*, Summer, 24(3), 365.

Magnus, M. & Grossman, M. E.(1985), "Computers and Personnel Department," *Personnel Journal*, April, 42.

Marks, M. L.(1993), "Restructuring and Downsizing," in P. H. Mirvis, ed., *Building the Competitive Workforce: Investing in Human Capital for Corporate Success,* New York: John Wiley & Sons, 60-94.

Mathis, R. L. & Jackson, J. H.(2002), *Human Resource Management: Essential Perspectives*, 2nd ed., Cincinnati, Ohio: South-Western College Pub.

Mello, J. A.(2011), *Strategic Management of Human Resources,* 3rd ed., Cincinnati, Ohio: South-Western/Cengage Learning, 241.

Noe, R. A., Hollenbeck, J. R., Gerhart, B., & Wright, P. M.(2004), *Human Resource Management,* 9th ed., New York: McGraw-Hill Book Co.

Oldroyd, J. B. & Morris, S. S.(2012), "Catching Falling Stars: A Human Resource Response to Social Capital's Detrimental Effect of Information Overload on Star Employees," *Academy of Management Review*, 37(3), July, 396-418.

Peter, L. J., & Hall, R.(1979), *The Peter Principles,* New York: Bantam Books, 228.
Pfeffer, J.(1994), *Competitive Advantage Through People,* Boston, Massachusetts: Harvard Business School Press, 27-65.
Pigors, P. & Myers, C. A.(1981), *Personnel Administration*, 9th ed. New York: McGraw Hill Book Co., 201.
Preble, J. F.(1985), "The Selection of Delphi Panels for Strategic Planning Purposes," *Strategic Management Journal*, 5(2), April-June, 157-170.

■ 제5장 인사이동 및 징계관리

권순식 · 박현미(2006), "근로자 의사대표기제로서의 노동조합, 근로자참여에 대한 비교연구: 근로자의 자발적 이직률을 중심으로,"「노동정책연구」, 6(2), 87-131.
김규식(2011.12.13), "홈플러스 정년 60세로…급여삭감 없어,"「매일경제신문」.
김봉구(2018.3.6), "퇴사자 절반이 입사 1년도 안 된 신입사원,"「한국경제신문」.
김성수(2003),「21세기형 신인적자원관리」, 삼영사, 105-106.
김식현(1999),「인사관리론」, 무역경영사, 233.
김영재 · 심성국 · 김강식(2018),「신인적자원관리」, 제3판, 탑북스, 315.
김정덕(2014.12.17), "임원 확률 1.15%, 바늘구멍 '등용문',"「더스쿠프」, 121.
김환일 · 양시영(2003),「근로자 사기제고의 이론과 사례」, 노동경제연구원, 한국경영자총협회, 134-135.
남정민 · 전병준(2011), "고몰입 인사관리 관행이 구성원의 자발적 이직률에 미치는 영향 - 협력적 노사관계의 조절효과 검증 -,"「조직과 인사관리연구」, 35(4), 146-168.
문병주(2007.8.22), "전환배치 못해서 생긴 현대차 '이상한 풍경',"「중앙일보」.
박경규(2016),「신인사관리: 노동과 자본의 통합이론」, 제6판, 홍문사, 362.
박동해(2018.7.20), "현대중, 2600명 무급휴직 추진…노조는 '일방적 추진' 반발,"「뉴스1」.
박성수 · 황호영 · 김공수 · 이경근(2009),「디지로그시대의 인적자원관리」, 제2판, 박영사, 156-157.
서도원(2012),「인적자원관리」, 대경, 개정판, 148-149.
서인덕 · 도재욱(2007), "조직문화 지각이 조직몰입 및 이직의도에 미치는 영향에 있어서 조직동일시의 매개효과,"「인적자원관리연구」, 14(2), 77-97.
송준호 · 임외석(2017),「인적자원관리」, 제3판, 범한, 380.
신상언(2017.2.27), "[고졸 임원 보고서] 극한의 확률…'0.01%의 신화',"「민주신문」.
신철우 · 최찬기 · 윤정현 · 김대수(2018),「인적자원관리: (4차산업혁명을 주도할 인재경영)」,

탑북스, 152-169.

윤윤구(2010), “이직사유별 일자리 이행경로 및 결정요인 분석,” 「노동경제논집」, 33(2), 91-134.

이덕로(2004), 「자동차산업의 인적자원관리」, 집문당.

이덕로(2004.6), “노동유연성과 고용안정,” 「연세경영연구」, 연세대학교 경영연구소, 41(1), 255-283.

이덕로(2012), 「최신 인적자원관리」, 집현재, 115-156.

이덕로 · 안철경 · 권인수(2010.12), “생명보험설계사의 이직 결정요인,” 「인적자원관리연구」, 17(4), 285-304.

이상무(2018.7.21), ““우리가 옳다는 믿음 하나로 버틴 결과”…KTX 해고 승무원 12년 만에 정규직 복직,” 「한국일보」.

이학종 외(2008), 「21세기 매니지먼트 이론의 뉴패러다임」, 위즈덤하우스.

임효정(2016.10.23), “정년 100세의 중소기업 ‘휴넷’…“직원이 중심되면 기업은 성장한다”,” 「뉴스토마토」.

장지연(2004), 「고령화시대의 노동시장과 고용정책Ⅱ」, 한국노동연구원, 6.

정종진 · 이덕로(1998), 「인적자원관리」, 제2판, 법문사, 123-321.

정지현(2011.11.15), “직장인 이직사유, 대기업 · 중소기업 ‘달라’,” 「데이터뉴스」.

조일준(2017.2.22), “한국인 기대수명은 남녀 모두 세계 1위다,” 「한겨레」.

조학래(2003), “연구개발 인력의 직무만족과 이직의사 사이의 관계에 대한 직무성과의 조절효과,” 「인사관리연구」, 26(3), 231-235.

최명옥 · 유태용(2005), “개인-조직, 개인-직무, 개인-상사 부합이 조직몰입, 직무만족, 이직의도에 미치는 영향: 부합들간의 상호작용 효과를 중심으로,” 「한국심리학회지: 산업 및 조직」, 18(1), 139-162.

최인옥 · 노명화 · 배범수(2009), “개인의 성격과 이직의도의 관계에서 사회적 관계특성의 매개역할,” 「인적자원관리연구」, 16(2), 245-266.

최종태(2002), 「현대인사관리론」, 전정판, 박영사, 370-371.

통계청(2011.12), 「장래인구추계: 2010년-2060년」, 1.

통계청(2016.12.8), 「장래인구추계: 2015-2065년」, 8-9.

통계청(2016.12), 「2015년 생명표」, 5-7.

한국경영자총협회(2014.10), 「2014년 승진 · 승급관리 실태조사」, 1-13.

한국노동연구원(2017), 「2017 KLI 노동통계」, 39.

허재경(2017.9.20), “직장인 체감 은퇴연령, 평균 50.2세,” 「한국일보」.

황규대(2004), 「인적자원관리」, 전정판, 박영사.

Byars, L. L. & Rue, L. W.(2004), *Human Resource Management,* 7th ed., New York: McGraw-Hill Book Co, 279.

Cameron, K. S.(1994), "Strategies for Successful Organizational Downsizing," *Human Resources Management*, 33, 195.

Chen, Z. X., & Francesco, A. M.(2000), "Employee Demography, Organizational Commitment, and Turnover Intentions in China: Do Cultural Differences matter?," *Human Relations,* 53, 869-887.

DeCenzo, D. A. & Robbins, S. P.(1999), *Human Resource Management,* 6th ed., New York: John Wiley & Sons, 454-457.

Ding, C. G., & Lin, C. P.(2006), "Comparing the Effects of Determinants of Turnover Intentions between Taiwanese and U.S. Hospital Employees," *Human Resource Development Quarterly*, 17(4), 403-404.

Gomez-Mejia, L. R., Balkin, D. B. & Cardy, R. L.(2010), *Managing Human Resources,* 6th ed., New Jersey: Pearson Education Inc., 190.

Guthrie, J. P.(2001), "High Involvement Work Practices, Turnover, and Productivity: Evidence from New Zealand," *Academy of Management Journal*, 44(1), 180-190.

Hinkin, T. R. & Tracey, J. B.(2000), "The Cost of Turnover: Putting a Price on the Learning Curve," *Cornell Hotel and Restaurant Administration Quarterly*, 41, 14-21.

Huselid, M. A.(1995), "The Impact of Human Resource Management Practices on Turnover, Productivity, and Corporate Financial Performance," *Academy of Management Journal,* 38(3), 635-672.

Ivancevich, J. M. & Konopaske, R.(2013), *Human Resource Management,* 12th ed., New York: McGraw-Hill Irwin., 402-409.

Jackson, S. E. & Schuler, R. S.(2003), *Managing Human Resources Through Strategic Partnership,* 9th ed., Cincinnati, Ohio: South-Western Publishing Co., 262-649.

McElroy, J. C., Morrow, P. C., & Rude, S. N.(2001), "Turnover and Organizational Performance: A Comparative Analysis of the Effects of Voluntary, Involuntary, and Reduction-in-force Turnover," *Journal of Applied Psychology*, 86(6), 1294-1299.

Ongori, H.(2007), "A Review of the Literature on Employee Turnover," *African Journal of Business Management*, 1(3), 49-54.

O'Reilly, C. A., III & Pfeffer, J.(2000), *Hidden Value: How Great Companies achieve Extraordinary Results with Ordinary People*, Boston: Harvard Business School

Press.

O'Reilly, C. A. & Pfeffer, J.(2000), *How Great Companies Achieve Extraordinary Results With Ordinary People*, Perseus Distribution Services.

Sherman, A. W., & Bohlander, G. W.(1992), *Managing Human Resources*, 9th ed. Cincinnati Ohio: South Western, 410-411.

Zimmerman, R. D.(2008), "Understanding the Impact of Personality Traits on Individuals' Turnover Decisions: A Meta-analytic Path model," *Personnel Psychology*, 61, 309-348.

■ 제6장 교육훈련관리

권석균 · 이병철 · 양재완(2017), 「(지속가능 성장을 위한) 인적자원관리」, 시대가치.

김영재 · 김성국 · 김강식(2018), 「신인적자원관리」, 제3판, 탑북스, 399-401.

김정우 · 김주철(2017), "교육훈련비와 복리후생비가 기업의 경영성과에 미치는 영향 - KONEX 기업을 중심으로," 「한국산학기술학회논문지」, 18(5), 571-580.

김진수 · 이미숙(2011), "기업규모 및 연구개발집약도에 따른 교육훈련활동과 기업가치 간의 관계분석," 「경영교육연구」, 66, 171-194.

김흥국(2001), 「21세기 인적자원 개발과 경력개발제도」, 한국생산성본부, 2.

박경규(2016), 「신인사관리: 노동과 자본의 통합이론」, 제6판, 홍문사, 62-350.

반가운 · 김봄이(2017.3), 「2016년 기업직업훈련 실태조사 기초 분석 보고서」, 한국직업능력개발원, 32.

송준호 · 임외석(2017), 「인적자원관리」, 제3판, 범한, 228.

옥철(2015.2.26), "기업들 어려울 땐 직원 교육비부터 '싹둑'…13% 줄였다," 「연합뉴스」.

이덕로(2012), 「최신 인적자원관리」, 집현재, 115-218.

이덕로(2007), "핵심인재의 육성전략: 경력개발계획," 한인수외 편, 「인적자원관리 프론티어」, 박영사, 48-55.

이덕로(2007.8), "직무특성, 선행적 행동 및 개인창의성과의 관계에 관한 연구," 「2007년도 한국경영학회 하계통합학술발표대회」, 한국경영학회, 1-30.

이학종 · 양혁승(2012), 「전략적 인적자원관리」, 개정판, 오래, 606-612.

임창희(2014), 「인적자원관리」, 제3판, 비앤엠북스, 163-165.

임효정(2016.10.23), "정년 100세의 중소기업 '휴넷'…"직원이 중심되면 기업은 성장한다," 「뉴스토마토」.

조동성(2005), 「21세기를 위한 경영학원론」, 서울경제경영, 5.

조영호 외(2002), 「경영학 뉴패러다임: 조직인사 · 노사관계」, 박영사, 224.

조은영 · 윤두열(2016), "복리후생비와 교육훈련비의 지출규모가 경영성과와 기업가치에 미치는 영향," 「상업교육연구」, 30(2), 185-214.

최종태(2002), 「현대인사관리론」, 전정판, 박영사, 322-400.

한국직업능력개발원(2016.12), 「2016년 기업직업훈련 실태조사기초 분석 보고서」, 32.

한국표준협회(2017), 「2017년 대한민국 인력개발 실태 및 성숙도 조사 결과」, 3.

한창근(2018), "호텔기업의 교육훈련비와 복리후생비가 경영성과에 미치는 영향," 「금로벌경영학회지」, 15(2), 1-19.

Alliger, G. M. & Janak, E. A.(1989), "Kirkpatrick's Levels of Training Criteria: Thirty Years Later," *Personnel Psychology,* 42, 331-343.

Byars, L. L. & Rue, L. W.(1991), *Human Resource Management*, 3rd ed., New York: McGraw-Hill Book Co., 205.

DeCenzo, D. A, Robbins, S. P, & Verhulst, S. L.(2013), *Human Resource Management,* 11th ed., Singapore: John Wiley & Sons Singapore, 232-233.

Dessler, G.(2017), *Human Resource Management,* 15th ed., Boston: Pearson, 259-261.

Dessler, G.(2016), *Fundamentals of Human Resource Management*, 4th ed., Global ed., Boston: Pearson, 212-259.

Gomez-Mejia, L. R., Balkin, D. B & Cardy, R. L.(2016), *Managing Human Resources,* 8th ed., Boston: Pearson, 234.

Guerrero S. & Barraud-Didier, V.(2004), "High involvement Practices and Performance of French Firms," *The International Journal of Human Resource Management*, 15(8), 1408-1423.

Hall, D. T.(1976), *Careers in Organizations*, Santa Monica, California: Goodyear Pub. Co., 57.

Huselid, M. A.(1995), "The Impact of Human Resource Management Practices on Turnover, Productivity, and Corporate Financial Performance," *Academy of Management Journal*, 38(3), 635-672.

Ivancevich, J. M.(2004), *Human Resource Management,* 9th ed., New York: McGraw-Hill Book Co., 392-432.

Jackson, S. E. & Schuler, R. S (2003), *Managing Human Resources Through Strategic Partnership,* 9th ed., Cincinnati, Ohio: South-Western Publishing Co., 2003, 408-511.

Neider, L. N.(1981), "Training Effective Changing Attitudes," *Training and Development Journal*, December, 25.

Noe, R. A, Hollenbeck, J. R, Gerhart, B., & Wright, P. M(2017), *Human Resource Management: Gaining a Competitive Advantage*, 10th ed., New York: McGraw-Hill Education, 275.

O'Reilly, C. A., III & Pfeffer, J.(2000), *Hidden Value: How Great Companies achieve Extraordinary Results with Ordinary People*, Boston: Harvard Business School Press.

Rue, L. W., Ibrahim, N. A, & Byars, L. L.(2016), *Human Resource Management*, 11th ed., New York: McGraw-Hill Book Co., 211.

Schultz, T. W.(1961), "Investment in Human Capital," *The American Economic Review*, 51(1), 1-17.

■ 제7장 인사평가

고용노동부(2018), 「사업체노동력조사 보고서」.

권석균 · 이병철 · 양재완(2017), 「(지속가능성장을 위한) 인적자원관리」, 시대가치, 290-291.

김영재 · 김성국 · 김강식((2018), 「신인적자원관리」, 제3판, 탑북스. 322.

박경규(2016), 「신인사관리: 노동과 자본의 통합이론」, 제6판, 홍문사, 277-291.

박기찬(2010), 「글로벌 기업은 어떻게 인사관리를 할까?」, (주)중앙경제, 194-195.

박성수 외(2009), 「디지로그시대의 인적자원관리」, 제2판, 박영사, 196-198.

박준성 · 김환일(2008), 「한국기업의 인사평가제도 실태조사」, 한국경영자총협회, 52.

방하남 · 어수봉 · 유규창 · 이상민 · 하갑래(2012), 기업의 정년실태와 퇴직관리에 관한 연구, 한국노동연구원, 6.

서도원 · 서인석 · 송석훈 · 이기돈(2003), 「인사관리 - 이론과 실제 -」, 대경, 68.

송준호 · 임외석(2017), 「인적자원관리」, 제3판, 범한, 386.

신철우 · 최찬기 · 윤정현 · 김대수(2018), 「인적자원관리: (4차산업혁명을 주도할 인재경영)」, 탑북스, 190

유규창 · 박우성(2017), 「(리더를 위한) 인적자원관리」, 창민사, 287.

이덕로 · 김한제(2000), "인사고과의 특성이 피고과자의 고과결과 수용에 미치는 영향에 관한 연구 - 상황변수의 상호조절효과를 중심으로 -," 「경영학연구」, 29(1), 245-270.

이덕로 · 이지만 · 김승호(2005), "고몰입 평가시스템이 평가유효성과 조직구성원의 반응에 미치는 영향에 관한 연구," 「중소기업연구」, 27(2), 31-64.

이상무(2018.7.21), ""우리가 옳다는 믿음 하나로 버틴 결과"…KTX 해고 승무원 12년 만에 정규직 복직," 「한국일보」.

이재규 · 김진극 · 김동조(2011), 「지식경영시대의 인적자원관리」, 제2판, 문영사, 185-192.

이학종(2000), 「전략적 인적자원관리」, 세경사, 92-94.

이학종 · 양혁승(2012), 「전략적 인적자원관리」, 개정판, 오래, 249.

임창희(2014), 「인적자원관리」, 제3판, 비앤엠북스, 130.

성동관 외(2015), 『인시평가제도 현황과 발전방안에 관한 연구』, 127.

정동관(2016), "인사평가제도의 실태," 「노동리뷰」, 4월호, 한국노동연구원,

정동관 · 유태영 · 정승국 · 김기선 · 류성민(2015), 「인사평가제도 현황과 발전방안에 관한 연구」, 한국노동연구원, 128

정종진 · 이덕로(1998), 「인적자원관리」, 제2판, 법문사, 123-321.

조영호 외(2002), 「경영학 뉴패러다임: 조직인사 · 노사관계」, 박영사, 224.

최종태(1991), 「현대인사관리론」, 전정판, 박영사, 423.

최종태(2002), 「현대인사관리론 - 의사결정론적 시스템 어프로치」, 전정판, 박영사, 444-445.

Anthony, W. P., Kalmer, K. M., & P. L. Perrewe(2002), *Human Resources Management: A Strategic Approach,* 4th ed., Fort Worth: Harcourt, 378-380.

Bannister, B. D., Kinicki, A. J. Dinisi, A. S. & Hom, H.(1987), "A New Method for the Statistical Control of Rating Error in Performance Ratings," *Educational and Psychological Measurement*, 47(3), Autumn, 583-596.

Bohlander, G. W., & S. A. Snell(2010), *Managing Human Resource*, 15th ed., Mason, OH: South-Western Cengage Learning, 145-253.

Brownell, J.(2005), "Predicting Leadership: The Assessment Center's extended Role," *International Journal of Contemporary Hospital Management*, 17, 7-21.

Byars, L. L. & Rue, L. W.(2004), *Human Resource Management*, 7th ed., New York: McGraw-Hill Book Co..

Daley, D.(2011), "Performance Appraisal and Organizational Success Public Employee Perceptions in an MBO based Appraisal System," *Review of Public Personnel Administration,* 9(1), Fall 1988.

DeCenzo, D. A, Robbins, S. P, & Verhulst, S. L.(2013), *Human Resource Management,* 11th ed., Singapore: John Wiley & Sons Singapore, 387-389.

Dessler, G.(2017), *Human Resource Management,* 15th ed., Boston: Pearson, 160-161.

Drucker, Peter F.(1954), *The Practice of Management,* New York: Harper & Row.

Edward, M. R. & Ewen, A. J.(1996), *360°Feedback: The Powerful New Model for Employee Assesment & Performance Improvement*, New York: AMACOM, 9.

Gomez-Mejia, L. R., Balkin, D. B., & Cardy, R. L.(2016), *Managing Human Resources,* 8th ed., Boston: Pearson, 201-220.

Ivancevich, J. M.(2004), *Human Resource Management*, 9th ed., New York: McGraw-Hill Book Co.

Jackson, S. E. & Schuler, R. S.(2003), *Managing Human Resources Through Strategic Partnership,* 9th ed., Cincinnati, Ohio: South-Western Publishing Co., 408-511.

Kaplan, R. S. & Norton, D. P.(1996), *The Balanced Scorecard: Translating Strategy into Action*, Boston: Harvard Business School Press.

Latham G. P. & Wexley K. N.(1993), *Increasing productivity through performance appraisal,* 2nd ed., Reading, Mass.: Addison-Wesley, 141,

Lengnick-Hall, M. L. & Lengnick-Hall, C. A.(2003), *Human Resource Management in the Knowledge Economy: New Challenges, New Roles, New Capabilities,* San Francisco, CA: Berrett-Koehler.

Martis, R. L. & Jackson, J. H.(2006), *Human Resource Management*, 11th ed., Cincinnati, Ohio: South-Western Publishing Co., 335.

Mathis, R. L. & J. H. Jackson(2002), *Human Resource Management: Essential Perspectives*, 2nd ed., Cincinnati, Ohio: South-Western College Pub.

McGregor, D. G.(1960), *The Human Side of Enterprise,* N.Y.: McGraw Hill Book Co., 33-47.

Mello, J. A.(2011), *Strategic Management of Human Resources,* Cincinnati, 3rd ed., Australia: South-Western/Cengage Learning, 311-313.

Nichols, L. C. & Hudson, J.(1981), "Dual Role Assessment Center Selection and Development," *Personnel Journal*, 60(5), May 55-74.

Noe, R. A, Hollenbeck, J. R, Gerhart, B., & Wright, P. M(2017), *Human Resource Management: Gaining a Competitive Advantage*, 10th ed., New York: McGraw-Hill Education.

Ordiorne, G. S.(1979), *Management by Objectives*, Fearon Belmont, California: Pitman Publishing.

Schneider, J. R., & Schmitt, N.(1992), "An Executive Approach to Understanding Assessment Center Dimension and Exercise Constructs," *Journal of Applied Psychology,* 77(1), February.

Schuler, R. S.(1998), *Managing Human Resources,* 6th ed., Cincinnati, Ohio: South-Western Publishing Co., 425.

Thornton, G. C.(1992), *Assessment Centers in Human Resource Management,* Massachusetts: Addison Wesley Publishing Company.

Werther, W. B., Jr. & Davis, K.(1996), *Human Resources and Personnel Management,* 5th ed., New York: McGraw-Hill Book Co., 248-348.

■ 제8장 임금관리

고용노동부(2016.8), 「임금체계 개편을 위한 가이드 북」, 23-24.

고용노동부(2018), 「사업체노동력조사 부가조사('08년까지 고용노동부 임금제도 실태조사)」.

김동배(2008), "우리나라의 임금체계 현황과 과제: 한일 성과주의 비교," 「임금연구」, 한국경영자총협회, 2008년 봄호, 61.

김성수(2003), 「21세기형 신인적자원관리」, 삼영사, 248.

김식현(1999), 「인사관리론」, 무역경영사, 366-371.

김영재 · 김성국 · 김강식(2018), 「신인적자원관리」, 제3판, 탑북스, 448-449.

김현예(2018.4.5), "평균 연봉 1억 '신의 식상' 5년 만에 4배," 「중앙일보」.

김세진(2017.12.11), "직장인 68.5% "연봉협상 방식 불만족"," 「데이터솜」.

박경규(2016), 「신인사관리: 노동과 자본의 통합이론」, 제6판, 홍문사, 280-392.

송하식 · 이덕로 · 김주엽(2002), "조직문화가 연봉제 수용도에 미치는 영향," 「인사관리연구」, 한국인사관리학회, 26(2), 89-112.

양병무(1998), 「연봉제 도입설계 및 분석사례」, 한국경영자총협회, 33-89.

유규창 · 박우성(2001), 「21세기형 성과주의 임금제도」, 명경사, 2-3.

유규창 · 박우성(2017), 「(리더를 위한) 인적자원관리」, 창민사, 287.

유병주 · 이덕로(2001), 「국내외 주요 기업의 연봉제 실시사례 비교연구」, 한국기계연구원, 2001, 5-6.

이덕로(2018.2), 「조직행동론」, 피앤씨미디어, 64-66.

이승관(2018.4.9), ""부럽다 SK"…연봉 1~4위 싹쓸이 · 6개 계열사 억대 연봉," 「연합뉴스」.

이원덕 편(2003), 「한국의 노동 1987-2002」, 한국노동연구원, 344.

이재규 · 김진국 · 김동조(2001), 「디지털시대의 인적자원관리」, 문영사.

이진규(2009), 「전략적 · 윤리적 인사관리」, 중판, 박영사, 407-408.

이학종 · 양혁승(2005), 「전략적 인적자원관리」, 박영사, 423-453.

정재훈(2015), 「인적자원관리」, 제4판, 북넷, 349.

정종진 · 이덕로(1998), 「인적자원관리」, 제2판, 법문사, 323-349.

정종진 · 이덕로(2017), 「최신노사관계론」, 법문사.

조기원(2011.12.7), "금액보단 퍼센트로…협상 의지 보여라," 「한겨레신문」.

조보상 외(2002), 「현대인적자원관리」, 무역경영사, 252-253.

조용철(2011.9.21), "학력간 임금 격차, 구직자 '반대' VS 인사담당자 '찬성'," 「파이낸셜뉴스」.

한국경영자총협회(2017.3), 「2017년 경영계 임금조정 권고 참고자료」, 1.

한국노동연구원(2016), 「2015년 임금제도 실태조사」, 7-11.

한국노동연구원(2017), 「2017 KLI 노동통계」, 65-66.

Bartol, K. M. & Srivastava, A.(2002), "Encouraging Knowledge Sharing: The Role of Organizational Reward Systems," *Journal of Leadership & Organizational Studies*, 9(1), 64-76.

Byars, L. L. & Rue, L. W.(2004), *Human Resource Management,* 7th ed., New York: McGraw-Hill Book Co, 279.

Gradin, C., Coral del Rio, & Canto, O.(2010), "Gender Wage Discrimination and Poverty in the EU," *Feminist Economics*, 16(2), 73-109.

Griffin, R. W.(2017), *Organizational Behavior: Managing People and Organizations*, C.A.: Cengage Learning. 176-181.

ILO(2011), *Yearbook of Labor Statistics.*

Ivancevich, J. M.(2004), *Human Resource Management*, 9th ed., New York: McGraw-Hill Book Co., 343-369.

Johnson, R. E. & Lord, R. G.(2010), "Implicit effects of justice on self-identity," *Journal of Applied Psychology,* 95(4), 681-695.

Lawler III, E. E.(1981), *Pay and Organization Development,* Reading, Mass.: Addison-Wesley Pub. Co.

Lussier, R. N.(2017), *Human Relations in Organizations: Applications and Skill Building*, 10th ed., New York: McGraw-Hill Book Co., 234-250.

Martocchio, J. J.(2001), *Strategic Compensation: A Human Resource Management Approach,* 2nd ed., Englewood Cliffs, New Jersey: Prentice-Hall, Inc.

Milkovich, G. T. & Newman, J. M(2005), *Compensation*, 8th ed., Boston: McGraw-Hill.

■ 제9장 복리후생관리

김민철 외(2011.3.5), "우리나라 복지 수준, OECD 30개국 중 26위,"「조선일보」.

김상호 · 정해식 · 임성은 · 김성아(2016.12),「OECD 국가의 복지 수준 비교 연구」, 한국보건사회연구원, 110.

김영재 · 김성국 · 김강식(2018),「신인적자원관리」, 제3판, 탑북스, 514.

김성우 · 김주철(2017), "교육훈련비와 복리후생비가 기업의 경영성과에 미치는 영향 - KONEX 기업을 중심으로,"「한국산학기술학회논문지」, 18(5), 571-580.

김종인(2002),「인적자원관리론」, 고려아카데미컨설팅, 267.

김춘순(2010), "4대 공적연금 재정수지의 전망과 대책,"「보건복지포럼」, 168, 79-88.

민경호(2013),「현대인사관리」, 제2판, 무역경영사, 260-262.

박경규(2001),「신인사관리: 노동과 자본의 통합이론」, 제2판, 홍문사, 438-461.

박경문 외(2001),「신인적자원관리론」, 무역경영사, 276-283.

박성수 · 황호영 · 김공수 · 이경근(2009),「디지로그시대의 인적자원관리」, 제2판, 박영사, 156.

박우성(2001), "선택적 복리후생제도의 도입과 과제,"「임금연구」, 9(2), 4-25.

보건복지부(2018),「2017년 직장어린이집 설치현황 실태조사」, 3-12.

송준호 · 임외석(2017),「인적자원관리」, 제3판, 범한, 364-380.

신건호 · 이승계 · 임상혁 · 박재춘 · 김종길(2011),「인적자원관리」, 탑북스, 218.

유규창(2004), "복리후생의 선택이 복리후생만족, 임금만족, 직무만족에 미치는 영향에 관한 연구,"「인사관리연구」, 28(4), 25-55.

유규창 · 소규성(1999.3), "선택적 복리후생제도," 한국노동연구원, 8-10.

이덕로(2007.9.12), "환경변화와 임금체계의 혁신,"「임금직무체계혁신 토론회」, 중앙경제 HR교육원, 6-23.

이원우 · 서도원 · 이덕로(2002),「경영학원론」, 제2판, 박영사, 274-275.

이재규 · 김진극 · 김동조(2011),「지식경영시대의 인적자원관리」, 제2판, 문영사, 334.

이진규(2001),「전략적 · 윤리적 인사관리」, 박영사, 407-408.

이학종(2000),「전략적 인력자원관리」, 세경사, 92-94.

임지훈(2016.11.17), "[머니+] '돈보다 복지'…눈높이 달라진 구직자들,"「중앙일보」.

임창희(2014),「인적자원관리」, 제3판, 비앤엠북스, 332-334.

전지현 · 하성욱(2011), "AHP를 이용한 복리후생 선호도에 대한 연구,"「인적자원관리연구」, 18(1), 179-196.

정군오 · 임응순(2014), "기업의 복리후생비 지출과 경영성과 간의 관계분석,"「한국산학기술학회논문지」, 15(10), 6029-6035.

정종진 · 이덕로(1998), 「인적자원관리」, 제2판, 법문사, 123-321.

조은영 · 윤두열(2016), "복리후생비와 교육훈련비의 지출규모가 경영성과와 기업가치에 미치는 영향," 「상업교육연구」, 30(2), 185-214.

최종태(2002), 「현대인사관리론」, 전정판, 박영사, 288-312.

한국노동연구원(2017), 「2017 KLI 노동통계」, 77.

한창근(2018), "호텔기업의 교육훈련비와 복리후생비가 경영성과에 미치는 영향," 「글로벌경영학회지」, 15(2), 1-19.

홍진수(2017.4.5), "한국 복지수준은 나아졌는데 왜 한국인은 행복하지 않을까," 「경향신문」.

Barber, A. E., & Dunham, R. B.(1992), "The Impact of Flexible Benefits on Employee Satisfaction: A Field Study," *Personnel Psychology,* 45,(1), 55-75.

Beam, B. T., Jr., & McFadden, J. J.(1996), *Employee Benefits*, 4th ed., Chicago, Ill.: Dearborn Financial Pub..

Byars, L. L. & Rue, L. W.(2004), *Human Resource Management,* 7th ed., New York: McGraw-Hill Book Co, 279.

French, W. L.(2003), *Human Resources Management*, 5th ed., Boston: Houghton Mifflin, 477-478.

Gomez-Mejia, L. R., Balkin, D. B., & Cardy, R. L.(2010), *Managing Human Resources,* 6th ed., New Jersey: Pearson Education Inc., 360-404.

Ivancevich, J. M.(2004), *Human Resource Management*, 9th ed., New York: McGraw-Hill, 376-381.

Lawler, E. E. III,(1981), *Pay and Organizational Development,* Reading, M.A.: Addison-Wesley, 76.

Marler, J. H., Barringer, M. W., & Milkovich, G. T.(June 2002), "Boundaryless and Traditional Contingent Employees: Worlds Apart," *Journal of Organizational Behavior*, 23(4), 425-454.

Mathis, R. L. & Jackson, J. H.(2002), *Human Resource Management: Essential Perspectives*, 2nd ed., Cincinnati, Ohio: South-Western College Pub.

McCaffery, R. M.(1992), *Employee Benefit Programs: A Total Compensation Perspective*, 2nd ed., Boston: PWS-Kent Pub. Co.

Milkovich, G. T. & Newman, J. M(2002), *Compensation*, 7th ed., Boston: McGraw-Hill.

Rosenbloom, J. S.(1996), "The Environment of Employee Benefit Plans," In Rosenbloom, J. S.(ed.), *The Handbook of Employee Benefits*, Chicago: Irwin, 3-13.

U.S. Bureau of Labor Statistics(June 2008), *Employer Costs of Employee Compensation Survey*, 1-4.

■ 제10장 안전보건관리

강찬수(2018.6.30), "한밤에 덮친 '악마의 가스'…1만5000명 목숨을 앗아갔다," 「중앙일보」.
고용노동부(2018), 「2017년 산업재해현황분석」, 4 100.
고용노동부(2017), 「2016년 산업재해분석」, 4.
고용노동부(2011), 「2011년판 고용노동백서」, 672.
고용노동부 외(2018.1), 「산업재해 사망사고 감소대책 - 고위험 분야 집중관리 및 안전우선 문화 확산," 1-35.
김성수(2003), 「21세기형 신인적자원관리」, 삼영사, 59-62.
김식현(1991), 「인사관리론」, 무역경영사, 443.
김영재 · 김성국 · 김강식(2018), 「신인적자원관리」, 제3판, 탑북스, 571-572.
노동부(2007), 「2006년 산업재해분석」, 2-19
민경호(2003), 「현대인사관리」, 무역경영사, 17-20.
박영민(2017.10.18), "SK하이닉스, 미래지향적 산업보건관리 나서," 「메가뉴스」.
이덕로(2009), 「인사노무관리Ⅱ」, 한국노동교육원, 78-92.
이덕로(2012), 「최신인적자원관리」, 집현재, 346.
이원덕 편(2003), 「한국의 노동 1987-2002」, 한국노동연구원, 362-364.
이재원 · 이성일 · 이상우(2003.8), "주5일 근무제의 성공적 정착방안," 「CEO Information」, 삼성경제연구소, 412호, 8-9.
이학종(2000), 「전략적 인적자원관리」, 세경사, 92-94.
이학종 · 양혁승(2005), 「전략적 인적자원관리」, 박영사, 513-524.
임창희(2014), 「인적자원관리」, 제3판, 비앤엠북스, 348.
정종진 · 이덕로(2017), 「최신노사관계론」, 법문사, 76.
정종진 · 이덕로(1998), 「인적자원관리」, 제2판, 법문사, 381-382.
지식경제부(2009), 「2007년 노사분규로 인한 생산 · 수출 차질액」, 9-12.
최종태(2002), 「현대인사관리론」, 전정판, 박영사, 553-554.
KDI(2009.7), 「KDI 경제동향」, 11.
한국노동연구원(2017), 「2017 KLI 노동통계」, 118-122.
한국노동연구원(2011), 「2002 KLI 노동통계」, 121-122.

Gomez-Mejia, L. R., D. B. Balkin, & R .L. Cardy(2010), *Managing Human Resources,* 6th ed., New Jersey: Pearson Education Inc., 539.

Mondy, W. R., R. M. Noe Ⅲ, & S. R. Premeaux(2002), *Human Resource Management,* 8th ed., Englewood Cliffs, N.J.: Prentice-Hall, Inc., 392.

Sherman, A. W., & Bohlander, G. W.(1992), *Managing Human Resources*, 9th ed., Cincinnati Ohio: South Western, 421-422.

Strauss, G. & Sayle, L. R.(1980), *Personnel: The Human Problems of Management*, 4th ed., Englewood Cliffs, N.J.: Prentice Hall, 475.

■ 제11장 노사관계관리

고용노동부(2017), 「2017년 노동백서」, 688.

고용노동부(2017), 「2016년 노동조합 조직 현황」, 15-17.

고용노동부(2011), 「2010년 노동조합 조직 현황」, 13.

김기우(2005.12), 「2005년 단체협약 분석」, 한국노총 중앙연구원, 13-149.

김상호(1999), 「산별 조직화와 산별 노사관계에 관한 법적 고찰」, 한국노총 중앙연구원, 5-6.

김성수(2000), 「지식경영사회의 노사관계론」, 삼영사, 120-127.

김소연(2012.1.25), "5개대학 청소 아줌마들 '연대' 정규직도 힘든 집단교섭 해냈다," 「한겨레신문」, 2.

김영재 · 김성국 · 김강식(2011), 「신인적자원관리」, 제2판, 탑북스, 315.

김정우(2014.8), 「노동조합과 비정규 고용」, 한국노동연구원, 10-13.

김정한 · 문무기 · 윤문희(2003), 「단체협약분석」, 한국노동연구원, 24-70.

김종인(2002), 「인적자원관리론」, 고려아카데미컨설팅, 184-186.

김종훈(2018.7.28), "사상 첫 '변호사 노조' 탄생…로펌에도 '노조 바람'?," 「머니투데이」.

김철호(2013), "상호작용성, 소속감, 정보 수용자의 만족, 그리고 부정적 구전 감소 의지," 사회과학연구, 충남대학교 사회과학연구소, 24(1), 235-255.

김형배(2016), 「노동법」, 제25판, 박영사, 1129-1130.

문무기 · 김홍영 · 송강직 · 박은정(2005), 「부당노동행위제도연구」, 한국노동연구원, 4.

박경규(2001), 「신인사관리: 노동과 자본의 통합이론」, 제2판, 홍문사, 288-299.

박기찬(2010), 「글로벌 기업은 어떻게 인사관리를 할까?」, (주)중앙경제, 194-195.

박도제(2011.10.28), "소녀시대가 노조를 만들수 없는 이유는?," 「해럴드경제」.

박상필(1981), 「한국노동법」, 대왕사, 130-132.

박성수 외(2009), 「디지로그시대의 인적자원관리」, 제2판, 박영사, 196-198.

변상우 · 허갑수 · 채규옥 · 이상우 · 정현우(2015), 「글로벌시대의 노사관계론」, 피앤씨미디어, 117-122.

서울지방노동위원회(2016), 「알기 쉬운 노동위원회 심판절차」.

신수식 · 김동원 · 이규용(2008), 「현대 고용관계론」, 제3판, 박영사, 85.

신수식 · 김동원 · 이규용(2014), 「현대 고용관계론」, 제6판, 박영사, 112-156.

신유근(1988), 「기업과 사회」, 경문사, 579-580.

윤희준(2008), 「노동법 해설(2008 최신 개정판)」, 한국경제신문, 406.

이덕로 · 박광진(2010), "유한양행 노사파트너십의 사례연구," 「인적자원관리연구」, 17(1), 173-196.

이덕로 · 박재석(2010), "중소기업의 노사파트너십이 기업경쟁력에 미치는 영향," 「중소기업연구」, 32(3), 137-162.

이덕로 · 유성재 · 조상균 · 최석환 · 강선희 · 변성영(2018), 「한국의 노동위원회」, 중앙노동위원회, 85-116.

이상윤(2017), 「노동법」, 제15판, 법문사, 82-901.

이상윤(2013), 「노동법」, 제13판, 법문사, 545-560.

이재규 · 김진극 · 김동조(2011), 「지식경영시대의 인적자원관리」, 제2판, 문영사, 185-192.

이재운(2017.11.20), "'임금공유제'로 상생협력 앞장 선 SK하이닉스," 「이데일리」.

이주희 · 이승협(2005), 「경영참여의 실태와 과제」, 한국노동연구원, 11-17.

이학종(2000), 「인적자원관리 - 현대인사관리론과 사례연구」, 세경사, 301-302.

이학종 · 양혁승(2005), 「전략적 인적자원관리」, 박영사, 147-453.

임종률(2017), 「노동법」, 제15판, 박영사, 82-228.

임창희(2003), 「신인적자원관리」, 명경사, 159-160.

전종휘(2014.6.29), "'빗자루 연대'의 기적…청소노동자들의 삶을 바꾸다," 「한겨레신문」.

정재훈(2009), 「신노사관계론」, 북넷, 256.

정재훈(2011), 「인적자원관리」, 제3판, 북넷, 333.

정종진 · 이덕로(1998), 「인적자원관리」, 제2판, 법문사, 323-349.

정종진 · 이덕로(2017), 「최신노사관계론」, 법문사, 3-189.

최종대(1986), "종업원지주제도의 기업경영적 목적과 사회정치적 목적," 「증권금융」, 7-13.

최종태(1996), 「현대노사관계론」, 전정판, 경문사, 96-115.

한국노동연구원(2017), 「2017 KLI 노동통계」, 72-83.

AFL-CIO(1985), "A Short History of American Labor," in R. L. Rowan, ed., *Readings in Labor Economics and Labor Relations*, 5th ed., Homewood, IL.: Irwin, 88-101.

Brett, J. M.(1980), "Why Employees want Unions," *Organizational Dynamics*, 8(4), 47-49.

Carrell, M. R. & Heavrin, C.(2001), *Labor Relations and Collective Bargaining: Cases, Practices, and Law,* 6th ed., Englewood Cliffs, New Jersey: Prentice-Hall, Inc., 397.

Carrell, M. R.(2007), *Labor Relations and Collective Bargaining Cases. Practice, and Law,* 8th ed., Englewood Cliffs, N.J.: Prentice. Hall, 280-282.

DeCenzo, D. A. & Robbins, S. P.(2007), *Fundamentals of human resource management,* 9th ed., Hoboken, N.J.: Wiley, 590.

DeMaria, A. T.(2007), "Why Employees May Want to Join Unions," *Management Report,* 30(4), 3-4.

Dunlop, J. T.(1958), *Industrial Relations System*, New York: Holt, Rinehart and Winston, 5.

Ehrenberg, R. G. & Smith, R. S.(2006), *Modern Labor Economics: Theory and Public Policy*, 9th ed., Boston, Mass. Pearson/Addison. Wesley, 440.

Fossum, J. A.(2006), *Labor Relations: Development, Structure, Process*, 9th ed., N.Y.: McGraw-Hill, 41-408.

Holley, W. H. & Jennings, K. M.(1997), *The Labor Relations Process*, 6th ed., Fort Worth, Texas: The Dryden Press, 38-43.

Katz, H. C. & Kochan, T. A.(2004), *An Introduction to Collective Bargaining and Industrial Relations*, 3rd ed., Boston, Mass.: McGraw-Hill/Irwin, 54-59.

Kochan, T. A. & Katz, H. C.(1988), *Collective Bargaining and Industrial Relations*, 2nd ed., Homewood, Illinois, Irwin, 1-3.

Lee Deog-ro et al.(2018), *Labor Relations Commission in Korea*, National Labor Relations Commission, 111-153.

Lee Jiman & Lee Deog-Ro(June 2009), "Labor-Management Partnership at Korean Firms: Its Effects on Organizational Performance and Industrial Relations Quality," *Personnel Review,* 38(4), 432-452.

Lester, R. A.(1951), *Labor and Industrial Relations: A General Analysis*, New York: Macmillan, 3.

Mills, D. Q.(1994), *Labor-Management Relations*, 5th ed., New York: McGraw-Hill Book Co., 172-176.

Noe, R. A., Hollenbeck, J. R., Gerhart, B., & Wright, P. M.(2006), *Human Resource*

Management: Gaining A Competitive Advantage, Boston, Mass.: McGraw-Hill, 505.

Reece, B. L. & Brandt, R.(2007), *Effective Human Relations in Organizations,* 10th ed., Homewood, Illinois: Irwin, 122-129.

Reynolds, L. G., Masters, S. H., & Moser, C. H.(1998), *Labor Economics and Labor Relations*, 11th ed., Upper Saddle River, N.J.: Prentice Hall, 312-319.

Robbins, S. P. & Timothy, A. J.(2011), *Organizational Behavior*, 14th ed., Englewood Cliffs, N.J.: Prentice-Hall, Inc., 2011, 42-43.

Rue, L. W., & Byars, L. L.(1992), *Management: Skill and Application,* 6th ed. Homewood, IL.: Irwin, 38-39.

Schlesinger, A., Jr.(1989), "Germany's Fate Will Determine Europe's," *The Wall Street Journal*, December 21, A18.

Seta, C., Paulus, P. B., & Baron, R. A.(2000), *Effective Human Relations: A Guide to People at Work*, 4th ed., Cincinnati, Ohio: South. Western, 221.

Sloane, A. A. & Witney, F.(2006), *Labor Relations,* 12th ed., Englewood Cliffs, N.J.: Prentice. Hill, 178-253.

Somers, G. G.(1980), *Collective Bargaining: Contemporary American Experience*, Madison, WI: Industrial Relations Research Associations, 553-556.

Sutton F. X. et al.(1956), *The American Business Creed,* Cambridge, Mass.: Harvard University Press, 108-110.

Webb, S. & Webb, B.(1920), *The History of Trade Unionism*, New York: Longmans Green, 1-2.

Woodworth, F.(1981), "Toward a Labour-Owned Economy in the United States," *Labour and Society*, 41-43.

사항색인

인명색인

조직체색인

[저자약력]

정 종 진

연희대학교 상경대학 및 대학원 졸업(1953, 1955)
미국펜실베니아대학교 대학원에서 연구(1958)
연세대학교 상경대학 전임강사, 조교수, 부교수, 교수(1955~1995)
하와이 East West Center 연구교수(1970.3~9)
연세대학교 상경대학 학장(1975~1979)
한국경영학회 회장(1976)
연세대학교 경영대학 대학원 원장(1980~1984)
연세대학교 교학부총장(1984~1988)
일본 게이오대학 방문교수(1989~1990)
현, 연세대학교 경영대학 명예교수

「인사관리」, (법문사, 1966)
「새인사관리」, (법문사, 1982)
「노사관계론」, (법문사, 1992)
「인적자원관리」, (법문사, 1994)
「노사관계론」, 증보판(공저), (법문사, 1994)
「경영학입문」, (법문사, 1996)
「인적자원관리」, 제2판(공저), (법문사, 1998)
「최신노사관계론」, (법문사, 2017)

이 덕 로

연세대학교 경영학박사
중앙노동위원회 조정담당 공익위원
현, 서원대학교 글로벌 경영대학 경영학과 교수

Deog-Ro Lee et al.(2013), "A Multilevel Model of Team Goal Orientation, Information Exchange, and Creativity," *Academy of Management*, 56(3), 827-851. 외 논문 · 저서 다수

이 지 만

연세대학교 경영학과 학사 및 석사 졸업(1987, 1989)
영국 런던 정경대학(London School of Economics), 석 · 박사 졸업(1992, 1998)
프랑스 INSEAD 경영대학원 연구원(1999)
미국 Harvard University(2009), 일본 Doshisha University(2016) Visiting Scholar
연세대학교 기획실 정책부실장(2010~2014)
연세대학교 대학언론사 편집인/연세춘추 주간(2014~2016)
최저임금위원회 공익위원(2011~2018)
고용정책심의위원회 공익위원(2014~2018)
한국중소기업학회 회장(2018.4~2019.3)
현, 연세대학교 경영대학 경영학과 교수(2001~현재)

21세기 인적자원관리

2018년 8월 23일 초판인쇄
2018년 8월 30일 초판발행

저 자 정종진 · 이덕로 · 이지만
발행인 위 호 준
발행처 도서출판 집현재

04091 서울특별시 마포구 토정로 222
한국출판콘텐츠센터 417호
전화 (02)332-4922 Fax (02)3142-4922
홈페이지: www.jhjbook.co.kr
e-mail: jyp4922@naver.com

출판등록 2010년 10월 25일
등록번호 제105-91-57581호

정가 32,000원 ISBN 978-89-97304-84-4

이 도서의 국립중앙도서관 출판예정도서목록(CIP)은 서지정보유통지원시스템 홈페이지(http://seoji.nl.go.kr)와 국가자료공동목록시스템(http://www.nl.go.kr/kolisnet)에서 이용하실 수 있습니다.
(CIP제어번호: CIP2018026412)